Martín Prieto

Breve historia de la literatura argentina

TAURUS

PENSAMIENTO

© Martín Prieto, 2006
© De esta edición:
Aguilar, Altea, Taurus, Alfaguara, S. A. de Ediciones, 2006
Av. Leandro N. Alem 720
(1001) Ciudad Autónoma de Buenos Aires
www.alfaguara.com.ar

ISBN: 978-987-04-0337-1

Hecho el depósito que indica la ley 11.723
Impreso en la Argentina - *Printed in Argentina*
Primera edición: febrero de 2006
Primera reimpresión: junio de 2011

Diseño e ilustración de cubierta: Silvana Visconti

Prieto, Martín
Breve historia de la literatura argentina -1a ed. 1a reimp. - Buenos Aires :
Aguilar, Altea, Taurus, Alfaguara, 2011.
  552 p. ; 24x15 cm.

ISBN 978-987-04-0337-1

1. Ensayo Argentino. 2. Crítica Literaria. I. Título
CDD A864 : 809

Todos los derechos reservados. Esta publicación no puede ser reproducida,
en todo ni en parte, ni registrada en o transmitida por un sistema de recuperación
de información, en ninguna forma ni por ningún medio, sea mecánico, fotoquímico,
electrónico, magnético, electroóptico, por fotocopia, o cualquier otro, sin el permiso
previo por escrito de la editorial.

*A mis hijos Marcos y Valentín,
por el tiempo que se fue y que ahora vuelve*

A Cecilia Vallina, por nuestro amor en los años bravos

*A mis amigos Nora Avaro, Pedro Cantini, Analía Capdevila,
Sandra Contreras, Daniel García Helder y Sebastián Soler,
que acompañaron con generosidad la escritura de este libro*

A María Teresa Gramuglio, otra vez

A Negra, Adolfo, Agustina, Juan y Sara

A los lectores de literatura argentina, mis hermanos

"Tenemos ya un pasado; campos gloriosos; festividades patrias; varones eminentes a quienes hemos dejado en la tumba con los ojos llenos de lágrimas. Y, ¿será el extranjero quien haya de venir a cantar lo que a nosotros únicamente puede conmover las entrañas?"
JUAN MARÍA GUTIÉRREZ

"¿Qué fascinación, qué misterios y qué tramas ocultas lo han hecho aceptable a los que mandan? ¿Cuáles son sus títulos literarios y las aulas que ha cursado para tomar un lenguaje tan afirmativo? ¿Por qué se le presta este apoyo que parece hijo de un espíritu de favoritismo, obra del capricho de un Ministro? ¿Quién es en fin? ¿Quién lo introdujo? ¿Quién lo conoce?"
DOMINGO F. SARMIENTO

"Me he esforzado, sin presumir haberlo conseguido, en presentar un tipo que personificara el carácter de nuestros gauchos, concentrando el modo de ser, de sentir, de pensar y de expresarse que le es peculiar; dotándolo de todos los juegos de su imaginación llena de imágenes y de colorido, con todos los arranques de su altivez, inmoderados hasta el crimen, y con todos los impulsos y los arrebatos, hijos de una naturaleza que la educación no ha pulido y suavizado."
JOSÉ HERNÁNDEZ

"El mundo literario estaba exasperado, y en todos los centros intelectuales se rugía en pro o en contra de Rubén Darío. Pero —¡oh, primer milagro!— todos trataban de escribir mejor."
ROBERTO J. PAYRÓ

"He llorado hasta por las calles al pensar en el desastre que era mi vida cuando todos los acontecimientos exteriores sólo debían proporcionarme felicidad, orgullo y alegría. Soy el mejor escritor de mi generación y el más desgraciado. Quizá por eso sea el mejor escritor."
ROBERTO ARLT

"Descuento de antemano la importancia artística y hasta social (definitiva y profundamente social) que pueda tener este libro. Quiero señalar que la publicación de *El Aleph* no es sólo entre nosotros un acontecimiento literario sino también algo más trascendente, algo que, de manera no demasiado remota, atañe al plano moral y al metafísico."

ESTELA CANTO

Introducción

La imagen que tenemos de la historia de la literatura argentina sigue siendo, en alguna medida, la impuesta por el romanticismo y el positivismo en el siglo XIX. Una historia construida por el juego de dos ideales complementarios: el del rescate de los logros estéticos de la literatura y el del registro del fenómeno literario en el entramado de un proyecto específico de nación. La *Historia de la literatura argentina*, publicada por Ricardo Rojas entre 1917 y 1922, fue una precisa e influyente manifestación de este proceso.

Pero aquel deliberado intento de "biografía nacional" fue, curiosamente, contemporáneo de la eclosión del formalismo ruso, con su contundente negativa a admitir que los cambios producidos en la serie literaria pudieran ser explicados de modo lineal por hechos externos a ella. Aunque aisladas en su contexto temporal, las discusiones del formalismo ruso sentaron las bases de la posterior y avasallante exaltación del signo lingüístico emprendida por el estructuralismo y el posestructuralismo durante las décadas del sesenta y del setenta. Un giro al que vino a sumarse la puesta en crisis de los paradigmas del discurso histórico tradicional. Desde entonces, y cualquiera que sea el balance que se haga de esta poblada experiencia, pocas dudas caben de que ha convertido en incómoda cualquier tentativa de pensar en una historia de la literatura.

Parto desde esa incomodidad y admito algunas de sus consecuencias positivas, como la de desestimar cualquier ilusión de convertir esta historia en una suerte de "biografía nacional" al uso. Pero admito, también, que si bien es cierto que ningún texto puede ser explicado como efecto de una causa histórica, todo texto puede ser interpretado como soporte de un efecto cultural. Este desplazamiento en la cadena de relaciones temporales anula el rol subordinado del texto a la cronología del mundo exterior para enfatizar la simple temporalidad de los textos, a partir de la cual es posible distinguir la noción de influencia, el destino pasajero de géneros y procedimientos, y el registro de los efectos condicionantes de lectura.

El poeta inglés T. S. Eliot, al enfrentarse con los escritos legados por la tradición, entendió que era posible emprender una revisión de la literatura del pasado, y que era, además, deseable que cada tanto un nuevo crítico estableciera un nuevo orden de textos y autores. La empresa, dice Eliot, no es revolucionaria, pero puedo asegurar que es compleja. Se trata de observar la misma escena que han observado anteriormente otros historiadores de la literatura. Pero ahora hay objetos nuevos y extraños al paisaje anterior, que aparecen en primer plano, mientras que los más familiares se desdibujan en el horizonte, y salvo los más prominentes, tienden a desaparecer. Al estimulante trazado del mapa de Eliot me atrevería a agregar la adopción de dos perspectivas de análisis que necesariamente requieren exclusiones. Una resultaría de privilegiar la irrupción de aquellos textos que suponen un cambio en la escritura y en la lectura de una época; otra, la de que ese cambio esté acompañado por una productividad hacia adelante y hacia atrás en el tiempo. Porque un texto verdaderamente nuevo no sólo condiciona la literatura que se escribe y se lee después de su publicación, sino que obliga a reconsiderar la tradición y a reordenar el pasado.

Esta doble perspectiva es, finalmente, la que condiciona, en cualquier historia de la literatura, su capítulo final, siempre demasiado alejado en el tiempo. No es que el historiador no tenga información y criterios de evaluación sobre la nueva literatura, sino que no son visibles todavía sus efectos en el largo plazo porque, como diría el poeta Francisco Gandolfo, "No sabemos el valor de la poesía actual/ hasta tanto el colibrí del tiempo/ no sorba el néctar de la flora del siglo".

Capítulo –1

Lenguas originales, exterminio y diccionarios. Las crónicas escritas sobre el territorio que más de tres siglos después ocupará la República Argentina. Hambruna y antropofagia en Buenos Aires. La comparación, figura retórica privilegiada. Pedro Hernández, curioso por la desnudez de las indias. Fray Lizárraga dice que los chapetones confundían caballos con madera. Martín del Barco Centenera escribe un largo poema y nombra por primera vez a las tierras bañadas por el Río de la Plata como Argentina. Lo que dice Ángel Rosenblat. Historia familiar e historia de la conquista en los anales del mestizo Ruy Díaz de Guzmán. Lucía Miranda, cautiva de los timbúes. Lo que dice Cristina Iglesia. La historia de la Maldonada: un atisbo de ficción. Luis de Tejeda, primer poeta nacido en el territorio. Alonso Carrió de la Vandera ve gauchos y los llama gauderios. Lo que dice Susana Zanetti.

Lenguas en conflicto

A principios del siglo XVI, cuando los conquistadores españoles llegaron al sur de América, identificaron, en el territorio que hoy ocupan la Argentina, Uruguay, Paraguay y el sur de Bolivia, veintiséis lenguas originales, la mayoría de las cuales fueron desapareciendo tanto en razón del exterminio de sus hablantes como del cambio de lengua de los sobrevivientes, toda vez que la dominación española sobre los territorios conquistados suponía, también, una dominación lingüística.

Sin embargo, el quichua y el guaraní, las más difundidas de esas lenguas, hablada una en el antiguo Tucumán y la otra en el nordeste argentino, se desarrollaron territorialmente entre los siglos XVI y XVII, esto es, después de la llegada de los españoles, debido a que los misioneros las adoptaron como lenguas de predicación y las enseñaron a los indios, aun a aquellos para quienes no eran éstas sus primeras lenguas. Así, paradójicamente, siendo éstas lenguas originalmente dominadas por la conquista española, acabaron por convertirse en lenguas de dominación. Otra paradoja es que lo que conocemos hoy de muchas de esas lenguas y dialectos aniquilados por la conquista, ya sea por el sometimiento de sus hablantes al uso de otras lenguas o, directamente, a causa de su exterminio por parte de la fuerza española, sea producto de las gramáticas, compendios y vocabularios escritos, precisamente, por los misioneros españoles.

El fraile sevillano Domingo de Santo Tomás, por ejemplo, fue quien escribió la primera gramática y el más antiguo léxico quichuas, impresos en Valladolid en 1560. La primera con el título *Gramática o Arte de la Lengua General de los Indios de los Reyes del Perú*, el segundo titulado *Vocabulario de la Lengua General del Perú llamada Quichua*. El padre Antonio Ruiz de Montoya hizo imprimir en Madrid en 1639 el *Tesoro de la lengua guaraní*; el padre Antonio Machoni de Cerdeñas escribió un *Arte y vocabulario de las lenguas lule y tonocote*, publicado en 1732 en Madrid, y el padre Alonso Bárcena (o Bárzana) compuso el *Arte de la lengua toba*, a mediados del siglo XVI, publicado en La Plata recién en 1893.

De todos modos, y más allá de expresiones simbólicas convertidas en bienes culturales de cada una de esas comunidades —principalmente leyendas y ritos—, la expresión escrita y, por lo tanto, la historia de la literatura del territorio que más tarde ocupará la Argentina comienza embrionariamente a escribirse con la llegada del primer adelantado, Pedro de Mendoza, en 1536. Pero nada del esplendor de la lengua literaria española del Siglo de Oro puede entreverse en las crónicas, relaciones, descripciones, poemas y anales de sus bastos intérpretes que dan la apocada nota de la literatura colonial española en los más de doscientos años que van de la llegada de Pedro de Mendoza a la creación del Virreinato del Río de la Plata, en 1776.

LAS CRÓNICAS DE LUIS DE MIRANDA Y ULRICO SCHMIDL

Con la expedición de Pedro de Mendoza llegaron al Río de la Plata el clérigo Luis de Miranda y el soldado alemán Ulrico Schmidl quienes, algunos años después, escribieron las primeras relaciones que se conocen y conservan sobre el viaje que, sólo porque la acción sucede en el que más tarde será reconocido como el territorio argentino, pueden considerarse los dos primeros documentos de conformación de la prehistoria de la literatura nacional.

Hacia 1569, y adjuntado a un expediente depositado en el Archivo General de Indias, se encontró parte del primero de los dos: una composición en verso titulada *Síguese el romance que V.S. ilustrísima me pidió y mandó que le diese, el cual compuso Luis de Miranda, clérigo en aquella tierra*. Publicado recién en 1878, al romance le cabe sólo un mérito cronológico: ser el más antiguo del Río de la Plata. Su valor es entonces más documental que literario. El poema, del que se conocen sólo 135 versos, que parecen ser el fragmento de una obra mayor, que sería una relación sobre los primeros treinta años de adelantazgos en el Río de la Plata, no responde a la forma que pregona su título, ni a ninguna otra en particular, lo que destaca, sobre todo, la pobreza de Miranda como versificador, que construye el poema con un promedio de estrofas de tres versos octosílabos y un tetrasílabo, muy frecuentemente desestabilizadas por otras formas próximas o parecidas. Miranda, por otra parte, habla menos del territorio del Río de la Plata que de la fracasada gesta de la conquista elocuentemente registrada en los actos de antropofagia no protagonizados por los indios, sino por los propios españoles, sitiados por los querandíes: "Las cosas que allí se vieron/ no se han visto en escritura/ comer la propia asadura/ de su hermano!". El tema parecía reclamar un tratamiento realista o por lo menos descriptivo, que Miranda lleva adelante sólo a veces cuando, por ejemplo, anota que de dos mil soldados en poco tiempo quedaron doscientos, siendo los demás muertos por los indios, por el hambre o por la indigestión, producto de comer "el estiércol y las heces/ que algunos ni digerían". Pero las más, desarrolla una débil alegoría, como la definió Bernardo Canal Feijóo, según la cual el Río de la Plata es una mujer viuda ingrata, traidora, desleal y enemiga de esposo que aniquila a todo aquel que quiera conquistarla —Juan de Osorio, Juan de Ayolas, Pedro de Luján, Galaaz de Medrano y Pedro de Mendoza— y a quien, dice Miranda, habrá que sujetar alguna vez con un buen marido "sabio, fuerte y atrevido".[1]

El bávaro Schmidl, por su parte, también integró la expedición de Mendoza y se quedó en el territorio por casi veinte años, ocupando cargos de jerarquía menor en el gobierno de la Colonia. En 1552 vuelve a Straubing, Alemania, llamado por su hermano, que le anuncia la futura cobranza de una cuantiosa herencia.

En esos años, entre 1550 y 1556, el veneciano Gian Batista Ramusio había publicado en Europa tres volúmenes de su *Delle Navigazione e Viaggi*, reuniendo relaciones dispersas y manuscritos inéditos de los viajes realizados por los europeos en la primera mitad del siglo XVI. La enorme repercusión que tuvieron los libros, que se manifestó en dos inmediatas reimpresiones y ampliaciones, marcaba la conciencia europea acerca del giro que producían en la historia del continente y de la Humanidad los grandes viajes y descubrimientos.

Schmidl, ya en Straubing, motivado por la expectativa que creaban entonces los libros de viajes, comprobada en el éxito de los de Ramusio, aunque no era escritor, se aplicó a la tarea de redactar las relaciones de su propio periplo que fueron publicadas por primera vez en Frankfurt en 1567 con el título *Viaje al Río de la Plata*. El diario está escrito en una especie de lengua franca, en la que se mezcla el alemán con hispanismos e indigenismos y, como una prueba de la rareza lingüística de todo el libro, Buenos Aires aparece con el nombre fonéticamente germanizado de "Wonnaz Eiresz". Las mismas dificultades y oscuridades lingüísticas del texto —hoy normalizado a un castellano más bien neutro en su versión más difundida de 1938, que es la de Edmundo Wernicke, quien también publicó un estudio sobre la fonética castellana y guaraní en Schmidl—[2] parecen ser el correlato del viaje, también accidentado y dificultoso, transcurrido entre 1534, año en el Schmidl llega al puerto de Cádiz desde Amberes para embarcarse, y 1552, la fecha de su regreso a Straubing.

La obra de Schmidl fue durante muchos años menospreciada como fuente histórica y como literatura. Como fuente histórica, debido a sus desvíos fantásticos, como el relato sobre la tribu de las amazonas, esas "mujeres de un solo pecho" —el otro lo tenían quemado, para poder disparar el arco más cómodamente— que vivían solas en una isla, propios sin embargo del género de viajes, que debe satisfacer la expectativa del lector por lo insólito y extraordinario. En cuanto a su rechazo como obra literaria, a causa de la llaneza del relato de Schmidl que a veces no logra ser disimulada por la realmente singular aventura que está narrando.

No obstante, con el paso de los años, el volumen recuperó parte de esas dos condiciones. Históricamente, esta relación sigue teniendo el valor de una fuente documental de primera mano sobre algunos de los episodios sucedidos durante la expedición de Mendoza al Río de la Plata como, por ejemplo, la hambruna con consecuencias antropofágicas a la que fue sometida la expedición española sitiada por los querandíes "en el día de Corpus Christi" del año 1536, narrada con la curiosidad y el vigor que faltan en el poema de Miranda. Esa misma curiosidad de Schmidl es la que nos permite, hoy, por ejemplo, tener una primera imagen a caballo entre la historia, la literatura y la etnografía, de los charrúas, que huyeron apenas vieron llegar los barcos, o los querandíes, que, por el contrario, en número de tres mil, acompañados por sus mujeres e hijos, dieron de comer a los españoles carne y pescado. La figura retórica privilegiada por Schmidl es la de la comparación, pero no usada de modo imaginativo, con el fin de ensanchar el campo de la percepción, sino casi como un instrumento pedagógico, para que sus lectores europeos lo entiendan mejor, tratando de acercar lo extraño a lo familiar o cotidiano. De este modo, para contar que los querandíes no tienen paradero propio, Schmidl anota que "vagan por la comarca, al igual que lo hacen los gitanos en nuestro país", las boleadoras son "como las plomadas que usamos en Alemania", la raíz de batata se parece a la manzana, la mandioca a la castaña y, en un paroxismo comparativo, el anta "tiene cabeza parecida a la del asno, pero con patas como la vaca y de un cuero color gris, grueso como el del búfalo".

El valor literario de la relación de Schmidl está menos relacionado sin embargo con su arte de la composición que con la precaria pero firme primera construcción simbólica de un escenario fluvial, en un recorrido que va de Buenos Aires a Asunción. Este escenario fue retomado después en las obras de, entre otros, Horacio Quiroga y Juan José Saer, quienes le otorgarán, retrospectivamente, un lugar de privilegio en la historia literaria nacional.

La relación de Pedro Hernández

Para el mismo año en que Schmidl volvía a Europa, el andaluz Pedro Hernández, colaborador principal del segundo adelantado en la región, Álvar Núñez Cabeza de Vaca, escribe los *Comentarios de Álvar Núñez Cabeza de Vaca, adelantado y gobernador de la provincia del Río de la Plata*, una relación sobre los primeros años de gobierno de su jefe. Sin embargo, desde 1555 —cuando se publicó por primera vez en Valladolid— la relación de Hernández aparece acompañando la que había escrito unos años antes Cabeza de Vaca, titulada *Naufragios de Álvar Núñez Cabeza de Vaca y relación de la jornada que hizo a la Florida con el adelantado Pánfilo de Narváez*, ambas en un solo volumen con el título común *Relación y comentarios del gobernador Álvar Núñez Cabeza de Vaca de lo acaecido en las dos jornadas que hizo a las Indias*, firmado sólo por el gobernador. La decisión editorial no le quita méritos a Hernández, un autor menos improvisado que Miranda y Schmidl, quien construye un relato vivaz en el que se destacan, sobre todo, las descripciones de paisajes y costumbres de guaraníes, charrúas, agaces, guaicurúes, yapirúes y payaguaes. Hernández, por otra parte, tiene una suerte de conciencia histórica del momento que está viviendo —también ausente en sus más rústicos antecedentes— que lo lleva a anotar tanto la extrañeza de los españoles ante las, para ellos, insólitas costumbres de los indios como, asimismo, la de los indios ante las de los españoles. Entre las primeras merece destacarse, por su insistencia y reiteración, la anotación acerca de que las mujeres andaban desnudas, "en cuero". Entre las otras, el temor y la reverencia que sentían los guaraníes por los caballos, a los que ofrendaban con comida, mientras le rogaban a Cabeza de Vaca que les dijese que no se enojaran.

Por su mismo asunto y por el tratamiento que Hernández le da, el libro tiene mayor relevancia como fuente de estudios históricos, etnográficos, antropológicos o culturales que como antecedente literario.

La guía práctica de Reginaldo de Lizárraga

Igual valoración merece la *Descripción y población de las Indias*, también conocida como *Descripción breve de toda la tierra del Perú, Tucumán, Río de la Plata y Chile*, escrita por el fraile Reginaldo de Lizárraga aproximadamente entre 1570 y 1609, pero publicada recién parcialmente entre 1681 y 1682 en los *Tesoros verdaderos de las Indias*, un volumen recopilado por el fraile Juan Meléndez. Desprovisto de afán novelesco y de gusto por lo extraordinario, la relación de Lizárraga es, básicamente, una guía práctica para peregrinos y misioneros, escrita con una prosa a veces llana y otras desmañada, casi siempre coloquial, más atenta al detalle referencial que a la pompa retórica y desprovista por completo de pretensión literaria. Lizárraga da, sin embargo, primeras imágenes de los valles de Salta y Jujuy, de las ciudades de Córdoba y Santiago del Estero, y raras y renovadas descripciones del puerto de Buenos Aires donde los setenta y dos caballos y yeguas que llegaron en los barcos de Pedro de Mendoza en 1536 —la precisión numérica la da Schmidl— se reprodujeron de tal modo en el siguiente medio siglo, que cuando llega el fraile dice que parecen "montañas de árboles". A tal punto que, sigue Lizárraga, los "chapetones", esto es, los españoles recién llegados, cuando caminan y no hay ningún árbol en el horizonte, viendo las caballadas dicen: "¿Pues aquello no es montaña? Vamos allá a cortar leña. Y son las manadas de los caballos y yeguas".

LA ARGENTINA, DE MARTÍN DEL BARCO CENTENERA

Al contrario que en Lizárraga, la pretensión literaria es la que está en la base de *Argentina y Conquista del Río de la Plata, con otros acaecimientos de los Reinos del Perú, Tucumán y estado del Brasil*, publicado en Lisboa por el arcediano Martín del Barco Centenera en 1602. Hacia 1580, y posiblemente para mejorar su situación en la carrera eclesiástica, o para hacer dinero, Centenera, que no era poeta, emprendió la escritura de un largo poema, bajo el influjo del célebre *La Araucana*, cuya primera parte Alonso de Ercilla había publicado en 1569. Sin embargo, Centenera toma del modelo sólo su asunto americano y su forma: un poema de versos endecasílabos agrupados en octavas reales, una compleja estrofa de origen italiano formada por ocho versos endecasílabos con rima alterna en los seis primeros versos (ab-ab-ab), cerrada con un pareado en los últimos dos: c-c. Pero las semejanzas acaban no bien comienzan, algo que no sólo se debe a la notoria superioridad compositiva de Ercilla sino también al tono de ambos poemas, a lo que va de la exaltación y la épica de Ercilla al más bien apagado didactismo de Centenera, quien, según anota en su dedicatoria al marqués de Castel Rodrigo, virrey de Portugal, escribió su poema para que el mundo "tenga entera noticia y verdadera relación del Río de la Plata, cuyas provincias son tan grandes, gentes tan belicosísimas, animales y fieras tan bravas, aves tan diferentes, víboras y serpientes que han tenido con hombres conflicto y pelea, peces de humana forma y cosas tan exquisitas, que dejan en éxtasi [sic] los ánimos de los que con alguna atención las consideran". El largo poema —más de diez mil endecasílabos distribuidos en veinticinco cantos— es de lectura trabajosa debido sobre todo a sus deficiencias compositivas, a su falta de brillo verbal y de gracia, y a su deriva o falta de concentración temática, según la cual son tan pertinentes el relato de un viaje del pirata inglés William Drake como el del episodio de la hambruna y antropofagia de la expedición de Pedro de Mendoza, tomado de las relaciones de Miranda y Schmidl, que seguramente ya entonces formaban parte de la tradición oral de la conquista, y versificado así por Centenera: "Un hecho horrendo digo lastimoso,/ aquí sucede: estaban dos hermanos;/ de hambre el uno muere, y el rabioso/ que vivo está, le saca los livianos/ y bofes y asadura, y muy gozoso/ los cuece en una olla por sus manos/ y cómelos; y cuerpo se comiera,/ si la muerte del muerto se encubriera". De todo el poema queda, sin embargo, sólo su nombre: Argentina. Como anota Ángel Rosenblat, en vez del habitual "rioplatense", Centenera usa, con intención poética, tanto en el título como dentro del poema, varias veces, un adjetivo latinizante, "argentina" o "argentino", proveniente de *argentum*, la nominación latina de plata.[3] Si bien hay antecedentes del uso castellano de la palabra, que no es entonces invención de Centenera, sí lo es, en cambio, su aplicación al "reyno" bañado por las aguas del Río de la Plata, al mismo río —"De nuestro río Argentino y su grandeza/ tratar quiero en el canto venidero"— y a sus habitantes. La denominación no tuvo, sin embargo, una inmediata repercusión y descendencia. Sólo dos siglos más adelante, serán los poetas de la Revolución quienes retomen el adjetivo y lo usen insistentemente hasta que, unos años más tarde, se desprenda del ámbito poético y se convierta en gentilicio y en nombre del país.

Los anales de Ruy Díaz de Guzmán

El 25 de junio de 1612, el mestizo Ruy Díaz de Guzmán firmó una historia de los primeros años de la colonia española, desde la llegada de Juan Díaz de Solís a "las provincias del Río de la Plata", entre 1512 y 1515, hasta la fundación de Santa Fe en 1573. Como el libro no tenía título y Díaz de Guzmán había anotado en el prólogo que había tomado la pluma para escribir estos "anales del descubrimiento, población y conquista de las provincias del Río de la Plata", ése fue uno de los títulos con que, de hecho, se lo conoció. El otro, más sugestivo, pero más impertinente, visto que Díaz de Guzmán no usa nunca la palabra "argentina" a lo largo de todo el volumen, fue *Argentina manuscrita*, un título hecho correr por los historiógrafos y copistas del siglo XVIII para distinguir el libro de Díaz de Guzmán del de Centenera, también conocido, por oposición, como *Argentina publicada*.

Los *Anales del descubrimiento, población y conquista de las provincias del Río de la Plata* fueron publicados por primera vez por Pedro de Angelis en 1835, con el título *Historia del descubrimiento, población y conquista de las provincias del Río de la Plata*. La obra, siendo de pretensión histórica, no es, sin embargo, valorada por los historiadores contemporáneos, sobre todo porque se han comprobado errores a lo largo de toda la cronología. Éstos, seguramente, tienen origen en que el autor tuvo en cuenta pocas de las obras impresas ya existentes sobre el período tratado, prefiriendo realizar una reconstrucción a partir de la tradición oral de, como anota Enrique de Gandía, "informes espigados en los recuerdos de innumerables conquistadores",[4] algunos de los cuales eran, por otra parte, parientes del autor. Cosa que convierte a estos *Anales*, por momentos, en un relato familiar, según puede verse ya en el primer capítulo, cuando Díaz de Guzmán recuerda que fue Pedro de Vera, "mi re-bisabuelo", quien por orden de los Reyes Católicos conquistó las islas de la Gran Canaria.

Ruy Díaz de Guzmán era hijo del capitán andaluz Alonso Riquelme de Guzmán, sobrino de Álvar Núñez Cabeza de Vaca que permaneció fiel a su tío cuando éste fue depuesto por Domingo Martínez de Irala en la gobernación de Asunción. Finalmente Riquelme de Guzmán aceptó la paz que le propuso el nuevo gobernador, quien le conmutó la pena de muerte y le ofreció la mano de su hija mestiza Úrsula de Irala. Por lo que Ruy Díaz de Guzmán resultó pariente por parte paterna y materna de dos bandos enfrentados por la disputa del poder en Asunción: los conquistadores viejos, o leales, que respondían a Cabeza de Vaca, y los nuevos, también conocidos como comuneros o facciosos, que respondían a Martínez de Irala. Y son esos mismos intereses familiares y de facciones políticas los que se privilegian en la crónica, en contra de un relato más o menos objetivo de los hechos. Los *Anales*, por otra parte, terminan, cronológicamente, cuando empieza la vida adulta de Díaz de Guzmán, lo que le quita al material el espesor que le hubiera podido dar la memoria personal de los hechos narrados.

Ruy Díaz de Guzmán nació en Asunción y forma parte de la primera generación de escritores nacidos en América, generación en la que se destaca, entre todos, el Inca Garcilaso de la Vega, también mestizo como Díaz de Guzmán. Pero mientras buena parte de la originalidad del peruano hay que buscarla en el hecho de que fue el primero en conciliar en su obra el legado indio con las tradiciones e ideales renacentistas europeos, Díaz de Guzmán no siente, en cambio, la presión del doble linaje, seguramente porque, como precisa De Gandía, "era un mestizo asunceno con la mentalidad típica de un aristócrata peninsular". Y por eso, escribe como un europeo, y describe a los timbúes, a los guaraníes, a los caracaraes o a los querandíes con la misma extrañeza y estupefacción con que los describiría un español.

A Díaz de Guzmán le cabe, sin embargo, el mérito de haber sido el primer escritor de la leyenda de la española Lucía Miranda, la cautiva blanca, casada con Sebastián Hurtado y deseada por igual por los hermanos timbúes Siripo y Mangoré, que muchos años después también avivó la imaginación de Manuel José de Lavardén, autor de una pieza llamada "Siripo", estrenada en Buenos Aires en 1789, y que en los siglos XIX y XX estará en la base de algunos de los grandes relatos y poemas de la literatura argentina firmados por, entre otros, Rosa Guerra, Eduarda Mansilla, Esteban Echeverría, José Hernández, Lucio V. Mansilla, Jorge Luis Borges y César Aira. El persistente relato de la cautiva blanca en la historia literaria nacional invierte, como señala Cristina Iglesia, los términos de la conquista, convirtiendo al blanco en violado y al indio en violador.[5] Díaz de Guzmán fue quien primero entrevió el enorme peso simbólico de esa inversión.

Por otro lado, al relatar por cuarta vez, después de las versiones de Miranda, de Schmidl y de Centenera, el episodio de la hambruna y de la antropofagia en los tiempos de Pedro de Mendoza, Díaz de Guzmán contribuye a la primera conformación de una modestísima tradición en los orígenes de la literatura argentina, dándole estatuto fundacional a un episodio que volverá a ser narrado cuatro siglos y medio más tarde por Manuel Mujica Lainez en el primer capítulo de *Misteriosa Buenos Aires*. Sin embargo, todas las versiones literaturizadas carecen del nervio que tiene el mismo asunto narrado por sus humildes testigos directos, Miranda y Schmidl.

Díaz de Guzmán también cuenta la historia de una española que, huyendo del sitio de los indios, se encuentra con una leona preñada a la que ayuda a parir dos leoncitos a cambio de su vida. El episodio mitológico, al que Díaz de Guzmán pretende darle verosimilitud —"Esta mujer yo conocí y la llamaban la Maldonada"—, desprovisto de función dentro del relato, contribuye no obstante a dotar al material de fantasía e invención, dos notas que, por lo que puede verse en el conjunto, no formaban parte del programa del autor, aunque son las que todavía le dan aliento a su obra.

Los poemas barrocos de Luis de Tejeda

Medio siglo más tarde, en 1663, el cordobés Luis de Tejeda firma un manuscrito titulado *Libro de varios tratados y noticias* que es, contrariamente a lo que indica la anotación, un libro de poemas. Desde precisamente ese año hasta su muerte, sucedida en 1680 —y fecha probable del cierre verdadero del poemario—, Tejeda se encuentra recluido en un claustro dominico, viudo, perseguido y pobre después de que la Audiencia decretó su prisión y el embargo de sus bienes a raíz de una causa iniciada en su contra por abusos cometidos en la función pública. En el claustro, el hasta entonces mundano Tejeda, descendiente de conquistadores y miembro de una tradicional familia cordobesa, inicia un proceso de arrepentimiento y conversión, que es la materia de su obra poética, escrita al rescoldo del entonces difundidísimo barroco que había dado en España su nota más singular, extrema y definida cincuenta años antes, con la publicación, en 1613, de la "Soledad Primera", de Luis de Góngora. La difusión de las obras del mismo Góngora, de Francisco de Quevedo y de Pedro Calderón de la Barca promovió, en América, una extensa descendencia barroca a lo largo de todo el siglo XVII. Ésta sólo a veces fue creativa, como en México, donde se destacan, primero tenuemente, la figura de Carlos Sigüenza y Góngora y, después, con extraordinario relieve, la de sor Juana Inés de la Cruz, autora de "Primero sueño", "El divino Narciso" y la famosa "Respuesta a sor Filotea". Pero las más fue sólo epigonal, como en el caso del cordobés Tejeda, quien, pese a los atisbos de buen poeta religioso que da en el "Soneto a Santa Rosa de Lima" o en "Soliloquio primero", queda, en la historiografía de la literatura argentina, más como un caso —el del primer poeta de la Colonia— que, estrictamente, como un escritor. Esto se vislumbra en la nula influencia que tuvo su obra en la de los poetas que en distintos momentos del siglo XX se vincularon con la tradición del barroco americano y español, como Leopoldo Lugones a principios de siglo, Jorge Luis Borges en los años veinte y los poetas neobarrocos en los años ochenta. La obra de Luis de Tejeda fue publicada por primera vez en 1916, en una edición preparada por Ricardo Rojas, quien la tituló *El peregrino en Babilonia y otros poemas*.

EL LAZARILLO DE CIEGOS CAMINANTES, DE ALONSO CARRIÓ DE LA VANDERA

Casi un siglo más tarde, en 1775 ó 1776, se publica en Lima un libro singular, que se destaca sobre casi todas las relaciones de viajes de la época: *El lazarillo de ciegos caminantes desde Buenos Ayres hasta Lima, con sus Itinerarios según la más puntual observación, con algunas noticias útiles a los Nuevos Comerciantes que tratan en Mulas; y otras Históricas*. Un falso pie de imprenta —Gijón, 1773— y un falso autor también —don Calixto Bustamente Carlos Inca, alias Concolorcorvo, natural del Cuzco— marcan, desde la portada, la rareza de esta obra de circulación clandestina cuando se publicó por primera vez. *El lazarillo de ciegos caminantes* se comenzó a estudiar a principios del siglo XX, después de que en 1908 la rescató la Junta de Historia y Numismática Americana, con una edición preparada por Martiniano Leguizamón. Por su parte, el verdadero autor, Alonso Carrió de la Vandera, a quien hasta entonces se tenía sólo como el protagonista del libro, fue conocido recién en 1959, después de una investigación del hispanista francés Marcel Bataillon.

El español Carrió de la Vandera fue nombrado en 1771 visitador de la ruta entre Buenos Aires y Lima, con la doble misión de inspeccionar las postas radicadas entre ambos puntos del continente y reorganizar y mejorar el sistema postal de correos. Viajó de Montevideo a Buenos Aires, de allí a Córdoba —donde se une a la expedición, en carácter de amanuense, Calixto Bustamante Carlos, a quien después el autor atribuiría la redacción de la obra—, luego a Salta, a Potosí, a Cuzco y finalmente a Lima: 946 leguas recorridas en diecinueve meses. *El lazarillo de ciegos caminantes* es la relación de ese extenso viaje y de la suma de todas las observaciones que Carrió de la Vandera fue anotando sobre la geografía, la economía, las costumbres y la sociedad de la América española. Estas observaciones interesan sobre todo por el tono de sátira que vincula su obra tardíamente, aun no siendo una novela, con la novela satírica europea de principios del siglo XVIII y, anacrónicamente, con la tradición de la picaresca española que había dado dos siglos antes, en 1553, su texto paradigmático: el anónimo español *Lazarillo de Tormes*. La descripción de paisajes y el relato de costumbres de Buenos Aires, la campaña bonaerense y las ciudades de Córdoba, Santiago del Estero, Tucumán y Salta, las instrucciones acerca del modo de amansar mulas, así como la descripción de los "gauderios", unos "mozos nacidos en Montevideo" que, mal vestidos, cubiertos con uno o dos ponchos, "se hacen de una guitarrita, que aprenden a tocar muy mal y a cantar desentonadamente varias coplas, que estropean, y muchas que sacan de su cabeza, que regularmente ruedan sobre amores", en quienes no es difícil reconocer una primera imagen intencionada del gaucho, desarrollados en los primeros siete capítulos del libro, le dan al volumen cierto lugar de privilegio en el registro de la conformación del sedimento cultural rioplatense.

Pero *El lazarillo de ciegos caminantes* responde, como señala

Susana Zanetti, al propósito de "refutar las críticas a la conquista y a las colonias españolas", originalmente formuladas por Bartolomé de las Casas y el Inca Gracilaso.[6] Y ese evidente propósito es el que impide considerar a Carrió de la Vandera, pese a los temas tratados en su relación, como un autor protoargentino. Al contrario, el punto de vista español, fuertemente colonialista, convierte la obra en una singular proclama antiamericana y antiindia, más vinculada a algunos textos del pasado imperialista, como el de Díaz de Guzmán, que a los primeros textos libertarios que empezarán a escribirse y a publicarse muy pocos años después y en los que estará, ahora sí, el capítulo cero de la literatura argentina.

CAPÍTULO 0

Neoclasicismo, color local, imitación, originalidad y monarquismo y patriotismo, notas contradictorias de un famoso poema de Manuel José de Lavardén. Conocido yerbazo que se cría en los remansos del Paraná. Un homenaje de Leopoldo Lugones. Pantaleón Rivarola festeja a las tropas patrióticas que expulsan al "exército inglés". La literatura de la Revolución y de la Independencia. Lo que duraba cantar el himno de Vicente López y Planes y lo que dura ahora, según Esteban Buch. Las razones políticas de la poda. El antólogo Ramón Díaz. Lo que le escribió San Martín a Esteban de Luca.

El poema "Al Paraná", de Manuel José de Lavardén

El miércoles 1 de abril de 1801, entre las páginas 4 y 7 de *El Telégrafo Mercantil Rural, Político, Económico e Historiográfico del Río de la Plata*, el primer periódico que se publicó en Buenos Aires, el porteño Manuel José de Lavardén firmó su inmediatamente famoso poema "Al Paraná", una oda de 98 versos endecasílabos asonantes dedicada al "primogénito ilustre del océano" que, por un lado, respondía tardíamente a las convenciones neoclásicas que habían dado su nota más alta en la literatura europea del siglo XVIII y despuntaba, por otro, la novedad absoluta del color local. Más por esto último que por lo anterior, Lavardén ocupa un lugar de privilegio en el origen de la historia de la literatura argentina, cuya musa, como anotó Juan María Gutiérrez, "no quiso ensayar el vuelo de sus alas mientras no columbró los vastos horizontes del siglo XIX".[1]

Esa ambivalencia, esa condición que señala Juan de la C. Puig en el prólogo a su *Antología de los poetas argentinos* como propia del neoclasicismo de la América española —saber ser original al mismo tiempo que imitador—, es el sino de "Al Paraná". Lavardén es imitador, aunque tardío, porque escribe una obra según las convenciones genéricas, formales y retóricas consagradas en Europa en el siglo anterior. Esto es: preeminencia del verso sobre la prosa, voluntad de objetividad y equilibrio —contra la profusión barroca y rococó—, tendencia a la ejemplificación, y privilegio de los héroes y deidades de las obras clásicas grecolatinas como grandilocuentes términos de comparación. Es cierto que, como el barroco no había tenido en el Río de la Plata la enorme difusión que tuvo en Europa y en otras parte de la América española, la reacción ensayada por Lavardén es más bien tímida y hasta importada de un gusto ajeno, y es por eso que, como señala Julio Caillet-Bois en su indispensable estudio sobre la literatura colonial, hay todavía en "Al Paraná" remanentes barrocos en sus imágenes rebuscadas y en la composición de algunas de sus frases.[2] Esa alteración, en vez de desestabilizar el componente derivativo del poema, no hace sino confirmarlo y volverlo anacrónico por partida doble.

Pero Lavardén también es original, porque instala, por primera vez, de un modo retraído pero neto y hasta provocativo, temas, paisajes y vocabulario americanos, según puede verse, por ejemplo, en esa "banda de silvestre camalote" que cruza la frente del "Augusto Paraná, sagrado río" y lo obliga a anoticiar al pie del verso a los lectores de *El Telégrafo Mercantil* que "el camalote es un conocido yerbazo que se cría en los remansos del Paraná".

El poema refiere al "raro fenómeno" del repliegue "en los cinco años pasados" del crecimiento ordinario del Paraná del que "no hay noticia y se ignora su causa" y al que el poeta, como anota Juan María Gutiérrez, "le finge retraído por los horrores de la pasada guerra extranjera",[3] refiriendo de este modo al bloqueo de los ingleses en 1797: "si de Albión los insultos temerarios/ asombrando tu cándido carácter,/ retroceder te hicieron, asustado". El poeta, considerando que tal retracción atentó contra las dos funciones utilitarias del río —navegación y riego— y supuso entonces una merma estimable del comercio interior y de la cría de ganados, invita al río a que descienda "en su carro de nácar refulgente, tirado de caimanes", desde su urna de oro, echando a su paso "frescor y pródiga abundancia" y "dando socorro a sedientos campos".

El poema es un concentrado de las preocupaciones poéticas, filosóficas y políticas de la época. Por un lado, la forma —oda o canción—, el verso endecasílabo, la misma imagen del río, rodeado de céfiros, genios, ninfas y coronado de lirios y, aun, la interpolación, en la geografía litoraleña, de las montañas griegas de Pindo y de la figura mitológica de Jano, el furioso costero de Troya, dan las notas del poema neoclásico americano. Pero su carácter utilitario, que atiende no sólo a la naturaleza como paisaje, sino también a la economía de la naturaleza, es tributario del asimismo contemporáneo ideario filosófico de los fisiócratas y de la escuela progresista del español Gaspar Melchor de Jovellanos, que tenía en el Río de la Plata, además de Lavardén, otros aventajados discípulos como Manuel Belgrano e Hipólito Vieytes.

El cierre del poema, sin embargo —insólitamente excluido de muchas antologías—, anota que el Paraná, en su carro de triunfo, llevará guarnecidos de diamantes "y de rojos rubíes, dos retratos,/ dos rostros divinales, que conmueven:/ uno de Luisa es, otro de Carlos". Esto es: de los entonces reyes de España Carlos IV y María Luisa. De este modo, el que se postulaba, más debido a su asunto que a su forma, como primer poema argentino, resulta ser, todavía, un poema español. Pero claro que no podía, como parecen exigirlo los censores de las últimas estrofas, ser argentino un poema escrito en el año 1801, cuando la Argentina era —y para algunos pocos entre los que no se contaba Lavardén— apenas una ensoñación.

El poema de Lavardén es, más bien, el emblema de ese largo período de transición que va desde la creación del Virrenato del Río de la Plata, el 8 de agosto de 1776, hasta la Revolución de Mayo de 1810, en el que, según se desprende de sus manifestaciones literarias, fueron las acciones del imperio británico, primero con el bloqueo de 1797 y luego con las dos invasiones de 1806 y 1807, las que, por reacción, van destilando americanismo, argentinismo e ideas de ruptura y libertad en el mismo cuerpo social e ideológico que seguía definiéndose como español y monárquico.

Apenas publicado el poema de Lavardén, dos poetas de la época, el español José Prego de Oliver y Manuel Medrano, escribieron sendos poemas sobre el Paraná, pero no basándose en la contemplación del río, sino en el poema de Lavardén. De Oliver, administrador de la Aduana de Montevideo, publicó en el número 4 de *El Telégrafo Mercantil*, también de abril de 1801, una "Canción al río Paraná", basada en la de Lavardén, y Manuel Medrano, en el número 6 del mismo diario, en el mismo mes y año, su "Oda en honor de la del num. I", así llamada en referencia a la de Lavardén, a quien en el poema nombra "Hijo divino del excelso Apolo,/ sabio argentino, consumado Orfeo". El episodio no sólo es elocuente en relación con una incipiente vida literaria en la Buenos Aires del recién empezado siglo XIX sino que señala además la supremacía de Lavardén entre sus contemporáneos, ya que mientras éstos hacían una poesía de salón, cuyo modelo era otra poesía, Lavardén ya había dado un paso adelante y, anticipando tenuemente a los románticos de los años treinta, había encontrado en el paisaje argentino el motivo de su inspiración, como lo celebrará más de un siglo más tarde Leopoldo Lugones en su poema "A Buenos Aires", de *Odas seculares*, famosamente iniciado con el verso "Primogénita ilustre del Plata" que cita el segundo verso del poema de Lavardén: "primogénito ilustre del océano".

Los poemas sobre las invasiones inglesas

Sobre ese molde, y a la luz de la cada vez más activa vida política del virreinato, se inscribe primero la saga de los poemas sobre las invasiones inglesas y apenas después la de los poemas de la Revolución y la Independencia.

En el primer grupo se destaca Pantaleón Rivarola, autor de un extensísimo "Romance heroico", cuyo asunto es la reconquista de la ciudad de Buenos Aires el día 12 de agosto de 1806 por las tropas reales al mando del virrey Santiago de Liniers, llamado Marte en el poema, siguiendo el modelo neoclásico. Si bien Rivarola viva a España y al rey Carlos IV, la cartografía de la batalla ya se inscribe netamente sobre la de Buenos Aires, al punto que se puede seguir el recorrido de la tropa española sobre un mapa de la época hasta la toma del fuerte, ubicado donde hoy se encuentra la Casa de Gobierno. Por otra parte, el Río de la Plata es llamado, directamente, el Argentino, retomando la designación de Del Barco Centenera, y el mismo adjetivo, ahora como gentilicio, "el pueblo argentino", aparece al año siguiente usado por el mismo autor en unas octavas escritas en recuerdo inmediato de "la gloriosa defensa por las legiones patrióticas el día 5 de julio de 1807", del "formidable ataque" del "exército inglés a la ciudad de Buenos Aires". Los "guerreros de la patria" y el "pueblo argentino" pasan en el poema de Rivarola a ser sinónimos, como un correlato de esa suerte de efervescencia protopatriótica y libertaria que comienza a manifestarse en Buenos Aires al calor de la doble victoria consecutiva contra los ingleses y al amparo de la crisis devenida en desgobierno de la misma monarquía española como consecuencia de la invasión napoleónica.

Pero hoy el más reconocido poeta de la saga es, sin duda, Vicente López y Planes, a quien le cabe el mérito de ser tanto autor de cantos de los triunfos contra la armada británica como, casi inmediatamente, del más famoso contra el imperio español. En primer lugar, López y Planes escribió "El triunfo argentino", un romance heroico en endecasílabos en memoria de la defensa de Buenos Aires contra el ejército de 12.000 hombres que la atacó del 2 al 6 de julio de 1807. Contrariamente a Rivarola, que desarrolla cierta independencia en relación con el modelo neoclásico, López y Planes primero pide la venia del "hijo de Apolo", esto es, de Manuel José de Lavardén, según se lo tenía por esos años en Buenos Aires al autor de "Al Paraná", y luego se despacha con una larguísima tirada de versos retóricos y amanerados que, como anota Puig con cierta perplejidad, obligan a preguntarse "si aquello está escrito para pueblos de habla castellana o para pueblos de Horacios y Virgilios".

La "Marcha Patriótica" de Vicente López y Planes

Naturalmente, no se encuentra en ese "triunfo argentino" la fama de López y Planes, sino en un poema que escribió cinco años más tarde, titulado "Marcha Patriótica", publicado el 14 de mayo de 1813, "en papel y formato de la Gaceta Ministerial del Gobierno de Buenos Aires", con tipos de la imprenta de los Niños Expósitos.

El año anterior, el Primer Triunvirato había manifestado la necesidad de un himno patriótico que fuera capaz de "inflamar al pueblo y regenerar su espíritu", mandando a hacer entonces "una composición sencilla, pero magestuosa [sic] e imponente, del himno que deben entonar los jóvenes diaria y semanalmente".[4] Fray Cayetano José Rodríguez, que había publicado hasta entonces diversos poemas civiles, amorosos y satíricos, fue el encargado de escribir el poema, que probablemente sea la "Canción patriótica en celebración del 25 de mayo de 1812", publicado finalmente en *La Lira Argentina* en 1824, o "El himno a la patria", publicado en 1827 en la *Colección de Poesías Patrióticas*. Como fuere, el himno de Rodríguez duró, como tal, hasta la caída del Primer Triunvirato, en octubre de ese año. Al año siguiente el Segundo Triunvirato instruye a la recién creada Asamblea General Constituyente sobre la misma necesidad de disponer de un canto patrio. La Asamblea convocó entonces a López y Planes y a Rodríguez para que compusieran un canto popular que alentase a los soldados en las batallas contra las fuerzas realistas y que, además, mantuviese despierto en los ciudadanos el ideal de la libertad.

Según el relato de Juan María Gutiérrez, en la sesión de la Asamblea del 11 de mayo se leyeron los poemas presentados por ambos y el de López y Planes fue declarado "Única canción de las Provincias Unidas".[5]

Pero la versión del poema de López y Planes que conocemos hoy, ya con el nombre de "Himno Nacional Argentino" y pegado a la música que casi contemporáneamente le escribió el catalán Blas Parera, también contratado por el gobierno, es bastante diferente de la del poema que votó la Asamblea en mayo de 1813. Aquel poema tenía nueve estrofas de octavas decasílabas, abiertas y cerradas por un coro igual, formado por una cuarteta octosilábica, que decía, como ahora: "Sean eternos los laureles/ Que supimos conseguir/ Coronados de gloria vivamos/ O juremos con gloria morir".

La interpretación del himno original dura, según la medición de Esteban Buch, aproximadamente veinte minutos.[6] Sin embargo, en 1893 el Poder Ejecutivo redujo el Himno al coro y a su última estrofa, luego de que una afirmativa e influyente asamblea de residentes españoles pidió la revisión del texto debido a su contenido violentamente antihispánico, que había llevado, desde el restablecimiento de las relaciones diplomáticas entre España y la Argentina en 1865, a que los embajadores españoles tuvieran instrucciones de retirarse de todos los actos oficiales en los que se lo cantara. En 1900, el gobierno de Julio Argentino Roca resuelve volver a intervenir el texto de López y Planes, dándole la forma que se le conoce ahora, ajustando su duración a dos minutos y medio, que es el tiempo que toma cantar una estrofa y el coro, comprimiendo entonces las nueve estrofas en una sola, que toma la primera mitad de la primera estrofa original y la segunda mitad de la última. En la base de la decisión de Roca hay, naturalmente, una motivación política: extirpar del poema las frases "que mortifican el patriotismo del pueblo español y no son compatibles con las relaciones internacionales de amistad, unión y concordia que unen a la Nación Argentina con la Española".[7]

La reducción opaca, entonces, el contenido antihispánico de la versión original, donde el poeta habla del "vil invasor" que devora cual fieras "todo pueblo que logra rendir". Pero también atenta contra su tono exaltado y épico —y entonces contra casi toda su calidad—, que desaparece de la más apocada versión cercenada. También borra la muy usada figura de Marte que anima los rostros de "los nuevos campeones", con lo que se desactiva, además —pero ése es, seguramente, un efecto involuntario de la política de Roca—, la demasiado evidente filiación del poema revolucionario con los moldes neoclásicos que hasta pocos años antes el mismo López y Planes y otros poetas de la Revolución usaban para enaltecer la gallardía de la luego vituperada Corona española.

En la última estrofa del poema de 1813, los seis primeros versos dicen: "Desde un polo hasta el otro resuena/ De la fama el sonoro clarín,/ Y de América el nombre enseñando,/ Les repite: ¡Mortales! oíd:/ ¡Ya su trono dignísimo abrieron/ Las Provincias Unidas del Sud!". Y entonces, la estrofa remata con la enfática respuesta que esos "mortales", llamados "libres del mundo", emiten al anunciar la buena nueva: "Y los libres del mundo responden:/¡Al Gran Pueblo Argentino, salud!". Desarmada la estrofa, los versos pierden *pathos* y emoción, nota con la que carga todo el nuevo poema de 1900 que, comprimido de su versión original, pierde su condición, señalada por Buch, "de relato de un combate y de una victoria", y el resultado de esa victoria, que es el levantamiento de "Una nueva y gloriosa Nación;/ Coronada su sien de laureles/ Y a sus plantas rendido un león".

LAS DOS PRIMERAS ANTOLOGÍAS DE LA POESÍA ARGENTINA

Esteban de Luca, Juan Cruz Varela y Juan Crisóstomo Lafinur son otros de los poetas de la Revolución y de la Independencia, cuyas obras fueron recopiladas contemporáneamente en dos volúmenes que tienen el mérito de constituir las dos primeras visiones de conjunto de la literatura argentina. En 1822, un decreto gubernamental de Martín Rodríguez y de su ministro Bernardino Rivadavia ordenó que se hiciese una colección con todas las poesías que se habían publicado desde 1810. El decreto, de inspiración rivadaviana, anota que el fin de la antología no sólo era "elevar el espíritu público", sino también "hacer constar el grado de buen gusto en literatura a que este país ha llegado en época tan temprana". Vicente López y Planes, Esteban de Luca y Cosme Argerich fueron designados por la Sociedad Literaria, que a su vez había recibido el encargo del gobierno, para escoger las piezas literarias que integrarían la *Colección de Poesías Patrióticas*, un volumen que, según el testimonio de Juan María Gutiérrez, se terminó de imprimir recién en 1827, no se entregó a la circulación pública y del que se conservaron algunos pocos ejemplares de 353 páginas, sin carátula y sin índice. Para la misma época, Ramón Díaz preparó la "Colección de las piezas poéticas dadas a luz en Buenos Aires durante la guerra de la Independencia", que se conoció también como *La Lira Argentina*, un volumen de 515 páginas impreso en París en 1824 con una tirada de dos mil ejemplares. Ambas colecciones tienen prácticamente los mismos poemas, pero mientras en la ordenada por Rivadavia los poemas aparecían corregidos por sus autores para su publicación en libro, la compilada por Díaz reprodujo los poemas tal cual fueron publicados originalmente en hojas o sueltos, y algunos hasta sin firma, del mismo modo en que circulaban antes de la compilación, ya que el antólogo no quiso "sujetar las piezas a la revisión de sus autores, ni menos a la elección de algún inteligente, postergando el aliño, o la adopción de lo más bello o hermoso, al deber de entregar a la posteridad lo que ella tiene derecho de saber, es decir, lo que realmente ha habido".[8]

La Lira Argentina se reeditó varias veces, en forma completa o de antología, y es entonces el documento más popular y reconocido de la primera generación de escritores argentinos. El adjetivo y la condición valen tanto por el lugar de nacimiento de casi todos los autores como por los temas tratados en sus poemas, aunque la forma, la retórica y el léxico, que prácticamente no cambió de Lavardén a sus más o menos declarados discípulos, señalen con evidencia su origen todavía español. Por su parte, el conjunto está más próximo a la historia de la literatura como institución que a la literatura propiamente dicha, debido, sobre todo, a la humildad de muchos de los textos, de indudable valor cultural, pero casi siempre desprovistos de aura artística y de potencia formal, más aptos entonces para satisfacer la curiosidad de los historiadores y no la menos sesgada de los lectores a secas.

Además, y pese a la intención republicana y pedagógica de los poetas, la mayoría de los poemas de *La Lira Argentina* y de la *Colección de Poesías Patrióticas* son producidos y leídos en un circuito letrado y entonces reducido, formado por los dirigentes políticos y militares de las batallas independentistas, pero lejos del pueblo y de la soldadesca, según puede verse, ejemplarmente, en el origen y destino de uno de las máximos poemas de Esteban de Luca, el "Canto lírico a la libertad de Lima por las armas de la patria, al mando del general de San Martín", recopilado en ambas antologías. De Luca había escrito ya y publicado, entre otros poemas, una oda "A Montevideo rendido", fechada en 1814, y un festejado canto dedicado a San Martín, "Al vencedor de Maipo", que data de 1818. Este último es una extensa tirada de endecasílabos que da con todas las notas del neoclásico revolucionario americano: paisaje local —la cumbre de los altos Andes—, héroes independentistas —San Martín y sus soldados—, lenguaje castellano culto y retórica neoclásica y universalista, como puede leerse en la invocación a la musa de la épica y de la elocuencia en el comienzo del canto que da cuenta de la batalla final: "Calíope sacra,/ Inspírame propicia digno canto/ Con que pueda pintar heroicos hechos". La fama inmediata del canto entre las autoridades patrióticas le valió a De Luca tres años después una singular distinción: ser convocado por Bernardino Rivadavia para escribir un poema sobre la entrada del ejército de San Martín a Lima. Escribe Rivadavia a De Luca el 28 de septiembre de 1821 que el gobierno desea que "aquel que ha tenido la gloria de cantar sus triunfos, con aplausos del mundo literario, cante también la destrucción del coloso español en América y la libertad del Perú". Patriota y neoclásico, De Luca contesta que la libertad del Perú es un "acontecimiento tan fecundo en grandes resultados para la patria, que la imaginación de los Homeros y los Virgilios no bastaría a pintarlo con las brillantes imágenes que le corresponden". En quince días, De Luca escribe su canto lírico, en una combinación de heptasílabos y endecasílabos que da como resultado un poema evocativo menos narrativo y épico que la oda anterior, aunque mantiene su misma combinación neutralizante de paisaje americano, héroes revolucionarios, lenguaje castellano culto y retórica neoclásica y universal. Idéntica combinación puede rastrearse en los efectos inmediatos del poema. Por un lado, en el decreto que firma Rivadavia ordenando la impresión del poema "con toda perfección tipográfica" y encomendando que se le regale al poeta "una de las mejores ediciones de las poesías de Homero, de Ossian, de Virgilio, del Tasso y Voltaire". Y, por otro, en la carta que le envía José de San Martín, donde lo llama "compañero y paisano apreciable" y donde, previsiblemente, le señala que "los sucesos que han coronado esta campaña no son debidos a mis talentos (conozco bien la esfera de ellos), pero sí a la decisión de los pueblos por su libertad y al coraje del ejército que comandaba".

Capítulo 1

El paso adelante y el paso atrás de Bartolomé Hidalgo. Cielito, cielo que sí. El rey Fernando, tratado de sonso. Jacinto Chano y Ramón Contreras dialogan patrióticamente. El primer clásico de la literatura rioplatense. Hilario Ascasubi, fervoroso antirrosista, prueba con el pie quebrado y le sale bien. Un mashorquero amenaza a Jacinto Cielo con someterlo a refalosa. Isidora la federala se refriega en la sala con la hija de Juan Manuel. Lo que hay en el cuarto de Rosas. La historia de los mellizos de La Flor: una gauchesca culta y despolitizada. Estanislao del Campo manda un gaucho a la ópera. Por suerte, Anastasio el Pollo sabe francés. Una definición del género, según Josefina Ludmer.

La fundación de la poesía gauchesca

Pero en *La Lira Argentina* se encuentran también algunos pocos poemas —sin firma en el original y atribuidos después al uruguayo Bartolomé Hidalgo— que disienten con el tono general del conjunto y se destacan sobre el resto por la reducción métrica y estrófica, que prefiere el más afectuoso octosílabo al por definición solemne endecasílabo, en versos reunidos en grupos de cuatro con rimas en los pares, y también por el lenguaje, más cercano al habla popular que a los giros cultos y conceptistas del neoclásico dominante. Las formas elegidas —cielito, copla, cuarteta octosilábica— suponen, como señala Ángel Rama, un paso atrás en relación con las que usaban los neoclásicos antimonárquicos, liberales y revolucionarios, porque en vez de apoyarse sobre una retórica anacrónica pero progresista, se sustenta en una más anacrónica aún, de origen medieval; cambia, además, la pretensión ecuménica y universalista de aquéllos por una preferentemente regional y particular.[1] Sin embargo, ese paso atrás de Hidalgo supone al mismo tiempo un paso adelante ya que esa misma elección formal y léxica amplía notoriamente las posibilidades de circulación de los poemas. Éstos dejan de ser, como los neoclásicos revolucionarios, patrimonio de la clase culta, sólo aptos para ser leídos en los despejados ámbitos del salón o de los despachos oficiales, y acceden a una franja de público mucho más generosa y no necesariamente letrada, o directamente analfabeta, porque la forma de los nuevos poemas se adapta fácilmente a la transmisión oral y al canto, que fueron su medio de difusión tanto como las hojas, sueltos y compilaciones patrióticas.

Esta forma nueva, o diferente, todavía vinculada de manera residual al neoclásico en algunas de sus formulaciones retóricas, mantiene con éste, además, no sólo una función ideológica de base común —patriótica, revolucionaria y antiespañola—, sino también el mismo origen burgués y culto de sus autores. Pero mientras Juan Cruz Varela, Juan Crisóstomo Lafinur o Esteban de Luca se concentran en una retórica excluyente y dirigida sobre todo al público letrado de las ciudades —el "mundo literario" del que habla Rivadavia en la carta a De Luca—, Hidalgo, por el contrario, cambia el destinatario, que ya no es el político, el filósofo, el ideólogo o el general de la Independencia, sino el gaucho en armas del ejército independentista. Éste, a su rol de receptor de los poemas, suma el de ser su divulgador, según puede entreverse por lo que sucede con el primer cielito atribuido a Hidalgo.

Compuesto a fines de 1812 y escrito durante el sitio de Montevideo contra los españoles, el cielito de Hidalgo, según recuerda Francisco Acuña de Figueroa en su *Diario histórico del sitio de Montevideo*, era cantado por los sitiadores que se acercaban a las murallas a "gritar improperios" contra los sitiados.[2] La escena tiene, es verdad, como anota Roberto Giusti, "cierto sabor homérico" y legendario.[3] Pero la sostiene, retroactivamente, la evolución del género hacia la poesía gauchesca, cuyo germen, borroso aún en los cielitos, se volverá nítido, en la misma obra de Hidalgo, en los "diálogos patrióticos" entre Jacinto Chano, "capataz de una estancia en las islas del Tordillo", y Ramón Contreras, gaucho de la guardia del Monte, escritos entre 1821 y 1822.

Ya en algunos de los memorables cielitos anteriores puede verse el buen rendimiento que obtiene Hidalgo de las cuartetas octosilábicas rimadas en los versos pares tomadas del romancero español. El contexto de los poemas es realista e histórico —cuentan hechos que acaban de suceder realmente, o que están sucediendo en ese momento, como el sitio a Montevideo—, el tono es sobre todo narrativo en lugar del épico o elegíaco preferido por los poetas neoclásicos, y el nervio y la vivacidad de las descalificantes ironías contra el ejército y el rey enemigos se asientan en las elecciones léxicas de Hidalgo, que privilegia tanto los giros del castellano popular como los de un incipiente idioma rioplatense y criollo. Así escribe, por ejemplo, contra el rey Fernando VII, una vez que éste había publicado, en abril de 1820 y en Madrid, el *Manifiesto del rey Fernando a los habitantes de ultramar*, instando a los pueblos revolucionarios a volver al yugo monárquico: "Cielito, cielo que sí/ este rey es medio sonso,/ y en lugar de don Fernando/ debería llamarse Alonso". Y más adelante: "Para la guerra es terrible,/ balas nunca oyó sonar,/ ni sabe qué es entrevero,/ ni sangre vio colorear.// Cielito, cielo que sí,/ cielito de la herradura,/ para candil semejante/ mejor es dormir a obscuras.// Lo lindo es que al fin nos grita/ y nos ronca con enojo./ Si fuese algún guapo… vaya:/ ¡pero que nos grite un flojo!". Y contra ese polo opositivo, se construyen dos simultáneamente afirmativos. Uno que es de identidad: "Mejor es andar delgado,/ andar águila y sin penas,/ que no llorar para siempre/ entre pesadas cadenas.// Cielito, cielo que sí/ guárdense su chocolate,/ aquí somos puros Indios/ y sólo tomamos mate". Y otro que es proselitista de republicanismo y civilidad, y que más tarde, en la gauchesca, va a devenir electoral, de diverso signo: "Cielito, cielo que sí,/ no se necesitan reyes/ para gobernar los hombres/ sino benéficas leyes.// Libre y muy libre ha de ser/ nuestro jefe, y no tirano;/ éste es el sagrado voto/ de todo buen ciudadano".

Pero en esas formulaciones híbridas de los poetas de la Revolución y la Independencia, cuya ideología moderna está sometida aún a la cárcel de una forma conservadora o anterior, se encuentra la base de sustentación de las primeras enunciaciones de una literatura nacional en dos proyecciones diferentes. Por un lado, la de los poetas liberales del Romanticismo, que tomarán tanto del modelo europeo como de la obra de los liberales del neoclasicismo la percepción —apenas esbozada en estos últimos— acerca de que escribir una poesía nacional es, básicamente, inscribirla en un paisaje nacional, y también la idea de la función utilitaria de la poesía, sobre todo educativa en relación con la difusión de valores ideológicos, filosóficos y políticos, y dirigida, como en los neoclásicos, al público restringido de las ciudades. Por otro, la de los poetas gauchescos del siglo XIX, de Hilario

Ascasubi a José Hernández, que toman de Hidalgo no sólo su entonación, su vocabulario, su afán proselitista en la elección de un público no urbano e iletrado, sino, como señalan Jorge Luis Borges y Adolfo Bioy Casares, algunos de sus motivos esenciales como el diálogo entre paisanos, el ambiente sugerido por alusiones y la perplejidad del gaucho en la ciudad.[4]

Los diálogos patrióticos de Bartolomé Hidalgo

Todo esto, sin embargo, no está maduro aún en el Hidalgo independentista y revolucionario de los cielitos que apenas esboza la rotunda novedad de sus diálogos patrióticos en los que puede decirse que nace una literatura original finalmente sincrónica con la revolución política precisamente, justo es decirlo, cuando ésta comenzaba a padecer resquebrajamientos y divisiones entre los distintos grupos dirigentes. Ya en 1815, la bifurcación del partido de gobierno entre unitarios y federales promovió distintos alineamientos políticos. Buenos Aires retuvo el poder central, contra el que se rebelaron, por un lado, las provincias de Entre Ríos, Corrientes y la Banda Oriental, que respondían al uruguayo José de Artigas y, por otro, Córdoba, La Rioja, Santa Fe y Salta. En 1816, el año del Congreso de Tucumán, con la Banda Oriental independiente de las otras provincias, las partes retoman frágilmente el orden y la armonía, para firmar la declaración de la Independencia, pero este equilibrio precario es roto poco tiempo después, ya desatada la guerra civil de 1820. Por lo tanto, el escenario político, que es el asunto de la pequeña obra de Hidalgo, cambia de los cielitos a los diálogos, y si los primeros son, sobre todo, antihispánicos y antimonárquicos, los segundos, siéndolo aún, ya dan cuenta del fragmentado frente interno.

En el primer diálogo patriótico entre Jacinto Chano y Ramón Contreras, es Chano quien se pregunta por las ganancias obtenidas en diez años de "revulución", además del beneplácito por haber podido sacudir las cadenas de "Fernando el balandrón". Y la enumeración es decepcionante: "robarnos unos a otros/ aumentar la desunión,/ querer todos gobernar/ y de faición en faición/ andar sin saber que andamos;/ resultando en conclusión,/ que hasta el nombre del paisano/ parece de mal sabor". Para Chano, que oficia como una suerte de educador político de Contreras, el problema radica en la aplicación desigual de las leyes, y en que esa desigualdad siempre beneficia al "señorón", en desmedro del gaucho pobre, ya que mientras a éste "lo prienden, me lo enchalecan,/ y en cuanto se descuidó,/ le limpiaron la caracha,/ y de malo y saltiador/ me lo tratan y a un presidio/ lo mandan con calzador", el otro "sale a la calle/ y se acaba la junción". La distinción entre unos y otros —y ya puede verse de qué lado están Chano y Bartolomé Hidalgo— es económica, entre el rico y el "pobretón", pero es sobre todo social y política. Los gauchos pobres son los "soldados de valor", los oficiales que prestaron servicios a la patria en la época de la Revolución, muchos de los cuales murieron en combate dejando a la "infeliz viuda" amenazada por la prostitución, mirando con "cruel dolor/ padecer a los hijuelos". Mientras que los ricachones son, sobre todo, los porteños, los beneficiarios "de toda la plata y oro/ que en Buenos Aires entró/ desde el día memorable/ de nuestra revulución", quienes disfrutan de las rentas de la abundancia que, por otra parte, no se ocuparon en hacer crecer. "¿Y esto se llama igualdad?", se pregunta Chano. Y se contesta: "¡La perra que me parió!".

Formalmente, Hidalgo introduce casi todos los recursos que después, a veces mejorados, a veces estilizados, y otras sólo empleados retóricamente, formarán parte del instrumental de los poetas gauchescos argentinos y uruguayos Hilario Ascasubi, Estanislao del Campo, Antonio Lussich y José Hernández. Hidalgo, que en 1816 había ensayado la forma dramática en una suerte de monólogo unipersonal llamado "Sentimiento de un patriota", y a quien no parece resultarle indiferente la puesta, en sentido teatral, de sus propios poemas, torna verosímil el contrapunto entre los dos personajes de sus diálogos patrióticos a partir de un encuentro provocado o casual entre Chano y Contreras. En el primero es Chano quien, como "estaba de balde", encincha el azulejo y va visitar a Ramón; en el segundo es Ramón quien "anda variando" su zaino parejero porque tiene que correr una cuadrera y entonces pasa por la estancia de Chano para conversar con él, y en el tercero es Ramón otra vez quien simplemente va a visitar a su amigo, porque "Tiempo hace le ofrecí/ el venir a visitarlo/ y lo que se ofrece es deuda". La conversación versa primero sobre caballos, luego sobre el mate, para pasar inmediatamente, y ya con los dos personajes "cimarroniando", a la relación sobre las "novedades", que en los dos primeros diálogos son eminentemente políticas. En el tercero, en cambio, la relación de Ramón "de todo lo que vio en las fiestas Mayas de Buenos Aires, en 1822", convoca las convenciones del realismo costumbrista y detallista —y de hecho el texto conserva un valor documental además de artístico, sobre cómo eran efectivamente los festejos patrios en Buenos Aires en los primeros años de la década del veinte—, e inaugura la serie temática del gaucho en la ciudad, retomada más tarde por la tradición gauchesca y por el sainete.

En cuanto al lenguaje, los diálogos de Hidalgo no sólo transcriben la fonética del habla del gaucho (ansí por así, jué por fue, salú por salud, humadera por humareda, cansao por cansado, ahura por ahora, güen por buen, etc.), sino que incorporan, además, giros criollos (entregar el rosquete, o limpiar la caracha, ambos por morir, o asentar y mudar el mate: en el primer caso, agregarle un trago de aguardiente, en el segundo, cambiar la yerba) que acompañan los giros y el vocabulario castellano que también forma parte del repertorio lexical de Hidalgo, pero que, desestabilizados por completo por la presencia de aquéllos, aparecen en los diálogos como elementos arcaicos y residuales. Por otra parte, si bien Hidalgo no se sale nunca del metro octosilábico rimado en los versos pares, de origen español, manifiesta dotes de buen versificador, atento a la expresividad, como cuando parte el verso en dos tetrasílabos ("¿Novedades?... ¡qué se yo!", o "¿Y la mosca? No se sabe"), un recurso muy humilde, pero muy rendidor para captar la atención del interlocutor ficcional —Chano o Ramón— y, a través de éste, del receptor natural de los poemas. Todas estas notas no convierten a Hidalgo —como pretende el crítico uruguayo Carlos Roxlo— en un precursor que contiene a todos sus sucesores "que han descollado imitándolo",[5] pero tampoco es, como señalan Borges y Bioy Casares, ese raro inventor al que "definen y mejoran" sus ilustres descendientes Ascasubi, Del Campo, Lussich y Hernández, sin los cuales, "la obra de Hidalgo sería una mera curiosidad y ni siquiera podríamos percibir sus rasgos diferenciales".[6] Al contrario, los tiene en cantidad, y son los que lo distancian de todos sus contemporáneos y convierten su pequeña obra compuesta por apenas tres diálogos en el primer clásico de la literatura rioplatense, si se lo piensa desde la concepción del poeta norteamericano Ezra Pound, para quien el texto clásico es "una novedad que sigue siendo una novedad".[7] Cambiados todos los protocolos de lectura con los que se lo leyó a Hidalgo hace ya más de 180 años y desaparecidas sus referencias políticas, sus versos, sin embargo, mantienen la gracia, la galanura en la denuncia y el enorme poder de interpelación que entusiasmaron a sus rústicos y letrados lectores de entonces.

Una gauchesca unitaria y una gauchesca federal

Bartolomé Hidalgo murió en Morón, provincia de Buenos Aires, en 1822 a los 34 años. Menos de un año después se publicó en Buenos Aires un folleto anónimo titulado *Graciosa y divertida conversación que tuvo Chano con señor Ramón Contreras con respecto a las fiestas Mayas de 1823*. Y en 1825 se publicó otro anónimo más: *Graciosa y divertida conversación que tuvo Chano con señor Ramón Contreras, en la que detalla el primero las batallas de Lima y Alto Perú, como asimismo las de la Banda Oriental, habiendo estado cerca de ambos gobiernos con el carácter de comisionado y ahora acaba de llegar de chasque del Sarandí*. Ambos poemas respetan los protocolos formales de los de Hidalgo, pero como señala el investigador Félix Weinberg, quien encontró el único ejemplar de la segunda *Graciosa y divertida conversación...* y la volvió a publicar en 1968, estos anónimos no son poemas de Hidalgo publicados póstumamente, sino la vivaz manifestación de la proyección tanto de la forma como de los dos primeros grandes personajes de la literatura rioplatense más allá de la obra y del autor que les dieron origen.[8]

A partir de los años treinta, cuando la independencia era una cosa resuelta y los enfrentamientos ya no eran entonces contra el yugo monárquico, sino entre los herederos del poder: unitarios y federales, la obra de Bartolomé Hidalgo comienza a perder vigencia política. Pero de modo más definido y neto que en la etapa histórica anterior, los poemas gauchescos serán, como dice Weinberg, "instrumento importante en ese combate cotidiano". Y federales y unitarios, rosistas y antirrosistas, utilizarán la forma creada por Hidalgo para conseguir el favor de los campesinos, buscar adhesiones y llamarlos a unirse a sus respectivas filas de combate.

Luis Pérez, que firmó muchas de sus cuartetas y cielitos con el seudónimo Pancho Lugares, fue el más reconocido gauchi-político rosista y suyas son algunas de las caracterizadas descripciones del Brigadier, sobre quien escribió una biografía en octosílabos, que mantiene el tono apologético de esta cuarteta de 1831: "Ya gracias a Dios llegó/ nuestro adorado patrón/ el deseado de este pueblo/ el genio de la Nación".

Juan Gualberto Godoy fue, también en los primeros años de la década del treinta, el principal versificador del ideario unitario, en poemas publicados en el periódico *El Coracero*, de Mendoza. Pero ni los versos de Pérez ni los de Godoy tuvieron la inventiva, la complejidad compositiva, ni el definido realismo descarnado de los de su contemporáneo, el antirrosista Hilario Ascasubi, el primer seguidor manifiesto y sin embargo diferente de Hidalgo, cuyo primer diálogo entre los gauchos orientales Jacinto Amores y Simón Peñalva data de 1833.

"LA REFALOSA", DE HILARIO ASCASUBI

Entre 1837 y 1851, el ideario antirrosista tuvo en Hilario Ascasubi a uno de sus máximos propagandistas en Montevideo y Buenos Aires. Los poemas de Ascasubi, firmados con distintos seudónimos que fueron más tarde unificados bajo el de Paulino Lucero, se publicaron conjuntamente por primera vez en 1853 en dos volúmenes, con el título *Trovos de Paulino Lucero*, y luego en 1872, en París, cuando reunió sus obras completas, con el título general *Paulino Lucero o Los Gauchos del Río de la Plata cantando y combatiendo contra los tiranos de las Repúblicas Argentina y Oriental del Uruguay*. Jacinto Amores y Simón Peñalva, Norberto Flores y Ramón Guevara, Juan de Dios Oliva "y otros dos gauchos orientales", el mismo Paulino Lucero y su amigo Martín Sayago, Ramón Contreras —el personaje de Hidalgo— y Salvador Antero, Anselmo Morales y Rudesindo Olivera son algunos de los personajes con los que Ascasubi continúa la tradición del diálogo instalada por Hidalgo. Pero en relación con el modelo no cambian sólo los temas —los nuevos son el sitio de Montevideo por las fuerzas de Rosas, su gobierno en la ciudad de Buenos Aires, las batallas entre rosistas y antirrosistas en los campos argentinos, siempre desde una perspectiva rabiosamente contraria a la política del Brigadier—, sino también la versificación y el registro. En cuanto a la versificación, si bien Ascasubi casi no se sale del octosílabo, maneja algunas variantes estróficas, entre las que sobresale la décima, en contraposición a las regulares cuartetas de Hidalgo; también, ofrece variaciones a la unívoca rima en los pares de su antecesor, y es la rima abrazada consonante de la que obtiene mejor rendimiento. Asimismo, y para dar continuidad rítmica y musical a sus versos, Ascasubi prueba exitosamente el pie quebrado, que funciona muy bien en "La Refalosa", como otra partición del verso octosílabo en dos tetrasílabos, pero ahora el primer hemistiquio queda en la voz de uno de los personajes, y el segundo abre la respuesta del otro, de modo que si, por ejemplo, en "La encuhetada", Marcelo viene diciendo "¿Y cuánta sangre y estrago/ aún devora nuestra tierra?,/ sin terminarse esta guerra,/ porque hay hombres...", Pilar lo interrumpe diciéndole "Eche un trago", cerrando él la cuarteta abierta por su interlocutor.

Respecto del registro, lo más destacado de Ascasubi es su impactante incursión en un realismo exacerbado que da su nota más alta en "La Refalosa" y en "Isidora la federala y mashorquera". En "La Refalosa", el autor invierte la voz de sus personajes y quien habla no es, como habitualmente, un gaucho unitario que denuncia las atrocidades del gobierno de Rosas y los mazorqueros, sino un "mashorquero y degollador de los sitiadores de Montevideo" que amenaza al gaucho unitario Jacinto Cielo con someterlo a "refalosa". La inversión da, como anota Calixto Oyuela, una perdurable sensación de objetividad "en el espantable realismo de esta pintura"[9] en la que el mazorquero cuenta con delectación cada uno de los pasos que se siguen para degollar a un unitario, desde que lo agarran, si no grita "¡Viva la Santa Federación!", hasta que al "salvaje" después del degüello, de haberlo hecho bailar "la refalosa" —esto es, hacerlo resbalar en su propia sangre—, le da un calambre, "y se cai a pataliar/ y a temblar/ muy fiero, hasta que se estira", para finalmente cortarle una lonja de carne, arrancarle las orejas, la barba, las patillas y las cejas y dejarlo "para que engorde algún chancho/ o carancho".

Por el tono y por el tema, la segunda parte de "Isidora la federala y mashorquera" puede ser leída como una continuación de

"La Refalosa", tanto de su asunto como de su reconcentrada visualidad. Isidora la arroyera, definida por el narrador Anastasio el chileno como una "güena federala/ pues se refriega en su sala/ con la hija de Juan Manuel", vuelve del campamento de Oribe a Buenos Aires a visitar a su amiga Manuelita. El poema, hasta ese instante gracioso e intencionado, cambia imprevistamente de registro, cuando Isidora saca el regalo que trae para su amiga porteña: una lonja de carne "que le he sacao a un francés", y le pide que lo guarde con las orejas que le regaló Oribe. Manuelita le dice que ya no tiene las orejas, que se las regaló a "tatita", y entonces invita a Isidora al cuarto de Juan Manuel en el que, como trofeos de caza, se exhiben "el cuero del traidor Berón de Astrada", la cabeza del coronel Juan Zelarrayán, la barba y la melena del comandante Maciel, las orejas del coronel Borda, todos opositores al gobierno de Rosas y muertos en batalla o directamente asesinados. En una escena formidable, imprevistamente entra Juan Manuel a su cuarto "en camisa y calzoncillos", con una cabeza amarrada golpeándole los tobillos. Se acuesta y le dan convulsiones, brama "como un tigre enfurecido", echa espuma por la boca, tiembla, rechina los dientes, "ve", como en una alucinación, la batalla de la Horqueta del Rosario en la que el unitario Venancio Flores derrota a Ángel María Núñez y "lo limpian a Alderete". Y cuando de golpe recupera la compostura, manda que degüellen a la arroyera, para que no pregone lo que vio. Después se sienta sobre su cadáver, la besa y larga una carcajada. Y cierra Anastasio: "Ansí la triste Arroyera/ un fin funesto ha tenido/ sin valerle el haber sido/ federala y mashorquera".

En 1851, después del pronunciamiento del general Justo José de Urquiza contra Rosas, Ascasubi, exiliado en Montevideo, marchó a Entre Ríos, a enrolarse en el llamado Ejército Grande al que entró con el grado de teniente coronel pero en el que, como recuerda Domingo F. Sarmiento en *Campaña en el Ejército Grande*, ofició más de propagandista —"se le dieron mil ochocientos pesos por sus poemas gauchescos"—[10] que de militar. Ascasubi participó de la batalla de Caseros en 1852, donde Urquiza derrotó a Rosas. Pero al año siguiente, y una vez declarado el movimiento separatista que supuso una nueva partición del país —Buenos Aires por un lado y la Confederación de provincias por el otro—, Ascasubi quedó del lado de los porteños y, como antes Rosas, ahora fue Urquiza el objeto de su verba satírica y despiadada, y Aniceto el Gallo el nombre del nuevo personaje gaucho a través de cuya voz hablaba la del autor. La sensación política —compartida, entre otros, por el mismo Sarmiento— de que Urquiza había descabezado a un caudillo tirano para jugar él mismo ese rol es la que está en la base de los poemas de Aniceto el Gallo, publicados en el periódico homónimo entre 1853 y 1859. Urquiza es "vuecelencia", o "el señor Diretudo", o "el Diretor Bambolla de Mogolla", o el "sicofantástico". Pero en los nuevos poemas no sólo es notorio, como escribe Ángel Rama, el "descenso de la inspiración poética"[11] de Ascasubi, sino también el predominio, no ya de la concentrada nota realista, sino de la sátira social y política, y del humor. Como anota Augusto Raúl Cortazar, "la pasión del proscripto, del guerrero, del sitiado en Montevideo, se torna reyerta de política menuda",[12] cosa que sostiene, por un lado, el enorme éxito del nuevo personaje de Ascasubi entre sus contemporáneos —Anastasio el Pollo, el próximo gran personaje de la gauchesca, de Estanislao del Campo, es una derivación de éste—, pero que marca, también, las dificultades de lectura que supone esa obra hoy, atravesada por alusiones a la vida cotidiana y a efímeros personajes sólo comprensibles para un avezado estudioso de la época.

SANTOS VEGA O LOS MELLIZOS DE LA FLOR

Unos años antes, en 1850, Ascasubi había comenzado a escribir su proyecto más ambicioso: *Los mellizos o rasgos dramáticos de la vida del gaucho en las campañas y praderas de la República Argentina*, del cual publicó sólo dos entregas ese año, y que retomó más tarde, y publicó en París, en 1872, con el título *Santos Vega o Los Mellizos de La Flor*. El extenso poema cuenta la historia de los hermanos mellizos Luis y Jacinto —el primero, gaucho malo, asesino y ladrón, y verdadero protagonista del poema; el segundo, su contraste antitético, el gaucho bueno— por el payador Santos Vega, un personaje legendario, no inventado por Ascasubi y de existencia anterior a su poema. En una pulpería del pago de la Espadaña, Santos Vega conoce a un gaucho santiagueño llamado Rufo Tolosa. Ambos entablan inmediata amistad, y Tolosa invita al payador a comer un churrasco a su rancho, cerca de San Borombón, para que ahí Vega le cuente la historia de "un malevo cristiano,/ tan ladrón, tan asesino,/ y en suma tan desalmado,/ que en el tiempo en que vivió/ era el terror de estos pagos". Y en efecto, y después de comer "un asao/ de entrepierna como un cielo,/ que sin quemarle ni un pelo/ salió del fuego dorao", Vega cuenta a Rufo y a su china el argumento prometido.

El relato, sin embargo, imprevistamente quiebra una norma ya instituida del género: su temporalidad, que ya no es la del puro presente, o la del pasado inmediato, como en Hidalgo, Pérez, Godoy o el propio Ascasubi, que en el mismo momento en que escribía la primera versión de *Santos Vega* estaba escribiendo los trovos de Paulino Lucero, sino un pasado más bien remoto, el de fines del siglo XVIII. Esta primera novedad va acompañada por otras dos que definitivamente alejan al poema de la literatura gauchesca y lo ponen en una dimensión diferente. Una es la del paisaje, que en la gauchesca está siempre sugerido y que, a su modo, va de suyo, o es el mísero telón de fondo de lo que realmente importa en el poema, como puede verse en el hermoso "Los misterios del Paraná, o la descripción del combate naval de la vuelta de Obligado", del Ascasubi de Paulino Lucero, en el que los "misterios" del río están apenas insinuados y la batalla, en cambio, es relatada con detalle y vivacidad. En *Santos Vega*, en cambio, el paisaje y las descripciones se presentan, como anota Adolfo Prieto, por acumulación. Y dicha acumulación "presupone la necesidad de informar y sorprender a un público distanciado de los hechos que menciona",[13] con lo que el poema, contrariamente a lo que sucede con los poemas gauchescos, puede ser retrospectivamente utilizado, escribe Horacio Jorge Becco, como "una fuente documental, histórica y folklórica de primer orden".[14] La otra novedad es la del personaje principal, el malevo Luis, que no es, como en la tradición, un gaucho malo perseguido por las autoridades a través del cual el autor denuncia las injusticias del sistema político o de gobierno. Luis ya es, como cuenta Santos Vega, cuchillero desde los siete años, "vengativo y camorrero" y sus primeras hazañas en las que "se gozaba el muchachito" (quemar vivo un mamón para verlo hacerse chicharrón, hacer sentar a un ciego en un brasero, o darle a un gallego un mate "con la bombilla caldeada" para ver cómo se le quemaba "la bocina") señalan que su maldad no es histórica, no es política, no es social ni es coyuntural. Es patológica, es congénita, y es entonces general, y sucede por fuera del entramado social en el que sin embargo se manifiesta.

Las tres novedades, en definitiva, confluyen en una sola: Ascasubi ha cambiado el destinatario implícito de los poemas, que ya no es más el gaucho iletrado o semianalfabeto de la campaña a quien se dirige la literatura gauchesca desde Bartolomé Hidalgo, sino un lector simultáneamente más universal, más impersonal y, sobre todo, más entrenado en las dificultades de lectura de la literatura moderna. Un nuevo destinatario, capaz de valorar tanto las por momentos enjoyadas descripciones del paisaje bonaerense, como de seguir la conflictiva trama a través de digresiones que, además, vuelven una y otra vez sobre el mismo acto de enunciación del poema cuyas partes más decididamente eróticas —que también las hay y que alejan al poema del género al que sólo pertenece superficialmente, ya que si bien respeta su métrica octosilábica, no guarda absoluta fidelidad con su lenguaje rústico— alteran la misma relación entre Santos Vega y la mujer cantora de Rufo Tolosa.

En 1850, Ascasubi había señalado su necesidad de escribir un poema cuya historia pudiera sustraerse a las tensiones entre unitarios y federales. Pero en 1872, cuando firma en París el prólogo a *Santos Vega*, reconoce la violación a las "reglas literarias" de la gauchesca. Y también señala que el gaucho ya ha perdido "su faz primitiva por el contacto con las ciudades" y que el propósito de su relato es volver conocido un tipo social en vías de extinción, para lo cual, como señala Prieto, apela al método de recuperar, a través del mito, todo lo que el gaucho, para Ascasubi, ya no tenía en 1872, "como tipo social y como entidad histórica". Por cierto, no importa valorar la justeza de la percepción histórica de Ascasubi respecto de la desaparición del gaucho en el mismo año en el que Hernández pone en circulación para ese mismo sector —convertido ahora, como señala Ángel Rama,[15] en una clase social que ha sido derrotada y sometida—, y con enormes resultados de recepción, el máximo poema de la literatura gauchesca. Pero vale destacar que a partir de esa percepción, Ascasubi se retira del género que él mismo había contribuido notoriamente a consolidar, para pasar a otra cosa que ni él sabe bien qué es:

"historia, poema, o cuento, o como se la quiera llamar", escribe en el prólogo de 1872.

De este modo, y de manera implícita, *Santos Vega* quedó demasiado tiempo vinculado con el poema *Lázaro*, de Ricardo Gutiérrez, de 1869, y con *Don Segundo Sombra*, la novela de Ricardo Güiraldes, de 1926, los textos que marcan las dos puntas del arco cronológico de los poemas o relatos de tema gaucho, pero no gauchescos, debido tanto a su forma como a su resolución antirrealista, mitologizante y dirigida a un público preferentemente urbano y cosmopolita. Eso, y la vida interesante de Ascasubi, que obligadamente encabeza cualquier estudio sobre su obra, y que motivó una biografía que parece una novela, *Vida de Aniceto el Gallo*, firmada por Manuel Mujica Lainez en 1943 y, también, la perdurable fama de los dos grandes poemas gauchescos de su época unitaria, "La Refalosa" e "Isidora la federala y mashorquera", opacaron por años los méritos de *Santos Vega*, libro sobre el cual Eleuterio F. Tiscornia —en una opinión extendida luego a otros críticos y lectores— anotó su "falta de proporción y medida que hace caer al poeta en continuas interrupciones del hilo de la acción y en desmayadas digresiones, con mengua de la rapidez lírica y de la eficacia poética".[16]

Las mismas observaciones, esto es, su "trama fantástica" y audaz y su "sistema de digresiones, frondoso hasta lo inverosímil", ahora valoradas positivamente por el novelista César Aira, le auguran una nueva consideración.[17]

FAUSTO. IMPRESIONES DEL GAUCHO ANASTASIO EL POLLO EN LA REPRESENTACIÓN DE ESTA ÓPERA, DE ESTANISLAO DEL CAMPO

Pero no es *Santos Vega* la primera manifestación del corte entre literatura y política en el género gauchesco, sino el *Fausto*, de Estanislao del Campo, publicado en 1866.

En 1857, el mitrista Estanislao del Campo crea a Anastasio el Pollo, un personaje gaucho y cantor en cuyo mismo nombre brilla el relumbrón —empequeñecido, en lo que va del gallo al pollo, como deferencia al modelo— de Aniceto el Gallo, el gaucho cantor de Hilario Ascasubi. El mismo Ascasubi, al publicarse y circular en Buenos Aires las primeras décimas de Anastasio el

Pollo, y percibiendo la similitud de estilo, de bando político y naturalmente atento a la vinculación entre los nombres de ambos personajes, publica una carta en el diario *El Orden* señalando que esos versos no son suyos. De inmediato, Del Campo le contesta: "Paisano Aniceto el Gallo,/ puede sin cuidao vivir,/ que primero han de decir/ que la vizcacha es caballo,/ y que la gramilla tallo,/ y que el ombú es verdolaga,/ y que es sauce la Biznaga,/ y que son montes los yuyos,/ que asigurar que son suyos/ los tristes versos que yo haga". Pronto se manifiesta, en otros poemas, la empatía entre ambos personajes que, naturalmente, es una proyección de la común pertenencia ideológica de sus autores, en el momento preciso en que la literatura gauchesca, en los poemas de Ascasubi, pero también en los pocos de Del Campo, revelaba el esclerosamiento de sus recursos expresivos, el estancamiento de su forma y un opacamiento de su vivacidad. Tal vez en esa comprobación se encuentre la base de la decisión de Ascasubi de salirse, en el *Santos Vega* que ya estaba escribiendo en esos años, de las reglas de la formulación gauchesca, que él mismo había contribuido a establecer. Es cierto que Ascasubi manifiesta, sobre todo, una saturación política, porque su deseo es escribir un poema cuya historia pudiera sustraerse a las tensiones entre unitarios y federales. Pero también es cierto que en ese momento era impensable una gauchesca que no respondiera al estímulo político, fuera este ideológico revolucionario, como en el caso de Hidalgo, o más acotadamente partidario, como en el de Pérez, Godoy y el mismo Ascasubi. Y esa misma comprobación, tal vez más intuitiva o inconsciente que programática, puede haber estado, en Del Campo, en la base de la composición de un nuevo texto revolucionario dentro del sistema de la poesía gauchesca: *Fausto. Impresiones del gaucho Anastasio el Pollo en la representación de esta ópera.*

En agosto de 1866, Del Campo asiste a una representación del *Fausto*, de Charles Gounod, en el viejo teatro Colón, inaugurado en 1857 en la esquina de Rivadavia y Reconquista, en la ciudad de Buenos Aires. En el mismo teatro —el testimonio es de Ricardo Gutiérrez, y tal vez los poetas habían tomado unas copas antes de entrar, pues Gutiérrez la recuerda como "una noche alegre"—, Del Campo improvisa, al vuelo de la obra, "infinidad de ocurrencias criollas" imaginando, bufamente, los comentarios que a Anastasio el Pollo le provocarían las distintas escenas de la ópera. Y Gutiérrez lo tienta "a escribir en estilo gaucho sus impresiones de ese espectáculo".[18] Del Campo, entonces, retomando una idea que había plasmado en agosto de 1857, en una "Carta de Anastasio el Pollo sobre el Beneficio de la Sra. La Grua", una composición que cuenta la asistencia del gaucho a una función de *Safo*, imagina la presencia, en el paraíso del teatro, del gaucho Anastasio el Pollo, las impresiones que en éste provoca la puesta de la ópera de Gounod, y la relación que de eso hará, en lenguaje rústico, a un interlocutor, gaucho rústico también, llamado don Laguna.

Para llevar a cabo su poema, cuya escritura le lleva apenas cinco días, Del Campo toma y distorsiona cada una de las propiedades del modelo. Hay dos gauchos que se encuentran en el bajo de la ciudad de Buenos Aires, Anastasio el Pollo y don Laguna, que no responden a la imagen del gaucho pobre en armas de la revolución ni de las guerras civiles. Al contrario, Laguna tenía de "plata el fiador/ pretal, espuelas, virolas,/ y en las cabezadas solas/ traia el hombre un Potosí:/ ¡Qué…! ¡Si traia, para mí,/ hasta de plata las bolas!". El mismo encuentro es menos distante y viril que en la tradición, y Pollo y Laguna se pegan tal abrazo "que sus dos almas en una/ acaso se misturaron", y recién se desenredan "después de haber lagrimiao". Los caballos que montan tampoco son los recios parejeros de los personaje de Hidalgo o Ascasubi, y el de Laguna, precisamente, es un "overo rosao" al que Rafael Hernández, hermano de José Hernández, destacó oportunamente como caballo "manso, galope de perro y propio para andar mujeres".[19] Hernández también impugna los versos siguientes, cuando el narrador precisa que Laguna es un mozo jinetazo, "capaz de llevar un potro/ a sofrenarlo a la luna". Para Hernández, a un potro no se le pone freno, sino bocado y "sofrenar un caballo no es propio de jinete criollo, sino de gringo rabioso".

Formalmente, puede percibirse también un desplazamiento. El octosílabo sigue siendo el metro rector y la décima la estrofa privilegiada, pero ahora con una combinación de rima especular, según la cual la de los primeros cinco versos (abbaa) se invierte en los cinco siguientes (ccddc), produciendo un tipo de musicalidad más fina y más apta para ser percibida por la lectura del salón que por la semicantada de la transmisión oral. El encuentro entre ambos gauchos, por otro lado, no está narrado, como en Hidalgo, por uno de ellos, sino por un narrador externo, que es quien abre y cierra el poema. El diálogo no está encabezado por el nombre del personaje que habla, sino que es sólo un guión el que señala el cambio de la voz, aproximándose de este modo a la marcación del diálogo novelesco y abandonando la del dramático, que era la propia del género. El lenguaje rústico, en cambio, y la sincronía entre la fecha de los sucesos narrados —agosto de 1866— y la de publicación y circulación del poema —septiembre de ese mismo año—, responden estrictamente a la convención genérica, así como lo hace el mismo tema del poema, la perplejidad del gaucho en la ciudad, que tenía una extensa tradición en la literatura gauchesca. La relación del Ramón Contreras de Bartolomé Hidalgo "de todo lo que vio en las fiestas Mayas de Buenos Aires, en 1822", la anónima *Graciosa y divertida conversación que tuvo Chano con señor Ramón Contreras con respecto a las fiestas Mayas de 1823*, la "Carta de Jacinto Lugones a Pancho Lugares" de Luis Pérez, de 1830, otra vez a propósito de las fiestas Mayas, son algunos de los notorios antecedentes. Pero acá, Del Campo produce un desplazamiento fundamental: la que Anastasio narra a Laguna no es una fiesta cívica de proyecciones políticas, como las fiestas Mayas, sino artística. Y la materia de la relación ya no es la de la cultura popular de los desfiles, los cohetes, los palos enjabonados y los juegos de naipes de sus antecesores, sino el estreno —en Buenos Aires antes que en París— de la ópera, representada naturalmente en francés, basada en el drama de J. W. Goethe. Ese desplazamiento mayor, potenciado por los desplazamientos y distorsiones con respecto al modelo señalados antes, logra, en primer lugar, quebrar el verosímil: no es creíble que un gaucho rústico —el rol que representa Anastasio— vaya al Colón a ver una ópera en francés, entienda sus diálogos y los reproduzca, en lengua rústica, para su amigo que no fue a la misma función.

Y el quiebre del verosímil, aumentado por la misma figura de esos gauchos medio ridículos, enjoyados y montando caballos de mujer, produce un distanciamiento entre la materia narrada —una ópera culta— y la forma en la que se la narra —en lenguaje rústico y popular— por el que se cuela la risa. Una risa que, por supuesto, surge como un efecto natural de la parodia. Pero, y aquí reside la ambigüedad del poema, esa parodia vulnera simultáneamente —pero distintamente— las dos partes en las que se escinde el poema. Porque Del Campo parodia, sí, como anotan Enrique Anderson Imbert y Leónidas Lamborghini, al pretencioso público que una noche de agosto de 1866, en la capital de una aún convulsionada república subdesarrollada, asiste al estreno, antes que en París, de una ópera basada en un drama de Goethe.[20] Un público entre el que estaban, dicho sea de paso, el mismo Del Campo y su amigo Ricardo Gutiérrez, y al que Anastasio el Pollo ve "como hacienda amontonada", pujando desesperado por llegar "al mostrador", dice, en vez de boletería. También parodia los pasajes más serios y sublimes de la obra —el "pato" entre el Doctor Fausto y Mefistófeles por el que el doctor obtiene, a cambio de su alma, el amor de Margarita— y a su través a la misma institución del arte bello y elevado.

Pero al mismo tiempo, y al escindir la forma gauchesca de su temática y proyección política originales, pone en primer plano, a través de la parodia, la convención y el artificio del género. De este modo, la fórmula con la que Josefina Ludmer define el género —"un uso letrado de la cultura popular"—[21] es llevada por Del Campo a su expresión absoluta. Un uso letrado, pero también, entonces, despolitizado y frívolo, que convierte, por un momento, a esa extraña formulación tan bien precisada por Ludmer, en un divertido experimento de salón que de ningún modo vaticina la poesía social en la que José Hernández convertirá unos años más tarde a la gauchesca.

Paradójicamente, ese experimento de Del Campo es el que le otorga, dentro del sistema del género, posibilidad de existencia a la poesía de José Hernández. Con lo que el a su modo modesto texto de Del Campo tiene una importancia axial en este singular episodio de la literatura argentina del siglo XIX. Al desarrollar un tema inapropiado o impertinente al modelo, Del Campo muestra descarnadamente la forma y sus convenciones. Y esa forma, finalmente desnuda, se proyecta hacia atrás, sobre los poemas de Hidalgo o de Ascasubi, quienes de este modo adquieren, luego de ese movimiento, neto carácter de poetas y pierden, simultáneamente, la desprestigiante aura de solamente panfletistas o propagandistas políticos. Y hacia adelante, es esa misma forma, pero ya desprovista de su condición de necesariamente política, la que le va a permitir a Hernández moldearla nuevamente para convertirla en la argamasa de su enorme poema social.

Capítulo 2

Nicasio Oroño denuncia la situación del gaucho, "el hombre de nuestros campos", el "modesto agricultor". Lo que dice Juan Carlos Garavaglia. La angurria reclutativa del Gobierno. En la frontera, las tropas están "desnudas, desarmadas, desmontadas y hambrientas". El político José Hernández busca ampliar la audiencia de su proclama y se hace poeta. 1872: un folleto, trece cantos y dos mil trescientos dieciséis versos. De la poesía política a la poesía social. La sextina hernandiana. Hipótesis sobre el primer verso suelto. Función del monólogo. Martín Fierro, de gaucho manso a gaucho matrero. El sargento Cruz. Una guitarra rota. Lo que dice Julio Schvartzman. Del folleto al libro artístico, y de la denuncia política al realismo pedagógico. Hernández roquista y Fierro, obligado a elegir entre dos infiernos. El hijo mayor, el hijo segundo y el viejo Vizcacha. Las paradojas de un contrarrefranero. Los consejos de Martín Fierro. Lo que dice Tulio Halperín Donghi.

El gaucho Martín Fierro, de José Hernández

Los epígrafes y la carta-prólogo

Trece cantos y un total de dos mil trescientos dieciséis versos conforman *El gaucho Martín Fierro*, el poema que José Hernández mandó a imprimir como un folleto en la Imprenta de la Pampa, en Buenos Aires, a fines del año 1872, y que comenzó a distribuirse a principios del año siguiente. El folleto tenía ochenta páginas; estaba precedido por tres extensos epígrafes y una carta-prólogo, y sucedido por "El camino trasandino", un artículo firmado por el mismo Hernández.

El primero de los epígrafes es un extracto de un discurso del senador santafecino Nicasio Oroño, de la sesión del 8 de octubre de 1869 del Senado de la Nación. El segundo, otro extracto, este de una noticia publicada en el diario *La Nación* el 14 de noviembre de 1872. El tercero, la transcripción del poema "El payador", del uruguayo Alejandro Magariños Cervantes, de su libro *Celiar, leyenda americana*. La carta-prólogo, más prólogo que carta, en tanto define pautas de lectura del poema, tiene sin embargo un destinatario preciso: el estanciero y juez de paz José Zoilo Miguens, a quien Hernández llama querido y verdadero amigo. Finalmente, "El camino trasandino" es, como lo llama Élida Lois, un "artículo de doctrina práctica",[1] publicado originalmente en Rosario, en el que Hernández afirma la necesidad de abrir un ferrocarril entre Mendoza y Chile. Salvo este último artículo, que desapareció en las ediciones siguientes del poema y cuya inclusión en la primera tal vez tuvo que ver con la necesidad editorial de darle más cuerpo al pequeño volumen, los epígrafes y la carta-prólogo acompañaron todas las ediciones de *El gaucho Martín Fierro*, son ya inescindibles del mismo poema y forman un conjunto que contribuye a precisar su sentido y la configuración de su personaje principal.

El discurso de Oroño de 1869 sobre la "necesidad de reducir el ejército de línea y licenciar la Guardia Nacional que sirve en la frontera", donde fundamenta, además, un pedido de "retiro del ejército del Paraguay", rechazado en la misma cámara por el ministro de Guerra del entonces presidente Sarmiento y por el general Bartolomé Mitre, pone en blanco sobre negro la situación del gaucho, "el hombre de nuestros campos", el "modesto agricultor", históricamente usado como fuerza de choque por los distintos gobiernos centrales para ganar terreno al indio, que era quien ocupaba las ambicionadas tierras del desierto argentino. Dice Oroño: "Cuando se quiere mandar un contingente á la frontera, o se quiere organizar un batallón, se toma por sorpresa ó con sorpresa al labrador o al artesano, y mal de su grado se le conduce atrincado á las filas". Y también acusa el "despotismo y la crueldad con que tratamos á los pobres paisanos" quienes, envueltos en su manta de lana o con su poncho a la espalda, son vistos como el indio de nuestras Pampas y "tratados con la misma dureza é injusticia que los conquistadores empleaban con los primitivos habitantes de América".[2]

Oroño, sin embargo, no denunciaba una novedad. Ya desde 1815 estaba en vigencia un bando según el cual el gaucho que no era propietario de tierra ni tenía papeleta de conchabo era "reputado por vago" y los así reputados eran destinados por el gobierno al servicio de las armas por cinco años. Dicho bando fue promovido por los terratenientes, que se quejaban de la inconstancia laboral de los trabajadores rurales y campesinos, sobre todo los dedicados a la agricultura y al pastoreo. En realidad, los gauchos, favorecidos por la extensión de la pampa, todavía mínimamente explotada, después de haber adquirido un oficio rural trabajando como jornaleros para los terratenientes, se instalaban con su familia como pequeños cuentapropistas en parcelas más o menos alejadas, que no tenían dueño, o hasta donde no llegaba la autoridad de éste, para ejercer allí su labor. Como señala Juan Carlos Garavaglia, esa libertad del gaucho era una amenaza sólo para el orden productivo de los propietarios, quienes obtienen del gobierno un bando a su favor en el que se presenta dicha libertad como una amenaza para el orden público.[3] A cambio de la concesión y del trueque semántico, el gobierno obtiene soldados destinados, básicamente, a cumplir funciones en los fortines, regimientos y destacamentos de frontera. Tanto el gobierno rivadaviano como el de Rosas más tarde y el surgido después de Caseros fueron afinando esta herramienta que les permitía, por un lado, controlar el mercado de trabajo y, por el otro, sumar soldados a un ejército siempre necesitado de hombres, para resolver conflictos tanto del frente interno como del externo. Si los primeros fueron variando con el tiempo —unitarios contra federales, federales contra unitarios, federales contra federales, el gobierno de Buenos Aires contra el de la Confederación, jefes enfrentados dentro de los mismos gobiernos de Buenos Aires y de la Confederación—, los segundos, hasta la guerra del Paraguay, entre 1865 y 1870, se redujeron a uno solo: las incursiones indias contra la frontera que, naturalmente, se volvían más frecuentes cuanto más se desatendía la línea para ocupar fuerzas en el conflicto interior, lo que daba una línea siempre en movimientos de expansión y retracción.

A medida que avanza el siglo, y sobre todo después de Caseros, se intensifica el reclutamiento de jóvenes y no tan jóvenes destinados a la tropa. La población masculina, por otra parte, se mostraba singularmente reacia al rigor de la obligación militar según lo comprueba un estudio sobre el período rosista citado por Garavaglia, cuyos resultados indican que el delito más usual por el que se condenaba a un hombre a prestar servicio en el ejército era, precisamente, su deserción o evasión del servicio militar, o la no posesión de documentos liberatorios del mismo. Después de Caseros, para mejorar el reclutamiento, el gobierno de Buenos Aires da nuevas atribuciones y mayor autonomía a los jueces de paz, quienes ejercían el poder de policía, prohíbe las fiestas, el consumo de bebidas alcohólicas y los juegos —pato, bochas, naipes, taba, corridas de avestruces— a fin de ir sinonimizando las palabras "paisano" y "delincuente". En 1858, una circular firmada por el ministro de Gobierno, Bartolomé Mitre, extiende notoriamente la condición de "vagos y malentretenidos" y entonces pasibles de ser reclutados y enviados a la frontera por entre dos y cuatro años a "quienes se hallen habitualmente en las pulperías o en casas de juego, a los que usen cuchillo o arma blanca dentro de los pueblos y a los que hagan hurtos simples o heridas leves". En San Andrés de Giles —y el ejemplo vale sobre todo para demostrar la angurria reclutativa del gobierno— una circular ordena, también, la detención de los jóvenes que se encuentren en la calle "jugando a la cañita, la volita [sic] u otra ocupación perjudicial".[4]

Por otra parte, eso que denuncia Oroño en el Senado de la Nación en 1869 y que Hernández coloca como epígrafe de su poema de 1872, está en sintonía con el programa político, redactado por Carlos Guido y Spano, presentado también en 1869 por Hernández en su periódico *El Río de la Plata*, dos de cuyas notas destacadas —abolición del contingente de fronteras y elección popular de los jueces de paz—, de inspiración alberdiana y que afirman la defensa de las garantías individuales, también apuntan, como el discurso de Oroño, al corazón del proyecto mitrista, ejecutado en ese momento por el presidente Sarmiento.

La astucia política de Hernández se manifiesta en el segundo epígrafe, al reproducir una noticia publicada en el diario *La Nación* cuando el poema ya estaba en prensa, que da cuenta del estado calamitoso de los fortines, cuyas tropas están "desnudas, desarmadas, desmontadas y hambrientas", y a las que el Ministerio, "por una especie de pudor" trataba de enviarles lo indispensable para "mitigar el hambre y cubrir la desnudez de los soldados". Esto es, de los gauchos enganchados por los jueces de paz y enviados a la frontera. Este segundo epígrafe anuncia entonces que eso que el poema denunciará no ha quedado relegado al pasado histórico de la proclama de Oroño, sino que es sincrónico a su circulación inmediata.

El tercer epígrafe, finalmente, es un poema. Una tirada de setenta y dos versos octosílabos que nada tiene que ver, salvo el metro, con el poema de Hernández, pero que se vincula con éste en dos direcciones diferentes. El del epígrafe cuenta la silenciosa reunión de unas doce personas alrededor de una "llama serpeadora" donde se calienta el agua para el mate, que escuchan a un payador que toca una "guitarra gemidora" y trova versos expresivos de "cadencias voluptuosas". Las "desaliñadas coplas" del payador, dice Magariños Cervantes, van saliendo dulcemente de su boca y son más hijas de la Naturaleza que de las reglas de la composición, que al payador "no le importan". La escena anticipa, por un lado, al personaje principal del poema: ese payador es, como Martín Fierro, un humilde cantor gaucho que entona sus congojas, pero que las canta mal, porque su fantasía está sujeta "en las redes del idioma", y porque la rima "cohorta" [sic] sus grandiosos pensamientos, que "se traslucen mas no asoman". Pero en esa escena Hernández también proyecta la de difusión de su propio poema, que pretende conmover el escenario político dirigiéndose a tres públicos a la vez. Uno, el público letrado de las ciudades, interpelado ya desde la primera página del folleto por la proclama de Nicasio Oroño y la noticia de *La Nación*. Otro, el público alfabeto de la campaña y de los pueblos, al que también explícitamente se dirige Hernández, según se desprende de un suelto de difusión del folleto, publicado en enero de 1873, que dice que "el autor lo ha puesto en venta a bajo precio para que esté al alcance de todos los habitantes de la campaña".[5] Y el último, el público propiamente gaucho, iletrado y analfabeto, que es el público histórico de la gauchesca, y el que más directamente habría de involucrarse con la suerte adversa del personaje Martín Fierro. A ese público apunta Hernández en su elección genérica. Hernández no era, hasta la publicación de *El gaucho Martín Fierro*, un poeta gauchesco ni tampoco un escritor de imaginación. Su único libro publicado hasta ese momento, *Rasgos biográficos del general D. Ángel V. Peñaloza*, de 1863, consiste en una serie de inflamados artículos motivados por el asesinato del caudillo riojano Chacho Peñaloza, propiciado por el gobierno de Mitre, que fueron publicados ese año en el diario urquicista *El Argentino*. La réplica a la posición de Hernández, *Vida del Chacho*, firmada por Sarmiento en 1866, dos años antes de ser presidente, explicita en sí misma la cuerda alta y excluyente por la que circulaban las ideas de Hernández en esos años.

Tal vez las sucesivas derrotas de esas mismas ideas en el terreno de la política, que pueden jalonarse sucinta y sucesivamente en la participación argentina en la guerra del Paraguay —que Hernández condenó—, en la elección de Sarmiento como presidente —candidatura que Hernández atacó violentamente en un artículo publicado en *La Capital* de Rosario en julio de 1868— y en la intensificación de las intervenciones del gobierno nacional en "las cuestiones internas de las provincias" que suponía, por un lado, el recrudecimiento de la leva de gauchos para formar parte de la fuerza militar y, simultáneamente, el descuido de la línea de frontera, estén en la base del cambio de género, en el audaz paso que da Hernández del ensayo o libelo político de ocasión a la poesía gauchesca.

Porque dicho paso suponía no sólo un cambio formal y genérico —de prosa a verso, de ensayo a poema de imaginación con personajes, situaciones y diálogos— junto con el grado de persuasión que éste le depararía, sino también una enorme ampliación de audiencia que incluiría la que leía diarios de facciones como lo eran *El Argentino* o *La Capital*, y también la no lectora pero tradicionalmente acostumbrada, en la pulpería o en el fogón, a escuchar relaciones de boca de un gaucho cantor. El poema de Magariños Cervantes, entonces, apunta tanto hacia dentro del poema, hacia la figura de Martín Fierro, como hacia fuera, hacia la de aquel cantor anónimo que Hernández certeramente imaginaba como el difusor de sus versos entre el gauchaje analfabeto.

Por último, Hernández firma una carta-prólogo dirigida a Miguens, un estanciero bonaerense que era juez de paz y comisario del partido de Arenales en la provincia de Buenos Aires, y que, como señala Élida Lois, "en 1866 había denunciado ante sus superiores en forma reiterada procedimientos arbitrarios en el reclutamiento de fuerzas de frontera".[6] Hernández le confía a Miguens la suerte de su libro, "mi pobre Martín Fierro", dice, refiriéndose tanto al libro como a su personaje principal. Pero el Martín Fierro que Hernández le presenta a Miguens ya no es, como los personajes históricos del género, el vocero de la facción política en la que milita su creador, fórmula anacrónica que ya había sido puesta en crisis por Estanislao del Campo en el *Fausto*. Hernández, más ambiciosamente, pretende, le dice a Miguens, que Fierro sea un tipo que personifique el carácter de los gauchos, concentrando su modo de ser, de sentir, de pensar y de expresarse. Naturalmente, dicha ambición vincula al poema con el realismo y el mismo Hernández, sin ambages, anota en la carta-prólogo la esperanza de que quienes "conozcan con propiedad el original", esto es, el gaucho verdadero, juzguen si hay o no en el poema "semejanza en la copia". Declara también su empeño en imitar el estilo gaucho "abundante en metáforas", y señala que los defectos —no los del poema, sino los del gaucho— "se encuentran allí como copia o imitación de los que lo son realmente". El propósito de su poema, dice Hernández, fue "retratar, en fin, lo más fielmente que me fuera posible, con todas sus especialidades propias, ese tipo original de nuestras pampas, tan poco conocido por lo mismo que es difícil estudiarlo, tan erróneamente juzgado muchas veces".

La combinación de afán realista —explicitada en la carta-prólogo— y finalidad política —presente en los dos primeros epígrafes— no da, sin embargo, el convencional poema político de la gauchesca, casi siempre atado y condenado a la coyuntura, hasta volverlo casi ilegible desfasado de la misma, como sucede hoy con los poemas de Aniceto el Gallo, de Hilario Ascasubi. Hernández, por el contrario, limpia el poema de casi toda connotación particular precisa —fechas, localizaciones geográficas, nombres propios de gobernantes o políticos— para ir, en vez de a lo transitorio, a lo esencial, y en ese movimiento conviete el poema de denuncia política en un poema de denuncia social. Porque *El gaucho Martín Fierro* no será, en fin —como tal vez haya imaginado Hernández originalmente—, el poema que cuente el enfrentamiento de un gaucho con el poder político de turno, sino más radicalmente el que cuente el enfrentamiento de un hombre con su sociedad. Que ese hombre, además, sea, como quiere Hernández, un "tipo", esto es, una muestra reconcentrada y representativa de lo que el mismo Hernández llama en el prólogo "la clase desheredada de nuestro país", le otorga a Fierro y al poema, ya desde la misma operación trazada entre los epígrafes y el prólogo, una ambición y una dimensión ausentes en toda la tradición gauchesca anterior.

La sextina y el monólogo

Pero la particularidad de *El gaucho Martín Fierro* con relación a la norma de la poesía gauchesca no se encuentra sólo en el paso que da Hernández del poema político al poema social, sino que la misma forma y enunciación del nuevo poema trastrocan positivamente las de la tradición.

Para empezar, la insólita estrofa de seis versos con la que Hernández abre el poema y la que lo rige mayormente, en la que se encuentra parte de su gran eficacia musical y semántica, no sólo se diferencia de las cuartetas de Hidalgo y de las décimas de Ascasubi y Del Campo sino que, además, parece diferenciarse de toda la tradición estrófica castellana. No es que Hernández haya inventado la sextina, pero sí desconcierta completamente la combinación de su rima, que deja suelto, libre o blanco el primer verso ("Aquí me pongo a cantar"), junta el segundo con el tercero ("al compás de la vigüela,/ que el hombre que lo desvela"), el cuarto con el quinto ("una pena estrordinaria,/ como la ave solitaria"), para finalmente tocar el sexto con el segundo y el tercero ("con el cantar se consuela"). Esta forma (abbccb), a veces cambiada por (abbcbc), deja siempre suelto el primer verso, que nunca entra en combinación con los cinco siguientes, cosa por completo inusual en una combinación estrófica de versos pares, donde todos tienden a combinarse con otros, por lo menos en relaciones de a dos. Los especialistas han establecido una serie de hipótesis sobre la tradición y la ruptura que promueve Hernández.

Para Henry Holmes, la sextina hernandiana es, en verdad, una décima descabezada de sus primeros cuatro versos, de donde ese primer verso suelto o blanco entraría en combinación hipotética con los cuatro faltantes.[7] Para Ezequiel Martínez Estrada, en cambio, se trata de una quintina a la que Hernández le agrega, en la cabeza, un sexto verso suelto.[8] Ria Lemaire, finalmente, encuentra que la forma que usa Hernández no proviene de la tradición de la poesía culta, y de allí su singularidad, sino de la poesía cantada y popular, de una estrofa de siete versos, una septilla, en la que, en la tradición oral, el primer verso se repite, y entonces combina consigo mismo ("Aquí me pongo a cantar"/ "Aquí me pongo a cantar").[9] La función de esa repetición en la poesía cantada, muy escuchada en las payadas, es tanto la de templar la garganta y la guitarra del cantor, como la de darle un tiempo para elaborar los improvisados cinco versos siguientes. Al pasar la forma a la poesía escrita, la repetición pierde su función, y allí estaría la base de su eliminación por parte de Hernández. Pero todas las especulaciones concluyen ante la comprobación de que, sea cual fuere su hipotético origen, lo que la sextina hernandiana manifiesta, sobre todo, es el genio de su autor al encontrar una forma que supera tanto a la por momentos machacante cuarteta octosilábica de Hidalgo o de Ascasubi, muy eficaz para la transmisión oral pero primaria como letra escrita, como a la refinada décima especular de Del Campo, que, al contrario, se revela más apta para la lectura que para la transmisión oral.

El hallazgo de la sextina hernandiana es que conviene a ambos registros a la vez. Al oral, por la potencia que adquieren en la sextina los dos últimos versos, que muchas veces pueden desprenderse como dísticos autónomos ("parece que sin largar/ se cansaron en partidas") y que están en la base de la fuerza nemotécnica de la estrofa. Pero si la sextina fuese convencional, esto es, si su primer verso combinara de algún modo con los otros cinco siguientes, se mantendría esa nota, que es propia de toda sextina, pero no se estaría demasiado lejos de la monotonía de las cuartetas, como puede verse, por ejemplo, en las sextinas regulares del uruguayo Antonio Lussich. Hernández, en cambio, refuerza extrañamente la nemotecnia con ese primer verso suelto y casi siempre afirmativo —"Aquí me pongo a cantar", "Pido a los Santos del Cielo", "Yo he visto muchos cantores"— y, simultáneamente, obtiene una musicalidad más rara, sin ser extravagante, e incorpora a la estrofa una novedad que la vuelve también interesante para un lector más entrenado en las exigencias de la poesía culta en lengua española que en 1872 ya cargaba con toda la fuerza de la tradición medieval y barroca.

La otra novedad que salta a primera vista es el uso del monólogo, en vez del diálogo habitual de la gauchesca. Martín Fierro cuenta su propia historia en primera persona o, como anota Ezequiel Martínez Estrada, Hernández "se resuelve a ceder al protagonista el papel del narrador". Es cierto que en esto no es completamente original, ya que existe por lo menos un antecedente de tal elección elocutiva en "El gaucho", un poema de Luis Pérez de principios de la década del treinta. Pero lo que en Pérez es un recurso indiferenciado entre otros, en Hernández se vuelve sistema que, además, está en la base del poder persuasivo del poema en relación con lo que narra, toda vez que la primera persona, por definición, como lo comprueba su uso en la novela autobiográfica, vuelve más próxima la ilusión de realidad. Con este cambio de persona gramatical, Hernández potencia y profundiza su idea de mostrar al gaucho "tal cual es", porque, para hacerlo, en vez de utilizar un punto de vista exterior —el de Santos Vega refiriéndose al malevo Luis en el poema de Ascasubi, o el del narrador del *Fausto* en relación con Anastasio el Pollo y Don Laguna, en el de Del Campo—, usa uno interior que achica la distancia con el referente y logra que lo narrado parezca, así, más real y más verdadero. Como una especie de efecto de lo anterior, el uso de la primera persona, condicionada por el carácter pudoroso del gaucho del que el poema también da cuenta, impide que haya en todo *El gaucho Martín Fierro* y en su continuación de 1879 —salvo en una anotación de *La vuelta de Martín Fierro* donde el personaje señala que sus hijos no lo reconocieron "porque venía muy aindiao/ y me encontraban muy viejo"— alguna referencia al aspecto físico de Fierro, que es entonces un héroe sin rostro. Esta decisión de Hernández, motivada por el cambio de voz del personaje principal, que pasa a ser también la voz del narrador, fomenta una mayor identificación del personaje, de sus peripecias y de su suerte, con las de los destinatarios inmediatos del poema. Puede suponerse que en esta decisión se encuentra uno de los soportes del enorme éxito de *El gaucho Martín Fierro* en los años inmediatos a su publicación.

El otro, precisamente, hay que buscarlo en el asunto del poema, en el relato de las desgracias del gaucho Martín Fierro que son, por un genial efecto de superposición de voces, las de toda una clase social. En efecto, Hernández construye un personaje "grande" que es simultáneamente gaucho libre y cantor, gaucho trabajador y atado al yugo familiar, gaucho enganchado en la frontera, gaucho matrero y, siempre, gaucho sentencioso. Este recurso de superposición de voces, destacado por Eduardo Romano, le permite a Hernández hacer confluir en un mismo sujeto características y acciones tan diversas como las narradas en los distintos cantos del poema y logra que dichas voces no estén atadas solamente a los pasajes de su evolución, crecimiento o modificación. De este modo, vuelve al poema inmune a las contradicciones, a las incongruencias y a las rupturas del verosímil en las que obligadamente se hubiesen desmoronado el personaje y la obra si Hernández hubiese optado por una voz que, aunque amplia, fuese monolítica.[10]

Esta imagen ancha y sin embargo genuina del gaucho se construye también a partir de las oposiciones, esto es, a partir de todo lo que el gaucho no es, ya sea por contraste definido de antemano —negro, indio, gringo—, como por el que se establece en el mismo poema a partir de sus vinculaciones con el poder, del que es sólo víctima, y eso lo distingue de aquellos que, siendo de su misma clase —criollo empobrecido—, trabajan para "la polecía" o los milicos, como el "terne" "guapo y peliador" "que sus enriedos tenía/ con el señor Comandante" y al que Fierro desgracia una tarde en un boliche.

El argumento

Martín Fierro, el gaucho trabajador que "sosegao vivía" en su rancho con su mujer y sus hijos, era también un gaucho cantor cuya "gala en las pulperías/ era, cuando había más gente/ ponerme medio caliente/ pues cuando puntiao me encuentro,/ me salen coplas de adentro/ como agua de la vertiente". Cantando estaba Fierro "en una gran diversión" cuando cayó el juez de paz e "hizo una arriada de montón". Los más matreros —entre los que aún no se encuentra Fierro— logran escapar, pero Fierro, todavía gaucho manso, se deja agarrar. El juez, que lo tenía entre ojos porque en la última votación se había hecho "el remolón" y no había ido a votar, lo manda con otros a la frontera con la promesa de que "a los seis meses/ los van a ir a revelar".

En la frontera los gauchos enganchados están, como los de la noticia de *La Nación* que sirve de epígrafe al poema, desnudos, desarmados, desmontados y hambrientos, a merced de los malones de los indios y de todas las arbitrariedades y maltratos a los que los somete el Gobierno: "Si esto es servir al Gobierno,/ a mí no me gusta el cómo", dice Fierro un año después de haber llegado a la frontera. Y dos años más tarde, monta un caballo viejo, un "sotreta", dice, para contraponerlo al "moro de número", al sobresaliente "matucho" con el que había llegado, y se escapa, de vuelta a las poblaciones, donde llega "resertor, pobre y desnudo". La hacienda, le cuenta un vecino, la vendieron "pa pagar arrendamientos", la mujer se voló "con no sé qué gavilán" y los hijos, "entre tantas afliciones/ se conchavaron de piones". Allí comienza la vida del gaucho matrero, jalonada por la mala suerte y los cuchillazos. En un baile, y contento por haberse encontrado con amigos, Fierro se emborracha, provoca a un negro —"por peliar me dio la tranca"— y lo mata. En un boliche, conoce a un guapo provocador, se trenzan en un duelo, y también lo mata. Una noche, ya alejado de las poblaciones, y contemplando las estrellas, es rodeado por la partida policial. Pero Fierro en vez de entregarse, se encomienda a los santos, echa mano a su facón y enfrenta a la partida, de la que se separa el sargento Cruz, que, en una escena memorable, y al grito de "¡Cruz no consiente/ que se cometa el delito/ de matar ansí un valiente", se pone a pelear del lado de Fierro. Como éste dice, "entre dos era robo" y rápidamente terminan con la soldadesca, dejan amontonados los cadáveres, les rezan un bendito y se van. En los tres cantos siguientes toma Cruz la voz del poema —pero ahora como en la tradición de la gauchesca, con una voz enmarcada según las convenciones del texto dramático— y cuenta una relación de su vida que no difiere demasiado de la del mismo Fierro en su tránsito de la felicidad a la pérdida. Fierro, en el último canto, confirma la presunción: "Ya veo que somos los dos/ astillas del mesmo palo". Entonces le dice a Cruz que quiere salir de ese infierno y le propone "refalarse" a los indios. En las últimas ocho estrofas del poema, toma la voz un relator, que cuenta el final de la aventura: Fierro busca un porrón de consuelo, echa un trago, da fin a su argumento, y de un golpe rompe la guitarra contra el suelo para, dice Fierro, no volverse a tentar y que nadie más cante "cuando este gaucho cantó". Cruz y Fierro roban una tropilla de caballos de una estancia, cruzan la frontera y se pierden en el desierto.

Los proverbios

Ése es el argumento de *El gaucho Martín Fierro* que cuenta la modificación del personaje principal de gaucho manso a gaucho matrero o, más precisamente, del manso que se deja agarrar en la pulpería por el juez de paz, al matrero que vuelve después de la experiencia en la frontera y que, luego de encontrar del rancho sólo la tapera, jura "en esa ocasión/ ser más malo que una fiera!". Ese cambio interior que se produce en el personaje está externamente condicionado por la injusta acusación y penalización por una violación de la ley que Fierro no cometió. Es decir, el juez de paz usa los enormes atributos que le da el Gobierno para levantar gauchos y enviarlos a la frontera, en tanto éstos no sean propietarios ni tengan papeleta de conchabo. Pero no lo levanta a Fierro por esa ya de por sí abusiva reglamentación, sino porque no votó al partido en la última elección. De este modo Hernández, a través de la presencia del Gobierno, y todos sus hipónimos o agentes, que en el poema se llamarán sucesivamente Alcalde, Juez de Paz, Gefe, Coronel, Comisario, Mayor, Comandante, Menistro, logra que el lector exima de culpas a Fierro —porque las razones de su acción son, al fin, externas al personaje— y que lo convierta en héroe, a pesar de que muchas de sus notas —borracho, pendenciero, asesino, ladrón— sean impropias de esa condición. Sin embargo, lo que podría ser apenas una llorosa victimización del personaje principal —que es la veta tomada por muchos de los folletines criollistas posteriores al *Martín Fierro*— se encuentra en el poema contenido por su voz máxima, la del gaucho sabio y sentencioso, que reverbera más allá de su argumento y que trasciende históricamente la puntual denuncia de Hernández a la política antigaucha implementada sucesivamente por los gobiernos de Mitre y de Sarmiento, y aún con efectos durante los primeros años del gobierno de Nicolás Avellaneda.

Por cierto, no se trata sólo de las verdades que enuncia la sabiduría de Fierro, sino también de la perfecta utilización, por parte de Hernández, de los dos últimos versos de la sextina, partiendo la estrofa en dos, reservando la cuarteta inicial como presentación del tema o asunto, para rematar con los dos últimos versos que, muchas veces, pueden escindirse de la estrofa y aun del poema entero y funcionar, a partir de lo que Julio

Schvartzman llama su "mecanismo proverbial",[11] como partes de un refranero, ya completamente sueltos de su origen literario, político y de autor, para pasar a integrar el anónimo acervo folklórico argentino. Allí, más que en *El gaucho Martín Fierro* parecen encontrarse hoy muchos de esos pares de versos en los que, sin embargo, también se sustentan la magnificencia del personaje y el genio del autor: "que suele quedarse a pie/ el gaucho más alvertido", "que gasta el pobre la vida/ en juir de la autoridá", "era jugar a la suerte/ con una taba culera", "esto es como en un nidal/ echarle güebos al gato", "porque el ser gaucho... barajo,/el ser gaucho es un delito".

LA VUELTA DE MARTÍN FIERRO

El prólogo

En 1879, siete años después de la publicación de *El gaucho Martín Fierro*, José Hernández firma y pone en circulación *La vuelta de Martín Fierro*, precedida por un prólogo, "Cuatro palabras de conversación con los lectores", que anticipa la enorme distancia que separará al nuevo poema del anterior.

Aquí Hernández, por un lado, destaca la "acogida tan generosa" de *El gaucho Martín Fierro*, que en seis años repitió once ediciones y vendió un total de 48.000 ejemplares, número que justifica la primera modificación entre aquel humilde folleto de 1872 y el nuevo libro, del que se tirarán, de entrada, 20.000 ejemplares en el Establecimiento Tipográfico del señor Coni, de quien espera Hernández que haga "una impresión esmerada, como la tienen todos los libros que salen de sus talleres". El nuevo libro llevará diez ilustraciones incorporadas en el texto, dibujadas y calcadas en la piedra por Carlos Clerice, un "artista compatriota que llegará a ser notable en su ramo, porque es joven, tiene escuela, sentimiento artístico y amor al trabajo". El grabado será ejecutado por el señor Supot quien posee, dice Hernández, "el arte nuevo y poco generalizado todavía entre nosotros, de fijar en láminas metálicas lo que la habilidad del litógrafo ha calcado en la piedra". Las diez ilustraciones incorporadas al texto le dan al libro, señala Hernández, el carácter de una novedad: "en los dominios de la literatura es la primera vez que una obra sale de las prensas nacionales con esta mejora".

Esta preocupación señera en la Argentina por el libro de literatura como un objeto de belleza —lo que Hernández llama "una publicación en las más aventajadas condiciones artísticas", para lo cual no se ha omitido "ningún sacrificio" y que anticipa, en la historia de nuestros libros, los afanes de Oliverio Girondo en los años veinte del siglo siguiente— quedó sin embargo durante muchísimo tiempo opacada por lo que la nueva y vistosa edición significaba, ya no sólo en términos puramente estéticos en relación con el modesto folleto de la Imprenta de la Pampa de 1872, sino en cuanto a lo que ese cambio informaba acerca de la modificación producida en el mismo del autor del poema.

La apariencia exterior e interior del nuevo libro, potenciada por los datos que se precisaban en el prólogo —éxito de ventas del libro anterior, tirada e ilustraciones del nuevo— y por el significativo hecho de que los avales en los que se apoyaba Hernández en el libro de 1872 —el político Oroño, la noticia de *La Nación*, el poeta Magariños Cervantes y el amigo Miguens— hayan desaparecido en la edición de 1879 sin ser reemplazados por otros, sino por un prólogo enunciado de entrada por una segura primera persona, da cuenta de la definida presencia en el nuevo libro de un autor que ha cambiado con respecto al anterior. Esa modificación entre el político y periodista devenido coyunturalmente poeta que era Hernández cuando firmó *El gaucho Martín Fierro* y este socialmente consagrado poeta con definidas proyecciones políticas, que es el que firma *La vuelta de Martín Fierro*, anticipa, desde el prólogo, todos los cambios que también podrán leerse en el poema.

En el prólogo Hernández insiste nuevamente, como en la carta a Miguens, en el carácter realista del nuevo poema. Copia fiel e imitación son las palabras que usa ahora para justificar los "defectos" de su personaje que, en verdad, son los del modelo al que remite. Como antes, el realismo tiene, según el autor, la finalidad de que el "libro se identifique" con la "población casi primitiva" a la que está dirigido. Y de que las ideas y sentimientos expresados con el lenguaje, las frases y la "forma más general" de sus destinatarios lo relacionen con éstos "de manera tan estrecha e íntima, que su lectura no sea sino una continuación natural de su existencia". Pero ahora no se trata de un realismo de denuncia, como el de 1872. Ahora la pedagogía y la distracción son los nuevos objetivos de Hernández, quien espera que su libro, por un lado, despierte "la inteligencia y el amor a la lectura" de sus destinatarios y, por otro, les sirva de "provechoso recreo después de las fatigosas tareas", con lo que la lectura de *La vuelta de Martín Fierro* pueda resultar a la vez "amena, interesante y útil".

Por lo tanto, este libro, señala Hernández, también deberá cumplir ciertas funciones que contribuyan "a elevar el nivel moral e intelectual de sus lectores". Para concretar esta ambición, el poema deberá alcanzar una novedosa serie de aspiraciones, puntillosamente destacadas en el prólogo. En primer lugar, enseñar que "el trabajo honrado es la fuente principal de toda mejora y bienestar". Y de ahí en adelante, inculcar "el sentimiento de veneración hacia su Creador", afear "las supersticiones ridículas y generalizadas que nacen de una deplorable ignorancia", tender a "regularizar y dulcificar las costumbres", enseñando "la moderación y el aprecio de sí mismo y el respeto a los demás", aconsejar "la perseverancia en el bien y la resignación en los trabajos", recordar "a los padres los deberes que la naturaleza les impone para con sus hijos", enseñar "a los hijos cómo deben respetar y honrar" a sus padres, fomentar "en el esposo el amor a la esposa", recordar a la esposa "los santos deberes de su estado", robustecer los vínculos "de la familia y de la sociabilidad", afirmar "en los ciudadanos el amor a la libertad", pero también "el respeto que es debido a los superiores y magistrados" y, finalmente, enseñar "a los hombres con escasas nociones morales, que deben ser humanos y clementes, caritativos con el huérfano y con el desvalido, fieles a la amistad, gratos a los favores recibidos, enemigos de la holgazanería y del vicio, conformes con los cambios de fortuna, amantes de la verdad, tolerantes, justos, y prudentes siempre".

En otras palabras, Hernández propone, en el prólogo de *La vuelta de Martín Fierro*, utilizar la fórmula que tan buenos resultados le había dado en el poema anterior, con relación a la revolucionaria decisión en él de convertirse en un poeta gauchesco, ya que esto fue, en definitiva, lo que le permitió ingresar en cada hogar de la vastísima campaña argentina para, entonces, inculcar un mensaje completamente alejado del de rebeldía que se desprendía del poema anterior.

Ahora un plan moral, de veneración al Creador, a los padres y a la familia, sobre el que se imprime un plan político, de respeto a las autoridades y a los magistrados, que se dará a través de la moderación, la dulcificación de las costumbres bárbaras y, sobre todo, la resignación en los trabajos y la conformidad ante los cambios de fortuna, condicionan todo el nuevo poema de Hernández, desde que Fierro, en el canto I, llegado del desierto, toma la voz y dice que sus destinatarios son "tanto el pobre como el rico" y que se ha decidido a venir, "a ver si puedo vivir/ y me dejan trabajar". E inmediatamente, declara, ante la amplia sociedad de pobres y ricos, cuáles son los nuevos trabajos que el gaucho puede hacer, que ya no aspira a ser, como en el idilio de los primeros cantos del poema anterior, un cuentapropista, pequeño agricultor o pastor sino, directamente, un peón de campo: "Sé dirigir la mansera/ y tambien echar un pial/ sé correr en un rodeo/ trabajar en un corral/ me sé sentar en un pértigo/ lo mesmo que en un bagual".

Esta suerte de solicitud de reinserción de Fierro en la sociedad, de la que había escapado cinco años antes debiendo una suma indeterminada de muertes, además de una tropilla de caballos, está favorablemente condicionada, en el poema, por las a su modo inverosímiles prescripciones y olvidos de todas las causas de la persecución: el juez que lo hostigaba y había mandado a la frontera "hacía tiempo que era muerto", "ya naides se acordaba/ de la muerte del moreno", "ya no había ni el recuerdo/ de aquel que en la pulpería/ lo dejé mostrando el sebo" y, finalmente, "ya no hablaban tampoco,/ me lo dijo muy de cierto,/ de cuando con la partida/ llegué a tener el encuentro".

Pese a que en el poema el mismo Fierro se lamenta al comprobar, luego de la vuelta, que contrariamente a su expectativa de que "en tantos años/ esto se hubiera compuesto", "estábamos lo mesmo" —lo cual parece un lamento retórico en relación con las enseñanzas que él mismo ofrecerá unos cantos más adelante, ya anticipadas en el prólogo—, este gaucho resignado que pretende volver al estado idílico de trabajo, familia y recreación de los primeros cantos del poema anterior representa, simbólicamente, los cambios que en la política argentina venían sucediéndose desde la presidencia de Nicolás Avellaneda y los favorables posicionamientos del político José Hernández en relación con esa novedad.

En efecto, en la primera sesión del Congreso de 1877, Avellaneda hizo un llamado "a la equidad en los unos, al sentimiento del deber en los otros", y anunció que "podían regresar libremente al territorio argentino" todos aquellos que estuvieran en el destierro por los sucesivos enfrentamientos internos del país. Este gran pacto conciliatorio entre las partes históricamente enfrentadas por lo menos desde 1852 fue aceptado por la mayor fuerza opositora, el jordanismo, que anunció "olvidar sus sacrificios pasados" a tal punto de cambiar de nombre para participar de esta nueva etapa política con el más moderno de Partido Autonomista de Entre Ríos. Una vez lograda la ansiada armonía en el frente interno, el gobierno de Avellaneda propició la tremendamente exitosa, según sus propios objetivos, campaña al desierto, liderada por el comandante del Ejército, el general Julio Argentino Roca, cuyo último golpe contra los indios —que suponía su exterminio— tuvo lugar entre abril y mayo de 1879, aunque ya desde 1878 había comenzado un tenaz hostigamiento militar que precedió a la terrible solución final del año siguiente, y éste es el registro tomado por el poema, cuando Fierro afirma que "las tribus están deshechas/ los caciques más altivos/ están muertos o cautivos".

El jordanista Hernández viró también del federalismo progresista y antiporteño, que lo había llevado en 1869 a proponer a Rosario como capital de la República, a aprobar, ya como diputado del Partido Autonomista, la federalización de la ciudad de Buenos Aires en 1879, y a adherir, al año siguiente, al nuevo oficialismo liderado ahora por el general Roca, a cuyo ideario respondió Hernández, ahora como senador provincial de Buenos Aires, hasta su muerte en 1886.

Estas modificaciones en el posicionamiento político de Hernández, vinculadas también a la adquisición de un oficio como poeta gauchesco que no tenía en 1872, están en la base de los evidentes cambios entre el primero y el segundo poemas, siendo los más notorios la pérdida de la centralidad de Martín Fierro como personaje principal, la multiplicación de voces —Fierro, los dos hijos de Fierro, Picardía, el relator—, la extensión, la proliferación de descripciones pintoresquistas —como en los cantos dedicados al desierto, que acercan al nuevo libro más al *Santos Vega* de Ascasubi que a su propio poema anterior— y, sobre todo, lo que Noé Jitrik llama el distinto "alcance ético" de ambos poemas: lo que va del nihilismo y rebeldía del primero al resignado mensaje de adaptación del segundo.[12]

El argumento

Los primeros diez cantos de los treinta y tres del nuevo poema los ocupa la voz de Fierro, enmarcada otra vez, como en la convención de la gauchesca. Fierro, después de precisar sus deseos de reinserción, cuenta sus cinco años en el desierto. Describe extensamente las costumbres bárbaras de los indios y los descalifica para cualquier programa civilizatorio: "el deseo de mejorar/ en su rudeza no cabe/ el bárbaro sólo sabe/ emborracharse y peliar", aunque encuentre entre ellos alguna virtud, como la falta de codicia y la relación esclavizante que tienen con sus caballos, que el gaucho sabe valorar. En el desierto muere Cruz, y Fierro conoce a una cautiva, motivo que le sirve a Hernández tanto para vincular el poema con la convención de la literatura culta del desierto, prestigiada sobre todo por las obras de Esteban Echeverría, Domingo F. Sarmiento y Lucio V. Mansilla, como, sobre todo, para desarrollar cierta vena naturalista dirigida, como en Ascasubi con la de los federales, a presentar la violenta crueldad de los indios. En este caso, la del pampa que para castigar a una cautiva acusada de haber echado brujería, le degüella el hijo a sus pies y luego le amarra las manos con las tripas del niño en cuyo cadáver ensangrentado resbala finalmente cuando Fierro, que sale a defender a la mujer, lo ensarta con su cuchillo. Fierro y la cautiva escapan del desierto y después de un largo peregrinar, padeciendo penurias, a la tierra "donde crece el Ombú", Fierro se apea del caballo y besa "esta tierra bendita/ que ya no pisa el salvaje", precisando que allí se queda así lo agarre el Gobierno "pues infierno por infierno/ prefiero el de la frontera".

En el canto XI, merodeando por algunas estancias, y sin animarse todavía a entrar a las poblaciones, un viejo amigo le cuenta que todas sus causas con el Gobierno ya han sido olvidadas. Y en una extraordinaria puesta en abismo de la historia, Fierro dice que entre "el gauchaje inmenso" de las estancias "muchos ya conocían/ la historia de Martín Fierro", como si en la misma ficción también hubiese circulado, como en la realidad, un libro que contara la leyenda de un gaucho desertor llamado Martín Fierro. Ese recurso —utilizado también por Cervantes en la segunda parte de *Don Quijote de la Mancha*— tiene una enorme importancia en la misma ficción, pues es la fama de Fierro la que le permite ser reconocido por sus dos hijos, que presentados al público por su padre son quienes tomarán la voz en los cantos siguientes. Así, en el canto XII, canta el hijo mayor, que hace un también extenso lamento de su vida en la penitenciaría aunque, como dice él mismo, "quien ha vivido encerrado/ tiene poco que contar". Entre los cantos XIII y XIX, toma la voz el hijo segundo de Martín Fierro, quien también ensaya un lamento, más vivaz que el de su hermano, acerca de su peregrinación desde que alzaron a su padre y quedaron ambos, su hermano y él, "obligados a sufrir/ una máquina de daños".

Sin embargo, en los cantos enmarcados por la voz del hijo segundo, importa menos éste que su tutor, uno de los mayores personajes de la literatura argentina, el viejo Vizcacha, que vivía rodeado de perros y "mataba vacas agenas/ para darles de comer" —precaución que no tomaba con el hijo de Fierro que el juez le había dado en custodia—. Vizcacha, que "siempre andaba retobao/ con ninguno solía hablar", en cuanto se ponía en pedo, dice el hijo segundo, "me empezaba a aconsejar". Y en los consejos del viejo Vizcacha, que ocupan casi todo el canto XV del poema, y que, en buena hipótesis, podemos pensar que a través de ellos Hernández pretendía, por antífrasis, condenar la ignorancia, la inclemencia, la holgazanería y el vicio, se encuentra, paradójicamente, buena parte de la fama de *La vuelta de Martín Fierro*. En ese hermoso contrarrefranero vibra, como en ningún otro momento del poema, toda la virtud de la perfecta sextina hernandiana, rematada en ese par de versos finales que hoy cualquier argentino, lector o no de *La vuelta de Martín Fierro*, repite casi de memoria: "Jamás llegués a parar/ a donde veás perros flacos", "el diablo sabe por diablo/ pero más sabe por viejo", "pues siempre es güeno tener/ palenque ande ir a rascarse", "vaca que cambia querencia/ se atrasa en la parición", "cada lechón en su teta/ es el modo de mamar", "al que nace barrigón/ es al ñudo que lo fajen", etc.

En el canto XX un relator, sin marco y externo a los acontecimientos, narra el reencuentro alegre entre Fierro y sus hijos, e introduce a "un mozo forastero/ de muy regular presencia" que pide licencia para cantar su historia. Se trata de Picardía, el hijo de Cruz, que toma la voz entre los cantos XXI y XXVIII y que también, como los hijos de Fierro, canta extensamente su lamento. El suyo, referido sobre todo a sus años en la frontera que funcionan como el momento de mayor crítica al gobierno y su política hacia a los gauchos: "si el Gobierno quiere gente/ que la pague y se acabó", "que aquí el nacer en Estancia/ es como una maldición", "la Provincia es una madre/ que no cuida a sus hijos", "que no tiene patriotismo/ quien no cuida al compatriota", "el gaucho no es argentino/ sino pa hacerlo matar", "el gaucho es como la lana/ se limpia y compone a palos". Pero es cierto también que este lamento es, en términos de potencia de denuncia y de inventiva literaria, mucho menos enérgico que aquel que sobre el mismo asunto de la frontera había cantado Fierro en el libro anterior, condicionado además por unos versos iniciales en los que Picardía señala que "son cosas muy dichas ya/ y hasta olvidadas de viejas". De modo que la denuncia parece responder a una convención del género en su versión hernandiana, instalada en el poema anterior, más que a una verdadera necesidad interior de *La vuelta* y del personaje, según puede verse, por otra parte, en la diferente situación de enunciación de los lamentos de uno y otro. Fierro, en 1872, canta su desdicha desde su posición de desertor y desterrado. Picardía, en cambio, la canta en situación de jolgorio, "mientras todos celebraban" el reencuentro, según cuenta el relator en el canto XXIX antes de presentar al nuevo personaje protagonista del canto siguiente, un moreno "presumido de cantor" que desafía a Fierro a una payada.

La payada entre Fierro y el Moreno, vengativo hermano del que aquél había matado en el poema anterior, ocupa todo el canto XXX y es, por cierto, tan excéntrica como el *Fausto* de Estanislao del Campo en la serie gauchesca. Aunque ahora no se trate de gauchos discurriendo en lenguaje rústico sobre una ópera en francés a la que asistió uno de ellos, sino sobre elevados temas filosóficos de orden lírico-metafísico, como el canto del cielo, de la tierra, del mar, de la noche, el nacimiento del amor, la ley, la cantidad, la medida, el peso, el tiempo, con los que los contendientes van desafiándose uno al otro y que, en la economía del poema, sirven sobre todo para ir templando la voz cantora de Fierro rumbo a los consejos a sus hijos y a Picardía del canto XXXII.

En el XXXI, el relator cuenta que Fierro, sus hijos y Picardía se retiraron de la fiesta a la costa de un arroyo, se sentaron en ronda y pasaron la noche en una larga conversación que concluye, en el canto posterior, con los consejos de Fierro, que célebremente comienzan "Un padre que da consejos/ más que padre es un amigo" y del que se recuerda sobre todo aquel que promueve la unión entre hermanos como ley primera, "porque si entre ellos se pelean/ los devoran los de ajuera". En los consejos de Fierro, las marcas de la oralidad del habla del gaucho, si no borradas del todo, han sido prolijamente cercenadas, y el castellano culto del autor se sobreimprime con mucha frecuencia —como en la payada— sobre la convención de la gauchesca, que de este modo se presenta, como el mismo Fierro, más adecentada que en su desafiante versión anterior. A este respecto, puede resultar indicativo el hecho de que en la nueva edición anotada de los dos poemas, preparada por Élida Lois y Ángel Núñez, las notas que acompañan al primero son doscientas sesenta y una, mientras que el segundo, que duplica en tamaño al anterior —cuatro mil ochocientos noventa y cuatro versos contra dos mil trescientos dieciséis—, está acompañado por un número bastante similar de notas, con lo que el promedio de explicaciones que "necesita" este último baja a la mitad con respecto al anterior, en el que prácticamente en todas las estrofas hay palabras o giros que reclaman, para un lector actual, una precisión en cuanto a su origen o significado. La misma comprobación puede hacerse revisando el vocabulario de la edición de ambos poemas anotada por Andrés Avellaneda.[13] El primero requiere un vocabulario de más de cien palabras; el segundo, dos veces más largo, uno de ciento cincuenta. Esto significa que en *La vuelta de Martín Fierro* conviven, es cierto que armoniosamente, el castellano culto del autor y el popular de fines del siglo XIX del narrador y de los personajes, lo que vuelve al texto tan moderado como su personaje principal.

En el último canto, dominado como en el último del poema anterior por un relator externo, la voz cuenta que los cuatro personajes se dispersan, dirigidos a los cuatro vientos, luego de convenir entre todos mudar sus propios nombres de modo de perderse entre los otros gauchos.

Invirtiendo la puesta en abismo planteada en el canto XI, en el que libro *El gaucho Martín Fierro* parecía circular dentro de la ficción de *La vuelta de Martín Fierro*, ahora lo que pretende Hernández con la decisión de quitarle el nombre a su protagonista es que sea Martín Fierro, el personaje, quien, convertido en mito circule por la campaña argentina.

Las notorias diferencias entre la ida y la vuelta no significaron sin embargo una caída de la popularidad del personaje ni del autor, según se desprende de la otra vez entusiasta "Advertencia editorial" que acompaña la duodécima edición de ambos poemas, ya publicados en un mismo libro, de 1883. Ni, tampoco, la desvinculación absoluta entre ambos poemas, ya que como señala Tulio Halperín Donghi, "pese a la diversa y casi opuesta lección que ambos ofrecen, la continuidad está dada por la de la atención respetuosa que Hernández prodiga en una y otra al gaucho y su mundo y que se refleja en primer lugar en la constante felicidad en la evocación de precisos modos de conducta".[14]

La vuelta de Martín Fierro señala, como anota Adolfo Prieto, "el ocaso de una parábola: el de la literatura gauchesca y el de un país de pautas rurales, vertiginosamente sometido a un proceso de modernización".[15] En ese marco, el compromiso afectivo de Hernández con el gaucho, del que sus dos grandes poemas son documento suficiente, y, por otro lado, su adhesión política a la causa del progreso que irremediablemente conducía a la desaparición de su condición de gauchos —para pasar a ser peones, obreros de ferrocarril, asalariados de cualquiera tipo— cargan de cierta melancolía todo el último poema, sensación magistralmente reforzada hacia el final, con la partida de Martín Fierro, ya sin nombre y hacia ninguna parte.

CAPÍTULO 3

Juan María Gutiérrez dice que Esteban Echeverría es el primero en mirar en torno suyo, y lo celebra. Juan Manuel de Rosas, motivo excluyente de inspiración. La cautiva María rescata a Brian, pero él es infelice. Leopoldo Lugones tiene problemas con el octosílabo. La nacionalización del Romanticismo, según Noé Jitrik. Lo magnífico y lo sublime del paisaje argentino en las relaciones de los viajeros ingleses. La pampa es un mar y los pastos, olas. Hacia un nuevo diccionario literario. Marcos Sastre y Juan Bautista Alberdi, con Rosas y contra Rosas. El "escándalo del siglo", según Echeverría. Las consignas programáticas de la Joven Generación. Un unitario con la patilla unida con la barba en forma de u pasa cerca de un matadero y se resiste a que lo azoten con un vergajo. Civilización y barbarie, según Echeverría. Dos lenguajes encontrados. Inspirados por Byron y por el mar, Alberdi y Juan María Gutiérrez escriben a cuatro manos. Un legendario episodio de iniciación. El anhelo antirrosista de José Mármol. Amalia lee Lamartine a la luz de una lámpara. Documento y ficción. Lo que dice David Viñas.

LAS *RIMAS* DE ESTEBAN ECHEVERRÍA LEÍDAS POR JUAN MARÍA GUTIÉRREZ

El 3 y el 4 de octubre de 1837, en *El Diario de la Tarde,* Juan María Gutiérrez —pero sin firma de su autor, con tres asteriscos como única suscripción de la noticia— publicó un extenso comentario sobre las *Rimas* de Esteban Echeverría, recién aparecidas en Buenos Aires. La nota tiene una enorme importancia en la historia de la literatura argentina. En primer lugar, porque es la primera en dar cuenta de modo neto y ponderativo sobre la obra entera de Echeverría publicada hasta ese entonces, que incluía, además de las *Rimas,* el poema *Elvira o la Novia del Plata,* publicado como un folleto anónimo en 1832, y *Los consuelos,* de 1834. En segundo lugar, porque es, también, la primera en señalar enfática y afirmativamente la presencia en la Argentina de un movimiento de escritores que venían finalmente a relevar a los oxidados poetas neoclásicos, que más de treinta años después de la publicación del poema "Al Paraná" de Lavardén, continuaban escarbando en una cantera que, como se comprobó en la mayoría de los poemas publicados en *La Lira Argentina*, ya estaba agotada a poco de ser comenzada a explotar. Y en tercer lugar, porque la misma noticia informaba sobre la presencia de un crítico literario con pretensiones más ambiciosas que las de los conocidos hasta la fecha, limitados en la mayoría de los casos al comentario de ocasión. Gutiérrez, en cambio, está muy atento, como en este caso, a anotar la novedad que importan los poemas de Echeverría en la literatura argentina. Pero también a establecer vínculos con el pasado literario nacional, según podrá leerse después en "La literatura de Mayo" o en "La Sociedad Literaria y sus obras", y a prefigurar señeramente el concepto amplio de literatura latinoamericana al preparar entre 1846 y 1847 la antología *América poética*, que reúne poetas de once países del continente y que tiene, como señala Álvaro Fernández Bravo, el valor de ser el primer "proyecto de emancipación americanista que apuesta por una ruptura con España, aunque no con el pasado colonial".[1]

En aquella noticia de *El Diario de la Tarde*, Gutiérrez reseña primero la suerte de *Elvira o la Novia del Plata*, "una piedra preciosa, pero desconocida", que por eso mismo "escapó a los sentidos y se desvaneció como una ráfaga o como un sueño".[2] Gutiérrez entiende que ese poema pasó completamente inadvertido para el público porteño debido a que era una producción de un tipo que no se hallaba "en las literaturas que nos son familiares: parece nacida en los climas del Setentrión; escrita al dulce calor de los hogares del invierno, en tanto la tempestad sacude las selvas". El poema, dividido en doce cantos y versificado con una bastante desprejuiciada combinación de endecasílabos, heptasílabos, octosílabos y pentasílabos, cuenta la fantástica historia de amor de Elvira y Lisardo, llena de ensoñaciones, presagios y nocturnidad. Gutiérrez anota la sorpresa que provocó el poema, sobre todo en relación con un tema, al fin de cuentas tan sencillo, como es "el amor desgraciado de dos seres", que fue tratado por Echeverría "con una forma exótica y complicada", adjetivos que tal vez califican tanto la diversidad métrica y estrófica del poema como su sintaxis amanerada y, naturalmente, su imaginería, resuelta con un diccionario excéntrico al culto —aunque repetitivo y limitado— de los viejos neoclásicos. Vampiros, gnomos, larvas, espectros lívidos, hadas, brujas, nigromantes, chivos negros, aves nocturnas y monstruos surgen de la imaginación de Lisardo una noche e impregnan tanto el "espacio inmenso" de su habitación en la estancia como el de la poesía en lengua castellana de principios de la década del treinta, que encuentra en el humilde poema de Echeverría, precedido por una cita de William Wordsworth y otra de José de Moratín, el primer ejemplo de poesía romántica, un año antes de que en España el duque de Rivas publicara *El moro expósito*, texto inaugural del Romanticismo español.

La poesía "puramente artística" como llama Gutiérrez a la de Echeverría —contrastante con el afán utilitario de la neoclásica y el directamente propagandístico de la gauchesca de esos años—, sustentada, además, en la idea de que el arte no reside "sólo en las armonías palpables de la naturaleza, sino también en las secretas de los corazones y de las almas", tímidamente presente en el poema del '32, se confirma dos años más tarde como el puntal del primer libro publicado por Echeverría.

En *Los consuelos* reina, como señala Gutiérrez, "la personalidad, el yo, el lamento continuo del autor" —lo que hoy llamaríamos sujeto o yo poético—. Pero también encuentra, y esto es acaso lo más importante, "la fisonomía peculiar de nuestra naturaleza". Echeverría, dice Gutiérrez, "había mirado en torno suyo, y encontrado poesía donde antes no la hallábamos". Eso, que para Gutiérrez significa el nacimiento de la poesía nacional, estaba anunciado en una nota que acompañaba el volumen, donde el joven poeta señalaba que ésta no había adquirido aún "el influjo y la prepotencia moral que tuvo en la Antigüedad y que hoy goza entre las naciones europeas". Y si se querían conquistar tal influjo y prepotencia era necesario que apareciera "revestida de un carácter propio y original, y que reflejando los colores de la naturaleza física que nos rodea, sea a la vez el cuadro vivo de nuestras costumbres y la expresión más elevada de nuestras ideas dominantes, de los sentimientos y pasiones que nacen del choque inmediato de nuestros sociales intereses, y en cuya esfera se mueve nuestra cultura intelectual".

Eso mismo, por otra parte, estaba presente también en una "Memoria descriptiva de Tucumán", publicada en 1834 en Buenos Aires por Juan Bautista Alberdi, y que es el otro puntal de primer romanticismo argentino.

Gutiérrez es, por un lado, entusiasta en cuanto al alcance que puede tomar el programa de Echeverría, si es que los nuevos poetas se limitan a encontrar en la pampa y el río, los "dos gigantes en reposo", las nuevas fuentes de la futura poesía nacional: "contémplense la pampa y nuestro río, estúdiense sus armonías, las escenas del desierto palpiten animadas en los productos de la mente argentina: matícense con las imágenes que allí abundan, para que campee la originalidad, condición esencial de las obras de imaginación". Pero es pesimista, en cambio, en lo que hace a las "pasiones y costumbres" argentinas, también señaladas por Echeverría como fuentes originales de inspiración. Gutiérrez encuentra que ni unas ni otras prestan nada al poeta para "colorir sus cuadros". Un pueblo mercantil, dice Gutiérrez, "fundado en suelo heredado de míseros salvajes; que ni un monumento tiene santificado por las edades: cuya historia es pobre en épicos sucesos, y en personajes dignos de la apoteosis del ingenio: cuyas costumbres son las mismas del mundo civilizado: cuyos hábitos y trajes a toda hora, a cada instante llegan en las naves que tocan el puerto; no puede dar material a la poesía ni herir fuertemente la impresión del bardo. El drama hallaría asuntos en América; pero no en Buenos Aires ni en la República toda".

"La cautiva" y "El matadero", del mismo Echeverría, *Facundo*, de Sarmiento, y hasta *Amalia* de José Mármol, todas obras programáticamente contenidas en el epílogo de Echeverría a *Los consuelos*, son las rotundas respuestas afirmativas a las prevenciones de Gutiérrez y, también, el fiel para medir la originalidad del Romanticismo argentino que no se resolvió, como buena parte del modelo europeo, a través de obras de aliento histórico o utopista que sirvieran como una lente para exaltar o condenar la contemporaneidad, sino que encontró en el puro presente histórico argentino, en la figura y en la política de Juan Manuel de Rosas, motivo no sólo suficiente sino casi excluyente de inspiración poética, en un período en el que, como señala Ezequiel Martínez Estrada, "Rosas es casi totalmente la historia y la literatura argentinas".[3]

"La cautiva"

Sin embargo, los poemas que acompañan la desafiante propuesta de *Los consuelos*, en la que resuena con demasiada evidencia la lección del Romanticismo europeo que Echeverría había estudiado y aprendido en Francia, en una estadía que duró cinco años, entre 1825 y 1830, no dan todavía con el tono original de "La cautiva", el poema de las *Rimas* publicado en 1837. Los poemas de 1834, y aun muchos de los de *Rimas*, se adaptan con comodidad a una visión demasiado parcial y apocada del Romanticismo, según la cual la naturaleza funciona como una especie de proyección de los estados de ánimo del poeta, casi siempre signados por la tristeza y la desmayada emoción.

En "La cautiva", en cambio, Echeverría, abandona esa limitada versión del Romanticismo para pasar a aprehender también "la verdad que resulte de los hechos de nuestra historia, y del conocimiento pleno de las costumbres y espíritu de la Nación", según señala, programáticamente otra vez, el mismo Echeverría en la "Primera Lectura" del Salón Literario, también de 1837.

Lo notable del caso es que ese afán de fidelidad al programa romántico europeo en el que se fundían dos conceptos hasta entonces antitéticos como lirismo y política fue, en definitiva, el que les permitió a los románticos argentinos construir, con distinto grado de intensidad, una obra al fin puramente nacional tanto en lo que hace a su lenguaje, como, sobre todo, a sus temas y sus proyecciones de análisis político y social.

"La cautiva" es un extenso poema de más de 2100 versos divididos en nueve partes y un epílogo que cuenta la finalmente fallida epopeya de María por rescatar con vida, en el desierto argentino, a su marido Brian, un capitán del ejército de la Independencia capturado por un malón.

La primera parte, titulada "El desierto", está encabezada por una cita de Byron y otra de Victor Hugo y comienza con los famosos octosílabos que dicen "Era la tarde, y la hora/ en que el sol la cresta dora/ de los Andes" y que integran una décima, "tan destartalada como ingrata al oído", según la invectiva de Leopoldo Lugones que, además, califica a la estrofa como "prosa forzada a amoldarse en forma octosílaba" y rechaza "la violenta inversión de sus tres primeros versos".[4] Es posible que Lugones, en su afán por desprestigiar el poema de Echeverría para, en el mismo movimiento, enaltecer el *Martín Fierro* de José Hernández, haya cargado las tintas en cuanto a los defectos de aquél. Pero es cierto que el programa romántico de Echeverría atenta varias veces contra el propio poema, como puede verse en el eufónico nombre del personaje principal, Brian, afín al Romanticismo europeo, pero completamente inverosímil puesto en un criollo soldado de la Independencia. Y también en la utilización del verso octosilábico que busca, según la convención romántica, alejarse del prestigioso y neoclásico endecasílabo para abrevar en el metro más popular de la tradición española. Porque esa un poco artificial descripción del desierto al atardecer parecía más propia para el despreciado endecasílabo o para la prosa que para la agilidad del octosílabo, el cual reclama una acción que en el primer canto sólo está sugerida, auditivamente, por el relincho de un "bruto fiero", el bramido de un "toro de saña" o el rugir de "un tigre feroz". Y recién en el cierre del canto el vivaz relato del paso del malón que "grita, corre, vuela/ clavando al bruto la espuela", llevando en la punta de sus lanzas cabezas humanas "cuyos inflamados ojos/ respiran aún su furor", parece encontrar en el octosílabo, finalmente, el metro justo.

En la segunda parte, titulada "El festín", el octosílabo se ajusta más netamente al asunto que se cuenta allí: el festejo de los indios en una toldería improvisada después de una "feliz maloca" de la que han traído caballos, potros, yeguas, "muchedumbres de cautivas/ todas jóvenes y bellas" y, como "víctima en reserva", al noble y valiente Brian, que "atado entre cuatro lanzas" espera su suerte, la que ya está echada después de haber dado muerte en una refriega y de un lanzazo a Chañil, "el indio más fuerte/ que la pampa crió". En la fiesta, y alrededor de cuatro "estendidas hogueras", los indios preparan el asado. Uno degüella a una yegua y otros más se le pegan a la boca de la herida para sorber, chupar y saborear la sangre, hasta que el animal vacila y se desploma y entonces unas indias lo descuartizan para asarlo al rescoldo o a la llama. Después de la comida, "cuando el hambre está repleta" los indios se emborrachan con un "licor espirituoso" que "bien pronto los convierte/ en abominables fieras". Borrachos, "se ultrajan, riñen, vocean/ como animales feroces/ se despedazan y bregan" hasta caer dormidos mientras la "desmayada luz/ de las festivas hogueras,/ sólo alumbra los estragos/ de aquella bárbara fiesta".

En el tercer canto aparece finalmente la heroína del poema, María, primero sólo una sombra que avanza entre la "salvaje turba" adormilada. Con un puñal en la mano degüella a varios "salvajes dormidos", hasta que llega adonde está Brian malherido y estaqueado. Él, el prototipo del "héroe cansado" del Romanticismo, en vez de alegrarse por la aparición de su mujer, que vino a vengar la muerte, por parte de los indios, de su madre, su padre, su hijo, y a rescatar a su marido, encuentra que ella no es digna de él, si es que para llegar hasta allí su cuerpo y su honor fueron mancillados por el salvaje: "María, soy infelice,/ ya no eres digna de mí". Y María señalándole su puñal le dice que "en este acero está escrito/ mi pureza y mi delito,/ mi ternura y mi valor". Y entonces, apoyados el uno en el otro, se escapan al desierto.

En esa incursión de los héroes byronianos por el desierto argentino se produce, como anota Noé Jitrik, la nacionalización del Romanticismo o, más precisamente, su versión nacional.[5] Los héroes de Byron son, como María y Brian, hombres cultos, de ciudad, cuyos sentimientos se desdoblan en la naturaleza que los circunda. En el modelo europeo, hay una armonía en el contacto entre el hombre y la naturaleza, en tanto lo primitivo funciona como una extensión o proyección de lo culto. En la versión argentina, en cambio, el desierto es una manifestación de la naturaleza pura, hostil y no ideal, en la que el sol convirtió al agua en "cenagoso pantano" y a los peces en "animales inmundos" que, muertos, infestan el aire o que, vivos aún, aparecen en la superficie del pantano boqueando e implorando del cielo agua y aire; los pastos mismos, encendidos por "la chispa de una hoguera/ que llevó el viento ligera", se convierten en una inmensa llama que hace gemir a la tierra y transforma en ceniza y humo a los pastales, los densos pajonales y los cardos y animales. Por lo tanto, todo desdoblamiento es, como percibe Jitrik, de dolor. La soledad, el temor, la angustia son puntualmente devueltos por el desierto en forma de inmensidad, tigres o llamaradas. Pero el paisaje no devuelve nunca alegría, regocijo ni felicidad. El desierto argentino marca, entonces, el impensado límite del programa romántico: la naturaleza ya no es un refugio sino lo contrario, la neta manifestación de una amenaza. Brian y María, por supuesto, mueren en el desierto, él en la parte octava del poema y ella en la novena. En "La cautiva", Echeverría deja planteado el gran asunto, definido unos años después magistralmente por Sarmiento en *Facundo*: entre el hombre de las ciudades y la naturaleza bárbara no hay armonía, sino conflicto.

Como el nombre del personaje y el metro del poema, importados ambos del programa europeo, las imágenes del desierto argentino tampoco son originales de la percepción creadora de Echeverría. La espectacular cresta dorada de los Andes, distante a varios cientos de kilómetros de donde sucederán los hechos que cuenta el poema, puesta en los primeros versos más como una imagen exótica, sublime y, sobre todo, prestigiosa para la vista de un extranjero, que como referencia realista del desierto argentino —como lo son los más pobres pajonales, pantanos y ombúes—, y las mismas comparaciones oceánicas a las que son sometidos los pastizales del desierto soplados por el viento —"El aura moviendo apenas/ sus olas de aroma llenas,/ entre la yerba bullía/ del campo que parecía/ como un piélago ondear"— no provienen de la penetrante mirada artística del poeta, sino que derivan de las que, unos años antes, habían pergeñado los viajeros ingleses con el mismo desierto argentino como singular referencia.

El nuevo repertorio de imágenes de los viajeros ingleses

En efecto, entre 1820 y 1835 distintos viajeros ingleses publican las relaciones de sus travesías por el desierto argentino, en viaje desde el puerto de Buenos Aires rumbo a Mendoza y a Chile o rumbo a Tucumán, Bolivia y Perú. Enviados para estudiar la factibilidad de la explotación de las minas de plata y oro de la región andina o formando parte de expediciones dedicadas al relevamiento geográfico y político del territorio, Alexander Caldcleugh, Francis Bond Head, Joseph Andrews, Edmond Temple, Samuel Haigh, Charles Brand, Peter Schmidtmeyer y Peter Campbell Scarlett fueron, entre otros, los primeros en anotar una singular visión del desierto de la que fueron beneficiarios inmediatos los poetas del Romanticismo argentino.

En las relaciones de los ingleses predominan todas las convenciones propias del género de viajes, entre las que hay que destacar tanto el relevamiento de lo singular y propio del lugar desconocido, como su normalización a través de un sistema comparativo o metafórico que lo vincule con lo común o cotidiano del público al que la relación va dirigida. Y así entonces como, por ejemplo, el alemán Ulrico Schmidl, a mediados del siglo XVI, explicaba a sus lectores alemanes que las boleadoras que usaban los indios eran "como las plomadas que usamos en Alemania", los ingleses del primer tercio del siglo XIX encuentran, en primer lugar, que los inconmensurables pastizales del desierto argentino, movidos por el viento, se parecen al océano. Imagen que, por otra parte, los mismos viajeros ingleses habían tomado del texto paradigmático del género, *Viaje a las regiones equinocciales del Nuevo Continente realizado entre los años 1779 y 1804*, firmado por el alemán Alexander von Humboldt y traducido al inglés y publicado en Londres entre 1818 y 1822. Allí, al describir para el público europeo los llanos venezolanos, von Humboldt anotó: "Ese solemne espectáculo de la bóveda estrellada, que se despliega en una inmensa extensión; la brisa fresca que corre sobre la llanura durante la noche; el movimiento onduloso de la yerba en los puntos donde gana alguna altura, todo eso nos recordaba la superficie del océano". Y así, Francis Bond Head escribe que la pampa, vista desde la falda de los Andes, "semeja al océano", Edmond Temple menta "la vasta llanura parecida al océano", Samuel Haigh anota que la pampa "parece (si puede usarse la expresión y se tolera el disparate) *un mar de tierra*" y Charles Brand, más entusiasta aún, señala que "las pampas se extienden ante nosotros como un mar" y, también, que "la posta se levanta en el horizonte de la desolada llanura como un extraño velamen visto desde un barco, en el mar".

Pero los viajeros, además, aplicaron un modo de mirar el paisaje argentino atado a las convenciones que el Romanticismo imponía victoriosamente en Europa, sobre todo en lo concerniente al valor de belleza absoluta otorgado al paisaje sublime, condición que el paisaje argentino directamente no ofrecía, como lo percibe Aimé Bonpland, quien en el prólogo a su *Travels in Buenos Ayres, and the Adjacent Provinces of the Rio de la Plata* escribió: "Nada hay en la comarca que satisfaga la emoción estética o inspire la imaginación del escritor: lo bello y lo sublime son extraños a este paisaje". También Alexander Caldcleugh anota su decepción frente al paisaje del desierto, después de llegar a Mendoza y precisar que la ciudad es "un alivio" para el viajero que ha atravesado "mil millas de la, quizá, menos interesante región que pueda encontrarse en el mundo; tan pocos objetos de curiosidad se ofrecen para quebrar el tedio de las perpetuas planicies y deshabitados páramos". Y ni siquiera los Andes que sufren, como el desierto, del mal de la inmensidad y la desmesura, satisfacen el ojo de los viajeros románticos, retóricamente acostumbrado a la belleza más acotada y contrastante de los Alpes, y que en los Andes, según anota Peter Schmidtmeyer, no encuentra, "nada, ni siquiera una cascada", ni un "pino verde oscuro" que agitado por la exhalación del aliento de la atmósfera deje caer copos de nieve congelada.

De cualquier manera, como lo exótico y lo pintoresco también formaban parte del repertorio del gusto romántico, el desierto, al fin, es valorado más por su singularidad que por su carácter y los Andes, si bien inhospitalarios, ofrecen, a la vista de Bond Head, un cuadro a la vez "magnífico y sublime". También los gauchos, aunque en una imagen limada por el afán prototípico del Romanticismo, son vistos, montados a caballo, "cabeza erguida, aire resuelto y grácil", como "el retrato del bello ideal de libertad". Y hasta los mataderos de las afueras de la ciudad de Buenos Aires, cuya faena es calificada por Peter Campbell Scarlett como "la más repulsiva de todas las vistas", y por Bond Head como "horrible y repulsiva", no dejan sin embargo de ser señalados por este último como "uno de los espectáculos dignos de ser vistos" en todo el territorio, en tanto exótico, peculiar y distintivo.

El desierto, entonces, ondeando como un mar y los Andes, circunscriptos a su deslumbrante cumbre dorada por el sol, son otras de las explícitas señales de aceptación del modelo que envía Echeverría desde los primeros versos de "La cautiva".

Sería entonces verdad que, como señala Ezequiel Martínez Estrada, "ese mundo nuestro careció de belleza hasta que los Viajeros Ingleses, que vinieron en busca de minerales, lo descubrieron sin ánimo literario".[6] Pero también lo es que sobre ese respaldo retórico, los románticos argentinos contribuyeron a construir las bases de una literatura nacional con mucho menor moderación que los neoclásicos en cuanto a los modelos europeos, y con un lenguaje todavía tambaleante entre un castellano retórico y neoclásico (el "astro rey", de Echeverría) y uno ya definido como nacional: los ranchos, los chajaes, los huincas, los gualichos, los ñacarutús, en el mismo poema de Echeverría, en una presencia profusa sin comillas ni develamiento del significado en las notas al pie, que desafía, ahora sí, la convención neoclásica tendiente a ampararse en un castellano universal y a desteñir el ambicionado color local —como en Lavardén—, poblándolo de genios, ninfas y dioses del mundo clásico de Grecia y Roma. Echeverría, en cambio, en sintonía con los poetas de la gauchesca, no sólo va en búsqueda de un diccionario deliberadamente nacional, sino que trata, con la prepotencia que reclamaba Juan María Gutiérrez, temas locales como los malones, el ejército, el desierto, las cautivas y el feroz enfrentamiento entre dos civilizaciones en conflicto. Y esos temas, además, tienen una enorme proyección política, si leemos "La cautiva" en relación directa con la "Primera Lectura" que hizo Echeverría ese mismo 1837 en el Salón Literario de Marcos Sastre, donde Juan María Gutiérrez leyó parte del poema aún no publicado.

Filosofía, política y literatura en el Salón Literario de Marcos Sastre

En 1833, el montevideano Marcos Sastre abrió en Buenos Aires una librería, conocida como "la nueva librería" o, directamente, como "la librería de Sastre". Bienvenida entre los estudiantes y los jóvenes y no tan jóvenes con inquietudes intelectuales, a principios de 1835 la librería inaugura un gabinete de lectura, o biblioteca pública, a través del cual Sastre pone a disposición de los lectores sus propios libros "selectos y raros" sobre Artes y Ciencias que pudo adquirir "en el espacio de muchos años", en cantidad cercana a los "mil volúmenes". Si bien el librero cobrará una suscripción para permitir el acceso a los servicios del gabinete, es notorio que a Sastre lo impulsaba algo más que el afán comercial, o el interés por atraer, a través del gabinete, clientes para su librería.

En poco tiempo, la librería y el gabinete se convierten en centro de reunión tanto de los estudiantes como del público culto y letrado de Buenos Aires que, como recuerda Vicente Fidel López, encontraba en Sastre a un erudito bibliógrafo y a un consejero siempre "dispuesto a indicar lo que sabía, con un laconismo y una seriedad en la que no transpiraba nada de mercantilismo".[7]

A principios de 1837, Sastre decide organizar, entre un selecto grupo de los asistentes a la librería, un salón literario que se inaugura a mediados de año, y cuyos discursos inaugurales precisan su alcance y su motivación.

El mismo Sastre leyó un trabajo titulado "Ojeada filosófica sobre el estado presente y la suerte futura de la Nación", donde se muestra entusiasta en cuanto a que una nueva generación vaya finalmente a poner fin a "todos los errores que han entorpecido el desarrollo intelectual" y "la marcha pacífica del progreso" en la Argentina, desde la Independencia en adelante, proclamando la necesidad de una segunda independencia política, científica y literaria. Pero para Sastre, el primer paso hacia la segunda independencia estaba dado ya con el gobierno y con la figura de Juan Manuel de Rosas. "Dotado de gran capacidad, activo, infatigable, y felizmente animado de un sentimiento de antipatía contra toda teoría extraña", Rosas es, para Sastre, "el hombre que la Providencia nos presenta más a propósito para presidir la gran reforma de ideas y costumbres que ya ha empezado. Él refrena las pasiones, mientras las virtudes se fortifican, y adquieren preponderancia sobre los vicios. La paz y el orden son los grandes bienes de su gobierno".

Tal vez en ese discurso de Sastre se encuentren los máximos puntos de comunión y de disidencia entre los más destacados asistentes al Salón Literario. Comunión en relación con el diagnóstico, en cuanto al convencimiento de que había surgido una nueva generación de jóvenes —José Mármol tenía entonces 19 años, Alberdi 26, Juan María Gutiérrez y Sastre 28, y Echeverría 32— dispuesta a declarar una segunda independencia que profundizara la al fin de cuentas parcial que había hecho la generación de Mayo. Pero mientras unos —Sastre, en un extremo, pero también Alberdi— consideraban que las bases políticas de esa segunda independencia ya estaban sentadas por el gobierno de Rosas, otros —Echeverría, en el otro extremo— consideraban que Rosas también era del orden de lo viejo —de lo anterior aun a la Revolución de Mayo— y que un nuevo orden no sólo no lo incluía sino que obligadamente iba en contra de él.

En esa misma primera reunión del Salón Literario, Alberdi leyó una conferencia titulada "Doble armonía entre el objeto de esta institución con una exigencia de nuestro desarrollo social; y de otra exigencia con otra general del espíritu humano", donde presenta algunas cuestiones ya desarrolladas en el *Fragmento preliminar al estudio del Derecho*, que publicó ese mismo año. En "Doble armonía...", Alberdi encuentra al país, como Sastre, en un estado de revolución independentista trunca debido a que, contrariamente a otras revoluciones (como la francesa, que es el modelo elegido por Alberdi) en las que la acción es el acto final precedido por el pensamiento, la independencia argentina fue sólo una acción, desprovista de pensamiento. En consecuencia, la nueva generación debe concluir la tarea iniciada por la generación de Mayo: "dar a la obra material de nuestros padres una base inteligente". Para lo cual, dice Alberdi, no hay que repetir los pasos de la Revolución Francesa y de la independencia norteamericana, sino "lo que nos manda a hacer la doble ley de nuestra edad y de nuestro suelo; seguir el desarrollo es adquirir una civilización propia, aunque imperfecta, y no copiar las civilizaciones extranjeras, aunque adelantadas. Cada pueblo debe ser de su edad y de su suelo". Para Alberdi, como para Sastre, la nueva revolución filosófica y cultural se encontraba en 1837 amparada por una revolución política encabezada por Rosas, de suerte que la misión de los nuevos, escribe Alberdi, "viene a reducirse a dar a los otros elementos de nuestra sociabilidad una dirección perfectamente armónica a la que ha obtenido el elemento político en manos de este hombre extraordinario".

Juan María Gutiérrez, finalmente, leyó una conferencia titulada "Fisonomía del saber español: cuál deba ser entre nosotros", en la que se propone señalar, más acotadamente que sus predecesores en el uso de la palabra, cuáles son los objetos "a que la inteligencia del pueblo argentino deba contraerse; cuál deba ser el carácter de nuestra literatura". Programáticamente romántico, Gutiérrez reclama que "la necesidad de un libro escrito en el idioma que habláis desde la cuna", un libro que encierre, "a la vez, poesía, religión, filosofía; la historia del corazón, las inquietudes o la paz del espíritu", la resuelve finalmente mejor un canto de Byron, una meditación de Lamartine, o un drama de Schiller, que ninguna producción de la antigua ni de la moderna literatura española.

Gutiérrez impugna entonces la ciencia y la literatura españolas, a las que considera directamente nulas, y propone emanciparnos de ellas "como supimos hacerlo en política, cuando nos proclamamos libres". El vínculo "fuerte y estrecho" que aún reúne al viejo imperio con la patria nueva es el idioma. "Pero éste", dice Gutiérrez, "debe aflojarse día a día a medida que vayamos entrando en el movimiento intelectual de los pueblos adelantados de la Europa", a fin de poder aclimatar al idioma nacional todo cuanto en los otros "se produzca de bueno, interesante y bello". Sin embargo, advierte el crítico, es imperioso que esa poesía nacional que, él cree, nacerá espontáneamente en el seno de una sociedad que empieza a formarse, no se extravíe y "conserve su color propio al entrar en el océano de la poesía universal".

Unos días después de la inauguración, comenzaron las actividades regulares del Salón Literario, de las que cabe anotar la lectura que hizo Gutiérrez del primero y segundo cantos de "La cautiva", todavía inédito, y la disertación de Alberdi sobre su *Fragmento preliminar* el mismo día en que se puso a la venta. Pero lo más destacado del Salón sucedería recién sobre fin de año, con las dos conferencias de Esteban Echeverría, conocidas después como "Primera Lectura" y "Segunda Lectura".

Echeverría, como Sastre y Alberdi, encuentra que la revolución independentista tuvo "espadas brillantes" y, también como ellos, encuentra que a esas espadas les faltó "dirección e inteligencia". Y como resultado de esa falta, dice Echeverría en sintonía con sus compañeros de generación, "yo busco en vano un sistema filosófico, parto de la razón argentina, y no lo encuentro; busco una literatura original, expresión brillante y animada de nuestra vida social, y no la encuentro". Pero a diferencia de Sastre y Alberdi, Echeverría tampoco encuentra un basamento político donde asentar esas búsquedas expresivas y filosóficas: "busco una doctrina política conforme con nuestras costumbres y condiciones que sirva de fundamento al Estado, y no la encuentro". A su juicio, la nación ha realizado, "con escándalo del siglo", una verdadera contrarrevolución, al crear "un poder más absoluto que el que la revolución derribó", y contra eso no son atendibles los argumentos de Alberdi —a quien refuta sin nombrar— en cuanto a que la única civilización posible sea la de "nuestra edad". Para Echeverría, en cambio, las sociedades no son jóvenes ni viejas, y los pueblos "no deben esperar a ser grandes y viejos para ser pueblos, porque jamás les llegará su día y nunca saldrán de pañales" y porque "permanecer siempre en infancia y estacionario es obrar contra la naturaleza y fin de la sociedad".

Veinticinco años después de la revolución, "nuestra condición ha empeorado: más esclavos que nunca llevamos en la imaginación el tormento de haber perdido, o más bien vendido, una libertad que nos costó tantos sacrificios, y de la cual usamos como insensatos". Por lo tanto, si la literatura de pretensión nacional, para alejarse de su infecundo y mediocre estado imitativo debía, según Echeverría, atender a "la verdad que resulte de los hechos de nuestra historia, y del conocimiento pleno de las costumbres y espíritu de la Nación", es notorio que ambos factores enjuiciaban severamente, desde su óptica, al gobierno de Rosas que desde 1835 concentraba la suma del poder público.

Y "La cautiva" es, pese a su precariedad compositiva y a su por momentos tambaleante originalidad, la primera articulación que establece Echeverría entre la literatura —ya no como un juicio acerca de cómo debería ser, sino como una acción— y la Nación, planteada, como en los gauchescos, en términos de pura sincronía. La segunda, mucho más poderosa y definida, será "El matadero", escrito unos años después. Es esa articulación la que potencia al limitado poema de Echeverría, que se convierte entonces, como señala Noé Jitrik, en una denuncia política en relación con un conflicto —el de la civilización de las ciudades enfrentada a la civilización de los pampas— que el gobierno de Rosas declaraba haber resuelto en su propia campaña al desierto de 1833 y 1834 en la forma de una paz que beneficiaba sobre todo a los terratenientes, solución confirmada por la estabilización de la línea de frontera durante varios años, pero que el poema de Echeverría denunciaba sin embargo como falsa.[8]

Es posible pensar, entonces, que la publicación del poema de Echeverría y sus inmediatas lecturas sucedidas sobre fines de 1837 hayan precipitado el cierre del Salón unos meses después, una vez que el gobierno de Rosas, pese a los sinceros encomios de Sastre y Alberdi, entendió que su revolución política no reclamaba, como éstos sugerían, un correlato filosófico, literario y cultural. O que, como sugiere Carlos Ibarguren, ya lo tenía y era completamente antagónico al que, tal vez ingenuamente, le ofrecían algunos de los jóvenes del Salón Literario: "Rosas condujo y personificó la irresistible corriente nacionalista antiliberal, antieuropea, autóctona y tradicionalmente española del pueblo argentino, contra la prédica demagógica y revolucionaria de los legistas, anarquistas y francmasones, como llamaba a los unitarios agitadores y propagandistas del liberalismo".[9]

Como sea, en enero de 1838, imprevistamente Marcos Sastre anuncia en *El Diario de la Tarde* que "se ha tenido por conveniente interrumpir la suscripción" al Salón Literario, suplicando a aquellos que tengan en su poder libros del Salón, que los devuelvan. Y en mayo, anuncia finalmente el cierre definitivo de la Librería Argentina, la liquidación del restante "por cualquier precio, pero que no sea éste inferior al que tienen los libros que se destinan para envolver", y se va a Montevideo.

En abril de ese mismo año había cerrado ya el periódico *La Moda*, que había comenzado a publicarse el 18 de noviembre del año anterior, dirigido en los papeles por Rafael Jorge Corvalán, hijo del edecán de Rosas, y en los hechos por Juan Bautista Alberdi, quien firmó allí cantidad de artículos costumbristas con el seudónimo Figarillo y continuó con su ímproba tarea de seducir al gobierno de Rosas —es decir, a Rosas— con los beneficios de adoptar la filosofía del progreso. De hecho, festejando el tercer aniversario de la concentración por parte de Rosas de la suma del poder público, *La Moda* alabó el "admirable progreso inteligente operado en la juventud durante el período", y enfatizó que "las luces, pues, no tienen sino motivos de gratitud respecto de un poder que no ha restringido la importación de libros, que no ha sofocado la prensa, que no ha mutilado las bibliotecas, que no ha intervenido la instrucción pública, que no ha levantado censura periódica ni universitaria. Las luces no tienen más enemigos que los restos consuetudinarios del antiguo régimen", es decir, el de los unitarios y rivadavianos. Las alabanzas incluían al mismo pueblo de Buenos Aires que "acosado de tantos padecimientos inmerecidos se arrojó él mismo en los brazos del hombre poderoso que tan dignamente le ha conducido hasta este día"; sin embargo, no impidieron que exactamente trece días más tarde, el 27 de abril de 1838, en su número 23, la revista publicara su propia acta de defunción, anunciando su cierre extrañamente determinado por su propia voluntad. La publicación, dice la noticia, "ha querido cesar".

Echeverría y Alberdi pasan a la clandestinidad y en junio de 1938 fundan, junto con una treintena de jóvenes, la Asociación de la Joven Generación Argentina. Echeverría, una suerte de líder natural del nuevo grupo, lee las reconocidas quince "Palabras simbólicas" de la nueva asociación, que salvo las cinco primeras —asociación, progreso, fraternidad, igualdad, libertad— no son palabras sino consignas programáticas, entre las que se destacan la "continuación de las tradiciones progresivas de la Revolución de Mayo", la "Independencia de las tradiciones retrógradas que nos subordinan al antiguo régimen" y la "abnegación de las simpatías que puedan ligarnos a las dos grandes facciones que se han disputado el período durante la revolución". En agosto, el mismo Echeverría redacta el "Código o Declaración de Principios que constituyen la creencia social de la República Argentina", después conocido como "Dogma Socialista de la Asociación de Mayo". Alberdi, resentido con los resultados de su experiencia pro rosista, y ahora en la primera línea de una juventud finalmente dispuesta a acompañar sus ideales con acciones políticas revolucionarias, cruza a Montevideo ese mismo 1838, en el que será el comienzo de un exilio que finalmente duró cuarenta años, para promover, entre los exiliados —un grupo cada vez más numeroso que había comenzado a tomar cuerpo en 1829, con los primeros emigrados unitarios, a los que una década después irían a sumárseles los románticos, ambos expulsados por el gobierno de Rosas o escapados de su rigor—, el ideario de la nueva generación. Gracias a los oficios de Alberdi, quien, además, contribuyó a la redacción final del documento, el 1 de enero de 1839 se publica en el periódico *El Iniciador* el Código de la Asociación de Mayo, que fue reproducido en febrero y marzo por *El Nacional*, otro periódico montevideano. Los diarios uruguayos, que entraban en la Argentina de contrabando, difundían en el país el nuevo ideario, que encontró notorios adeptos y promotores en otras provincias: el joven Domingo F. Sarmiento, en San Juan, y Marco Avellaneda, en Tucumán. Este último, en 1840, encabezó la Coalición del Norte, un importante grupo de apoyo al ejército del unitario Juan Lavalle. Desde Montevideo, y en alianza con el gobierno francés, pretendieron derrocar al gobierno de Rosas, en la que fue la rebelión más importante contra el Gobernador, pero acabó derrotada, debido sobre todo a la falta de apoyo popular, con Lavalle y Avellaneda muertos y decapitados.

La conformación de la nueva agrupación y la difusión de sus ideas más allá del mismo cenáculo en las que se generaban, y entonces por fuera del control del Gobierno, promovieron una intensificación de la persecución a sus integrantes y adeptos, que tuvo efectos inmediatos entre los nuevos escritores argentinos: Echeverría se refugió en la estancia de su hermano, en la provincia de Buenos Aires y en 1840 cruzó a Montevideo; José Mármol cayó preso en 1839 y al año siguiente se exilió en Montevideo; Juan María Gutiérrez también en 1840 huyó a la misma ciudad, y Sarmiento, ese mismo año, perseguido por el Gobierno, escapó de San Juan a Valparaíso.

"EL MATADERO"

Posiblemente en la estancia de su hermano, o en sus primeros años en Montevideo, Echeverría escribió su obra más importante, "El matadero", un relato de veinte páginas que precisa, desde su mismo argumento, los alcances políticos de "La cautiva".

En la víspera del día de Dolores, en Buenos Aires, y "en los años de Cristo de 183..." —y hay que pensar que se trata de 1839, al año siguiente de la muerte de "la heroica" Encarnación Ezcurra, la esposa de Rosas, visto que varios de los protagonistas del relato llevan luto en su memoria— entran a la ciudad anegada por la lluvia una tropa de cincuenta novillos que van a dar al matadero del Alto, también llamado de la Convalecencia, situado al sur de la ciudad. Por la veda de la Cuaresma, y por la lluvia, que habían provocado la suspensión de las actividades en el matadero durante dieciséis días —larguísimos para una población eminentemente carnívora que, como dice el irónico narrador, debido a la carencia de carne podía caer en síncope "por estar los estómagos acostumbrados a su corroborante jugo"—, el ingreso de los animales provoca un clima de fiesta. Los matarifes, "cuchillo en mano, brazo y pecho desnudos, cabello largo y revuelto, camisa y chiripá y rostro embadurnado de sangre" detrás, bregando por la panza y las tripas del animal, las "negras y mulatas achuradoras", más atrás todavía, una "comparsa de muchachos" dispuestos a echar mano a cualquier resto del animal que fuera aún comestible, y al final de la escala, los perros y las gaviotas carroñeras, conformaban una escena festiva repetida cuarenta y nueve veces, alrededor de cada uno de los novillos. El número cincuenta, en cambio, todavía estaba encerrado, porque los matarifes, debido a su aspecto, a su "mirar fiero" y, sobre todo, al tamaño de sus genitales ("¿No los ve, amigo, más grandes que la cabeza de su castaño?"), no terminaban de decidir si era novillo o toro viejo. Finalmente, como los cincuenta animales eran de todos modos pocos para una población que acostumbraba a consumir "diariamente de 250 a 300", y como las lluvias habían alargado la abstinencia de la veda, deciden faenar al animal que en épocas normales hubiese sido devuelto al tropero "que nos da gato por liebre".

Allí comienza finalmente la acción del relato de Echeverría que hasta ese momento se había desarrollado más que como una narración, como una alegoría que encontraba en la misma estructura productiva del matadero un significativo "simulacro" del "modo bárbaro con que se ventilan en nuestro país las cuestiones y los derechos individuales y sociales", cuya cabeza, el juez del matadero, "el caudillo de los carniceros", ejerce "la suma del poder en aquella pequeña república", embanderado con letreros rojos que dicen "Viva la Federación", "Viva el Restaurador y la heroica doña Encarnación Ezcurra" y "Mueran los salvajes unitarios", y es, naturalmente, la transposición, en la explícita metáfora de Echeverría, del propio Rosas como jefe de una nación que encuentra su símbolo en el matadero del sur.

Sin embargo, hasta la faena del toro y en el marco de esa suerte de vacilante índole retórica de la pieza de Echeverría, como la define Jitrik, lo que finalmente va a ser un relato es aún una intencionada descripción de una especie de fiesta pagana. Recién en la segunda parte, a partir de la pura acción, se refuerzan literariamente todos los sentidos de la primera desde que el toro, sintiendo flojo el lazo, arremete bufando contra la puerta, para escapar de los jinetes que lo estaban espoleando. El enlazador, cuando adivina la intención de la bestia, ajusta el lazo, pero éste se desprende del asta y, como un hacha fulminante, corta la cabeza de uno de los niños que, "prendidos sobre las horquetas del corral", gritaban y azuzaban al toro por diversión. Esa muerte, que pasa inadvertida para casi todos los presentes, ocupados en perseguir al toro que escapaba hacia la ciudad, tiene sin embargo enorme importancia en el relato no sólo porque anuncia la muerte con la que se cerrará la narración, sino porque señala, también, la poca importancia que tiene el episodio en el matadero —y en el símbolo que el lector ya sabe que es el matadero a esa altura del relato—. Una hora más tarde, los jinetes traen de vuelta al toro al corral, donde "del niño degollado por el lazo no quedaba sino un charco de sangre" y donde Matasiete, el más bravo de los matarifes, hunde la enorme daga hasta el puño en la garganta del toro, para sacarla después, y mostrársela, humeante y roja, a los otros matarifes, a las mujeres y a los niños, que habían pasado a ser entusiastas asistentes del espectáculo. Y cuando parecía que la actividad estaba cerrada, la voz ronca de un carnicero anuncia la presencia, en las inmediaciones del matadero, de un unitario. La patilla unida con la barba en forma de u, la falta de la distintiva divisa punzó de la Federación, el hecho de que no llevara luto por la muerte de Encarnación Ezcurra y que, en fin, montara como "los gringos", delatan su condición política, provocan su enfrentamiento con Matasiete, y su final, atado a una mesa en la casilla del juez cuando, resistiéndose a que le bajen los calzones para que lo azoten "a nalga pelada" con un vergajo, esto es, con un látigo hecho con una verga de toro seca y retorcida, revienta de rabia y muere.

Como en "La cautiva", el enfrentamiento entre civilización y barbarie se destaca como la significación profunda del relato de Echeverría.

Pero mientras puede establecerse una equivalencia en ambos textos en relación con uno de los términos de la oposición, el otro, en cambio, sufre un significativo desplazamiento. En efecto, los dos personajes que simbolizan la civilización —Brian en "La cautiva" y el unitario en "El matadero"— responden a una misma caracterización, en tanto héroes románticos y vencidos. Pero la barbarie, que en el poema de 1837 estaba ambiguamente representada por los indios pampas, que eran la oposición a un progreso territorial ambicionado tanto por los románticos como por el poder rosista, en "El matadero" esa barbarie es desplazada hacia la misma figura de Rosas, la de Encarnación Ezcurra y la de los matarifes, como los simbólicos sicarios del régimen. Con ese desplazamiento, Echeverría precisa los dos términos de la oposición que desarrollará Sarmiento en *Facundo*, como sistema y programa para estudiar "las costumbres y hábitos de la República Argentina": civilización y barbarie. Pero Sarmiento encuentra que Rosas, "falso, corazón helado, espíritu calculador, que hace el mal sin pasión y organiza lentamente el despotismo con toda la inteligencia de un Maquiavelo", es una versión sofisticada y ciudadana de la barbarie, y que el bárbaro verdadero, cuya biografía posee el "secreto" de la vida y "las convulsiones internas que desgarran las entrañas de un noble pueblo", es el caudillo riojano Facundo Quiroga. Con ese nuevo desplazamiento de la simbolización de uno de los términos de la oposición, Sarmiento resuelve positivamente lo que en Echeverría es aún un problema: el explícito enfrentamiento bipolar entre dos valores absolutos que en "El matadero", además, tiene proyección en los encontrados lenguajes de los bárbaros y del unitario. Mientras el de aquéllos es vivaz y criollo, el del unitario parece, en cambio, responder a una convención más castellana que argentina, como puede verse en su retórica respuesta a los inquisidores cuando le preguntan por qué no lleva luto por la heroína y él contesta: "Porque lo llevo en el corazón por la patria que vosotros habéis asesinado, infames". Es notorio que el habla del civilizado, que muchas veces se sobreimprime con la del narrador, como si los dos manejaran el mismo repertorio lexical y sintáctico, produce un distanciamiento con el personaje héroe y víctima del relato y simultáneamente, por el contrario, el habla popular y plástica de los victimarios provoca en el lector una sensación de empatía con quienes sin embargo representan los valores que el relato pretende repudiar. Y esa misma contradicción se proyecta hacia fuera del relato, a los mismos principios que lo animan, visto el valor que el Romanticismo argentino otorgaba a un lenguaje definido como nacional, que en el relato emerge precisamente en los personajes que éste viene a impugnar.

Tal vez esta misma ambigüedad en cuanto a la desigual valoración política y literaria de los personajes del relato se haya encontrado en la base de la decisión de Echeverría de no publicar "El matadero", que fue conocido recién en 1871 cuando Juan María Gutiérrez preparaba la edición de las obras completas del autor de "La cautiva", a veinte años de su muerte, sucedida en Montevideo en 1851.

Cantos del Peregrino y *Amalia*, de José Mármol

El 1 de abril de 1839 José Mármol, que había participado de algunas de las reuniones del Salón Literario un año y medio antes, es apresado por la policía del gobierno de Rosas. Si bien recupera la libertad seis días después, el 7 de abril, muchos años más tarde, y redactando la novela *Amalia*, Mármol construye, a partir de esos pocos días en prisión, una legendaria escena de iniciación literaria, de marcado acento nacional, narrada como nota al pie del capítulo xv de la parte tercera de la novela. Allí, el autor se recuerda como un joven de diecinueve años —en realidad, tenía veintiuno— que, habiendo recibido "el bautismo cívico destinado [por Rosas] a todos los argentinos que se negaban a prostituirse en el lupanar de sangre y vicios en el que se revolcaban sus amigos", encuentra sin embargo en la prisión la benevolencia del jefe de policía, Bernardo Victorica, que consintió en que se le permitiese hacer traer "algunas velas y algunos libros". Y escribe Mármol: "fue sobre la llama de esas velas donde carbonicé algunos palitos de yerba mate para escribir con ellos, sobre las paredes de mi calabozo, los primeros versos contra Rosas". Falsa o verdadera, lo mismo da, la anécdota debe vincularse necesariamente con unos versos que el mismo Mármol, en 1852, recién caído el gobierno de Rosas, le escribe a Juan María Gutiérrez, donde declara que la misión de ambos es "ser siempre, para la tiranía/ poetas y proscriptos". Terminada "la tiranía" y con ella la proscripción, Mármol, que tenía apenas 35 años, prácticamente dejó de escribir. Y lo más importante que escribió y publicó en el período comprendido entre el endurecimiento de la política represiva del gobierno de Rosas, a fines de la década del treinta, y su caída en 1852, fue un libro de poemas, *Cantos del Peregrino*, de 1847, y una novela, *Amalia*, de 1851, cuyos temas principales, en ambos, son el rosismo y la proscripción, de modo implícito en el primero, y en el segundo de modo manifiesto.

En 1843, Alberdi y Juan María Gutiérrez se embarcaron juntos hacia Europa, en el barco El Edén. Del viaje, Alberdi recuerda "las lecturas agradables [que] absorbían la mañana".[10] Y entre las más atractivas, los poemas marítimos de lord Byron, "inspirados tal vez como los leímos, a la sombra de las velas, al ruido armonioso de las olas, en el silencio animado de los mares". Por inspiración de esas lecturas, y del mismo paisaje marítimo, Alberdi comenzó a escribir un poema en prosa, al que Gutiérrez "lo ponía en versos elegantes de noche". "El Edén", tal el nombre del poema escrito a cuatro manos, tenía, como recuerda Alberdi, dos notorias fuentes de inspiración, una natural y la otra libresca: "El manantial era el mar; el pensamiento, la poesía de Byron". Pero, como en todos los poetas románticos argentinos, la explícita voluntad de versificar una descripción de primera mano de la naturaleza, se vio otra vez opacada por la enorme influencia del modelo literario. Lo notable del caso es que entonces, el influenciado poema de Alberdi y Gutiérrez será, a su vez, modelo de un nuevo poema: el que escribirá José Mármol sobre su frustrado viaje a Chile de 1844.

En enero de ese año, Alberdi y Mármol se encuentran en Río de Janeiro. Según el testimonio del primero, es él quien le lee a Mármol "algunos trozos" de "El Edén", pero no del poema ya versificado por Gutiérrez, sino de las prosas originales. Y recuerda Alberdi que Mármol escuchaba el texto recostado en un sofá, y que "más de una vez se levantó, se compuso el jopo y exclamó entusiasmado: ¡Qué original! ¡Qué nuevo! Es una poesía sin precedente". Como señala Rafael Alberto Arrieta, lo nuevo para Mármol no era propiamente Byron, a quien ya había citado, en inglés, en el epígrafe de un poema de 1843, sino la posibilidad de mestizar a Byron, de convertirlo en modelo de una poesía nacional, cosa que, por otra parte, ya había hecho extensamente Echeverría en "La cautiva" en 1837, claro que sin escenario marítimo.[11] Ese mismo 1844, Mármol zarpa de Río de Janeiro rumbo a Chile en un viaje que, en su condición de proscripto por el gobierno de Rosas, sólo podía hacer rodeando la Argentina, sin pisar territorio, pasando del océano Atlántico al Pacífico a través del estrecho de Magallanes. Pero una tormenta arrastró el barco a la zona polar, y tuvo que retornar a su punto de partida, setenta días después de zarpar, sin tocar tierra firme. En ese recorrido de ida y vuelta a Río de Janeiro, Mármol escribió los primeros seis cantos de los *Cantos del Peregrino*, cuyos iniciales cuatro fueron publicados en Montevideo en 1847, introducidos por Juan María Gutiérrez. El hecho de que Gutiérrez le haya preguntado a Alberdi, según lo cuenta éste, si Mármol había leído "El Edén" "antes de concebir su Peregrino", y el hecho de que el mismo Alberdi decida anotar que en literatura "los parentescos no se prueban sino por sospechas" y que él intuye "que el Peregrino viene del Edén, como el Edén del Childe-Harold" de Byron, no fueron obstáculo para que Gutiérrez celebrara entusiastamente la aparición del nuevo poema. Para Gutiérrez, Carlos, el personaje peregrino del poema, "el hijo de la desgracia", "el proscripto trovador del Plata", notoria transposición del mismo Mármol, "es el Harold de la patria y de la naturaleza".[12] Con lo que parece dispuesto a concederle a Mármol patente de originalidad con respecto al poema que había escrito el mismo Gutiérrez con Alberdi, al que no se hace referencia explícita en todo el ensayo, pero no está tan dispuesto a pasar por alto, más allá de los encomios, la evidente reverencia que Mármol le hace, con el héroe de su poema, al famoso héroe del poeta inglés. Sin embargo, la notoria y señalada condición derivativa del poema de Mármol, no obsta para que, en el mismo ensayo, que es un documento excepcional de las contradicciones del Romanticismo argentino, Gutiérrez anote la necesidad, cumplida en el poema de Mármol, de "la existencia de una poesía peculiar" americana que obliga al poeta a "sentir lo que canta y sentirlo entrañablemente". El poeta, dice Gutiérrez, "debe pintar y pintar con verdad la naturaleza" y hacerlo, además, "con un corazón americanamente apasionado, y con los colores que ostentan llanos, montes, ríos y mares americanos". Y, también, la comprobación de que esa necesidad sólo puede cumplirse, como en el señero caso de "La cautiva", "ayudado de las doctrinas literarias del tiempo", esto es, recogiendo las convenciones del Romanticismo europeo y naturalizándolas en el paisaje local. No obstante, tanto en la construcción del "pálido y sombrío" Carlos, como en la de su amada María, y aun en la del paisaje argentino que el héroe evoca y anhela desde la cubierta del barco, el artificio y la pompa declamativa perturban el fluir de los endecasílabos y alejandrinos de Mármol que fue, más que un gran poeta, un por momentos inspirado rimador que con algunos versos provocadoramente antirrosistas —por ejemplo, esos que dicen, "¡Ah, Rosas! No se puede reverenciar a Mayo/ sin arrojarte eterna, terrible maldición", de 1843— parece concentrar virtuosamente la ideología de un sector y de una época.

En 1851, con el mismo anhelo antirrosista de sus poemas de la década del cuarenta, Mármol comienza a publicar por entregas en el diario *La Semana*, de Montevideo, los sucesivos capítulos de *Amalia*. El triunfo de Urquiza en Caseros en 1852 precipita la vuelta de Mármol a Buenos Aires y la suspensión del folletín, que se iba escribiendo a medida que se publicaba, y que recién terminó de darse a conocer, ya en forma de libro, en 1854, cuando al preparar la primera edición de sus obras completas, Mármol publicó finalmente las 69 entregas que habían aparecido en Montevideo, más las ocho restantes, inéditas hasta ese momento.

Dividida en cinco partes que incluyen 77 capítulos o entregas y un epílogo, la novela narra dos noches de 1840 en una Buenos Aires sitiada por el terror del gobierno de Rosas. La primera es la del 4 de mayo de 1840 y se imprime sobre un episodio familiar a los potenciales lectores del folletín: el del intento de fuga de Buenos Aires del coronel Lynch y de "Oliden, Riglos y Maison", que fueron sorprendidos antes de embarcar por la policía del gobierno de Rosas, entregados por Juan Merlo, quien les había cobrado para hacerlos salir del país. José María Paz recuerda el episodio en sus *Memorias* —"Justamente un mes después, el 3 de mayo, fueron sorprendidos en él, es decir, en el acto de embarcarse, y bárbaramente asesinados, el coronel Lynch, Oliden, Meson [sic] y unos cuantos más. Sus cadáveres mutilados fueron llevados a la policía y luego al cementerio"—, lo que da la pauta de la divulgación que el suceso habrá tenido entre sus contemporáneos del suceso, sobre todo entre los opositores al gobierno de Rosas, y más aún entre quienes vivían su exilio en Montevideo, la ciudad a la que Lynch y los otros pretendían escapar. Sobre ese episodio histórico, que en ese momento tenía, además, importancia política, Mármol construye la ficción de *Amalia*. Incorpora entre los fugitivos al joven Eduardo Belgrano, quien, luego de una bastante aparatosa pelea desigual contra sus oponentes, es salvado, malherido, por su amigo Daniel Bello, que lo lleva a esconderse y curarse en la casa de Barracas de su prima, la joven, viuda y bella Amalia Sáenz de Olabarrieta. Amalia y Eduardo previsiblemente se enamoran. Y en la segunda noche de la novela, la del 5 de octubre del mismo año, apenas casados, Amalia y Eduardo son descubiertos por los soldados de la Federación, que hasta ese momento habían sido distraídos o directamente engañados por los oficios de Bello, cuya familia "gozaba de una alta reputación en el partido federal".

Es posible que lo más destacado de la novela de Mármol sea, justamente, esa inédita combinación, en la literatura argentina de entonces, de ficción y documento. Esa "ficción documentada" como la llama Liliana Zucotti, en la que fluye la relación amorosa de Amalia y Belgrano, construida sobre una base histórica —de una historia, por otra parte, prácticamente contemporánea a la fecha de escritura y publicación del folletín— muchas veces refrendada por notas al pie del autor que, en primera persona, da fe de tal o cual circunstancia e incorpora, como personajes centrales o aleatorios de la novela tanto a la primera línea de gobierno de Buenos Aires —Rosas, su hija Manuelita, su hermana Agustina, su edecán— como a la de la oposición romántica —Alberdi, Echeverría, Juan María Gutiérrez—.[13]

Por lo demás, y como en su obra poética, Mármol tributa sin demasiada precaución a la cada vez menos novedosa retórica romántica. Belgrano es un lánguido héroe cansado —que se pasa en la cama casi toda la novela—, cuya "palidez y expresión dolorida" que le daban "un no sé qué de más impresionable, varonil, y noble", responde no sólo al gusto de Amalia, que inmediatamente queda prendada de él, sino al del Romanticismo. O, más precisamente, al gusto de Amalia formado leyendo poesía romántica, según nos enteramos que es su afición al comenzar la novela cuando, barrosos y ensangrentados, llegan a su casa Daniel y Eduardo y la sorprenden leyendo, "a la luz de una pequeña lámpara de alabastro", las *Meditaciones poéticas* de Alphonse de Lamartine, una de las cabezas visibles del movimiento romántico francés. Pero también el sistema metafórico de Mármol ya había sido probado por Echeverría y Alberdi, como puede verse, por ejemplo, en la descripción nocturna del Río de la Plata que, invirtiendo la comparación habitual, pero manteniendo sus términos, es visto por el poeta "desierto y salvaje como la pampa".

Las imágenes de los viajeros procesadas por los primeros románticos también se encuentran en el cuadro de Tucumán, cuando el narrador cita la valoración que sobre ese mismo paisaje había hecho Joseph Andrews, en su *Viaje de Buenos Aires a Potosí y Arica en los años 1825 y 1826*, precisando que "el viajero no se alejó mucho de la verdad con esa metáfora, al parecer tan hiperbólica", que señalaba que "en punto de grandeza y sublimidad, la naturaleza de Tucumán no tiene superior en la tierra".[14] Sin embargo, la cita no parece provenir directamente del libro de Andrews, sino de la "Memoria descriptiva de Tucumán", publicada en Buenos Aires en 1834, por Alberdi, quien mide la originalidad del paisaje según la sensación que de él tendrá "el extranjero", que sabrá "cuándo ha pisado su territorio sin que nadie se lo diga", incorporando la visión y la valoración positiva que el viajero inglés había hecho unos años antes sobre el territorio natal del mismo Alberdi. De este modo, como en *Cantos del Peregrino*, Alberdi se convierte en una suerte de mediador entre el Romanticismo europeo y los textos doblemente derivativos de Mármol.

Por otra parte, también en Mármol, como en Echeverría, hay, según señala David Viñas en su revelador ensayo sobre *Amalia*, un contradictorio contrapunto entre los personajes que Mármol pretende valorar y los que, por el contrario, pretende denigrar, según puede verse en las descripciones de los cuartos de Rosas y de Amalia.[15] En la del primero, dice Viñas, se privilegia lo dado, a través de una serie sobre todo sustantiva —"una mesa", "unas cuantas sillas", "dos ventanas"—, mientras que en la de la habitación de Amalia el relieve está dado por una profusa adjetivación cargada de matices: "aterciopelado", "labrado", "leve", "azulado", "vaporoso". En una, dice Viñas, el ojo de Mármol consigna "geométricamente las cocinas, puertas, ventanas o patios escuetos"; en la otra, "se demora al comentar los detalles ornamentales: colgaduras, lazos, cintas, tapices, encajes, gasas, bordados". Como en el Echeverría de "El matadero", la profundidad del estilo y la resolución literaria se imponen a la intención del autor, invierten los signos de valor y disvalor, y la habitación de Amalia, o el retrato de Florencia Dupasquier, en otro pasaje de la novela también analizado por Viñas, resultan frustrados, en tanto estéticamente falsos. Mientras que la habitación y el retrato de Rosas, cargados de un realismo elemental, están resueltos con la verdad estética que le falta al otro término de la oposición.

Publicada veinte años más tarde que los desconcertantes escritos de Echeverría y de Alberdi de 1832 y 1834, y con todas las pautas del Romanticismo suficientemente asentadas y divulgadas, que Mármol cumple al pie de la letra amparado por los riesgos corridos, precisamente, por Echeverría y Alberdi, *Amalia* es un típico ejemplo de lo que Ezra Pound llamó una buena obra "sin cualidades salientes", escrita por un autor que "tuvo la suerte de nacer cuando la literatura de un país ha dado marcha hacia adelante".[16] Esa suerte fue la que colocó a *Amalia* en la primera línea de la novelística latinoamericana durante la segunda mitad del siglo XIX, junto a *María*, del colombiano Jorge Isaacs, publicada en 1867. Y esa misma suerte fue la que opacó la de otra regular novela de la época, *La novia del hereje,* de Vicente Fidel López, publicada en 1854, que da, como *Amalia,* con todas las notas del Romanticismo y de la novela histórica, pero que en vez de apuntar al corazón de lo contemporáneo —donde reside parte del éxito de *Amalia*—, decide incursionar en el siglo XVI para narrar el amor encontrado entre una criolla y un pirata inglés, en la Lima de 1578.

Capítulo 4

Domingo F. Sarmiento, político y escritor. Lo que dice Ezequiel Martínez Estrada. La biografía como una de las bellas letras. En primera persona. El singular destino de Urquiza en la historia de la literatura argentina. Un "cuadro brillante" de la vida de Juan Facundo Quiroga. Una cita en francés. El primer héroe americano de la literatura argentina. Antes que Horacio Quiroga y Borges. Un diccionario expresivo. Estados Unidos por Europa. Las dos llaves para abrir las puertas de París. Lo que dice Juan José Saer.

Biografía y autobiografía en la obra de Domingo F. Sarmiento

Poco antes de morir en Asunción del Paraguay el 11 de septiembre de 1888, Domingo Faustino Sarmiento escribió una pequeña noticia autobiográfica, donde decía desear una "buena muerte corporal", porque la que le tocaría en política, pensaba él, era exactamente la que había esperado, para pasar inmediatamente a describir los méritos de su gestión de gobierno, como presidente de la República, entre 1868 y 1874: "millares en mejores condiciones intelectuales, tranquilizado nuestro país, aseguradas las instituciones y surcado de vías férreas el territorio, como cubiertos de vapores los ríos, para que todos participen del festín de la vida, del que yo gocé sólo a hurtadillas". Extrañamente, en esa profecía de su propio destino póstumo, Sarmiento colocaba en baja estima y consideración su vastísima obra escrita, reunida en 52 volúmenes en sus ediciones de 1903 y 2001: "he escrito algo bueno entre mucho indiferente". Y no parece ni siquiera intuir que, como se lo había anticipado Bartolomé Mitre y lo confirmó retroactivamente Ezequiel Martínez Estrada en un ensayo excepcional, despojado de la animosidad política de aquél, "si algo queda de inconmovible en la gloria verdadera de Sarmiento, más que su discutida figura de reconstructor de la vida política y educacional de su país, es el pensamiento y la doctrina, su magistral ejemplo y la fuerza de su genio literario". Todo ello debido, sostiene Martínez Estrada, menos a la evaluación que pueda hacerse sobre su intervención en la vida pública del país, que "a la inequívoca evidencia de que el escritor es una personalidad más rica y hasta más poderosa que el hombre de acción".[1] La aseveración, por cierto, importa en superficie una paradoja porque la literatura, para Sarmiento, no fue sino un instrumento de batalla con evidente finalidad política. Pero, bien vista, la paradoja se disuelve, o sólo lo es en relación con los propios objetivos de Sarmiento, porque lo cierto es que, en definitiva, su actividad política se apoyó en sus méritos como escritor y, como sostiene Martínez Estrada otra vez, "sus libros han sido el sostén más firme de su acción de gobierno".

Si bien la obra escrita de Sarmiento abarca más de 40 años de producción, desde sus primeros escritos periodísticos y el inaugural *Mi defensa*, de 1843, hasta la página autobiográfica de 1888, la emergencia de su genio literario se manifiesta sobre todo en el llamado "período chileno" que abarca aproximadamente doce años, entre su huida a Valparaíso en 1840 y su vuelta a la Argentina en 1852, para participar como boletinero del Ejército Grande del general Justo José de Urquiza. De esos años son sus textos capitales *Mi defensa, Civilización y barbarie. Vida de Juan Facundo Quiroga, aspecto físico, costumbres y hábitos de la República Argentina* —más conocido por el nombre con el que lo llamaba su autor: *Facundo*—, *Viajes por Europa, África y América*, y *Recuerdos de provincia*. Todos atravesados por una constante característica: la idea de que el relato de una vida —del mismo Sarmiento, de Juan Facundo Quiroga, y también, en otros textos, de Félix Aldao, Chacho Peñaloza, o su hijo Dominguito— concentra el de la época y de la sociedad en que esa vida se desarrolló, y que, además, como escribe en *Recuerdos de provincia*, "es la tela más adecuada para estampar las buenas ideas". Por un lado, porque quien la escribe "ejerce una especie de judicatura, castigando el vicio triunfante, alentando la virtud oscurecida". Pero también porque hay en la biografía "algo de las bellas letras, que de un trozo de mármol bruto puede legar a la posteridad una estatua". Según puede verse, una de las condiciones favorables de la biografía como género se encuentra, para Sarmiento, tanto en el carácter del biografiado como en el papel rector que en el relato se le reserva al biógrafo. No solamente las obras más convencionalmente apropiadas para ser regidas por la primera persona, como los relatos autobiográficos o los diarios de campaña o de viaje, sino las directamente inapropiadas para el privilegio de esa persona gramatical, como las biografías, en las que supuestamente debe mandar la tercera persona, se encuentran atravesadas por el yo de Sarmiento, de tal manera que es posible leer en su obra, sobre todo, un registro de su vida.

Esta particularidad se advierte microscópicamente en las primeras líneas de la "Introducción" a *Facundo*, donde el fantasma de quien será, según el título de la obra, su personaje principal, es evocado por una primera persona que remite a la del autor y que se desprende de la conjugación del verbo pero cuyo sujeto está elidido, gramaticalmente tácito y retóricamente sobreentendido: "Sombra terrible de Facundo, *voy* a evocarte". Esos dos sujetos, el explícito Facundo Quiroga y el sobreentendido Sarmiento, serán, en fin, el protagonista y el antagonista principales de una obra que, desde su inicio mismo, pone en cuestión su pertenencia genérica. Como señalan Susana Zanetti y Margarita B. Pontieri, *Facundo* es un ensayo "que lleva a extremos la pluralidad y la mezcla".[2] De este modo, la ficción romántica, el folletín, el drama, "la manía del cuento y de la anécdota", como anota Esteban Echeverría, y el relato sentimental desestabilizan y potencian a la vez la forma original de la obra que en ningún momento pierde su unidad orgánica, la cual responde a un montaje de distintas tomas que crea una unidad de tipo superior, mucho más cercana, como dice Martínez Estrada, a la sensibilidad del lector del siglo XX que a la del de mediados del siglo XIX. Pero tampoco *Mi defensa* y *Recuerdos de provincia* son estrictas autobiografías, ni lo es *Viajes por Europa, África y América*, esa "miscelánea de observaciones, reminiscencias, impresiones e incidentes de viaje" en forma de cartas que ofrecía Sarmiento a sus amigos desde el prólogo. Si bien los tres responden más precisamente a la convención genérica prometida desde el título, ésta, en cada caso, también se encuentra desestabilizada por el relato de la historia, los episodios narrativos autónomos y el ensayo, tanto sociológico como, sobre todo, político, que es el móvil puntual de cada una de estas intervenciones literarias erigidas casi con el excluyente propósito de construir una imagen potente —"colosal", dice Martínez Estrada— de su autor, pero no en términos literarios sino políticos. Y sobre la modificación de esa imagen se yergue la parábola que traza este grupo de textos: desde el oscuro y aislado periodista que es Sarmiento en febrero de 1841, cuando publica su primer artículo en la prensa chilena y espera la aparición del diario, según lo cuenta en *Recuerdos de provincia*, "escondido de miedo", hasta aquel que, once años más tarde, es prácticamente el opositor más notorio al gobierno de Rosas.

MI DEFENSA Y RECUERDOS DE PROVINCIA

En 1843 Sarmiento da a conocer *Mi defensa*, la primera autobiografía publicada de autor argentino, en respuesta a una serie de comentarios adversos que sobre los escritos periodísticos de Sarmiento había firmado el chileno Domingo S. Godoy. Este periodista trasandino le dio a Sarmiento un extraordinario pretexto para presentarse en sociedad y contestar puntillosamente las preguntas retóricas que, supone, le está formulando aquél: "¿Quién es en fin? ¿Quién lo introdujo? ¿Quién lo conoce?". En *Mi defensa*, de modo maduro ya y enfático, Sarmiento presenta el carácter dramático y novelesco de su destino personal, y el correlato que establece entre éste y el de la Nación, explicitado luego en *Recuerdos de provincia*, al señalar que, nacido a nueve meses del 25 de mayo de 1810, sintió desde las mismas "entrañas de su madre" los "progresos de la insurrección americana", y sugiere haber sido engendrado por la patria misma, o bien ser él mismo la patria, según cómo se interprete la aún enigmática afirmación que dice: "a la historia de la familia se sucede como teatro de acción y atmósfera, la historia de la patria. A mi progenie me sucedo yo".

La evidente unidad temática y estilística de *Mi defensa* y *Recuerdos de provincia*, publicada siete años más tarde, se resiente no obstante por la diversidad de ambiciones de ambos textos y, a partir de ellas, por las contrastantes imágenes que Sarmiento construye de sí mismo.

Mi defensa, dirigida sobre todo a presentar al autor ante la sociedad lectora de Chile, es un definido elogio de la meritocracia liberal. Sarmiento dice que su vida ha sido "desde la infancia una lucha continua; menos debido esto a mi carácter, que a la posición humilde desde donde principié, a mi falta de prestigio, de esos prestigios que la sociedad recibe como realidades, y a un raro concurso de circunstancias desfavorables" entre las que se cuentan haber nacido en una provincia "ignorante y atrasada"

—el significativo reverso de dos de las notas emblemáticas de su sustrato ideológico: educación y progreso—, ser hijo de una familia "muy vecina de la indigencia", y de un padre "que no tiene otra cosa notable en su vida que haber prestado algunos servicios, en un empleo subalterno, en la guerra de la independencia". Tales condiciones, sin embargo, no le impiden a Sarmiento acceder muy temprano, a los cinco años, a una educación que le permite aprender rápidamente a leer, cosa que le dio "cierta celebridad por entonces", restringida al ámbito familiar y escolar, y "una decidida afición a la lectura" a la que, dice, le debe "la dirección que más tarde tomaron sus ideas". La lectura, de la que Sarmiento destaca la influencia que puede ejercer en la civilización del pueblo, está, entonces, en la base de su educación formal al principio, en la escuela primaria, y luego con su tío José Oro, que le enseñó latín y geografía y que lo instruyó moralmente en el amor a la patria, la revolución independentista y los principios liberales. Y en la base de su educación informal inmediatamente después, "sin maestros ni colegios", leyendo cuanto libro cayera en sus manos, aprendiendo de este modo rudimentos de ciencias exactas, historia, moral y filosofía que, a los 18 años, ya lo animan, con el solo apoyo de "una gramática vieja" y unos diccionarios, a aprender francés y ensayar unas primeras traducciones, para diez años más tarde acceder a la biblioteca romántica europea que circulaba entre los jóvenes de la Asociación de Mayo: Victor Hugo, Lamartine, Chateaubriand, etc.

Pero esa acumulación no provoca, sin embargo, y esto es lo paradójico y en algún punto atractivo y, simultáneamente, anulante del texto, ninguna modificación de ninguna suerte —ni de reconocimiento ni de fortuna— en el personaje principal. Esto es porque a ese yo excéntrico, exacerbado y positivo, típico del confesionalismo romántico, Sarmiento le sobreimprime la negatividad del "héroe cansado" y vencido, a la que Carlos Altamirano y Beatriz Sarlo definen como "agónico héroe desarraigado", típico del romanticismo de ficción.[3]

Esos héroes controvertidos —uno expande, el otro reprime, porque responden a dos convenciones genéricas diferentes— son la manifestación del cruce y empastamiento que hay en *Mi defensa* entre documento y ficción, precisado al final del relato, cuando Sarmiento anota, en una misma línea de valores, que ya ha "mostrado al hombre tal como es, o como él mismo se imagina que es". Y esa dificultad en cuanto a la valoración genérica del texto se potencia y complejiza en *Recuerdos de provincia* con la incorporación de otras marcas formales: biografía, ensayos social y político, cuadro de costumbres.

Pero también el interlocutor privilegiado de *Mi defensa*, el chileno Godoy, se multiplica y cambia de nacionalidad en *Recuerdos de provincia*: "a mis compatriotas solamente", titula Sarmiento su introducción. Y las causas del primer texto —las diatribas de Godoy exageradas por Sarmiento— toman espesor y verdad en las del segundo: el pedido de extradición de Sarmiento, por parte de Rosas, que el gobierno chileno rechaza. Hasta los modestos propósitos del texto de 1843 —hacer a su autor conocido entre los lectores y políticos chilenos— se amplían varias veces en *Recuerdos de provincia*, cuando Sarmiento, que ya ha publicado *Argirópolis*, dedicado al general Urquiza, "la gloria más alta de la Confederación", volumen donde anuncia un programa político de comunión antirrosista que incluye a los liberales, a los viejos unitarios y a los confederados rebeldes, se presenta, todavía tímidamente, como el destinado a ocupar el "puesto admirable" que aún detenta Rosas.

Las tres modificaciones de la nueva autobiografía —destinatario, causa y propósito— establecen una enorme distancia con la anterior. Y si en la introducción a *Recuerdos de provincia* Sarmiento aún dice creer, como en 1843, en la "nobleza democrática" e imperecedera del "patriotismo y el talento", inmediatamente da forma a un nuevo curso de ideas al presentar, unas páginas más adelante, el "cuadro genealógico de una familia en San Juan de la Frontera, en la República Argentina", que es el de la misma familia de Sarmiento. De modo tal que aquella familia "muy vecina de la indigencia" de 1843, ahora incluye diputados, ministros de gobierno, capellanes, fundadores de escuelas, doctores en teología y descendientes de conquistadores.

Es decir que a la primera definición de un *self-made man*, el hombre que se hace a sí mismo, se le suma entonces la de un heredero del linaje de una vieja familia colonial. Sarmiento se imagina, por un lado, como un Benjamín Franklin argentino: "pobrísimo como él, estudioso como él, y dándome maña y siguiendo sus huellas, podía llegar un día a formarme como él, ser doctor *ad honorem* como él, y hacerme un lugar en las letras y en la política americanas". Pero también, y al valorar ahora positivamente una modesta tradición local, quiere insertar sus méritos plebeyos en un linaje nacional invicto de rosismo, y vinculado sobre todo a la Colonia y a los primeros gobiernos revolucionarios. En términos puramente ideológicos, es posible establecer una contradicción en los mismos principios liberales que rigen el pensamiento sarmientino: el talento personal entonces vale en tanto se inserte en una tradición familiar; el mérito individual, siempre y cuando cuente con el respaldo simbólico del parentesco. De esa contradicción se nutre el componente ideológico de la generación del ochenta, que instalaba un nudo oligárquico en el centro del proyecto liberal. No obstante, en *Recuerdos de provincia* hay todavía una enorme presencia de una discursividad puramente literaria que disuelve tal contradicción y que debido a la presencia, como en *Facundo*, del principio determinista, permite encontrar, en los Sayavedras, los Albarracines, los Oro, esto es, en el linaje familiar de Sarmiento, las razones que avalan el carácter, la personalidad y el destino del personaje principal de la obra. Esta operación, que da unidad a un relato atravesado por distintas emergencias genéricas, le debe más a la literatura que al documento, porque es Sarmiento quien monta los materiales, los vincula, les da volumen o transparencia y, además, los valora o desvalora poéticamente.

En ese sentido, *Recuerdos de provincia* es el último gran texto de Sarmiento, donde todavía sus potentísimos enunciados ideológicos son sin embargo subordinados al rigor de la forma literaria. En adelante, y progresivamente, el político somete las ambiciones del escritor hasta anularlas prácticamente. Eso ya puede verse en *Campaña en el Ejército Grande*, su libro siguiente, una especie de bisagra dentro de la obra de Sarmiento, en la que el escritor aún iguala los embates del político.

Al igual que en *Facundo* y en *Recuerdos de Provincia*, la política nacional está en la base y en el estímulo escriturario de *Campaña en el Ejército Grande*. Pero ya no es Rosas el objetivo del nuevo texto, sino el general Urquiza. A fines de febrero de 1852, Sarmiento, que acompañó al ejército de Urquiza hasta la batalla de Caseros y la toma del poder, el 3 de febrero de ese año, abandona la nueva coalición de gobierno y se va de Buenos Aires. Y en Río de Janeiro comienza a dar forma al nuevo libro, cuyo objeto privilegiado, como el del gauchesco Hilario Ascasubi en esos mismos años, es ahora agraviar la figura de Urquiza, tachándola de los mismos vicios personalistas que atribuían a quien venían de derrocar. Los tres cuerpos del libro, publicados en entregas sucesivas, los dos primeros más deshilachados, compuestos por cartas y documentos, el tercero, mucho más orgánico, dedicado insidiosamente a Alberdi —quien sí había aceptado el nuevo orden urquicista, y promoverá una polémica posterior entre ambos acerca del destino inmediato de la Argentina—, no encuentran, sin embargo, la armonía de sus cuadros anteriores. Y si, por un lado, algunas de sus páginas son excepcionales, como la dedicada a Rosario, cuando Sarmiento baja del barco Blanco en el Espinillo, monta un caballo, y ve por primera vez en su vida, escribe, "desplegarse ante mis ojos en ondulaciones suaves pero infinitas hasta perderse en el horizonte, la Pampa", aquéllas no logran armonizar con su objetivo político de base que, además, está atravesado por la ofuscación personal de Sarmiento, que ambicionaba él mismo ser el conductor del nuevo orden.

Así, a Urquiza, el desconcertante general que alistado para enfrentar a Rosas hacía lucir a la tropa una cinta colorada para, al entrar en Buenos Aires, no enemistarse con su rival y que, diez años más tarde, abandonará, en Pavón, sin motivos visibles, una batalla decisiva que tenía prácticamente ganada frente a la tropa porteña del general Bartolomé Mitre, le cabe un singular destino dentro de la historia de la literatura argentina. Como símbolo de la transición de un país que no terminaba de morir —el de Rosas— y uno que no nacía todavía —el de Sarmiento, Avellaneda y Roca—, Urquiza es el paradójico revulsivo sobre el que se monta la declinación de dos de los máximos escritores políticos argentinos del siglo XIX: Ascasubi y Sarmiento. Ambos, con una obra literaria construida desde el exilio y al calor de la oposición a Rosas, otra vez en la Argentina, hundidos "en el juego político real",[4] como dice Tulio Halperín Donghi, no supieron volver a establecer los vínculos genialmente trazados entre literatura y política durante la extensa década del cuarenta, que va desde 1837 a 1852. Ascasubi, a veinte años de Caseros, en 1872, publica en París el *Santos Vega,* un monumental ensayo de una gauchesca artística, desprendida de su función militante, que él mismo había contribuido a cimentar. Para esos mismos años, Sarmiento, que ya es presidente de la República desde 1868, ha dejado prácticamente de ser un escritor.

FACUNDO

En 1845, con el fin de "hacer conocer en Chile la política de Rosas", Sarmiento publica en el diario *El Progreso* a la manera de un folletín, desde el 2 de mayo de ese año, durante tres meses, su *Facundo*. El anuncio de la llegada de Baldomero García, ministro de Juan Manuel de Rosas, enviado a Chile por el Gobierno para presentar una queja por la campaña antirrosista orquestada desde los diarios chilenos por, entre otros, el mismo Sarmiento, precipita la escritura y publicación de ese "cuadro brillante" de la vida de Juan Facundo Quiroga en el que Sarmiento estaba trabajando desde mediados del año anterior, según se desprende de un artículo del 28 de agosto de 1844 también publicado en *El Progreso*. En el mismo diario, y anunciando la publicación del folletín, Sarmiento destaca que "un interés del momento, premioso y urgente" le hace "trazar rápidamente un cuadro que había creído poder presentar algún día, tan acabado como me fuese posible". La premura, dictada por la ocasión política, que para Sarmiento es fundamento de toda su obra literaria, lo lleva, insiste, "a hacinar sobre el papel mis ideas tales como se presentan, sacrificando toda pretensión literaria a la necesidad de atajar un mal que puede ser trascendental para nosotros". Pero habrá que dejar de lado la falsa modestia de Sarmiento —quien, por otra parte, llama a la obra "estos ligeros apuntes"—, ya que las correcciones o supresiones que hizo en las nuevas ediciones de *Facundo* fueron motivadas por los nuevos escenarios políticos que se iban sucediendo o, sobre todo, para complacer algunas precisiones históricas reclamadas vehementemente por Valentín Alsina y no por dar acabado estilístico a ninguno de los cuadros magníficamente trazados al calor de la oportunidad.

Facundo fue convertido en libro inmediatamente terminada su publicación periódica, acompañado por primera vez de un epígrafe en francés, firmado por Fortoul —"on ne tue point les idées"—, cuya traducción más literal —"las ideas no se matan"— es reemplazada por Sarmiento por una versión libre, condicionada por la emergencia política que el libro venía a denunciar: "A los hombres se degüella; a las ideas no".

El verbo degollar estaba, en los años de publicación del *Facundo*, completamente connotado por la práctica aleccionadora del gobierno de Rosas para con sus enemigos políticos, ejecutada, según lo denunciaba la oposición, por los hombres de la Mazorca, como se ha visto en varios de los contemporáneos poemas de Hilario Ascasubi: el pregonado degüello del unitario al que sobre la propia sangre que mana de su cuello le hacen bailar "la refalosa", en el poema homónimo, o la orden de Rosas para que degüellen a Isidora, después de haber visto al Brigadier en trance paranoico, en "Isidora la federala y mashorquera".

En realidad, como se supo después de una investigación del francés Paul Verdevoye, la cita no pertenece a Fortoul sino a Diderot, y está utilizada como epígrafe de un artículo de Charles Didier publicado en la *Revue Encyclopédique*.[5] De allí la habría tomado Sarmiento un poco desaprensivamente, como era usual en la época, toda vez que no sólo se equivoca con el nombre del autor, sino que directamente la cita mal, reduciendo a lo esencial el original que decía "On ne tire pas de coups de fusils aux idées". En un artículo de mayo de 1844, Sarmiento ya había utilizado esa cita de Diderot —otra vez sin nombrarlo—, convirtiendo su traducción literal —"No se disparan tiros de fusil a la ideas" o, más sintéticamente, "las ideas no se fusilan"— en un texto más apropiado para ser insertado en la sincronía política nacional: "No se fusilan ni degüellan las ideas".

Al año siguiente, en el *Facundo*, el párrafo que acompaña a la falsa cita de Fortoul explicita, por si hiciera falta, las razones de su curiosa versión castellana. Allí, Sarmiento relata el comienzo de su exilio: "A fines del año 1840 salía yo de mi patria, desterrado por lástima, estropeado, lleno de cardenales, puntazos y golpes recibidos el día anterior en una de esas bacanales sangrientas de soldados y mazorqueros". Al pasar por los baños de Zonda, Sarmiento dice haber escrito en las paredes, con carbón, las palabras atribuidas a Fortoul y dice también que el Gobierno, comunicado del hecho, "mandó una comisión encargada de descifrar el jeroglífico, que se decía contener desahogos innobles, insultos y amenazas". En una carta a su amigo Manuel José Quiroga, escrita desde Santiago en febrero de 1841, relata por primera vez el asunto y ya presenta los dos términos de la oposición. De un lado, el desterrado que en un cuarto de los baños de Zonda y bajo el trofeo nacional, escribe la frase de, él cree, Fortoul, y del otro, el Gobierno que, alarmado porque recibe una versión multiplicada "de boca en boca" aludiendo que la traducción de la frase es "Hijos de una gran puta, montoneros, un día me la pagarán", manda a una "comisión de sabios" a "descifrar el enigma".

Ricardo Piglia encuentra, en ese comienzo del relato, "el núcleo mismo del libro: la oposición entre civilización y barbarie se condensa y se resume en esa escena donde está en juego la traducción".[6] Es decir, hay, por un lado, un civilizado, representado por Sarmiento, que escribe la cita en francés, y quien, también, la traduce intencionadamente condicionado por la situación política imperante que el libro denuncia. Y por el otro, están los bárbaros, la comisión del Gobierno que, "encargada de descifrar el jeroglífico", no parecería advertir, según la ironía de Sarmiento, que se trata de un texto en otro idioma sino, directamente, de uno en otro sistema escriturario: un jeroglífico.

Desarmado, el núcleo concentrado en la cita y en su traducción permite ver una puesta en acto, con una audacia inexistente en Echeverría o Alberdi, del programa romántico argentino: la transformación de un texto europeo que, adaptado a la realidad política local, se convierte en un texto nacional, como puede verse, ejemplarmente, en la apropiación escolar que la transformó en otra frase, repetida por varias generaciones de argentinos: "¡Bárbaros! Las ideas no se matan". De este modo, Sarmiento, sobre todo en *Facundo*, disuelve la distancia que hay entre la teoría de independencia política, cultural y literaria de Echeverría y Alberdi, cuyo punto más alto de elaboración es el *Dogma socialista* de 1838, en el que los autores sostienen que "tendremos siempre un ojo clavado en el progreso de las naciones y el otro en las entrañas de nuestra sociedad", y sus tambaleantes soluciones literarias, que tanto en "La cautiva" como en "Memoria descriptiva de Tucumán" o "El Edén" están más cerca de la aplicación del modelo que de su definida y valiente apropiación. Y eso es, justamente, lo que puede verse en *Facundo*, donde, por un lado, Sarmiento hace depender su texto de un entramado de citas que remiten a una actualizada biblioteca europea de literatura e historia —Villemain, Bond Head, Humboldt, Victor Hugo, Chateaubriand, Lamartine, Cousin, y hasta el mismo Shakespeare, en esos años revaluado positivamente por el Romanticismo— y, por otro, deriva de modo natural de esas mismas citas europeas su extraño desarrollo ilustrativo que es, exactamente, la revelación del secreto de la vida y "las convulsiones internas que desgarran las entrañas de un noble pueblo", es decir, de la Argentina.

Es verdad que ese sistema de citas ya lo había armado Echeverría para apoyar cada una de las partes de "La cautiva". Pero sus versos trataban de no interrumpir el flujo simbólico de los citados, como si, finalmente, el espacio de Victor Hugo fuera homologable al del desierto argentino, los bárbaros de Calderón a los indios pampas, los muertos de Manzoni a los de esos mismos indios aniquilados por la tropa de la frontera, y la bella muerte en el rostro bello del verso de Petrarca a la de María, fulminada en el desierto por el recuerdo de la muerte de su hijo.

El uso de las citas en *Facundo*, en cambio, es más complejo. A veces, como en Echeverría, es ilustrativo, cultista, y ostentatorio, como en la cita de Lamartine sobre los bárbaros que abre el capítulo IX, o las de Shakespeare en los dos capítulos siguientes. Pero otras es contrastante con su sentido directo y allí sí funciona como una verdadera apropiación, al tomar la cita y proponer una síntesis entre el valor de verdad que ésta importa y el que expone Sarmiento, que no deriva de aquél sino que lo matiza o se le opone. Así sucede en la cita de Francis Bond Head que abre el capítulo III, en la que el viajero inglés construye una imagen ideal del gaucho, destacando su "lujo de la libertad" y sus sentimientos de nobleza y bondad, que es historizada, politizada y consecuentemente complejizada en el texto con la propia versión de Sarmiento del gaucho que, "valiente, ignorante, libre y desocupado" hasta 1810, se asoció en montonera enemiga de las ciudades después de la Revolución para tener, a partir de entonces, reservados sólo dos destinos posibles: malhechor o caudillo. Este último fue el que eligió Rosas, el "despótico" estanciero que en esa condición clavó "en la culta Buenos Aires el cuchillo del gaucho", destruyendo de este modo "la obra de los siglos, la civilización, las leyes y la libertad".

Facundo está dividido en una introducción y quince capítulos que desde sus mismos títulos arman un iluminado mapa de sus contenidos: "Aspecto físico de la República Argentina; caracteres, hábitos e ideas que engendra"; "Originalidad y caracteres argentinos"; "Revolución 1810"; "Vida de Juan Facundo Quiroga"; "Guerra social"; "Barranca Yaco"; "Gobierno unitario"; "Presente y porvenir", etc. En primer lugar, Sarmiento destaca la determinación con que la naturaleza argentina condiciona el destino de la Nación —"El mal que aqueja a la República Argentina es la extensión", escribe—, en tanto facilita la presencia de "los salvajes" que aguardan las noches de luna "para caer, cual enjambres de hienas, sobre los ganados que pacen en los campos y sobre las indefensas poblaciones". Las particularidades del territorio tienen, también, rasgos positivos, entre los que Sarmiento destaca "la aglomeración de ríos navegables que al Este se dan cita de todos los rumbos del horizonte para reunirse en el Plata". Pero la naturaleza está, a su vez, condicionada por la población, y entonces primero "el hijo de los aventureros españoles" y después el gaucho, que detestan la navegación y se consideran aprisionados "en los estrechos límites del bote o de la lancha", convirtieron a los ríos, en vez de en un recurso que favoreciera el rápido desarrollo de la Nación —como sucedió en Norteamérica, pero también, históricamente, señala Sarmiento, en Egipto o en Holanda—, en un insalvable obstáculo: "la navegación de los ríos, o la canalización, es un elemento muerto, inexplorado por el habitantes de las márgenes del Bermejo, Pilcomayo, Paraná, Paraguay y Uruguay" debido a que "no fue dado a los españoles el instinto de la navegación", carencia que heredó la población argentina. La naturaleza del paisaje y la de sus habitantes condicionan entonces el destino económico y político de la Nación, según el desarrollo argumentativo de Sarmiento que va jalonando en los capítulos sucesivos del libro un análisis de los distintos episodios de la historia argentina reciente hasta 1845: la Revolución de Mayo, las guerras civiles y el rosismo, armado a partir de un sistema que si bien es personalísimo, tributa tanto al enciclopedismo como al romanticismo histórico, de donde provienen las ideas de pueblo, nación y caracteres originarios, tan productivas en el abigarrado entramado que converge en el pensamiento sarmientino. Al extenso diagnóstico que ocupa la introducción y los primeros catorce capítulos del libro le sigue un violento alegato político a favor de la causa del progreso pero, sobre todo, en contra de quien era en ese momento, según Sarmiento, su máximo impedimento: Juan Manuel de Rosas. Éste, enumera Sarmiento, no ha querido asegurar las fronteras, ha perseguido y hostilizado la inmigración, ha impedido la libre navegación de los ríos, ha destruido los colegios y quitado rentas a las escuelas, ha encadenado a la prensa, ha perseguido a muerte a los hombres ilustrados y "ha hecho del crimen, del asesinato, de la castración y del degüello un sistema de gobierno". Interpelado por Sarmiento en una desafiante segunda persona del singular en ese último capítulo, Rosas que había sido hasta ese momento una presencia sobre todo fantasmática a lo largo del texto, se corporiza y adquiere una dimensión que en el mismo título del ensayo estaba significativamente obliterada.

Por otra parte, el escenario de *Facundo*, esto es, el "aspecto físico" de la Argentina, ya no pretende ser, como en el primer Echeverría, una prolongación de los sentimientos de sus personajes, a la manera romántica convencional. Al contrario, Sarmiento encuentra que el carácter de los hombres es una prolongación de un paisaje, de una naturaleza y de una sociedad: el producto necesario de una condición exterior. Y al salvaje e indómito paisaje del desierto argentino le corresponde entonces la barbarie de sus habitantes, allí donde "la civilización es del todo irrealizable" y "la barbarie es normal". De este modo, Facundo Quiroga, el caudillo riojano asesinado en Barranca Yaco en 1835 por un balazo en un ojo disparado por Santos Pérez, un matón al que Sarmiento sospecha enviado por Rosas, es en la obra el símbolo de la barbarie a partir de una serie encontrada de determinaciones exteriores. Por un lado, la biografía de Quiroga es, para Sarmiento, la que permite explicar el proceso que llevó, entre 1810 y 1835, de la revolución independentista a la guerra civil y de la guerra civil a la tiranía. Pero si la revolución y la guerra pueden ser explicadas a través de la vida de Quiroga es porque ésta no es "una suma de vulgaridades que no merecerían entrar sino episódicamente en el dominio de la historia"; por el contrario, es "una manifestación de la vida argentina tal como la han hecho la colonización y las peculiaridades del terreno". De modo tal que si Quiroga es, como postula Sarmiento, la expresión fiel de la manera de ser de un pueblo y su "personaje histórico más singular, más notable", no lo es "por accidente de su carácter, sino por los antecedentes inevitables y ajenos a su voluntad". Es decir, la vida de Quiroga explica la historia de la patria pero, a su vez, la historia de la patria condiciona y explica la vida de Quiroga.

A partir de este doble condicionamiento, Sarmiento construye el primer héroe americano de la literatura argentina, que tiene la potencia que no tienen los héroes débiles y, a su modo, europeos, de la literatura romántica de la época, la cual pretendía instalar un texto de originalidad americana montado sobre las peripecias de un héroe ajeno a esa sensibilidad, como es el caso del Brian de "La cautiva", del unitario de "El matadero" y, unos años después de *Facundo,* del Eduardo Belgrano de *Amalia.* Sarmiento ejemplifica su elección a partir de su lectura de un artículo publicado en la *Enciclopedia Nueva* sobre Simón Bolívar. Allí, según dice, los biógrafos hacen "al caudillo americano toda la justicia que merece por sus talentos, por su genio". Pero lo convierten en un Napoleón menos colosal, en un mariscal del Imperio en, en fin, un "remedo de la Europa" y no en un símbolo que "revele la América". Si, dice Sarmiento, Colombia [sic] "tiene llanos, vida pastoril, vida bárbara, americana pura, y de ahí partió el gran Bolívar, de aquel barro hizo su glorioso edificio. ¿Cómo es pues, que su biografía lo asemeja a cualquier general europeo de esclarecidas prendas?".

Más que Rosas, más que San Martín, un general de formación europea que si hubiese tenido que encabezar montoneras "lo habrían colgado a su segunda tentativa", el verdadero héroe americano es entonces el caudillo Facundo Quiroga. Pero no un Quiroga pintado "con casaca de solapas" como hicieron los litógrafos de Buenos Aires, sino "con su chaqueta, que nunca abandonó". Esta decisión es central con respecto a los principios que animan la obra, aunque deja en suspenso uno de los términos de la oposición que rige su título original: si la historia bárbara de una nación bárbara producto de un territorio y una naturaleza bárbaras sólo puede ser contada a través de la vida de un caudillo bárbaro él también, ¿dónde anida la civilización? Pues en Sarmiento, el antagonista privilegiado de Facundo Quiroga y de Rosas, su "molde más acabado y perfecto". Pero Sarmiento no se manifiesta en tanto personaje convencional de la obra sino en tanto autor. El choque entre civilización y barbarie no se da, como en los románticos convencionales, enfrentando efectistamente un civilizado vencido de antemano a los rigores de la barbarie, sino sometiendo textualmente la barbarie al rigor de la composición literaria y al del artífice de esa composición, que es el autor. La civilización no se revela en *Facundo* a través de un personaje, porque los mismos unitarios, personajes civilizados privilegiados por los textos románticos, son más bien ridiculizados por Sarmiento, con una crudeza inédita en Echeverría, Alberdi y Mármol, como "las momias de la República Argentina", cuya fe en la razón absoluta y falta de sentido práctico están en la base de su fracaso como políticos nacionales. En *Facundo* el héroe civilizado no es un hombre del pasado sino uno del futuro, que aún no puede manifestarse "en acto" porque está proscripto, y que se muestra, indirectamente, a través de la soberbia puesta en página de una parafernalia de recursos estilísiticos y literarios, entre los que hay que destacar, en primer lugar, el de la composición de personajes, según puede verse tanto en la pintura de los tipos argentinos —el rastreador, el baqueano, el gaucho malo, el cantor— como, sobre todo, en la estricta selección de episodios de la vida de Quiroga, desde el imborrable encuentro con el tigre en el desierto hasta la extraordinaria secuencia narrativa que concluye con el asesinato del caudillo en Barranca Yaco. Pero también, y en relación con los personajes menores, en la definición de la esencia de un carácter o de un destino en muy pocas palabras que, como en la de Santos Pérez, el matador de Quiroga, parece concentrar todas las virtudes de dos narradores del futuro finalmente antitéticos como Horacio Quiroga y Jorge Luis Borges: "Con miras más elevadas habría sido el digno rival de Quiroga; con sus vicios sólo alcanzó a ser su asesino".

Otro de los recursos distinguidos por Sarmiento es el de la sustantivación y adjetivación, no objetivamente denotativas, sino rabiosamente intencionadas, como puede verse privilegiadamente en el retrato de Quiroga, cuyos "ojos negros llenos de fuego y sombreados por pobladas cejas, causaban una sensación involuntaria de terror en aquellos sobre quienes alguna vez llegaban a fijarse". Porque es en el expresivo diccionario de Sarmiento donde se actualiza la pauta señalada por Villemain, que funciona como acápite de la Introducción del *Facundo*, sobre la impugnación a la impasibilidad del escritor, a quien más bien se le exige deseo, esperanza, sufrimiento y felicidad. La "sombra terrible" de *Facundo*, el "ensangrentado polvo" que cubre sus cenizas, la imagen de Rosas como una Esfinge Argentina "mitad mujer por lo cobarde, mitad tigre por lo sanguinario", son algunas de las más reconocidas manifestaciones de ese diccionario singular. También son recurrentes en *Facundo* las oposiciones y las analogías de valor simultáneamente pedagógico e interpretativo. De este modo, la oposición de base —civilización y barbarie— es desplegada en sucesivas oposiciones menores que mantienen la estructura de la matriz —ciudad y campaña, siglo XIX y siglos XII y XVI, Buenos Aires y Córdoba, Europa y España—, pero cada una de las partes es, a su vez, desarrollada a partir de las analogías existentes entre unas y otras: lo que hay de medieval en la cultura española, lo que hay de España en Córdoba, lo que hay en Córdoba de estancamiento y atraso, lo que hay en la barbarie de la campaña del componente cordobés, esa ciudad docta, dice Sarmiento, "que no ha tenido hasta hoy, teatro público, no conoció la ópera, no tiene aún diarios, y la imprenta es una industria que no ha podido arraigarse allí". Y todo esto, por supuesto, empujado por un todavía hoy desconcertante aliento poético y narrativo que encanta cada una de las páginas de *Facundo* con una vivacidad, dinamismo, gracia, inquietud y apasionamiento que, como señala Martínez Estrada, doblegan al lector contemporáneo, canceladas por el paso del tiempo todas las razones políticas que animaban sus propósitos originales.

VIAJES POR EUROPA, ÁFRICA Y AMÉRICA, 1845-1847

El mismo año de la publicación de *Facundo*, Sarmiento acepta una importante misión de investigación pedagógica que le encomienda el gobierno chileno, la cual le permite viajar, durante dos años, por Francia, Italia, España, Alemania, Inglaterra, Berbería y Estados Unidos. De este modo, el gobierno chileno le da una muestra de apoyo, pero simultáneamente lo aleja de Chile, donde su figura, cada vez más polémica después de la publicación de *Facundo*, no sólo es incómoda para el funcionamiento de las relaciones diplomáticas con la Argentina, sino definitivamente irritante dentro de la misma comunidad intelectual y política de Chile, donde se multiplican los juicios adversos sobre su persona y figura, anticipados en las injurias de Domingo S. Godoy que promovieron la publicación de *Mi defensa*, en 1843.

Viajes por Europa, África y América, 1845-1847, publicada en dos tomos, uno en 1849 y el otro en 1851, está conformada por un grupo de cartas que Sarmiento va dirigiendo a sus amigos en las que relata las peripecias del viaje. La primera está fechada en Montevideo el 14 de diciembre de 1845 y dirigida a Demetrio Peña; la última, fechada el 12 de noviembre de 1847, a Valentín Alsina. En términos ideológicos, el viaje supone para Sarmiento una decepcionante revelación y un descubrimiento entusiasta. La decepción es Europa, las "naciones civilizadas" hacia las que los románticos habían decidido dirigir el ojo de la teoría, mientras el de la acción lo tenían clavado en las "entrañas" de la sociedad argentina. Pero el peso de las monarquías, el valor positivo que entonces tenía en Europa la tradición en desmedro del que debería tener lo nuevo, confirmado en Francia con el fracaso de la revolución de 1848, y la comprobación, en fin, de que España era mucho más parecida a Europa, o Europa a España, de lo que habían supuesto los románticos argentinos, condicionados por el constitutivo fervor antiespañol de la revolución independentista, le revelan a Sarmiento, en su conjunto, las "secretas llagas", como las llama Tulio Halperín Donghi, que oculta la civilización europea.[7] Mientras tanto, es en los Estados Unidos donde finca el nuevo entusiasmo de Sarmiento. Culminando su periplo norteamericano, le escribe a Alsina: "Salgo de los Estados Unidos, mi estimado amigo, en aquel estado de excitación que causa el espectáculo de un drama nuevo, lleno de peripecia". Y si Europa es, al fin, "un ser deforme, monstruo de las especies conocidas", Estados Unidos es, en cambio, "un animal nuevo producido por la creación política". De algún modo, esa revelación, extensamente plasmada en la carta a Alsina, funciona como la premonitoria acta de defunción de la utopía romántica, a diez años de haber sido formulada por Echeverría y Alberdi, y unos años antes de caer por su propio peso después del derrocamiento de Rosas por parte de Urquiza en 1852.

Pero *Viajes por Europa, África y América* es, también, la manifestación más pura de Sarmiento como escritor, en dos sentidos convergentes. El primero, en cuanto a la condición en la que Sarmiento decide finalmente enfrentar el viaje: menos como embajador pedagógico y político del gobierno de Chile que como autor del *Facundo*, según se apresura a anotar en la segunda carta de Montevideo, dirigida a Vicente Fidel López, cuando señala que, recién publicado *Facundo* en el diario *Nacional* de Montevideo, bastó que se diera a conocer como su autor para atraer a su alrededor "numerosos círculos de argentinos asilados en Montevideo, comerciantes, empleados, soldados, letrados, periodistas y literatos". Pero también en Montevideo, Sarmiento, imprevistamente, deja por un momento de ser el aseverativo opositor al gobierno de Rosas para definirse simplemente como un escritor, ansioso de que su *Facundo* pueda, junto con los versos de Hidalgo, de Ascasubi y de Echeverría, conformar el comienzo "de aquella literatura fantástica, homérica, de la vida bárbara del gaucho", estableciendo de este modo por primera vez en la historia de la literatura argentina una hasta ese momento insólita vinculación entre textos que se consideraban provenientes de sistemas enfrentados y excluyentes: los que estaban dando forma a la tradición gauchesca y a la romántica, respectivamente. Esa misma preeminencia del escritor sobre el político se confirma en París cuando, en carta a Antonino Aberastain, fechada el 4 de septiembre de 1846, Sarmiento recuerda que antes de partir de Santiago, "y con aquella modestia que me caracteriza", le había dicho al ministro Montt que llevaba llave de dos puertas para penetrar en París. Una, "la recomendación oficial del gobierno de Chile", la otra "el Facundo". Pero Sarmiento no quiere ser reconocido como un par por los políticos franceses, sino por los escritores: "Yo quería decir a cada escritor que encontraba: *¡io anco!*" [sic].

Ese mismo espíritu impregna cada una de las cartas en las que, como señala Noé Jitrik, las tensiones políticas se van abandonando a medida que el barco se aleja de la costa sudamericana y entonces el escritor, como en ningún otro texto de Sarmiento, opaca al político, al ideólogo y al polemista, revelándose en el conjunto, como anota Juan José Saer, "la inmersión feliz de su autor en los vaivenes de la experiencia", finalmente desprotegida de los casi siempre rígidos esquemas del reformador y del político.[8]

Viajes por Europa, África y América importa, además, el virtuoso inicio de la crónica literaria de viaje en la Argentina, que tendrá una selecta descendencia en algunos textos de calidad excepcional, como *Una excursión a los indios ranqueles*, de Lucio V. Mansilla de 1870, *Viaje al país de los araucanos* y *Viaje a la región del trigo*, de Estanislao Zeballos de 1881 y 1883, *Un viaje al país de los matreros*, de Fray Mocho, de 1897, *La Australia argentina*, de Roberto J. Payró, de 1898, y ya en el siglo XX, en las crónicas de, entre otros, Roberto Arlt, Horacio Quiroga, Juan José de Souza Reilly, Rodolfo Walsh, Enrique Raab y, más tarde, en las de Martín Caparrós.

Capítulo 5

El desconcertante Lucio V. Mansilla. Leyendo a J. J. Rousseau en el saladero. Una tortilla de huevos de avestruz. El antropólogo, el militar, el hedonista. Mansilla se autopostula, pero no lo eligen. Una autobiografía no ejemplar. Escribiendo como se habla. Lo que dice Julio Ramos. Cambio en el paradigma filosófico. Faltan novelas. Lo que dice Alejandra Laera. Los gauchos bandidos de Eduardo Gutiérrez, personajes-símbolo de la historia cultural. La singular versión nacional del naturalismo. Del narrador objetivista al narrador omnisciente. Lo que dice Andrés Avellaneda. Un personaje de Eugenio Cambaceres se arranca las tripas. Eduardo Holmberg, precursor de la novela marciana, cumple con la regla de oro del policial. Las tiernas endechas que ensaya una joven paraguaya, según Carlos Guido y Spano.

Una excursión a los indios ranqueles, de Lucio V. Mansilla

Pero tuvieron que pasar veinte años en la literatura, en la política y en la ideología argentinas, que durante casi todo el siglo XIX fueron partes de un mismo cuerpo en constante retroalimentación, para que los enfrentamientos explicitados en todos los textos románticos entre la civilización y la barbarie, según los términos de Sarmiento, pudieran finalmente presentarse en forma de síntesis en una figura singular que fuera americano sin estar por eso, como Facundo Quiroga, condenado a la barbarie y, por lo tanto, civilizado, sin perder, por ese atributo, su condición americana, como los héroes de Echeverría y de Mármol. Ésas son las notas del desconcertante Lucio V. Mansilla, personaje principal de su relato *Una excursión a los indios ranqueles*, publicado primero en 64 entregas en el diario *La Tribuna*, a partir del 20 de mayo de 1870, y como libro a fines de ese mismo año.

En 1849, Lucio V. Mansilla, que tenía 17 años y era hijo primogénito del general Lucio Mansilla y de Agustina Ortiz de Rosas, y sobrino de Juan Manuel de Rosas, fue enviado por su padre a trabajar a un saladero familiar en el norte de la provincia de Buenos Aires, entre Ramallo y San Nicolás. Pero, como lo recordó él mismo muchos años después en la *causerie* "¿Por qué…?", el negocio no le interesaba ni lo entretenía, y todo su empeño consistía en que su padre no lo sorprendiera haciendo otras cosas que las que se suponía que debía hacer allí: regentear la faena de los matarifes, o realizarla él mismo como lo hizo alguna vez, pero sólo por entretenerse, "imitando la destreza salvaje de aquellos carniceros tan americanos", para sentirse, en fin, "más varonil que el resto de los mortales". Pero lo que sí hacía el joven, en cambio, era leer. Tomaba libros y cartas de la biblioteca de su padre, y se los llevaba al saladero, dándose "panzada de lectura como si cometiera algún pecado". Una vez, el general lo sorprende, en su estrecho dormitorio, leyendo *El contrato social*, de Jean Jacques Rousseau, uno de los autores emblemáticos de la biblioteca romántica, de quien Mansilla ya había leído *La nueva Heloísa*, también en el saladero y también en francés, "una lengua que yo conocía ya, un poco menos mal que ahora". Y al día siguiente, cuando el hijo piensa que el padre va a reprenderlo por haber sacado libros de la biblioteca sin su permiso, éste le dice en cambio que "cuando uno es sobrino de Juan Manuel de Rosas, no lee *El contrato social*, si se ha de quedar en el país, o se va de él, si quiere leerlo con provecho". El joven, que se consideraba "tan niño, tan federal y tan rozista" (así, con "z", escribía Mansilla el apellido de su familia materna), tal vez pensara dejar la lectura y quedarse en el país. Pero su padre, que había sido general de la Independencia, que hablaba con entusiasmo de algunos de los próceres de Mayo y de Bernardino Rivadavia, siempre vilipendiado en el entorno rosista, y que tres años más tarde, después de Caseros, se volvió contra el gobierno derrocado de su cuñado, decide que es mejor instalar a su hijo en el futuro alentador que prometían las lecturas revolucionarias, en vez de hacerlo en el pasado al que lo condenaba su ascendencia materna, cuya cabeza, Juan Manuel de Rosas, ya tambaleaba a fines de la década del cuarenta. Y entonces, más como un impulso que como un reproche, el general Mansilla mandó durante un tiempo a su hijo hacia la India y Europa, en un viaje de propósito vagamente comercial: hacer en Calcuta un cargamento de "cosas de la India y de la China que son tan caras y raras en Buenos Aires". Pero, como señala su biógrafo Enrique Popolizio, el viajero muy rápidamente olvidó "su condición de mercader" y se dedicó a gastar la fortuna que le había dado su padre, mil patacones mejicanos que llevó con él y veinte mil libras que recibió en letras, en pasear por la India y Egipto, y vivir y ser tratado como "un señor" en Roma, París y Londres.[1] En otra *causerie*, "Los siete platos de arroz con leche", Mansilla recuerda su vuelta a Buenos Aires, más de un año después, y su visita a Palermo para "recibir la bendición" de su tío Juan Manuel. Allí, el Brigadier, sentado en su cama, le dice al sobrino que está muy contento con él, porque no ha vuelto "agringado". Y éste anota que, efectivamente, "había vuelto vestido a la francesa, eso sí, pero potro americano hasta la médula de los huesos todavía, y echando unos ternos, que era cosa de taparse las orejas: el traje había cambiado, me vestía como un europeo pero era tan criollo como el Chacho" Peñaloza, a quien, recuerda Mansilla, en el exilio chileno le preguntaron cómo andaba, y contestó: "¿Y cómo quiere que me vaya: en Chile y a pie?".

Ese joven criado en una familia de pura cepa rosista, que retozaba en la casa del Brigadier "como no podía hacerlo en la mía, con una cáfila de primos", pero furtivo lector del romántico Rousseau, ese criollo habituado a las costumbres del matadero familiar, a "los hombres empapados en sangre hasta las narices" y "al quejido lastimero de las reses", pero muy rápidamente adaptado a la vida refinada en las capitales europeas será, en 1870, el protagonista de un episodio de escasas consecuencias históricas —la firma de un tratado de paz con los indios ranqueles, hecho sin el mandato del entonces presidente Sarmiento— sobre el que el mismo Mansilla montó unos meses después un relato excepcional, cuya primera singularidad finca en su personaje principal y se manifiesta apenas comenzado el texto, en la primera carta, o primer capítulo.

Allí, dirigiéndose a su amigo Santiago Arcos, actualiza, a través de una metáfora gastronómica —una figura muy propia del autor, según se verá en sus publicaciones sucesivas—, la vieja bandera del *Dogma socialista* de Echeverría y Alberdi. Pero aquellos "dos ojos del romanticismo argentino", uno que miraba a Europa, otro a las entrañas de la patria, que tendían programáticamente a una síntesis, pero que, como señaló David Viñas, acabaron mirando uno para cada lado, encuentran en Mansilla al propiciatorio de una nueva unidad.[2]

Mansilla, en su excursión a los ranqueles, viene a cumplir el deseo cosmopolita de su amigo Arcos, quien después de haber comido mazamorra en el Río de la Plata, charquicán en Chile, ostras en Nueva York, trufas en el Périgord y chipá en la Asunción, sólo aspiraba a comer una tortilla de huevos de avestruz en Nagüel Mapo, en la provincia de La Pampa.

De este modo, frívolo es cierto y más próximo a la figura del *dandy*, el *bon vivant* y el *gourmet* que a la del ideólogo o la del político, Mansilla se anticipa sin embargo a las tres manifestaciones más acabadas y programáticas de la literatura argentina moderna, que marcarán el nuevo tono cosmopolita de su nacionalidad: la de Rubén Darío, firmada en el prólogo a *Prosas profanas* en 1896, donde señala simbólicamente que "mi esposa es de mi tierra; mi querida de París"; la de Oliverio Girondo en la dedicatoria a *Veinte poemas para ser leídos en el tranvía*, en 1922, donde destaca el carácter "ecléctico, libérrimo" del estómago de los latinoamericanos, capaz de "digerir bien tanto unos arenques septentrionales o un kouskous oriental"; y la más famosa de todas, a causa de su precisión programática y antimetafórica, la de Jorge Luis Borges, quien en su conferencia "El escritor argentino y la tradición" proclama una literatura nacional construida sobre un enorme patrimonio temático: el universo.

Las tres, de gran descendencia en la literatura argentina del siglo XX, están a su vez, contenidas en el giro de Mansilla de 1870. Éste, además, introduce un nuevo tono —conversacional— y un nuevo modo de composición —fragmentario y digresivo— que se retroalimentan y que tendrán también inmediata repercusión y desarrollo en la obra de los escritores memorialistas que comienzan a publicar a partir de los años ochenta: José Antonio Wilde, autor de *Buenos Aires desde setenta años atrás*; Lucio V. López, de *La gran aldea*; Vicente Quesada, quien con el seudónimo Víctor Gálvez publicó *Memorias de un viejo*; Miguel Cané (hijo), autor de la alguna vez famosa *Juvenilia*; Eduardo Wilde, de *Aguas abajo* y de algunas páginas evocativas de *Prometeo y Cía.*, y Santiago Calzadilla, de *Las beldades de mi tiempo*.

La obra de Mansilla, como la de Sarmiento, se monta sobre un sustrato eminentemente autobiográfico, como una extendida respuesta a la pregunta que en *Mi defensa* era "¿Quién es en fin? ¿Quién lo introdujo? ¿Quién lo conoce?" y que se duplica en

Una excursión a los indios ranqueles con una formulación casi igual: "...porque al fin, ese mozo, *¿quién es?*". Y hasta son idénticas las ambiciones políticas que ambos depositan en el éxito de las respuestas a esas preguntas, en tanto contribuyan a cimentar una fama que les permita acceder a lo más alto del poder público. E idénticas también en esa desafiante proliferación de géneros, que desestabiliza el registro autobiográfico con el cuadro de costumbres, el documento, el ensayo político o sociológico, la biografía y el relato autónomo. Sin embargo, la vinculación entre una obra y otra parecería terminar una vez comprobada su común ambición y diversidad genérica.

En primer lugar, porque el paralelo que establece Sarmiento entre su vida y la de la Nación es sobre todo simbólico, inscripto sobre la metáfora de haber sido engendrado por la patria, al nacer nueve meses después del 25 de mayo de 1810. Mansilla, en cambio, pulveriza la metáfora. Hijo de un general de la Independencia, de un hombre de Mayo, y sobrino de Juan Manuel de Rosas, él mismo puede considerarse —como de hecho lo hace, al hablar vanidosamente de "los antecedentes de mi prosapia y de mi filiación"— el heredero natural de la tradición política nacional y destinado entonces a encabezarla.

En segundo término, porque la intuición de Sarmiento acerca de que era posible construir una carrera política sobre los cimientos de una figura literaria fue pertinente para los años de inestabilidad y guerra. Y sus resultados, coronados con la presidencia de la Nación en 1868, totalmente satisfactorios. Pero esa misma percepción se volvió por completo anacrónica veinte años después, cuando Mansilla ensayó una operación igual, con *Una excursión a los indios ranqueles*, que redituó apenas en algunos puestos diplomáticos. Como señala Popolizio, el mismo Mansilla finalmente "no tardó en advertir que había errado el camino, y que su popularidad de personaje de leyenda [cimentada en su obra literaria] no influía en el campo político".[3]

Por último, porque la composición de Sarmiento está armada sobre la base de la yuxtaposición y del montaje, y difiere notablemente de la de Mansilla en la que los mismos elementos discordantes van siendo reunidos por el arte de la digresión, según puede verse ejemplarmente en la primera carta de *Una excursión a los indios ranqueles*.

Mansilla comienza el relato de su excursión con una dedicatoria, en el mismo cuerpo del relato, a su amigo Arcos, y anota su esperanza de comer con él, en el desierto "a la sombra de un viejo y carcomido algarrobo, o entre las pajas al borde de una laguna, o en la costa de un arroyo", un churrasco de guanaco, o de gama, o de yegua, o de gato montés, o una picana de avestruz. De allí, el relato pasa a una extensa reflexión antinarrativa sobre el cambio de los gustos personales según pasa el tiempo, desde esa suma de superficialidades que es un joven de 25 años hasta la simpleza de los gustos de la vejez. Esta reflexión se acomoda inmediatamente sobre otra, más general que la anterior, acerca de las naciones creadoras y de las naciones constructoras, exordio inmediatamente interrumpido, casi sin desarrollar, para volver a Arcos y decirle que le ha ganado de mano en aquello de comer la tortilla de huevos de avestruz, porque —y recién parece estar entrando en materia— "mi estrella militar me ha deparado el mando de las fronteras de Córdoba". Entonces, el tono íntimo e introspectivo del relato se vuelve objetivo y completamente exterior, para describir quiénes son los ranqueles, de dónde vienen y dónde habitan y cuál es el problema político que hace necesaria la firma de un tratado de paz entre el gobierno y los indios. Pero inmediatamente Mansilla vuelve a focalizar el relato sobre su propia figura: "¿Qué sabe un pobre coronel de trotes constitucionales?". Y esa figura es ahora ancha, inclusiva, y contiene simultáneamente al antropólogo, interesado en el estudio de usos y costumbres, necesidades e ideas de los ranqueles; al militar, dispuesto a inspeccionar el terreno por donde tendrán que marchar las tropas en caso de que fuera imprescindible la ejecución inmediata y por la fuerza del tratado y, por supuesto, al hedonista, al *bon vivant*, que declama su inclinación "a las correrías azarosas y lejanas" y, también, su alegría por poder comer, antes que Arcos, los manjares del desierto. Al volver a las tortillas y a Arcos, y por contigüidad de relación de amistad, Mansilla recuerda ahora a Emilio Quevedo, otro criollo que alardeaba de cosmopolitismo diciendo: "¡Lucio, después de París, la Asunción!", y a quien refuta Mansilla dirigiéndose a Arcos: "Santiago, después de una tortilla de huevos frescos en el Club del Progreso, una de avestruz en el toldo de mi compadre, el cacique Baigorrita". De este modo lateral, mundano, gastronómico, conversacional, casi distraídamente, Mansilla introduce en el relato a uno de sus importantes personajes secundarios, el cacique Baigorrita —el principal, naturalmente, es él— y, además, lo llama "compadre", lo que anticipa uno de los tipos de relación que va establecerse en el relato con los ranqueles, mucho antes de que el viaje tome forma y de que se produzca el encuentro entre la expedición de Mansilla y los indios en Leubucó. Aunque abandona a Baigorrita inmediatamente, el lector, que ya va comprendiendo el movimiento expositivo de "corso e ricorso" de Mansilla, ya sabe que en algún momento va a volver sobre él. Por lo pronto, de esa comparación antitética —el Club del Progreso, el toldo de Baigorrita, que son los extremos gastronómicos de la oposición entre la civilización y la barbarie—, Mansilla extrae una enseñanza de tipo filosófico: si la felicidad existe, está en los extremos. En la satisfacción del rico y del pobre, en el amor y en el odio, en la oscuridad y en la gloria, nunca en el término medio ni "en las satisfacciones de ser *cualquier cosa*". Los ejemplos generales abundan, pero paulatinamente se van encerrando y dirigiéndose, otra vez, a la propia figura del autor, que dice comprender a quien quiera ser "Mitre, el hijo mimado de la fortuna y de la gloria" y a quien quiera ser el humilde "sacristán de San Juan", no a quien quiera ser como él, como Mansilla, "porque al fin, ese mozo, ¿*quién es?*".

Las 64 cartas de *Una excursión a los indios ranqueles*, pero también las *causeries* de veinte años más tarde y muchos de los escritos literarios intermedios tienen como objetivo principal no sólo responder esa pregunta, sino que de la respuesta surja una figura finalmente primordial, extrema, y no la del aún oscuro coronel del año 1870 que, como dice seguidamente, responde a las órdenes del general Arredondo. En el rol, ahora, de político y militar, Mansilla relata los avances de la línea de frontera —veinticinco leguas— que permiten pasar de Río Cuarto a Achiras "sin hacer testamento y confesarse", esto es, sin temor a ser barrido por los indios, para destacar enfáticamente el potencial económico de las nuevas tierras, que "constituyen una fuente de riqueza de inestimable valor" y de las que ofrece realizar un "croquis topográfico" y publicarlo "con una memoria a la industria rural". En ese punto, cambiando imprevistamente de interlocutor, pasando de lo privado a lo público, de lo casi íntimo a lo definitivamente político, Mansilla abandona a Santiago Arcos para interpelar implícitamente al verdadero destinatario de estas cartas: el presidente Sarmiento, de quien Mansilla esperaba, en 1870, el Ministerio de Guerra, por su actuación en la Guerra del Paraguay, y no este decepcionante puesto de frontera bajo el mando, para colmo, de otro militar. Mansilla entonces se jacta de haber estado personalmente en todos los arroyos, manantiales, lagunas, montes y médanos del lugar, determinando él mismo su posición aproximada porque, dice, "el primer deber de un soldado es conocer palmo a palmo el terreno donde algún día ha de tener necesidad de operar". Claramente, la figura del militar que es al mismo tiempo baqueano se inscribe sobre la de Rosas, de quien Sarmiento decía en *Facundo* que conocía "el gusto del pasto de cada estancia del sur de Buenos Aires". Y se opone a la del general de ciudad, valorada por Sarmiento también en *Facundo* cuando, entre las virtudes del baqueano, anota la de ser "el único mapa que lleva un general para dirigir los movimientos de su campaña". Mansilla, en cambio, considera que no puede haber papel más triste que el de un jefe con responsabilidad librado a un "pobre paisano" —a eso queda reducido el mítico tipo argentino de Sarmiento— "que lo guiará bien, pero no le sugerirá pensamiento estratégico alguno". Ése es, en definitiva, el mensaje de fondo de *Una excursión a los indios ranqueles*: la autopostulación de Mansilla —en tanto estratega militar y baqueano— para resolver él mismo el problema de la línea de frontera. Su intuición política no falló: quien conquistara el desierto, se quedaría con el poder. Roca la confirmó diez años más tarde. Pero falló al suponer que ése era un lugar que le estaba reservado. El inmediato discurso militar en el que deviene la primera carta confirma la hipótesis de la autopostulación: el indio ya no es compadre, sino enemigo, y la excursión toma el nombre de guerra. Pero la pompa retórica del estratega —"yo establecí esta frontera colocando los fuertes principales en la banda sur del Río Quinto"— es desinflada unas líneas después cuando, volviendo a Arcos, Mansilla anota: "Hoy he perdido tiempo en ciertos detalles creyendo que para ti no carecerían de interés". Allí se marca una nueva diferencia de estilo con Sarmiento. Mientras éste construye el suyo sobre la base de la premura y de la falta de tiempo, sacrificando muchas veces, por lo menos en teoría, al escritor en beneficio del político, con la conciencia de que la ocasión no espera, Mansilla, en cambio, sacrifica siempre al político en beneficio del escritor: cambia apuro por detalle, pura materia por rodeo y digresión. Así lo dice en el final de la quinta carta, otra vez dirigiéndose a Arcos y anticipando el relato de la historia del cabo Gómez: "Si estoy de humor mañana y no te vas fastidiando de las digresiones, y no te urge llegar a Leubucó, te la contaré". A él tampoco parece urgirle llegar a destino. De hecho, recién en la vigésima segunda entrega del folletín Mansilla "avista" la toldería de Mariano Rosas en Leubucó, y se atrasa aún tres capítulos para finalmente entablar con el cacique el inolvidable ritual de saludos, relatado en la entrega número 25. Al final de la sexta entrega, otra vez dando explicaciones por el retraso en el relato de la excursión que supone la inserción de la historia del cabo Gómez, anota: "Lo que no tiene interés en sí mismo, puede llegar a picar la curiosidad del amigo y de los lectores, según el método que se siga al hacer la relación".

Más entonces que definiciones políticas de Mansilla sobre el tema de la frontera, manifiestas sobre todo al final del relato, cuando señala que no hay exterminar a "los bárbaros", sino "extinguir la antipatía que suele observarse entre ciertas razas en los países donde los privilegios han creado dos clases sociales, una de opresores y otra de oprimidos", lo que importa de *Una excursión a los indios ranqueles* es el "método" que usa el autor para seguir la relación, el cual mantiene siempre viva la atención de los lectores, sea desarrollando una definición topográfica —como las excepcionales de la rastrillada y el guadal—, un cuadro biográfico —como el de Miguelito—, una confidencia, un ensayo mundano —como el de los ocho motivos para viajar— o un tratado etnográfico sobre los modos de saludar o de emborracharse de los ranqueles. Y ese método no debe tanto su originalidad a su retórica narrativa, emparentada por partes iguales con el relato de viajes y el género epistolar, y ya usada por Sarmiento en los *Viajes por Europa, África y América*, como al sujeto de la enunciación que la sostiene, al yo de Mansilla que se desplaza con envidiable facilidad de la reconcentrada intimidad —Mansilla desnudándose, bañándose, cortándose las uñas de los pies, dejándose besar por un indio borracho— a la ampulosa publicidad —Mansilla discurriendo de política con los caciques ranqueles o proponiendo soluciones para la línea de frontera—. Sin embargo, en vez de una contradicción entre uno y otro registro, hay una mutua contaminación que los trastorna y favorece, según puede verse en cuánto hay de exterior y espectacular en el personaje doméstico, pero también en cuánto hay de íntimo, verdadero y dramático en el personaje público.

Las *CAUSERIES*

Ese valor atraviesa los tres grandes libros de Mansilla: *Una excursión a los indios ranqueles, Entre-Nos. Causeries del Jueves* y *Memorias (infancia y adolescencia)*. El segundo, publicado en cinco volúmenes entre 1889 y 1890, reúne una serie de artículos, la mayoría de ellos aparecidos primero desde el año anterior en el diario *Sud-América* y cuya característica está señalada desde el título. Una *causerie* es, en francés, una conversación. Pero es también el tono de esa conversación: sin propósito determinado, ligero, indiscreto y maligno, según el diccionario *Littré*. En las *causeries*, Mansilla dice seguir el precepto del italiano Baldassare Castiglione: "*scrivasi como si parla*". Es decir, escribir como se habla, y hablar "sin sujeción a reglas académicas, como si estuviera en un club social, departiendo y divagando en torno de unos cuantos elegidos, de esos que entienden, para no aburrirme más de lo que me aburro". Ricardo Rojas, el más severo crítico de Mansilla y de sus contemporáneos, a quienes despectivamente llamó "prosistas fragmentarios", anotó que las "repeticiones y redundancias" que abundan, sobre todo, en los cinco volúmenes de las *causeries* —pero que ya habían sido eficazmente probadas por el autor en *Una excursión a los indios ranqueles*— "parecen los borradores de un único libro" que hubiera podido componer Mansilla "con más economía en el plan y más arte en la exposición".[4] Una nueva lectura de la obra de Mansilla realizada a partir de los años ochenta del siglo XX y firmada, entre otros, por Sylvia Molloy, Alan Pauls y Cristina Iglesia, mantiene los términos del juicio de Rojas, pero invierte su valoración, encontrando virtud en la falta de economía y arte en el fragmentarismo y en la dispersión.[5]

Las *Memorias*, finalmente, fueron publicadas en París en 1904, cuando el autor tenía 73 años, y pese a que su subtítulo señalaba la posibilidad de que éste fuera el primero de varios tomos que abarcaran finalmente la vida entera de Mansilla, su última línea —"La continuación: *post mortem*"— señala, al revés, que éste era el único período de su vida que Mansilla tenía en mente rememorar.

La obra de Mansilla tiene una enorme importancia en la historia de la literatura argentina, al revelar en los años setenta, finalmente, una novedad después de que Sarmiento había llevado el romanticismo argentino a sus posibilidades de máxima expresión, entre mediados y fines de la década del cuarenta, lo que condenó a quienes insistieron en manifestarse según esas convenciones al registro más o menos epigonal que puede rastrearse en las obras de Vicente Fidel López, José Mármol, Bartolomé Mitre, Juana Manso, Eduarda Mansilla, Juana Manuela Gorriti y Miguel Cané.

La novedad de Mansilla, una literatura autobiográfica, pero no ejemplar como la de Sarmiento, sino bajada de tono, muchas veces anecdótica, como en casi todas las *causeries*, y tan atenta al gran relato como a su envés, la insignificancia —"Entro en materia estampando una banalidad": así empiezan sus *Memorias*—, tiene su correlato en su estilo, más bajo también que el de los románticos y, como señala Julio Ramos, más próximo al de la conversación familiar que al de la oratoria, a la que, sin embargo, también rinde tributo en algunas descripciones ampulosamente adjetivadas, que paulatinamente van a desapareciendo después de *Una excursión a los indios ranqueles*.[6] Técnicamente, Ramos precisa esa "bajada" como el paso de la hipotaxis a la parataxis, esto es, de las oraciones más grandilocuentes, sostenidas por la virtuosa sucesión de oraciones subordinadas, a las más simples, sostenidas por la coordinación, cosa que también está vinculada con el diccionario de Mansilla que, como el de los gauchescos, está montado sobre las convenciones del habla popular, según puede verse en muchos de los relatos "de fogón" de *Una excursión a los indios ranqueles*. Claro que Mansilla, en vez de construir, con ese diccionario, un discurso artificioso y rimado, construye, en prosa, y a partir de la sintaxis, uno imitativo del habla común. Ese oído atento de Mansilla va acompañado por un ojo también detallista, que va dejando de prestar atención a los suntuosos héroes románticos de cualquier signo —él, de algún modo, aún es uno de ellos en *Una excursión a los indios ranqueles*— para focalizar la mirada en el hombre común. Así puede verse en muchos de los personajes del libro de 1870 y, de modo también definido, en la descripción, por ejemplo, de Miguel de los Santos Álvarez, un personaje de la hermosa *causerie* "Horfandad sin hache", que "camina como cualquiera a quien no se le da un bledo la existencia, que no repara en nadie ni le importa que reparen en él; que no mira hacia arriba porque probablemente, no piensa ni en las alternativas de la muerte, ni en alcanzar la *nirvana*". Esos hombres comunes de Mansilla, que hablan una lengua común, importan un paso adelante en la literatura argentina, todavía dominada por la convención romántica epigonal, y esa modificación está sustentada en un cambio en el paradigma filosófico. El romanticismo sarmientino es aún determinista: a tal naturaleza, tales personajes. Y es factible, como de hecho lo hace Sarmiento, ejecutar ese modelo a partir de la pura especulación teórica, basada no en la observación, sino en un conocimiento de segundo grado de todos los condicionantes. Eso es lo que puede verse ejemplarmente en el *Facundo*, donde el conocimiento de primera mano del desierto argentino —condición de la naturaleza de Facundo Quiroga— es suplantado por el estudio del desierto realizado a partir de lecturas. No es sorprendente, en ese sentido, que Sarmiento recién en 1852, siete años después de escribir *Facundo*, anote en *Campaña en el Ejército Grande* que veía la pampa "por primera vez" en su vida. Sarmiento se jacta de haberla "sentido, por intuición". Puede ser. Pero es seguro que su intuición, como las de Echeverría, Alberdi y Mármol, están condicionadas por el saber libresco y por la muy precisa biblioteca de los viajeros ingleses. Nada hay, en cambio, de prestado en las descripciones del desierto de Mansilla, quien parece responder a las convenciones del entonces novedoso y triunfante positivismo spenceriano que proponía un conocimiento de la realidad basado más en la observación que en la especulación y más próximo a la experiencia que a los libros. O, como lo dice el mismo Mansilla en una de sus *causeries*: "Vivimos en unos tiempos experimentales, en los que es necesario presentar documentos auténticos de todo, cuando algo se afirma, —¿no es así?". Posiblemente esa convicción lo llevó a desarrollar una obra casi por completo referencial, entre el registro autobiográfico de sus libros más importantes, el biográfico en *Rozas. Ensayo histórico-psicológico*, o el diario de viajes en *De Aden a Suez* y *Recuerdos de Egipto*. Pero sobre todo en las *causeries*, Mansilla insertó algunos relatos enmarcados que, leídos como inorgánicas novelitas, tienen más potencia que las ficciones de los dos más importantes novelistas de la época, Eugenio Cambaceres y Eduardo Gutiérrez.

LAS "FICCIONES LIMINARES" DE EDUARDO GUTIÉRREZ Y EUGENIO CAMBACERES

"El tiempo vacío de la ficción" llama Alejandra Laera con precisión al largo período que va desde el primer intento novelesco nacional, el de Bartolomé Mitre en *Soledad*, en 1847, hasta 1880, cuando Eduardo Gutiérrez publica *Juan Moreira*, y 1881, año en que Eugenio Cambaceres publica, de modo anónimo, *Pot-pourri*.[7] Las novelas del mismo Mitre, de Vicente Fidel López, de Mármol, de Juan María Gutiérrez, de Miguel Cané, de Eduarda Mansilla, de Santiago de Estrada, de Juana Manso, y los relatos o *nouvelles* de Juana Manuela Gorriti no responden, como señala Laera, a un plan novelístico y "difícilmente resistan una lectura actual", debido sobre todo a que "sus tramas son tan precarias como su ritmo narrativo". Es difícil contrarrestar el juicio con los textos a la vista y tal vez sólo *Amalia* de Mármol —pero más como testimonio o documento que como novela— y Manso, Eduarda Mansilla y Gorriti —pero más como "casos culturales" que como escritoras— sobrellevan las lecturas del presente, como lo confirman, en este último caso, las intervenciones críticas de Graciela Batticuore, Francine Masiello y María Gabriela Mizraje.[8]

Como también señala Laera, y a la luz de la evolución de la ficción en la Argentina a lo largo de todo el siglo XX, ese mismo "vacío" tampoco parece poder ser llenado por las cuatro novelas de Cambaceres, ni por la treintena de folletines de Eduardo Gutiérrez que funcionan, más bien, como "ficciones liminares" en la constitución del género a finales del siglo XIX.

Es cierto que tanto Cambaceres como Gutiérrez importan un corte de especificidad en el campo literario y que se diferencian de los escritores del pasado, y de todos sus contemporáneos, en tanto son los primeros en ser solamente escritores y que ese corte entre la vida pública y la actividad literaria tiene inmediatas consecuencias tanto en la función que los escritores se autoadjudican, como en los temas de sus novelas. En cuanto a lo primero, porque ni Cambaceres ni Gutiérrez alojan, como Mitre o Vicente Fidel López, ninguna ilusión en cuanto a la incidencia que sus novelas puedan tener en la constitución de un proyecto de Nación, y porque ellas no son, en principio, ilustraciones de algún tipo de política o ideología exterior a la obra, como en los revolucionarios, los gauchescos, los románticos y Mansilla. Liberadas de estas dos condiciones, los temas de las novelas quedan sujetos a la libertad imaginativa del escritor. Sin embargo, basta revisar los problemas compositivos de Cambaceres y la rusticidad de la prosa de Gutiérrez para comprobar que esa falta de propósitos extrínsecos no basta para construir un novelista.

Ricardo Rojas lo señaló tempranamente, en relación con la obra de Gutiérrez, al describir "la pobreza del color, la vulgaridad del movimiento y, sobre todo, la trivialidad del lenguaje" de sus "vigorosas crónicas rurales", ninguna de ellas digna de ser llamada novela "por el argumento y por la forma".[9] Borges, varios años después, y pese al entusiasmo con que refutó casi todas las apreciaciones de Rojas en su *Historia de la literatura argentina*, coincidió con él al referir "la incivilidad del estilo" de Gutiérrez, que "harto merece todas las reprobaciones de Rojas", para calificar luego a *Hormiga Negra*, como una "obra ingrata" escrita con una prosa "de una incompatible trivialidad" de la que Borges destaca "la realidad" de su personaje principal Guillermo Hoyo y el valor de verdad que éste transmite y convierte a la obra de Gutiérrez en algo parecido "a la vida".[10]

Tanto *Juan Moreira* como *Hormiga Negra*, una de 1879 y la otra de 1881, publicadas ambas primero como folletín en *La Patria Argentina* e inmediatamente como libro, tienen una importancia más cultural que literaria en sentido estricto. Hacia el pasado, Gutiérrez traza un vínculo inmediato con *Martín Fierro*, el poema que clausura la poesía gauchesca. Sobre ese cierre, el autor construye el personaje de Moreira, un gaucho malo más parecido al Martín Fierro del poema de 1872 que al de *La vuelta* de 1879 y que, como aquél, "tiene que vivir huyendo como un bandido: tiene que robar para llenar las necesidades de la vida; empieza por matar por defender su cabeza y concluye por matar por costumbre y por placer". Moreira es menos reflexivo que Fierro, más seductor y sanguinario, y está construido con una prosa efectista y truculenta, que descree de la elisión y de la sugerencia, que eran características destacadas de la gauchesca. De este modo, Gutiérrez erige, del modo precario señalado por Rojas y Borges, un personaje literario que se convirtió en un poderoso símbolo y tendrá una varia descendencia en la cultura argentina del siglo xx. En primer lugar, en el circo criollo de los hermanos Podestá, inmediatamente después en los folletines criollistas cuyos autores incorporan nuevas aventuras en la biografía del personaje y, finalmente, en el cine de Leonardo Favio, en los años setenta, como una metáfora del obrero peronista perseguido por las dictaduras militares posteriores al golpe de Estado de 1955, y en su parodia, los populares programas de televisión de esos mismos años, donde el cómico Alberto Olmedo reproducía bufamente algunas de las escenas del film. Nada, sin embargo, de la escritura ni de la composición de Gutiérrez funcionó a futuro, y su intento más arriesgado, que fue construir una ficción testimonial con la figura de un narrador que es periodista y dice haber hablado una vez con Moreira en 1874, de quien le quedó grabada en la memoria su voz, su arrogante postura, su nobleza y su simpática bravura, naufraga inmediatamente, comido por la retórica del folletín. La cuantiosa obra de Gutiérrez brilla hoy, sobre todo, en la fuerza de esos dos nombres-símbolo como lo son Juan Moreira y Hormiga Negra, y parece, en todo caso, formar parte de la historia de la cultura argentina pero no de su historia literaria, en la que no provocó ningún movimiento ni modificación.

La importancia de Cambaceres parece limitarse a ser el exponente más destacado de una serie de novelistas que en las dos últimas décadas del siglo xix y alentados por el éxito —en París, pero también en Buenos Aires— de las novelas de Émile Zola, inscribieron, de modo epigonal, su obra sobre los principios constitutivos naturalistas del novelista francés.

La primera novela de Cambaceres, sin embargo, no da aún la nota naturalista. Fragmentaria y costumbrista, *Pot-pourri* vincula a su autor directamente con los escritores memorialistas de su generación, como Lucio V. López, Miguel Cané (hijo) y Eduardo Wilde, tanto por el tono de la prosa —ligera, descosida, impresionista, sin plan y sin medida, dirá Cané para referirse a la suya, pero calificando ampliamente el conjunto— como por la ubicación lateral y descomprometida del autor y narrador en relación con la literatura y con su mismo oficio de escritor. En ese orden, las dos primeras frases de la novela de Cambaceres, puestas en boca de su personaje principal —"Vivo de mis rentas y nada tengo que hacer. Echo los ojos por matar el tiempo y escribo"—, concentran, en clave ficcional, un sentido presente en todas las obras autobiográficas y memorialistas de la época. Ejemplarmente, en *Juvenilia*, donde Cané destaca que escribe "para matar largas horas de soledad y tristeza".

Es cierto que muchas de estas particularidades ya habían sido anticipadas por Mansilla, de quien los ochentistas son sus desinflados seguidores. Pero también que Cambaceres es un tipo de escritor diferente de los de su generación, y si éstos mantenían, como una proyección desvaída de los románticos del '37 y del mismo Mansilla, un vínculo, como escritores, con la vida pública del país —Cané fue diputado nacional, diplomático, intendente de Buenos Aires; Wilde, ministro de Roca y de Juárez Celman y diplomático—, Cambaceres, que también fue diputado provincial y nacional, empieza a escribir a fines de la década del setenta, una vez abandonada la vida política. Esa especificidad, que tiene un correlato en su tipo de escritura, progresivamente ficcional desde ese texto anfibio que es aún *Pot-pourri* hasta *En la sangre*, su última y definida novela, es uno de los puntos que distingue al autor de sus compañeros de generación. El otro es su relación con el naturalismo, presente sobre todo en *Sin rumbo* y *En la sangre*, sus novelas finales.

El naturalismo de Zola, prefigurado en 1867 con la publicación de su novela *Thérese Raquin*, encontró su manifestación teórica en 1880, en *La novela experimental*, en el prólogo a *Las veladas de Medan* y en un artículo de presentación del mismo libro, publicado en *Le Gaulois*. Allí afirma la necesidad de una novela basada en dos principios constitutivos. El primero, reducir las pasiones de los personajes a meros estados fisiológicos. El segundo, proyectar las leyes de herencia y las condiciones del medio ambiente a la conducta de los personajes. Zola, quien encuentra una analogía entre la tarea del médico y la del novelista, en tanto ambos trabajan a partir del rigor de la verdad científica, equipara el procedimiento de la novela y el de la ciencia experimental: "toda la operación consiste en tomar los hechos de la naturaleza, estudiar luego el mecanismo de esos hechos actuando sobre ellos por modificaciones de las circunstancias y los medios, sin apartarse jamás de las leyes de la naturaleza". Pero toda la potencia del proyecto zoliano, uno de cuyos componentes decisivos es el valor de novedad, que lo convierte hoy en la marca de agua de la novelística europea de un período, queda reducida a poco en las "novelas médicas" argentinas, como las llama justamente Gabriela Nouzeilles.[11] *En la sangre*, de Cambaceres, *¿Inocentes o culpables?*, de Antonio Argerich, *Irresponsable*, de Manuel Podestá, *Libro extraño*, de Francisco Sicardi, pero también *La Bolsa*, de Julián Martel, *Quilito*, de Carlos Ocantos, *Horas de fiebre*, de Segundo Villafañe, y *La Maldonada*, de Francisco Grandmontagne, todas ellas vinculadas por su contenido a la crisis política de 1890, responden con meticulosidad al programa temático y compositivo naturalista, pero a casi nada a su filosofía política. Y, en algunos casos, directamente se pasan por alto el arte de la composición, como en el de Argerich, que trabaja muy poco novelescamente sobre algunos presupuestos científicos de la época, en relación con la superioridad e inferioridad de las razas para, a partir de allí, trazar un sombrío panorama sobre el futuro de la sociedad argentina una vez que la inmigración del sur europeo resquebrajase el equilibrio demográfico, o en el de Manuel Podestá, quien desarrolla de modo casi no literario el caso clínico de un hombre abúlico, condenado por la influencia de sus taras hereditarias.

Dentro de ese conjunto que hoy tiene sobre todo un valor de uso documental, se destacan tenuemente las dos últimas novelas de Cambaceres, tal vez menos porque fuguen de las notas de las de sus contemporáneos, sino porque las concentren todas y porque, contrariamente a casi todas las novelas señaladas antes que sólo por una convención pueden seguir siendo llamadas como tales, las de Cambaceres mantienen, como señala Noé Jitrik, "una aceptable estructura novelística".[12] En *En la sangre*, Cambaceres narra las infructuosas tareas de Genaro, el personaje principal, "por remover todos los gérmenes malsanos que fermentaban en él", y torcer el destino que lo condenaba, para siempre, "a ser menos que los demás, nacido de un ente despreciable, de un napolitano degradado y ruin", para poder cumplir con el sueño de su madre: ser doctor, "Ministro, Gobernador, y acaso hasta Presidente de Buenos Aires, que le habían dicho que era como rey en Italia". Pero Genaro, nacido "haraposo y raquítico" en un conventillo de la calle San Juan, hijo de un napolitano cuya expresión aviesa acusaba "una rapacidad de buitre", y su paso una "resignación de buey", estaba condenado "a toda la perversión baja y brutal del medio" en el que había nacido y, contagiado por "el veneno del vicio hasta lo íntimo del alma", nada de lo que hiciese en su vida lograría quitarle "alguna vez de encima esa mancha" y borrar el "recuerdo del pasado". Al contrario, condenado por la ambición materialista de su padre, Genaro interpreta en la sociedad porteña finisecular al ambicioso arribista hijo de inmigrantes cuya acción corrompe a la vieja sociedad criolla terrateniente, condensada en la figura de la ingenua Máxima, por la que la novela previsiblemente toma partido menos por sus valores intrínsecos que por lo que éstos representan en contraposición a los de la nueva sociedad que estaba gestándose en la Argentina inmigratoria.

La herencia y el medio ambiente condenan a Genaro, según la convención del naturalizmo zoliano, que Cambaceres utiliza de modo casi escolar y, como señala Andrés Avellaneda, convirtiendo al impasible narrador objetivista del naturalismo en uno omnisciente que no sólo cuenta lo que ve sino que además "interpreta" las motivaciones de sus personajes, recurso que le permite a Cambaceres invertir el signo ideológico de la escuela de Zola.[13] Ya que si éste construyó una novelística social de corte humanitario, que denuncia a los explotadores y muestra los sufrimientos de la víctimas, Cambaceres, con una metodología parecida sobre todo en su retórica, erigió una obra ideológicamente reaccionaria, exaltando los valores de la alta burguesía nacional, criolla, y consecuentemente denigrando a los nuevos habitantes que entre 1890 y 1914 duplicaron la población del país y cambiaron por completo el escenario urbano y social de la ciudad de Buenos Aires, espacio privilegiado de casi todas las novelas naturalistas. Sobre la convención retórica de la nueva escuela, que exteriormente puede ser reconocida casi a simple vista como una representación de lo feo, repulsivo o patológico, Cambaceres arma una escena espectacular al final de su penúltima novela, *Sin rumbo*, cuando su personaje principal, Andrés, después de la muerte de su hija se abre con un cuchillo "la barriga en cruz, de abajo arriba y de un lado a otro" y viendo, en fin, que no se moría, recoge sus tripas, las envuelve en torno de sus manos, y pega un tirón hasta que "un chorro de sangre y de excremento saltó, le ensució la cara, la ropa, fue a salpicar la cama del cadáver de su hija, mientras él, boqueando, rodaba por el suelo...".

La larga vida del naturalismo en la literatura argentina, que en su deriva aún toca algunas de las novelas de Manuel Gálvez y Elías Castelnuovo ya entrado el siglo XX, si bien no es signo de vitalidad del programa, lo es de la anomia de la mayoría de los narradores del período. Y esta aseveración vale también para los costumbristas como José María Cantilo, autor de *La familia Quillango*, Paul Groussac, autor de *Fruto vedado*, o, el mejor de todos, Fray Mocho, que construyeron una obra de tono bajo, a veces satírica, desprovista de las tesis y de la suntuosidad adjetiva naturalistas, pero también amparada por el triunfante cientificismo que hacía del principio teórico de la observación un valor literario.

Recién Horacio Quiroga con los relatos "intensos" de *Los desterrados*, de 1926, en los que desarma la pompa naturalista a favor de un realismo objetivista de calidad, y Roberto Arlt, con la fuga hacia lo fantástico en sus novelas de base realista de fines de la misma década, darán inicio tardío a la gran literatura de ficción en la Argentina.

La novela policial de Eduardo L. Holmberg

Sobre el mismo campo fértil de la ciencia experimental, pero con una variación hacia lo fantástico y humorístico —dos características prácticamente inexistentes entre sus contemporáneos— se inscribe la obra del médico y narrador Eduardo L. Holmberg. Más imaginativo que casi todos los naturalistas del período, en *El maravilloso viaje del señor Nic-Nac*, de 1875, Holmberg proyecta hacia fuera del planeta Tierra las mismas preocupaciones que aquejaban a sus colegas novelistas en Buenos Aires. Seele y Nic-Nac llegan a Marte —se trata de una de las primeras, y tal vez de la primera novela del mundo cuya acción sucede en el planeta rojo—, que es un espacio habitado por seres que tienen una vida afectiva e intelectual más sofisticada que los humanos. Sin embargo, sus desvelos parecen ser los mismos que los de los habitantes de Buenos Aires y Seele y Nic-Nac, invisibles, comprueban que los valores históricos del planeta fueron absorbidos y devorados "por el torbellino de un cosmopolitismo inexplicable".

Pero lo más singular de la obra de Holmberg fue la publicación, en 1896, de *La bolsa de huesos*, un "juguete policial" como lo llamó él mismo en su dedicatoria a don Belisario Otamendi. Esta pieza literaria tiene el mérito histórico de ser, de modo definido, el primer relato argentino netamente policial. Si bien el tratamiento de un tema policial ya podía encontrarse incrustado en *El gaucho Martín Fierro* y en muchos de los folletines de Eduardo Gutiérrez anteriores y contemporáneos al relato de Holmberg, esta obra, como señala Analía Capdevila, cumple con "la regla de oro del género policial": mantener el suspenso hasta el final y develarlo no de modo maravilloso, sino consecuente con una investigación que se va realizando a medida que avanza la novela y que tiene en el narrador al estratega que determina el rol de cada personaje y la oportunidad de su aparición en el relato, de modo tal que la investigación y la novela concluyan simultáneamente.[14]

La novela de Holmberg está construida, como casi toda la literatura de la época, al calor de la ciencia. El narrador lleva adelante la investigación con la ayuda de un frenólogo quien obtiene significativos datos de los muertos, los cuales llevan a la develación del enigma, a través del estudio de sus cráneos, y la narración parece, por momentos, una apología de la ciencia, según lo reconoce la atribulada asesina Clara T cuando luego de escuchar al narrador resumir los pasos de la investigación, exclama vencida: "La frenología no puede llegar a tanto".

La bolsa de huesos, finalmente, supone el definido —pero encapsulado— comienzo del género policial en la Argentina, en su versión novela-problema, que recién va a desarrollarse a partir de las décadas del cuarenta y del cincuenta del siglo XX cuando, como señala el investigador Jorge B. Rivera, se produce una eclosión orgánica del género, en todas sus variantes, en la obra de Borges, Adolfo Bioy Casares, Leonardo Castellani, Enrique Anderson Imbert, Adolfo Pérez Zelaschi, Manuel Peyrou, Rodolfo Walsh, María Angélica Bosco, Eduardo Goligorsky y Roger Pla.[15] Más tarde, Angélica Gorodischer, José Pablo Feinmann, Ricardo Piglia, Alberto Laiseca, Osvaldo Soriano, Juan Martini, Elvio

Gandolfo, Juan Sasturain, Guillermo Saccomanno y Pablo De Santis, y nunca de modo regular, sino casi siempre adventicio, terminaron de darle forma y complejidad a aquella acabada intuición de Holmberg, en cuanto a que era posible desarrollar en la lengua literaria rioplatense, y en un ambiente nacional, un género que oportunamente parecía condenado a la imaginería y a la lengua de su inventor, el norteamericano Edgar Allan Poe.

La por momentos exasperantemente lenta evolución de la ficción en la Argentina, entre aquellos cuadros esporádicos de Echeverría, Sarmiento y Mansilla y su finalmente definida presencia en los textos de Quiroga y de Arlt, ya consolidada la segunda década del siglo XX, hasta cierto punto se repite en la evolución de la poesía.

LOS POEMAS ROMÁNTICOS TARDÍOS Y POPULARES DE CARLOS GUIDO Y SPANO

Desprotegidos de sus vínculos con la revolución independentista —en los cielitos y diálogos patrióticos—, con las guerras civiles y con la llamada "reconstrucción nacional" después de Caseros —en el sistema gauchesco, hasta *La vuelta de Martín Fierro*, pero también en las *Rimas* y *Los consuelos* de Esteban Echeverría y en los poemas del exilio de José Mármol—, los poetas argentinos construyeron en la larga segunda mitad del siglo XIX una obra que, menos en los gauchescos, siguió los lineamientos telúricos del romanticismo, pero invirtiendo su signo temporal. Ya no es el presente, como hasta Caseros, el tiempo absoluto de la poesía, sino el pasado mediato o inmediato, como puede verse en los poemas patrióticos y nostálgicos que Carlos Guido y Spano, Olegario Víctor Andrade y Rafael Obligado empiezan a publicar a partir de la segunda mitad de la década del setenta. *Hojas al viento* y *Ecos lejanos*, de Guido y Spano, y *Poesías* y una ampulosa versión de *Santos Vega*, de Obligado, marcan inmediatamente los límites del nuevo romanticismo que, visto en perspectiva, tiene una módica importancia en la historia literaria nacional, ya que contribuye a consolidar una tradición en la poesía argentina del siglo XIX. Ésta presenta, sin embargo, un signo descendente con referencia a su sorprendente inauguración, a principios de la década del treinta, con las pobres pero valientes rimas de Esteban Echeverría. La persistente fama de algunos de versos de Guido y Spano —"En idioma guaraní,/ una joven paraguaya/ tiernas endechas ensaya/ cantando en el arpa así,/ en idioma guaraní:/ ¡Llora, llora urutaú/ en las ramas del yatay,/ ya no existe el Paraguay/ donde nací como tú;/ llora, llora urutaú!", de su poema "Nenia", una "canción fúnebre" sobre la guerra de la Triple Alianza— o de "A mi bandera", de Juan Chassaing, está directamente vinculada con la difusión de estos autores que promovieron sucesivos programas educativos nacionales, montados sobre la conversión en cliché de la forma romántica.

Desprovista del encerrado nacionalismo de los poemas de Guido y Spano, Obligado, Andrade y Chassaing, pero compartiendo con ellos la nota del romanticismo tardío, decadente y popular, se encuentra la grandilocuente obra de Almafuerte. Y seguramente ese camino descendente hubiese sido la deriva de la poesía argentina por muchos años más, si en 1896 no hubiese llegado a Buenos Aires el nicaragüense Rubén Darío quien, sobre ese cuerpo decrépito, operó una revolución.

Capítulo 6

Un nicaragüense revoluciona Buenos Aires. Los raros son raros por diferentes motivos. Escribiendo en una mesa de La Nación con un diccionario de mitología a mano. La fuerza de choque del Modernismo. Los Santos Lugares del Arte. El Ateneo: tradición versus innovación. Calixto Oyuela, hispanista recalcitrante. Leopoldo Lugones, decadente de remate. Un episodio central en la poesía argentina del siglo XX. Sesenta y nueve rimas extravagantes. Enrique Larreta escribe una novela que se vuelve documento. Los personajes neuróticos e hipersensibles de Atilio Chiáppori. Manuel Mujica Lainez, anacrónico discípulo.

La revolución modernista

El nicaragüense Rubén Darío, con apenas cinco años de residencia en el país y dos libros publicados en ese período, fue el extranjero más influyente en la literatura argentina. Más que el francés Paul Groussac, que vivió en nuestro país casi ininterrumpidamente entre 1866 y 1929, y donde publicó toda su obra, y más también que el polaco Witold Gombrowicz, que publicó una versión castellana de *Ferdydurke* y *El casamiento* durante su estancia en la Argentina, entre los años 1939 y 1963.

El intercambio entre Darío y, más que la Argentina, la ciudad de Buenos Aires no debe circunscribirse, sin embargo, al período que va de 1893, año de la llegada del poeta, a 1898, cuando zarpa rumbo a España como corresponsal del diario *La Nación*, sino que debe situarse antes, por lo menos en 1886, cuando Darío llega a Chile y comienza una relación intelectual con la Argentina, y debe proyectarse hasta nuestros días, como puede verse en la enorme proyección que el Modernismo tuvo en la poesía argentina del siglo XX.

Fue en Chile —en Valparaíso y en Santiago— donde Darío llevó a cabo su corto y eficaz aprendizaje del periodismo, oficio que en adelante estaría en la base de su economía y absorbería gran parte de su tiempo. Pero ese aprendizaje lo hizo, como él mismo lo manifestó en su *Autobiografía*, como asiduo lector del diario *La Nación*, de Buenos Aires: José Martí —corresponsal del diario en Nueva York—, Santiago Estrada y Paul Groussac, colaboradores del mismo diario, fueron sus declarados maestros en la prosa periodística. "Sí, Groussac con sus críticas teatrales en *La Nación* en la primera temporada de Sarah Bernhardt, fue quien me enseñó a escribir, mal o bien, como hoy escribo", escribió en "Los colores del estandarte".

En Chile, en 1888, Darío había publicado *Azul...*, que fue leído a la vez con sorpresa, entusiasmo y reservas, tanto por las minorías letradas de las capitales de América Latina como por las de España, que fueron alertadas de su existencia por una inmediatamente famosa carta del influyente crítico español Juan Valera, quien destacó el "galicismo mental" de Darío y que acompaña desde entonces, a manera de prólogo, la mayoría de las ediciones de libro.[1] Al año siguiente, Darío publicó su primera colaboración en *La Nación*, una crónica titulada "Desde Valparaíso. Llegada de La Argentina y del Almirante Barrozo. Recepción y festejos. Domeyko", en la que relata el arribo al puerto del Pacífico de los barcos Almirante Barrozo y La Argentina, y la muerte en Chile del sabio polaco Ignacio Domeyko. Y en 1892 se manifiesta el primer síntoma de la profunda influencia literaria que ejerció Darío sobre los jóvenes poetas argentinos, cuando Leopoldo Díaz publica en la *Revue illustré du Rio de la Plata* un poema titulado "La canción del oro", dedicado al nicaragüense y explícitamente vinculado a la canción en prosa homónima de *Azul...* —influencia de la que Díaz no pudo o no quiso liberarse nunca, según puede verse en su obra poética, demasiado apegada a las invenciones de Darío, desde el sincrónico *Bajo-Relieves*, publicado en 1895, hasta el anacrónico *Las ánforas y las urnas*, de 1923—.

De modo que cuando Darío llegó finalmente a la Argentina en 1893 como cónsul general de Colombia, su nombre y *Azul...* no eran desconocidos en los círculos intelectuales y artísticos de Buenos Aires donde, por otra parte, y debido a la tarea de difusor de Groussac, autor de una serie de artículos titulados con el nombre genérico de "Medallones", ya sonaban como familiares los nombres de Théophile Gautier, Catulle Mendés y otros de los poetas parnasianos y decadentistas. Desde los diarios, Julio Piquet y Joaquín V. González le dieron la bienvenida. Algunos poetas y periodistas se acercaron al hotel donde se hospedó para hacer contacto con el singular visitante quien, por otra parte, era perfectamente consciente de que, como escribió Ángel Rama, en ese momento triunfar en Buenos Aires era la ambición máxima, aun por encima de triunfar en Madrid y sólo por debajo de triunfar en París.[2]

En Buenos Aires Darío, como recuerda en su *Autobiografía*, se presentó en la redacción de *La Nación*, donde trabajaban sus coetáneos Roberto J. Payró —"trabajador insigne, cerebro comprendedor e imaginador, que sin abandonar las tareas periodísticas ha podido producir obras de aliento en el teatro y en la novela"— y Julián Martel —"cuya única obra auguraba una rica y aquilatada producción futura"—,[3] que rápidamente fueron sus amigos y compañeros. Pero la verdadera vida literaria sucedía en los cafés y en las cervecerías. El Aue's Keller, el Café de los hermanos Luzio, El Americano, de Monti, La Helvética y la Bier Convent eran los lugares donde el nicaragüense lograba reunir —como si su personalidad fuese un reflejo de su obra— entre sus jóvenes y no tan jóvenes acólitos a positivistas como José Ingenieros y Eduardo Holmberg, entonces director del Jardín Zoológico de Buenos Aires, realistas como Roberto J. Payró, naturalistas como Julián Martel, anarquistas como Alberto Ghiraldo, socialistas como lo era por entonces Leopoldo Lugones, católicos como Ángel de Estrada, declarados decadentistas como el suizo Charles de Soussens, bohemios como Antonio Monteavaro, y diletantes como los hermanos Luis y Emilio Berisso.

LOS RAROS Y *PROSAS PROFANAS*, DE RUBÉN DARÍO

En las páginas de *La Nación*, Darío comenzó a publicar, además de artículos de actualidad y reseñas, una serie de ensayos breves sobre la vida y obra de figuras extravagantes de la literatura universal, apologías que integrarán en 1896 el volumen *Los raros*. Caso singular en el circuito letrado de la Buenos Aires finisecular, motivado seguramente por la figura de su autor, y potenciado por su presencia regular en la prensa periódica, el libro se agotó en dos semanas y recibió inmediatas —aunque no unánimes— reseñas bibliográficas que multiplicaron las simpatías y las reservas, los encomios y los agravios que habían sucedido a la publicación aislada de cada uno de los retratos —diecinueve en esa primera edición, veintiuno en la parisina de 1905—. La más destacada, sin duda, fue la de Groussac en la revista *La Biblioteca*, en la entrega de julio de 1896, donde anotó: "Créame el distinguido escritor: lo raro de un libro americano no es estar impreso en bastardilla, sino traer un texto irreprochable", condición que, evidentemente, el volumen no cumplía para el severo francés. ¿Y quiénes eran "los raros" de Darío? Edgar Allan Poe, Paul Verlaine, Jean Moréas, Ibsen, el conde de Lautréamont, José Martí y Eugenio de Castro, entre otros. A primera vista, un surtido de los poetas decadentistas de fines del siglo XIX. Pero como bien apuntó su autor en "Los colores del estandarte", un artículo publicado como respuesta a la reseña de Groussac que acabó convirtiéndose en uno de los manifiestos más destacados del Modernismo, "no son raros todos los decadentes, ni son decadentes todos los raros". José Martí, por caso, no es decadente. Su rareza radica en su heroicidad: "era como debería ser el verdadero superhombre; grande y viril; poseído del secreto de su excelencia, en comunión con Dios y con la Naturaleza". Del mismo modo, la rareza del católico Léon Bloy se asienta en su cólera iconoclasta y, como escribe el mismo Darío, "Leconte de Lisle está en mi galería sin ser decadente, a causa de su aislamiento y de su augusta aristocracia". Como se comprende, los raros son raros por diferentes motivos, cosa que le agrega inestabilidad a una familia de por sí irritante, de variada moral y cosmopolita, que venía a resquebrajar la rígida genealogía de la tradición hispánica que se estaba construyendo en Buenos Aires, cuyos agentes, reunidos, como veremos, en el Ateneo, no vieron sino apología de la decadencia en el enorme esfuerzo de Darío por poner a los hispanoamericanos al tanto de lo que estaba sucediendo en París. Gracias a ese esfuerzo, sin duda determinado también por la aceleración que producían los cambios económicos en el momento en que el Río de la Plata se incorporaba al mercado capitalista, "comienza a imponerse —como señala Ángel Rama— un cierto isocronismo, por obra del cual la transformación de la literatura hispanoamericana sigue muy de cerca la que se produce en los centros culturales del mundo".[4] De esta manera, América Latina va dejando de ser, de modo paulatino, "el continente de los anacronismos" —la expresión es de Rama—, según podía desprenderse de sus experiencias barrocas, neoclásicas, románticas y naturalistas, para entrar en sincronía con la literatura occidental. Sólo a partir de ese empate temporal es posible pensar en los casos —del chileno Vicente Huidobro a Jorge Luis Borges, del mismo Darío a la nueva novela de los años sesenta— en los que la literatura latinoamericana, en algunas de sus expresiones, se coloca a la vanguardia de la literatura occidental. En esa empresa de actualización y de apropiación simbólica del repertorio de la literatura occidental que las vanguardias del veinte heredaron y multiplicaron —muchas veces sin reconocer debidamente los orígenes—, *Los raros* ocupa un lugar determinante.

También en *La Nación*, Darío dio a conocer varias composiciones en verso, que más tarde publicó, siempre en Buenos Aires, con el título de *Prosas profanas*. Impreso en diciembre de 1896, el libro empezó a circular en enero del año siguiente, con un prólogo y treinta y dos poemas, veinte menos de los que cuenta la edición definitiva, que se publicó en París en 1901. En su *Autobiografía* recuerda Darío que casi todos los poemas fueron escritos "rápidamente, ya en la redacción de *La Nación*, ya en las mesas de los cafés". "El Coloquio de los 'Centauros'", dice, "lo concluí en *La Nación*, en la misma mesa en que Roberto Payró escribía uno de sus artículos". El episodio fue ratificado por el mismo Payró, quien en *Siluetas* recuerda a Darío escribiendo el extenso poema "casi enteramente al correr de la pluma, en una esquina de mi escritorio de *La Nación*, sin más auxilio que el diccionario mitológico de Jacobi, al que acudió para confrontar los nombres de los 'crinados cuadrúpedos divinos'".[5]

De este modo, casi con la displicencia del genio, Darío cuenta que, como al pasar, en poco más de dos años, y en condiciones más bien inhóspitas que recuerdan, prospectivamente, las de Roberto Arlt componiendo sus novelas a fines de los años veinte en los fárragos de las redacciones, escribió uno de los libros de poemas más importantes de la lengua española y, seguramente, el que marca el punto de inflexión en la poesía hispanoamericana entre "lo viejo" —una categoría que contempla aquí desde el barroco en adelante— y "lo nuevo" —que abarca todo el siglo XX—.

Sin exagerar entonces, Pedro Henríquez Ureña señaló que "de cualquier poema en español puede decirse con precisión si se escribió antes o después de él"[6] y si bien ese "él" refiere a Darío, a toda su obra, sería más estricto si refiriera sólo a *Prosas profanas*, un libro que cambió la música del verso castellano al liberarlo de las rígidas cláusulas métricas y acentuales, para volverlo más liviano, más suave y más melódico. Entre otras invenciones y restauraciones deben anotarse la eliminación de la cesura en el verso alejandrino, la redistribución de los acentos en el verso endecasílabo, así como la incorporación del verso eneasílabo francés, que Darío tradujo y adoptó, y la inclusión de versos medievales, que estaban fuera de uso desde el Siglo de Oro. Pero la novedad, por cierto, no vino de la mano sólo de la forma, de —como diría el mismo Darío— "detalles técnicos que no interesarían verdaderamente sino a muy pocos", sino también de sus motivos. Los personajes, los ambientes, los decorados de *Prosas profanas* debían estar lejos en el tiempo y en el espacio: el Versalles dieciochesco, la mitología ovidiana y hasta la España del Cid Campeador son los nuevos mundos de Darío, presentados menos como una reconstrucción arqueológica —aunque ésta sea perfecta— que como el modo de crear un artificio de símbolos privados como reacción contra el mundo real y verdadero de todos los días. Así lo precisa el nicaragüense en el famoso prólogo a *Prosas profanas*: "Veréis en mis versos princesas, reyes, cosas imperiales, visiones de países lejanos o imposibles: ¡qué queréis!, yo detesto la vida y el tiempo en que me tocó nacer".

Eso, que inmediatamente fue moda —inaugurada por el boliviano Ricardo Jaimes Freyre, que escribió *Castalia bárbara* en 1899, a imagen y semejanza de *Prosas profanas*—, que perduró hasta entrado el siglo XX y que generó el rechazo visceral de las vanguardias —en 1921 Jorge Luis Borges hablaba de las "oxidadas figuras mitológicas" modernistas—,[7] tuvo, en los años de composición de *Prosas profanas*, el valor de la verdad del artista, de su absoluta sinceridad, y es eso lo que lo convierte en imperecedero, según puede comprobarse hoy, leyendo tanto la frívola y más bien cursi "Sonatina", aquel poema que habla de la princesa que está triste y que pregunta "¿qué tendrá la princesa?", como el filosófico "Coloquio de los Centauros", avasallante manifiesto simbolista: "toda forma es un gesto, una cifra, un enigma;/ en cada átomo existe un incógnito estigma".

Revistas, manifiestos, polémicas

Pedro Henríquez Ureña fue el primero en destacar la división del Modernismo en dos grandes etapas. Una, en el norte de la América hispana, y en los años ochenta, con figuras como los cubanos José Martí y Julián del Casal, el mexicano Manuel Gutiérrez Nájera, el colombiano José Asunción Silva y el mismo Ruben Darío. La Habana, México y Bogotá son las capitales de la novedad estética que lleva, sin embargo, como señala Ángel Rama, "una vida desmedrada". La otra, la de la madurez y renovación, se da en el sur del continente, en Santiago, Montevideo y, sobre todo, Buenos Aires, con figuras como las de Darío otra vez, Leopoldo Lugones, el boliviano Ricardo Jaimes Freyre y el uruguayo Julio Herrera y Reissig.

Es y no es casual que la evolución del Modernismo haya seguido no sólo la maduración temporal de Darío —que cumple la rara función de ser tanto precursor como cumbre—, sino su desplazamiento geográfico de las capitales del Norte a las del Sur. Pero sería, en esta evaluación, tan injusto escatimar la importancia del enorme talento personal de Darío, como el hecho de que los poetas iniciales del movimiento, sin excepción, murieron jóvenes antes de terminar el siglo: Martí a los 42 años, en 1895; Del Casal a los 30 en 1893; Gutiérrez Nájera a los 36 en 1895 y Silva a los 31 en 1896. Sí, Darío también murió joven, a los 49 años, en 1916, pero ya entrado el siglo XX y después de la experiencia en Buenos Aires, que será decisiva en esta segunda etapa del movimiento.

Porque es un hecho que Darío fue buscando el medio más propicio para su programa de renovación literaria. La inoculación del espíritu francés en la lengua española —"pensando en francés y escribiendo en castellano", anotó en "Los colores del estandarte"— fue, efectivamente, iniciada en Chile en los textos en prosa de *Azul*... Pero es en Buenos Aires —"modernísimo, cosmopolita y enorme, en grandeza creciente, lleno de fuerzas, vicios y virtudes, culto y políglota, mitad trabajador, mitad muelle y sibarita, más europeo que americano, por no decir todo europeo", como escribió en 1896—[8] donde se consuma definitivamente, tanto en los versos de *Prosas profanas* como en los tres grandes manifiestos modernistas (el prólogo a *Prosas profanas*, *Los raros* y "Los colores del estandarte"), escritos todos en esta capital y publicados en 1896. En *Historia de mis libros*, Darío resume la simbiosis que se produjo entre su obra y la ciudad, al precisar que en Buenos Aires, "aunque llena de fárragos comerciales, había una tradición intelectual y un medio más favorable al desenvolvimiento de mis facultades estéticas".[9]

En agosto de 1894, Darío y Jaimes Freyre dieron a conocer en Buenos Aires el primero de tres números de *La Revista de América*, una publicación cuyo propósito era "levantar oficialmente la bandera de la peregrinación estética que hoy hace con visible esfuerzo la juventud de América Latina a los Santos Lugares del Arte y a los desconocidos orientes del ensueño". Como recuerda el mismo Darío en su *Autobiografía*, "tuvo, como era de esperarse, vida precaria, por la escasez de nuestros fondos" y la falta de suscripciones. Pero vale, de todos modos, como una muestra del interés de sus directores por poner en circulación, tanto en la prensa de gran tirada —*La Nación, Tribuna, El Tiempo*—, como en revistas de circulación restringida, un mismo paquete de ideas, un mismo plan, que apuntaba entonces, de modo indiscriminado, al público de los grandes diarios y también al de las revistas de iniciados.

Poemas de Darío, de Leopoldo Díaz, del español Salvador Rueda, un anticipo de *Castalia bárbara*, de Jaimes Freyre, unos retratos de otros "raros", firmados por el guatemalteco Enrique Gómez Carrillo bajo el título genérico de "Los jóvenes poetas de Francia", y traducciones de Díaz de poemas de Victor Hugo y Leconte de Lisle marcan la acotada y militante paleta de la publicación, cuyas ideas y colaboradores estarán en la base de la que fue la más importante de las revistas modernistas publicadas en Buenos Aires: *El Mercurio de América*, que publicó 17 números entre 1898 y 1900 bajo la dirección de Eugenio Díaz Romero. La revista, que contó con la colaboración de Darío, Jaimes Freyre, Díaz, Antonio Monteavaro, Luis Berisso, José Ingenieros, Leopoldo Lugones (publicó allí parte de *Los crepúsculos del jardín*), Ángel de Estrada, Alberto Ghiraldo, Roberto J. Payró, entre otros, de algún modo cerró cronológicamente la seguidilla de los tres primeros grandes libros del modernismo argentino —*Prosas profanas, Las montañas del oro*, de Leopoldo Lugones, y *Castalia bárbara*— publicados sucesivamente en 1896, 1897 y 1899. Es cierto que de los tres sólo uno está firmado por autor argentino, pero todos forman parte de la historia de la literatura argentina, toda vez que los tres son las emergencias destacadas de un movimiento que encontró en los intelectuales y en los diarios de, como decía Darío, "la ansiada ciudad de Buenos Aires", la necesaria base de sustentación de su período culminante, a la que contribuyeron de modo decisivo los poetas y narradores menores del movimiento, ninguno del todo bueno, pero fundamentales todos como fuerza de choque. Ahí están Ángel de Estrada, autor de una obra poética en la línea más helenizante y conservadora del Modernismo y propulsor, junto con Miguel Escalada, de la publicación de *Los raros*; Manuel Ugarte —más conocido posteriormente como ensayista político—; Joaquín V. González —que firmó algunas notas en *La Revista de América* con el seudónimo Tirso—; el anarquista Alberto Ghiraldo, gran amigo de Darío y albacea de sus documentos literarios, lo que le permitió publicar uno de los libros de fuentes principales del Modernismo: *El archivo de Rubén Darío*; Luis Berisso —poeta, mecenas y primer traductor al castellano de Eugenio de Castro—; su hermano menor Emilio Berisso —director de *La Quincena* y *Atlántida*, dos revistas de batalla del Modernismo—; Antonio Monteavaro —reseñista de *Las montañas del oro* en *El Mercurio de América*—; Carlos Ortiz —estanciero y poeta—; Diego Fernández Espiro, y el singular Charles de Soussens, un suizo radicado en la Argentina, personaje fundamental de casi todos los relatos de la bohemia porteña de esos años, autor de una obra no recogida todavía en libro, titulada *Castillo lírico*.

También en 1896 apareció el primero de los 20 números de *La Biblioteca*, la revista que dirigió hasta 1898 Paul Groussac, que no fue, estrictamente, un órgano de difusión de la sensibilidad modernista. Más bien puede decirse que el francés, entonces director de la Biblioteca Nacional, despreciaba a los jóvenes simbolistas latinoamericanos, cotejados —y, según él, perdidosos en el cotejo— con los simbolistas europeos, a algunos de los cuales él había frecuentado en una breve estancia en Francia en 1883. Sin embargo, el espíritu abierto y la aspiración modernizadora de Groussac permitieron que en su revista se publicaran dos de los más impactantes poemas de la nueva sensibilidad: "Coloquio de los Centauros", de Rubén Darío, y "La Voz contra la roca", de Leopoldo Lugones.

El 26 de abril de 1893 se inauguró oficialmente el Ateneo de Buenos Aires —que ya funcionaba desde el año anterior—, presidido por Calixto Oyuela. El Ateneo no era ámbito de los modernistas. Los habituales asistentes a la tertulias eran los ochentistas y románticos de segunda generación, algunos en su ocaso como escritores, todos ya conservadores que habían trocado liberalismo por hispanismo lingüístico como barrera de contención frente al peligro de la putrefacción de la lengua y, por lo tanto, del país, según la encendida exclamación de Lucio V. Mansilla en las primeras páginas de sus *Memorias*: "¡Que se nos pudre la lengua, que se nos pudre el país!". Carlos Guido y Spano, Lucio V. López, Miguel Cané (hijo) y el mismo Mansilla eran algunos de los destacados contertulios del Ateneo y entonces contendientes de las proclamas de los jóvenes modernistas. Recuerda Darío que él hacía entonces "todo el daño" que le era posible "al dogmatismo hispano, al anquilosamiento académico, a la tradición hermosillesca, a lo pseudo-clásico, a lo pseudo-romántico, a lo pseudo-realista y naturalista", para poner sobre su cabeza, en cambio, a sus "raros" de Francia, de Italia, de Inglaterra, de Rusia, de Escandinavia, de Bélgica y aun de Holanda y de Portugal. "Mis compañeros —sigue Darío— me seguían y me secundaban con denuedo. Exagerábamos, como era natural, la nota."

Y el Ateneo sirvió entonces para poner de manifiesto los términos de una controversia que se hallaba latente: tradición versus innovación, seudoclasicismo versus modernismo, hispanismo y nacionalismo versus cosmopolitismo. Posiblemente el punto más alto de la confrontación se haya dado en 1894, cuando en una conferencia de Oyuela titulada "La raza en el Arte", el presidente del Ateneo, para reafirmar la pertenencia del "tipo histórico argentino" a la rama de la raza española, en contra de las "razas advenedizas" y de "las razas indígenas, además, absolutamente inferiores y bárbaras", presenta un modelo de "arte nacional", que debe rechazar "el deslumbramiento producido por modelos y gustos exóticos, por la docilidad en seguir simples *modas* extranjeras que a nosotros no nos sientan bien".

De todos modos, seguramente debido al estratégico espíritu contemporizador de Darío, que en una nota firmada por la Dirección en el primer número de *La Revista de América* apunta que es tan importante mantener "el pensamiento de la innovación" como "el respeto a las tradiciones y la jerarquía de los maestros", al fin hubo más posiciones divergentes en el marco contenedor de la cultura letrada que severas polémicas de ruptura, ya que tanto los viejos —Mansilla, Cané, Cambaceres— como los jóvenes, con Darío a la cabeza, estaban escribiendo prácticamente para el mismo público letrado y más o menos reducido, y sin ninguna ambición manifiesta por ganar al nuevo público lector que en esos mismos años se rendía de manera entusiasta ante los folletines de Eduardo Gutiérrez.

El mismo Oyuela destaca que la inauguración del Ateneo supone una reserva de la "ciudad culta" ante la emergencia de la "tosca y aparatosa factoría" en la que se estaba convirtiendo Buenos Aires, según la perspectiva de los criollos viejos, a partir de la masiva llegada de inmigrantes.[10] De hecho, y más allá de las puntuales polémicas estéticas, el Ateneo promueve, a partir de 1896, bajo la presidencia de Rafael Obligado, una apertura hacia los nuevos poetas y el ingreso a su comisión directiva de dos notorios representantes de la nueva generación: Luis Berisso y Miguel Escalada. Ésta es la manifestación de una característica del Modernismo argentino, o de la segunda etapa modernista, que difiere de la anterior en que la rebelión literaria fue también política y social. Aquí, salvo en las figuras recortadas del socialista Leopoldo Lugones y del anarquista Alberto Ghiraldo, el Modernismo propició una revolución literaria amparada en un ámbito social y político reaccionario y conservador. De hecho, fue en el Ateneo y en ese mismo 1896, cuando Darío dio una conferencia titulada "Eugenio de Castro y la literatura portuguesa", incluida después en *Los raros*. Y también fue en el Ateneo donde, como recuerda Darío, se presentó, en mayo de ese mismo año, "un bizarro muchachón de veintidós años, de chambergo y anteojos": Leopoldo Lugones. La crónica de esa jornada fundacional para la poesía argentina del siglo XX que firmó Darío en el diario *El Tiempo* el 12 de mayo de 1896 se titula: "Un poeta socialista. Leopoldo Lugones".[11]

LAS MONTAÑAS DEL ORO Y *LOS CREPÚSCULOS DEL JARDÍN*, DE LEOPOLDO LUGONES

Si bien antes de llegar a Buenos Aires en 1896 Leopoldo Lugones ya había publicado en Córdoba un extenso poema —"Los mundos", en 1892—, es un hecho que su carrera como escritor comienza en mayo de ese año cuando leyó en el Ateneo una selección de poemas que al año siguiente formaron parte de su segundo libro, *Las montañas del oro*. Darío, presente en la velada, recuerda el desconcierto que provocó la lectura de Lugones entre el público general del Ateneo: "Unos sonríen, otros aplauden condicionalmente, otros le declaran decadente de remate". Pero también el inmediato reconocimiento de Eduardo Holmberg, quien señaló que Lugones daba "la nota más vibrante de la poesía argentina", y de Leopoldo Díaz, quien habría replicado: "¿No será mejor decir la nota más original?". Darío, por su parte, celebraba la aparición de uno de "los dos más fuertes talentos de la juventud que sigue los pabellones nuevos en el continente" —el otro era Jaimes Freyre— y se mostraba expectante en relación con el momento en que la poesía de Lugones olvidara "toda reminiscencia o sugestión". Para rematar: "Y entonces, será el día en que su figura aparecerá total, absoluta, auroleada de su íntima luz".

Unos meses más tarde Darío publica *Los raros*, y el joven Lugones, contra todo pronóstico, le envía una carta recriminándole haber sido excluido de la ambicionada galería: "Únicamente lo invito a reflexionar. Es cuestión de justicia para quien como usted es lo que es. No se trata, a lo que creo, de *poeta minore*. Somos o no somos. Usted sabe que yo lo soy".[12]

De manera retrospectiva, puede pensarse que si Darío hubiese reconocido a Lugones, incluyendo su retrato en *Los raros*, éste le hubiese correspondido, atendiendo sus recomendaciones en cuanto a la necesaria liberación de las evidentes influencias ("así sean éstas absolutamente involuntarias", precisaba Darío) que contaminaban la voz del joven poeta, no la dejaban expresarse como completamente original y, sobre todo, no dejaban ver "su íntima luz". En *Las montañas del oro*, Victor Hugo, Walt Whitman, Edgar Allan Poe o Charles Baudelaire orientan de modo demasiado visible las elecciones temáticas y formales de Lugones. Naturalmente, algunos versos excepcionales, como el final del ambicioso "La Voz contra la roca", que dice "I decidí ponerme de parte de los astros", de aliento simultáneamente épico y romántico, daban sustento a las expectativas que el joven cordobés había despertado entre los menos prejuiciosos de los asistentes al Ateneo. Pero su libro siguiente, *Los crepúsculos del jardín*, de 1905, da cuenta de que el ofuscado Lugones no había aceptado ninguna de las sugerencias del maestro.

"Cisnes negros", el poema inaugural del nuevo libro resulta un ejercicio retórico sobre asuntos y procedimientos que ya tenían marca registrada dariana, desde los cisnes y los estanques hasta las melodías basadas en la sonoridad suave de las consonantes —"las vuelve más esbeltas y más leves"— que recuerdan demasiado al unos años antes escandaloso "bajo el ala aleve del leve abanico" publicado en *Prosas profanas*. Sí, Lugones es un rimador audaz —junta "frac" con "Balzac", "boj" con "reloj"—, un eximio encabalgador, un gran estrofista y usa, como escribió Borges una vez, "todas las palabras del diccionario".[13] Pero, como señaló Carlos Obligado, su máximo exegeta, "sólo le faltó, en sus momentos creadores, un poco de inquietud metafísica, de preocupación —expresa o subyacente— ante el misterio divino de las cosas y el del humano 'más allá'".[14] Y en ese mismo 1905, pone la retórica modernista al servicio del reclamo patriótico de una épica nacional en los relatos de *La guerra gaucha*.

Más que un poeta, Lugones fue entonces un literato. Rimas, metros, acentos y estrofas son la vistosa materia de su obra poética, donde los sentimientos, los pensamientos y las percepciones ocupan un obligado segundo plano, sepultados bajo el peso de una suerte de atletismo verbal que en *Lunario sentimental*, su libro más importante, alcanza su esplendor máximo pero también su máxima melancolía, como la fabulosa puesta en escena de ese gran poeta que pudo haber sido y no fue, y que murió, como dijo Borges otra vez, "sin haber escrito la palabra que lo expresara".[15]

Algunos poemas extensos, como "El solterón" —limitado, otra vez, por una escenografía que tributa demasiado a Poe y a Husymans—, o "A tus imperfecciones", en los que Lugones da la nota como sensible retratista con proyecciones simbólicas, alientan a buscar en el narrador el arte que el poeta apenas alcanza. Pero en sus tres libros de relatos —*La guerra gaucha*, *Las fuerzas extrañas* y *Cuentos fatales*—, el creador de ambientes, de personajes y de acciones perfectamente apropiadas tanto para la gesta épica del primero de los libros como para la materia mitológica o fantástica de los otros dos, se resiente todo el tiempo frente a la omnipresencia del poeta modernista. En el paisaje donde, como dice Guillermo Ara, se halla el "muy socorrido de *Los crepúsculos del jardín*",[16] pero también en las comparaciones, en las imágenes y en la indiscriminada selección lexical, el narrador que pudo ser Lugones sigue siendo, en cambio, el poeta que no fue.

LUNARIO SENTIMENTAL

Por razones no del todo poéticas, el ambicioso, hipercontrolado y finalmente fallido *Lunario sentimental*, es uno de los principales libros de la poesía argentina del siglo XX. Poemas, prosas poéticas, relatos y obras de teatro son los soportes formales o genéricos a los que echa mano Lugones para tratar un único tema, presentado desde el título: la luna. Como era de prever, tratándose de Lugones, el asunto ya tenía antecedente: *L'Imitation de Nôtre-Dame la Lune* (Imitación de Nuestra Señora la Luna) del simbolista francés Jules Laforgue, publicado en 1885. En Laforgue, la obra es el resultado de un proceso mental originado unos años antes, cuando ambicionaba "producir algo original a toda costa". Un poemario con tema único, pero tratamiento diverso (patético y humorístico, grave y despreocupado, literal e irónico, sublime y coloquial) centrado en un verbalismo hiperculto que suena, como dice Ezra Pound, al compás de "rimas incisivas, tajantes",[17] decididamente lo fue, aun en el ámbito simbolista europeo en el que la originalidad no era una meta sino una premisa. T. S. Eliot y el mismo Pound fueron dos de los principales beneficiarios de la importante influencia que ejerció Laforgue en la literatura occidental de la primera mitad del siglo XX. Y si no entra Lugones en la lista, es porque mientras los dos norteamericanos se respaldaron en las libertades formales de Laforgue para encontrar sustento teórico donde desarrollar las suyas propias, el pudoroso Lugones, en cambio, se ocultó detrás de ellas. Tanto, que las notas que se destacan como propias del libro del francés, pueden convertirse casi sin mediaciones en las del libro del cordobés, escrito y publicado más de un cuarto de siglo más tarde.

Sin embargo, en el singular prólogo a *Lunario sentimental*, Lugones parece anticipadamente responder a las posibles críticas sobre la notoria influencia, descartando el valor de la originalidad. Para Lugones, la poesía es menos la expresión individual de un poeta que el campo de pruebas del lenguaje, y su función, más que destacar la individualidad creadora de su autor, es servir a la comunidad, proponiéndole "la ventaja de hablar clara y brevemente". Y los poetas son los encargados de "enriquecer el idioma, renovándolo a la vez", obra, dice Lugones, que es "tan honorable, por lo menos, como la de refinar los ganados o administrar la renta pública". Práctico, antiexpresivo y antipoético, el libro es, en definitiva, un generoso ejemplo del uso de la lengua poética, según entendía Lugones que debían ser sus pautas de renovación. Verso libre, recomienda, y rima, como "elemento esencial del verso moderno" y como única manera de evitar "el triunfo del lugar común, o sea el envilecimiento del idioma". En cuanto a la rima, Lugones se jacta de que el idioma tiene "más de seiscientas utilizables". Y para ponerse práctico, en el primer poema del libro, "A mis cretinos", utiliza sesenta y nueve. Pingüe/ bilingüe; joya/ claraboya; reacia/ farmacia; consagre/ vinagre; dispepsia/ catalepsia; exorcismo/ sinapismo; proverbio/ Soberbio; odia/ prosodia; controversia/ Persia; beneplácito/ Tácito; apio/ Esculapio; estuche/ buche y rechoncha/ concha, son algunas de las más extravagantes de un conjunto singular. Ese programa, llevado a cabo con enorme destreza y sin ninguna sensibilidad, opaca por completo las "dos palabras de índole personal" que cierran la presentación, donde Lugones recuerda los propósitos enunciados en 1906 con respecto a este libro. Un libro entero dedicado a la luna, una "especie de venganza con que sueño casi desde la niñez, siempre que me veo acometido por la vida".

En su obra poética posterior se mantiene invicta la habilidad compositiva de Lugones pero, dedicada ahora a dos temas excluyentes —la patria y el hogar—, gana en exterioridad y artificio. No obstante, *Lunario sentimental* —sobre todo los poemas y su prólogo— es un episodio central de la poesía argentina del siglo XX, al construirse como el necesario polo opositivo que permitió la construcción, en los años veinte, de la fuerza vanguardista. Las intervenciones de Leopoldo Marechal en la revista *Martín Fierro*

—"Lugones es un frío arquitecto de la palabra: construye albergues inhabitables para la emoción y sus versos tienen el olor malsano de las casas vacías", escribió en la entrega 32 de la revista— y, naturalmente, las de Borges, que funcionaron, ambas, como la argamasa teórica del martinfierrismo, les deben buena parte de su consistencia al brillo verbal de Lugones y a su renovación léxica, de los que la vanguardia fue beneficiaria directa. Desde ese lugar, Lugones funcionó finalmente menos como un artista que como un severo juez de la renovación literaria en las primeras décadas del siglo.

La prosa modernista de Enrique Larreta y Atilio Chiáppori

En 1896 —una suerte de *annus mirabilis* del Modernismo argentino— Enrique Rodríguez Larreta, conocido luego como Enrique Larreta, publicó en *La Biblioteca*, la revista de Groussac, su *nouvelle* "Artemis". Más allá de las discusiones de los especialistas en cuanto a que ésa haya sido o no la primera prosa modernista de autor argentino —ninguna historia de la literatura parece poder prescindir de esa lista desleída y gris de "los antecedentes" de cualquier cosa—, sin duda es la primera en reunir todas juntas las características de la prosa modernista, según la pauta que daban, naturalmente, las prosas de *Azul...* Aunque, vista la evolución de la prosa modernista en el continente, cabría pensar que sus características son, sobre todo, un achatamiento, un promedio generoso —para que haya muchas prosas modernistas— de una serie de notas superadas todas por las prosas de *Azul...*, donde la intriga o la anécdota son débiles por definición y aparecen enterradas por una altísima pretensión estilística y escrituraria, cuya figura primordial es la sinestesia. Ésta es una figura retórica que consiste en destacar una sensación, propia de un sentido determinado, a partir de otra sensación, que afecta a un sentido diferente. De este modo se tocan colores, se ven perfumes, se huelen melodías, subrayando, el conjunto, la primacía absoluta de la sensorialidad, y la correspondencia de unos sentidos con otros, asunto destacado antes que nadie por Charles Baudelaire en su poema "Correspondencias", de *Las flores del mal*, de 1857.

En cuanto a los temas, ambientes, paisajes y personajes, la prosa modernista recurre a todas las cuerdas propias de la poesía modernista. Aun así, en "La ninfa", "El velo de la reina Mab" o "El pájaro azul", por nombrar sólo algunos de los relatos de *Azul...*, el genio dariano logra insuflarle pulso narrativo a una suma de componentes teóricamente antinarrativos. Y ésa es una proeza que casi ninguno de sus discípulos logró igualar y que alcanza, también, a "Artemis", importante entonces sólo en tanto primera muestra, primer ensayo de prosa modernista del autor de la más famosa novela modernista latinoamericana, *La gloria de don Ramiro*, publicada en 1908 y, como señala Max Henríquez Ureña, "premiada por un éxito casi sin precedentes en las letras hispanoamericanas: sucesivas ediciones se agotaron rápidamente, y no tardó en ser traducida al francés y al inglés".[18]

Nadie debería asombrarse ahora por el hecho de que esta novela pomposa, en la que el arte del narrador, pero también el del prosista, emergen sólo de vez en cuando, haya alcanzado a vastos sectores del público durante varios años. Al tratarse de una novela histórica —su subtítulo, caído de casi todas las reediciones populares, es "Una vida en tiempos de Felipe II"—, es siempre un aliciente para el gran público, interesado en las reconstrucciones ficcionales del pasado, sobre todo si ese pasado de algún modo se proyecta simbólicamente sobre el presente del acto de lectura. Eso es lo que sucedió con *La gloria de don Ramiro* y estuvo en la base de su inmediata repercusión pública pero, también, en la de su paulatino olvido. Situada en la ciudad española de Ávila —una de cuyas calles se llama hoy Enrique Larreta— y ambientada a mediados del siglo XVI, *La gloria de don Ramiro* es una transposición del ferviente hispanismo de su autor quien, como los más retrógrados de los miembros del Ateneo, encontraba en la tradición española el reaseguro de una nacionalidad amenazada —y debilitada— por la masiva presencia de la inmigración no española: "la parte menos valiosa de Europa; aportan la ignorancia y la debilidad empequeñecedora de una pobreza ancestral", dice Larreta en una conferencia.[19]

Pero contrariamente a la mayoría de los miembros de la coalición hispano-nacionalista, quienes encontraban que el Modernismo —cosmopolita, afrancesado, decadentista— también atentaba contra el "arte nacional" y contra el "tipo histórico argentino", según las palabras de Calixto Oyuela, Larreta fue un entusiasta experimentador, dispuesto a dejarse llevar por su gusto por lo exótico y lo orientalista —en cuanto a lo temático— y a flexibilizar su prosa, siguiendo los lineamientos de la moda modernista.

Esa suerte de contradicción entre tradición y renovación, hispanismo y cosmopolitismo, nacionalismo y exotismo, tema rancio y prosa moderna que también estuvo presente en la obra de algunos destacados decadentistas franceses, como Maurice Barrès, fue, de algún modo, el símbolo de una época de transformación entre la Argentina aldeana e hispánica que iba quedando atrás —"lo argentino se va", escribía el romántico tardío Obligado en un poema obligadamente nostálgico— y la mundana que nacía, símbolo representado acabadamente por *La gloria de don Ramiro*. Cuando el siglo terminó de dar la vuelta, unos años después de los festejos del Centenario, *La gloria de don Ramiro* ya no tuvo más nada que decir y a medida que envejecía fue perdiendo su condición novelesca y ganando un lugar como documento de una época signada por la transición ideológica. Cuando en 1926, el año de edición de *El juguete rabioso*, de Roberto Arlt, Larreta publicó su segunda novela, *Zogoibi*, siguiendo la misma línea de la primera —ahora el ambiente es el de la estancia argentina, pero su personaje, Federico de Ahumada, lleva el apellido de Santa Teresa de Ávila, pariente del don Ramiro de la novela anterior—, se comprobó que él tampoco tenía nada más para decir.

Otro de los beneficiarios argentinos de la obra dariana es Atilio Chiáppori. En 1907 publicó en *La Nación* algunos de los cuentos que ese mismo año reunió en un volumen titulado *Borderland*. El término, de origen psiquiátrico, traducido como tierra de confín o de fronteras, remite, en principio, a los personajes de *Borderland*, definidos por Roberto Giusti como "neuróticos e hipersensibles, angustiados por obsesiones que los fuerzan a obrar contra su propia voluntad".[20] El cuento más interesante de *Borderland*, "Un libro imposible", narra la historia de Augusto Caro, quien, luego de extrañísimos episodios, muere preso de sus percepciones preternaturales. Como buen narrador modernista, Chiáppori es virtuoso, elegante y sensual: "el peinador desabrochado se combó en el seno dejando espacio como para una mano". Y en su obra se potencian los dos estantes de la biblioteca de su personaje Augusto Caro. A la izquierda, el batallón simbolista y decadentista: Poe, Baudelaire, D'Annunzio, Verlaine, Samain, etc. Y a la derecha, "los metapsíquicos y ocultistas, inquietos interrogadores del más allá". Esa mezcla, que también fue, en parte, la de Leopoldo Lugones, está presente también en su única novela, *La eterna angustia*, de 1908, donde se encuentra lo más destacado de un autor que fue oportunamente menos leído y valorado que Larreta y que hoy soporta mejor una lectura despojada de consideraciones extraliterarias, sobre todo de parte de los amantes del cuento extraño y del relato fantástico y científico.

La prosa discipular de Manuel Mujica Lainez

Sorprendentemente, unos años más tarde, Larreta tuvo un discípulo tan popular como su maestro: Manuel Mujica Lainez, quien en 1927, a los 17 años, publicó en *La Nación* un poema titulado "Crepúsculo otoñal", donde ya daba cuenta de su anacrónica devoción por el enjoyamiento modernista. En 1938, Mujica Lainez publicó su primera novela, *Don Galaz de Buenos Aires*, una ficción histórica situada en la Buenos Aires del siglo XVII, estilísticamente muy próxima a *La gloria de don Ramiro*, sostenida, sin embargo, por una idea que mengua las ambiciones del explícito modelo. Para Mujica Lainez, la función de la literatura es desmitificar la Historia, convertir a los próceres, "siempre erguidos, siempre ataviados con galas de fuste, siempre ocupados en cosas de gobierno, grandilocuentes, con la mano autoritaria a la altura del pecho, como si juraran decir la verdad", en personajes comunes, jugando, en vez de cuadros trascendentes, escenas cotidianas, como puede verse, por ejemplo, en uno de sus cuentos más famosos, "El hombrecito del azulejo", publicado en *Misteriosa Buenos Aires*, con las figuras de Eduardo Wilde e Ignacio Pirovano, presentados como dos jóvenes médicos risueños y no como dos graves héroes de la coalición ochentista. Ese impulso abarca tanto su obra ensayística —las biografías de Miguel Cané, Hilario Ascasubi y Estanislao del Campo— como su narrativa más destacada. Los libros de cuentos *Aquí vivieron* y *Misteriosa Buenos Aires* narran cuatro siglos de vida argentina (para el autor, Buenos Aires y la Argentina son prácticamente la misma cosa), desde 1536, fecha de la historia de "El hambre", que ficcionaliza la hambruna de Pedro de Mendoza y sus hombres recién llegados al Río de la Plata, hasta 1948, fecha de la carta que cierra el cuento "Muerte de la quinta". Éste trata sobre la venta para su demolición, en los años veinte, de una quinta de San Isidro, propiedad de Doña Mercedes Ponce de León de Guevara, cuyo primer dueño había sido el poeta —real, histórico y protagonista de otro relato de Mujica Lainez— Francisco Montalvo en 1718. El firmante de la carta final, un tal Marcos Ponte, cuenta a un amigo su postrera visita a la quinta abandonada y finalmente no demolida, tomada por una pareja de gitanos. El personaje, al encontrarse "con la pareja más singular que pueda fabricar la fantasía", atacado por un "miedo atroz", huye por la carretera de San Isidro. El argumento y la fecha, fines de los años cuarenta, durante el primer gobierno peronista, recuerdan el cuento de Julio Cortázar, "Casa tomada". Pero mientras en éste los expulsados de la casa son una pareja de hermanos pequeñoburgueses, en el de Mujica Lainez los expulsados son los oligarcas de Buenos Aires, las viejas familias terratenientes que habían condicionado —cuando no ejercido directamente— el poder político y económico hasta 1943. De este modo, Mujica Lainez, sobre una primera identificación —Buenos Aires con la patria—, monta una segunda, más específica: la oligarquía de Buenos Aires con la patria. Esa clase pasará inmediatamente a ser el tema, el sujeto del segundo ciclo de su obra, compuesto por el libro de relatos *Los ídolos*, la novela *La casa* —un ejercicio estilístico resuelto con la figura de la prosopopeya: la casa es el protagonista principal de la novela y, además, la voz narrativa—, *Los viajeros* e *Invitados en El Paraíso*, retomado tardíamente en *El gran teatro*.

Más anacrónica que excéntrica, construida sobre estructuras narrativas convencionales y una prosa "de calidad", la obra de Mujica Lainez, donde la alta pretensión estilística deviene manierismo y la sinestesia sólo un exceso de adjetivación, marca el sordo final —y no la actualización— del antiguo modelo modernista, licuados todos sus riesgos artísticos.

CAPÍTULO 7

Una reacción conservadora. En la memoria colectiva de los argentinos mayores de 40 años. Rubén Darío, condicionando el pulso de la creación poética nacional. Evaristo Carriego y la construcción del mito del arrabal. Voluntad de proeza en Enrique Banchs. Alfonsina Storni modela sobre su obra un tipo de mujer sexual. Baldomero Fernández Moreno pide que no esperen de él ni ademanes declamatorios ni teatrales inflexiones de voz. Una nueva revista, con los viejos y con los jóvenes. La mirada curiosa de Roberto Giusti. Ricardo Rojas toma una cátedra sin tradición y una asignatura sin bibliografía. Un mapa fundador de la literatura argentina. El caso Gombrowicz. Una invectiva de Paul Groussac modificada por Borges. Horacio Quiroga, por un arte concentrado y puro. Lo que dice Aníbal Ponce. La brusca visión de campo de Benito Lynch. Según Roberto J. Payró, todos trataban de escribir mejor. Lo que no vio Manuel Gálvez. Una exigencia de Eduardo Gutiérrez. Pepino 88 toca la guitarra y maneja bien el facón. Lo que dice Luis Ordaz. Cocoliche, criollo hasta los huesos de la taba. Florencio Sánchez, calidad literaria y sentido escénico. Los poderes especiales de un personaje de Gregorio de Laferrère. Armando Discépolo llega a lo cómico a través de lo dramático. Stéfano "no embuca una e cuando emboca trema...".

LA POESÍA POSTMODERNISTA

En 1934 el español Federico de Onís publica su todavía hoy vigente *Antología de la poesía española e hispanoamericana (1882-1932)*, en cuyo prólogo se pronuncia, por primera vez en la historia de la literatura hispanoamericana, la palabra "postmodernismo" para nombrar a la generación de poetas y escritores comprendidos entre el Modernismo finisecular y las vanguardias de los años veinte. Para Onís, el postmodernismo "es una reacción conservadora" del modernismo mismo, que deja poco margen a la originalidad creadora individual. De modo tal que el poeta que la tiene "se refugia en el goce del bien logrado, en la perfección de los pormenores, en la delicadeza de los matices, en el recogimiento interior, en la difícil sencillez, en la desnudez prosaica, en la ironía y en el humorismo". Todos éstos son, para Onís, "modos diversos de huir sin lucha y sin esperanza de la imponente obra lírica de la generación anterior en busca de la única originalidad posible dentro de la inevitable dependencia".[1]

En la completa caracterización del crítico español caben los cuatro grandes nombres —y las cuatro grandes variantes— del postmodernismo argentino: el delicado Evaristo Carriego, el perfecto Enrique Banchs, el prosaico e irónico Baldomero Fernández Moreno, la interiorista Alfonsina Storni y, con matices, todos los postmodernistas menores, desde Arturo Capdevila hasta Ricardo Rojas o Rafael Alberto Arrieta.

A pesar de pertenecer a una misma generación, los postmodernistas no conformaron, en sentido estricto, una escuela o movimiento. Sin manifiestos explícitos o implícitos, sin líderes ni publicaciones comunes —incluyendo aquí a la revista *Nosotros*, que los acogió pero que no fue una revista programáticamente postmodernista—, Carriego, Banchs, Fernández Moreno, Storni y los otros fueron vistos como una unidad o como grupo de manera retrospectiva; en primer lugar, por los vanguardistas del veinte, que los reconocieron como sus oponentes, según se verá en algunos de los manifiestos de Borges y recién más tarde, con Onís a la cabeza, por los historiadores de la literatura.

Menos que una reacción contra el Modernismo, el postmodernismo fue un despojamiento de la suntuosidad modernista, tanto temática como lexical y retórica. Mantuvieron, en cambio, la premisa melódica y musical que formaba parte del programa modernista, aunque los malabarismos —combinaciones de metros, encabalgamientos o rimas internas— empezaron a desaparecer. En cuanto a los temas, opusieron a la sincera exterioridad de Darío —e insincera en todos sus epígonos—, un interiorismo con deriva hacia lo confesional y sentimental —es el caso, sobre todo, de Storni— y un primer esbozo realista, con firmes impresiones del paisaje urbano y de los personajes de la gran ciudad —en Fernández Moreno y en Carriego—. En esas elecciones, en ese modernismo sustractivo, simplificado, íntimo y representativo que fue el postmodernismo, se funda la popularidad de sus ejecutantes, cuyos nombres reconoce el lector no especializado. Sus obras, o partes de ellas, están instaladas en la memoria colectiva de los argentinos —lectores o no tan lectores— mayores de 40 años, en cuyas cabezas resuenan ecos de "Setenta balcones hay en esta casa,/ setenta balcones y ninguna flor...", de Fernández Moreno; de "Tú me quieres alba/ Me quieres de espuma,/ Me quieres de nácar", de Alfonsina Storni, o de "La costurerita que dio aquel mal paso.../ —y lo peor de todo, sin necesidad—", de Evaristo Carriego.

El postmodernismo que es, de algún modo, el principio del fin de la escuela modernista, ya había sido anticipado por Rubén Darío en *Cantos de vida y esperanza*, publicado en 1905. El primer poema del libro, que empieza con la nostálgica cuarteta que dice "Yo soy aquel que ayer nomás decía/ El verso azul y la canción profana,/ En cuya noche un ruiseñor había/ Que era alondra de luz por la mañana", señala las primeras diferencias de Darío con su obra anterior, y si bien todavía prevalecen los cisnes, las castalias y toda la parafernalia del Modernismo duro y excluyente, hay también un notorio vuelco hacia la interioridad y la efusión sentimental, registro en el que Darío también sobresale entre sus contemporáneos y en el que da uno de sus poemas más populares: "Canción de otoño en primavera", que empieza, famosamente, "¡Juventud, divino tesoro,/ Ya te vas para no volver!/ Cuando quiero llorar no lloro.../ Y a veces lloro sin querer...".

De modo que cuando Evaristo Carriego da muerte a un cisne en sus versos aún demasiado modernistas de *Misas herejes*, de 1908, o cuando Lugones, en *Lunario sentimental*, reemplaza irónicamente su majestad por la de un ganso o cuando, finalmente, ya en dimensión latinoamericana, el mexicano Enrique González Martínez, en uno de los sonetos de *Los senderos ocultos*, de 1911, proclama "Tuércele el cuello al cisne de engañoso plumaje/ que da su nota blanca al azul de la fuente", el cisne de Darío ya languidecía en los nuevos poemas de su creador, volcado entonces hacia una obra más íntima y menos sensual, según puede comprobarse, por ejemplo, en "Lo fatal", el último poema de *Cantos de vida y esperanza*, que empieza "¡Dichoso el árbol, que es apenas sensitivo;/ Y más, la piedra dura, porque ésa ya no siente:/ Pues no hay dolor más grande que el dolor de ser vivo,/ Ni mayor pesadumbre que la vida consciente!".

Por lo tanto, esa relación restrictiva que mantiene el postmodernismo en relación con el Modernismo ya se encuentra contenida en las derivaciones del mismo programa de Rubén Darío, quien, a partir de las modificaciones señaladas, en un libro, además, dedicado a su patria y "a la República Argentina", sigue condicionando el pulso de la creación poética nacional, según se verá en las obras de Carriego, Banchs, Storni y Fernández Moreno.

MISAS HEREJES, DE EVARISTO CARRIEGO

En 1908 Carriego publicó *Misas herejes*, su primer libro de poemas, la mayor parte del cual responde de modo escrupuloso al programa modernista, aunque el autor carece del virtuosismo necesario que reclama tocar sus notas, aun de modo epigonal. Pero una quinta parte del libro, titulada "El alma del suburbio", cambia el registro dominante y alerta acerca de una novedad: la vida infeliz del suburbio porteño, el barrio pobre y sus personajes —obreros y obreras, algunos criollos, muchos inmigrantes— aparecen por primera vez de un modo neto, no decorativo ni marginal, en la poesía culta argentina, como una contaminación voluntaria de los temas del folletín y del sainete criollo, según puede verse, por ejemplo, en una cuarteta del poema "El alma del suburbio": "La mujer del obrero, sucia y cansada,/ remendando la ropa de su muchacho,/ piensa, como otras veces, desconsolada,/ que tal vez el marido vendrá borracho".

Carriego murió tísico, a los 29 años, en 1912, pero al año siguiente su hermano volvió a publicar *Misas herejes*, acompañado de una cantidad de nuevos poemas, divididos en seis grandes partes, en un conjunto, otra vez, mayoritariamente signado por un modernismo de segunda mano. Sin embargo, las dos primeras partes, tituladas "La canción del barrio" y "La costurerita que dio aquel mal paso", confirman, en lo sustancial, la novedad esbozada en el libro anterior. Aquí sobresalen los bosquejos de los personajes femeninos de Carriego, como "La muchacha que siempre anda triste", "La francesita que hoy salió a tomar sol", "La enferma que trajeron anoche" y, naturalmente, "La costurerita que dio aquel mal paso", sugestivos títulos de una potencia que los poemas reducen después a casi nada pero que contribuyeron más tarde a la conformación del mito del arrabal.

Pero no se trata de pensar que en estos pocos poemas del barrio de Carriego se fundan las dos corrientes de la poesía urbana argentina del siglo XX —la popular, que se desarrolla en las letras de tango en los años treinta y cuarenta y en las del rock nacional, a partir de los sesenta, y la culta, que despliegan las vanguardias a partir de los años veinte—, sino que son los tangos, las canciones, los poemas de Raúl González Tuñón y de Borges los que, por un efecto de lectura retroactiva, al incorporarlos a un sistema, le otorgan densidad y prestancia a los humildes poemas de Carriego.

En una nota bibliográfica de *Misas herejes*, publicada en la revista *Nosotros*, Roberto Giusti le reclama a Carriego, y a través de él a toda su generación, el abandono de la pauta modernista. "Si a su afición por Verlaine o Darío", escribe Giusti, los nuevos poetas unieran "el estudio de las luminosas y serenas poesías de un Carducci, aportarían de seguro a su producción aquel equilibrio de que comúnmente carece hoy día".[2] Carriego no tuvo tiempo material de atender el reclamo de Giusti y, como se ve en el conjunto de sus poemas, se encontraba más próximo a desestabilizar el programa modernista a partir del ingreso de la deriva folletinesca y criollista de la gauchesca, el sainete —escribió un poema dedicado a "San Juan Moreira" y otro a Florencio Sánchez— y hasta el costumbrismo de Fray Mocho, que a estabilizarlo con la lectura del nuevo clasicismo. Ése fue, en cambio, el plan que siguió el joven Enrique Banchs.

Los sonetos de Enrique Banchs

En 1906, Banchs, de apenas 18 años, le alcanzó a Alfredo Bianchi, más tarde uno de los directores de *Nosotros*, unas páginas escritas a máquina, tan parecidas a las recién publicadas de *La guerra gaucha* de Lugones, que el crítico pensó que podía tratarse de un plagio de algún relato finalmente no incluido por Lugones en el libro o, como anota Roberto Giusti, de "un sorprendente talento de asimilación".[3] Comprobado esto último, los directores de *Nosotros* festejaron ese tipo de talento publicando en el primer número de la revista, en agosto de 1906, cuatro poemas de Banchs, tres de los cuales, al año siguiente, formaron parte del primer libro del joven autor: *Las barcas*. El volumen es una suerte de concentrado metaliterario de las preocupaciones poéticas de la época. Por un lado, Banchs no puede desprenderse de la influencia de Darío, tanto temática —ahí están los cisnes, los lagos, los lotos, los toros blancos y hasta una exótica princesa africana— como formal. Virtuoso, gran estrofista y gran rimador, Banchs cumple con los altos requisitos compositivos que demandaba el programa modernista. Pero, por otro lado, el autor reclama íntima concentración y temas nuevos, y en el poema "Palabras" sugiere el abandono de la pauta modernista, en pos de un tipo de expresión más íntima e individual: "Amo las cosas pequeñas,/ hormigas, brotes de breñas,/ las rubias rosas sedeñas.../ Pues de las cosas modestas/ saldrán las cumbres enhiestas".

Sin embargo, la solución de Banchs no tuvo en cuenta ni las cosas pequeñas ni la introspección. *El libro de los elogios*, de 1908, está compuesto por 31 poemas, todos "elogios" de lo que fuera —águilas bicéfalas, salamandras, claustros en primavera, la cortesía, las mujeres que pasan, el baño, etcétera—, en los que el autor asombra por su manejo de diversas formas poéticas —cuantas más, mejor—. Como en su maestro Lugones, éstas acaban siendo el asunto de su poesía, desprovista de toda nota íntima o personal, caracterización que también alcanza a su siguiente libro, *El cascabel del halcón*, de 1909, donde recrea temas y formas de las poesías provenzal y española medievales.

En 1911, a los 23 años, el hasta entonces prolífico autor publica *La urna*, su cuarto libro de poemas, donde inocula al programa modernista la veta renacentista aprendida en el cancionero de Petrarca. Los cien sonetos que componen el volumen dejan ver que Banchs no renuncia al atletismo verbal lugoniano, porque hay voluntad de proeza en el número redondo de tres cifras y en la forma única. Pero logra por primera vez dar la nota subjetiva que reclamaba el programa trazado en el libro de 1908: "¿Qué me importan las negras muchedumbres,/ el tropel de leyes y costumbres/ y el gran rumor de mar de todo el mundo?// Pues mi motivo eterno soy yo mismo;/ y ciego y hosco, escucha mi egoísmo/ la sola voz de un pecho gemebundo".

De este modo, cierra un ciclo y casi no escribe más. Banchs murió en 1968, 57 años después de haber publicado su último libro. Su obra poética publicada en 1973 recoge unos cien poemas más, escritos entre 1907 y 1955, que no reunió en libro y que no modifican la visión de conjunto que ofrecen los cuatro únicos que publicó en su juventud. Su hija, entrevistada una vez por el poeta Pablo Anadón, recordó que "su padre jamás les había puesto en las manos un libro suyo ni les había hablado de poesía".[4] Sería deseable para la historia de la poesía argentina que el mito del poeta autosilenciado se impusiera sobre los poemas de sus tres primeros libros, a los que Javier Adúriz con justicia llama "una formidable calistenia de metros y prosodia",[5] y no sobre muchos de los finalmente expresivos sonetos del cuarto, donde logra desinflar la agotada pompa modernista a favor de un lirismo seco y sincero, cuyos ecos resuenan después en algunos poetas de los años veinte que desarrollaron su obra por fuera de los parámetros vanguardistas, como Ricardo Molinari, Luis Franco, José Pedroni y Carlos Mastronardi.

LA POESÍA ANACRÓNICA Y AUDAZ DE ALFONSINA STORNI

El dulce daño, de 1918, está encabezado por un par de versos que resumen el tema y la forma que hicieron inmediatamente famosa a su autora: "Hice el libro así:/ Gimiendo, llorando, soñando, ay de mí". Estos dos versos del poema "Así" marcan tanto el empaste entre materia y tono de su poesía —gemido, llanto, ensoñación— como su modesta factura técnica, según se advierte en la facilidad —para la alta exigencia modernista, de la que son tributarios— de la rima aguda o, como sucede en otros poemas, de las graves pero casi siempre asonantes. En los cuatro libros que suma entre *El dulce daño* y *Ocre*, de 1925, Storni compensó largamente el involuntario déficit compositivo con un repertorio temático audaz y con un enorme poder comunicativo, que justifican sus no más de cuatro o cinco poemas que no deben faltar en ninguna antología de la poesía argentina.

Los dos libros siguientes, *Irremediablemente* y *Languidez* se encuentran divididos en compartimentos temáticos —"Momentos humildes, momentos amorosos, momentos pasionales", "Momentos amargos, momentos selváticos, momentos tempestuosos", "Motivos líricos e íntimos", "Exaltadas", "Razón"— que convocan el mundo de la novela semanal, respaldado en ese momento, masivamente, por el mismo público femenino que avala, de modo masivo también, los poemas de Storni, quien modela en su obra un tipo de mujer sexual, inscripto sobre su biografía, que no está incluido en ninguno de los dos que aceptaba la sociedad en las primeras décadas del siglo XX: esposa o prostituta. La recepción favorable a la obra de Storni proviene también de los escritores, si nos atenemos a la encuesta de la revista *Nosotros*, publicada en 1923, según la cual, a la pregunta acerca de los poetas mayores de treinta años que el encuestado respetaba más, diez sobre treinta y siete, de muy distinta procedencia y generación, votaron por ella. Es posible que a algunos de ellos (los más viejos y los más jóvenes, esto es, los formados en la lectura modernista o en la práctica escrituraria vanguardista en cualquiera de sus vertientes) no se les escapara que, pobre según un parámetro y viejo según el otro, el valor de la poesía de Storni atañía, en definitiva, y sobre todo por sus temas, más al mundo cultural que al literario. Pero tampoco se les escaparía el modo en que la autora había logrado convertir sus poemas en un vehículo de ideología increíblemente eficaz que creó posibilidades ciertas para el desarrollo del feminismo en la Argentina.

Después de nueve años de silencio, Storni publicó dos nuevos libros de poemas —*Mundo de siete pozos* y *Mascarilla y trébol*— en los que abandona el tono, la forma y la materia de su obra anterior, a favor de una poesía más moderna, más objetiva, más controlada y más experimental. Paradójicamente, estos poemas —mejores, según un parámetro puramente técnico y también cronológico, debido a que parecen una puesta al día en sintonía con la experiencia vanguardista, frente a la que sus poemas anteriores eran notoriamente anacrónicos— la representan y expresan mucho menos.

LOS VERSOS SENCILLOS DE BALDOMERO FERNÁNDEZ MORENO

En 1915 Baldomero Fernández Moreno publica su primer libro de poemas, *Las iniciales del misal*, cuya dedicatoria a Rubén Darío, "por cuya salud piden a Dios las estrellas, las rosas, los cisnes y el corazón de todos los poetas de América y del mundo", marca el punto de partida de su obra, y los poemas que le siguen, su tibia disidencia. Fernández Moreno, hasta entonces explícitamente emparentado con el proyecto modernista, se desliga de todos los recursos y simbología para dar, en sus tres o cuatro libros siguientes, una nota realista y representativa (los setenta balcones, la calle, los ruidos de la ciudad y hasta un Ford —"en el camino llano/ se ha detenido el Ford", en un poema de 1919—) que incorpora de modo programático a su poesía los temas de la gran ciudad. Descarta, en cambio, el ambicioso friso social o la proyección sociológica, para reducir la realidad representada a pequeñas viñetas (el paso de un tranvía, un carnaval, la fuente de una plaza, el café Tortoni), muchas sólo descriptivas, otras humorísticas, todas simples y acotadas. En 1924, en una tertulia, introduce la lectura de unos poemas con un texto que habla tanto de su obra como de su personalidad: "No esperéis de mí ni ademanes declamatorios ni teatrales inflexiones de voz. Diré con toda sencillez mis sencillos versos y no iré más allá, sin duda, de la monotonía adormecedora de una fuente".[6]

Con ese poco, con esos versos musicales, sencillos, con temas urbanos (pero de una ciudad apacible, de buenas gentes, sin miserias), y también familiares (la casa, la mujer, los hijos), Fernández Moreno terminó de apagar la ya agonizante fastuosidad modernista, que resucitarán setenta años más tarde los poetas neobarrocos.

Las revistas *Ideas* y *Nosotros*. La obra crítica de Roberto Giusti

El 1 de mayo de 1903, Manuel Gálvez y Ricardo Olivera, dos jóvenes de 19 años, publicaron el primero de los 24 números de la revista *Ideas*, que ambos dirigieron hasta abril de 1905. La imagen que tenemos hoy de Gálvez está condicionada por la que más tarde forjaron de él las vanguardias y sus derivados, que sólo destacaron el aspecto retrógrado de su proyecto novelístico, con el que pretendía, como señaló Beatriz Sarlo, "ser Zola treinta años después del apogeo del naturalismo".[7] Pero el joven Gálvez fue, oportunamente, un escritor moderno, un precursor y un militante de la profesionalización del escritor —y, junto con ello, de la idea de que la literatura debía ser hecha por escritores profesionales y no por escritores de a ratos, caracterización que englobaba tanto a casi todos los viejos novelistas y narradores que habían comenzado a publicar en las dos últimas décadas del siglo XIX, como a buena parte de los bohemios y diletantes reunidos a fin de siglo alrededor de la figura de Rubén Darío—. Olivera, en cambio, según lo recuerda Gálvez en sus memorias, era un *club-man*, un joven que respondía más a la figura de un anacrónico *dandy* que a la del escritor o intelectual: "un típico hombre de club: frío, mesurado, calmoso, irónico, ligeramente escéptico", que se levantaba a las cuatro de la tarde y se iba al Club del Progreso, "donde comía y jugaba hasta las tres o cuatro de la mañana".[8]

La combinación —al parecer más anulante que productiva— entre uno que miraba hacia el futuro y otro que no lograba desprenderse del pasado simboliza a todo un grupo de escritores que comenzaron a publicar en los primeros años del siglo XX bajo un programa —o, más bien antiprograma— trazado, tal vez inconscientemente, por el mismo Olivera en el primer número de *Ideas*: "No es una revista conservadora ni es tampoco una revista revolucionaria: no pertenece a ninguna escuela".[9]

Entre colaboradores regulares y esporádicos la revista sumó, sin distinción, a buena parte de los ahora "viejos" que habían recibido diez años antes a Rubén Darío, como Ángel de Estrada, Alberto Ghiraldo, Roberto J. Payró, Charles de Soussens, Manuel Ugarte, Antonio Monteavaro, Carlos Ortiz, y a autores que daban sus primeros escritos a la prensa: Ricardo Rojas, Alberto Gerchunoff, Emilio Becher y Emilio Ortiz Grognet, entre otros. *Ideas* fue la más influyente de las muchas pequeñas revistas de la época (todas caracterizadas por ese mismo espíritu de transición, donde lo viejo no terminaba de marcharse ni lo nuevo de llegar) y una reconocida manifestación de las tendencias antipositivistas de fines del siglo XIX y principios del XX, pero en la perspectiva de la historia de la literatura fue, principalmente, el germen conceptual de la publicación más importante de ese momento, la revista *Nosotros*, que se caracterizó, sobre todo en sus primeros quince años, por exacerbar esa no pertenencia a ninguna cosa que había resultado ser el antimanifiesto de *Ideas*, según puede comprobarse rastreando sus sumarios y colaboradores.

Nosotros fue gestada intelectualmente en las aulas de la Facultad de Filosofía y Letras de la Universidad de Buenos Aires por Alfredo Bianchi y Roberto Giusti, quienes compartieron la dirección de la nueva revista que comenzó a aparecer en 1907. En la presentación, los directores afirmaban que no los animaba ningún otro anhelo "que el de poner en comunión en sus páginas, las viejas firmas consagradas con las nuevas ya conocidas y con aquellas de los que surgen o han de surgir".

El número 1 es una muestra en miniatura de la puesta en práctica de ese programa. Allí publican el más consagrado de todos, Rubén Darío, el ya conocido Roberto J. Payró —que recién acababa de dar a conocer su primer libro importante, *El casamiento de Laucha*— y el jovencísimo e inédito Enrique Banchs. La primera época de *Nosotros* —y la más trascendente— va hasta la publicación del número 299-300, en diciembre de 1934, siempre dirigida por la dupla Bianchi-Giusti, salvo un pequeño intermedio entre 1920 y 1924, en el que Giusti fue reemplazado por Julio Noé. Entre 1936 y 1943, *Nosotros* sacó otros 90 números, pero entonces ya había dejado de tomarle el pulso a la literatura argentina —y a veces, pese a que no era una revista de doctrina, hasta de imprimírselo—, como sucedió en parte hasta mediados de la década del veinte, cuando sus protocolos de lectura fueron reemplazados por los de la vanguardia. En esos 15 años, *Nosotros* se valió de su antiprograma para organizar, como señalan justamente Héctor R. Lafleur, Sergio D. Provenzano y Fernando P. Alonso, una "extraordinaria antología"[10] de la literatura argentina, en la que cabían tanto las primeras espadas del modernismo y del postmodernismo, como, más tarde, las de la vanguardia ultraísta: fue allí donde Borges, en 1921, publicó su artículo "Ultraísmo", definido como una "explicación de la nueva estética", y también donde se publicó, en 1923, la encuesta sobre "Las nuevas generaciones literarias". Muchos años más tarde, en 1959, Roberto Giusti, puesto a hacer un balance sobre la crítica y el ensayo argentinos, anotaba que faltaba en la época de *Nosotros* —y aun en la que hacía esa evaluación retrospectiva— "el examen de la literatura que va haciéndose bajo la mirada curiosa del crítico".[11] No es, señalaba Giusti, que "hayan faltado críticos inteligentes, ilustrados e imparciales; pero han ejercido la tarea, a menudo ingrata y sin recompensas, sin continuidad". Con la misma humildad que caracterizó a su prosa, Giusti no se excluía de ese panorama yermo. Sin embargo, desde los primeros números de *Nosotros*, el joven crítico, que tenía entonces 20 años de edad, comenzó a desarrollar una tarea continuada y paciente, cumpliendo —y haciéndosela cumplir a distintos colaboradores de la revista— la que fue para él la tarea básica del crítico literario: ser el "efectivo medio de comunicación entre el lector y el escritor, y orientador de uno y otro". Para llevarla adelante, propiciaba la figura del "crítico militante", esto es, aquel que examina una obra de modo "serio, reposado y orgánico", con el respaldo económico de los grandes diarios, si es que éstos se atrevieran, escribía en 1941, "a estampar sus juicios críticos bajo la autoridad de firmas responsables ante la opinión, que las hay en el país".[12] Julio Noé, Álvaro Melián Lafinur, Fermín Estrella Gutiérrez, Antonio Aita y el español Juan Mas y Pi fueron algunos de los más asiduos críticos literarios de *Nosotros*; contribuyeron, todos, a la consolidación de un género entonces incipiente —y básicamente desarrollado a la manera de discontinuas crónicas o gacetillas periodísticas— que tuvo a lo largo del siglo XX un desarrollo excepcional.

Sobre las posibilidades de la crítica literaria expresadas por Giusti en *Nosotros*, Ricardo Rojas, que también fue colaborador de la revista, escribió la primera historia de la literatura argentina.

RICARDO ROJAS Y LA PRIMERA HISTORIA DE LA LITERATURA ARGENTINA

Ni sus poemas modernistas epigonales, cuya publicación inició en 1903 con un volumen titulado *La victoria del hombre*, ni sus relatos folklóricos, editados en *El país de la selva*, ni su insistente prédica nacionalista, expuesta primero en *La restauración nacionalista* y después en *Blasón de plata* y *Eurindia* le otorgan a Ricardo Rojas, en la historia de la literatura argentina, el lugar preponderante y neto que le da *La literatura argentina. Ensayo filosófico sobre la evolución de la cultura en el Plata*, tal el título de la primera historia de nuestra literatura, publicada entre 1917 y 1922.

Como escribe en la "Introducción", esta obra es "el fruto" de una investigación personal que realizó desde la cátedra de Literatura Argentina de la Facultad de Filosofía y Letras de Buenos Aires, fundada por el Consejo de la Facultad en 1912, de la que fue su primer profesor, y en la que, como recordó más tarde, no sólo debió dictar las lecciones, sino crear la materia misma: "Yo tomé una cátedra sin tradición y una asignatura sin bibliografía".[13]

Rafael Obligado, el autor de *Santos Vega*, "negado —como recuerda Rojas— por los que promovieron el Modernismo y rehabilitado por los que estamos promoviendo el nacionalismo en nuestras letras", fue el encargado de dar la bienvenida a Rojas y de explicitar, además, el fundamento ideológico de la incorporación de la nueva asignatura a los planes de estudio de la facultad. Para Obligado, la Argentina tenía entonces consolidada una historia política y militar, que permitía al lego conocer los nombres y la acción de "de los próceres de Mayo, de sus primeras asambleas, de sus grandes capitanes y victorias". Pero poco, en cambio, se sabía de quienes "los acompañaban y acaso les dirigían desde el gabinete o el periódico y el libro en la primera mitad del siglo pasado". Apenas, dice Obligado, sus nombres, tal vez alguna de sus obras, pero no su historia, ni "su colocación respectiva entre sus contemporáneos". Para Obligado, "tribuna, púlpito, periodismo, cátedra, poesía, novela, teatro, elocuencia popular, tuvieron su verbo encendido, apagado ya por la acción del tiempo y la indiferencia harto dolorosa de los países de aluvión". La cátedra de literatura argentina venía entonces "a reparar esa injusticia".[14]

Contra la indiferencia del país aluvional de la inmigración hacia los valores nacionales y a favor de una historia literaria determinada por el ideal nacional y, por lo tanto, condicionada por la propia historia política de la nación. Sobre esos presupuestos, de origen simultáneamente romántico y positivista, debió trabajar Rojas en su cátedra primero y en su "ensayo filosófico" después. Y la misma historia puede ser leída como el documento de los conflictos entre esos presupuestos, abonados ideológicamente por la militancia nacionalista de Rojas y la un poco indómita materia de la que debían dar cuenta, debido a su brevedad "y la abundancia de elementos foráneos que han venido a fundar nuestra civilización —comenzando por el idioma castellano de nuestras letras—", que volvían impertinentes, como señala Rojas, los métodos utilizados por "los eximios críticos europeos", como Macaulay, Carducci o Taine, "para explicar literaturas más antiguas y orgánicas que la nuestra".

La conciencia de Rojas sobre la magnitud del conflicto, y sus soluciones, que a veces favorecen al plan filosófico en desmedro de las obras del que éste debería dar cuenta, y otras, a los textos o autores, aunque no sean del todo pertinentes a los presupuestos del plan, cargan a su historia de cierta dramaticidad, que está en la base del interés que todavía depara la lectura de muchos de sus capítulos.

Una literatura nacional es, según los modelos que pese a todo sigue Rojas, la expresión de una lengua, una raza y un suelo, es decir, el documento de una nación, como lo son la *Chanson de Roland* de la francesa o el *Cantar de Mio Cid* de la española. Pero esa unidad de lengua, raza y literatura, que se da, según Rojas, en las naciones europeas modernas y en los imperios romano y griego, se desdibuja en una literatura de tradición corta, como la argentina, que, además, está escrita en un "idioma de trasplante", renovado pero "no abandonado ni corrompido". Ése será, precisamente, el primer tropiezo consciente de Rojas: cómo elaborar una conciencia nacional, de la que la literatura sería su expresión o documento, según una idea original de Benedetto Croce, a partir de la dualidad que ofrece un territorio "que nos pertenece exclusivamente y un idioma que nos pertenece en común con otras naciones". Esto es, cómo "formar una conciencia de una nacionalidad literaria dentro de ese internacionalismo del idioma".

El hecho, por otra parte, de que el idioma no sea, en sí mismo, una marca de nacionalidad, o de "conciencia" nacional, lleva, según Rojas, a algunos escritores a "desertar" al francés. Los ejemplos parecen hoy insignificantes —un libro de poemas de "la señora Delfina Bunge de Gálvez", titulado *Simplement...*, y otro, también de poemas, "del señor José María Cantilo", titulado *Jardins de France*—, pero no su alerta acerca de los criterios que el historiador de una literatura nacional debe adoptar ante esos casos singulares que por otra parte no son exclusivos de la literatura argentina: "¿Hasta dónde el idioma de la nación —se pregunta Rojas— define la argentinidad de su literatura, y hasta dónde se la define por la cuna de sus autores o la índole de sus obras?". A lo largo del siglo XX, la obra argentina de Copi, escrita casi toda en francés, o la de Juan Rodolfo Wilcock, más de la mitad escrita en italiano, actualizan las señeras preguntas de Rojas y promueven respuestas diferentes en cada caso, pero contenidas ya en la pregunta original.

De las preocupaciones por la lengua, Rojas se desplaza a las del territorio, descartando, en primer lugar, la posibilidad de que la cronología literaria argentina pueda ser un estricto sucedáneo de la historia política de la nación. Por un lado porque, como ya habían señalado oportunamente los románticos de

1837, era castellana "la lengua libertadora de la *Gaceta*", de Mariano Moreno, y la de la marcha de López y Planes. Y, por otro, porque según Rojas, la argentinidad, el ideal de nación, "no está constituido solamente por el Estado y las instituciones políticas soberanas" y es entonces anterior a la revolución emancipadora. Esta certeza lo lleva a preguntarse por el origen de la literatura argentina y, más específicamente, por dónde debe empezar a contarse su historia. Es cierto que su afán "panargirista" lo retrotrae demasiado atrás y que encuentra rastros de esa argentinidad aun en el siglo XVI. Pero también es cierto, como señala el teórico y especialista en historia de literatura de la literatura David Perkins, que "en los comienzos el artificio es obvio" y que todo inicio de una historia literaria "es una línea dibujada a través de la corriente de un río", pautada por el instinto y las facultades críticas del historiador.[15] Claro que, sigue Perkins, ese comienzo elegido tendrá impacto en el relato del pasado representado, y por lo tanto aquí no se trataría de impugnar sin más el comienzo elegido por Rojas, sino de ver cuán conveniente resultó éste en el trazado de su ambicioso plan. Para Rojas, la argentinidad no reside sólo en el territorio y el idioma, sino que es "el espíritu mismo de nacionalidad, y no los elementos materiales que la constituyen —territorio, política o ciudadanía—, lo que debe servirnos de criterio cuando clasifiquemos la materia literaria y queramos fijar la extensión de esta asignatura".

Así, bajo la simultáneamente lábil y firme figura del ideal, Rojas, en contra de "la vanidad patriótica" y del "patriotismo militarista", que restringía la historia de la literatura nacional "cronológicamente a los términos de 1810", y "geográficamente a los autores y obras nacidos dentro del territorio nacional", arma un mapa fundador de la literatura argentina, bastante parecido al que conocemos hoy, casi cien años más tarde y después de varios renovados intentos individuales y colectivos de escribir nuevas historias de la literatura argentina. Ese mapa, por un lado, incluye al cordobés Luis de Tejeda, a Vicente López y Planes y a Manuel José de Lavardén, esto es, a los autores "argentinos" anteriores a la Revolución. Pero también incluye a "extranjeros" como el asunceño Ruy Díaz de Guzmán, o los españoles Martín del Barco Centenera o Alonso Carrió de la Vandera —entonces aún conocido por su seudónimo Concolorcorvo—, que antes de

1810 "describieron o embellecieron la vida colonial", en desmedro de algunos autores nacidos en el territorio, como Ventura de la Vega, "cuya vida y cuya obra pertenecen a la historia de España" y que queda excluido del mapa de Rojas. También queda adentro la obra nacional escrita en el extranjero, como el *Facundo* de Sarmiento, las *Bases* de Alberdi y *La gloria de don Ramiro*, de Enrique Larreta, así como la obra de autores extranjeros incorporada a "nuestro patrimonio intelectual", contribuyendo de este modo a la "formación de nuestro ambiente". Entre ellas, las del francés Paul Groussac, el uruguayo Florencio Sánchez y el nicaragüense Rubén Darío.

Proyectado al siglo XX, el mapa de Rojas excluiría la obra del argentino Héctor Bianciotti escrita en Francia y en francés, aun su segunda parte en la que el pasado argentino, como señalan Judith Podlubne y Alberto Giordano, aparece "como objeto de rememoración, de representación literaria", pero de ningún modo atado al presente del narrador y personaje. Bianciotti, más bien, siguen Podlubne y Giordano, se construye "como un escritor francés exótico", más que como uno argentino.[16] Pero incluiría *El ombú*, *The Purple Land* y *Far Away and Long Ago*, del quilmeño William Hudson, que, pese a estar escritas en inglés y en Inglaterra, evocan el ambiente pampeano. La obra de Hudson no forma parte de la literatura nacional sólo por el tema tratado, sino por la productividad que tuvo en la literatura argentina de la primera mitad del siglo XX, según se desprende del entusiasmo con que la leyeron, entre muchos otros, Horacio Quiroga, Jorge Luis Borges, quien la destacó como "fundamentalmente criolla", y Ezequiel Martínez Estrada, para quien "nuestras cosas no han tenido poeta, pintor ni intérprete semejante a Hudson".[17] También dentro de la literatura argentina quedaron, según la proyección del plan de Rojas, las notas de viaje del norteamericano Waldo Frank, del español José Ortega y Gasset y del conde de Keyserling, que tuvieron influencia decisiva en la elaboración de algunos de los ensayos sobre el ser nacional publicados por autores argentinos en los años treinta. Y queda, como un enigma a resolver, el "caso" Gombrowicz, el polaco que vivió en la Argentina entre 1939 y 1963, donde escribió, en polaco, su novela *Transatlántico*. Pero esa novela, escrita, según señala Pau Freixa Terradas, en un "lenguaje literario exclusivo del Barroco sármata",[18] sólo es superficialmente "argentina" por su tema ya que, como anotó el mismo Gombrowicz, se trata de una obra "inaccesible a los extranjeros". Su receptor ideal es un lector polaco culto, naturalmente entrenado para descifrar las connotaciones y referencias a la tradición nacional (polaca, y no argentina), lo que aleja a Gombrowicz de la tradición de la literatura argentina, más allá de la importancia que pudo haber tenido el autor, sobre todo en términos de magisterio, en la formación de algunos intelectuales y escritores que lo frecuentaron en las décadas de 1940 y 1950, algunos de los cuales, además, conformaron el "comité de traducción" que asesoró a Gombrowicz en 1947 para realizar la primera versión castellana de *Ferdydurke*. Como lo recuerda el mismo Gombrowicz, la obra argentina "solo de lejos se parece al texto original", publicado en Polonia en 1937. Para emprender la versión castellana, Gombrowicz enfrentó dos primeras dificultades: su dominio imperfecto de la lengua —la "parálisis idiomática de un pobre extranjero"— y la inexistencia, en ese entonces, de un diccionario castellano-polaco. Ambas fueron parcialmente superadas por el comité de traducción, presidido por el poeta cubano Virgilio Piñera, que vivía en la Argentina, e integrado, entre otros, por Adolfo de Obieta, Jorge Calvetti y Alejandro Russovich, ninguno de los cuales, por otra parte, sabía polaco y que funcionaban, recuerda Gombrowicz, como "pacientes pescadores del verbo", "obstinados buscadores del giro adecuado" y entusiastas "intuitivos". No la obra de Gombrowicz en general, ni siquiera *Ferdydurke* en particular, sino esa versión argentina de la novela, prologada en una edición de 1964 por Ernesto Sabato, que desde hace 60 años es visitada crítica y creativamente por nuevas generaciones de escritores argentinos, le dan a su autor un extraño y acotado lugar en la historia de la literatura nacional.

En cuanto a la periodización, Rojas considera que "para su mejor exposición didáctica", la historia de la literatura argentina podría dividirse en seis segmentos cronológicos que respondan a la historia política del país. El primero, "desde las primeras ciudades (siglo XVI) hasta la fundación de la enseñanza universitaria"; el segundo, "desde la fundación de la Universidad de Córdoba (1613) y el nacimiento del poeta Tejeda (1604) hasta la expulsión de los jesuitas (1767)"; el tercero, "desde la expulsión de los jesuitas y las reformas virreinales (1776) hasta el ocaso de la generación de

Mayo (1820)"; el cuarto, "desde los caudillos y Rosas (1820) hasta Caseros (1852)"; el quinto, "desde la constituyente (1853) hasta el congreso de Belgrano (1880)"; y el sexto, "desde la federalización de Buenos Aires hasta el triunfo de la burguesía cosmopolita".

Rojas advierte de inmediato que una periodización de este tipo puede tener ventajas didácticas, pero no filosóficas, porque, por un lado, la "vida espiritual de una nación es difusa y continua", y no puede entonces encasillarse en fechas tan rígidas y definitivas. Y, por otro, porque, "los ciclos de la evolución literaria no siempre son paralelos y sincrónicos a los ciclos de evolución política", cosa que se evidencia sobre todo en el ciclo correspondiente a los proscriptos de 1837, donde al "período más sombrío de la historia política", corresponde el "más sólido de nuestra literatura". Concluye entonces que una "historia crítica de la literatura argentina no podría reducirse" a una periodización semejante. Y propone, aunque ésta sea una proposición retórica, o discursiva, una nueva división, "meramente literaria". Una literatura dividida en sus "ciclos estéticos", que no son propiamente nacionales, sino europeos, toda vez que "un país tan entregado a influencias internacionales como la República Argentina, y que las ha soportado desde sus orígenes, en la economía, en la milicia, en el gobierno, no podía sustraerse a las revoluciones extranjeras, en esfera tan difusiva y vibrante como lo es la del arte y sus ideas". Los tres grandes movimientos que han repercutido en el Río de la Plata son, señala Rojas, el clasicismo hasta el siglo XVIII, el romanticismo en el siglo XIX y el modernismo "en la época actual", es decir, la suya de las primeras décadas del siglo XX. Rojas descarta inmediatamente que esta periodización sea la conveniente para su plan. Por un lado, porque esta evolución, armada sobre la base de la lucha de las escuelas estéticas, está supeditada a la presencia de "poetas y filósofos eminentes por su propio talento y característicos por su propia individualidad", cuya obra podrá ser estudiada como "expresión de belleza" pero no necesariamente como "expresión de nacionalidad". Y por otro, porque este corte dejaría fuera de la historia de la literatura argentina a Hilario Ascasubi, Estanislao del Campo y José Hernández, "como autores de una poesía que tendió a reflejar, por la simplicidad del relato, por el verismo de la descripción, por el regionalismo del vocabulario, la vida, las costumbres, el espíritu de nuestros gauchos, la emoción de las pampas y selvas nativas", que, además, "encierra los gérmenes originales de una fuerte y sana literatura nacional". En efecto, los gauchescos son el punto de apoyo —"la roca primordial", dice Rojas— de la original división definitiva con la que organiza finalmente su historia, dividiendo el cuadro en cuatro grandes secciones: Los gauchescos, Los coloniales, Los proscriptos, Los modernos. De este modo, se quiebra, por un lado, la sucesión cronológica —al poner a los gauchescos en primer término, antes que los coloniales— y atiende, por otro, a un recorte menos minucioso que el didáctico que le ofrecía la cronología política, que es insensible al movimiento de la "historia interna de un pueblo", del que las guerras y los gobiernos son "la faz visible y dramática de su historia exterior".

De este modo, Rojas logra establecer las bases de una historia literaria que elude la mera sucesión cronológica y polemiza con el entonces en boga "método de las biografías" que desarrollaban Carducci en Italia, Macaulay en Francia, Menéndez y Pelayo en España, José Verissimo en Brasil y Medina en Chile, multiplicando "sus monografías sobre temas biográficos o bibliográficos de historia literaria, pero sin crear una historia y una filosofía de sus respectivas literatura nacionales como fenómeno colectivo". Rojas, en cambio, arma una historia literaria pensada como un sistema orgánico de partes interdependientes, metafóricamente descripto según el símil de las capas geológicas —la roca primordial es la literatura gauchesca o nativa, sobre la que se montan una neptuniana (la de la colonia), otra plutónica (la de la revolución) y otra aluvional (la de los modernos)—. De este modo, piensa la literatura argentina como un "árbol simbólico", cuyo tronco es el *Martín Fierro*, su raíz el folklore, su ramaje el resto de la gauchesca, envueltos, el tronco y las ramas, para ocultar la savia y la fibra, en una corteza formada por "las cáscaras añales del escolastismo colonial, del romanticismo republicano y del individualismo estético". De modo tal que en ese sistema orgánico que es la historia de la literatura argentina, la gauchesca ocupa el centro de la escena porque, por un lado, y hacia atrás, se alimenta del folklore y de la poesía de la revolución, y por otro, y hacia adelante, se proyecta, "transmigra", escribe Rojas, hacia otros géneros. Primero, hacia la prosa romántica de Sarmiento, luego hacia la poesía culta de *Santos Vega* de Rafael Obligado, para irrumpir después en el teatro de Florencio Sánchez y en la prosa narrativa de Roberto Payró o de Fray Mocho.

En 1924 Paul Groussac publica un libro titulado *Crítica Literaria*, en cuyo prólogo se refiere, sin nombrarla, a la historia de Rojas como "cierto mamotreto públicamente aplaudido por los que apenas lo han abierto" o, también, "la indigesta mole", de la cual destaca irónicamente su "prosa gerundiana" y el hecho de tener un sumario o índice "de lo que, orgánicamente, nunca existió" —esto es, la literatura argentina—.[19]

El de Groussac es el primer testimonio del descrédito en que cayó rápidamente la historia de Rojas, simultáneo al del grupo de escritores nucleados alrededor de la revista *Nosotros*, promovido por la vanguardia martinfierrista que los convirtió en uno de los polos opositivos necesarios para la conformación de su argamasa. La misma fulguración de la idea de vanguardia a lo largo de todo el siglo XX relegó la historia de Rojas, cuando recién terminaba de publicarse, al pasado obsoleto de la literatura argentina, a lo que contribuyó, por cierto, la ampulosidad de muchas de sus afirmaciones y, por supuesto, el mismo tamaño de la obra, que provocó la invectiva de Groussac, retomada, deformada y popularizada más tarde por Jorge Luis Borges, quien postuló que "la Historia de la literatura argentina que consumó Rojas, es más larga que la literatura argentina".[20]

Sin embargo, el riguroso estudio de fuentes, entre las que incluyó, pioneramente, a diarios y revistas, y que se convirtió, de inmediato, en fuente misma de nuevas investigaciones sobre el pasado literario argentino, el inédito estatuto dado por Rojas a la literatura gauchesca y su sistema de periodización sesgado y mixto, que estuvieron, estos dos últimos, en la base de todas las nuevas historias de la literatura argentina, destacan, solos, la enorme importancia de este estudio fundador.

En el final de la introducción a su historia, Rojas alerta acerca de una novedad que estaba construyéndose en simultáneo con la escritura de su obra: el de una gran literatura que finalmente pudiera escribirse "a la vera de la política". Esta nueva obra que, dice Rojas, "por ser su historia acontecimiento de nuestros días" no formará parte de su estudio, pues su cercanía impide formular "un juicio desinteresado", incluye a los poetas postmodernistas y a los narradores realistas.

Los primeros, descriptos como aquellos que habían empezado ya una reacción contra el Modernismo y "su sentido universal de la belleza" que, sin embargo, nada había hecho "por la cultura como expresión orgánica de nacionalidad". Y los narradores realistas, como aquellos a quienes les esperaba la ardua tarea de dar cuenta de una nueva y compleja realidad, la de "la ciudad moderna, cosmopolita, ruidosa" a través de un género primordial, el de la novela, en una literatura, como dice Rojas, desprovista hasta entonces de novelistas —tajante juicio que involucra a Mármol, a Eduardo Gutiérrez, a Cambaceres, y a todos los naturalistas de fines del siglo XIX y principios del XX—. Los postmodernistas y realistas, valorados por Rojas, pero excluidos del sistema por demasiado contemporáneos, son los mismos que, en esos mismos años, empiezan a ser publicados por Manuel Gálvez en la Cooperativa Editorial Buenos Aires, dándole a la historia su implícita continuidad.

Las narraciones objetivistas de Horacio Quiroga

En 1917 Manuel Gálvez fundó una sociedad de escritores que, a instancias del socialista Mario Bravo, tomó la forma de una cooperativa cuyo capital original fueron cien acciones de cien pesos cada una y su única actividad, la publicación de libros de los escritores de la nueva generación. La Cooperativa Editorial Buenos Aires inició su catálogo con la publicación de *Ciudad*, de Baldomero Fernández Moreno. Y a instancias de su fundador, Horacio Quiroga reunió en un solo volumen titulado *Cuentos de amor, de locura y de muerte*, 18 cuentos publicados en distintos diarios y revistas de Buenos Aires entre 1906 y 1917.

El libro, que incluye algunos de los cuentos más famosos de Quiroga, como "El almohadón de plumas" o "La gallina degollada", cuyos argumentos avivaron la imaginación de varias generaciones de lectores argentinos, es, sin embargo, un volumen de transición, donde todavía queda un remanente del modernista que Quiroga fue a fines del siglo XIX en Salto, Uruguay, mezclado con los cuentos "de efecto" del discípulo ejemplar de Edgar Allan

Poe y de Guy de Maupassant, y con los cuentos "de ambiente", que son los que prefiguran su obra más personal y destacada, publicada en 1926 con el título *Los desterrados*.

Por estas razones, *Cuentos de amor, de locura y de muerte* tiene más carácter de compilación que de libro compuesto bajo un mismo impulso creativo, y no parece que fueran del mismo autor los cuentos "elegantes", como "Una estación de amor", todavía tributarios del Modernismo, los de efecto, como "La gallina degollada" y "El almohadón de plumas", que parecen traducciones a la lengua literaria rioplatense de los eficaces —pero ajenos— mecanismos compositivos de sus declarados maestros Poe, Maupassant, Kipling y Chejov, y, finalmente, los cuentos llamados "de ambiente". Estos últimos, también conocidos como cuentos misioneros, bastan para ubicarlo a Quiroga como uno de los primeros cuentistas argentinos y se destacan de los demás —incluso de un magnífico cuento como "Los buques suicidantes", que está fuera de todas las tipologías del volumen y que da el punto más alto de su numerosa obra fantástica— por lograr lo que Jorge Rufinelli en 1969 definió como "la imbricación misteriosa y sombría entre los hechos naturales y el estremecimiento que los habita".[21]

"A la deriva", por ejemplo, es el primero de los cuentos en el que Quiroga logra plenamente una justa imbricación, para usar el término de Rufinelli, entre los hechos naturales, objetivos, y el estremecimiento literario que los envuelve, obteniendo así el punto justo de su objetividad, señalada en 1950 por Emir Rodríguez Monegal como la nota más destacada de su obra narrativa.[22] El intento ya había sido realizado en "El almohadón de plumas", pero allí se producía un violento desfase entre el lenguaje convencionalmente bello con que se describen a la muchacha y el palacio donde vive, caracterizado por "la blancura del patio silencioso —frisos, columnas y estatuas de mármol—" que "producía una otoñal impresión de patio encantado", y la hasta cierto punto intolerable aparición de la voz del narrador supuestamente científico al final del relato para explicar las razones supuestamente objetivas de la muerte de la muchacha, causada por unos "parásitos de las aves, diminutos en el medio habitual", que "llegan a adquirir en ciertas condiciones proporciones enormes. La sangre humana parece serles particularmente favorable, y no es raro hallarlos en los almohadones de pluma".

Se ve entonces aquí una ruptura, un quiebre que violenta la idea de un cuento "como una sola línea, trazada por una mano sin temblor desde el principio al fin", desarrollada por el mismo Quiroga en "Ante el tribunal". El intempestivo cambio de narrador —el cuento se viene sosteniendo con la voz de uno externo a la historia, que no sabe de los hechos más que los personajes ni el lector y que es bruscamente cambiado al final por uno omnisciente, que sabe más que todos— atenta contra la armonía compositiva y, por lo tanto, contra su efectividad. En "A la deriva", en cambio, un registro se disuelve en el otro y se obtiene uno nuevo, superador de los dos. El cuento, que narra el final de la vida de su único protagonista, desde que lo muerde una víbora hasta que, unas horas más tarde, deja de respirar, es una descripción objetiva de ese proceso, sostenida, toda la secuencia, por un correlato que se edifica alrededor de las descripciones intencionadas del paisaje. Así, las sombras, lo negro y lúgubre del agua del río encajonado, remiten a la idea de la muerte, del mismo modo en que el oro del cielo, la frescura, los efluvios del azahar y la miel silvestre, acompañan después la mejoría y el estado de exaltación que manifiesta el agonizante poco antes de morir: "Y de pronto, con asombro, enderezó pesadamente la cabeza: se sentía mejor".

Hasta aquí, Quiroga había trabajado privilegiando un discurso en desmedro del otro, como puede verse en el relato "El haschich", de *El crimen del otro*, construido a partir de las anotaciones que un amigo suyo, Alberto Brignole, escribió mientras Quiroga experimentaba los efectos del consumo de haschich. El cuento es, en realidad, la trascripción fiel de las observaciones de Brignole según avanzaban o se detenían los trastornos provocados por la droga: "normalidad", "acceso de alegría", "risas sin causa", etcétera, donde la literatura dejaba todo su lugar al registro objetivo de una experiencia. A la inversa, en "La princesa bizantina", del mismo libro de 1904, pueden verse los numerosos obstáculos con que tropieza Quiroga cuando su experiencia —como actor o testigo— desaparece y trabaja sólo a partir de los presupuestos de la literatura de imaginación. Finalmente, en muchos de sus cuentos más conocidos —"El almohadón de plumas" o "La miel silvestre"— yuxtapone un procedimiento con el otro, pero no obtiene aún la disolución de uno en otro, que logra, sí, en "A la deriva", en 1912.

De este modo, *Cuentos de amor, de locura y de muerte* clausura las líneas abiertas en la producción narrativa anterior de Quiroga, iniciada en 1901 con *Los arrecifes de coral*, y abre, con el estudio del ambiente misionero y la afinación de nuevas técnicas narrativas, el camino hacia *Los desterrados*, con un paso obligado por *Anaconda*, conjunto de cuentos en el que Aníbal Ponce, en una nota bibliográfica firmada en el número 150 de la revista *Nosotros*, de 1921, ya adivinaba la desconcertante nota objetivista que comenzaba a concentrar la obra quiroguiana. Tan desconcertante, que Ponce se ve en la necesidad de aclarar, respondiendo a un contexto todavía signado por los coletazos modernistas, de los que no había logrado desprenderse el mismo Quiroga hasta su libro de 1917, que la "poca afectación" del salteño no equivalía a "falta de estilo". Y que, por el contrario, "esa técnica que se disimula hasta suponerla ausente, exige una claridad perfecta, una propiedad infalible, una concisión que no se traicione jamás".

Los mejores cuentos de *Anaconda*, pero también la *nouvelle* "El salvaje", incluida en el libro homónimo de 1920, dan cuenta de todas las restricciones que Quiroga va imponiendo a la ornamentación, a la subjetividad y a las proliferaciones de cualquier tipo, en pos de un arte concentrado y puro en el que, como señala Ponce otra vez, "su tranquilidad soberbia, sorprende, irrita a veces. No se adivina ni su amor o su odio, ni su piedad o su cólera. Mas no tenemos tampoco derecho a preguntarle. Como la naturaleza, todo lo ha hecho cuando ha dado la vida".

Los desterrados está dividida en dos partes. La primera llamada "El ambiente" formada por un solo relato, "El regreso de Anaconda", y la segunda, "Los tipos", compuesta por siete, el primero de los cuales está encabezado por un párrafo que sirve de presentación y prólogo a todos los demás. Aquí, la relación entre tipos y ambiente, característica del cuento naturalista y regionalista, se instaura, como señala Nora Avaro, "como un sistema dominante de la construcción de las historias, pero además [Quiroga] la convierte en el patrón que organiza el orden de los relatos y le otorga al conjunto cierta unidad novelística de la que carecían colecciones anteriores".[23]

Pero contrariamente a lo que ocurre en el naturalismo y el regionalismo —dos convenciones que Quiroga convoca y descarta—, el ambiente no condiciona los tipos, porque no es anterior a ellos, sino que hay interdependencia entre unos y otros. Los términos, dice Avaro otra vez, "existen sólo en tanto uno se vincula con el otro, y la intensidad de la narración —el relato de la 'vida intensa'— es el producto de esa coincidencia ejemplar. Nada hay antes ni fuera de esa sociedad tenaz entre carácter y ambiente". Por otro lado, menos en "El hombre muerto" que arma, en su ajustada composición, un par con "A la deriva", del libro de 1917, todos los relatos de *Los desterrados* se alejan de las normas del "cuento perfecto" que el mismo Quiroga había pronunciado —y, extrañamente, seguiría pronunciando después de *Los desterrados*—, a veces de modo irónico y otra veces no, en una serie de artículos prescriptivos, como "El decálogo del perfecto cuentista", "La retórica del cuento" o "El manual del perfecto cuentista". En *Los desterrados*, en cambio, los cuentos van dejando de ser tales —un cuento es, como un soneto, una forma cerrada que sólo admite variaciones superficiales y nunca estructurales— para anticipar una forma más moderna: la de la narración. De este modo, estos nuevos relatos, abiertos y relacionados entre sí, de resolución desconcertante, en los que el "efecto" de uno no está al final, sino en el medio de otro, cuando reaparece un personaje, o se cierra una situación, dan al conjunto una inestabilidad que fundamenta su modernidad y vigencia. Y simultáneamente condenan al anacronismo a todos los autores de "cuentos perfectos" que, aun después de que Quiroga diera de baja la forma en esta sorprendente colección, atravesaron, como señala Alan Pauls, todo el siglo XX, conformando una insólitamente prestigiosa tradición sostenida a fuerza de pericia mecánica, perfección de joyería, pureza y remates ingeniosos, en los que no es posible encontrar riesgo ni invención.[24]

La lección de Benito Lynch

En 1916, Benito Lynch, hasta entonces desconocido autor de una novela titulada *Plata dorada*, publicó *Los caranchos de la Florida*. La historia de Don Panchito, el joven que después de una experiencia civilizante en la ciudad vuelve a la estancia semibárbara que dirige su padre Don Pancho en las orillas del río Salado, el natural enfrentamiento entre ambos y la proyección que éste ofrece del par civilización y barbarie, ahora traspuesto en clave realista, con reverberaciones de naturalismo lombrosiano —todos los campesinos están caracterizados físicamente como animales—, llamaron de inmediato la atención de Manuel Gálvez y de Horacio Quiroga. Gálvez destacó "la precisión lapidaria" y "la rara exactitud" de Lynch, pero está claro que más que su capacidad mimética y, por lo tanto, su contribución al dogma realista, lo que le interesaba de Lynch era su tributo al afán nacionalista que para esos años él mismo promovía y consolidaba en novelas como *La maestra normal*, *El mal metafísico* y *Nacha Regules*. En definitiva, el valor de *Los caranchos de la Florida* reside, para Gálvez, en ser "un libro absolutamente nuestro, un reflejo exacto y admirable de nuestras costumbres, de nuestros hombres y de nuestros paisajes".[25]

Quiroga, en cambio, es insensible a esa nota y, de hecho, el tema de la novela no le interesa particularmente, ya que ésta no es, según él, la primera en relatar "venganzas de jóvenes, rencores de viejo, idilios de una y otra edad, todo sobre un fondo de siestas, inundaciones y sequías". Lo que le importa verdaderamente son las "dos grandes sensaciones" que le deparó su lectura: "honradez muy grande y muy extraña para ver, y potencia igual para sostener un carácter".

En cuanto a lo primero, Quiroga destaca que, contrariamente a los escritores que trepados "a una torre de molino" enumeran prolijamente "todo lo que está a su alcance" para de este modo dar una "sensación de campo", Lynch opta por ofrecer "una brusca visión de campo": "sólo dos o tres cosas saltan vivamente a la vista, que son las que resumen y nos dan la sensación total del paisaje: de lo demás no hace falta hablar". De lo segundo, el carácter de los personajes, elogia "la garra tenaz" de Lynch, no sólo para trazarlos sino, y esto es lo más importante, para sostenerlos a lo largo del relato. Finalmente, Quiroga hace un campo yermo de la novelística argentina pasada y contemporánea augurándole a Lynch su futura supremacía en el género: "si algún día hemos de tener un gran novelista, ése va a ser usted".[26]

Pero, con *Los caranchos de la Florida*, Lynch, que era prácticamente contemporáneo de Quiroga, aunque éste le dio en su "Carta abierta" el trato que se da a un joven principiante, había dado su mejor novela, según puede verse siguiendo su bibliografía, en la que sólo se destaca, en 1924, *El inglés de los güesos*, que narra el amor imposible entre Balbina, una joven campesina bonaerense, y un paleontólogo inglés. Y el hasta entonces entusiasta Quiroga, según testimonia en sus *Memorias* Elías Castelnuovo, señaló: "Ya no da más el mozo. ¿Usted la pudo leer? Yo la dejé en la página 32. ¡Qué lástima de promesa!".[27]

En la vehemente carta de 1916 sobre *Los caranchos de la Florida*, en cambio, Quiroga había destacado, además del carácter de los personajes y la "brusca visión de campo", el modo en que Lynch, sobre el final de la novela, evita presentar de modo directo el enfrentamiento entre padre e hijo, el "pudor artístico" con el que evita "extremar la nota, y hacer una tragedia a los ojos", privándose así de la facilidad de obtener "un grande efecto de escenario". Este aspecto es lo que termina de precipitar el programa narrativo de Quiroga, balbuceante todavía en *Cuentos de amor, de locura y de muerte*, y ya severo y definido en *Los desterrados*. Más que sus novelas, esa lección define el lugar de Lynch en la historia de la literatura argentina.

La picaresca de Roberto J. Payró

En 1906 Roberto J. Payró publicó su libro más destacado: *El casamiento de Laucha*, una *nouvelle* de 112 páginas en su edición original, con la que inicia la saga "pagochiquense" que incluye sus otros dos grandes libros de ficción: *Cuentos de Pago Chico* y *Divertidas aventuras del nieto de Juan Moreira*. El primero no sólo dio la nota más alta de su autor, sino también la de la picaresca en la literatura argentina, debido a un rasgo nuevo en el género, ausente en sus antecedentes españoles y gauchescos: la omisión de la moral del autor, contrapuesta a la del personaje. Sin antagonistas, sin un marco de oposición estructural, sin un final moralizante ni pedagógico, Payró construye, en Laucha, uno de los personajes más puros de la literatura argentina. Contrariamente a lo que sucede más tarde con Mauricio Gómez Herrera, el personaje de *Divertidas aventuras del nieto de Juan Moreira* que es, más que un pícaro, un cínico cuyas acciones son premeditadas y están conducidas por una serie de presupuestos, Laucha sólo es guiado por la circunstancia y por la oportunidad. Pero más importante que la distinta catadura moral de ambos personajes, es el diferente modo de construcción de cada uno de ellos.

En *Charlas de un optimista*, publicado póstumamente, Payró, a través de una especie de alter ego llamado Jiménez de Albornoz, señala que con Mauricio Gómez Herrera su propósito fue "hacernos odioso el tipo del arribista político, que abunda en el país con caracteres propios pero que es, desgraciadamente, universal...".[28] En la construcción de Laucha hay, en cambio, como señala Eduardo González Lanuza, una "perfecta prescindencia"[29] de la moral y de la ideología del autor cosa que redunda en beneficio del personaje. Pero hay, además, un pasaje esencial entre uno y otro que atañe, en definitiva, a su distinta perdurabilidad. Laucha está en relación directa con un ambiente y una sociedad determinados, y el espacio en el que se mueve refiere sin mediaciones a lugares localizables en un mapa de la Argentina de fines del siglo XIX: "llegué hasta Córdoba, subí al Central Argentino, y en el Rosario me embarqué para Campana en el vapor de la carrera, porque la cosa salía más barata".

Pero ya en el libro siguiente la acción se centra en Pago Chico, que es una suerte de transposición de Bahía Blanca, ciudad en la que Payró vivió entre 1887 y principios de la década siguiente. Y ese detalle mínimo (que el lugar donde se centra la acción no se llame Bahía Blanca, sino Pago Chico, y luego, en *Divertidas aventuras del nieto de Juan Moreira*, Los Sunchos) marca la tendencia de la novedad: el pasaje hacia un realismo en clave con el que, como señala Ricardo Rojas, Payró ensaya un significativo "documento de ambiente y reflejo cruel de nuestras costumbres políticas".[30] Pero el vigor y la fuerza expresiva de *El casamiento de Laucha* desaparecen con el cambio y el paso del tiempo atenta, como en muchas de las obras escritas en clave, contra el carácter denunciador que la obra pudo tener oportunamente, pensada en un lector suficientemente informado dispuesto a traducir el mensaje cifrado de la novela. Ahora, por el contrario, las referencias a su mismo asunto —una suerte de fresco de la política argentina, desde la presidencia de Bartolomé Mitre hasta la de Carlos Pellegrini, en los 30 años que van de 1862 a 1892— aparecen opacadas y obligan a incorporar, en las ediciones dirigidas a los estudiantes, un sistema de notas donde se avisa, por ejemplo, que "un hombre joven aún, muy criollo y socarrón epigramático" es en realidad el general Julio A. Roca, o que "uno de los hombres más importantes del país, el último vástago de nuestra raza" es Bartolomé Mitre.

El realismo moderno argentino, el del primer Payró, el de los mejores momentos de *Los caranchos de la Florida*, el de *Los desterrados*, supone el tardío pero vigoroso comienzo de la ficción en la narrativa argentina. Por un lado, porque el mismo modelo realista mejora al naturalismo, en tanto no es determinista: el ambiente y el tipo son interdependientes. Hay entre ambos una coincidencia que redunda en favor de la intensidad de la narración. Por otro lado, se impone un principio de sobriedad, y a través de la presentación indirecta de las acciones truculentas, o patéticas, o miserables, se obtiene un producto más clásico, menos jugado a la espectacularidad del efecto.

A su vez, la presencia de Rubén Darío a fines de siglo en Buenos Aires levantó inmediatamente la exigencia escrituraria. Como recuerda el mismo Payró: "El mundo literario estaba exasperado, y en todos los centros intelectuales se rugía en pro o en contra de Rubén Darío. Pero —¡oh, primer milagro!— todos trataban de escribir mejor". Payró, el primero, que trabajó con Darío en la redacción de *La Nación*, pero también Quiroga, que para esos mismos años en Salto, Uruguay, rompía lanzas en favor de la nueva estética, fueron beneficiarios directos, si no de la retórica modernista, de su reclamo de calidad, tanto de escritura como de composición. Y, también como remanente de ese fervor modernista de unos años antes, tanto uno como otro apaciguan la voluntad de mímesis, desarrollando, a cambio, una inocultable fuerza imaginativa. Como escribía entonces el joven Quiroga: "La imaginación es nuestra fuerza, y la quintaesencia, el motivo y el fin de la literatura moderna".[31]

Realismo e imaginación es, precisamente, la fórmula que no entrevió el inmediatamente anacrónico Manuel Gálvez, abocado para esa misma época "a describir, a volumen por año, la sociedad argentina de mi tiempo".[32] Y ésa es también la potente e inestable fórmula que unos años después será el fundamento compositivo de Roberto Arlt.

Los documentos de Manuel Gálvez

Si bien el primer libro publicado por Gálvez fue de poemas, titulado *El enigma interior*, pronto supo, según recuerda en sus memorias, que estaba destinado a ser novelista. Y, de hecho, con un plan que recuerda, en la superficie y no en los resultados, a los de Émile Zola y Benito Pérez Galdós, escribió entre 1914 y 1957 más de una decena de novelas, con las que pretendió describir la sociedad argentina de su tiempo.

Sin embargo, del conjunto de su obra narrativa, calificada con justeza por María Teresa Gramuglio como "escolar y epigonal",[33] hoy sólo guardan algún interés *El mal metafísico* y *Hombres en soledad*, pero menos como novelas que como documentos levemente distorsionados hacia la ficción del campo literario, cultural e ideológico de la época del Centenario —la primera— y de los años treinta —la segunda—. Es decir, dos novelas que no se destacan por su esquemático componente novelesco, ni por su prosa, convencional, correcta, incluso aburrida, sino por la emergencia, en la ficción, del ensayista y el memorialista, campos en los que el autor parece haber trabajado especialmente, como escribió Beatriz Sarlo, "para que sobre él operaran las hipótesis y los métodos de la sociología de la literatura y del campo intelectual".[34]

Para corroborar esta lectura, basta acudir, más que a sus novelas, a la temprana articulación que estableció entre su proyecto literario y el nacionalismo cultural en *El diario de Gabriel Quiroga*, y a la compacta imagen de escritor que construyó en los cuatro volúmenes de sus *Recuerdos de la vida literaria*.

La fundación del teatro argentino. El sainete

El debate ideológico entre tradición e innovación, e hispanismo y nacionalismo versus cosmopolitismo, que se sucedió a partir de principios de la década del noventa del siglo XIX y que adquirió pompa retórica en los ensayos sobre el Centenario de la Revolución de Mayo, alrededor de la década del diez del siglo XX, encuentra su explicación en las sincrónicas transformaciones del país, cuya población, como síntoma de todas ellas, se triplicó entre

1880 y 1909, período en el que ingresaron más de dos millones de inmigrantes. Y se manifiesta estéticamente en las notorias diferencias que pueden encontrarse entre textos contemporáneos que responden a una u otra posición del debate, como se ve, por ejemplo, en los retrógrados poemas del romántico tardío Carlos Guido y Spano recopilados en 1895 en el libro *Ecos lejanos* y los de cualquiera de los poetas de la primera línea modernista publicados a partir de 1896.

El teatro argentino, en cambio, no es testigo de ese pasaje. Al contrario, es su más neto producto. De hecho, los antecedentes del teatro argentino a lo largo de los siglos XVIII y XIX, salvo en los casos esporádicos de *Siripo*, de Manuel José de Lavardén, de 1789, y la popular y anónima *El amor de la estanciera*, también de fines del siglo XVIII, que hoy atañen más a la historia cultural del país que a su historia literaria, se conforman, sobre todo, con expresiones esporádicas en las bibliografías de autores destacados en otros géneros. Ése es el caso de *Dido* y *Argia*, del poeta Juan Cruz Varela, una de 1823 y la otra de 1824, de *El cruzado* y *El poeta*, de José Mármol, ambas de 1842 y estrenadas ese año en Montevideo, de la pieza política —y puesta varias veces, sobre todo con ese sentido— *El gigante Amapolas y sus formidables enemigos*, de Juan Bautista Alberdi, o las comedias costumbristas *Atar Gul o una venganza africana* y *Una tía*, las dos de 1864, de Lucio V. Mansilla.

Durante el siglo XIX, algunos otros autores desarrollaron una obra eminentemente dramática, como es el caso de Nicolás Granada, autor de *Al Campo*, y Martín Coronado, autor de *La piedra del escándalo*, ambos más reconocidos por el carácter solitario y precursor de sus obras que por el verdadero valor de las mismas, que ya no se montan ni reeditan.

La verdadera fundación del teatro argentino hay que buscarla en la vuelta del siglo, a partir de la demanda de los nuevos habitantes de la nueva Argentina, debido a que fue el teatro el primero en representar de modo inmediatamente reconocible los nuevos espacios urbanos —en el sainete criollo— y rurales —en el drama rural—, y las pequeñas tragedias, casi siempre vistas en paso de comedia, que se sucedían en esos escenarios. La convivencia, en un mismo espacio, de tipos diferentes —el gallego, el tano, el turco, el ruso— no sólo sostenía la trama de las obras sino que, además, dio estatuto artístico —larval, por lo menos hasta que tomó forma el grotesco criollo de Armando Discépolo— al lenguaje mezclado de criollo, italiano, español, árabe, polaco, que se hablaba en los conventillos. Este lenguaje se llamó cocoliche, debido a un personaje de los hermanos Podestá, nombrado justamente así. Francisco Cocoliche era uno de los tantos "italianos" que fueron mezclándose en la trama del drama gaucho *Juan Moreira* para satisfacer la demanda del público inmigrante, y se presentaba al público de este modo: "Ma quiame Franchisque Cocoliche, e signo cregollo gasta la güese de la taba e la canilla de lo caracuse, amique, afficate la parata...".[35]

En la contradicción entre la lengua de Cocoliche y su proclama —soy criollo hasta los huesos de la taba— se encontraba la enorme gracia del personaje que fue ocupando paulatinamente el centro de la escena y anticipando la convivencia futura, en el mismo escenario, de los personajes típicos de la inmigración, con los tipos criollos —el malevo, el taita, la milonguita, etcétera—.

El origen del género chico argentino hay que buscarlo en el género chico español, en las compañías zarzueleras españolas que presentaban en Buenos Aires, con un retraso de apenas un par de años, los éxitos de Madrid. El más resonante fue el de *La gran vía*, de Felipe Pérez y González, que se estrenó en la capital española en 1886 y que en 1889 ya estaba en los escenarios de Buenos Aires. Rápidamente se produjo, en distintas instancias, una suerte de criollización del género, primero puramente temática, como lo hacen, por ejemplo, Nemesio Trejo, Ezequiel Soria, Enrique García Velloso, o el español Justo S. López de Gomara, quien escribe en 1888 *De paseo en Buenos Aires*, una suerte de transposición de *La gran vía* al escenario porteño de la avenida de Mayo, que por entonces estaba construyéndose. Otro tipo de mezcla, de resultado incomprobable ahora, aunque su corta duración tal vez lo sugiera, fue la de textos dramáticos ya puramente criollos, pero puestos por compañías zarzueleras españolas. Así pasó, por ejemplo, con *Gabino el Mayoral*, de Enrique García Velloso, puesto por la compañía de la tiple Irene Alba —¡quien hacía el papel del compadrito!—, o *Canillita*, de Florencio Sánchez, estrenada en Rosario en 1902 por un elenco español, antes de su consagración, dos años después, una vez que la tomó la compañía de los hermanos Podestá, de formación circense, que hacía quince años venía entrenándose, de un modo más o menos involuntario, y a partir de la escenificación de los llamados "dramas criollos", para la puesta de los primeros textos de la dramaturgia nacional.

En efecto, el circo de los hermanos Carlo había estrenado en 1884, en el picadero del teatro Politeama Argentino, una versión pantomímica de *Juan Moreira*, de Eduardo Gutiérrez, hecha a partir de un guión bocetado por el mismo Gutiérrez. Como la de los Carlo era una compañía extranjera, Gutiérrez condicionó la autorización de la puesta de la obra a que el papel de Moreira lo hiciera un actor criollo. José J. Podestá en sus memorias recuerda que Gutiérrez precisó que para representar Moreira se necesitaba "un hombre que fuera criollo, que supiera montar bien a caballo, que accionara, cantara, bailara y tocara la guitarra, y sobre todo que supiera manejar bien el facón". Para Gutiérrez el actor debía ser, en fin, un gaucho, y no veía en la compañía de los Carlo ninguno que poseyera "esas cualidades tan necesarias para representar al héroe".[36]

Su interlocutor, un "competente hombre de teatro", le contestó en el acto: "Yo sé dónde está ese hombre; trabaja en el Humberto Primo; es el payaso Pepino 88".

Dos años más tarde, en 1886, la compañía de los hermanos Podestá salió de gira por la provincia de Buenos Aires y en el circo de Arrecifes decidió poner la pantomima del gaucho malo, que obtuvo la misma entusiasta recepción que había tenido dos años antes, en las trece funciones que se habían dado en Buenos Aires. Pero esta vez, un miembro del público, el señor Leon Beaupuy, recordado por Podestá como "de nacionalidad francesa, con muchos años de residencia en el país (y) gran afición por las cosas del circo", le comentó a éste que al no hablar los personajes de la obra, el público se perdía parte de la trama, aunque ésta fuera sencilla. La sugerencia del francés cayó "en terreno fértil" entre la compañía, y fue el mismo Podestá el encargado de transformar la pantomima en drama hablado, a partir de algunos parlamentos extraídos del folletín de Gutiérrez. La novedad se estrenó el 10 de abril de 1886, ya en Chivilcoy. El éxito de la obra fue sorprendente y Podestá y su cuñado y socio Alejandro Scotti fueron nombrados socios honorarios de la Sociedad de Ópera Italiana de Chivilcoy. Pero fue recién a fines de la década, luego de producidas algunas modificaciones en la estructura de la obra —la más importante fue el cambio del baile de un gato por el de un pericón siendo ésta "una danza más apropiada y de mayor efecto para la fiesta campestre del drama"— y en el entrenamiento de los actores para dar el perfil que el texto reclamaba, que *Juan Moreira* alcanzó lo que Podestá llama "un éxito inolvidable", coronado a fines de 1891 con cincuenta funciones en el Politeama.

El progresivo suceso estimuló a los Podestá a insistir en la puesta de textos dramáticos nacionales: *Martín Fierro*, en 1890, una adaptación del poema de José Hernández hecha por el uruguayo Elías Regules; *Juan Cuello*, en el mismo año, otra adaptación, esta vez del folletín homónimo de Eduardo Gutiérrez, hecha por Luis Mejías; *El entenao*, en 1892, y *Los gauchitos*, en 1894, también de Elías Regules, son algunos de los dramas criollos representados por los Podestá, en un ciclo que culmina en 1896 con la puesta de *Calandria*, de Martiniano Leguizamón, una adaptación dramática de las ideas antimoreiristas de política rural de José Hernández, en contra del gaucho malo y a favor del "criollo trabajador", desarrolladas en 1882 en *Instrucción del estanciero*. De todas maneras, los textos con los que trabajan los Podestá en estos primeros años son pobres y sirven, sobre todo, para afianzar el nuevo oficio de actor nacional —inexistente hasta ese momento— y permitir el pasaje de los picaderos a los teatros, que es lo que sucede, justamente, con la puesta de *Calandria*, a partir de una exigencia de Leguizamón.

El teatro nacional, cuya primera formulación fue el sainete criollo es, entonces, la simultánea suma de nuevos autores —Florencio Sánchez, Carlos Mauricio Pacheco, Roberto J. Payró, Gregorio de Laferrère, Armando Discépolo— y de nuevas compañías, sobre todo la de los hermanos Podestá, la primera y más perdurable, capaces, éstas sí, a partir de sus actores nacionales, de captar lo criollo de las obras, ya no sólo jugado en sus temas, sino en el uso de un idioma ajustado a los distintos niveles del habla local.

En cuanto al sainete como forma, según señala el investigador Luis Ordaz, "pueden advertirse dos líneas principales y una intermedia, que lo expresan y califican".[37] Por un lado está la línea que da mayor cabida a la influencia zarzuelera, mantenida sobre todo en la estructura y en el tono de comedia liviana de la obra, aunque sus personajes y ambiente sean locales. En ese lugar se ubica, por ejemplo, *Entre bueyes no hay cornadas*, de 1908, de José González

Castillo. Por otro lado está la línea más nacional o más reconocida ahora como nacional, la del sainete dramático —cuyo autor más importante es el uruguayo Florencio Sánchez—. Pero que es en *Los disfrazados*, de Carlos Mauricio Pacheco, donde se marca más claramente y por primera vez la doble pertenencia al drama y al grotesco, que dará origen, a través de la tragicomedia, al grotesco criollo, el emblemático género dramático nacional que encuentra en Armando Discépolo a su intérprete máximo. Entre ambos, con algo de peripecia zarzuelera, pero también algo de drama nacional, se encuentra la obra de Alberto Vacarezza, autor de algunas de las más famosas obras estrenadas entre los años veinte y treinta en la Argentina: *Verbena criolla, Tu cuna fue un conventillo, Juancito de la Ribera* y *El conventillo de la Paloma*.

LOS SAINETES DRAMÁTICOS DE FLORENCIO SÁNCHEZ

En 1903 Florencio Sánchez, que era hasta ese entonces sobre todo conocido como periodista, pese a que ya había estrenado *Canillita* en Rosario el año anterior, le pasó a su amigo Joaquín de Vedia, crítico teatral del diario *Tribuna*, los originales de *M'hijo el dotor*. De Vedia, a su vez, y con la convicción de que tenía entre manos "la mejor pieza dramática escrita hasta hoy en Buenos Aires", se la pasó al dramaturgo Ezequiel Soria, que dirigía el elenco de Jerónimo Podestá, quien poco antes se había separado de su hermano José Juan y armado su propia compañía en el Teatro de la Comedia.

El año anterior en Buenos Aires se habían estrenado dieciséis obras, diez de ellas de autores argentinos, y todas puestas por las compañías de los Podestá. Al año siguiente, de un total de veintitrés obras estrenadas, los Podestá subieron catorce, todas argentinas, cifras contrastantes con las de la temporada 1899, en la que, de doce estrenos, sólo dos habían sido de autor nacional.[38]

En el contexto de esa explosión de la dramaturgia argentina, la combinación entre uno de los elencos nacionales con un entrenamiento de más de quince años en la puesta de dramas criollos y quien inmediatamente se convirtió en el primer dramaturgo del Río de la Plata propició, naturalmente, un éxito inmediato que confirió verdadera celebridad al hasta entonces filoanarquista

Sánchez, descripto por Lisandro de la Torre como "un bohemio incapaz de someterse a ninguna disciplina de trabajo", refrendada al año siguiente con el estreno de *La gringa*, una de sus obras capitales, y el reestreno de una de sus obras más famosas: *Canillita*.

Canillita es un sainete porteño más bien convencional, bastante más que una *machietta*, pero bastante menos que una obra de teatro, sobre todo a partir del piso que el mismo Sánchez iría a ponerle al género un año después, con *M'hijo el dotor*. En *Canillita*, en el escenario de un conventillo —"A ratos me parece que el mundo es un conventillo grande, y todos sus habitantes, ¡Batistas, Pichines, Claudias y Basilios!", dice Don Braulio—, con personajes característicos (el mercero catalán, el mismo Cocoliche, el policía turbio), se sucede una más bien maniquea disputa entre el malvado Pichín, pendenciero, matón y amigo de la policía, y el buenazo Don Braulio, por el amor de la confundida Claudia, madre de un hijo enfermo, Gurí, y de un pícaro vendedor de diarios llamado Canillita.

El éxito de la obra se debió menos a la trama o a su originalidad que a la simpatía del joven personaje, cuyo nombre inmediatamente devino en el genérico popular de los vendedores callejeros de diarios, que voceaban las noticias, en una época en la que, como se señala en la obra, "los diarios se venden lo mismo/ que si fuera pan".

Pero es *M'hijo el dotor*, un drama rural cuya acción sucede a principios de siglo "en una estancia de la República Oriental del Uruguay", la primera obra verdaderamente importante de Sánchez. Allí la disputa, a la vez generacional y cultural, ocurre entre Julio, un joven moderno que estudia Medicina en la capital, y Don Olegario, su padre campesino y conservador. Se trata, como señala David Viñas, del enfrentamiento entre "las significaciones culturales de la ciudad con las tradicionales del campo",[39] que no es otra cosa que la renovada proyección del par opositivo civilización/barbarie. La civilización la representa el personaje de Julio ("m'hijo el dotor", según la cariñosa designación de su madre Doña Mariquita), y la barbarie, más que Don Olegario, la curandera Rita, llamada, justamente, para curar al dueño de casa: "¡Qué saben los dotores!... Mucho tomar el pulso, mucha letricidá ¿y total qué?... ¡Entre ellos le comen al dijunto media testamentería!... ¿Aver yo, qué les cobro?".

Es cierto que la oposición es convencional, es cierto que la mayoría de los personajes de la obra son más bien planos y previsibles, y que son notorias las concesiones de Sánchez al gusto del gran público de la época, sobre todo en el personaje de Eloy, el gallego mercero, medio abombado pero rápido para los negocios, fallido pretendiente de Jesusa, que la da a la obra un respiro sainetero en un cuadro eminentemente dramático. Pero también es cierto que el personaje de Julio, al que la misma crítica de la época vio como confuso, o contradictorio, y al que Viñas, en una impugnación ideológica a Sánchez que oculta su admiración al dramaturgo, llama directamente "incoherente", tiene una enorme potencia dramática debido, precisamente, a su confusa moral, a sus contradicciones y, en extremo, a sus incoherencias, que lo vuelven tan inasible como varios años más tarde va a ser Silvio Astier, el personaje de Roberto Arlt. Demasiado desagradable para ser bueno, demasiado ambiguo para ser héroe, Julio es una proyección, no del pasaje, como quiere ver Viñas, sino de la tirantez ideológica del mismo Sánchez entre, en un extremo, el anarquista que había sido en Montevideo a fines del siglo XIX y el agitador que había sido en Rosario dos años antes, enfrentado al poder político y al poder de la prensa que, juntos, lograron prohibir el estreno de su obra *La gente honesta* y, en el otro, el autor emblemático del nuevo pacto social que estaba fundándose en Buenos Aires, cuyo símbolo podrá verse en su obra siguiente, *La gringa*, con el casamiento de Victoria, la hija de inmigrantes piamonteses, y Próspero, el hijo del gaucho Cantalicio. Así lo revelan las palabras de Horacio al final de la obra: "Mire qué linda pareja... Hija de gringos puros... hijo de criollos puros... De ahí va a salir la raza fuerte del porvenir".

Pero además, *M'hijo el dotor*, y también *La gringa* y *Barranca abajo*, tienen el mérito de una calidad literaria (son de las pocas obras del teatro rioplatense que se pueden leer, independientemente de su puesta), que, sin embargo, no atenta, como sucede a veces con las obras de teatro demasiado literarias, contra su enorme sentido escénico. Esa combinación bastó para despegarlo a Sánchez de todos sus contemporáneos, y también de uno buen comediógrafo, Gregorio de Laferrère, por lo pronto, su más ajustado competidor por los favores del gran público en los primeros años del siglo XX.

Las comedias blancas de Gregorio de Laferrère

¡*Jettatore!*, la primera obra de Laferrère, se estrenó el 30 de mayo de 1904 en el Teatro de la Comedia y alcanzó, según Luis Ordaz, tanto suceso como el que había obtenido nueve meses antes *M'hijo el dotor*. Sin embargo, señala Julio Imbert, a su estreno asistió un público socialmente diferente, que "no era corriente ver en las representaciones de una compañía nacional"[40] y que ocupó los lugares preferenciales de la sala. Entre ellos, en un palco de *avant-scène*, se destacaba el presidente de la Nación, Julio Argentino Roca.

Laferrère no era, estrictamente, un hombre de teatro. "Aristócrata y político", como lo define Ordaz,[41] era amigo personal del general Roca, *clubman* del Círculo de Armas y habitué del palco que el Círculo tenía en el viejo teatro San Martín. Esa excentricidad de Laferrère con relación a todos los demás dramaturgos rioplatenses de la época tuvo, por cierto, su correlato en el tipo de teatro que escribió. Contrariamente a todas las variantes del sainete criollo —que mantienen su base de comedia realista—, Laferrère ensayó en ¡*Jettatore!* —y después en *Locos de verano* y *Los invisibles*— un tipo de comedia blanca, que no desciende, como el sainete, de la zarzuela española, sino del vodevil francés, y que le da a su autor el indiscutible lugar del iniciador del género en la Argentina, de una próspera descendencia, sobre todo en la ciudad de Buenos Aires, en el llamado "teatro de bulevares".

El personaje principal de ¡*Jettatore!*, por otra parte, proviene de una novela de Th. Gautier llamada *Jettatura*, convenientemente citada al principio de la obra: "Un escritor francés cuenta la historia de uno [un jettatore] muy famoso que tuvo que arrancarse los ojos porque estaba matando a la novia a fuerza de mirarla". Y su tema gira en torno a las peripecias que Carlos, pretendiente de su prima Lucía, le hace sufrir a Don Lucas, también pretendiente de la misma muchacha, para sacárselo de encima, haciéndole creer a toda la familia que el pobre tiene "poderes especiales", es decir, que es yeta. La obra tiene apenas dos referencias locales. Una, bastante poco significativa, cuando un personaje lee el último número de la revista *Caras y Caretas*. Otra, cuando otro personaje, hablando de expulsar del país a todos les *jettatores*, dice: "Muchas veces he pensado que si algún día llegara a ser presidente de la República les mandaba aplicar otra ley de residencia", en referencia a la ley de 1902 que regulaba la residencia de extranjeros en el país y sancionaba sus actividades políticas con la expulsión.

No sólo, en fin, por su origen, sino también por las características de sus personajes, su lengua neutra y su absoluta ahistoricidad, la obra de Laferrère es excéntrica a la dominante realista del teatro rioplatense, aun en *Las de Barranco*, pese a que en esta obra intenta insertarse en la tradición tragicómica o grotesca del teatro nacional.

De todas maneras, las interpretaciones que de Don Lucas, el personaje principal de *¡Jettatore!*, hicieron desde Julio Escarcela —el primero, en la compañía de Jerónimo Podestá— hasta Enrique Serrano en cine en 1938, dirigido por Luis Bayón Herrera, Pepe Iglesias en teatro en los años cincuenta y Osvaldo Terranova en teatro y televisión en los setenta, o las que hicieron de Doña María, la enérgica madre y viuda de *Las de Barranco*, primero Orfilia Rico —para quien fue escrito el papel, originalmente en forma de monólogo—, y después Olinda Bozán, en la versión cinematográfica de Tito Davison, en 1938, o, finalmente, Alicia Berdaxagar en la versión teatral de Oscar Barney Finn, recordadas todas como jalones en la construcción del "actor nacional", o actor popular, mantuvieron vigente la obra de Laferrère, más en lo que hace a la historia de la escena nacional que a la de la literatura dramática argentina.

El grotesco de Armando Discépolo

En 1910, Armando Discépolo estrenó su primera obra, *Entre el hierro*, dirigida por él mismo y representada por el elenco de Pablo Podestá. Los primeros años de su carrera como dramaturgo y director estuvieron signados por la experimentación formal, en un buscado pasaje del sainete al grotesco, aunque en sus obras escritas en colaboración durante la década del diez prevaleciera en la superficie lo cómico y pasatista y no pudiera entreverse aún el talante de su búsqueda, según se desprende de, por ejemplo, *El movimiento continuo* y *Conservatorio La Armonía*, escritas junto con Rafael de Rosa y Mario Folco, o *Mustafá*, sólo en colaboración con el primero. Pero en 1923 el estreno de *Mateo*, escrita únicamente por Discépolo, no sólo significó el nacimiento del primer grotesco criollo, sino que además resignificó toda su obra anterior en la que el sainete puro apareció siempre enturbiado por cierta tensión hacia lo dramático, disuelta sin embargo por la inamovible presencia de dos elementos característicos que no dejaban ver del todo la novedad: los personajes cómicos, o directamente caricaturescos, y el patio como el escenario natural de la acción. En *Mateo*, en cambio, Discépolo traslada la acción a interiores —ésa será de ahí en más una particularidad del nuevo subgénero— y ahora sí de modo definido logra enviar lo cómico de los personajes a un segundo plano, que sólo emergerá detrás de la máscara de lo trágico, según la lección aprendida del dramaturgo siciliano Luigi Pirandello, quien refinó y ajustó los alcances del grotesco tomados de una obra significativamente titulada *La máscara y el rostro*, del también italiano Luigi Chiarelli, y precisado así por el mismo Discépolo: "yo definiría al grotesco como el arte de llegar a lo cómico a través de lo dramático".

El organito, escrita en colaboración con su hermano, el letrista Enrique Santos Discépolo, y *Relojero*, son otras de las grandes piezas del grotesco criollo de Discépolo, pero ninguna logra el tono de *Stéfano*, sobre todo a partir de la catadura de su personaje principal, Stéfano, y de la relación múltiple que éste establece con sus padres María Rosa y Don Alfonso, con su mujer Margarita, con sus hijos Radamés, Ñeca y Esteban y con su discípulo Pastore. Stéfano es un músico fracasado que inconsciente del paso del tiempo cree que todavía es aquel joven con aires de Verdi, promesa de gran artista, que persuadido de su talento proverbial había convencido a sus padres de dejar Nápoles para venir a "Bono Saira", donde "yueven esterlina" y donde el joven músico está escribiendo "l'opera fenomenale" que le permitirá ser "direttore a un teatro". Como cuenta su padre: "Vendimo la casa, la viña, l'olivaro, los animale, lo puerco... tutto... ¡tutto!... e atravesamo el mar, yeno de peligro... atrás de... la mareposa que nunca s'alcanza". Pero Stéfano, como le recrimina su padre, terminó "sonando el trombone a una banda" donde, además, a los 50 años acaban de echarlo y de reemplazarlo por Pastore no, como él cree, porque sus compañeros envidian su extraordinario don de ejecutante sino, al revés, "porque hace mucho que hace la cabra" y "porque no se le puede sentire tocare. No embuca una e cuando emboca trema...".

La lengua en conflicto de la obra —el italiano castellanizado de Stéfano y sus padres, el castellano italianizado de los chicos, el castellano argentino de Margarita— obliga a que muchas ediciones escolares vengan ahora con un glosario. Pero ya estaba marcada para el público que fue a su estreno, el 26 de abril de 1928, por la compañía de Luis Arata, a partir de la misma incomunicación de los personajes: Don Alfonso, por ejemplo, nunca entiende si su hijo está o no burlándose de él. De este modo, Discépolo señala una importante modificación con relación al panlingüismo festivo del sainete donde, o bien los personajes se entendían de todos modos, aun hablando idiolectos diferentes, o bien el equívoco lingüístico era la clave del gag. En el grotesco cambia de función y pasa a ser la clave del drama.

En 1934, precisando los alcances del nuevo subgénero, que toma tanto de la fuente italiana del grotesco como de la criolla del sainete, Discépolo dijo que no se trataba "de un menjunje más o menos batido de comedia y drama; de risa y llanto; no es que tome yo un dolor y lo tilde de chistes o a una caricatura le haga verter lágrimas para lograr en una sola obra las dos muecas de la máscara y contentar así en una misma noche a los que van al teatro a reír y los que van a llorar".[42] Percibía que, en verdad, el grotesco criollo no estaba dirigido al viejo público de género que continuaba festejando un sainete paulatinamente convertido en fórmula, sino a uno dispuesto a valorar la potencia expresiva del nuevo híbrido.

Armando Discépolo, Francisco Defilippis Novoa, autor de *He visto a Dios,* y Samuel Eichelbaum, autor de *Un guapo del 900,* produjeron entre fines de los años veinte y principios de los cuarenta un corte en la historia del teatro argentino, eyectando hacia el pasado a todos sus antecesores con los que, sin embargo, y durante los primeros años de la década del diez, habían compartido escenarios y compañías. Pero de todos los dramaturgos de esa generación fue sólo Discépolo quien, en la segunda mitad del siglo XX, logró convertirse en modelo de los nuevos dramaturgos argentinos, tributarios de la vieja novedad de 1923, según puede verse en algunas de las obras de Oscar Viale, de Ricardo Halac y, más claramente, en *La nona,* de Roberto Cossa.

Capítulo 8

Unos volantes anuncian la aparición de la revista Martín Fierro. *A Bartolomé Galíndez no le gusta la vanguardia, pero la difunde. El deprimente diagnóstico de Jorge Luis Borges. La metáfora ultraísta. Jorge Max Rohde no xode max. El manifiesto martinfierrista. Lugones escandaliza, luego existe. La indignación de Roberto Mariani. La poesía, el arte por el arte y el apoliticismo versus la novela y el cuento, el arte comprometido y la revolución. Don Segundo Sombra, gaucho esencial. Macedonio Fernández, un recienvenido que viene de nuevo. Oliverio Girondo y la renovación del diccionario poético. Una especulación teórica sobre el programa modernista. Raúl González Tuñón obsesionado con los puertos, los marineros y las rameras sentimentales. Ni con los pequeñoburgueses ni con los zurdos.* Adán Buenosayres, *un testimonio generacional. Lo que dice María Teresa Gramuglio. Los excesos barrocos de Borges, cuando no eran excesos. Un mapa sentimental de la ciudad de Buenos Aires. Raúl Scalabrini Ortiz y el polo magnético de la sexualidad porteña. El peronismo, definido poéticamente.*

Dos revistas que señalan el camino de la vanguardia

En 1929, el letrista Celedonio Flores da a conocer un tango titulado "Musa rea" en el cual refiere las razones por las que escribe en "lengua rante": porque, dice, le parece bien, "ni apropiado ni certero,/ el pretender que un carrero/ se deleite con Rubén". Como anota Eduardo Romano, los letristas populares de finales de la década del veinte se habían formado leyendo la ya entonces acabada retórica modernista.[1] El dato señala que la profecía firmada por Rubén Darío en el prólogo a *Cantos de vida y esperanza* en 1905 —"Yo no soy un poeta para las muchedumbres. Pero sé que indefectiblemente tengo que ir a ellas"— comenzaba a cumplirse más de 20 años después, luego del proceso de divulgación al que los poetas posmodernistas sometieron el programa modernista, a partir de un achatamiento de sus aristas más excluyentes. Tanto, que el simbólico carrero, interpelado en lengua rante por Celedonio Flores, si no se deleita con "Rubén", por lo menos ya sabe quién es y lo reconoce por su nombre de pila. La "musa rea" de Flores, entonces, no forma, como pretende su autor, un par opositivo —popular/culto, basto/refinado— con la musa modernista, sino que es una deriva suya prevista, como otras, en el programa original. Y el deleite negado al carrero ya no tiene forma modernista, sino una no tan nueva en 1929, pero sí lo suficiente como para que todavía no se la pudiera visualizar masivamente.

El 15 de marzo de 1919 había aparecido el primero de los tres números de la revista *Martín Fierro*, más tarde conocida como *Martín Fierro. Primera época*, de la que participaron Evar Méndez, Arturo Cancela, Alberto Gerchunoff, Héctor Pedro Blomberg, Edmundo Guibourg y Vicente Martínez Cuitiño, entre otros personajes menos cercanos a la literatura. La revista era eminentemente política y sus temas, salvo una parábola de Leopoldo Lugones en el primer número, también lo fueron, dirigidos sobre todo a atacar la figura y el gobierno de Hipólito Yrigoyen, después de la matanza de la Semana Trágica, en enero de ese año. Unos días antes de la aparición del primer número de la revista, circularon en Buenos Aires unos singulares volantes, anunciándola. Decían: "Si entiende Ud. los telegramas del presidente Yrigoyen, no lea *Martín Fierro*"; "Si a Ud. le interesa seriamente la elección de una corbata, no lea *Martín Fierro*"; "Si Ud. lamenta que no haya un cardenal argentino, no lea *Martín Fierro*"; "Si Ud. cree que con la aplicación de las leyes de residencia y defensa social, pueden resolverse las cuestiones obreras, no lea *Martín Fierro*"; "Si en enero de 1919, Ud. fue guardia blanca, no lea *Martín Fierro*"; "Si en su opinión las ideas se deben combatir a palos, no lea *Martín Fierro*".

La misma formulación contradeterminante de los textos —si sí, entonces no—, y la equiparación entre costumbres e ideología —es tan deplorable interesarse en la elección de una corbata como haber formado parte de las fuerzas represivas antiobreras en la Semana Trágica—, en una alocución que pone de manifiesto, como dicen Lafleur, Provenzano y Alonso, "un espíritu de sátira burlona",[2] van a ser fundamento de una discursividad vanguardista, que está a punto de precipitar en la literatura argentina, pero que no lo ha hecho todavía.

En enero de 1920 se publica el primer y único número de la revista *Los Raros*, dirigida por Bartolomé Galíndez. El título y la tipografía de la tapa remiten al orden modernista. Pero el subtítulo

—"Revista de orientación futurista"— y el extenso ensayo firmado por Galíndez en 1919, titulado "Nuevas tendencias", que ocupa 43 de las 64 páginas de la revista, alertan acerca de una novedad: la existencia en España de una nueva escuela literaria nacida en Sevilla y llamada El Ultra, dirigida por Rafael Cansinos-Assens, que se ubica programáticamente más allá de todos los ismos. Galíndez, que encuentra buenos "secretos" en los poemas sevillanos, y que, de hecho, es el primero en publicar en la Argentina versos del ultraísta ortodoxo Gerardo Diego, no es, sin embargo, un entusiasta completo de esa novedad: lejos de ello, trata displicentemente a la nueva estética, parodia algunos de sus poemas, señala que ya hubo en la Argentina un ensayo que "sin ser Ultra es ultraico" —el de Lugones en *Lunario sentimental*—, para terminar destacando que el futurismo del italiano Filippo Tommaso Marinetti ya anticipaba y comprendía las nuevas invenciones ultraístas. En definitiva: la un poco torpe y abigarrada intervención de Galíndez debe ser valorada, sobre todo, como el primer síntoma en la literatura argentina —y extremadamente tardío, visto que el primer manifiesto vanguardista europeo, el futurista, es de 1909— de esa mezcla de entusiasmo, desconcierto, adhesión sin reservas y rechazo que provocó, en los años siguientes, la manifestación vanguardista, a partir del regreso de Jorge Luis Borges a la Argentina, en 1921, luego de haber vivido con su familia durante siete años en Europa.

Los manifiestos ultraístas de Jorge Luis Borges

La llegada del joven poeta de 22 años al puerto de Buenos Aires fue, para la evolución de la literatura argentina, tan importante como lo fueron oportunamente los desembarcos de Esteban Echeverría, en los años treinta, y de Rubén Darío, en 1893.

Hay que destacar, sin embargo, que entre la llegada del nicaragüense, con la inmediata precipitación del modernismo rioplatense, y la llegada de Borges como discípulo del último movimiento de vanguardia español, que abrirá el camino del primero argentino —también llamado ultraísmo, aunque conserve de aquél sólo el nombre—, se produjo un corte de casi treinta años, durante los cuales la literatura argentina —los escritores, los lectores, los editores de libros y revistas— fue insensible a todos los movimientos de renovación que explotaban en Europa y en los Estados Unidos, casi a razón de uno por año, a partir de la manifestación futurista de 1909. Expresionismo (1912), imaginismo (1914), dadaísmo (1917), para señalar algunos de los más importantes, identificados con las fechas de publicación de sus primeros manifiestos, o antologías fundadoras, pasaron completamente inadvertidos en la Argentina. Y aun la conferencia que dictó Vicente Huidobro en Buenos Aires en 1916, que para el exegeta Antonio de Undurraga tuvo el valor de "acta de fundación del Creacionismo", no tuvo ninguna influencia ni repercusión en la literatura que se estaba escribiendo y leyendo en la Argentina en ese momento.

De modo que en 1922, cuando se publican en Europa algunos de los textos capitales de la vanguardia que son, paradójicamente, y debido a su dimensión, los que le dan un cierre a la experiencia vanguardista como tal —desde *La tierra baldía*, de T. S. Eliot, hasta el *Ulises*, de James Joyce, pasando por *El cementerio marino*, de Paul Valéry—, la Argentina recién está desperezándose del sueño modernista. Como si la figura originalmente renovadora de Rubén Darío, en el lapso de treinta años, hubiese terminado convirtiéndose en el escudo protector de las fuerzas retardatarias. Es lo que señala, el primero de todos, sin eufemismos y extensamente, Borges, recién llegado de Europa, en un artículo publicado en la revista *Nosotros*, en 1921, titulado "Ultraísmo". Antes de comenzar "la explicación de la novísima estética", considera conveniente denunciar "la numerosidad de monederos falsos del arte que nos imponen aún las oxidadas figuras mitológicas y los desdibujados y lejanos epítetos que prodigara Darío en muchos de sus poemas. La belleza rubeniana es ya una cosa madurada y colmada, semejante a la belleza de un lienzo antiguo, cumplida y eficaz en la limitación de sus métodos". Para Borges, el Modernismo, que fue una novedad, es, treinta años más tarde, sólo una retórica, ya que cualquiera, "manejando palabras crepusculares, apuntaciones de colores y evocaciones versallescas o helénicas" logrará "determinados efectos, y es porfía desatinada e inútil seguir haciendo eternamente la prueba".

El deprimente diagnóstico de Borges no excluye la solución sencillista de Baldomero Fernández Moreno, ni el sentimentalismo confesional de Alfonsina Storni, ni el carrieguismo que a partir de mediados de la década del diez había comenzado a prender en los letristas de tango, con lo que es el postmodernismo en su conjunto el que también queda puesto en cuestión, señalado en aquellos que han intentado "rejuvenecer la lírica mediante las anécdotas rimadas y el desaliño experto" y "que tienden a buscar poesía en lo común y corriente, y a tachar de su vocabulario toda palabra prestigiosa". Para Borges, "desplazar el lenguaje cotidiano hacia la literatura, es un error", porque es sabido "que en la conversación hilvanamos de cualquier modo los vocablos y distribuimos los guarismos verbales con generosa vaguedad". Y lo que llama "el miedo a la retórica" es lo que empuja a los sencillistas a otra clase de retórica, "tan postiza y deliberada" como la que se proponen reemplazar y como "las palabrejas en lunfardo que se desparraman por cualquier obra nacional, para crear el ambiente", con lo que también el popular sainete es puesto severamente en cuestión. Y nada del sentimentalismo confesional de Alfonsina Storni, llamado "un sempiterno espionaje del alma propia", y descripto como "la escritura apresurada y jadeante de algunas fragmentarias percepciones" o como "los gironcillos autobiográficos arrancados a la totalidad de los estados de conciencia y malamente copiados", merece ser poesía.

Inmediatamente, Borges destaca las particularidades retóricas de la nueva estética ultraísta. En primer lugar, "la reducción de la lírica a su elemento primordial, la metáfora"; en segundo término, la "tachadura de las frases medianeras, los nexos y los adjetivos inútiles"; en tercer lugar, la "abolición de los trebejos ornamentales, el confesionalismo, la circunstanciación, las prédicas y la nebulosidad rebuscada"; y por último, la "síntesis de dos o más imágenes en una, que ensancha de ese modo su facultad de sugerencia".

Más restrictivo que propositivo, el dogma ultraísta tuvo corta vida y tres revistas de propaganda. Una mural —la primera de ese tipo en la Argentina—, que se llamó *Prisma*, sacó dos números entre diciembre de 1921 y marzo de 1922. Estaba dirigida por Eduardo González Lanuza, y en el número 1 el director, Borges, Guillermo Juan y Guillermo de Torre firmaron una "proclama ultraísta" —escrita sólo por Borges— que reafirma los conceptos sancionados por él mismo en *Nosotros* un año antes.

La segunda publicación ultraísta se llamó *Proa* (conocida después como *Proa. Primera época*), que sacó tres números entre agosto de 1922 y julio de 1923, en el primero de los cuales una noticia sin firma titulada "Al oportuno lector", confirmaba la profesión de fe ultraísta de sus colaboradores: Borges, González Lanuza, Guillermo de Torre, Roberto Ortelli, Sergio Piñero, Jacobo Sureda, la entonces jovencísima Norah Lange, que tenía sólo 16 años, y el maduro Macedonio Fernández, de 48. Fernández era estrictamente contemporáneo de Lugones, pero era casi inédito en los años veinte, y por completo desconocido, según lo cuenta él mismo en algunos textos extravagantes e inclasificables, como "Confesiones de un recién llegado al mundo literario" o "El recienvenido". Publicados en *Proa*, tendrán influencia inmediata en el desabrido plan ultraísta, hasta promover su liquidación en menos de dos años, proceso en que también tendrá ascendiente la figura de otro "viejo" recién llegado —este de 36 años—, Ricardo Güiraldes, que será uno de los directores de la tercera publicación ultraísta, también llamada *Proa*, y conocida después como *Proa. Segunda época*, que sacó 15 números entre agosto de 1924 y enero de 1926.

La rapidísima maduración de Borges —mucho mayor que la de casi todos sus contemporáneos—, la publicación "para todo público" de *Veinte poemas para ser leídos en el tranvía* de Oliverio Girondo, en 1924 —en 1922 había salido una lujosa edición de autor, que casi no circuló—, y la aparición de la revista *Martín Fierro*, en 1924, también contribuyeron a la baja del proyecto ultraísta, que dio sólo algunos libros de poemas: los primeros de Norah Lange —*La calle de la tarde*, de 1925, y *Los días y las noches*, de 1926— y el programático *Prismas*, de 1924, de Eduardo González Lanuza, que es una aplicación puntillosa de las prescripciones ultraístas, y en eso reside todo su valor.

El ultraísmo fue, en definitiva, un pequeño movimiento, que tuvo, sin embargo, un enorme valor en la historia de la literatura argentina al proclamar, por un lado, de un modo neto y sin fisuras, la liquidación del programa modernista y de todas sus derivas postmodernistas, y al provocar, por otro lado, con su desembarco en la revista *Martín Fierro*, después de la publicación de su manifiesto, la precipitación del martinfierrismo, el movimiento de vanguardia más importante de la literatura argentina del siglo XX.

La revista *Martín Fierro*. El martinfierrismo

En febrero de 1924 apareció el primer número de la revista *Martín Fierro*. Evar Méndez, uno de los redactores más destacados e influyentes de la *Martín Fierro* anterior, se reunió, a instancias de Samuel Glusberg, con un grupo de escritores de la nueva generación: Ernesto Palacio, Conrado Nalé Roxlo, Pablo Rojas Paz, Luis Franco y Cayetano Córdova Iturburu, según el testimonio de este último, con el plan de continuar la revista cerrada en 1919. De la reunión entre "el viejo" Méndez y los jóvenes escritores, y la combinación de los intereses de uno y otros —sobre todo políticos los del primero; y sobre todo literarios los de los segundos—, aunque sin un programa visible ni evidente, surgió una revista anfibia, que incluía a ambos, pero que no los hacía confluir en una misma solución. A la línea de Evar Méndez, en el primer número, corresponden una "balada" satírica, firmada por Jorge Mora (seudónimo de Méndez), dedicada a Carlos Martín Noel, intendente alvearista de la ciudad de Buenos Aires y, además, dueño de una importante fábrica de chocolates, al que llaman "El chocolatero que está en la Intendencia"; la reproducción de una declaración del peruano Raúl Haya de la Torre, desterrado de su país "con motivo de su campaña contra la pretendida consagración de la nación peruana a la imagen del Corazón de Jesús", y la reaparición de los "carteles" de la vieja *Martín Fierro*, aquellos que se habían usado como propaganda de la revista anterior. Los nuevos dicen, por ejemplo: "Si cree Ud. que Firpo es una gloria nacional, no lea *Martín Fierro*"; "Si Ud. juzga que colaborar en los grandes diarios supone talento, no lea *Martín Fierro*"; "Si Ud. cree que los senadores y diputados son personas útiles a la Nación, no lea *Martín Fierro*".

A los intereses de los jóvenes corresponden, por su parte, una noticia firmada por Ernesto Palacio sobre Guillaume Apollinaire, escritor, según Palacio "poco o nada conocido" en Buenos Aires, "a pesar de que hay un grupo ultraísta"; una parodia al estilo lugonanio —primera de una serie de intervenciones antilugonianas con las que se podría armar una antología temática de la revista—; los más tarde famosos "membretes" de Oliverio Girondo —todavía no firmados—, y una "Odeleta", también satírica, dedicada "al ilustre huésped", el colombiano José María Vargas

Vila, entonces en Buenos Aires en gira de conferencias, a quien llaman "Largas Bilis", o "Virgas Bala", y en quien, además, encuentran la oportunidad para despacharse contra el abigarrado estilo modernista, que el colombiano practicaba en sus novelas: "Ha de morir del empacho/ De comas, admiraciones,/ Mayúsculas, cortes, guiones/ De su estilo mamarracho".

A partir del segundo número, comienza a publicarse el "Cementerio de Martín Fierro", llamado después "Parnaso Satírico", o "Epitafios", una sección de retratos humorísticos de los escritores amigos y enemigos de la publicación. Entre los primeros, uno de Jorge Max Rhode: "Yace aquí Jorge Max Rhode./ Dejadlo dormir en pax/ Que de este modo no xode Max". Entre los segundos, uno de Manuel Gálvez: "Aquí yace Manuel Gálvez/ Novelista conocido;/ Si hasta hoy no lo has leído,/ Que en el futuro te salves".

Estos dos compartimentos estancos —política y literatura— se suceden durante los tres primeros números de la revista, mientras no se manifiesta todavía la progresiva influencia de Oliverio Girondo en el grupo original. Pero la publicación, en el número 4, del 15 de mayo de 1924, del "Manifiesto de *Martín Fierro*", escrito pero no firmado por Girondo, provoca un notorio cambio en la orientación de la revista, en la que desaparece el componente político y de crítica social, para comenzar a crecer, en cambio, el programa puramente martinfierrista, que no es tampoco el que tímidamente esbozaban en los primeros números de la revista Córdova Iturburu, Palacio, Nalé Roxlo, Rojas Paz o Franco, quienes, de hecho, tampoco serán sus más afilados intérpretes.

El manifiesto de Girondo, que convierte en programa el tono jocoso y antisolemne que la revista venía desarrollando en los carteles, el Cementerio y los membretes —impensado unos años antes en cualquiera de las publicaciones literarias argentinas—, responde, con los matices locales propios del caso, a las generales de todas las manifestaciones vanguardistas de las dos primeras décadas del siglo XX. Es elitista, porque está en contra de "la impermeabilidad hipopotámica del honorable público" —que en ese mismo momento sancionaba masiva y favorablemente tanto los poemas de Alfonsina Storni como las novelas de Manuel Gálvez, descriptos en otra parte del manifiesto, de modo alusivo, como producto de la "afición al anacronismo y al mimetismo" de los más "bellos espíritus" nacionales—; es antiacadémico, porque está en contra de "la funeraria solemnidad del historiador y del catedrático, que momifica todo lo que toca"; es, por lo tanto, vitalista, porque está en contra de "la incapacidad de contemplar la vida sin escalar las estanterías de las bibliotecas"; es internacionalista, porque está en contra de "fundamentar nuestro nacionalismo intelectual hinchando valores falsos que al primer pinchazo se desinflan como chanchitos"; y es nacionalista a la vez, porque "tiene fe en nuestra fonética, en nuestra visión, en nuestros modales, en nuestro oído, en nuestra capacidad digestiva y de asimilación"; es experimental, porque está en contra del "pavoroso temor de equivocarse"; y es, sobre todo, fundacional, porque "sabe que 'todo es nuevo bajo el sol', si todo se mira con unas pupilas actuales y se expresa con un acento contemporáneo".

El martinfierrismo, que precipita con el paulatino desembarco en la revista de los ultraístas, a partir del número 8, un tiempo después de la publicación del manifiesto de Oliverio Girondo, no termina de definirse positivamente antes de consolidar un férreo programa opositivo, que afectaba, simultáneamente, dos tiempos. Uno, el pasado, como un ajuste de cuentas con el Modernismo, el postmodernismo y el realismo, con intensidades diferentes; y el otro, el presente, como un enfrentamiento con la literatura social que cristalizaba, para esos mismos años, primero en la revista *Los pensadores*, y luego en *Claridad*.

Como señaló Federico de Onís en la "Introducción" a su *Antología de la poesía española e hispanoamericana*, el propósito logrado de las vanguardias, a las que él llama "ultramodernismo", fue arrojar el Modernismo a un pasado definitivo y clásico, y condenar el postmodernismo a "la no existencia". En el manifiesto de *Martín Fierro*, Girondo destaca que la "nueva sensibilidad" y la "nueva comprensión" son tributarias del "movimiento de independencia iniciado, en el idioma, por Rubén Darío". Pero si las distintas vanguardias nacionales latinoamericanas lograron instalar, casi sin polémicas, el Modernismo en un pasado definitivo y clásico, como dice Onís, no fue sólo por el natural envejecimiento de la retórica modernista sino porque sus primeras espadas, incluido aquí Rubén Darío, ya estaban muertos en los años veinte y aptos para su gloriosa canonización. No es ése el caso argentino, en el que su máximo modernista, Leopoldo Lugones, era aún en esos años una persistente figura central de su campo literario e intelectual. De ahí, seguramente, proviene el tipo de relación —simultáneamente admirativa y defenestrante— que la vanguardia propone con un Lugones vivo y juez de los nuevos escritores.

En el primer número de la revista, uno de los carteles decía "Si Ud. juzga que a Lugones se le debe contestar con insultos, no lea *Martín Fierro*". Del número 7 es la impactante tapa titulada "Ecce homo...", donde una enorme ilustración de Fapa —Francisco Palomar— del rostro de Lugones acompaña una nota firmada por Evar Méndez, quien considera a Lugones un "decidido martinfierrista, uno de los nuestros" y hace la distinción entre el Lugones político —próximo en ese entonces a la Italia mussoliniana y a la España del Directorio— y el intelectual y el poeta: "¿Lugones escandaliza? Luego existe. Dichoso de él, a quien se insulta, se muerde, y se discute: prueba de vigorosa existencia".

Es difícil reconstruir la trama de las fuerzas internas de la revista que dio como producto el apoyo de su director a la cada vez más controvertida figura de Lugones. En cambio, importa destacar que *Martín Fierro* fue una caja de resonancias privilegiada de esa controversia y que el espaldarazo de Evar Méndez cohabita, en la colección de la revista, con las dos espléndidas intervenciones de Leopoldo Marechal —"Retruque a Leopoldo Lugones" y "Filípica a Lugones y otras especies de anteayer"—, y además con la parodia al *Romancero* publicado en 1924 titulada "Romancillo, cuasi romance del 'Roman-Cero' a la izquierda", cuyo insistente estribillo dice: "—¡Qué malo es el Roman-Cero/ de Don Leogoldo Lupones!".

Marechal discute con Lugones la retórica del verso, manifestándose, como todo el martinfierrismo, a favor del verso libre: "El versolibrista debe interesar a base de talento y de poesía pura; la vacuidad de un verso libre resalta sin atenuación ni engaño". Pero también acusa la "modernofobia" de Lugones, "disimulada en sus elogios a escritores prudentes", una categoría que para Marechal alcanza al postmodernismo en su conjunto que es, como decíamos, el segundo polo opositivo, situado en el pasado, sobre el que se construye el martinfierrismo. Es que, según la óptica de los martinfierristas, el postmodernismo, enfrentado unos años antes al mismo dilema al que se enfrentaban ellos entonces —¿cómo escribir después del Modernismo cuando éste, por otra parte, era simultáneamente viejo y vigente en la figura tutelar de Leopoldo Lugones?—, había optado por una solución pobre y apocada, que no valía la invectiva que le cabían al Modernismo, como escuela poética hegemónica, y al realismo —sin matices, según lo veían ellos—, como el modelo narrativo privilegiado por los escritores máximos de la época: Horacio Quiroga y Manuel Gálvez.

De ahí que autores como Ricardo Rojas, Arturo Capdevila o Alfonsina Storni, sean aguijoneados insistentemente desde el "Parnaso Satírico", pero no formen parte, estrictamente, del negativo del programa martinfierrista. Y que Gálvez, en cambio (y con él la novela realista, el público y el *statu quo*), salte del Parnaso a las páginas centrales de la revista, sea como objeto de una polémica de buen tono con Horacio Linares a propósito del nacionalismo literario, sea como objeto de defenestración, por la publicación de una reseña sobre la *Antología de la poesía moderna*, de 1925, de Julio Noé en *El Hogar*. A. V., sigla de Antonio Vallejo, anota que "hubiera sido una tarea heroica por lo larga e inútil glosar frase por frase la antología de imbecilidades que el Sr. Manuel Gálvez cometió en el número 872 de *El Hogar*".

De este modo, el futuro programa antirrealista de Borges —proclamado en 1944, al reseñar la novela *Las ratas* de José Bianco en la revista *Sur*, donde festeja "una renovación de la novelística del país, tan abatida por el melancólico influjo, por la mera verosimilitud sin invención, de los Payró y los Gálvez"[3]— restablece de manera soterrada e implícita una bandera martinfierrista en el mismo momento en que Borges declamaba haberlas enterrado a todas, lo que alerta acerca de la enorme potencia del programa inicial, que seguía actualizándose, años más tarde, aun en la obra de sus apóstatas.

LA POLÉMICA FLORIDA-BOEDO

La política, que paulatinamente fue desapareciendo de los intereses de *Martín Fierro*, se reinstala sin embargo en el número 7 de la revista —el mismo en el que Evar Méndez vindicaba la figura de Lugones más allá de sus opiniones políticas— con la reproducción de un artículo de Roberto Mariani, titulado "*Martín Fierro* y yo", donde el autor organiza un panorama de las publicaciones literarias de la época según su ubicación en un imaginario mapa ideológico: en la extrema derecha, *La Nación* y la revista *El Hogar*, en el centro, *Martín Fierro*, y a la izquierda la revista *Renovación*. Pero, señala Mariani, "los que estamos en la extrema izquierda revolucionaria y agresiva, no tenemos dónde volcar nuestra indignación, no tenemos dónde derramar nuestra dulzura, no tenemos dónde gritar nuestro evangélico afán de justicia humana".

Mariani, por otra parte, imputa a los martinfierristas su "falta de calor en el entusiasmo", su falta de "ímpetu en el combate" y su falta de "rebeldía en la conducta", para agregar: "sobra gracia, sobra ingenio, sobra inteligencia, y es excesiva la imaginación". Elías Castelnuovo y Santiago Ganduglia son, para Mariani, dos de los destacados representantes de la literatura de la extrema izquierda. El tercero es Nicolás Olivari, "un escritor argentino que en su libro se denuncia habitante de su ciudad y conciudadano de sus conciudadanos, entroncando, por consiguiente, con el auténtico y genuino *Martín Fierro*", diferente de los redactores de la revista, que se alejan de "nuestra sensibilidad" y "adhieren a mediocres brillantes, como Paul Morand, francés, y Ramón Gómez de la Serna, español".

La extensa respuesta a Mariani, aparecida en el número siguiente de la revista y firmada por "la Redacción", pone en negro sobre blanco los términos de la controversia. *Martín Fierro* se define como un "periódico literario" y, en ese terreno, dice, nadie los podrá "acusar de reaccionarismo: bastarán, para desmentir esa acusación, los poemas de Girondo, Caro, Keller, Borges, y las curiosas planchas coloreadas de Illari". Para *Martín Fierro*, al revés, son los redactores de *Extrema izquierda* "quienes realizan la paradoja, tan frecuente en los revolucionarios sociales, de ser conservadores en materia de arte, y se nutren —¡todavía!— de Biblioteca Sampere y naturalismo zoliano".

El martinfierrismo se reserva, así, el espacio de la vanguardia estética y, simultáneamente, se construye a partir de otro polo opositor: el de la literatura social, según puede verse en el renovado repertorio de "epitafios", donde comienzan a repetirse los nombres de Castelnuovo, Mariani, Leónidas Barletta. En ese mismo número 8, aparece una irónica reseña sobre la revista *Extrema izquierda*, que dice: "Muy realista, muy, muy humana. Sobre todo esto: hay en sus páginas un realismo exuberante; el léxico que zarandean sus redactores es de un extremo realismo: masturbación, prostitución, placas sifilíticas, piojos, pelandrunas, qué lo parió, etc., etc...".

De este modo, se definen en *Martín Fierro* los términos de una polémica que para esos años el mismo Roberto Mariani, en uno de los prólogos a la célebre *Exposición de la actual poesía argentina (1922-1927)* preparada en 1927 por Pedro Juan Vignale y César Tiempo, describió de modo "cómodo y fácil", a través de pares opositivos: Florida/Boedo; Vanguardia/Izquierda; Ultraísmo/Realismo. En el par Florida/Boedo, atribuido por algunos a Ernesto Palacio y por otros a Enrique Méndez Calzada, se proyectan a la literatura el nombre de dos calles de la ciudad de Buenos Aires: históricamente aristocrática y situada en el centro la primera; obrera y fabril la segunda, que atravesaba lo que entonces era el suburbio suroeste de la ciudad.

De un lado de la oposición queda la poesía, el arte por el arte, el apoliticismo y, del otro, la novela y el cuento, el arte comprometido y la revolución. Es cierto que tiempo después los mismos actores del enfrentamiento desmintieron su existencia, o la circunscribieron a una beligerancia juvenil sin consecuencias textuales específicas, apoyándose en el comprobable argumento de que hay, en la poesía martinfierrista, más elementos circunstanciales de que los deseaban los ultraístas, y en la narrativa boedista, más imaginación de la que unos años más tarde iba a prescribir la doctrina del realismo socialista, promulgada por el Primer Congreso de Escritores Soviéticos en 1934. Y, también, en la comprobación de que hubo autores, como Raúl González Tuñón, Roberto Mariani o Nicolás Olivari, que lograron responder simultáneamente a las consignas floridistas y boedistas, lo que neutralizaría los términos excluyentes de la oposición. Pero nada de eso suprime la evidencia de que en uno y otro bando se jugaban, por un lado, concepciones diferentes de la literatura que, extremadas en dos obras radicalmente distintas como las de Oliverio Girondo y las de Elías Castelonuovo, responden, en efecto, a las notas que Mariani destacó, antes que nadie, de modo tan certero como pedagógico.

El plan retórico del martinfierrismo nunca fue formulado como tal, pero puede ser reconstruido a partir de las características comunes de sus libros fundamentales: versolibrismo, ritmo y metáfora creadora —en lugar de la descriptiva en la que, como escribía Eduardo González Lanuza, "las cosas se aparejan según semejanzas"[4]— como elementos esenciales del verso, según el programa ultraísta; un tiempo único, el presente, y por lo tanto, una renovación absoluta del mundo representado y en consecuencia del diccionario poético, y un tema casi excluyente, la ciudad de Buenos Aires. *El violín del diablo*, de Raúl González Tuñón, *Luna de enfrente*, de Borges, y *Veinte poemas para ser leídos en el tranvía*, de Girondo, concentran casi todas las notas retóricas de un movimiento que sin embargo las excedió, promoviendo, por un lado, una lectura polémica de la literatura argentina de las dos primeras décadas del siglo XX y proyectando, a futuro, la idea de la novedad como valor.

El 15 de noviembre de 1927 salió el último número de *Martín Fierro*, el 44/45. El final fue, paradójicamente, producto de una disputa política entre un numeroso grupo de colaboradores de la revista, que pretendían que el periódico adhiriera de modo manifiesto a la segunda candidatura presidencial de Hipólito Yrigoyen, y el director, el viejo antiyrigoyenista que era Evar Méndez, quien, naturalmente, se negó. Sin embargo, el martinfierrismo no acaba con el cierre de la revista ni se circunscribe tampoco a las obras que entre los años 1924 y 1927 escribieron y publicaron sus más destacados intérpretes, y otros poetas de valía de la generación, como Jacobo Fijman, Cayetano Córdova Iturburu, Sixto Pondal Ríos, Horacio Rega Molina. Por el contrario, el martinfierrismo —tal vez ya no estrictamente como un plan de prescripciones retóricas o temáticas, sino como algo más englobador que podría llamarse el "espíritu martinfierrista"— sobrevive, al final de la revista y de la época, como un germen que va a activarse después en el programa antirrealista de Borges, pero también en la "vieja chifladura metafórica" que apuntalará retóricamente todas las novelas de Marechal, o en la fomulación del "realismo romántico", como horizonte de expectativas de la obra de González Tuñón o, en fin, en la insistentemente experimental y por ello fundacional escritura poética de Oliverio Girondo. El lugar que ocupan hoy en cualquier biblioteca argentina libros como *Ficciones*, de Borges, o *Adán Buenosayres*, de Marechal, o *La calle del agujero en la media*, de González Tuñón, o *En la masmédula*, de Girondo, señala con claridad el que ocupa el martinfierrismo en la literatura argentina después del fin de la revista *Martín Fierro*.

La prosa elegante y sobria de Ricardo Güiraldes

En 1917 Ricardo Güiraldes publica *Raucho. Momentos de una juventud contemporánea*, una suerte de autobiografía novelada del autor, según lo anota en unos apuntes autobiográficos firmados en 1925 y citados por Juan Carlos Ghiano: "*Raucho* fue una autobiografía de un yo disminuido".[5] Para Güiraldes, todos poseemos en nosotros mismos "un personaje a nuestra imagen, pero disminuido, que nos hace cometer todas nuestras tonterías". Eso iba a ser Raucho, cuyo título original era *Los impulsos de Ricardito*. Después, dice Güiraldes, "el libro evolucionó naturalmente hacia un personaje autónomo".

Sea Raucho un Güiraldes "disminuido" o un personaje autónomo del autor, basta cotejar las páginas de la novela con las efectivamente autobiográficas de Güiraldes para comprobar que en ambas se repite, con algunas diferencias de estilo propias del cambio de género, una escena de iniciación: la del niño instalado en una estancia que, leyendo libros ilustrados o escribiendo un diario infantil, repartía su admiración entre "el héroe de tal o cual historia" y "las hazañas del peonaje". La estatura olímpica de los primeros —"No era un héroe, sino el héroe, resumiendo todas sus facultades todas. Y su alma era noble y su brazo era fuerte"—, y los saberes materiales, prácticos, terrestres de los segundos —"Mañana hay rodeo en el potrero de la invernada, me voy a divertir, voy a ensillar el petiso picazo que ya se le pasó la manquera"—, confluirán en la construcción del máximo personaje de Güiraldes, el gaucho don Segundo Sombra. Pero también, más extensamente, en la de su estilo, que funciona cuando se produce la combustión entre la representación del paisaje del campo bonaerense y de sus personajes arquetípicos y los recursos retóricos y la sensibilidad del romanticismo y del simbolismo, de los que Güiraldes se había empapado leyendo tanto sus fuentes modernistas hispanoamericanas —Rubén Darío, Lugones— como europeas —Samain, Anatole France, Lamartine, Victor Hugo, Poe, Baudelaire,

Villiers de l'Isle-Adam, Flaubert—, según la enumeración retrospectiva de sus lecturas de los 20 años.

En 1915, a los 29 años, Güiraldes había publicado sus dos primeros libros: uno de cuentos "a lo Quiroga" —*Cuentos de muerte y de sangre*— y una colección de poemas en prosa fechados de 1912 en adelante titulada *El cencerro de cristal*, compuesta por una serie de melancólicos y crepusculares cuadros impresionistas. En ese libro incluye el poema "Viajar", fechado en 1914, cuyos últimos versos, diez o doce años más tarde, serán utilizados como bandera por los jóvenes ultraístas: "Huir lo viejo./ Mirar el filo que corta un agua espumosa y pesada./ Arrancarse de lo conocido./ Beber lo que viene./ Tener alma de proa".

Ninguno de los dos libros tuvo mayor impacto ni entre el público ni entre los escritores de la época, lo que provocó una teatral reacción de Güiraldes: tiró las dos ediciones a una cisterna en desuso de su estancia —aunque, según se supo después, se trataba de un pozo seco, y los libros fueron finalmente recuperados—. Pero aún en 1924, después de haber publicado *Xaimaca*, una novela basada en sus anotaciones de viaje a Jamaica, en una carta a su amigo, el francés Valéry Larbaud, Güiraldes le cuenta que le manda sus libros a Lugones, a Rojas, a Quiroga, poniendo "en cada envío una dedicatoria diciendo a cada cual el bien que de ellos pienso", y que de Rojas y Lugones no recibe ni una línea de respuesta, ni los libros que publican. Quiroga, en cambio, dice Güiraldes, "es más gentil", pero tampoco se compromete con un juicio, y si Güiraldes le dedica *Xaimaca* como a "nuestro admirable cuentista", él le responde como "viejo compañero".[6]

Esto significa, en términos de posiciones en el campo literario, que mientras Güiraldes comenzaba a ser reconocido por los jóvenes vanguardistas, quienes inmediatamente iban a convertirlo en uno de ellos, publicándolo en *Martín Fierro* e incorporándolo a la dirección de la segunda época de *Proa*, una revista que desde su título homenajeaba el último verso del viejo poema "Viajar", él, en realidad, buscaba la sanción de sus contemporáneos postmodernistas y realistas. Pero si Güiraldes no era leído convenientemente por los escritores de su época no fue, como se creyó después, porque su obra reclamara un lector del futuro —al fin y al cabo, sus lecturas eran las de los modernistas y postmodernistas y el mismo Jules Laforgue, tan presente en *El cencerro de cristal*, ya había sido visitado por Lugones unos años antes, en el *Lunario sentimental*—. Fue, más bien, porque Güiraldes representaba de manera emblemática un tipo de escritor —estanciero, rico, viajero, *dandy*— que era, justamente, el modelo que el postmodernismo, integrado en su conjunto por escritores provenientes de las clases medias, o de familias tradicionales pero pobres, se proponía reemplazar, tanto con la nueva figura del escritor profesional —Manuel Gálvez u Horacio Quiroga— como con la del escritor y asalariado, o escritor y profesional liberal: Alfonsina Storni, poeta y maestra; Enrique Banchs, poeta y empleado; Baldomero Fernández Moreno, poeta y médico; Ricardo Rojas, poeta y profesor, etc. Esa nota, que separaba a Güiraldes de sus contemporáneos, era al mismo tiempo la que lo entroncaba con algunos de los viejos escritores que habían comenzado a publicar en la década del ochenta del siglo anterior. No sólo en términos de imagen de autor, sino también en los de esa combinación de criollismo y cosmopolitismo elegante formulada por primera vez por Lucio V. Mansilla en *Una excursión a los indios ranqueles*.

Es posible entonces que el viajero y estanciero y cosmopolita y criollo Ricardo Güiraldes haya sido visto por los jóvenes vanguardistas como el eslabón perdido que los unía con el siglo anterior, y que las mismas razones, no del todo literarias, que lo volvían opaco ante los ojos de sus contemporáneos, hayan sido las que lo hicieron evidente ante los de los máximos estrategas martinfierristas, Borges y Oliverio Girondo. De ahí tal vez, también, y como consecuencia de esa operación, la paulatina —y hoy fracasada— instalación de *Don Segundo Sombra*, de 1926, como texto nacional, en reemplazo del *Martín Fierro* de José Hernández. Una retórica por otra, y también un personaje por otro. Martín Fierro por don Segundo Sombra, pero también por Fabio Cáceres: el gaucho malo por la esencia gaucha, pero también por el pícaro resero que deviene patrón.

Es interesante ver que el mismo Lugones que, como le escribía Güiraldes a Larbaud, ni siquiera acusaba recibo de los libros que le enviaba, publica en el mes de septiembre de 1926, en *La Nación*, un elogiosísimo comentario de la novela recién aparecida.[7] Sin embargo, no menciona allí las dotes de Güiraldes como escritor, ni la novela propiamente dicha, sino la "página en blanco hasta hoy de la vida gaucha" que la novela venía a llenar, destacando, además, que en el gaucho "la noción de la vida como un acto de dominio permanente", "el encanto profundo de su vida errante", y "su castellano arcaico y sabroso", eran "herencia del antiguo conquistador español". *Don Segundo Sombra*, para Lugones, no es, en fin, una obra literaria, o sólo lo es en tanto vehículo ideológico que sirve para difundir un concepto de nacionalidad cuya materialización se encuentra en la campaña, donde no hay "mendicidad ni parasitismo" y donde el hombre, es decir, el gaucho, "constituye una entidad indivisible, que coopera en la formación de la patria hasta el sacrificio si es menester, pero sin perder nunca su unidad voluntaria". Su contracara, el hombre urbano, es, según Lugones, sólo una "fracción social o pieza de máquina" y representa el negativo de todos los valores del gaucho: natural, dueño de sí mismo, libre, hidalgo, noble, estoico, viril, digno, fatalista.

Las memorias de Fabio Cáceres, sus andanzas en los campos bonaerenses, su aprendizaje del oficio de resero, y con él de la esencia gaucha junto a don Segundo Sombra, verdadero arquetipo de la nacionalidad, según las notas señaladas antes por Lugones, están narradas en una prosa elegante, flexible y sobria, alejada del sobrecargado estilo modernista, que en ese mismo 1926, aún, daba una novela como *Zogoibi*, de Enrique Larreta, y también de la reciedumbre de las variantes realistas que se jugaban para esos mismos años, en *Los desterrados*, de Horacio Quiroga, y *Tinieblas* y *Larvas*, de Elías Castelnuovo. En ese sentido, *Don Segundo Sombra* fue oportunamente celebrada por el martinfierrismo, que hasta ese entonces no había dado novelistas destacados.

Sin embargo, más allá de ese éxito histórico, y por lo tanto coyuntural, el verdadero mérito de la novela habrá que buscarlo en el modo como Güiraldes resuelve la aparente contradicción entre la materia rural y arcaica de su relato y la sensibilidad moderna y mundana de su prosa. Fabio Cáceres, el narrador retrospectivo de la novela, resulta ser, como en una telenovela, el inesperado hijo y heredero de un acaudalado estanciero, y es él mismo quien, años después, convertido "exteriormente en lo que se llama un hombre culto", cuenta su vida humilde de resero. Que esa transformación se narre en la forma de novela autobiográfica, escrita en primera persona, promueve una ilusión identificatoria con la suerte del personaje, que sostuvo el inmediato y perdurable éxito de la novela, cuya ideología ya era antigua cuando se publicó, y cuyos valores literarios, en términos de renovación de la novela nacional, fueron inmediatamente eclipsados por los de la sincrónica *El juguete rabioso*, de Roberto Arlt.

La Belarte de Macedonio Fernández

A mediados de los años veinte, mientras Leopoldo Lugones con más de 25 libros publicados era el severo juez de la nueva generación de escritores argentinos y su figura objeto de una persistente polémica entre floridistas y boedistas, su estricto contemporáneo Macedonio Fernández, también nacido en 1874, se erige, para el martinfierrismo, en su contrafigura y empieza a gozar de, como señala Horacio González, "la enorme reputación que le da su condición de inédito".[8] Hasta entonces, en efecto, Fernández había publicado algunos pocos poemas, dos de ellos, "Tarde" y "Suave encantamiento", en *Martín Fierro*, una "revista popular ilustrada de crítica y arte", dirigida entre 1904 y 1905 por Alberto Ghiraldo, el amigo anarquista de Rubén Darío. Y si bien para esos años, según se desprende de una carta fechada en 1905 dirigida a una tía suya, Fernández ambicionaba tiempo para realizar "algunos trabajos literarios", a los que "las exigencias de la vida" no le habían permitido aún consagrarle "verdadera meditación", su preocupación principal parecía más relacionada con la metafísica que con las letras: "Pienso siempre y quiero pensar; quiero saber de una vez si la realidad que nos rodea tiene una llave de explicación o es total y definitivamente impenetrable".[9]

Y, de hecho, es ésa la inquietud que recorre toda su obra, que comenzó a publicarse en 1928, con un volumen de metafísica titulado *No toda es vigilia la de los ojos abiertos*. Sin embargo, Fernández, que había sido amigo del padre de Borges y que compartía con éste la afición por Evaristo Carriego —una afición que atendía más a su figura de criollo entrerriano y a los temas de sus poemas que a sus condiciones de escritor—, es traído a la escena literaria por el mismo Borges, pero no en condición de filósofo —que era lo que Fernández pretendía ser— sino de escritor —cosa que Fernández, estrictamente, hasta entonces no era—. O lo era sólo en tanto autor de esos pocos poemas en los que los entusiastas martinfierristas encontraron, retroactivamente, el germen involuntario del ultraísmo, según se desprende de una nota sin firma publicada en el número 14/15 de *Martín Fierro*, de 1925. Allí, el anónimo reseñista señala que el "uso del verso libre, desdeñoso del ritmo silábico y la rima, pero grandemente eufónico", en una época "en que se cultivaba una poesía brillante, ruidosa, elocuente", lo colocaba a Fernández como una anticipación de Borges, González Lanuza, Norah Lange y Francisco Piñero. Fernández es el único que parece comprender el carácter artificioso de la operación y, simultáneamente halagado por la insólita pleitesía de los jóvenes, comienza a escribir, a pedido de ellos, una serie de ensayos autobiográficos desviados por el humor, la paradoja y la puesta en cuestión de las convenciones genéricas, centrados en un singular personaje, El Recienvenido, que refiere, precisamente, a su propia figura de recién llegado a la literatura. "Confesiones de un recién llegado al mundo literario", publicado en *Proa* en 1922, o "Un artículo que no colabora", en *Martín Fierro*, en 1925, cuando le habían solicitado, como se dice en la jerga periodística, una colaboración, son algunos de los desconcertantes artículos de Fernández que, junto con una serie de brindis humorísticos que ensayaba en los banquetes, habituales entonces en Buenos Aires para festejar una visita o la publicación de un libro, fueron recopilados a instancias de sus jóvenes amigos y publicados, en 1929, con el título *Papeles de Recienvenido*. Allí ya pueden rastrearse la potencia de la literatura de Fernández y su tendencia hacia la metaliteratura, un rasgo que en sus libros siguientes, *Una novela que comienza*, publicada en 1940, o *El Museo de la Novela de la Eterna*, reconstruida y publicada recién en 1967 por su hijo Adolfo de Obieta a partir de las desordenadas anotaciones que había dejado al morir en 1952, alcanzará niveles exasperantes, a partir del vaciamiento de las convenciones formales del relato y su reemplazo por reflexiones, a veces humorísticas, otras teóricas, sobre el elemento ausente. Los relatos de Fernández, por ejemplo, no empiezan ni terminan, y *Una novela que comienza* es, precisamente, una suerte de metanarración que tiende a poner en crisis todas las posibilidades de comienzo de una novela, como en *Tristram Shandy* del británico Laurence Sterne, con la que a veces se la ha comparado. Así, en el "Brindis a Leopoldo Marechal", escribe: "El principio del discurso es su parte más difícil y desconfío de los que empiezan por él". Los personajes, por su parte, pasan a ocupar el papel de funciones, y son vaciados de biografía, según puede verse, ya, en estas falsas autopresentaciones recopiladas en 1929, en las que el fundamento teórico de la autobiografía —la autenticidad— queda minado bajo la propia teoría del arte de Fernández, llamada Belarte, que sostiene que "El arte sin autenticidad es el arte auténtico. La no-autenticidad es el signo de un arte auténtico". Las categorías de espacio y tiempo también son puestas en cuestión, para acompañar el socavamiento del tema o asunto de un relato: "Descubrí que el asunto carece de toda valía de genuino Arte, es extraartístico". Y más adelante: "Mi tesis nuevamente, es el Arte sin asunto, o sea que la motivación o causación de un Sentimiento debe desterrarse del Arte, como lo logra la música, que es la belarte tipo, y debe lograrlo la Prosa y Literatura, o sea que el Arte se envilece con la declaración de un motivo de un Sentimiento o Emoción".

Desestimar las categorías de espacio y tiempo es entonces el modo de limar la plataforma del asunto de cada uno de sus relatos. Finalmente, Fernández inventa la figura del "escritor a la vista", con la que pone, justamente, a la vista del lector, todos los recursos de los que echa mano. Eso, sumado al entrecortamiento de la prosa artística con la teórica o reflexiva, y a su programática falta de progresión llamada "la literatura inseguida", promueven la desestabilización completa de las convenciones literarias y convierten su obra en un campo de experimentación más transitable para los teóricos o profesores de literatura que para los lectores, y más afín al espíritu filosófico que al artístico.

Ana María Barrenechea, su máxima estudiosa, anotó con certeza hace más de cincuenta años que Macedonio Fernández es "una extraña figura de las letras argentinas".[10] El renovado reconocimiento que en los años sesenta se le dio a su obra y a su figura —Germán García publicó el primer volumen crítico sobre su trabajo escriturario, *Hablan de Macedonio Fernández*, Alberto Vanasco fundó una revista llamada *Macedonio*, Julio Cortázar reconoció en *Una novela que comienza* uno de los notorios antecedentes argentinos de *Rayuela*—, el comienzo de la publicación de su obra completa en 1974, que ya lleva nueve tomos, y la publicación póstuma de otra novela inédita, *Adriana Buenos Aires*, también en 1974, no alcanzaron, sin embargo, para convertirlo a Fernández en un escritor a secas, sin atributos y, sobre todo, sin esos que lo acompañan desde que los martinfierristas lo descubrieron a principios de los años veinte: raro, extraño, marginal, excéntrico, condición que retoma, paradójicamente, cada vez que una nueva camada de jóvenes escritores lo descubre nuevamente, como un recienvenido que viene de nuevo, otra vez, a iniciarlos a través de la estimulante paradoja, en los artificios de la literatura.

Libertad y método en los poemas de Oliverio Girondo

En 1956 Oliverio Girondo publicó el que finalmente sería su último libro de poemas, *En la masmédula*, sobre el que cayeron dos juicios que destacaron su originalidad e insularidad. Uno, el de Aldo Pellegrini, quien afirmó que *En la masmédula* ofrecía un aporte "audaz, distinto e inimitable de la poesía de vanguardia. Inimitable porque es tan personal que abre y cierra un ciclo en sí mismo".[11] El otro, de Enrique Molina, quien subrayó que el libro era "el acontecimiento puro, sin parangón ni referencia, no sólo en las letras argentinas sino en la dimensión del idioma". Para Molina, *En la masmédula*, "por completo insólito, quedará siempre solitario e imprevisible, pues no hay nada que lo prefigurara o anunciara, del mismo modo que quedará siempre único, pues es imposible continuarlo".[12]

Sin embargo, el entusiasmo de Pellegrini y de Molina —y su operación para sustraer a *En la masmédula* de la tradición de la vanguardia martinfierrista y, en el mismo movimiento, convertirlo en un texto apto para ser canonizado según las convenciones del dogma surrealista, que ambos profesaban— encuentra su límite en la misma obra de Girondo, cuya singularidad se apoya en su coherencia interior que permite leerla entera, desde *Veinte poemas para ser leídos en el tranvía* hasta *En la masmédula*, como una obra única, con notorias variaciones, claro está, y ajustes del proyecto original, pero única, indivisible y por lo tanto difícil de antologar. A la inversa de lo que sucede con la mayoría de los poetas, que ganan con una buena antología —de la que pueden suprimirse los dubitativos comienzos, o los repetitivos finales, o las extensas etapas de transición—, los seis libros de poemas de Girondo componen una obra compacta cuyas partes se apoyan unas en otras y en la que la falta de cualquiera de ellas resiente el conjunto.

Veinte poemas para ser leídos en el tranvía, su primer libro, se publicó en 1922 cuando Girondo tenía 31 años y era diez mayor que casi todos los poetas que dos o tres años después van a ser sus compañeros martinfierristas. En esa diferencia de edad, y en la obra recién publicada, puede anotarse el sustento de su inmediato magisterio sobre los jóvenes vanguardistas. La novedad del libro hay que buscarla, en primer lugar, en la liberación de todas las cláusulas métricas. Los poemas son libres o en prosa, y no parece ésa una decisión ostentosa, sino natural, emparentada íntimamente con el vocabulario de Girondo, que es común, sin ser bajo, que es coloquial, sin ser callejero, y que tiene la singularidad de no estar todavía consagrado por el uso poético. De un modo tan natural —diferenciándose entonces de los artificios lugonianos— como neto —distanciándose así de las soluciones tímidas y parciales de Fernández Moreno—, Girondo en su primer libro renovó por completo el diccionario poético argentino y con ello también la música del verso, según puede verse en poemas como "Apunte callejero" o "Milonga". Otra rotunda novedad del libro fue la fuerte sexualización de los poemas —los senos de una camarera que el poeta se llevaría a la cama para calentarse los pies, los badajos del "campanile" de San Marcos vistos como llamativos falos de erección precipitada, los pezones fosforescentes de las muchachas de Flores, a quienes los hombres en la plaza les eyaculan palabras al oído, la temperatura "siete décimos más elevada" de las sevillanas, las devotas a quienes "se les licúa el sexo contemplando un crucifijo" y la imagen de una virgen sentada "como sobre un bidé" derramando agua enrojecida—, que pulveriza la sensualidad subliminal del barroco y del Modernismo, en los que, como en el cuento "La ninfa" de Rubén Darío, la representación recargada —en este caso, piedras preciosas, la púrpura del borgoña, el oro hirviente del champagne— y un contexto conveniente —aquí una conversación que gira en torno a sátiros, faunos, hipocentauros y sirenas— resignifican y cargan de erotismo una escena mínima y en sí misma apaciguada: en el cuento de *Azul...*, la de la dueña de casa, una actriz "caprichosa y endiablada" cuando llena su copa de menta y humedece "su lengua en el licor verde como lo haría un animal felino".

Tanta potencia tiene la suma de novedades de *Veinte poemas para ser leídos en el tranvía*, que el mismo Girondo podría haberla malgastado escribiendo una y otra vez variaciones acerca de lo mismo como han hecho decenas de poetas desde los años veinte en adelante, modulando de manera decadentista las postales girondianas que, aun en la copia, reflejan la lozanía y actualidad del original. Pero Girondo, que había anotado en sus "Membretes" que "Hasta Darío no existía un idioma tan rudo y maloliente como el español", comenzó inmediatamente a mixturar el mundo de los *Veinte poemas para ser leídos en el tranvía* con versos medidos en metros convencionales, como puede verse en *Calcomanías*, de 1925, que sólo mirado a la luz de *En la masmédula* no significa un paso atrás, sino otro hacia adelante, en función de una paulatina experimentación con los metros modernistas, sobre todo el alejandrino que, descompuesto y casi irreconocible, conformará el patrón métrico y musical de su último libro.

Espantapájaros, de 1932, es posiblemente el libro más famoso de Girondo, porque es, también, el más hospitalario y, a su modo, el menos rupturista, compuesto por un caligrama inicial —en 1932, cuando Guillaume Apollinaire ya los ensayaba desde 1918— y 24 poemas, 23 de ellos en prosa, mientras que el número 12, el axial, el famosísimo "Se miran, se presienten, se desean,/ se acarician, se besan, se desnudan,/ se respiran, se acuestan, se olfatean", es una tirada de 24 versos endecasílabos, sostenidos por la repetición del sonido de la letra "ese". De hecho, la aliteración —la reiteración de sonidos semejantes— es la base retórica de todo el volumen, a partir de la ampliación de sentidos que provoca Girondo al desplazarse de una palabra hacia otra de significado completamente diferente, jugando con la contigüidad fónica existente entre ambas: "No consentí ninguna concomitancia con la concupiscencia, con la constipación. Fui metodista, malabarista, monogamista. Amé las contradicciones, las contrariedades, los contrasentidos... y caí en el gatismo, con una violencia de gatillo".

Es interesante destacar que lo que después fue visto como libertad es, en realidad, método, y lo que fue considerado emancipación de la retórica convencional es, por el contrario, su uso y profundización. Lo mismo podrá verse en *Persuasión de los días*, de 1942, en otro famoso poema, "Rebelión de los vocablos": "De pronto, sin motivo:/ graznido, palaciego,/ cejijunto, microbio/ padrenuestro, dicterio;". Pero aquí la rebelión, lo inmotivado, está, en realidad, pautado por el metro. El poema es una tirada de versos heptasílabos con distintas acentuaciones. Y es entonces el heptasílabo la razón que guía el poema. Es cierto que a partir de la unión, en un mismo verso, de palabras de sentidos alejados, como "falaz, ritmo, pegote", o "hierofante, guayabo", se abre también el campo de la razón y se ensancha la imagen poética, pero no es menos cierto que esa unión entre una palabra y otra está regida por la musicalidad, y entonces la imagen poética es subsidiaria del metro y del ritmo, lo que da la pauta de que la preocupación musical, que los vanguardistas habían despreciado por estar demasiado ligada al programa modernista, comienza a incidir en las elecciones compositivas de Girondo y hasta a orientarlas, como veremos que sucederá en su libro de 1956.

Lo primero que llama la atención de *En la masmédula* es la rareza de su vocabulario que recuerda, por contigüidad, el de *Trilce*, de César Vallejo, publicado en 1922. Y es verdad que hay algunos procedimientos —uso de neologismos, de arcaísmos, de palabras compuestas, y cambios de funciones gramaticales— que señalan, a primera vista, la familiaridad de un texto con otro. Pero también es verdad que lo que en Vallejo fue expresionismo e intuición, en Girondo es investigación. Y que si la poesía del peruano fue decantando de *Trilce* hacia formas más sosegadas, transparentes y convencionales, Girondo, haciendo el camino inverso, partió de la límpida superficie de los cuadros de los *Veinte poemas* para ir internándose en la complejidad conceptual y musical que explota finalmente en *En la masmédula*. Arcaísmos (muy pocos), neologismos, composición de palabras a través de los procedimientos normales como son la derivación, la composición y la parasíntesis, cambios de función gramatical (sobre todo, sustantivos conjugados como verbos), aliteraciones, anáforas y cacofonías son los procedimientos maestros de *En la masmédula*, que parece escrito con una gramática en una mano y un manual de retórica en la otra. Y el ritmo machacante del libro —subrayado de manera elocuente por la lectura que hace Girondo en un disco grabado en 1960, algunas de cuyas pistas están ahora en Internet— está apoyado en la omnipresencia del módulo heptasilábico: versos de siete sílabas, de catorce y aun algunas rarezas como versos de tres y de cuatro, que se juntan por un encabalgamiento que no está motivado, como sucede habitualmente, por el sentido, sino por el patrón métrico. Ese enorme trabajo de descomposición rítmica, hecho a partir del heptasílabo, que es un hemistiquio del alejandrino, uno de los metros clave del Modernismo, convierte a *En la masmédula* en una extraordinaria especulación teórica sobre el programa modernista. Y allí, más que en el instinto, el sortilegio y las fórmulas mágicas de las que hablaba Enrique Molina, se encuentran su vigencia, su modernidad y también, a veces, la sensación de asfixia que provoca su lectura.

LA POESÍA REALISTA Y ROMÁNTICA DE RAÚL GONZÁLEZ TUÑÓN

En 1922, a los diecisiete años, Raúl González Tuñón compuso la mayoría de los poemas que cuatro años más tarde publicó con el título *El violín del diablo*. Escribía, anotó después, "deslumbrado por Darío, Baudelaire, Carriego, Héctor Pedro Blomberg —el poeta de los puertos y los mares—, José Asunción Silva, Herrera y Reissig". De todos, son Baudelaire y Blomberg los modelos que impregnan esta primera parte de su obra que puede ser leída como una actualización y traducción de toda la imaginería baudelairiana de barcos, marineros, prostitutas y fumaderos, pero no, a la manera de Baudelaire, como un asunto que va a ser contrapuesto a un ideal, según sucede, por ejemplo, en el poema "XXXIV" de *Las flores del mal*, donde una "espantosa judía" es la base realista que sostiene el ensueño ideal de "la triste belleza que mi deseo ansía". González Tuñón, por el contrario, ensaya, con los temas de Baudelaire, una poesía de corte realista, donde la lectura de la obra de Blomberg —que se agota en ese papel— parece funcionar como un antídoto contra las proyecciones simbolistas que formaban parte constitutiva del programa del poeta francés, dándole, a cambio, emoción y encantamiento a la pobre realidad del puerto, sus bares adyacentes y sus personajes arquetípicos. Según la precisa descripción de Antonio Vallejo, en una reseña bibliográfica publicada en el número 30/31 de *Martín Fierro*, en 1926, hay en *El violín del diablo* "obsesión de puertos, con marineros ebrios, bares de humo y barullo, camastros compartidos, rameras sentimentales, y rincones de amnesia clandestina, con vistas al edén de la morfina, la coca y el opio".

Es cierto que, como señala Vallejo otra vez, hay en este primer libro de González Tuñón cierto "abuso de situaciones literarias", pero de todos modos, y limpiada de influencias, ésta es la base sobre la que crecerá su programa poético, que de modo retrospectivo se encontrará trazado recién en los versos iniciales del poema "Juancito Caminador", del libro *Todos bailan*, de 1935: "Traigo la palabra y el sueño, la realidad y el juego de lo inconsciente/ lo cual quiere decir que trabajo con toda la realidad/ y si hay alguna persona que quiere saber lo que me ha ocurrido/ ya puede ir enterándose".

Como se ve, el realismo tuñoniano es un realismo impuro, en el que el sentimiento, la revelación y la inspiración ocupan el mismo lugar que la experiencia, la ley y la búsqueda, según anota el autor en "Del cuaderno de apuntes de Juancito Caminador", que fue publicado póstumamente en *La literatura resplandeciente*, en 1976. Allí, González Tuñón, mediante la figura de su alter ego poético, cuyo nombre había tomado de la marca de whisky Johnnie Walker, por entonces bebida de poetas, y que aquí es la voz de *Todos bailan*, subtitulado, justamente, *Poemas de Juancito Caminador*, define los alcances de su poética con el explícito rótulo de "realismo romántico". En ese mismo artículo, ampara una definición que actualizaba el ideario martinfierrista, evitando tanto las restricciones ultraístas como el libelo boedista: "¡Pero no al afiche, no a la copla vulgar y zurda! Tampoco el canto sin sangre y sin destino. Los pequeño-burgueses temen a la 'política' y los zurdos huyen de la adorable fantasía". Y también: "Dan ganas de gritar a los artepuristas a ultranza: ¡Tierra! Y dan ganas de gritar a los poetas 'terre a terre', demasiado pegados a la superficie: ¡Nube!".

En términos retóricos, hay en González Tuñón un realismo sustantivo, que vira hacia la fantasía y la imaginación a través de dos recursos sencillos y eficaces, como son la adjetivación y la comparación. Ese realismo romántico, inspirado y revelador, es característico de *El violín del diablo* —algunos de cuyos poemas fueron anticipados en *Martín Fierro*— y se proyecta hasta mediados de la década del treinta, en sus libros siguientes: *Miércoles de ceniza, La calle del agujero en la media, El otro lado de la estrella, Todos bailan* y parte de *La rosa blindada*, conjunto en el que se encuentran los máximos poemas del autor.

"Muelle de pescadores", del primero de los libros, comienza con una frase sencilla: "También pone sus redes el sol". Se trata de una comparación trunca, a la cual le falta uno de sus términos, que puede ser repuesto a partir del título del poema. Los pescadores echan sus redes, también las echa el sol: cae la tarde. Un cuadro realista, entonces, en combustión romántica, reforzado en el cierre del poema donde el muelle de pescadores es tanto el lugar del ensueño creador —"Mi alma que prepara su caña de recuerdos/ por la noche sin duda va a pescar una estrella"— como el ámbito de condensación del paisaje urbano: "Muelle de pescadores. Frente a la gran urbe. Allí transpira la ciudad reseca".

En 1933, en su revista *Contra*, González Tuñón publica el extenso e inspirado poema "Las brigadas de choque" —no recopilado en ninguno de sus libros— contra "la democracia burguesa", "el fascismo, superexpresión/ del capitalismo desesperado", "los famosos salvadores de América/ —Palacios, Vasconcelos, Haya de la Torre—", "las ligas patrióticas y las inútiles/ sociedades de autores, escritores, envenenadores", "el radicalismo embaucador de masas", "el anarquismo sensiblero y claudicador", "el clericalismo", "el criollismo a ultranza y sin matices", "el francesismo servil", "los mesías y los supuestos héroes/ y toda la roña burguesa/ –agiotistas/ –rentistas/ –especuladores/ –caudillos/–plumíferos/ –gendarmes/ –jueces/ –abogados/ –intelectuales". Inmediatamente después de su publicación, estuvo detenido unos días en el subsuelo de los Tribunales de Buenos Aires, fue procesado, y en 1935, condenado a dos años de prisión por incitar a la rebelión, pena que no cumplió por encontrarse en España.

En 1965, en un homenaje realizado por la revista *La rosa blindada*, González Tuñón recuerda la composición del llamado por él "violento poema" donde, dice, "continúa vigente el aire civil del versolibrismo ejercitado en la etapa martinfierrista". El poema es, como señala Sylvia Saítta, "una especie de manifiesto político y poético",[13] pero lo es, sobre todo, en términos retroactivos, en tanto funciona como una especie de culminación de una obra a la vez vigilante de la realidad y de la política, y librada a la inspiración del poeta vagabundo: "Porque anduve por ahí desparramando mi indudable fervor,/ porque bajé la luna hasta sus calles para alumbrarlas mejor. Porque a la compañía de los horteras/ prefería la de vagos y atorrantes".

A partir de 1934, con la afiliación de González Tuñón al Partido Comunista, comienza una suerte de descomposición de la fórmula del realismo romántico y "toda la realidad" de Juancito Caminador queda circunscripta a una sola realidad, la de la denuncia de la explotación, la enfermedad, la marginalidad, la miseria, la guerra, más cercana a la agenda de los temas de Boedo. Quedan, entonces, la experiencia sin el sentimiento, la ley sin la revelación y la búsqueda sin la inspiración. Y el "aire civil del versolibrismo" es reemplazado por "el ritmo de marcha, de himno —para cantar— que debe tener casi siempre un poema revolucionario", según escribe el autor en el prólogo a *La rosa blindada*. El pasaje, naturalmente, no es tajante y *Todos bailan* es un libro que todavía conserva la potencia imaginativa del primer período, aunque cronológicamente corresponda al segundo. Y lo mismo sucede con algunos de los poemas de *La rosa blindada*. Pero a partir de *La muerte en Madrid*, de 1939, y de ahí, sin retorno, en adelante, González Tuñón construye una obra temática, de ocasión, positiva, en la que aun los chispazos poéticos, inventivos o evocativos quedan opacados por el peso retórico del buen decir y de la causa política, como sucede, emblemáticamente, en el famoso poema "La luna con gatillo", de *Canciones del tercer frente*, de 1941.

Sin embargo, su declinación hacia la proclama partidaria no eclipsa la potencia de la parte de su obra simultáneamente realista, política e inspirada que, releída con fervor treinta años después, funcionó como estímulo y modelo para los jóvenes poetas que comenzaron a publicar en los sesenta.

La chifladura metafórica en una novela de Leopoldo Marechal

En su "Crónica de Florida y Boedo", González Tuñón recuerda que Leopoldo Marechal fue un vanguardista tardío, que "llegó a *Martín Fierro* cuando ya se habían producido escaramuzas definitorias" y que rechazaba originalmente la poesía de Borges y de Güiraldes, en cuyo cambio de opinión habría influido él mismo. Si esto es hoy incomprobable, no lo es, por el contrario, que los dos primeros libros de poemas de Marechal, los que cronológicamente corresponden al período vanguardista, no guardan relación con la poética martinfierrista. El primero, *Los aguiluchos*, de 1922, atravesado por influencias románticas y postmodernistas, pertenece a la prehistoria de la vanguardia. El segundo, *Días como flechas*, de 1926, sin bien tributa al martinfierrismo en dos o tres imágenes hermosas —"Abejorros de sol se deslizaban/ a tus caderas/ desde la parra"—, está embebido en un lenguaje más castizo que porteño, con temas menos terrenales que trascendentales que, cuando lo son, remiten más al campo bonaerense que a la ciudad.

Sin embargo, Marechal contribuyó de modo decisivo en la mezcla de la argamasa martinfierrista con algunos textos poéticos decididamente vanguardistas, no recogidos después en sus libros, como "Breve ensayo sobre el ómnibus" o "A una cafetera Renault", y también con otros críticos o ensayísticos, entre los que se destacan sus dos intervenciones contra Leopoldo Lugones y, además, una singular noticia a propósito de la publicación de *Don Segundo Sombra*, en la que, por un lado, elogia el valor compositivo de la novela, pero por otro reclama vehementemente olvidar al gaucho: "En el umbral de los días nuevos crece otra leyenda más grande y más digna de nuestro verso, puesto que está en nosotros y se alimenta con nuestros años".[14]

Ese hombre nuevo marechaliano será el que, en ninguno de sus personajes en particular, pero un poco en todos y, principalmente, en "el pobre Demos", como lo llama el astrólogo Schultze, crecerá en *Adán Buenosayres*, la novela que Marechal empezó a escribir en París en 1930 y que finalmente publicó en Buenos Aires en 1948, cuyos protagonistas remiten, en clave, a los de la vanguardia porteña de los años veinte. Su lenguaje, esta vez sí, se monta sobre lo que más tarde el autor llamará su "vieja chifladura metafórica", de raíz martinfierrista. y desarrollada casi exclusivamente en su obra novelística, mientras que la estrictamente poética continuó, de modo cada vez más convencional, la línea castiza y espiritual trazada en su segundo libro.

Adán Buenosayres es una extensa novela, de 714 páginas en su edición original, dividida en siete partes o "libros", como los llama su autor. Los primeros cinco están narrados en tercera persona y cuentan "la aventura terrestre" del peregrinaje místico de Adán Buenosayres, su personaje principal. Sin embargo, utiliza también allí una apelación constante al lector, buscando un vínculo cercano, y hasta su complicidad, como se evidencia en el uso regular de la segunda persona: "Lector agreste, si te adornara la virtud del pájaro y si desde tus alturas hubieses tendido una mirada gorrionesca sobre la ciudad, bien sé yo que tu pecho se habría dilatado según la mecánica del orgullo, ante la visión que a tus ojos de porteño leal se hubiera ofrecido en aquel instante".

En los dos últimos libros, finalmente, el relato está puesto en la voz de una primera persona, a la manera de una autobiografía. El libro sexto es "El Cuaderno de Tapas Azules", la memoria lírica de Adán Buenosayres, y el séptimo, el más famoso de toda la novela, el "Viaje a la oscura ciudad de Cacodelphia", que empieza así: "El sábado 30 de abril de 192..., en el bajo de Saavedra y a medianoche, el astrólogo Schultze y yo iniciamos la excursión memorable que me propongo relatar ahora y que, según la nomenclatura del astrólogo, comprendería un descenso a Cacodelphia, la ciudad atormentada, y un ascenso a Calidelphia, la ciudad gloriosa".

A esto hay que agregarle el "Prólogo indispensable" que abre la novela, una especie de octavo libro, que es el verdadero comienzo de la ficción, también escrito en primera persona: "Consagré los días que siguieron a la lectura de los dos manuscritos que Adán Buenosayres me había confiado en la hora de su muerte". Pero esta vez esa primera persona no remite, como en los libros sexto y séptimo a Adán Buenosayres, sino a las iniciales que firman ese prólogo: L. M., que son, claro está, las mismas del autor de la novela: Leopoldo Marechal, quien mezcla en ese prólogo hechos "verdaderos" ("Las primeras páginas de esta obra fueron escritas en París, en el invierno de 1930") con otros que ya ingresan en la ficción de la novela, como el entierro de Adán Buenosayres en el Cementerio del Oeste, cuyo ataúd cargaba el mismo "L. M." junto con los demás personajes de la novela.

La convivencia de estos distintos registros pronominales (tercera persona, segunda persona y una primera que remite tanto a un personaje como a unas iniciales que son las del autor de la novela) apoya lo que María Teresa Gramuglio llamó una "cadena de pactos desviados", refiriéndose, entre otros, al pacto autobiográfico, que es una especie de presencia fantasmática a lo largo de todo el texto y que, en definitiva, no se cumple nunca.[15] Esto es, si en el "Prólogo indispensable" se puede establecer una vinculación directa entre el autor y el narrador, esa vinculación es, a su vez, parcial porque, como vimos, del narrador sólo conocemos sus iniciales, y no su nombre completo, y porque ese autor-narrador participa simultáneamente de la autobiografía (debido a la remisión a datos precisos de la vida de Leopoldo Marechal) y de la ficción, al intervenir en el entierro con los personajes de la novela, como si fuese uno más. Hay, entonces, una doble apertura, de lo referencial a lo ficcional y de lo ficcional a lo referencial, que confiere una enorme potencia narrativa a la novela y que a su vez permite establecer su tema soterrado: la "radiografía humorística de la generación martinfierrista", como lo llamó Adolfo Prieto, que puede rastrearse tanto en la dedicatoria de la novela, "A mis camaradas 'martinfierristas', vivos y muertos, cada uno de los cuales bien pudo ser un héroe de esta limpia y entusiasmada historia", como en la comprobación de que la mayoría de sus personajes remiten, en efecto, a algunos de los más conspicuos miembros de la formación vanguardista de los años veinte: Schultze a Xul Solar, Pereda a Borges, Bernini a Raúl Scalabrini Ortiz, Tesler a Jacobo Fijman y, naturalmente, Adán Buenosayres a Leopoldo Marechal.[16]

Adán Buenosayres es, entonces, un singular —por lo desviado en términos genéricos— testimonio generacional y es, también, la espectacular puesta en práctica de casi todas las invenciones martinfierristas. Las temáticas (la ciudad de Buenos Aires como el escenario preponderante de la acción novelesca), las retóricas (la comparación y la metáfora creativa como las figuras privilegiadas de ensanche perceptivo) y, también, las tonales. El desenfado martinfierrista, los escarnios humorísticos, la nota fina y penetrante de la sátira, que formaban parte central del andamiaje de la revista, pero que después no derivaron a ninguno de los libros destacados de la generación, sobresalen en *Adán Buenosayres*. Y el conjunto tiene, sobre los planes de Marechal, un efecto devastador. Él pretendía, con su novela, enterrar al viejo Marechal vanguardista y terrestre —y, de paso, a toda su generación— para hacer nacer, de su cadáver, un nuevo Marechal clásico y angélico a la vez —que es el Marechal menos interesante, el de los libros de poemas y las obras de teatro—. Y ése es el diáfano sentido del "Prólogo indispensable", cuando "L. M." entierra a Adán Buenosayres y dice, además, que tanta era la levedad del ataúd que, más que llevar en su interior "la vencida carne de un hombre muerto", parecía llevar "la materia sutil de un poema concluido".

Contrariando aquellos planes, *Adán Buenosayres* permitió, a fines de los años cuarenta, una impensada y muy viva resurrección del martinfierrismo. Y preparó con ello el lugar destacado que alcanzó el autor en el sistema literario argentino. Antes, sólo una pionera reseña de Julio Cortázar había destacado la novedad lingüística que importaba *Adán Buenosayres* en la novela argentina. Y quince años más tarde, la publicación de *Rayuela*, en 1963, y su inmediato reconocimiento por parte de la crítica y los lectores provocaron, como en un efecto retroactivo, una entusiasta mirada sobre sus modelos. Entre ellos, *Adán Buenosayres*, que apoyado en el progresivo reconocimiento de la crítica a partir de fines de la década del cincuenta, se convierte finalmente en foco de atención de los nuevos novelistas y narradores que no resaltan de la novela su estructura binaria y convencional, sino su enorme sentido del humor y la intensidad metafórica de su lenguaje, mediante los cuales se conectan, más que a través de Güiraldes, de Borges o de Macedonio Fernández, con la aventura martinfierrista de cuarenta años atrás.

LA EXPERIENCIA BARROCA EN LOS POEMAS Y ENSAYOS
DEL JOVEN JORGES LUIS BORGES

Entre 1923 y 1930 Jorge Luis Borges publicó tres libros de poemas —*Fervor de Buenos Aires, Luna de enfrente* y *Cuaderno San Martín*— y cuatro de ensayos — *Inquisiciones, El tamaño de mi esperanza, El idioma de los argentinos, Evaristo Carriego*—, conjunto guiado por la voluntad de experimentación lingüística, la construcción de una retórica basada en la metáfora como figura preponderante y la programática fundación mitológica de un espacio, la ciudad de Buenos Aires, que se constituye de este modo en el escenario privilegiado de casi todos los poemas de este período y en el asunto dominante de muchos de sus ensayos.

A fines de los años sesenta, al preparar una edición de sus obras completas, Borges excluyó de ellas sus tres primeros libros de ensayos y reescribió los tres de poemas a fin de volverlos casi irreconocibles en relación con su versión original. Pese a que en una nota firmada en Buenos Aires el 18 de agosto de 1969 incluida en las sucesivas reediciones de *Fervor de Buenos Aires*, afirma que no reescribió el libro, y que sólo había "mitigado sus excesos barrocos, limado asperezas, tachado sensiblerías y vaguedades", concepto que, con variantes, se repite en las notas a los otros dos libros de poemas, son bien evidentes la distancia y diferencia que separan los poemas corregidos por el maduro Borges —de casi setenta años de edad— de los escritos por el joven, de menos de veinticinco.

De todos modos, los textos que gravitaron en los años veinte, los que hicieron sistema con los de Girondo, Macedonio Fernández, Norah Lange o Eduardo González Lanuza, los que contribuyeron tanto a cimentar el ultraísmo como a liquidarlo y que se convirtieron en emblemáticos del martinfierrismo, fueron los que Borges escribió en esos años y no las versiones recortadas que propició casi medio siglo después.

La publicación de *Fervor de Buenos Aires* venía acompañada de las expectativas que había creado el mismo Borges con los primeros manifiestos ultraístas. Pero en el primer número de *Inicial. Revista de la nueva generación*, que en los primeros cuatro de sus diez números publicados entre octubre de 1923 y mayo de 1926 fue trinchera ultraísta, Roberto Ortelli, uno de sus directores, firma una noticia bibliográfica atravesada por la perplejidad: "Es realmente lamentable que Borges no haya publicado en este volumen sus admirables versos que responden a esa novísima modalidad estética". Para Ortelli es injustificable que el libro incluya poemas como "Rosas", "El truco", "Las calles" o "Calle desconocida", que se caracterizan por lo que Borges siempre repudió: "el anecdotismo, el desarrollo continuado de una ilación ininterrumpida, el prosaísmo y la mezquindad de imágenes y metáforas que, dicho sea de paso, son las que salvan el libro".

A todo eso que *Fervor de Buenos Aires* tiene de más —o de menos— con respecto al plan ultraísta, en una noticia sobre *Prismas*, el libro de poemas de González Lanuza, publicada en *Inquisiciones*, Borges sucintamente lo llamó "duradera inquietud metafísica".

Allí, además, anotó que *Prismas*, "pobre de intento personal, es arquetípico de una generación", y que es "el libro nuestro, el de nuestra hazaña en el tiempo y el de nuestra derrota en lo absoluto. Derrota, pues las más de las veces no hay intuición entrañable vivificando sus metáforas; hazaña, pues el reemplazo de las palabras lujosas del rubenismo por las de la distancia y el anhelo es, hoy por hoy, una hermosura". Esto es, el triunfo ultraísta es verificable en el terreno de la retórica y no en el del arte donde la preceptiva es un medio y no un fin. El plan de Borges no es, entonces, alcanzar la modesta meta de la preceptiva ultraísta —como le reclaman Ortelli y también, en otra nota de la época, Guillermo de Torre—, requisito que cumplen a rajatabla González Lanuza y Norah Lange, sino ensancharla y convertirla en el punto de partida de una nueva poética individual y sólo entonces auténtica.

Así, el verso libre, que era una bandera ultraísta, en Borges se mezcla con el endecasílabo debido al peso de su "tradición oral", según señala en el prólogo a *Fervor de Buenos Aires*, y también con el alejandrino, que es el explícito metro rector de "Versos de catorce" y de las siete cuartetas y del dístico final, todos con rimas asonantes, de la primera versión de "La fundación mitológica de Buenos Aires", publicada en la revista *Nosotros* con ese título en 1926. La experimentación con versos libres y medidos no es, en Borges, un proceso evolutivo, como en Girondo, ni involutivo, como en Marechal o González Lanuza, que pasan, en menos de diez años, de proclamar el verso libre a escribir sonetos con rimas consonantes de una musicalidad anterior a las ensayadas por Darío o Lugones. En Borges, en cambio, el principio de experimentación se impone al juicio de la teoría, cosa que puede comprobarse también en sus singulares elecciones léxicas, en su sintaxis y en su retórica imaginativa.

En cuanto a lo primero, Borges proclama, contra la frialdad ultraísta, una "sensualidad verbal" —anota en el prólogo de *Fervor de Buenos Aires*—, pero reducida a "determinadas palabras" que, por supuesto, no incluyen ninguna de las muchas que formaban parte del vocabulario poético modernista y postmodernista. Sin embargo, contra la imagen que nos dejó el Borges corrector de los años sesenta y setenta y, también, contra sus propias prevenciones de los años veinte en relación con el lenguaje "millonario", los poemas y los ensayos de la época son léxicamente vistosos, a partir de una generosa selección de palabras, en la que se destacan no sólo el uso de términos castellanos no arcaicos, en tanto residuales, pero sí en desuso, o de uso anterior al de la renovación modernista, sino también el de otros criollos, o porteños, algunos, además, sometidos a modificaciones morfológicas con el fin de mimetizarlos con su pronunciación, como los terminados en "dad", que pasan a terminar en "dá": realidá, ciudá, verdá, por realidad, ciudad, verdad.

En los ensayos especialmente, pero también en los poemas, el hipérbaton, esto es, la alteración del orden regular de las palabras en la construcción de las oraciones, es frecuente y, además, ostentoso, en cuanto muestra un dominio sintáctico que es prueba tanto de conocimiento genuino de la lengua —contra los recién llegados al castellano, es decir, "los gringos de Boedo", según escribe en la "Fundación mitológica de Buenos Aires", o "los gringos sureros", en otra versión del mismo poema— como de virtud compositiva, según anota en un artículo de 1930: "Oyeron que la concisión es una virtud y tienen por conciso a quien se demora en diez frases breves y no a quien maneje una larga".[17]

Por otra parte, cuatro estudios de la época, uno publicado en *Inquisiciones*, "Menoscabo y grandeza de Quevedo", el otro en *El tamaño de mi esperanza*, "Examen de un soneto de Góngora", y otros dos en *El idioma de los argentinos*, "El culteranismo" y "Un soneto de don Francisco de Quevedo", confirman el interés teórico que tenía en ese momento el barroco para Borges. Es interesante destacar esto, porque en esa transformación que promueve el viejo Borges con relación al joven, tratando de que éste se parezca a aquél, lo primero que hace, como escribe en el prólogo a *Fervor de Buenos Aires*, es "mitigar sus excesos barrocos". La operación es un éxito y las mismas notas que se usan para calificar la prosa posterior de Borges —clasicismo o limpieza— son históricamente contrabarrocas o antibarrocas. Pero parece evidente que el joven Borges se vale del barroco para conectarse con la tradición sensualista del castellano por fuera del entonces despreciado Modernismo, a fin de dotar de sensorialidad verbal al plan ultraísta, a través de un castellano intocado por la experiencia modernista, del criollo no lunfardo —ya que considera al lunfardo como cosa de gringos— y de la sintaxis enrevesada o, como escribió en 1923, de su "dilección" por "las frases complejas como ejércitos".[18] Con el ultraísmo, por otra parte, mantiene una ligazón a través de la metáfora como figura retórica privilegiada, asunto, por cierto, en el que el barroco también ofrecía una enorme reserva de modelos y ejemplos, muchos de ellos analizados en estos ensayos, donde prefiere siempre la concisión quevediana a la expansión gongorina.

Sin embargo, ya en el prólogo a *Fervor de Buenos Aires*, y distanciándose de sus contemporáneos ultraístas, escribe: "Siempre fui novelero de metáforas, pero solicitando fuese notorio en ellas antes lo eficaz que lo insólito". La metáfora, para Borges, no puede ser lujosa, ni extraña, ni desconcertante, porque debe ser más un vehículo que un fin, atendiendo al funcionamiento del poema entero y no a su propio relumbrón.

Finalmente, ya desde el título de su primer libro de poemas, Borges instala el escenario imaginario de su creación poética: la ciudad de Buenos Aires. Pero no la Buenos Aires cosmopolita del puerto y del centro de la ciudad, "no las calles enérgicas/ molestadas de prisas y ajetreos", como escribe en el poema inicial de su primer libro, "Las calles", "sino la dulce calle de arrabal/ enternecida de árboles y ocasos/ y aquéllas más afuera/ ajenas de piadosos arbolados/ donde austeras casitas apenas se aventuran/ hostilizadas por inmortales distancias/ a entrometerse en la honda visión/ hecha de gran llanura y mayor cielo".

"La Recoleta", "La Plaza San Martín", "El Sur", "Calle desconocida", "Un patio", "Barrio reconquistado", "Carnicería", "Arrabal", "Caminata", "La noche de San Juan", "Cercanías", "Atardeceres", "Calle con almacén rosado", "Al horizonte de un suburbio", "Último sol en Villa Ortúzar", "Para una calle del Oeste", "Versos de catorce", "Elegía de los Portones", "Curso de los recuerdos", "Muertes de Buenos Aires", "Barrio Norte" o "El Paseo de Julio" son algunos de los poemas que en estos tres primeros libros contribuyen a conformar un mapa sentimental y autobiográfico —y bien restringido— de Buenos Aires. El lirismo puro y la pura sensación que promovía el ultraísmo quedan condicionados aquí por las proyecciones referenciales de los lugares que nombra —y que existen— en la ciudad de Buenos Aires. Preferir el recato de un Palermo crepuscular y vacío al prostibulario Paseo de Julio —"nunca te sentí patria"—, u optar por los muertos patricios del cementerio de Recoleta frente a los muertos plebeyos del cementerio de Chacarita son elecciones en las que gravitan sus componentes simbólicos e ideológicos. En suma, lo que alejó a Borges del ultraísmo y de sus primeros compañeros de ruta fue, también, lo que lo convirtió en el primer escritor del martinfierrismo.

En 1930 Borges publica *Evaristo Carriego*. Temáticamente, el libro funciona como una suerte de compendio de sus preocupaciones ensayísticas de los años veinte. Pero un estilo más depurado y menos vistoso, tanto en lo que hace a la selección lexical como a la sintaxis, y su misma estrategia discursiva prefiguran al reconocido ensayista de *Discusión* y *Otras inquisiciones*. Palermo, la figura de Carriego y la escenografía de sus poemas, esa "materia indecisa" del arrabal, de "la doble gravitación de la llanura chacarera o ecuestre y de la calle de los altos, de la propensión de sus hombres a considerarse del campo o de la ciudad, jamás orilleros", que es, por cierto, la misma materia de los poemas del Borges de los años veinte, son el verdadero asunto del libro, y no los versos de Carriego, cuya indisimulable "verdad" queda opacada por un estilo "chismoso, con todas las interjecciones, ponderaciones y falsas piedades y preparatorios que ejercen las comadres" y cuyo pietismo, para Borges, los acerca a la sensibilidad boedista y los excluye de su programa y de su valoración.

A diferencia de todos sus libros del período, *Evaristo Carriego* no fue reescrito ni anulado de la bibliografía de Borges. Y a sus sucesivas reediciones, en los siguientes veinte años, el autor le fue agregando nuevas páginas —epígrafes, cartas, prólogos de otros libros— que, como señala Beatriz Sarlo, "se relacionan de manera demasiado oblicua con su pretendido objeto"[19] y confirman, en su conjunto, el lugar excepcional de este volumen en la historia de los libros de Borges, toda vez que, por un lado, funciona como una suerte de manifiesto retrospectivo de sus poemas y ensayos de los años veinte y, por el otro, se vincula estrechamente con el punto inicial de su ficción, los relatos de *Historia universal de la infamia*, de 1935.

La singular construcción biográfica de Carriego, como las "biografías infames" de Lazarus Morell, Tom Castro, la viuda Ching o Monk Eastman, están, según señala Sylvia Molloy, armadas por una serie de procedimientos comunes —"el montaje de rasgos aislados, el propósito eminentemente visual que rige el texto, el personaje fragmentario, las prolongaciones"—[20] más propios de la ficción que del género referencial al que sus títulos parecen convocar. En esa condición de pasaje que tienen entonces *Evaristo Carriego* e *Historia universal de la infamia*, es privilegiado el espacio que ocupa un relato de este último, "Hombre de la esquina rosada", en tanto que temática y lingüísticamente responde a las viejas preocupaciones de Borges, pero formalmente, a partir de sus características señaladas en el prólogo —antipsicologismo, enumeraciones dispares, brusca solución de continuidad, reducción de la vida entera a dos o tres escenas—, forma parte del corpus de las ficciones definitivas de los años cuarenta y cincuenta, y es entonces un punto de continuidad y no de clausura.

Eso, hacia dentro de la obra de Borges. Y hacia fuera, *Evaristo Carriego*, debido a su asunto —la ciudad de Buenos Aires—, a su elección genérica —el ensayo—, a sus elecciones léxicas, sintácticas y retóricas —vinculadas con el martinfierrismo y aun con el barroco— y a su posicionamiento en el debate acerca del nacionalismo cultural, dialoga privilegiadamente con otro famoso ensayo de la época, *El hombre que está solo y espera*, de Raúl Scalabrini Ortiz.

Nacionalismo y martinfierrismo en un ensayo de Raúl Scalabrini Ortiz

"Indagar las modalidades del alma porteña actual" es el propósito declarado en *El hombre que está solo y espera*, publicado en 1931. El ensayo, por un lado, es tributario de casi todos aquellos que se escribieron a partir de la década de 1910, en los que se reflexiona insistentemente sobre las particularidades del "ser nacional" y que se caracterizan por el trazado de una genealogía en busca de la precisión del origen de lo nacional, de donde saldría la identificación de quien, tipológicamente, lo encarnara. En ese grupo se incluyen *El juicio del siglo*, de Joaquín V. González, de 1910, *El payador*, de Leopoldo Lugones, de 1916, y *Eurindia*, de Ricardo Rojas, de 1924. Pero Scalabrini Ortiz, polémico con la tradición en la que se inserta, encuentra innecesaria la "irreverencia macabra" de "andar desenterrando tipos criollos ya fenecidos —el gaucho, el porteño colonial, el indio, el cocoliche—", porque más allá de "la caricatura o pintoresco señuelo de exotismo" —una alusión al criollismo martinfierrista, en cuyas filas se encontraba el mismo autor en los años veinte—, lo único importante del pasado es lo que "pervive y revive en la auscultación clarividente de la actualidad". No la genealogía, entonces, sino la actualidad, y tampoco el argentino, sino el porteño, en tanto "el hombre de Corrientes y Esmeralda está en el centro de la cuenca hidrográfica, comercial, sentimental y espiritual que se llama República Argentina. Todo afluye a él y todo emana de él". El hombre de Corrientes y Esmeralda, escribe, "está en el centro mismo, es el pivote en que Buenos Aires gira".

Ese "hombre de Corrientes y Esmeralda" no es entonces histórico ni futuro, sino actual, debe tener, a principios de los años treinta, más de 25 años y menos de 50. Los mayores de 50 son, para Scalabrini Ortiz, los que vivieron sus "años pueriles" a fines del siglo XIX, que creyeron en la ciencia y para quienes "los biólogos, los fisiólogos, los químicos, los astrónomos y los mecánicos fueron los sacerdotes laicos de su religión", esos que "columbraron una felicidad barata en el incremento numérico de la población, en la multiplicación de las vías férreas, en la popularización de la cultura, en el acrecentamiento de los ganados y de los sembradíos", los entusiastas liberales y positivistas que contribuyeron a la modernización del país a partir de su alianza con el capital extranjero, y que, en su apareamiento, "desatendieron el espíritu del país" y "en su obstinación mecánica se olvidaron del hombre". Ésos, "los más europeos de los criollos", no son ni comprenden al hombre de Corrientes y Esmeralda. Tampoco lo son ni lo comprenden los menores de 25, nacidos después de 1900, que no fueron testigos del proceso de cambio en el que Buenos Aires mutó de aldea a metrópolis, porque se criaron en una ciudad que ya había reconquistado el río, trazado sus avenidas, una ciudad en la que "el delta se pobló de restaurantes. Los cinematógrafos se multiplicaron por arte de birlibirloque", "se levantó la proscripción del baile" y "ya ningún polizonte espía los menesteres en que se distraen las parejas que en el fondo de un auto se hunden en el bosque de Palermo". No obstante, estos jóvenes de 1931 que nacieron y se criaron en el bienestar capitalista, en la ciudad del "lucro y sus declinaciones", están sitiados por el riesgo de la norteamericanización. Entre esos dos polos, que son también sus riesgos, uno de origen —el europeísmo— y uno de proyección —la norteamericanización—, se encuentra "el hombre de Corrientes y Esmeralda", el hombre nacional de Raúl Scalabrini Ortiz que tiene, más o menos, su misma edad.

Hay, por otra parte, una condición externa al hombre de Corrientes y Esmeralda que sin embargo le es constitutiva: "la metafísica de la pampa". Una tierra, prosigue, "que amilana los sentidos, que postra la sensualidad". El tema del hombre condicionado por el medio natural, al que le da carta de ciudadanía Domingo F. Sarmiento y del que echan mano también los novelistas naturalistas, aunque éstos no lo tomen de Sarmiento, sino del positivismo y de Émile Zola, tiene una enorme productividad en todas las variantes del ensayo nacionalista, que paradójicamente suele abominar de ambas filiaciones.

Pero mientras Eduardo Mallea, en *Historia de una pasión argentina*, encuentra una empatía esencial entre el "hinterland argentino" y sus habitantes, Scalabrini Ortiz le agrega, a la esencia metafísica, materialidad. La pampa es, para él, esencial, inasible. Pero también es materia pura: campo, vacas, trigo, producción agropecuaria, un ámbito convertido en fuente de riqueza por la inyección de capital extranjero. Esa puja entre lo espiritual —la pura tierra— y lo material —la tierra convertida en riqueza por la intervención del capital— es pareja porque, según sostiene Scalabrini Ortiz, hay una resistencia del "espíritu de la tierra" que es la que impidió que la Argentina se convirtiese, llanamente, en "una factoría extranjera, un emporio cerealista formidable, pero sin alma, sin cohesión, ni destino, sin más objeto que alimentar a Europa".

De todos modos, tierra y capital, plantados frente a frente, dieron, en su fusión, una fisonomía nueva del país: "ahora, la República es una inconmensurable estancia moderna, macrocéfala, como todas las estancias, cuyo casco es Buenos Aires". De esa modificación, producto de ese enfrentamiento, surge la ciudad de Buenos Aires como centro de la nacionalidad y el hombre de Corrientes y Esmeralda como su tipo más definido. ¿Por qué en esa esquina? Porque ése es el polo magnético de la sexualidad porteña. ¿Y por qué el ser nacional encarna en un hombre y no en una mujer? Porque Buenos Aires es una ciudad sin mujeres, que es lo mismo que una ciudad sin felicidad. En esa ciudad de hombres, el amor a la mujer es reemplazado por el amor a la ciudad y por el amor al fútbol, al boxeo y a las carreras. El resultado da un hombre que, aunque acompañado por la multitud, está siempre solo. Un hombre que está solo, rodeado de muchos otros hombres, que también están solos. Hecha la definición y la descripción del tipo, a ese "hombre sencillo que, entre otros hombres, va caminando por la calle Corrientes", ese "hombre tranquilo, de cultura escasa, de modales algo bruscos pero afables, de indumentaria chirle", ese "porteño cualquiera" que es el hombre de Corrientes y Esmeralda, Scalabrini Ortiz lo pone en acción: "Ya cruzó la calle Florida. Está pasando Maipú. Entra a un café de la calle Esmeralda".

Y allí, donde comenzaría la acción, termina el ensayo, y deja en suspenso la definición genérica del libro. Un ensayo, sí, pero definido por su autor como "un sentimiento que yo he soñado", dotando a la forma de cierta intensidad poética, como puede rastrearse en su estilo que sintoniza, en el uso de metáforas que tributan al ultraísmo, y de un vocabulario lujoso y una sintaxis en la que prevalece el hipérbaton, que tributan al barroco, junto con el de Borges de esos mismos años. Es cierto que ese contacto es casi invisible hoy, pero eso se debe a las distintas proyecciones de las obras de uno y otro y al modo en que ambas terminaron condicionando la lectura de sus respectivos episodios de iniciación escrituraria.

El nacionalismo de Scalabrini Ortiz, definido de modo incipiente en *El hombre que está solo y espera* como una oposición espiritual al europeísmo cientificista y al norteamericanismo materialista, es el punto de partida de sus ensayos políticos *Política británica en el Río de la Plata*; *Los ferrocarriles, factor principal de la independencia nacional*; *Historia de los ferrocarriles argentinos* y *Los ferrocarriles deben ser del pueblo argentino*. En ellos, abandona el espiritualismo de su primer ensayo en favor de un nacionalismo más tajante y sustantivo que también define el pasaje político de su autor, surgido en el ala nacionalista del Partido Radical que confluye unos años después en el peronismo.

En 1923, Scalabrini Ortiz publicó *La manga*, un libro de relatos retóricamente emparentado con el martinfierrismo. Tal vez como tributo desviado a sus compañeros de generación, o a ese artista que pudo haber sido y finalmente no fue, más de veinte años más tarde definió al peronismo con una deliberada carga de poeticidad, como "la sublevación del subsuelo de la patria".

Capítulo 9

Románticos, realistas y de izquierda. Los talleres gráficos de Lorenzo Rañó. Una verdad proletaria. Contra la frivolidad y limitación del martinfierrismo. El mundo de la oficina en los cuentos de Roberto Mariani. Lo que dicen Luis Emilio Soto y Roberto J. Payró. La enorme fuerza expresiva de Elías Castelnuovo. Una combinación de deseo, represión y culpa. Nicolás Olivari, pudor y rebeldía. El sentimiento de tristeza de toda una clase social. Clara Beter existe. Una literatura parida en el conventillo.

El boedismo. Las revistas *Los pensadores* y *Claridad*

El 22 de febrero de 1922, el editor Antonio Zamora comenzó a publicar un cuadernillo semanal de 32 páginas de texto que se llamó *Los pensadores. Publicación semanal de obras selectas*, que difundía obras de literatura universal, preferentemente en prosa, de autores románticos, o realistas, o de izquierda. Máximo Gorki, León Tolstoi, Vladimir Ilich Lenín, Anatole France, Iván Turgueniev, más algunos pocos argentinos —Almafuerte, Evaristo Carriego—, conformaron la extensa antología de Zamora, que inmediatamente alcanzó una notable repercusión entre el público, lo que permitió que el editor fundara su propia editorial, llamada *Claridad*, primero en el barrio de Congreso, e inmediatamente después en Boedo 837, en los talleres gráficos de Lorenzo Rañó.

Para esa época, la editorial comenzó a publicar también una colección de aparición quincenal titulada *Los poetas*, y otra, de corte socialista positivista, llamada *La biblioteca científica*, dedicada, básicamente, a la difusión de pautas de higiene sexual. Ambas publicaciones contribuyeron a ampliar la base de lectores, lo que alentó a Zamora a promover nuevos emprendimientos, entre ellos el que finalmente le dio fama definitiva a su nombre de editor y convirtió al de la calle donde funcionaban los talleres en el de una perdurable tendencia en la literatura argentina del siglo xx: Boedo.

A fines de 1924, Elías Castelnuovo, Leónidas Barletta y Lorenzo Stanchina, que en ese mismo año habían publicado las revistas

Dínamo y *Extrema izquierda*, se unen a Zamora y comienzan a sacar una nueva revista, montada sobre el suceso de *Los pensadores*, que mantiene su título y su numeración, pero cambia el subtítulo y con ello su orientación, dejando de ser una antología de textos para pasar a ser una revista de arte y literatura. En la *Revista de selección ilustrada. Arte, crítica y literatura,* tal el nuevo subtítulo, Castelnuovo se desempeñó como jefe de redacción, con el poeta Gustavo Riccio como "peón de brega", según el testimonio del mismo Castelnuovo. En diciembre sale el primer número (que es el 101), con colaboraciones de casi todos los autores que contribuirán a definir la nueva tendencia: Castelnuovo, Barletta, Nicolás Olivari, Roberto Mariani y César Tiempo, a los que se suman, en los números sucesivos, Raúl González Tuñón, Pedro Juan Vignale, Álvaro Yunque, entre otros. En junio de 1926, después de la publicación del número 122, *Los pensadores* deja de aparecer y un mes más tarde sale una nueva revista, llamada *Claridad,* dirigida por Zamora, con Castelnuovo y César Tiempo como secretarios de redacción. Las primeras siete llevaron numeración correlativa y de uso, pero el número 8 salió con el número 130, para recuperar la numeración de las dos versiones de *Los pensadores,* presentando de este modo una continuidad entre las tres publicaciones de Zamora. El número 1, de julio de 1926, apareció encabezado con el programa de la publicación, donde se anunciaba que *Claridad* aspiraba a ser una revista en cuyas páginas se reflejaran "las inquietudes del pensamiento izquierdista en todas sus manifestaciones". Los editores decían "estar más cerca de las luchas sociales que de las manifestaciones puramente literarias", porque creían "de más utilidad para la humanidad del porvenir las luchas sociales que las grescas literarias, sin dejar de reconocer que de una contienda literaria puede también volver a surgir una nueva escuela que interprete las manifestaciones humanas en forma que estén más de acuerdo con la realidad de la época en que vivimos".

Sin embargo, y contra la seriedad de espíritu que se desprende de la declaración, reforzada por las potentísimas tapas de la revista —un niño desarrapado y famélico ilustra, por ejemplo, la del número 2—, *Claridad* —y antes *Los pensadores*— estuvo demasiado atenta a los pormenores de la vida literaria de Buenos Aires de los años veinte, y a refutar cada una de las intervenciones martinfierristas, empapándose muchas veces del ánimo burlón de la revista de Evar Méndez y compitiendo con ella en la formulación de lo que los mismos escritores sociales llamaban, paradójicamente, y refiriéndose a los de *Martín Fierro* y no a los suyos propios, "estúpidos chistes".

De estos episodios, que pueden rastrearse tanto en *Los pensadores* como en *Claridad*, se desprende que la relación del boedismo con la literatura —y con sus manifestaciones marginales, como la vida literaria o las polémicas— fue mucho más generosa que la que el mismo Castelnuovo estuvo dispuesto a admitir en sus *Memorias*. Allí destaca que la posición de Boedo "no era la resultante de una especulación escolástica" —como lo sería la martinfierrista—, sino que era vital y "le venía de adentro. De otra latitud mucho más honda". Es cierto que, contrariamente al martinfierrismo, cuya preocupación fue esencialmente preceptiva (tanto en términos opositivos como propositivos), para los realistas de Boedo, que no necesariamente encontraban un valor en la novedad, la forma venía dada de antemano, tanto de parte de los modelos rusos o franceses como de sus aplicaciones nacionales, y es ésa la vinculación —formal y no ideológica— que mantienen, por ejemplo, con Manuel Gálvez, sobre cuya obra Nicolás Olivari y Lorenzo Stanchina publican en 1924 un encendido y alabatorio estudio titulado *Manuel Gálvez: Ensayo sobre su obra*. Pero también lo es que a partir de esa relación acrítica con el realismo, Boedo produce obras caracterizadas por convenciones y clichés, lo que da como resultado un producto hipercodificado, y por lo tanto hiperliterario, donde, además, abundan las referencias a los prestigiosos modelos extranjeros. Por ejemplo, así escribe Barletta en su cuento "La flor": "de una cuerda penden algunas ropas puestas a secar, como se describe en los cuentos de Chejov".

Esto significa que la opción de Boedo no es sólo vital, como quiere Castelnuovo, y relacionada directamente con una verdad proletaria que provendría del origen social de sus miembros más destacados —Nicolás Olivari, peón de almacén; César Tiempo, repartidor de soda; Roberto Mariani, oficinista; Abel Rodríguez, albañil; José Portogalo, pintor de paredes; el mismo Castelnuovo, linotipista, según recuerda en sus *Memorias*—, sino de opciones puramente literarias, armando un polo signado por las oposiciones. Ni las "plagas literarias" que, según Castelnuovo, conformaban el sainete y los folletines y que "suministraban por igual el mismo opio a la ciudadanía", ni "la teoría del arte puro en el sentido estrecho, limitado y extraño que en Buenos Aires tiene, porque le descubrimos frivolidad y limitación", según el diagnóstico trazado por Roberto Mariani en "La extrema izquierda" que es, también, uno de los máximos textos teóricos del boedismo.

Allí Mariani hace una defensa cerrada de un realismo moderno, desprendido, dice, "de las incómodas compañías" —Zola, Gálvez, la sociología, las tesis y los objetivos moralizantes— y más próximo a nuevos desarrollos, que toman enseñanzas de la psicología y de la teoría del subconsciente. Y, simultáneamente, ataca la teoría del arte ultraísta porque, dice, "tenemos una interpretación seria, trascendental del arte", y "queremos algo que nos permita más grandes cosas" que las que promueve un arte solamente basado en una figura retórica: la metáfora, que es, dice Mariani, un elemento secundario del arte de la composición del cual puede servirse el artista "para combinaciones o construcciones importantes como el poema, el paisaje, el cuento", porque es "un material que sirve para componer fábricas literarias: cuentos, novelas, etcétera". Pero, señala el autor, "siempre subordinada al asunto" del poema, del cuento o de la novela, y no como su elemento central o su nudo de fulguración.

El realismo ideológico y moderno de los cuentos de Roberto Mariani

Pero de todos los narradores boedistas, es sólo Mariani quien en sus *Cuentos de la oficina*, publicado en 1925, pretende dar cuenta de un realismo simultáneamente ideológico y moderno. Para lo primero, Mariani se adentró en el mundo de la oficina, de los, como se los llamaba entonces, "proletarios de cuello duro" —él era uno de ellos—, y desarrolló con convicción sostenida los temas de uso del realismo social: huelgas, ascensos frustrados, conflictos entre trabajadores y jefes y entre trabajadores y patrones y, sobre todo, la alienación, el modo, como anotó Luis Emilio Soto, en que "la relación de dependencia entre el jefe y el subalterno persigue el alma apocada de este último más allá de la oficina", donde "sus hábitos de empleado estereotipan incluso su rutinaria existencia".[1]

En cuanto a la modernización del modelo, Mariani se desentendió de los prejuicios de sus compañeros y, programáticamente, aligeró su prosa con algunas buenas metáforas de cuño ultraísta: "El sol está caído en la calle como una blanca mancha de cal. Está lamiendo ahora nuestra vereda; esta tarde se irá enfrente".

Sin embargo, cuando Roberto J. Payró, en una carta fechada el 10 de enero de 1927, saluda la aparición de un nuevo libro de cuentos de Mariani, *El amor agresivo*, publicado en 1926, celebra del anterior menos su novedad que su vinculación con los modelos europeos del siglo XIX, específicamente con Balzac, quien, escribe Payró, también tuvo, como Mariani, "ojos y corazón para esa gentecilla, y dio interés social y dramático a un viajante de comercio, a un perfumista, a un ex comerciante como protagonistas de novelas famosas".[2]

Payró, por otra parte, encuentra que es "injusto el reproche que le han hecho (a Mariani) de esforzarse a la caza de la novedad" cuando, en realidad, lo verdaderamente nuevo de *Cuentos de la oficina* y de *El amor agresivo* es ese mundo de la "burguesía, de los oficinistas, de los empleadillos" que ha sido en la literatura argentina "tan poco estudiado". El participio —"estudiado"— da la clave del fiel con que Payró mide la obra de Mariani: el modo en que cumple los mandatos históricos del realismo y del naturalismo —estudio, observación psicológica, ambiente—. Aunque Mariani, señala Payró, invierta positivamente el sino reaccionario que el naturalismo había tenido en casi todos sus intérpretes nacionales, de Eugenio Cambaceres a Manuel Gálvez. En Mariani, en cambio, dice Payró, se manifiesta la simpatía del autor por "los condenados —quizás a pesar suyo— a la medianía y a la vulgaridad más o menos barnizada y sobredorada". Es que, como señaló Mariani en "La extrema izquierda", "nuestro arte expresa nuestras ideas y nuestros sentimientos". Los sentimientos son de simpatía ante los humillados. Y las ideas se concentran en una sola: la revolución social que, en los años veinte, se inscribe sobre el verosímil de la Revolución Rusa. En pocos años más, en 1934, después del Primer Congreso de Escritores Soviéticos, ese ideal va a convertirse en una norma, el realismo socialista, con el Partido Comunista como encargado de que se cumpla a rajatabla. Bajo esa presión, se desdibujan las novelas de los realistas comunistas argentinos a lo largo del siglo XX: *El río oscuro*, de Alfredo Varela, a quien le cabe el mérito cronológico de ser, precisamente, el primer novelista argentino en escribir según el dogma del realismo socialista; *Gran Chaco* y *Sin tregua*, de Raúl Larra; *El precio* y *Los que no mueren*, de Andrés Rivera, publicadas entre las décadas de 1940 y 1950. En todas, hay personajes ejemplares e ilustrativos —y por lo mismo, planos—, a través de los cuales, sin mediaciones dramáticas, psicológicas ni narrativas, habla la ideología del autor, que es a su vez la del Partido y cuyo contenido se conoce de antemano.

El naturalismo exasperado de las narraciones de Elías Castelnuovo

Fuera de la norma y anterior, en un principio, a su formulación, se encuentra la obra de quien fue el más obstinado intérprete y difusor del realismo social: Elías Castelnuovo. Jefe de redacción de *Los pensadores* y secretario de redacción de *Claridad*, Castelnuovo, con su firma o con la de su seudónimo Ronald Chaves, desde comienzos de la década del veinte promovió la idea de una literatura social, tan dependiente de la representación realista como sometida a un ideal exterior, del que la literatura sería sólo su instrumento: la revolución social. Esos mismos condicionamientos atentan contra la formidable potencia de su obra narrativa, jugada alrededor de un naturalismo exasperado en el que las notas de la observación científica, que suponen, para sus personajes, un condicionamiento promovido por la herencia y el medio, son simultáneamente desestabilizadas por una desbordada imaginación —sostenida por el verosímil del discurso de la ciencia experimental— y contenidas por un machacante moralismo ideológico, completamente exterior a los personajes y a la misma trama de sus novelas y relatos.

En su cuento más famoso, "Tinieblas", publicado en el libro homónimo de 1923, un linotipista —como Castelnuovo en esos años— recoge una noche de lluvia, cuando vuelve del trabajo, a una muchacha llamada Luisa, que vive bajo un puente del Once, envuelta en trapos de luto que "más que criatura humana, parece un envoltorio de basura". Instala, piadosamente, a Luisa en su pieza, "fea, despintada, pero limpia". La chica, por su parte, es monstruosa: "su cuerpo era horrible. Tenía una joroba que le quebraba el tronco y caminaba dando saltitos como codorniz herida en una pata".

La relación entre Luisa y el linotipista se afianza y ella, que se sabe "fea, jorobada, horrible", se enamora de él y él, que también se siente atraído por ella, no puede dejar de pensar en los frutos monstruosos que traerá ese amor: "niños desnutridos, estúpidos, idiotas; seres torturados, prematuramente envejecidos con caras largas, muy largas, con piernas torcidas y esmirriadas...".

Una noche, sin embargo, empapado de "piedad infinita", el linotipista posee a Luisa. Pecar, haber abandonado a Cristo, tiene su inmediata condena: Luisa queda embarazada. Monstruosamente embarazada: "Un día la sorprendí caminando en cuclillas... Me confesó que no podía tenerse en pie, que el chico pesaba demasiado, y que en lo sucesivo no caminaría de otra manera que ésa".

Y muere, luego de parir a un monstruo: "La cabeza semejaba por sus planos un perro extraño y era tan chata que se sumergía hasta hacerse imperceptible en el cráter de una joroba quebrada en tres puntos. Su cuerpo estaba revestido de pelos largos; no tenía brazos y las piernas eran dos muñones horrorosos".

En términos de evolución de la forma realista, el exceso naturalista, acompañado por las correspondientes referencias científicas —"El plomo está en constante actividad, se adhiere a la piel y pasa en forma de cloruros al torrente circulatorio", anota el narrador en relación con la salud del linotipista— que contribuyen a destacar el modo en que el ambiente determina el tipo, y la presentación directa de las acciones patéticas o miserables, suponen un paso atrás respecto del realismo objetivista que Horacio Quiroga había entrevisto en Benito Lynch y desarrollado en sus cuentos, contemporáneos a los del boedismo. Pero resulta evidente que la potencia del programa naturalista parecía más afín a la enorme fuerza expresiva de Castelnuovo que la restricción objetivista y, también, a la necesidad de propaganda ideológica que estaba en la base de su plan.

En *Calvario*, su novela de 1949, los términos condicionantes de 1923 no se han modificado. Es cierto que la misma revolución social, según se la entendía en las primeras décadas del siglo, es decir, no sólo vinculada a una idea, sino a una precisa práctica política que tomaba como modelo a la Revolución Rusa, ya estaba resquebrajada. Y también que tanto la solución imaginativa y fantástica con la que Roberto Arlt había desestabilizado el programa realista en *Los siete locos* y *Los lanzallamas* en los años treinta, como la directa impugnación de una literatura realista en los relatos de Borges de los años cuarenta, habían cambiado para siempre los protocolos de la narrativa argentina del siglo XX. Ambas condiciones condenan la mejor novela de Castelnuovo a un anacronismo fatal. Pero también es verdad que esas condiciones históricas desfavorables no alteran la potencia narrativa e imaginativa de Castelnuovo, según puede verse en el capítulo "El morbo", en la excepcional escena amorosa que mantienen el personaje principal y una leprosa en un tambaleante carro manejado por el padre de la enferma, que, en su combinación de deseo, represión y culpa, da uno de los máximos cuadros sexuales de la literatura argentina.

Los poemas fuera de tono de Nicolás Olivari

Más afín a Mariani que al boedismo más intransigente y, por lo tanto, tan estimulado a seguir el modelo de la literatura rusa, en tanto "concepto realista de la literatura como expresión social", como a dejarse llevar por "la suntuosa belleza estilística", según responde a los 22 años a la famosa encuesta de la revista *Nosotros* sobre "las nuevas generaciones literarias", el joven Nicolás Olivari logró el singular consenso simultáneo de boedistas y martinfierristas. Su pertenencia, por un lado, a la fracción del realismo social es indiscutible, y en la misma encuesta de *Nosotros*, de 1923, con una conciencia de grupo que no tienen todos los encuestados, preguntado acerca de cuáles eran "los más talentosos jóvenes de su generación" y cuyo porvenir consideraba él más seguro, contesta Mariani: "Elías Castelnuovo, Lorenzo Stanchina, Leónidas Barletta y... yo". Castelnuovo, en sus *Memorias*, recuerda que Boedo "empezó sólo con tres francotiradores: Nicolás Olivari, Lorenzo Stanchina y el que suscribe". Esta manifiesta adscripción no obstó, sin embargo, para que la publicación de *La musa de la mala pata*, el cuarto libro de poemas de Olivari, de 1926, fuera saludada desde las páginas de *Martín Fierro*, no por columnistas invitados especialmente a escribir sobre el libro —práctica ecuménica que la revista realizaba cada tanto—, sino, en dos números sucesivos, por Leopoldo Marechal y Ricardo Güiraldes. Marechal encuentra en los poemas de Olivari la objetivación del "pudor de nuestro sentimiento", desarrollado a la manera de un contraste: "cuando su poema va a remontarse en el claro cielo de la emoción, cae de pronto en la burla y suele terminar en blasfemia". Mientras que Güiraldes celebra —en contra de la estricta preceptiva versolibrista del martinfierrismo— las cuartetas endecasílabas de Olivari: "Puede ser que para los que se sientan en el sillón de una forma establecida, el verso rimado y medido proporcione casi la comodidad de un féretro. Para los rebeldes (de cualquier clase) no es así. Inquietud de vivir exige continuo desplazamiento y continua pérdida de un estado de cosas en uso".

Esas notas precisamente contrastantes que encuentran los martinfierristas en Olivari —pudor y rebeldía— están en la base del efecto de sus más importantes libros de poemas, *La musa de la mala pata* y *El gato escaldado*, de 1929. En ambos, Olivari trabaja sobre formas fijas, sobre todo sonetos, pero desprovistos de cualquier voluntad de perfección y de proeza. El título de un poema de *El gato escaldado*, "Soneto bien inspirado y mal medido", da la pauta de la ambivalente relación que mantiene el autor con la forma fija, cuya utilización está menos relacionada con algún tipo de apego al pasado modernista o postmodernista que como un modo de acercamiento político al público popular de Evaristo Carriego o del tango, dando vueltas, no obstante, las convenciones de la buena conciencia y de la piedad por los humillados, con las que los boedistas se ligaban al carrieguismo y al tango. Olivari, en cambio, es sarcástico, con una mordacidad que está completamente fuera del tono boedista. En "Canto a la dactilógrafa", por ejemplo, escribe: "Muchacha.../ Abullónate los rizos delante del espejo,/ —quizá ganes sesenta pesos al mes—/ la miseria te obligará a mostrar la hilacha,/ escucha este consejo:/ entrégate a un burgués".

Pero la ironía y el sarcasmo en algún punto próximos a los de Alfonsina Storni, también funcionan, como señala Marechal, como un antídoto contra la efusión sentimental que, sin embargo, no ocultan el amor y la simpatía por los ofendidos y los humillados, una nota constitutiva del programa boedista que Olivari cumple de manera singular. En "La dactilógrafa tuberculosa", por ejemplo, cuenta la historia de una mecanógrafa que aun enferma tiene que trabajar: "Esta pobre yegua flaca y trabajada,/

con los dedos espatulados de tanto teclear,/ esta pobre mujer invertebrada, tiene que trabajar". La dactilógrafa finalmente muere tuberculosa en un hospital. El carrieguismo y el boedismo hubiesen terminado la historia tocando la nota sentimental. Pero Olivari rompe el tono —y ésa parece ser la característica de su poesía, tanto en términos formales como temáticos: estar siempre un poco fuera de tono— e incorpora, como cierre, la rebelión en primera persona: "(Bella burguesita que a mi lado pasas, cambia de acera/ porque voy a putear)".

Es en esa primera persona, por otra parte, en la que, en los mejores poemas de Olivari, encarna el sentimiento de tristeza que subyace detrás del sarcasmo, de toda una clase social, según puede verse en "Canción con olor a tabaco a nuestra buena señora de la inspiración", "En ómnibus de doble piso voy en tu busca", "Tranvía a las dos de la mañana" o "Pero la verdad es ésta", que termina así: "Mi tristeza es una muchacha con delantal,/ en la tristeza definitiva del corredor/ de una casa de departamentos".

Esa singularidad de Olivari —una poesía en primera persona que no es sin embargo confesional, sino que funciona como la condensación de una expresión social— condena a los otros buenos poetas boedistas —Álvaro Yunque, Gustavo Riccio, César Tiempo, José Portogalo— a un obligado segundo plano, aunque sean ellos quienes, no obstante, interpreten mejor los sentimientos piadosos del realismo social.

EL VALOR DE LA SINCERIDAD EN LOS POEMAS DE CLARA BETER

En 1926 César Tiempo, que compartía con Elías Castelnuovo la secretaría de redacción de *Claridad*, escribe un poema titulado "Versos a Tatiana Pavlova" —una actriz italorrusa que en ese momento, según el testimonio del propio Tiempo, "arrebataba al público porteño" y lo envía a la redacción de la revista.[3] Pero lo interesante del caso es que Tiempo inventa también a su autora. Su nombre: Clara Beter. Su nacionalidad: ucraniana. Su condena: ejercer la prostitución en los lupanares rosarinos. Castelnuovo, que no estaba al tanto de la broma de su compañero, fue sin embargo alertado acerca de la posibilidad de un fraude. Pero el líder boedista, siempre según el testimonio de Tiempo, aseguró que rezumaban "demasiada verdad los versos para atribuirlos a una imaginación desgobernada. Clara Beter existe".

El poema se publicó en la revista, acompañado por una noticia, no firmada pero escrita por el mismo Castelnuovo, que señalaba que Clara Beter era "la voz angustiosa de los lupanares. Ella reivindica con sus versos la infamia de todas las mujeres infames".

Como si más que de la "desgobernada imaginación" de Tiempo, Beter fuera el verosímil producto de la imaginación de una época, apenas publicado el poema en *Claridad*, el crítico uruguayo Alberto Zum Felde escribió en el diario *El Día*, de Montevideo: "Desgarradora tragedia la de esa alma de mujer hondamente sensible y fuertemente intelectiva, presa de la infamia del comercio sexual, envuelta en la túnica de Neso del vicio errante y mercenaria, arrojada al margen oscuro de los detritus humanos".[4]

Manuel Kirshbaum, un amigo de Tiempo, viajaba entonces regularmente a Rosario, para trabajar. Con su letra "pasmosamente parecida a la de Alfonsina Storni", siempre según Tiempo, Kirshbaum copiaba los poemas escritos por Tiempo y los despachaba a *Claridad* desde Rosario, cada quince días, poniendo como dirección del remitente la de la pensión donde él se hospedaba, en la calle Zeballos. Dos boedistas rosarinos, amigos de Castelnuovo, el narrador Abel Rodríguez y el escultor Erminio Blotta, salieron a buscar a Beter, cuyos poemas autorreferenciales —claro, falsamente autorreferenciales— excitaban la imaginación de los lectores de *Claridad* y de los poetas realistas: "Frente al espejo admiro como un Narciso hembra/ mi cuerpo blanco y joven de líneas armoniosas".

Primero fueron a la pensión de la calle Zeballos y no encontraron nada. Pero en un bar del barrio prostibulario Pichincha, los artistas localizaron a una "pupila francesa" escribiendo unas líneas. Rodríguez saltó sobre la mujer, diciéndole: "Vos sos Clara Beter. ¡Hermana! ¡Hermana! ¡Vinimos a salvarte!".

En pocos meses, Tiempo envió suficientes poemas como para formar un volumen, que se publicó en Claridad en 1926 con el título *Versos de una...*, prologado por Ronald Chaves, seudónimo de Castelnuovo. El prólogo es otro de los grandes textos programáticos del boedismo y tiene características propias de los manifiestos vanguardistas: impugnación del pasado —Rubén Darío y el

Modernismo, por no ser americanos: "Casi toda *nuestra* literatura no tenía nada de *nuestra*"—; reformulación de los componentes de la tradición literaria —Sarmiento y Mansilla sí, porque dieron "pautas" del paisaje nacional, pero no Mármol ni Echeverría—, y revalorización de elementos viejos o en desuso: la sinceridad y la piedad. Pero no el puro verbalismo sincero y piadoso de Almafuerte o Carriego, el primero catalogado como "una mezcla de genio y charlatán", el segundo como "el poeta de la lagrimita y el organito", sino piedad y sinceridad vitales y en relación directa con el "método" naturalista. Para Castelnuovo, Juan Palazzo, autor de *La casa por dentro*, de 1921, supera el realismo de Roberto J. Payró, Florencio Sánchez u Horacio Quiroga porque como el asunto de su obra es el conventillo y él mismo se crió en un conventillo, "pudo estudiar directamente lo que escribió", siendo que el directo es "el mejor método de estudio" y que es imposible el realismo por fuera de ese estudio del asunto a tratar: "Para estudiar el puerto, pongamos por caso, es menester vivir en el puerto, trabajar en el puerto, palpitar con la gente del puerto, y no leerse un tratado de diques y canales o mirar figuritas de vapores".

La nueva literatura, pregona Castelnuovo, no desciende al pueblo, sino que surge del pueblo, parida por el conventillo, como la de Juan Palazzo, o por la calle, como la de Clara Beter: "Esta mujer se distingue completamente de las otras mujeres que hacen versos por su espantosa sinceridad".

No importa que la "espantosa sinceridad" de Beter haya sido producto de la imaginación, ni que durante algún tiempo, hasta que se develó el engaño, el texto emblemático de la poesía social y del boedismo haya sido el fruto de una broma de cuño martinfierrista, sino que a propósito de ese "caso", Boedo, por primera vez en la literatura argentina, rescató, de modo programático, la sinceridad como valor, lo que permitió realizar una lectura renovada —por diferente— de la tradición que se proyectó luego en la literatura argentina del siglo xx.

Capítulo 10

Un título sorprendente. Roberto Arlt, completamente fuera de la norma. Lo que dice Elías Castelnuovo. Una novela de aprendizaje. Desprejuicio estético, ideológico y moral. El desfalco de Remo Erdosain. El Comentador avisa desde una nota al pie que Barsut no murió. Un prólogo que tiene tanta fama como la novela. Escribir en cualquier parte. Transformando al lector en espectador. Lo que dicen Oscar Masotta y Sylvia Saítta. Resultado: liberar la rígida norma realista del teatro nacional. Una crítica tan estimulante como la obra que la ocupa. Lo que dice Sergio Chejfec.

Martinfierrismo y boedismo en *El juguete rabioso*, de Roberto Arlt

Contrariamente a Raúl González Tuñón, un martinfierrista que debido a su vinculación con la retórica realista y los temas políticos fue bienvenido en las páginas de las publicaciones de Boedo, a Roberto Mariani y a Nicolás Olivari, dos boedistas que, a partir de sus floreos verbales y su voluntad de renovación formal, fueron valorados por los martinfierristas, Roberto Arlt, que mantenía relaciones personales con los escritores de una y otra fracción, no perteneció a ninguna de ellas y su obra, además, no fue estimada en los ámbitos de ninguna de las dos.

En la revista *Proa*, la de la segunda época, también conocida como "la *Proa* de Güiraldes", se publicaron en 1925 dos anticipos de *El juguete rabioso*, todavía llamado *La vida puerca*. En el número 8, uno titulado "El rengo" —que es un fragmento del capítulo IV de la novela—, y en el número 10, "El poeta parroquial", un capítulo finalmente suprimido del libro publicado en 1926.

El juguete rabioso es, por fin, el título sorprendente —comparado con el original, de claro cuño boedista— con el que se publica la novela, en cuya formulación no se ha dejado de ver la mano del propio Ricardo Güiraldes, a quien Arlt dedicó su primera edición: "Todo aquel que pueda estar junto a usted sentirá la imperiosa necesidad de quererlo. Y le agazajarán [sic] a usted y a falta de algo más hermoso le ofrecerán palabras. Por eso yo le dedico este libro".

Pero los hechos demuestran que lo que había era, más que algún tipo de relación entre Arlt y el martinfierrismo, realizada a través de Güiraldes, un vínculo de afecto entre ambos escritores. El nombre de Arlt aparece sólo dos veces en la revista de Evar Méndez. Una, en el número 42, de 1927, nombrado por el boedista Santiago Ganduglia, y otra en el 44/45, donde se anuncia la publicación de un número especial, dedicado a Ricardo Güiraldes, recién muerto en París a los 41 años. En ese mismo número, se publican dos cartas de condolencia —una dirigida a la viuda de Güiraldes y la otra a su padre—, firmadas por "sus amigos y camaradas de *Martín Fierro*", y en la página siguiente se anuncia el futuro homenaje, en el que se agrega el nombre de Arlt a los de los martinfierristas de la página anterior. Ése fue el último número de la revista, y por lo tanto el homenaje a Güiraldes no se publicó ni tampoco la que hubiese sido la primera y única colaboración de Arlt en *Martín Fierro*.

Borges, por su parte, en el artículo "La pampa y el suburbio son dioses", de *El tamaño de mi esperanza*, hace una somera referencia a Arlt, como otro de los escritores que, como él, "ha dicho su retacito del suburbio". Pero su mención, junto con la de un boedista neto como José S. Tallon, y lo que destaca Borges de ambos —"son el descaro del arrabal, su bravura"— señalan más un tipo de política ecuménica a favor del arrabal que alguna valoración francamente positiva sobre las obras de Arlt y Tallon.

Por supuesto, en términos preceptivos y entonces ideológicos —toda vez que para el martinfierrismo escribir era escribir bien, y escribir bien era tener una relación natural con la lengua, no la que tenían "los gringos de Boedo", casi todos ellos inmigrantes o hijos de inmigrantes no españoles—, Arlt estaba completamente fuera de la norma. Hijo de padre alemán y de madre austríaco-italiana, en la casa de Arlt se hablaba más alemán que castellano y para el joven escritor que mantuvo, además, una relación díscola con la educación formal, según contó en más de un relato autobiográfico, escribir una novela y escribir en castellano fueron dos aprendizajes simultáneos, de cuya primera realización, *Diario de un morfinómano*, publicado en la colección "La novela de Córdoba", en 1920, no se conserva ningún ejemplar.

Pero ese escribir mal de Arlt según los cánones excluyentes del martinfierrismo fue, también, lo que, en superficie, lo alejó del boedismo, como recuerda Elías Castelnuovo, que rechazó los originales de *La vida puerca* cuando Arlt, a través de Nicolás Olivari, se los presentó para que fueran publicados en la colección Los Nuevos de la editorial Claridad. Para Castelnuovo, decir que Arlt "no sabía gramática significa un elogio. No sabía siquiera poner una coma para separar un párrafo de otro y difícilmente acertaba a colocar en su lugar una zeta o sacar de su sitio una hache". Además, recuerda Castelnuovo, "empleaba muchas palabras cuyo sentido ignoraba y otras que no se las podía encontrar en ningún diccionario de habla castellana, seducido únicamente por el embrujo de su sonoridad". Por lo tanto, "si le gustaba la música de un vocablo, solía intercalarlo en su léxico, a menudo sin haber asimilado aún su real significación. Describiendo el rostro de una virgen, por ejemplo, decía *el cuévano de sus ojos*, y describiendo las andanzas de una ramera, decía *la desgraciada morcona*. Y *cuévano* quiere decir *canasto*, y *morcona* no quiere decir *nada*. Y menos *ramera*. Probablemente quisiera decir *moscona*".[1]

También Castelnuovo le achaca a *El juguete rabioso*, novela a la que llama "libro de cuentos", que en "su ensambladura" hubiese "dos estilos distintos y contrapuestos. Una mezcla de Máximo Gorki y de Vargas Vila".[2]

El juguete rabioso es, como *Don Segundo Sombra*, una novela autobiográfica en la que confluyen en la voz narrativa el narrador y su personaje principal: Silvio Astier. Y, también, como la obra de Güiraldes, puede ser leída como una novela de aprendizaje que cuenta las peripecias de la modificación de su personaje principal a partir de una acumulación de experiencias y saberes. El joven Astier, lector de folletines y ladrón, que soñaba con ser un bandido como Rocambole y un poeta genial como Baudelaire, termina muy pronto trabajando de dependiente en una librería. Pero contrariamente a las mismas expectativas que genera el relato, y al modelo instalado por el realismo social, al que la superficie de la novela y su primer título parecen tributar, el último acto de aprendizaje del personaje principal da vuelta todas las convenciones. Astier y su amigo el Rengo planean un asalto al ingeniero Vitri, con cuyo producto la pobre vida que llevaban ambos, Astier ahora como corredor de papeles y el Rengo como cuidador de carros en el mercado, mostraría su revés. Así lo dice Astier: "Sí, la vida es linda, Rengo. Es linda. Imaginate los grandes campos. Imaginate las ciudades del otro lado del mar. Las hembras que nos seguirían; nosotros cruzaríamos como grandes bacanes las ciudades al otro lado del mar".

Pero la ensoñación de Astier es súbitamente interrumpida por una "idea sutil" que se "bifurca" en su espíritu: "—¿Y si lo delatara?".

Para Astier, delatar al Rengo es "destruir la vida del hombre más noble que he conocido". Pero justamente esa razón por la que debería no hacerlo es la que lo impulsa a hacerlo de todos modos: "Si lo hago me condeno para siempre. Y estaré solo, y seré como Judas Iscariote. Toda la vida llevaré una pena. ¡Todos los días llevaré una pena!". En una vida signada por las pérdidas, las miserias y las humillaciones, tener una pena es tener algo que dura para siempre. Y entonces Silvio Astier traiciona al Rengo, estrecha la mano del ingeniero Vitri, tropieza con una silla, y se va.

La ambigüedad de ese acto final que, como anota Analía Capdevila, al ser al mismo tiempo "moralmente bueno y moralmente malo, es lo que hace que la figura de Astier trascienda toda tipología —social o psicológica— de personajes",[3] impregna toda la novela y la coloca, en términos conceptuales, más allá de la norma realista, que mantiene siempre un conflicto de tipo vertical entre humillador y humillado: ésos son los nexos conflictivos del dogma del realismo social, que pueden rastrearse en las obras de Mariani o de Castelnuovo: arriba, el jefe, el dueño, el patrón, el capataz. Y abajo, el empleado, el operario, el obrero. Arlt instala, en cambio, un sorpresivo conflicto horizontal, de humillado a humillado. Para Oscar Masotta, en su extraordinario ensayo sobre Arlt, ése será "el tema rector de esta obra, hacia donde confluye lo más específicamente arltiano": el odio entre los que se parecen, que se ve tanto en la delación de Astier al Rengo como, en la novela siguiente, en el conflicto entre Erdosain y Barsut, cuando "una idea vertiginosa y de acero, cuyo sentido es inmediatamente comprendido por Erdosain, cae sobre él: matar a Barsut".[4]

En *El juguete rabioso*, ese quiebre va tener su correlato estilístico a partir de esa especie de choque de estéticas contrapuestas que tan bien vio —y tan mal evaluó— el mismo Castelnuovo. El realismo estricto de Gorki es desestabilizado por el sentimentalismo kitsch de Vargas Vila dando un producto inestable que está en la base de la fuerza narrativa de *El juguete rabioso*, donde, además, se cumple la presunción del francés Rémy de Gourmont, quien decía que todo movimiento dentro de la literatura encuentra fuera de ella la fuerza que la anima. El realismo de Boedo, como veíamos, se alimentaba sólo de literatura realista —rusa, francesa o nacional—. Arlt le agrega a la serie no sólo a Vargas Vila sino también la literatura folletinesca que estaba ideológica y moralmente impugnada por el boedismo. Y es justamente eso, el desprejuicio estético, ideológico y moral, el que anima todavía una novela exterior al martinfierrismo y al boedismo pero, a la vez, imposible de pensar sin las coordenadas que esos dos grandes movimientos instalaron en la literatura argentina de la década del veinte frente a los que, como señala Sylvia Saítta, Arlt se colocó provocadoramente "como escritor de síntesis".[5]

LOS SIETE LOCOS - LOS LANZALLAMAS

Su novela siguiente, en cambio, publicada en dos libros —*Los siete locos*, en 1929, y *Los lanzallamas*, en 1931—, pese a que algunos de sus capítulos fueron anticipados en la revista *Claridad*, en cuya editorial, por otra parte, finalmente se publicó la segunda edición de *El juguete rabioso*, en 1931—, trasciende por completo la limitación histórica y generacional.

Los temas instalados en *El juguete rabioso* —la humillación, la traición, el sueño, la angustia— reaparecen tres años después en *Los siete locos - Los lanzallamas*.

La primera parte, firmada en Buenos Aires el 15 de septiembre, relata tres días en la vida de Remo Erdosain, desde que es descubierto su desfalco a la empresa azucarera en la que trabaja como cobrador, hasta que su amigo el Astrólogo simula asesinar a Barsut, el primo de la mujer de Erdosain, quien, por celos, lo había delatado ante la compañía. La segunda parte, *Los lanzallamas*, narra el devenir de "los monstruos" —ése era el título que Arlt le tenía reservado a la novela, y que según su propio testimonio fue cambiado por sugerencia de Carlos Alberto Leumann— desde la falsa muerte de Barsut hasta la noticia del suicidio de Erdosain en un tren suburbano, seguida de un resumen del destino final de los personajes.

La representación de la ciudad de Buenos Aires y sus alrededores, siguiendo una topografía estricta, las descripciones físicas de cada uno de los personajes, y el lenguaje coloquial en el que se comunican, contribuyen, como en *El juguete rabioso*, a instalar un verosímil sobre el que se respaldan los acontecimientos narrados, tributando de este modo a los requerimientos de base del programa realista. Pero la hipérbole —los sentimientos, las ideas y las teorías de los personajes son una verdadera exageración—, y la irreprimible tendencia hacia lo fantástico, no en términos convencionales de género, sino en cuanto a que los sueños y la imaginación de los personajes adquieren en el relato igual estatuto que los acontecimientos —llamados en la novela "las actividades reales"—, minan ese mismo verosímil en el que sin embargo se asientan. Los personajes no son tipos, como en el realismo neto, ni casos, como en el naturalismo de pretensiones cientificistas, sino puras individualidades, destacadas muchas veces en sus apodos: Bromberg es, también, "el Hombre que vio a la Partera", Haffner, "el Rufián Melancólico", etc. Por otra parte, el lenguaje coloquial o, aun, el meramente referencial, están contaminados por un vocabulario en el que, como hubiera dicho Castelnuovo, prima "el embrujo de su sonoridad" y donde la música de las palabras se privilegia por sobre su significación natural, lo que produce a veces un extrañamiento en el sentido de lo que se está leyendo. Por último, Arlt inventa la figura del Comentador, que cumple una función anfibia entre la de un personaje secundario y un narrador omnisciente que, en imprevistas notas al pie, va comentando algunos hechos del relato, anticipando otros y develando otros más, como la falsedad de la muerte de Barsut, que directamente no se narran en el cuerpo del texto.

    De este modo, la novela destruye la ilusión de realidad pero, de manera paradójica, ese disloque con respecto a lo real da un símbolo lo suficientemente complejo como para que pueda verse allí una imagen no sólo de la sociedad argentina de los años treinta, cosa que atrae aún, de modo retrospectivo, la atención de sociólogos, historiadores de la cultura y politólogos —como ninguna otra obra de ficción de la literatura argentina del siglo XX—, sino, básicamente, de la condición del hombre moderno y su vida en la gran ciudad, lo que le sumó la atención de filósofos y psicoanalistas.

    Sin embargo, la novela de Arlt no es obra de tesis —ni política, ni sociológica, ni ideológica, ni filosófica, ni psicológica—, sino que su campo de experimentación y de posibilidades es la literatura y, más específicamente, la novela, forma a la que Arlt incorpora novedades de tipo compositivo, como, por ejemplo, en la figura del Comentador, y genéricas, en la inestabilidad que se produce entre la proyección fantástica y su encuadre realista o entre el lenguaje puramente referencial y el que fluye libremente signado por su sonoridad. La suma, por un lado, supera toda la tradición romántico-realista de la novela argentina, desde José Mármol hasta los boedistas y, simultáneamente, condena las futuras incursiones en género puros —el fantástico de Adolfo Bioy Casares, el psicológico de Eduardo Mallea, el político de David Viñas o Andrés Rivera— a estrictas experimentaciones facetadas.

Los lanzallamas está encabezado por un prólogo titulado "Palabras del autor" que tiene tanta fama como la novela. Allí Arlt, que era en ese momento el cronista más reconocido del diario *El Mundo,* donde publicó entre 1928 y 1942 —año de su muerte— más de 2.000 de sus exitosas "Aguafuertes", se presenta como un autor proletario, que escribió su novela "en condiciones bastante desfavorables" y que, en lugar de hacerlo en "soledad y recogimiento", tuvo que trabajar "en redacciones estrepitosas, acosado por la obligación de la columna cotidiana".

En esta especie de manifiesto ácrata, que recuerda en el tono las "Palabras liminares" de Rubén Darío a sus *Prosas profanas* —al que, por otra parte, cita en su desafiante final: "y que los eunucos bufen"—, el autor rinde cuentas a sus contemporáneos boedistas y martinfierristas, a quienes, enfrentados en casi todo, los reunía la convicción de que Arlt escribía mal: "Se dice de mí que escribo mal. Es posible". Pero la respuesta a la acusación no la encuentra, como cabría esperarse, en los resultados de la novela, sino en la sanción favorable del público a sus aguafuertes: "No tendría dificultad en citar a numerosa gente que escribe bien y a quienes únicamente leen correctos miembros de sus familias".

En cuanto a la novela, Arlt se desinteresa de los procedimientos técnicos que son, sin embargo, los que aseguran su perdurabilidad: "Cuando se tiene algo que decir, se escribe en cualquier parte. Sobre una bobina de papel o en un cuarto infernal. Dios o el Diablo están junto a uno dictándoles inefables palabras". Y también: "El futuro es nuestro, por prepotencia de trabajo. Crearemos nuestra literatura, no conversando continuamente de literatura, sino escribiendo en orgullosa soledad libros que encierran la violencia de un 'cross' a la mandíbula. Sí, un libro tras otro, y 'que los eunucos bufen'. El porvenir es triunfalmente nuestro. Nos lo hemos ganado con sudor de tinta y rechinar de dientes, frente a la 'Underwood', que golpeamos con manos fatigadas, hora tras hora, hora tras hora".

Es notable que quienes se reclaman herederos de Arlt en la literatura argentina se identifiquen con el autor en las razones de superficie enumeradas en este prólogo —el origen proletario, el trabajo, la fuerza, la sanción favorable del gran público— y no en el incontrastable hecho de que a favor o a pesar de esas condiciones, Roberto Arlt escribió la máxima novela argentina del siglo XX. Esta evaluación, de la que el público y la crítica originalmente no participaron —la primera edición de *Los lanzallamas* casi no se vendió y, como señala Omar Borré, el libro no tuvo, de parte de los críticos, "el reconocimiento que había tenido *Los siete locos*"[6]—, compromete, decididamente, la construcción de un mundo, de un símbolo que es primero privado y público después y que hoy es designado por un adjetivo que proviene del nombre de su autor —arltiano— y, por supuesto, por el modo en que ese mundo fue construido.

DE LA NOVELA AL TEATRO

En 1932 Arlt publica su tercera novela conocida, *El amor brujo*, que, pese a los esfuerzos en contrario de los entusiastas críticos arltianos, sigue siendo decepcionante comparada con *El juguete rabioso* y *Los siete locos - Los lanzallamas* toda vez que, como señala Aníbal Jarkowski —uno de los entusiastas—, "la gracia de la ficción, su modo de significar por lo elíptico, se pierde entre explicaciones, sentencias y definiciones que todo lo quieren volver explícito".[7] En los últimos diez años de su vida, hasta que muere de un infarto a los 42 años, escribe cuentos, básicamente para venderlos a las revistas *El Hogar* y *Mundo Argentino*, reunidos en *El jorobadito*, en 1933, y en *El criador de gorilas*, en 1941. Pero se dedica sobre todo a escribir teatro.

En el Teatro del Pueblo, fundado por Leónidas Barletta en 1930, el mismo Barletta estrena al año siguiente —entreviendo la potencia dramática de la narrativa de Arlt— una puesta en escena de *El humillado*, un fragmento de *Los siete locos*, que se había publicado con ese título en la antología *Cuentistas argentinos de hoy*, preparada en 1929 por Guillermo Miranda Klix y Álvaro Yunque. En 1932, y siempre en el teatro de Barletta, se estrena la primera obra escrita por Arlt, *Trescientos millones*, a la que le siguen, entre otras, *Saverio el cruel*, *El fabricante de fantasmas*, *La isla desierta*, *África*, *La fiesta del hierro*, *El desierto entra en la ciudad*.

Para Oscar Masotta, el pasaje de la novela al teatro puede entenderse por la "necesidad imperiosa" de Arlt de transformar al lector en espectador. Esa necesidad estaría dada, según Masotta, en el carácter progresivamente antinovelesco de los personajes de Arlt. Astier es, todavía, un personaje convencionalmente novelesco, en el sentido de que *El juguete rabioso* narra su modificación, su cambio. Cuando comienza la acción el personaje es de una manera, y cuando termina es de otra, y la materia absoluta del relato es, justamente, ese pasaje. En cambio, sigue Masotta, Erdosain o más tarde Balder, el personaje principal de *El amor brujo*, ya están hechos cuando empieza la novela, lo que genera una "ruptura constante del tiempo novelístico", porque "las situaciones no son momentos del tiempo atravesados por la vida del personaje en los cuales el personaje se transforma y cambia su vida, sino *escenas*, situaciones bloqueadas donde el personaje permanece idéntico a sí mismo y donde sólo cambia el decorado y el coro que lo rodea". De este modo, el pasaje al teatro supondría, según Masotta, un sinceramiento genérico: trasladar esas escenas, esas "naturalezas muertas" a un medio más adecuado, como sería el teatral.

La hipótesis es seductora, pero parte de una preceptiva tradicional de la novela, que Arlt había positivamente transgredido, como lo señala el mismo Masotta, en *Los siete locos - Los lanzallamas* y *El amor brujo*. Para Sylvia Saítta, en cambio, el teatro, menos que una fuga hacia adelante, es un viaje hacia atrás, un reencuentro con las convenciones del folletín y sus personajes —emblemáticamente Rocambole, de Ponson du Terrail— que Arlt había abandonado después de *El juguete rabioso* y que reaparecen en su primera obra de teatro en el afiebrado imaginario de su personaje principal, la Sirvienta.[8] Claro que mientras el cotejo con Rocambole le sirve a Silvio Astier para construirse, como reclama el realismo balzaciano, en una individualidad sobresaliente, a la Sirvienta, en cambio, la lleva a un previsible suicidio, una vez que, en lugar de recibir los trescientos millones que en su ensoñación le dice Rocambole que cobrará, con los cuales la joven piensa tomar un transatlántico para enamorase de Galán, lo que aparece verdaderamente en su cuarto es la voz del Hijo de la Patrona, reclamando un favor sexual. Esa dualidad de planos del teatro de Arlt donde, como señala Raúl H. Castagnino, hay, por un lado, una trama realista, y por el otro, su proyección hacia un mundo imaginario,[9] demuestra cuánto de menos tiene éste en relación con su novela principal donde la fantasía opera directamente sobre la realidad.

Así, y como muchas de las aguafuertes escritas a partir de 1928 funcionaron como el laboratorio donde Arlt probó formas, temas, situaciones o personajes que después pasaron a *Los siete locos - Los lanzallamas*, la mayoría de sus obras de teatro retomaron algunos asuntos de sus novelas, sin su fulgor.

Con ese poco, con ese resto de su obra novelesca, Arlt construyó algunos personajes excepcionales como Saverio, el mantequero loco que hace de actor dentro de una obra de teatro, e imaginó unas escenografías y vestuarios expresionistas y extravagantes que liberaron la rígida norma realista del teatro nacional —aun en sus desviaciones grotescas— y que, muchos años después, estuvieron implícita o explícitamente en la base de la gran renovación de la escena liderada, en los años noventa, por Ricardo Bartís, Daniel Veronese, Rafael Spregelburd y Javier Daulte. La singular obra de Griselda Gambaro, excéntrica al mandato fervientemente representativo de la dramaturgia argentina, es el paso obligado, a partir de los años sesenta, entre el viejo teatro de Arlt y el de las nuevas generaciones.

La narrativa de Arlt en la literatura argentina

La cuantitativamente modesta obra narrativa de Arlt arma en la literatura argentina dos relatos a su alrededor, que a su modo la califican. Uno es la historia de sus lecturas, desde que Raúl Larra publicó el primer libro sobre su obra, *Roberto Arlt, el torturado*, en 1950 y organizó ese mismo año la reedición de su obra completa, en ocho tomos. Esos dos hechos simultáneos de "valor histórico fundamental", según la estimación de Jorge Lafforgue, abren dos caminos no necesariamente emparentados en relación con la circulación de la obra de Arlt.[10] El de los lectores que, como señala Ricardo Piglia, fueron, más que los críticos, cuya sanción no supone "la legitimidad plena de un escritor", "los que mantuvieron vigente la obra de Arlt y lo salvaron del olvido".[11] Y el de la crítica, que a partir del trabajo de Larra, y aun contrariando todos sus supuestos, sobre todo los que hacen a leer la obra de Arlt en clave autobiográfica, desestimados inmediatamente por la lectura del grupo Contorno, construyó un corpus tan estimulante como la obra que lo ocupa. Eso lo confirman cada uno de los estudios de los contornistas David e Ismael Viñas, Oscar Masotta, Noé Jitrik, Adolfo Prieto, Carlos Correas, los de Jorge B. Rivera, Ricardo Piglia, Beatriz Sarlo, Horacio González, César Aira, y a partir de fines de la década del ochenta, los de los jóvenes Sylvia Saítta, Aníbal Jarkowski, Alan Pauls y Analía Capdevila.

Pero ese relevante trabajo de la crítica supuso la aparente obturación del otro relato que promueve la obra de Arlt: el de su productividad en la narrativa argentina de la segunda mitad del siglo XX. Es posible que, como señala Sergio Chejfec, haya sido el uruguayo Juan Carlos Onetti el "primero que supo darle una continuidad más literaria que crítica a la obra de Arlt".[12] En ese caso, serían los onettianos argentinos —el mismo Chejfec, Matilde Sánchez— los indirectos beneficiarios de la obra de Arlt. Para Sandra Contreras, en cambio, es César Aira quien gasta su herencia. No sólo, señala Contreras, porque en un ensayo de 1993 cambia el punto de vista de la "interpretación de la crítica ideológica" de la obra de Arlt, que tendría en los estudios de Masotta y Piglia sus referencias insoslayables, sino porque su misma obra narrativa encontraría uno de sus puntos de apoyo en lo "novelesco puro" arltiano, de raigambre expresionista, que es tan ajeno al psicologismo como a la sociología o la historia, en los que se instalan los paradójicos seguidores de Arlt, que lo siguen en lo que no es.[13] Una parecida línea argumental sigue Nora Avaro, con resultados diferentes. Para Avaro, hay que descartar toda la tradición voluntariamente arltiana de la narrativa argentina dedicada tanto a desmontar sus procedimientos ejemplares como a homenajear algunos de sus temas variando tonos y alcances, soluciones doctas, dice, "cuya corrección canonizante aniquila el mundo y los personajes arltianos" para proponer, a cambio, a Salvador Benesdra, autor de *El traductor* de 1998, como el único que se animó a cargar las "modulaciones y los motivos de Arlt" y también "las conciencias insoportables de sus personajes", a fin de lograr "lo impensable: ser el auténtico novelista arltiano de la literatura argentina".[14]

En todo caso, habrá que pensar que la de Arlt, como las de Hernández y Sarmiento en el siglo XIX y la de Borges en el siglo XX, ha sido y es una obra controvertida y polémica, de un enorme "poder de convocatoria intelectual" —como ha señalado Laura Milano de *Martín Fierro*—,[15] que ha vuelto, en setenta años, más arltiana toda la narrativa argentina en dos sentidos convergentes. Por un lado, porque ya no se puede escribir como Roberto Arlt. Por el otro, porque tampoco se puede escribir sin la vigilancia de su obra. En todo caso, Aira, Chejfec, Sánchez y Benesdra son algunos de los pocos que han logrado convertir en productivo lo que para muchos otros significó una pura anulación.

Capítulo 11

Un paseo por el bosque de Palermo en octubre de 1929 y una revista. Dándole esplendor a un género pobre y deshilachado. Una batalla dentro de otra batalla. Un consejo que conviene seguir. Eduardo Mallea grita su angustia a causa de su tierra, que es la nuestra. Lo que dice León Rozitchner. El hinterland argentino. Un elogio avieso de Borges. Ezequiel Martínez Estrada, erudito e iconoclasta. Un libro hermoso, perturbador y desencantado. Ramón Doll denuncia el "modus operandi" de Borges. El batiente recién pintado de una persiana. Los tres libros-símbolo de Borges, según Isabel Stratta. La imaginación razonada. El artista se impone a los recaudos del intelectual y del preceptista. Borges extraterritorial. Adolfo Bioy Casares, al rescoldo de Borges. Un museo, una capilla y una pileta de natación. Victoria Ocampo sostiene a su hermana en la pila baustismal. Silvina Ocampo, sin influencias. Lo que dice Sylvia Molloy. Cornelia se ahoga en su vestido de terciopelo. La cierta afinidad de José Bianco con Henry James. Un ajuste de cuentas con una época y una clase social que ya no importan a nadie. Unos dibujitos de gente que come, duerme y tiene hijos. Para Juan Rodolfo Wilcock, el castellano no da para más. Lo que dice Pier Paolo Pasolini. Una especie de italiano. Las ruinas de Sur. *Enrique Pezzoni, una figura gravitante en la literatura argentina. Autobiografía, crítica y ficción en la obra de Sylvia Molloy. El feminismo falocéntrico de Tununa Mercado.*

La revista *Sur*. Traducciones y reseñas bibliográficas

En enero de 1931 se publicó el primer número de *Sur*, la revista dirigida por Victoria Ocampo. Pese a que el consejo de redacción de la publicación lo integraban en ese primer número Jorge Luis Borges, Eduardo J. Bullrich, Oliverio Girondo, Alfredo González Garaño, Eduardo Mallea, María Rosa Oliver y Guillermo de Torre, y que la revista contaba, además, con un consejo extranjero en el que figuraban el norteamericano Waldo Frank, el suizo Ernest Ansermet, el dominicano Pedro Henríquez Ureña, el mexicano Alfonso Reyes y el español José Ortega y Gasset —por nombrar sólo a los aún hoy más reconocidos—, la sobresaliente figura de su dueña y directora opacó la del grupo que la sustentaba.

En 1931 Victoria Ocampo tenía 41 años, una enorme fortuna personal que gastó casi enteramente en la revista y en la editorial homónima que fundó en 1933, y había publicado en España apenas un par de libros que no despertaron el interés de sus pares, del público, ni de la crítica: *De Francesca a Beatrice*, en 1924, y *La laguna de los nenúfares*, una "fabula escénica", en 1926. El primero estaba prologado por Ortega y Gasset, quien, seis años más tarde, y por teléfono —como cuenta Ocampo en la "Carta a Waldo Frank", que sirve como texto de presentación de *Sur*, publicada en su primer número—, terminó de darle el nombre a la revista que estaba por fundarse: "Esas gentes tienen la costumbre de bautizarnos... Así, Ortega no vaciló y, entre los nombres enumerados, sintió enseguida una preferencia: Sur me gritaba desde Madrid".

Cuando las revistas y la vida literaria en general eran, y lo seguirían siendo por muchos años, acontecimientos estrictamente masculinos —descontado el episodio aislado de Alfonsina Storni, provocadoramente sentada a la mesa de los banquetes de la revista *Nosotros*—, Victoria Ocampo dota a la nota introductoria de su revista, más que de feminismo, de pura feminidad, relatando un paseo de octubre de 1929 por el bosque de Palermo, junto con Waldo Frank: "Usted me reprochaba con violencia mi inactividad, y yo le reprochaba, no menos violentamente, que me supusiera usted apta para ciertas labores. Entonces, por primera vez, el nombre de esta revista —que no tenía nombre— fue pronunciado".

El hecho de que su directora fuera una mujer y, además, rica, provocó que la revista fuese vista, en un primer momento, más como la realización de su deseo personal que como el producto de la necesidad de un grupo, lo que la convirtió por mucho tiempo en objeto de críticas —sobre todo ideológicas y políticas— que por contigüidad se desplazaron hacia sus colaboradores más inmediatos, desatendiendo un hecho que hoy resulta evidente, y es que entre los años 1931 y fines de la década del cuarenta, más allá de sus declarados fundamentos que atendían al plano cultural amplio más que al literario, *Sur* no sólo concentró algunos de los debates más interesantes sobre literatura argentina sino, también, como señala María Teresa Gramuglio, "ocupó una posición dominante en el campo literario, sustentada en el sólido entramado que se configuró entre la literatura, la crítica y las traducciones publicadas en la revista y ese suplemento insoslayable que fue la editorial Sur".[1]

En cuanto a las traducciones, basta revisar los índices de los primeros veinte años de la revista, y aun los de bien entrados los sesenta, para corroborar el enorme valor de los autores introducidos o difundidos por *Sur* —la revista y la editorial— a los lectores argentinos, como Virginia Woolf, André Gide, Graham Greene, T. S. Eliot, Wallace Stevens, William Faulkner, Henry James, entre muchísimos otros. Pero también, como lo ha demostrado Patricia Willson, el valor de las mismas traducciones, consideradas ejemplares o canónicas en el extenso territorio de la lengua española, fueran éstas realizadas por traductores netos, como Patricio Canto o, más tarde, Enrique Pezzoni, o por traductores que además eran escritores, adquiriendo su trabajo, en este segundo caso, un valor agregado por el modo positivo como funcionaron en la construcción de la propia obra de cada uno de ellos.[2] Éste es el caso, en primer lugar, de Jorge Luis Borges, traductor de Virginia Woolf, William Faulkner, Franz Kafka, Herman Melville. Pero también de José Bianco, traductor de Henry James, Jean Genet y Samuel Beckett, de Juan Rodolfo Wilcock, traductor de Graham Greene, de Silvina Ocampo, traductora de Emily Dickinson, de Alberto Girri, traductor de Wallace Stevens y de T. S. Eliot, y ya en la segunda etapa de la revista, a partir de mediados de los años cincuenta, de Héctor A. Murena, traductor de Walter Benjamin, de Alejandra Pizarnik, traductora de Antonin Artaud o de Yves Bonnefoy, y de Edgardo Cozarinsky, traductor de Susan Sontag.

Sur, por otra parte, fue sensible a la obra crítica de los investigadores y profesores del Instituto de Filología de la Universidad de Buenos Aires, dirigido por Amado Alonso hasta 1946. Pedro Henríquez Ureña, el mismo Alonso, Enrique Anderson Imbert, Raimundo Lida y María Rosa Lida fueron algunos de los profesores que, a partir de la revista lograron extender los resultados de sus investigaciones sobre la lengua y la filología a un público no necesariamente universitario. Si bien es cierto que la investigación filológica, como señala Gramuglio, no llegó "a imponer una tendencia crítica hegemónica en la revista", sí sentó las bases de un modo de leer literatura netamente contrapuesto, por ejemplo, al de los despreciados principios de la sociología literaria y cultural, según puede leerse, por ejemplo, en las reseñas publicadas sobre la *Historia social de la literatura y el arte*, de Arnold Hauser, o sobre *Buenos Aires, vida cotidiana y alienación*, de Juan José Sebreli.

De todos modos, la particularidad crítica verdaderamente relevante de *Sur* hay que buscarla menos en una teoría o en una contrateoría determinadas que en el impresionante cruce de lecturas que se dio en la sección de los comentarios bibliográficos de la revista. Allí, los escritores del grupo, o los más o menos afines a la publicación, fueron definiendo sus preferencias —y las de la revista— de modo opositivo y propositivo y, simultáneamente, desarrollando, hasta darle esplendor en los años cuarenta, un género hasta entonces pobre y deshilachado como era, aún en los veinte, el de la reseña bibliográfica, según se las podía leer tanto en la revista *Martín Fierro* como en *Claridad* o en los diarios de la época.

Si Eduardo Mallea fue, en los treinta, el máximo novelista y ensayista argentino, según los parámetros de lectura de *Sur*, éstos se explicitaron sobre todo en las reseñas bibliográficas. En primer lugar, en una de Bernardo Canal Feijóo, en el número 37 de 1937, titulada "Radiografías fatídicas", donde condena *Radiografía de la pampa*, de Ezequiel Martínez Estrada, para, a cambio, contraponerla a "esa Pasión argentina que acaba de historiar Eduardo Mallea y que, a mi juicio, merece ser tenida por la expresión auténtica de una nueva voluntad argentina". En el número siguiente, el mismo Canal Feijóo firma una nueva reseña, ahora dedicada directamente al libro de Mallea, donde va hilvanando el vuelco de la oscura conciencia del autor en la novela *Nocturno europeo* —que, como casi toda la obra narrativa de Mallea, tiene un importante componente ensayístico— a la diáfana redención de *Historia de una pasión argentina*, que, por otro lado, sintoniza, en esa idea de una "nueva voluntad argentina", con el americanismo cultural que formó parte de las conversaciones entre Frank y Victoria Ocampo y que fue el nudo conceptual de los primeros años de la revista, inaugurado con un ensayo excepcional de Ernest Ansermet titulado "Los problemas del compositor americano".

Esa misma "nueva voluntad argentina" ya había sido extensamente reseñada un año antes por José Bianco en "Las últimas obras de Eduardo Mallea". Allí, Bianco destacaba tanto los temas y su tratamiento en los relatos y ensayos de Mallea como su "lirismo", recortándolos contra "la indigencia de nuestras letras" que, por cierto, incluía a Roberto Arlt, a quien Bianco parece no haber leído, o más bien, obnubilado por el fervor malleísta, no haber podido leerlo. Ana M. Berry, por su parte, en una nueva reseña del mismo libro, anota que ante la lectura de *Historia de una pasión argentina* le vinieron a la mente unas palabras de Valéry Larbaud, quien había escrito, después de leer el *Ulises*, que con esa obra "Joyce entraba en la gran literatura universal", trazando un paralelo no entre la dislocada novela de Joyce y el asentado ensayo de Mallea, sino entre el destino que aquélla le había deparado al irlandés y el que éste le depararía al argentino. Para corroborarlo, el francés Émile Gouiran, finalmente, firma en Córdoba una nueva reseña sobre la obra, donde destaca que "es el libro más hermoso que me ha sido dado leer en la Argentina desde hace cinco años", luego de anotar minuciosamente el valor estético y moral de la obra de Mallea, a los que, varios años más tarde, en versión menos límpida y más atormentada, adherirá también Ernesto Sabato, cuya novela *Sobre héroes y tumbas*, recibirá, también en *Sur*, cerrando el ciclo, una reseña consagratoria en 1962 firmada también por Bernardo Canal Feijóo.

Esto quiere decir que el imperio de Mallea en *Sur* en los años treinta no estuvo sólo relacionado con la importancia de su obra —afín a los gustos de quienes hacían la publicación—, sino, sobre todo, con la puesta en valor de esa obra a partir del ejercicio de la crítica, desarrollada básicamente mediante la forma de la reseña bibliográfica.

Será esa misma forma —perfeccionada, según el talante de sus nuevos intérpretes— la utilizada, unos años después, por quienes hasta entonces conformaban un grupo más o menos marginal dentro de la revista y quienes, en una suerte de golpe palaciego, reemplazaron el canon malleísta por uno nuevo que, en contra de la representación realista y de la introspección psicológica y a favor del poder de la invención y de la perfección de las tramas, encontró en Borges no sólo a su máximo propagandista, sino también a su más brillante ejecutor.

El fin de la era Mallea en *Sur* habrá que buscarlo en una nueva reseña bibliográfica, esta de 1940, también firmada por Canal Feijóo, ahora sobre *La bahía del silencio*, donde el autor se pregunta dónde quedó la pasión de Mallea, en esta "historia novelada" de la pasión argentina.

Y el inicio del imperio borgeano se encontrará en 1944, en una nueva reseña, ahora de *Las ratas*, de José Bianco, firmada por Borges. La novela, de corte más psicologista —en vertiente "novela de la inteligencia", como precisa César Aira—[3] de lo que tal vez Borges quisiera, le sirve sin embargo al autor de *Ficciones* para trazar un panorama yermo de la narrativa nacional —como el de Bianco antes de la irrupción de Mallea y desconociendo igualmente la obra de Arlt—, dominada —"abatida", escribe Borges— "por el melancólico influjo, por la mera verosimilitud sin invención, de los Payró y los Gálvez", quienes, por cierto, en los años cuarenta ya no tenían ninguna incidencia en la literatura que se estaba escribiendo y leyendo en la Argentina.

Por otra parte, la transición entre la caída de Mallea y el ascenso de Borges en *Sur* debe buscarse, también, en una noticia bibliográfica: la que firma Eduardo González Lanuza en 1940 sobre *La invención de Morel*, de Adolfo Bioy Casares. La novela de Bioy Casares traía, en su edición original, un prólogo firmado por Borges que fue leído como una teoría de la novela, donde acera y desarrolla lo que tentativamente ya había señalado en, justamente, otra reseña bibliográfica publicada en *Sur* sobre el libro anterior de Bioy Casares, *Luis Greve, muerto*, que sirve menos como una valoración de la novela que, según anota Gramuglio, como "la construcción de espacios y alianzas para la propia escritura, cuando ella cuestiona la norma y propone un nuevo valor".[4] González Lanuza, en cambio, como un supérstite de lo viejo, o de lo que está empezando a ser viejo en *Sur*, valora positivamente la novela de Bioy Casares: "Está magníficamente escrita", o "Es un finísimo aparato de relojería", escribe. Pero se detiene en un extenso párrafo a refutar un "problema físico". Según González Lanuza, el aumento de la temperatura en la isla donde sucede la ficción de la novela no puede ser medido como una sumatoria de dos sensaciones diferentes —la de la temperatura normal y la de la proyección—. Y ejemplifica: "Si metemos una mano en agua que tiene 30 grados y la otra en agua también de 30 grados, no experimentaremos por ello una sensación de 60 grados, sino de 30. Y si mezclamos esas dos aguas, lógicamente conservarán esa misma temperatura".

Esto es, una parte de *Sur*, en uno de sus reseñistas más insistentes, seguía pensando la literatura en términos de representación realista y verosimilitud mientras se cocinaba, en paralelo, y dentro de la misma revista, una nueva norma, un nuevo valor.

Teniendo esto a la vista, se lee mejor el carácter de sabotaje de la operación del "grupúsculo", como lo llama John King, que integran el ahora converso Bianco, Borges, Bioy Casares y Silvina Ocampo, la hermana menor de la directora de la revista, que puede verse en varios frentes.[5] Por un lado, el bombardeo de las ficciones: entre 1940 y 1949 en *Sur* se publicaron la mitad de los relatos de *Ficciones* y más de la mitad de los de *El Aleph*, de Borges, además de *Sombras suele vestir* y *Las ratas*, de José Bianco, *La trama celeste* y *El otro laberinto*, de Adolfo Bioy Casares, y *Autobiografía de Irene* y *El impostor*, de Silvina Ocampo. Por otro, están las intervenciones de Borges, muchas de ellas publicadas en la sección de las notas bibliográficas. Las más destacadas tal vez sean las que firmó sobre el libro *La peculiaridad lingüística rioplatense y su sentido histórico*, de Américo Castro, publicada más tarde en *Otras inquisiciones* con el título "Las alarmas del doctor Américo Castro", y la bibliográfica sobre *Le roman policier*, de Roger Caillois.

Borges ya tiene entonces más de 40 años, pero no ha perdido nada de la irreverencia de la juventud y, esto es lo más importante, no le teme ni a la exposición ni a la intemperie, dando batallas que tal vez entonces y hoy puedan ser vistas como inútiles —el arrebato antiacademicista en la diatriba contra Américo Castro, que contamina también la nota sobre el estudio de Caillois, al que llama "monografía" y "tratado"—. Las dos respuestas, una de Amado Alonso, la otra del mismo Caillois, son certeras y brillantes: más certeras y brillantes porque encierran más verdad que las notas bibliográficas de Borges, aunque es muy posible que hoy el sobrepeso del nombre de su autor nos tiente a leerlo de forma inversa. Incluso Alonso no se priva de la provocativa broma de sobreimprimirle a su firma el sello de la Universidad de Harvard, con lo que el irritador terminará siendo el irritado. Pero, naturalmente, lo que se juega en estas polémicas menos tiene que ver con la verdad puesta en primer plano —la función de los estudios filológicos, la prehistoria de la novela policial— que con la única que le importa a Borges: su verdad de artista. Que no sólo se dirime en términos de una poética, sino en los de la imposición de esa poética por sobre todas las demás y en la imposición también de quienes la inventaron, la promovieron y la profesan. Como si volviera a tener 20 años y siguiera siendo un principiante, Borges está intentado ocupar el centro de la escena, llamando la atención, ávido de un reconocimiento que todavía no se le otorga.

En la nota bibliográfica sobre *El jardín de senderos que se bifurcan* publicada en *Sur* en 1942, Bioy Casares lo ve antes que nadie: "El principiante no se propone inventar una trama; se propone inventar una literatura; los escritores que siempre buscan nuevas formas suelen ser infatigables principiantes", escribe el autor de *La trama celeste,* para quien la tradición a la que responde el libro reseñado no está en el pasado, sino en el futuro: "Nuestra mejor tradición es un país futuro" escribe, o, también, "este libro es representativo de la Argentina posible y quizá venidera". Pero toda apelación al futuro es, en un escritor, una jactancia que oculta o anestesia la insoportable presión del presente, que para casi todo artista es siempre adverso. Algo de eso puede leerse en el masivo desagravio a Borges publicado en el número 94 de *Sur,* en julio de 1942, a propósito de un hecho normal: que *El jardín de senderos que se bifurcan* no hubiera ganado el premio nacional de literatura. La combinación del narcisismo herido de Mallea, que fue el único jurado que votó a favor de ese libro y cuyo voto fue desoído por el resto del tribunal, con el de Borges, en plena tarea de búsqueda de un reconocimiento más amplio que el que le ofrecía con creces su pequeña agrupación dentro de la revista, generó esta singular manifestación, que contó con la adhesión de, entre otros, Eduardo Mallea, Francisco Romero, Luis Emilio Soto, Patricio Canto, Pedro Henríquez Ureña, Amado Alonso, Eduardo González Lanuza, Adolfo Bioy Casares, Ángel Rosenblat, José Bianco, Enrique Anderson Imbert, Carlos Mastronardi, Enrique Amorim, Ernesto Sabato y Manuel Peyrou, y cuyo fin explícito era declarar la supremacía de Borges sobre los demás narradores argentinos contemporáneos.

Como se trata de una batalla dentro de otra batalla —la que *Sur* da hacia fuera de la revista, que está condicionada por una batalla interior, la que se dirime adentro entre Mallea y Borges—, muchos de los argumentos "a favor" de Borges parecen haber sido pergeñados por quienes estaban en su contra: elocuente y paradójicamente, el voto de Eduardo Mallea. El único medido es José Bianco, quien anota: "En nuestro país no se ha escrito un libro menos dócil a su tiempo, más puro, más refractario a ciertos lectores. Borges lo ha sometido al concurso, pero su libro se sustrae a los señores del jurado —como era previsible— y triunfalmente rehúye toda valoración oficial".

Es justo así: el volumen recién reseñado por Bioy Casares como "el libro del futuro" no puede pretender, además, la sanción favorable del presente. Pero ésta es, de algún modo, una consideración moral, y la apuesta de toda vanguardia es inmoral, porque es absoluta y va por todo.

En 1949, finalmente, y siempre en *Sur*, Estela Canto firma una reseña sobre *El Aleph*, posiblemente la mejor lectura que se hizo sobre uno de los libros más comentados de la literatura argentina. Canto, por un lado, señala que "la publicación de *El Aleph* no es sólo entre nosotros un acontecimiento literario sino también algo más trascendente, algo que, de manera no demasiado remota, atañe al plano moral y al metafísico". Y por otro, enseña, por primera vez, a leer a Borges: "Leer a Borges, como a Conrad, frase a frase. Porque Borges no se limita, y cada frase de *El Aleph*, que contiene el germen de un cuento, de una historia, de una novela, nos da también una imagen en pequeño, pero acabada y perfecta, del propio Borges, de su talento excepcional".

En algún sentido, esta lectura abarcadora de toda la calidad y potencialidad del texto indica que, para Borges, es decir, para su obra, el futuro previsto por Bioy Casares ya había llegado y que, a partir de las pautas de lectura elaboradas en *Sur*, lo que hasta hace unos años era invisible pasa a ser visible, lo que era ilegible se vuelve legible, y esa visibilidad y legibilidad iniciarán el reconocimiento masivo, nacional e internacional, que recibirán la obra y la figura de Borges a partir de la década de 1960.

Estos dos intentos, uno rápidamente frustrado —instalar la figura de Mallea como la del máximo escritor argentino— y otro vigente hasta nuestros días —instalar, a cambio, en ese mismo lugar, la de Borges—, se consumen casi todo el esfuerzo, en el campo literario, de una de las revistas culturales e ideológicas más importantes del siglo XX que tuvo una enorme incidencia en la conformación de muchos de los presupuestos aún dominantes de lectura y escritura literaria en la Argentina.

En 1931, en el número 1 de la revista, el francés Drieu la Rochelle firmó una nota titulada "Carta a unos desconocidos", en la que señalaba que "una revista es un grupo de hombres que se juntan en su juventud y que dicen juntos lo que piensan juntos" y que "una vez que han dicho lo que tenían en común deben separarse. Sin lo cual el grupo humano se transforma en una *revista* en el sentido literario de la palabra, donde no se hace más que repetir lo que ya se dijo otras veces, donde la gente no se vuelve a encontrar por amarse y amar juntos alguna cosa, sino simplemente para escribir, único parecido superficial que entre ellos persiste". Y entonces, recomendaba a los editores de *Sur*: "Al cabo de diez años, romped vuestras máquinas de escribir, quemad vuestros archivos, y cumplid cada uno por vuestro lado el trabajo comenzado en común".

Sur duplicó el tiempo previsto por Drieu la Rochelle, y recién en 1949, con la nota de Estela Canto —que muchos años después, en 1989, publicó un hermoso testimonio de su relación sentimental con Borges titulado *Borges a contraluz*—, dio por terminado un trabajo en común que finalmente resultó poco parecido al que establecían los presupuestos, más culturales que literarios, de sus primeros números. Sin embargo, y si bien la revista duró hasta 1970 —cuando dejó de aparecer regularmente— después de haber publicado 350 números, ya en los años cincuenta *Sur*, paulatinamente, dejó de tener gravitación en la literatura argentina. Las razones habrá que buscarlas en los profundos cambios culturales y políticos que se instalaron desde la segunda mitad de esa década, y en la aparición de nuevos protocolos de lectura, sobre todo los impulsados por los jóvenes reunidos alrededor de la revista *Contorno*, orientados por los paradigmas del marxismo, el existencialismo, el psicoanálisis y un nuevo nacionalismo ni peronista ni antiperonista, que había sido el eje del debate de la década anterior.

En los años sesenta *Sur* conservó su tarea de traducción y difusión de autores poco conocidos o directamente desconocidos, sobre todo poetas —de esos años son las versiones de Alberto Girri de Wallace Stevens, Gregory Corso o Lawrence Ferlinghetti, y las de Alejandra Pizarnik e Ivonne Bordelois de Yves Bonnefoy—, pero salvo en la esporádica figura emergente de Alejandra Pizarnik, que durante esos años publicó algunos poemas, reseñas y traducciones en la revista, casi nada de lo nuevo que estaba sucediendo en esos años en la literatura y en la cultura argentinas fue convenientemente sopesado por *Sur*, según puede verse, por ejemplo, en una nota de Mario Lancelotti sobre un concierto de Gerardo Gandini en el Instituto Di Tella, o en una reseña de Enrique Pezzoni sobre el aún hoy extraño volumen *La saga del peronismo*, de Darío Cantón.

Los dos países de *Historia de una pasión argentina*, de Eduardo Mallea

Eduardo Mallea es hoy más un fenómeno que un escritor. Más el modelo de un episodio en la historia de la literatura argentina que el autor de *La ciudad junto al río inmóvil*, *La bahía del silencio* o *Todo verdor perecerá*.

El silencio que responde hoy —del público, de las críticas de los diarios y de las revistas especializadas— a las cada vez más esporádicas reediciones de sus libros parece un correlato en negativo del notable respaldo del público y de la crítica que fueron obteniendo las primeras ediciones de cada uno de esos libros, por lo menos entre principios de la década del treinta y mediados de la del cincuenta, que fue el período —1931-1958— en el que Mallea dirigió el suplemento literario del diario *La Nación*, desde donde estableció una relación poderosa con el público y con la crítica que se desvaneció inmediatamente después de su desvinculación del diario.

Además de esa suerte de "operación Mallea" que realizó la revista *Sur* en los años treinta desde la sección de las noticias bibliográficas para instalar una obra que era la que mejor interpretaba su ideología, no sólo en la revista Mallea obtuvo un importante respaldo crítico. Esto puede verse en el reconocimiento que su obra tuvo de importantes intelectuales latinoamericanos, como Pedro Henríquez Ureña y, ejemplarmente, en el estudio que le dedicó el profesor norteamericano John B. Hughes, editor y traductor de la obra de Mallea al inglés, quien señala que sus cuentos y novelas cortas son de tal complejidad y profundidad que se encuentran "mucho más allá" de las de Edgar Allan Poe u Horacio Quiroga y sólo tienen parangón fuera de la literatura americana en las obras de Franz Kafka y de Albert Camus, quienes, como Mallea, logran combinar "íntegramente novela, ensayo, poema, parábola y rito" en obras que "provienen de una preocupación religioso-moral y de una intuición angustiada de la condición humana".[6] El filósofo Francisco Romero, por su parte, en el prólogo a la tercera edición de *Historia de una pasión argentina*, y la primera popular, de 1938, también publicada en *Sur*, destaca "la similitud" entre el ensayo de Mallea y el *Discurso del método*, de René Descartes.[7]

En ese contexto, para nosotros hoy bastante insólito —Kafka, Camus, Descartes—, se leyó a Mallea, quien, por otra parte, era en esos mismos años el regular candidato argentino en la compulsa anual por el premio Nobel.

Las causas de la desaparición de Mallea de los circuitos de consagración crítica o popular, y de la comprobación de que la apuesta acerca de su ingreso en la "gran literatura universal" que le depararía la publicación de *Historia de una pasión argentina* fue finalmente frustrada por los hechos, deben buscarse menos en un envejecimiento de su retórica y de sus temas —sus parangonados Camus y Kafka no desaparecieron de los circuitos que en cambio olvidaron a Mallea y hoy forman parte del canon más estricto de la "gran literatura universal"— que en el provocado por los sucesivos ajustes de cuentas que fueron realizándose dentro del mismo sistema de la literatura argentina en los últimos 50 años. El primero está relacionado con el reemplazo que se produjo, en su mismo centro de legitimación original, de la obra de Mallea por la de Borges, y con el hecho de que ese reemplazo, concebido al modo vanguardista, supuso la aniquilación del objeto reemplazado. Así puede verse en la lapidaria sentencia de Adolfo Bioy Casares en sus diarios, cuando recuerda que a Borges y a él les gustaban muchísimo los títulos de los libros de Mallea: "Lástima que se obligara a acompañarlos de 300 ó 400 páginas".[8] Basta ahora cotejar la literatura de Borges —y las de sus compañeros de aquel "grupúsculo" de *Sur*— con la de Mallea para comprobar que son incompatibles unas con la otra, y que el lugar que ocupan aquéllas hoy en la literatura argentina —y occidental, en el caso de Borges— es suficiente indicador del que ocupa la otra.

Unos años después, la revista *Contorno* realiza el segundo ajuste de cuentas. En el número 3, de 1954, F. J. Solero publica una reseña de *Chaves* titulada "Eduardo Mallea en su laberinto", donde destaca las falencias de las novelas anteriores de Mallea que la nueva viene a ratificar. Para Solero, "el conjunto es artificioso", la obra es "laboriosa pero insustantivada", la temática "le es externa", los personajes, "esbozados a priori, sin sangre, son nebulosos" y el ámbito "está distorsionado por el manejo abusivo de la palabra". Para Solero, además —en una observación sobre la pauta lingüística rioplatense que será frecuente en *Contorno*—, Mallea manifiesta en esta novela una distancia con el pronombre *vos*, "al que parece temer y al que ahuyenta por medio de una enrarecida atmósfera discursiva".

Es posible que el "grupúsculo" de *Sur* hubiese visto con simpatía esta lectura de Mallea, si no fuera porque el grupo Contorno no pretendía demoler su imperio para instalar, a cambio, el de Borges, sino el de Roberto Arlt, a quien le había dedicado entero el número anterior de la revista, también en 1954. Pero además, porque aquel "grupúsculo" surista disputaba con Mallea en el terreno de la ficción y no en el de las ideas, que funcionaba como un implícito sustrato laxo y común que fue el que permitió, en definitiva, que el combate entre ambas posiciones se realizara en un espacio único —el de *Sur*— con la anuencia de su directora, quien, con justicia, se atribuye tanto haber favorecido la colocación de Mallea en el campo literario como, más tarde, la de Borges, según recuerda la misma Victoria Ocampo en una separata de la revista, de 1964, titulada "Carta a Jorge Luis Borges con motivo del volumen que le dedica *Les Cahiers de L'Herne*".

Contorno, en cambio, discute sobre todo las ideas de Mallea, contrapuestas a las de Ezequiel Martínez Estrada, a quien también le dedican un número de la revista, el 4, de 1954. Pero es en 5-6, enteramente consagrado a la novela argentina, donde se explicitan los argumentos contrarios al ideario malleísta, en una nota titulada "Comunicación y servidumbre: Mallea", firmada por León Rozitchner, quien desactiva el entramado moral, político y literario de la obra de Mallea. Escribe Rozitchner —y la primera persona del plural no es mayestática, sino generacional e ideológica—: "Sentimos frente a sus obras las mismas molestias que nos invaden cuando abrimos un manual de moral: estamos en pleno reino de las palabras dicotómicas, cortadas a golpes de pureza, con las que se pretende legislar abstractamente, en el tono de la reprobación, un universo del cual el límpido carácter del que escribe se encuentra excluido".

Y si la observación atañe a la obra entera de Mallea, se centra, sobre todo, en su libro principal, *Historia de una pasión argentina*, un singular ensayo con una importante base autobiográfica interrumpido, además, por tres semblanzas de viajeros (la del "americano lúcido" Waldo Frank, la del conde de Keyserling, "el conde báltico que inundaba su vida con torrentes de champaña", y la de la simbólica "artista norteamericana retirada muy joven de las tablas"). Pero si la autobiografía es la estructura formal de la obra, lo que ésta desarrolla es menos la historia de una personalidad que el enfrentamiento y la identificación de ésta con su tierra, su país: "Después de intentar durante años paliar mi aflicción inútilmente, siento la necesidad de gritar mi angustia a causa de mi tierra, de nuestra tierra". De esa angustia, escribe Mallea, "nace esta reflexión, esta fiebre casi imposible de articular, en la que me consumo sin mejoría. Esta desesperanza, este amor —hambriento, impaciente, fastidioso—: esta cruel vigilia".

En esta estructura de mezcla, que no sería la del convencional relato autobiográfico, sino la de una suerte de autobiografía desviada hacia el ensayo, Mallea desarrolla sus célebres ideas acerca de la Argentina visible y la Argentina invisible, presentadas, respectivamente, en los capítulos III y IV del libro. La primera es la de quienes actúan "en la superficie de la Argentina" y que han sustituido "un vivir por un representar": "Su género es el discurso, su apoteosis, el banquete, su seducción más inquietante, la publicidad".

La segunda no la habitan los hombres de la ciudad, sino los del interior, al que Mallea llama "hinterland argentino" y son, sin embargo, menos hombres que esencias. Mallea, dice, no alude al gaucho, al paisano, al agricultor o al estanciero, sino "a un estado especial, al estado de un hombre argentino éticamente muy definido, que se parece, hasta identificarse en modo asombroso con ellos, al clima propio, la forma, la naturaleza de la tierra argentina. De la tierra argentina y de su proyección intemporal, de su proyección como historia y como nacionalidad".

Para Mallea, la Argentina visible es nefasta, pero la invisible es inútil si no se deja ver. La presentación antitética de dos países diferentes encerrados en los mismos límites remite a Sarmiento y a su par civilización/barbarie, aunque para Mallea el polo positivo de la oposición se encuentre en el interior, donde Sarmiento ubicaba a la barbarie, y el negativo en las ciudades, donde para Sarmiento radicaba la civilización. Pero la filiación con el autor de *Facundo*, siendo del todo explícita —al trazar su genealogía Mallea destaca que su padre "era pariente de Sarmiento y la historia de su familia está escrita a lo largo de varios capítulos de *Recuerdos de provincia*"—, no basta sin embargo para dotar a *Historia de una pasión argentina* de la densidad interpretativa y programática de su evidente modelo, sobre todo porque la dimensión política de la obra de Sarmiento se adelgaza en Mallea, hasta volverse casi invisible, a partir de las elecciones ideológicas del autor, que cambia sociedad y política por individuos y esencias. Su obra, yerma de descendencia escritural, es progenitora, en cambio, de un tipo de pensamiento político conservador, emergente hoy en las publicaciones de figuras mediáticas, más próximas a la divulgación periodística o al ensayo de alto impacto que al ensayo propiamente dicho, al cual tributa pese a todo Mallea. Esta diferencia se debe no sólo a su evidente —aunque fallida— voluntad de forma sino, también, a que su obra, contrariamente a la de estos sucesores, encuentra en su contexto un apropiado ámbito de debate, en el que sobre el mismo asunto —la precisión de algo llamado "ser nacional"— escribían para la misma época Raúl Scalabrini Ortiz y Ezequiel Martínez Estrada.

El espíritu fundacional en *Radiografía de la pampa*, de Ezequiel Martínez Estrada

En 1941, en el prólogo a la *Antología poética argentina* que realizó junto a Silvina Ocampo y Adolfo Bioy Casares, Jorge Luis Borges afirmaba que Ezequiel Martínez Estrada era "nuestro mejor poeta contemporáneo".[9] Tal juicio valorativo se encuentra contaminado por el ajuste de cuentas que, en ese mismo prólogo, Borges realiza con el martinfierrismo, que sintoniza con otro artículo de la época, "Las 'nuevas generaciones' literarias", de 1937, publicado en *El Hogar* y luego incluido como capítulo de *Leopoldo Lugones*. Allí, Borges desautoriza todos los méritos poéticos de su generación, llamándola, "impositiva, arrasadora y cumplidora" para afirmar, en cambio, que "la obra de los poetas de *Martín Fierro* y *Proa* —toda la obra anterior a la dispersión que nos dejó ensayar o ejecutar obra personal— está prefigurada, absolutamente, en algunas páginas del *Lunario sentimental*".[10]

En ese contexto, la valoración positiva de la poesía de Martínez Estrada atiende menos a su particularidad y a su gracia —a sus "límpidas y complejas estrofas", como las llama Borges— que al hecho de que su autor, siendo prácticamente contemporáneo de los escritores vanguardistas, hubiera decidido ser un explícito discípulo de Lugones y no, como el martinfierrismo entero, según Borges, su inconsciente seguidor.

El elogio, entonces, como casi todos los de Borges, es avieso. Pero importa menos eso que el hecho de que Martínez Estrada —excluido hoy de las antologías, de las compulsas, de los panoramas y de las reediciones de poesía argentina— fue, entre los años veinte y treinta, autor de una singular obra poética completamente excéntrica al mandato renovador y experimental de los escritores de vanguardia.

Carlos Mastronardi, él también contemporáneo de los vanguardistas y autoexcluido de los valores dominantes en la década del veinte, fue releído y valorado por primera vez por los nuevos poetas que comenzaron a publicar a partir de los años cuarenta. Ésa no fue la suerte corrida por Martínez Estrada. ¿Por qué? Porque cuando Martínez Estrada pudo empezar a ser leído como poeta, ya era el ensayista conocido y consagrado de *Radiografía de la pampa*, de 1933, *La cabeza de Goliath*, de 1940, y *Muerte y transfiguración de Martín Fierro. Ensayo de interpretación de la vida argentina*, de 1948.

Esa suerte de asincronía de la obra de Martínez Estrada encuentra en un ensayo de Borges y en otro de César Fernández Moreno sus dos puntas de definición. En 1933 Borges se lamentaba de que el gran poeta que era Martínez Estrada hubiera dedicado sus "espléndidas amarguras" a radiografiar la pampa, entreviendo que el poeta —fuera la que fuera su valoración como tal— se diluía en el ejercicio del ensayo de intepretación nacional. Treinta años después, César Fernández Moreno consideró que Martínez Estrada, "atosigado por el intelecto", tuvo que dejar de escribir poesía para encontrar en el ensayo un campo de desarrollo y experimentación más apropiado para su alta "dosis de intelectualidad".[11] Es cierto que la valoración de César Fernández Moreno es tan aviesa como fue la de Borges treinta años antes, porque el fin declarado de su estudio sobre la poesía argentina del siglo XX es demostrar que Lugones, Macedonio Fernández, Enrique Banchs, Alfonsina Storni, Borges y Martínez Estrada son sólo "figuraciones, hipóstasis de la séptima figura: Fernández Moreno, mi padre". Pero tampoco importa tanto eso ahora como destacar que ambas lecturas, la Borges y la de César Fernández Moreno, funcionan como señales que anuncian esa suerte de destiempos y desencuentros que condenaron durante casi medio siglo la obra de Martínez Estrada a la excentricidad, cuando no al silencio: el poeta y el narrador, autor de tres libros que incluyen algunos cuentos verdaderamente notables —*La inundación, Marta Riquelme. Ensayo sin conciencia* y *La tos y otros entretenimientos*—, fueron opacados por el ensayista. Pero, a su vez, el ensayista dejó de ser estimado por los valores de su obra —la sinceridad, la voluntad denunciadora y una interpretación de la historia argentina no conservadora ni quietista como la de Mallea, ni populista como la de Scalabrini Ortiz— que fue lo que destacaron los jóvenes de *Contorno* en los años cincuenta, para valorar, sobre todo, sus percepciones poéticas, o sus imágenes de la pampa, o de Buenos Aires como la cabeza de un gigante con "el cuerpo entero mal nutrido y peor desarrollado". En la segunda mitad del siglo XX, fueron éstas las que parecieron sostener la lectura de los ensayos de Martínez Estrada. Y es su retórica de narrador, más que un esclerosado sistema de interpretación de la ya diferente realidad nacional, el que puede rastrearse en la obra de algunos de sus lectores más entusiastas. Es el caso de Horacio González, quien en un ensayo precisamente titulado *Restos pampeanos* trabaja más con los restos del estilo de Martínez Estrada que con los de su modo de interpretar la realidad y la literatura argentinas, aunque a las aseveraciones características del autor de *Radiografía de la pampa*, González les imprima el matiz de la pregunta o la duda.

Sin embargo, una nueva reedición de casi toda su obra en los últimos años, recibida con entusiasmo por los lectores y la crítica especializada, augura una nueva vigencia de Martínez Estrada. Pero el que vuelve ahora es menos el ensayista y el estilista de *Radiografía de la pampa* o de *La cabeza de Goliath* que el implacable crítico literario de *El mundo maravilloso de Guillermo Enrique Hudson, Muerte y transfiguración de Martín Fierro*, o *Sarmiento*, que el lector excepcional, tan atento a la filigrana del texto como a sus reverberaciones ideológicas, sociales y políticas, que hace de la erudición y de la iconoclasia los pilares en los que asienta una interpretación provocadora de la literatura argentina. Por un lado, dándoles el valor de clásicos, en dos lecturas fundadoras, al *Martín Fierro*, de José Hernández, y al *Facundo*, de Sarmiento. Y por el otro, casi como en una nota al pie, destacando la falta, en la Argentina, de una literatura "de gran estilo", su indigencia no sólo en relación con las literaturas europeas sino, "para que la comparación no sea gratuitamente injuriosa", con la literatura norteamericana. Para anotar finalmente "que la mejor literatura argentina está escrita en inglés", refiriéndose a las crónicas de los viajeros ingleses y a las obras argentinas de Guillermo Hudson y de Cunninghame Graham, como escribe en ese hermoso, perturbador y desencantado libro que es *Para una revisión de las letras argentinas*, publicado póstumamente.

Radiografía de la pampa se inscribe, como señala David Viñas, en una tradición de ensayos que, desde *El hombre mediocre*, de José Ingenieros, de 1913 —pese a su precaria "práctica sociológica"—, intentaba describir una tipología argentina con argumentos filosóficos de pretensiones metafísicas y resoluciones escriturarias más próximas al periodismo que a la literatura.[12] La serie incluye textos variados y hoy olvidados, todos publicados en los años veinte —*El hombre que habló en la Sorbona*, de Alberto Gerchunoff, *El hombre que silba y aplaude*, de Enrique Méndez Calzada—, y concluye, iniciada la década del treinta, con *El hombre que está solo y espera*, de Raúl Scalabrini Ortiz, de 1931, y la primera selección de *Aguafuertes porteñas*, de Roberto Arlt, de 1933.

A su vez, el ensayo de Martínez Estrada forma parte de un cuerpo de textos que, para esos mismos años, habían encontrado en la pampa un motivo de análisis o de curiosidad, entre los que hay destacar los de los viajeros José Ortega y Gasset, el conde de Keiserling, Waldo Frank y Archibald Mac Leish, el de Victoria Ocampo —"Quiromancia de la pampa"— y, antes, el de Borges "La pampa y el suburbio son dioses", de *El tamaño de mi esperanza*.

Pese a sus antecedentes y a su contexto, el ensayo de Martínez Estrada tiene un espíritu fundacional: intenta construir una historia en un continente excluido de la historia que, como señala el autor, por no tener pasado, tampoco tiene porvenir. En Europa, escribe, "ligarse a la tierra por la propiedad, es emparentar con la historia, soldar un eslabón genealógico, entrar al dominio del pasado". Pero en América, al no haber pasado, la tierra es sólo un bien metafísico, de poder, de dominio y de jerarquía. El propósito asumido del ensayo es reconocer esa realidad, llevándola a la conciencia y partir de cero para poder darle finalmente a la tierra la historia de la que carece, y entonces un porvenir. La demostración de la hipótesis original del libro se apoya en el estudio de la historia —desprovisto de la severidad que la empresa parecería reclamar—, en la especulación sociológica —dirigida sobre todo a la descripción de los tipos argentinos (el guapo, el baquiano y el rastreador, el compadre)— y en observaciones directas de la realidad vinculadas estrictamente al presente de la escritura del ensayo. El estudio, la especulación y la observación se utilizan de modo sincrónico y transversal, con lo que muchas veces se pierden o confunden los alcances de unos y otros.

Como en todos los ensayos de la época, *Radiografía de la pampa* está atravesado por la impronta metafísica: obnubilado por ese algo inefable de la pampa, del desierto, que, como en Sarmiento, funciona como un condicionante absoluto de la ciudad. De modo tal que, como dice Martínez Estrada, mientras los parques son, en las metrópolis europeas, "un paréntesis de árboles y pájaros", en Buenos Aires, "la cosmópolis de la llanura", son "la clave de su indescifrable tristeza", debido a que no son, como en Europa, una construcción, sino "afloraciones urbanas de un interior indómito aún". Pero contrariamente al optimismo que campea en los ensayos de Scalabrini Ortiz y de Mallea —en uno, basado en la creencia en el destino del hombre de Corrientes y Esmeralda; en el otro, en la confianza en que la Argentina visible adopte como propio los valores del hinterland—, el de Martínez Estrada está atravesado por la negatividad. Esta nota es la que todavía sostiene el valor contradictorio del ensayo. Porque si, por un lado, lo acerca a las visiones ahistóricas, esencialistas y teleologizantes de los viajeros Frank, Keyserling y Ortega y Gasset; por el otro, esa visión desencantada y pesimista parece estar sopesando el presente político e histórico del país de un modo que se les escapaba a sus contemporáneos.

Las ficciones de Jorge Luis Borges

En 1933, el mismo año de la publicación de *Radiografía de la pampa*, el crítico nacionalista Ramón Doll, en un libro significativamente titulado *Policía intelectual*, incluye un artículo sobre *Discusión*, el notable libro de ensayos de Jorge Luis Borges. Allí "denuncia" —ésa es la palabra precisa— el "modus operandi" de Borges, destacando que los artículos o reseñas incluidos en *Discusión* "pertenecen a ese género de literatura parasitaria que consiste en repetir mal cosas que otros han dicho bien; o en dar por inédito *Don Quijote de la Mancha* o el *Martín Fierro*" para reproducir libremente páginas enteras de esos libros.[13]

Cinco años más tarde, en la Nochebuena de 1938, a los 39 años de edad, Borges sufre un accidente. Subiendo una escalera, se lleva por delante el batiente recién pintado de una ventana que alguien se olvidó de cerrar. Un mes y medio más tarde, cuando recupera la conciencia, su madre le lee algunas páginas de *Fuera del planeta del silencio*, una novela de C. S. Lewis, y Borges se pone a llorar: "Lloro porque comprendo", cuenta en su *Autobiografía* que dijo entonces. Y también allí recuerda extensamente el hecho, que tiene el carácter de falso episodio de iniciación o, por lo menos, de iniciación a medias. "Durante un mes y medio, escribe Borges, me debatí entre la vida y la muerte". Lo atemorizaba, recuerda, la idea de no volver a escribir nunca más. Hasta entonces, dice, "había escrito una buena cantidad de poemas y docenas de artículos breves y pensé que si en ese momento intentaba escribir y fracasaba, estaría terminado". Pero se le ocurre que "si probaba algo que nunca había hecho antes y fracasaba, eso no sería tan malo y quizás hasta me prepararía para la revelación final". Entonces decidió escribir un cuento, y ese cuento fue "Pierre Menard, autor del Quijote".

El nuevo cuento, entonces, responde a dos desafíos diferentes. Uno, interno, como era probar algo que nunca había hecho antes, es decir, escribir un cuento —aunque esto no fuera exactamente cierto—. Y el otro, externo, enmendarle la plana a Ramón Doll, retomando una idea anticipada por el mismo Borges unos años antes en una reseña bibliográfica —dar por inédito al Quijote—, pero dándole una vuelta de tuerca a esa misma idea, imaginando su duplicación original: tal, al fin, la paradoja del nuevo relato.

Ésas parecen ser las motivaciones conscientes de un cuento que fue, en definitiva, el primero de una serie que en 1941 se reunió bajo el título *El jardín de senderos que se bifurcan*, libro que tres años después formó la primera mitad de *Ficciones* y que sumado a *El Aleph*, de 1949, dan lo más destacado de la producción narrativa de Borges y conforman, además, como señala Isabel Stratta, los tres "libros-símbolo" con los que los lectores podrán identificar para siempre al nombre de su autor.[14]

Un conocido lugar común de la crítica encuentra que, en efecto, la "revelación" de 1939 tiene el carácter de un episodio de iniciación y que con el accidente de 1938 se entierra el escritor vanguardista, y en algún momento barroco de los años veinte, básicamente poeta y ensayista, para nacer, después de la simbólica resurrección, el clásico autor de narraciones limpias y despojadas. Sin embargo, "Pierre Menard, autor del Quijote" —y toda la serie que le sigue— parece menos el producto de un corte que el resultado de una singular acumulación iniciada en los mismos años de la vanguardia.

Las atribuciones de libros falsos a autores falsos o verdaderos, conocidos o desconocidos —tan productivas en algunos de los relatos de los años cuarenta, como "Tlön, Uqbar, Orbis Tertius" y "Examen de la obra de Herbert Quain", y ya expuestas, también, en las fuentes falsas de los "ejercicios de prosa narrativa" de *Historia universal de la infamia*, que por otra parte ya eran "ficciones"—, encuentran su origen en la revista *Martín Fierro*, donde Borges y Carlos Mastronardi "inventan" un poema titulado "Saludo a Buenos Aires" y se lo atribuyen a Rudyard Kipling. Unos años más tarde, en *Historia de la eternidad*, de 1936, Borges publica "El acercamiento a Almotásim", una falsa nota bibliográfica sobre un libro aparecido en "casi papel de diario" en 1932, atribuido al abogado Mir Bahadur Alí, y que se trata, según la noticia, de "la primera novela policial escrita por un nativo de Bombay City". El mismo relato pasa de *Historia de la eternidad*, donde se publica como una "nota", a ser, en una de sus ediciones, uno de los cuentos de *El jardín de senderos que se bifurcan*. Sería por lo tanto el primero, según una cronología estricta, desplazando por un momento de ese mítico lugar a "Pierre Menard, autor del Quijote". Si bien el cambio de género es significativo, toda vez que el relato pasa de ser una broma, esto es, una falsa nota, a ser directamente una ficción, y aunque finalmente vuelva en ediciones posteriores a su libro original, su misma sustancia común señala un proceso de continuidad entre las supuestas dos etapas de la producción borgeana.

De 1936 también es la noticia bibliográfica de *A General History of Labyrinths*, un falso libro de un falso Thomas Ingram, publicada por Borges en la revista *Obra*. El libro reaparecerá después, pero atribuido ahora a Silas Haslam, como una —falsa otra vez— fuente en "Tlön, Uqbar, Orbis Tertius", mientras que uno de los textos recopilados por el falso Ingram, "Historia de los dos reyes y los dos laberintos" se publica, sin mención de su origen, en la reedición de *El Aleph* de 1952.

Por otra parte, ya en "El arte narrativo y la magia", firmado en 1932, y en "La postulación de la realidad", de 1931, ambos publicados en *Discusión*, Borges desarrolla algunas ideas sobre el arte de narrar que anticipan la teoría de sus relatos de la década del cuarenta. El primero es una extensa impugnación de la novela psicológica —asunto que retomará en incontables ensayos y reseñas de los años treinta y cuarenta—, mientras que el segundo es una también perdurable y enfática toma de partido por el texto clásico, que "no desconfía del lenguaje [sino que] cree en la suficiente virtud de cada uno de sus signos", en contra del texto romántico, que "en general con pobre fortuna, quiere incesantemente expresar".

También, en muchos de los ensayos y reseñas recopilados en algunas magníficas ediciones póstumas —*Textos cautivos. Ensayos y reseñas en* El Hogar *(1936-1939)*, *Textos recobrados (1919-1929)*, *Borges en* El Hogar *(1935-1958)* y *Textos recobrados (1931-1955)*—, es posible seguir la trama de la constitución de su sin embargo nunca explicitado del todo arte de narrar, que va a tener en el prólogo a *La invención de Morel*, de Adolfo Bioy Casares, su emergencia emblemática.

Allí Borges destaca —una vez más— frente a la informidad de la novela psicológica o realista, que "prefiere que olvidemos su carácter de artificio verbal y hace de toda vana precisión (o de toda lánguida vaguedad) un nuevo rasgo verosímil", el rigor intrínseco de la novela de peripecias. A las páginas o capítulos de Marcel Proust, que "son inaceptables como ficciones [y] a los que, sin saberlo, nos resignamos como a lo insípido y ocioso de cada día", Borges contrapone, por un lado, la novela de aventuras, que "no se propone como una transcripción de la realidad [sino que] es un objeto artificial que no sufre ninguna parte injustificada" y, por otro, a las "ficciones de índole policial", que refieren hechos misteriosos que luego justifica e ilustra un hecho razonable. Para Borges, Bioy Casares "resuelve con felicidad un problema acaso más difícil. Despliega una Odisea de prodigios que no parecen admitir otra clave que la alucinación o el símbolo, y plenamente lo descifra mediante un solo postulado fantástico, pero no sobrenatural".

A eso que proviene de la novela de aventuras y del policial, y que es simultáneamente fantástico, pero no sobrenatural, Borges lo llamará "imaginación razonada". Y ése es uno de los nombres que tomó ese singular subgénero de la literatura fantástica o de invención ideado por él, que encontró en la novela de Bioy Casares el elegante pretexto para su presentación social.

Su otro nombre es, directamente, "ficciones". Ése es el que prefiere, por ejemplo, el novelista inglés Anthony Burgess: "Borges, el cuentista argentino, no escribe cuentos sino ficciones". Y así es como las llaman en inglés: "the *ficciones*", que son la puesta en práctica de, como señala Stratta, "una suerte de ideal narrativo centrado en el argumento, forma interna y condensada del relato y patrón universal de su eficacia".

La pureza, economía y austeridad del programa —centrado en la invención argumental y en su ejecución ascética— ya habían sido anticipadas en un artículo de 1933 titulado "Elementos de preceptiva", donde Borges señalaba que "La literatura es fundamentalmente un hecho sintáctico. Es accidental, lineal, esporádica y de lo más común".

Sin embargo, la complejidad de muchos de sus argumentos, los finales cerrados de varios de los relatos que sin ser efectistas ni artificiosamente sorprendentes no dejan, sin embargo, de causar en el lector sensación y estremecimiento y la proliferación de símbolos privados —el espejo, el laberinto, la biblioteca y el tigre son ahora los más reconocibles—, de algunas figuras recurrentes, como la paradoja y el oxímoron, y hasta la misma complejidad sintáctica, desafían y erosionan la idea de limpieza y linealidad, asunto, además, reforzado por el uso regular del paréntesis, por los llamados al pie de página "incesantes e indiscretos" —así los llama Pierre Macherey—[15] que traban y detienen el fluir de la narración, por proliferación de palabras no puramente denotativas, sino, antes bien, sensuales y diferentes, sensualidad que se refuerza, además, por la notoria presencia de nombres propios, la mayoría de ellos extranjeros, y la reproducción de títulos de libros, falsos o verdaderos, en su idioma original, que casi nunca es castellano, y que tienen entonces un valor en el que prevalece la extrañeza del significante, cuando no la pura sonoridad: Tlön, Uqbar, Orbis Tertius, Ukbar, Ucbar, Ookbar, Oukbahr, Tsai Jaldún, Axa, Mlejnas, Bernard Quaritch, Herbert Ashe, Adrogué.

La suma vincula, una vez más, al Borges clásico de los años cuarenta con el vanguardista de los años veinte, no sólo en lo que hace a cierta "intemperie" propia del arte vanguardista y no del clásico, sino, además, en tanto y en cuanto en ambas oportunidades se establece una perturbadora distancia entre un arte poética postulada y su realización individual. Si en los años veinte el ultraísmo se revelaba sobre todo en los magníficos manifiestos de Borges, mientras que su emergencia en los poemas de *Fervor de Buenos Aires* o de *Cuaderno San Martín* —como fue oportunamente señalado por sus compañeros— era inestable, insegura y menor, como si los manifiestos fuesen no el anticipio programático de los poemas, sino un desideratum al que los poemas no pueden llegar, en los años cuarenta la verdad de las "ficciones" y de la "imaginación razonada" se juega menos en la sin embargo abigarrada parafernalia paratextual que los sustenta (prólogos, reseñas bibliográficas, ensayos) que en cada uno de los excepcionales relatos de *Ficciones* y de *El Aleph*. Como si Borges, el artista y el escritor, se impusiera finalmente a los recaudos del intelectual y del teórico y preceptista de la literatura.

Pierre Menard, el singular poeta simbolista dedicado a la infinita tarea de volver a escribir el Quijote no siendo sin embargo Miguel de Cervantes, el paradójico soñador soñado de "Las ruinas circulares", el memorioso uruguayo Ireneo Funes que "había aprendido sin esfuerzo el inglés, el francés, el portugués, el latín", pero que no obstante no era "muy capaz de pensar", el perspicaz detective Erik Lönnrot, apto para prever un último crimen —pero no para evitarlo—, las dos grandes reescrituras del *Martín Fierro* —una en "El fin", la otra en "Biografía de Tadeo Isidoro Cruz (1829-1874)"—, la verista vengadora Emma Zunz, la casa de la calle Garay en cuyo sótano hay "un lugar, donde están sin confundirse, todos los lugares del orbe, vistos desde todos los ángulos", son sólo algunas de las invenciones de Borges, cuyo carácter y ejecución le otorgan al autor el lugar máximo de la literatura argentina y uno destacadísimo, también, en la narrativa occidental de la segunda mitad del siglo XX.

En 1952 se publicó la primera antología de la obra de Borges en francés que estableció, según *The Oxford Companion to English Literature*, el inicio de su "reputación internacional",[16] confirmada en 1961 cuando recibió, junto con Samuel Beckett, el premio Formentor. Ése fue, para George Steiner, "el momento crucial". Un año después, se publicaron en inglés *Laberintos* y *Ficciones* y, recuerda Steiner, "llovieron los honores. El gobierno italiano confirió a Borges el título de *Commendatore*. Por sugerencia de André Malraux, el presidente De Gaulle confirió al ilustre colega del ministro y maestro de mitos el título de comendador de la *Ordre des Lettres et Arts*. Convertido repentinamente en celebridad, Borges comenzó a dar conferencias en Madrid, París, Ginebra, Londes, Oxford, Edimburgo, Harvard, Texas".[17]

En 1964, *Les Cahiers de L'Herne* dedica un número antológico a su obra, y en 1966, el filósofo francés Michel Foucault escribe en el prólogo a *Las palabras y las cosas*: "Este libro nació de un texto de Borges". En 1971, Steiner coloca a Borges, junto con Vladimir Nabokov y Samuel Beckett, en el parnaso de "las figuras más geniales de la ficción contemporánea".

La hipótesis del crítico norteamericano es que "las condiciones de estabilidad lingüística, de conciencia regional y nacional en las que floreció la literatura desde el Renacimiento" hasta la década del 50 "se encuentran actualmente en decadencia. Faulkner y Dylan Thomas serán posiblemente los últimos escritores *con casa* de la literatura mundial". En un nuevo orden en el que "todo acto de comunicación humana se convierte en una traducción", los universalistas —y políglotas— Borges, Beckett, Nabokov y, en menor medida, Ezra Pound, son los destacados emergentes de una literatura que "puede ser considerada como una estrategia de exilio permanente". Ese novedoso marco de recepción es el que permitió, según Steiner, que incluso aquellos lectores que no saben nada sobre los maestros y amigos de Borges, como Lugones, Macedonio Fernández, Evaristo Carriego, o aquellos para los que el arrabal de Palermo, en Buenos Aires, y la tradición de la poesía gauchesca son insignificantes, hayan podido ingresar de todos modos al universo de *Ficciones*. En cierto sentido, sigue Steiner "podemos decir que el director de la Biblioteca Nacional de la Argentina [sic] es el más original de los escritores angloamericanos. Y esta extraterritorialidad puede ser un buen indicio".

Varios años después, no sin cierta melancolía, Beatriz Sarlo, entonces profesora titular de la cátedra de Literatura Argentina de la Universidad de Buenos Aires, invitada a dar un ciclo de conferencias sobre Borges en la cátedra Simón Bolívar de la Universidad de Cambridge, decía que Borges había perdido su nacionalidad, que era más fuerte que la literatura argentina y más sugestivo que la tradición cultural a la que pertenece. "Si Balzac o Baudelaire, si Dickens o Jean Austen", escribía Sarlo, "parecen inseparables de algo que se denomina *literatura francesa* o *literatura inglesa*, Borges en cambio navega en la corriente universalista de la *literatura occidental*".[18]

Para Sarlo, leer a Borges como un escritor sin nacionalidad es, por un lado, un impecable acto de justicia estética: "se descubren en él las preocupaciones, las preguntas, los mitos que, en Occidente, consideramos universales". Pero ese acto de justicia implica al mismo tiempo un reconocimiento y una pérdida, porque Borges, dice Sarlo, "ha ganado lo que siempre consideró suyo, la prerrogativa de los latinoamericanos de trabajar dentro de todas las tradiciones, y ha perdido, aunque sea sólo parcialmente, lo que también consideró como un dato inescindible de su mundo, el lazo que lo unía a las tradiciones culturales rioplatenses y al siglo XIX argentino".

Borges, en fin, y retomando el productivo esquema de Ricardo Rojas, fue valorado internacionalmente debido a su "expresión de belleza". Y su obra, como señala Sarlo, "sustenta decididamente esa lectura". Pero ese reconocimiento supuso una pérdida de todo lo que también hay allí de "expresión de nacionalidad".

Leer a Borges, no desde un cerrado nacionalismo que dejara afuera "su relación tensa pero permanente con la literatura inglesa, su sistema de citas, su erudición extraída de las minucias de las enciclopedias, su trabajo de escritor sobre el cuerpo de la literatura europea", sino desde el entramado de la historia de la literatura argentina, sintonizando todo lo anterior, concluye Sarlo, con la obra de otros escritores menos conocidos y más oscuros, es dar cuenta de toda su complejidad y de su conflicto.

"Ideal de austeridad" en la obra narrativa de Adolfo Bioy Casares

A principios de la década de 1930, Borges, que tenía un poco más de 30 años, y Adolfo Bioy Casares, que tenía sólo 18, iniciaron una amistad muy productiva en términos literarios, no sólo en arreglo a su obra en común, iniciada con la redacción de una publicidad de cuajada La Martona y seguida con la construcción de tres memorables heterónimos —H. Bustos Domecq, B. Suárez Lynch y B. Lynch Davis—, sino, también, al declamado impulso que la obra conjunta le habría dado a la de cada uno de ellos. El propio Borges señaló que fue Bioy Casares quien lo "condujo gradualmente hacia el clasicismo", imponiéndole la preferencia por "la paz y la mesura", en contra de su gusto por "lo patético, sentencioso y barroco". Y Bioy Casares, que escribía, según le refirió gráficamente Enrique Larreta a su amiga, la madre de Bioy Casares, "en pleno aquelarre glandular", mudó del bando expresionista después de haber sido anoticiado por Borges de las ventajas del "arte deliberado".

El joven Bioy Casares estaba, hasta entonces, "seguro de que para la creación artística y literaria era indispensable la libertad total, la libertad idiota, que reclamaba uno de mis autores, y andaba como arrebatado por un manifiesto, leído no sé dónde, que únicamente consistía en la repetición de dos palabras: *Lo nuevo*, de modo que me puse a ponderar la contribución a las artes y a las letras del sueño, de la irreflexión, de la locura". Borges, sin embargo, lo esperaba con una sorpresa: "abogaba por el arte deliberado, tomaba partido con Horacio y con los profesores, contra mis héroes, los deslumbrantes poetas y pintores de la vanguardia".[19]

Según el recuerdo de ambos, la modificación que produjo el uno en el otro es exactamente la misma: Bioy Casares condujo a Borges, y Borges a Bioy Casares, a abandonar las esperanzas de un arte vanguardista en favor de uno calmo, razonado, reflexivo y clásico. Bioy Casares se lo tomó al pie de la letra y, literalmente, borró de su bibliografía los cinco libros publicados, a razón de uno por año, entre 1933 y 1937 que, como señaló Enrique Pezzoni, "abundan, y a veces consisten, en juegos formales: metáforas que sobrellevan la carga postsurrealista".[20] Dos de ellos —*La estatua casera* y *Luis Greve, muerto*— ya habían sido parcialmente impugnados por el mismo Borges desde las páginas de *Sur*.

En Borges, en cambio, la austeridad clásica de sus ficciones de los años cuarenta —que dice haber aprendido de Bioy Casares— es superficial, y desaparece en una segunda lectura, bombardeada por todo eso que ya era antes de conocer a Bioy Casares. De modo que la relación entre uno y otro, y hay que calibrar aquí sus diversas edades y experiencias literarias, fue, en definitiva, más importante para la obra de Bioy Casares que para la de Borges. En la de éste no son evidentes las marcas de la de aquél. Mientras que la de Bioy Casares se destaca, sobre todo, en los años en que fue escrita al rescoldo de la de Borges. De esa época es su novela más importante, *La invención de Morel*, la influyente *Antología de la literatura fantástica*, preparada con Borges y Silvina Ocampo, y la reseña sobre *El jardín de senderos que se bifurcan*, de 1942, que pertenece más al mundo de Borges que al de Bioy y que, como anota Isabel Stratta, "bien podría leerse, por los conceptos y hasta por el estilo con que fue redactada, como el producto de una reflexión en común entre Borges y su amigo, una suerte de manifiesto indirecto y alógrafo en el que Borges podría haber querido intervenir para acompañar la salida de su criatura".[21]

La invención de Morel es una *nouvelle* que relata las peripecias de un fugitivo condenado a muerte, quien, por sugerencia de un vendedor italiano de alfombras en Calcuta, decide internarse en una isla desconocida, a la que no tocan "ni los piratas chinos, ni el barco pintado de blanco del Instituto Rockefeller", debido a una misteriosa enfermedad, "que mata de afuera para adentro" a todos aquellos que se aventuren a fondear en sus costas. El fugitivo desesperado va igual: "Tan horrible era mi vida que resolví partir...". En la isla no hay más que un museo, una capilla y una pileta de natación desmanteladas. Sin embargo, pronto el visitante descubre a una serie de personajes singulares —Faustine, una mujer que mira la puesta del sol todas las tardes, su enamorado Morel, unos amigos— calificados por el prófugo como "los héroes del esnobismo (o los pensionistas de un manicomio abandonado)" que repiten, con alteraciones imprevistas, una rutina que dura una semana. Finalmente, el fugitivo descubre que no se trata, verdaderamente, de personas, sino de complejas proyecciones de personas —con volumen, conciencia y sensaciones— programadas por una máquina inventada por el tal Morel con el fin de darles a él y a sus amigos, a cambio de su muerte, producida como consecuencia del registro de sus imágenes, una semana inmortal, proyectada una y otra vez, en la misma isla donde fueron tomadas. La idea de la máquina de Morel —que anticipa y mejora la del holograma— le dio inmediato y perdurable prestigio a Bioy Casares entre los amantes del género fantástico y científico. No obstante, el recurso utilizado para dar cuenta del prodigio —la transcripción de los diarios de Morel— es aparatoso y el diario propiamente dicho bastante extenso, cosas que atentan contra la ejecución del relato y que desmienten parte de la hiperbólica presentación de Borges.

La *nouvelle El perjurio de la nieve*, la novela *Plan de evasión* y los cuentos reunidos bajo el título *La trama celeste* son las otras obras de Bioy Casares escritas según las convenciones de la literatura fantástica y en las que se manifiesta "el ideal de austeridad" que en ella entrevió Enrique Pezzoni, erosionado por incrustaciones de mundanismo y frivolidad —al prófugo de *La invención de Morel*, por ejemplo, Faustine le recuerda, por sus ojos, el pelo y el busto, "una de esas bohemias o españolas de los cuadros más detestables"— que después reaparecerán con mayor nitidez y extensión en los diarios de la vejez del autor, donde el gusto de clase se hace pasar por valor estético.

En 1954, con *El sueño de los héroes*, Bioy Casares inaugura una nueva modalidad en su obra narrativa, definida con justeza por César Aira como "una combinación de género fantástico y costumbrismo plebeyo dominado por la ironía paternalista y el desdén",[22] que tal vez no haya dado sus mejores libros pero sí, seguramente, los más sinceros, alejados del dictum de austeridad proclamado —pero nunca practicado del todo— por Borges y más cercanos a una suerte de expresionismo autobiográfico que encuentra en sus *Memorias* y, sobre todo, en el póstumo *Descanso de caminantes. Diarios íntimos* su registro más relevante.

El mundo enrarecido de los cuentos de Silvina Ocampo

En 1937, a los 34 años, Silvina Ocampo publica su primer libro de cuentos: *Viaje olvidado*. En *Sur*, su hermana mayor, Victoria Ocampo, directora de la revista, lo reseña de un modo singular. Recuerda que para asistir al bautismo de su hermana tuvo que abandonar el diario que estaba escribiendo —"donde ocupaba lugar preponderante mi resolución de escribir Libros"—. Y que la sostuvo en la pila bautismal con sus manos manchadas de tinta. Escribe: "Si Silvina Ocampo tuviera necesidad de disculpas, yo vendría a acusarme públicamente de haber puesto en contacto su cabeza con la tinta de mis manos en ese preciso momento".

Por cierto, la fórmula puede invertirse, y si Silvina Ocampo tuviera oportunidad de halagos, también éstos, simbólicamente, acabarían desplazándose hacia la figura tutora de su hermana mayor, quien, sin embargo, no está dispuesta del todo a dárselos ella misma. Para Victoria Ocampo, el volumen está "lleno de hallazgos que encantan y de desaciertos que molestan, lleno de imágenes felices —que parecen entonces naturales— y lleno de imágenes no logradas —que parecen entonces atacadas de tortícolis—".

En las dos notas que destaca la reseña, concentra y anticipa el sino de la obra narrativa de Silvina Ocampo en la historia de la literatura argentina. Por un lado, sale al ruedo inmediatamente apadrinada: por su hermana mayor Victoria en un primer momento —y entonces por el grupo Sur— y apenas después por su marido, Adolfo Bioy Casares, con quien publicó en 1946 la novela policial *Los que aman, odian*, y por el amigo de su marido, Jorge Luis Borges. En 1940 los tres publicaron una *Antología de la literatura fantástica*, y al año siguiente, una *Antología poética argentina*. Juan Rodolfo Wilcock los recuerda como una "trinidad divina" en la que, sin embargo, a Borges le tocaba jugar el rol del "genio total, ocioso y perezoso", a Bioy Casares el de "la inteligencia activa", y "entre ellos dos", Silvina Ocampo era "la Sibila, la Maga que les recordaba en cada movimiento y en cada palabra la singularidad y el misterio del universo".[23] Frente al "genio" y a "la inteligencia activa", la intuición y, detrás del aparente halago, la confirmación de las sospechas de Victoria Ocampo: Silvina Ocampo no escribía bien. A fines de los años sesenta, Sylvia Molloy reseña, en *Sur* otra vez, la obra narrativa de Ocampo, que ya había publicado sus tres mejores libros de cuentos: *Autobiografía de Irene*, en 1948, *La furia*, en 1959, y *Las invitadas*, en 1961. Y analizando el cuento "La propiedad", del libro de 1959, Molloy se asombra por su impropiedad, toda vez que el equilibrio del cuento "peligra si el lector se atiene a la lectura que impone el desenlace. Sin duda una de las respuestas posibles es que se trata de un cuento malo; pero sería desconocer, mediante un juicio de valor, los límites —la falta de límites— que elige la autora".[24]

Ciertamente, el "valor" frente al cual "La propiedad" es excéntrico es el del equilibrio del cuento clásico establecido por *Sur* en los años cuarenta. Y la perplejidad de Molloy revela una paradoja: Silvina Ocampo había hecho una considerable carrera como escritora —ediciones, traducciones y premios, que le habían dado a su obra una notoria visibilidad— al amparo de una estética con la que, salvo en la elección genérica del fantástico o del policial, no tenía nada que ver. Y frente a la cual, por supuesto, sus cuentos eran malos. Ante el desideratum de "arte deliberado" y perfección formal que proponía sobre todo Borges y que llevaban a cabo sobre todo Bioy Casares, José Bianco y, en menor medida, Julio Cortázar, Silvina Ocampo opone, precisamente, expresionismo e imperfección. Finales decepcionantes o falsos, desarmonía o inconsecuencia entre éstos, los comienzos y el desarrollo del cuento, una sintaxis desmañada que produce un "efecto" barroco —aunque la obra no sea ni plena ni programáticamente barroca—, la superposición, dislocada por la imprevista variación del punto de vista, de distintos niveles de la lengua —infantil, adulta, culta, popular, opaca, iridiscente— , son algunas de las características de ese sistema imperfecto, y tal vez por eso mismo vivo e inclasificable, ya que, como señaló Bioy Casares, "Silvina escribía como nadie en el sentido de que no se parece a nada de lo escrito y creo que no recibió influencias de ningún escritor".[25]

Esa forma "imperfecta" según los cánones establecidos fuera de los cuentos de Silvina Ocampo tampoco logra establecer ninguna norma dentro de ellos, y el saber adquirido por el lector en un cuento de Silvina Ocampo sobre su arte poética narrativa no necesariamente —o casi nunca— sirve para leer otro cuento de Silvina Ocampo. Menos entonces que una "forma" singular y propia que no ha tenido consecuencias en la literatura argentina —porque es intransferible—, lo que queda, más que nada, es un mundo extraño, de entresueños, en el que la exageración, según lo apuntó Sylvia Molloy, que "corroe sistemáticamente estructura y lenguajes tradicionales", no es sin embargo una prueba de sobrada completud sino, al revés, el paradójico recurso que destaca, como señaló Alejandra Pizarnik, su "reserva delicada y el don de la alusión".[26]

Los hermanitos que saltan desde la ventana de un tercer piso ante la impavidez de su madre sorda, que "estaba acostumbrada a esas cosas"; la mariposa fantasma que atravesada por un alfiler de oro persigue a Keng-Su hasta ahogarla en el mar, pero "cuando pienso en Keng-Su me parece que la conocí en un sueño"; la paralítica Adriana, muerta sin que nadie se dé cuenta en el día del festejo de su cumpleaños después de fotografiarse con toda la familia; la cocinera que aprovecha las vacaciones para someterse a distintas operaciones de cirugía estética, total los médicos no le cobran nada; el caso de Camila Ersky, que en la madurez de su vida empieza a recuperar, como si le fuesen enviados desde el infierno, los objetos perdidos en su infancia y en su juventud; el asesinato del cocinero a manos de los hijos y el marido de Gilberta Pax, una vez que el amante de ésta le hubiera vendido a aquél hongos envenenados; la enana aniñada, o la niña adulta (esos niños de Ocampo, como escribe Molloy, "algo lustrosos porque se los ha despojado de los atributos de la niñez"), que acompaña a la modista Casilda a la casa de Cornelia Catalpina a entregar un vestido de terciopelo, y escande un "¡Qué risa!", después de relatar cada uno de los progresivamente trágicos episodios que culminan con la muerte de Cornelia ahogada por su propio vestido de terciopelo, son algunos de los recargados episodios de la narrativa de Silvina Ocampo. Pero cada uno de ellos, pese a la ilusión de totalidad provocada por la sobrecarga conceptual, léxica y sintáctica, es, a su vez, apenas una alusión o sugerencia que evoca sin aclararlo el misterioso mundo de la autora, sus símbolos privados que ella, por otra parte, tampoco se preocupó en develar.

La descendencia de la obra de Silvina Ocampo en la narrativa argentina de la segunda mitad del siglo XX hay que buscarla, en primer lugar, en las novelas de Manuel Puig, no tanto porque éstas la reconozcan como un antecedente —de hecho, no reconocen ninguno literario—, sino porque es importante, para calibrar el valor de la experimentación de Puig con lo banal, el mal gusto y los lenguajes degradados, el modo en que ésta se encontraba legitimada por la que, en sentido convergente, realizó Silvina Ocampo desde *Viaje olvidado* en adelante. Por otra parte, el enrarecido mundo de sus cuentos, y su también enrarecido correlato formal, funcionan como modelo de las singulares narraciones de Hebe Uhart y Noemí Ulla.

Las novelas de "múltiple argumento" de José Bianco

La irrupción de Borges a mediados del siglo XX —como la de Rubén Darío a fines del siglo XIX, según lo explicitó tan bien Roberto J. Payró— tuvo un efecto inmediato en la calidad de la prosa narrativa argentina: todos trataron de escribir mejor. No sólo Bioy Casares y Silvina Ocampo maduran entre los años cuarenta y cincuenta, sino también algunos escritores menores, sobre todo en las formas privilegiadas por Borges del fantástico y del policial, dieron también en esos años sus obras más destacadas, como es el caso de Manuel Peyrou en los cuentos de *La espada dormida*, de 1944, y en la novela *El estruendo de las rosas*, de 1948.

José Bianco, con una obra inicialmente más o menos excéntrica a las modalidades propiciadas por Borges, responde en sus dos novelas cortas o *nouvelles* de los años cuarenta —*Sombras suele vestir* y *Las ratas*— a la altísima exigencia compositiva que voluntaria o involuntariamente propiciaba la presencia de Borges. Hasta la historia visible, o superficial, de la segunda de las novelas (el relato de un crimen perfecto) es un requisito que con variaciones de ingenio, inteligencia y precisión practicaron todos los integrantes del subgrupo surista.

Pero Bianco, que trabajó en *Sur*, primero como secretario de redacción y luego como jefe de redacción, entre 1938 y 1961, y fue, en ese carácter, el responsable y promotor de los mejores años de la revista —hasta que aceptó una invitación a participar como jurado de un concurso de Casa de las Américas, en la emergente Cuba revolucionaria de Fidel Castro, cosa que Victoria Ocampo sancionó despidiéndolo de su trabajo—, recién parece dar su nota verdadera —y más personal— como escritor en 1972, cuando publica su tercera y última novela, *La pérdida del reino*.

Aquí el mundo de la inteligencia, que en sus dos novelas anteriores se manifestaba sobre todo en la precisión de la trama y en la gala de la alusión, es reemplazado por el mundo de las sensaciones, y Henry James, el modelo privilegiado 30 años antes o, como prefiere llamarlo Bianco para neutralizar el fantasma de las influencias, un autor con el que mantiene "cierta afinidad",[27] es reemplazado por Marcel Proust, una guía impensada en los años cuarenta, una vez que Borges había apostrofado sus novelas, en tanto eran "inaceptables como ficciones".

Como *Las ratas*, *La pérdida del reino* también trata dos asuntos a la vez —lo que Borges llamó el "múltiple argumento", que enfatiza la ambigüedad de la trama a partir de la "premeditada omisión de una parte de la novela, omisión que permite que la interpretemos de una manera, o de otra: ambas contempladas por el autor, ambas definidas"—.

En la novela de 1972 hay una historia —la de la patética vida de Rufino Velázquez, su progresivo fracaso como amante y como escritor— superpuesta a otra historia —la decadencia de la alta sociedad porteña, no vista desde una perspectiva exterior (política, por ejemplo), sino interior: por uno que está adentro y puede ver para contar, porque es invisible para los mirados, y si es invisible es porque es uno de ellos—. Pero ahora el pulso de Bianco vacila, de la mano de una estructura narrativa voluntariamente "tradicional" y por completo extraña al experimentalismo del género propio de los años sesenta y rehúye "de las técnicas modernas que admiro mucho pero que no son, dicho sea de paso, demasiado difíciles".[28]

El rechazo —y su opuesto, la fascinación— por los jóvenes oligarcas de Buenos Aires de la primera mitad del siglo XX, su doble moral, sus modestas orgías, sus vidas vacías y aburridas, tanto en las enormes quintas bonaerenses como en un velero navegando el delta del río Paraná, toma absoluta preponderancia en la novela, sometiendo íntegramente el primer argumento y convirtiéndose por lo tanto en el principal.

El conjunto ofrece una singular parábola que de algún modo señala el lugar, singular, un poco excéntrico, de Bianco en la historia de la literatura argentina. En los años cuarenta, cuando el peronismo disputaba el poder político con la oligarquía, una novela como *La pérdida del reino*, cuyo tema era la progresiva decadencia de esa clase social entre los años veinte y el final de la Segunda Guerra, pudo haber sido una pieza del debate político, cultural e ideológico de la época. Pero entonces Bianco publicó sus dos notables primeras novelas, como dos reconcentrados ejercicios de estilo, dirigidos principalmente a obtener el reconocimiento y la aprobación de sus amigos de Sur: "Por entonces, yo me sentía tan inseguro que el día antes de que se fueran a Córdoba [Bioy Casares y Silvina Ocampo] me permití leerles —cosa que hoy no haría con nadie— *Sombras suele vestir*".

Y cuando finalmente, treinta años después, publicó *La pérdida del reino*, ésta pareció ser, sobre todo, un tardío ajuste de cuentas con una época y una clase social que ya no importaban a nadie.

Una novela argentina escrita en italiano
por Juan Rodolfo Wilcock

Distinto es el caso de Juan Rodolfo Wilcock, autor de una obra prolífica, partida al medio por su mudanza de lengua y de país, a mediados de los años cincuenta. Hasta entonces, Wilcock había publicado seis libros de poemas y una obra de teatro —*Los traidores*, escrita en colaboración con su amiga Silvina Ocampo—. Los primeros cinco libros de poemas estaban directamente vinculados con la que entonces se llamó generación o promoción del cuarenta, de la que, según la precisa descripción de Ricardo H. Herrera, Wilcock, que dirigió entre 1942 y 1944 con Ana María Chouhy Aguirre los seis números de la revista *Verde Memoria*, se situaba, además, "a la cabeza". Para Herrera, los primeros poemas de Wilcock se ven atrapados por un "deseo de seguridad", "de trabajar en un ámbito definido y lo menos ambiguo posible", que es propio de toda la generación del cuarenta. "Sus temas y motivos", escribe Herrera, "son eternos, es decir, inactuales. Ese anacronismo revistió características románticas: el anhelo de hallar la infinitud dentro de la subjetividad".[29]

Pero no sólo era Wilcock un cuarentista neto —y ya volveremos sobre las particularidades de la generación—, sino también como poeta, crítico, traductor y narrador, la más joven promesa de continuidad del proyecto de la revista *Sur*.

En 1945, en una presentación autobiográfica, Wilcock, por un lado, afirma su profesión de fe cuarentista: "En realidad, todo lo realmente serio me interesa; ya no puedo perder el tiempo en frivolidades".[30] Y, por otro, despliega una serie de conceptos que entran en sintonía absoluta con los que estaba promoviendo Borges dentro de la revista *Sur*: concisión, elegancia, riqueza y flexibilidad idiomáticas y erudición, notas sintetizadas así por Wilcock : "la buena educación unida al genio".

Abarcando esos conceptos que, como agrega, "quedan aún por definir", pueden leerse tanto sus primeras traducciones importantes (del norteamericano Conrad Aiken y del inglés Louis Mac Neice, ambas en *Verde Memoria* en 1942, y de la novela *El revés de la trama*, de Graham Greene, en 1949, publicada por la editorial Sur) como sus primeras intervenciones críticas, ganadas por el afán de limpieza de la escena poética, ocupada a principios de los años cuarenta por los inconsistentes sonetistas, paradójicamente formados en la escuela versolibrista de la vanguardia. Ése era el caso de Francisco Luis Bernárdez, quien en los primeros años de la década del veinte se había expresado como un fervoroso adherente a las manifestaciones ultraísta primero y martinfierrista después, según puede verse en *Orto, Bazar* y *Kindergarten. Poemas ingenuos*, para saltar después a esa especie de alambicada religiosidad de *El buque*, o de *Poemas elementales*, reseñados virulentamente por Wilcock en *Verde Memoria*. Para Wilcock, los sonetos de Bernárdez "parecen una señora vestida a rayas desde el sombrero hasta los zapatos". Y casi todo, en sus libros, se reduce a eso: "rayas, rayas equidistantes durante páginas, entre las cuales veríamos, mirando cuidadosamente, unos dibujitos de gente que come, duerme y tiene hijos, y Bernárdez diciéndoles a todos ¡Hermanos, hermanos!". Por otra parte, anota Wilcock, la técnica poética "es tan pobre" que se reduce, en Bernárdez, a los endecasílabos de los sonetos o a "esos versos largos constituidos monótonamente por dos impares pegados", medidas "peligrosamente aburridas", para las que, además, no se presta el castellano. Por último, Wilcock se pregunta, desganadamente, "qué puede pensarse de un poeta reducido al soneto, desde hace mucho la forma más sencilla de la preceptiva moderna, especie de mueble provenzal de la poesía".[31]

En 1948, Wilcock publica su primer cuento, "Hundimiento", luego de ganar un concurso organizado por la revista *Sur*. El joven autor, de 29 años, también se había presentado al concurso de traducción, organizado por la misma revista, con una versión del relato "Markheim", de Robert Louis Stevenson. Según el testimonio de José Bianco, el deseo de la revista era darle a Wilcock ambos premios, pero finalmente optaron por uno solo, porque si no, "parecía que a él se le daban todos los premios",[32] seguramente haciendo referencia no solamente a los dos de *Sur*, sino al Martín Fierro, el Municipal de Poesía y el de la Sociedad Argentina de Escritores, que había ganado en 1940 por su *Libro de poemas y canciones*, todos impulsados por la gravitante figura de Jorge Luis Borges, quien, por otra parte, había incluido a Wilcock como el más joven de los seleccionados en la *Antología poética argentina*, preparada por él, Bioy Casares y Silvina Ocampo.

Después de publicar otros cuentos en diarios y revistas, en junio de 1957 se va Italia. Ese año, en un viaje en ómnibus, y todavía en la Argentina, le comenta a un amigo, el poeta Antonio Requeni: "Me voy a Italia a escribir en italiano, el castellano no da para más".[33] Y compra, según señala una voz no corroborada, todos los ejemplares de sus libros de poemas publicados hasta ese momento y los quema. En "Escriba", un relato publicado en *El caos*, de 1974, dos personajes mantienen un diálogo que parece reproducir la disputa de conciencia del Wilcock de aquellos años. Señor Viminal le dice a Escriba: "Después de todo, recuerde que usted escribe en castellano, a todas luces una lengua muerta". Y Escriba le contesta: "A ratos intento revivirla".

Ese "intento" puede rastrearse en todos los cuentos escritos en castellano publicados por Wilcock en diarios y revistas entre 1948 y 1960, pero llevados a libro por primera vez en italiano en 1960, con el título *Il Caos*, y traducidos —y modificados "ostensiblemente de los originales publicados en español", según anota Ernesto Montequin—[34] por el mismo Wilcock, y que no conforman el libro del mismo título publicado en Buenos Aires en 1974. Este último es, sí, como una cristalización de ese pasaje wilcockiano entre el castellano y el italiano, compuesto tanto por los antiguos cuentos argentinos, escritos en castellano, como por otros escritos originalmente en italiano y traducidos al castellano por el mismo autor para su edición argentina. El volumen, sin embargo, es convencional —según las convenciones impuestas implícitamente por los escritores de *Sur*— y atrasa en relación con lo que ya era entonces, a mediados de los años setenta, la obra italiana de Wilcock, inaugurada en 1960 con *Fatti inquietanti*, que integra junto con *Lo stereoscopio dei solitari*, de 1972, *La sinagoga degli iconoclasti*, también de 1972, e *Il libro dei mostri*, de 1978, la parte más importante de su obra narrativa. Se trata de un corpus excepcional, de más de 200 relatos breves, a veces con la forma de entradas a una falsa enciclopedia, otras, según escribió él mismo sobre *Lo stereoscopio dei solitari*, pero que vale también para *La sinagoga degli iconoclasti*, como capítulos de una novela con personajes "que no se encuentran nunca".

En todos los casos, como señalan Judith Podlubne y Alberto Giordano, los dos valores del Wilcock argentino —"*originalidad*, ligada a la expresión subjetiva del autor, creencia romántica por excelencia, y *erudición*, como marca de apropiación de una cultura extranjera"—[35] desaparecen en el Wilcock italiano, y el artificio fantástico que aún podía entreverse en algunos de los cuentos de *El caos*, como tributo a la poética propiciada por Borges, es cambiado en los relatos italianos por la "fuerte sensación de realidad" de la invención surrealista. Así lo precisa el cineasta y poeta italiano Pier Paolo Pasolini, uno de los más entusiastas lectores europeos de Wilcock, quien describe los relatos de *La sinagoga degli iconoclasti* como "piezas de magistral literatura onírica". Para Pasolini los relatos son "visiones que se convierten en unas perfectas metáforas de análogos descubrimientos, invenciones, ideologías reales". Y así, dice Pasolini, como el cuadro surrealista está pintado con pincelada posimpresionista y cuidado académico, "también la escritura de Wilcock es una escritura perfectamente normal, llana, convincente".[36]

La observación de Pasolini —una escritura clásica, atemperada, discordante con la materia deforme, exagerada, turbia de cada uno de esos relatos— da en el centro de la particularidad de estas narraciones excepcionales, ligadas unas con otras por un "suspense" que mantiene la atención del lector, que es "de naturaleza metalingüística, y consiste en la pregunta: ¿Qué inventará el autor en la próxima voz?". Pasolini, lector europeo de Wilcock, relaciona esa idea del suspenso sostenido por la invención sucesiva con *Vidas imaginarias* de Marcel Schwob y *Las ciudades invisibles* de

Italo Calvino. A la serie le falta un microscópico antecedente: el *Emporio celestial de conocimientos benévolos*, la enciclopedia china inventada por Borges en "El idioma analítico de John Wilkins", de *Otras inquisiciones*, y, naturalmente, no prevé su proyección en una obra argentina, la de César Aira, que toma de la de Wilcock la idea del continuo inventivo, de la matriz surrealista y de la alta calidad escrituraria.

Pero mientras Wilcock escribe relatos casi siempre cortos, que alcanzan volumen en la cantidad y cuyo suspenso no es autónomo sino que depende del conjunto, César Aira escribe novelas y entonces su suspenso, que es también de naturaleza metalingüística, no plantea la pregunta "¿cómo sigue?" sino que se manifiesta, como anota Sandra Contreras, en la opuesta: "¿cómo termina?".[37]

El antecedente —Borges— y la sucesión —Aira— alertan acerca de la pertenencia de la obra de Wilcock —aun de la italiana— a la literatura argentina. No sólo, como diría Ricardo Rojas, porque el idioma puede no ser una marca suficiente —y entonces tampoco excluyente— de nacionalidad, sino porque la obra entera de Wilcock se sostiene, como dice Ricardo Herrera, en un movimiento simultáneo de expulsión y atracción entre ambas lenguas y ambas culturas. Expulsión, por un lado, de una lengua "corroída y depravada por el lugar común", como dice en el prólogo a una edición italiana de sus poemas escritos en castellano. Expulsión, también, del peronismo. Muchos de los relatos argentinos de *El caos* pueden formar parte de cualquier antología de la literatura antiperonista argentina, y uno de los diez números de la revista *Disco*, que Wilcock dirigió entre 1945 y 1947, está inicialada con una frase de Tocqueville que sólo puede ser leída en clave antiperonista y que dice: "El despotismo me parece particularmente terrible en tiempos de democracia. Yo creo que en cualquier época habría amado la libertad, pero en esta época nuestra me siento más bien inclinado a adorarla". Y atracción por "las fuentes de la tradición" —Italia, la vieja Europa— y también por el desafío intelectual y artístico de probar una nueva lengua y un nuevo público, aunque esa lengua nueva no sea, estrictamente, el italiano que podría manejar un nativo, sino, como dice el mismo Wilcock, "una especie de italiano" que no se desprende del todo de la formación del autor en la lengua finalmente abandonada.

Esta ambigüedad de Wilcock, este estar, como dice Herrera, simultáneamente "alejado de ambos polos" construye, en definitiva, "una especie de monstruo, una extraña mezcla de ángel y bestia", cuya textualización puede rastrearse en la más anfibia de todas sus obras: *L'Ingegnere*, de 1975. Se trata de una novela de temática argentina, cuya acción sucede en Mendoza entre julio de 1943 y mayo de 1944, donde se repone la cuestión del choque entre civilización y barbarie, en la figura de un culto y joven ingeniero, hijo de ingleses, lector de Baudelaire, Racine, Shakespeare y Verlaine, y su inhóspito enfrentamiento con el espacio privilegiado de la barbarie, el desierto argentino, donde, según comprueba el mismo ingeniero, los únicos vestigios de la civilización son una pareja de alemanes. Una novela argentina escrita, no obstante, en italiano. Ése es el símbolo de Wilcock, el de su rareza, pero también el de su proyección en la literatura argentina, según pudo verse a partir de mediados de la década del noventa, primero con un dossier sobre su obra publicado en el número 35 del *Diario de Poesía*, y luego con la traducción de toda su obra italiana, debido a la dedicación de sus dos máximos impulsores y publicistas, Guillermo Piro y Ernesto Montequin.

LA REVISTA *SUR* DESPUÉS DE *SUR*.
LAS OBRAS DE ENRIQUE PEZZONI Y SYLVIA MOLLOY

El enorme esfuerzo de Wilcock por ser simultáneamente fiel e infiel a una tradición no fue, sin embargo, seguido por ninguno de los otros jóvenes escritores que, por algún tipo de afinidad estética o ideológica, pueden relacionarse con el proyecto de *Sur*, como Juan José Hernández, Edgardo Cozarinsky o Sylvia Molloy, que, en su mayoría, empezaron a publicar en los años cincuenta y sesenta en la revista. Todos ellos, atentos al salto cualitativo que supuso la obra de Borges en la narrativa argentina a mediados de los años cuarenta, escribieron, como oportunamente muchos de los seguidores de Rubén Darío, siguiendo al maestro más en su afán de perfección formal que en su ímpetu de renovación y de ruptura y, en muchos casos, abatidos por la nostalgia de una época dorada de la que, por cuestiones cronólogicas, no disfrutaron sino de su ocaso o de sus ruinas. Ésa es la nostalgia que puede leerse, por ejemplo, en la novela *El común olvido*, de 2002, de Sylvia Molloy, descripta por Hugo Beccacece como una novela en clave, en la que muchos de sus personajes "son una recreación de los intelectuales y artistas relacionados con el grupo de la revista *Sur*".[38] Para Beccacece, quien devela la vinculación entre José Bianco y Enrique Pezzoni y el personaje Samuel Valverde —que sería una cruza de ambos— y cuenta que las hermanas Ana, Julia y Alina "tienen muchos elementos de las hermanas Lange", que la fotógrafa Charlotte "le debe su currículum a Gisèle Freund, que fue amiga de Victoria Ocampo", y que la llamada por él "historia del reloj" fue, en verdad, protagonizada por Pezzoni y Silvina Ocampo, "los guiños cómplices de la novela de Molloy son mucho más que meros chismes. Contribuyen a recrear el mito de una ciudad y de una época". La nostalgia de Molloy —y la de Beccacece, editor del suplemento cultural del diario *La Nación* en el momento de firmar la reseña sobre el libro de Molloy— es, según el mismo periodista, por la Buenos Aires de esos años en los que se mezclaron "las familias tradicionales, los artistas y los escritores". Y es la misma nostalgia de Juan José Hernández, quien en una entrevista de 1999 trazaba un panorama yermo de la literatura argentina contemporánea: "Están muertos Mastronardi, Nalé Roxlo. Está muerto Borges. Están muertas todas las Ocampo. Las cinco",[39] haciendo referencia no sólo a Victoria y a Silvina, sino también a las otras tres hermanas Ocampo, que no eran escritoras.

Por otra parte, la labor crítica de Enrique Pezzoni —que a partir de 1968 fue el nuevo jefe de redacción de *Sur*, en reemplazo de María Luisa Bastos, quien, a su vez, había reemplazado a José Bianco— también se encuentra condicionada por el fantasma de la revista. Borges, Bianco, Silvina Ocampo, Adolfo Bioy Casares y Alberto Girri son los objetos casi excluyentes de los trabajos de Pezzoni, casi todos publicados originalmente en *Sur*, entre los años cincuenta y sesenta. Algunos fueron recopilados en su único libro, *El texto y sus voces*, en 1986, junto con otros artículos, en un conjunto que recupera la tradición filológica y estilística que la revista había privilegiado en sus primeros años, a través de las figuras señeras de Pedro Henríquez Ureña, Amado Alonso, Raimundo Lida, María Rosa Lida, aunque Pezzoni le agrega, a esa tradición, la obra fundamental de Ana María Barrenechea, cuyos dos primeros libros —*La expresión de la irrealidad en la obra de Jorge Luis Borges*, y *La literatura fantástica en la Argentina*, en colaboración con Emma Speratti Piñero— son imprescindibles para comprender el pasaje entre la vieja y la nueva filología, renovación de la que Pezzoni primero y Sylvia Molloy después serán sus más reconocidos beneficiarios.

Por otro lado, en *El texto y sus voces*, como señala Nora Catelli, y a partir de los autores citados en sus notas al pie —Edoardo Sanguineti, Yuri Lotman, Hans Robert Gauss, Gilles Deleuze—, es posible detectar "el paso de una discursividad crítica ya tradicional en los cincuenta a una visión de la textualidad postulada como epifanía de la teoría", donde confluyen, también, como anotó Laura Estrín, "los bastiones del 60: Roland Barthes, Maurice Blanchot, Julia Kristeva".[40] Como jefe de redacción de *Sur*, traductor —suyas son las famosas versiones de *Lolita*, de Vladimir Nabokov, firmada con el seudónimo Enrique Tejedor, y de *Moby Dick*, de Herman Melville—, asesor editorial, docente —en el Instituto del Profesorado y en la Facultad de Filosofía y Letras de la UBA donde, además, fue el primer director del Departamento de Letras una vez recuperada la democracia en 1984—, y pese a su obra exigua, Pezzoni fue una figura gravitante en la literatura argentina entre los años sesenta y fines de los ochenta, con un magisterio más personal que autoral, que puede rastrearse en la obra crítica de los que fueron sus discípulos: Jorge Panesi, y los más jóvenes Delfina Muschietti, Daniel Link y Annick Louis.

El camino de Sylvia Molloy plantea similitudes con el de Pezzoni en relación, por un lado, con el desarrollo de su instrumental teórico, que va de una lectura apegada, en un principio, a la metodología de matriz filológica y estilística y que se moderniza a partir de los años setenta con la incorporación de la biblioteca estructucturalista primero y posestructuralista después. Y, por otro, con la concentración de su obra crítica en algunos pocos objetos de estudio, mayormente vinculados a *Sur*. En el caso de Molloy, privilegiadamente Borges, sobre quien escribió su primer artículo crítico, "Borges y la distancia literaria", publicado en el número 318 de *Sur*, en 1969, y su primer libro, *Las letras de Borges*, de 1979, ampliado veinte años más tarde con seis nuevos artículos sobre su obra. Molloy, además, ha escrito las novelas *En breve cárcel*, de 1981, *El común olvido*, y el libro de relatos *Varia imaginación*, de 2003, un conjunto de obras de ficción contaminadas por la forma autobiográfica en sus distintas emergencias —memorias, diarios íntimos, relatos de viaje— que la ubican como un referente insoslayable de la literatura de género en la Argentina. Esas mismas obras de ficción funcionan además como una reflexión teórica sobre la forma autobiográfica, que puede leerse en sintonía con sus trabajos críticos sobre la autobiografía, reunidos en 1991 en *At Face Value: Autobiographical Writing in Spanish America*, publicado en castellano en 1997 con el título *Acto de presencia*. El conjunto, en su variación y vaivén formal y genérico, brinda lo más original de su producción y puede ser pensado, además, en relación con la obra de otra de las importantes escritoras argentinas de la segunda mitad del siglo XX: Tununa Mercado. Aunque en el caso de Mercado, su feminismo falocéntrico —"celebro que ese objeto de adoración que es para mí el sexo masculino me marque ideológicamente, porque también es una forma de feminismo hacer la historia de una con los hombres", dijo en una entrevista con Guillermo Saavedra—[41] la coloque, en cierto modo, al margen del *mainstream* feminista del que Molloy, en cambio, es uno de sus emblemas.

Sin embargo, como en Molloy, los libros de ficción de Mercado —*Canon de alcoba*, *En estado de memoria*— y los de ensayos, misceláneas o, como los llama la autora, "mini-ensayos, poemitas, mini-relatos, 'universitos'"[42] —*La letra de lo mínimo* y *Narrar después*—, también se retroalimentan y se presentan como figuraciones diversas, no homogéneas, de un único asunto: la memoria, vinculada a la intimidad y la vida cotidiana.

Capítulo 12

Una nueva generación de escritores. La interferencia entre el escritor y su contorno, según David Viñas. Contra Borges y la mitología del arrabal. Una revalorización absoluta de la obra de Roberto Arlt. Lo que dicen Nora Avaro y Analía Capdevila. La prosa del decoro, según Adolfo Prieto. Lo que dice Beatriz Sarlo. Los sentimientos complejos de Noé Jitrik. Los parricidas, según Ismael Viñas. Para Carlos Correas, Héctor A. Murena es perfectamente antiargentino. La ficción crítica, según Nicolás Rosa. David Viñas, hiperculto y no académico. Una trilogía familiar. Rodolfo Walsh juega al ajedrez en un club de La Plata. Un fusilado que vive. Las astucias del escritor. Las posibilidades artísticas del testimonio. Antonio Di Benedetto y Ernesto Sabato se bañan en un zanjón. La decadencia física y moral de don Diego de Zama. Lo que le pasa a Ricardo Zelarayán. Contra las convenciones miméticas de la literatura regional. A Daniel Moyano le daban ganas de llorar. Sabato y su enorme sentido común.

La revista *Contorno*

En noviembre de 1953 se publicó en Buenos Aires el primero de los 10 números de la revista *Contorno*, con dirección de Ismael Viñas. Los dos primeros artículos del sumario de ese primer número —"Los 'martinfierristas': su tiempo y el nuestro", de Juan José Sebreli, y "La traición de los hombres honestos", de Ismael Viñas— pueden ser leídos como manifiestos alternos de la publicación, en tanto Sebreli y Viñas se plantan como voceros de una nueva generación de escritores, cuya primera definición es opositiva: contra la generación martinfierrista, contra el artificio martinfierrista, contra los juegos de palabras. Contra, como anota Viñas, los "suburbios de papel pintado", el "folklore de carnaval", los "hábiles crucigramas". Contra, como anota Sebreli, "los arrabales de lujo —sin suciedad, sin hambre, sin sudor— elegantemente decorados con esquinas rosadas y faroles de adorno, y protagonizados por compadres metafísicos y costureras románticas con música de fondo de organito".[1] Es decir, contra Borges y la mitología del arrabal de sus poemas y ensayos de los años veinte, que tenía en la figura de Evaristo Carriego a su mitologema principal.

Pero el posicionamiento de *Contorno* no sólo atacaba a la principal figura del martinfierrismo sino, también, el jocoso juvenilismo del que el grupo había hecho un valor. Sebreli, en ese mismo primer número de *Contorno*, se pregunta qué había sido "del ímpetu alegre y salvaje de esa juventud martinfierrista cuya única vocación fue ser jóvenes", ahora, dice sarcásticamente, "que un destino adverso ha querido que todos ellos tengan más de cincuenta años". Ismael Viñas, por su parte, celebra la técnica de los escritores martinfierristas —"conocimiento, saber en su tarea, probidad"—, pero refuta su posicionamiento ideológico, su "excesiva complacencia con el mundo, con las mutuas tareas, con el comportamiento colectivo".

Para los nuevos escritores, en fin, ya no se trata sólo de "escribir bien" —que pasa a ser una condición necesaria de un escritor, pero no última—, sino de hacerlo a partir de una toma de conciencia vinculada con lo que David Viñas, el hermano menor de Ismael, había nombrado por primera vez en un artículo sobre Leopoldo Lugones de 1953, anterior a la publicación del primer número de la revista: el contorno. Allí, Viñas impugna las lecturas hechas, hasta ese momento separadamente, del Lugones literato y del Lugones político, de las cuales sólo se podrían establecer "admiración acrítica" o "desdén fácil e injustificado", proponiendo, en cambio, una lectura que privilegiara "la interferencia entre esos dos aspectos". Justamente, la lectura de esa "interferencia" entre el escritor y su contorno será el eje de la operación crítica del grupo, cuyas manifestaciones más potentes pueden encontrarse en el número 2, de mayo de 1954, dedicado a Roberto Arlt, y en el libro que mejor funciona como documento de los postulados de la agrupación: *Borges y la nueva generación*, de Adolfo Prieto, de 1954.

Entre ambos se juega el pleno de la apuesta de *Contorno* en la historia de la literatura argentina, que consistió, por un lado, en desplazar del centro de la escena a la figura de Jorge Luis Borges —tal era el lugar en el que se encontraba, a mediados de los años cincuenta, luego de una paciente y tenaz tarea del mismo Borges y de sus compañeros de la revista *Sur*, como corolario exitoso del reemplazo de los valores que importaba la obra de Mallea por los que importaba la del mismo Borges—. Y luego, colocar, en ese mismo lugar, al novelista Roberto Arlt, en quien los contornistas encontraban esa expresión de la interferencia entre literatura y sociedad, ausente en la obra de Borges.

La reivindicación de Roberto Arlt, poco y mal leído hasta los años cincuenta, no fue, sin embargo, una idea completamente original de *Contorno*. Como señalan Nora Avaro y Analía Capdevila, Héctor A. Murena y Juan José Sebreli ya habían anticipado, antes de que se publicara el primer número de *Contorno*, algunas ideas capitales para una nueva lectura de la obra del autor de *El juguete rabioso*. Murena, en un artículo publicado en *La Nación*, en 1951, y luego incluido en *El pecado original de América*, "contra ciertos lugares comunes acerca del realismo novelesco" de la obra de Arlt, destacaba, en cambio, "su osado ejercicio de la invención". Y Sebreli, en un artículo publicado en *Sur*, en 1953, señalaba que la "elección original del artista" era, en la literatura argentina, superadora de las teorías del "arte gratuito" del martinfierrismo, y del realismo de Boedo.[2]

Pero es, sobre todo, en los artículos de Ismael y David Viñas publicados en *Contorno* donde se termina de definir una nueva lectura de Arlt, que supuso la revalorización absoluta de su obra, condenada entre la muerte del escritor, en 1942, y la lectura de *Contorno*, al silencio —de *Sur*, que literalmente la ignoró a favor de la de Mallea primero y de la de Borges después— o al intento de apropiación por parte de una franja de la intelectualidad del Partido Comunista. Esto último puede rastrearse en la polémica suscitada entre el filocomunista Raúl Larra y el secretario de redacción de *Cuadernos de Cultura*, éste sí intelectual orgánico del Partido, Roberto Salama. Larra, en *Roberto Arlt, el torturado*, trata de armar un sistema a partir de una cantidad de elementos biográficos aislados, con el que concluye en que Arlt es un escritor comunista. Dos años después, Roberto Salama firma una refutación ideológica al ensayo de Larra, escrita al calor de la teoría del realismo socialista, donde destaca que no sólo Arlt no es realista, ni su mundo representado es el del trabajo, ni sus personajes están marcados por el optimismo revolucionario, sino que, peor aún, Arlt es anarquista, es fascista, es decadentista, es pequeñoburgués, es antipopular y antidemocrático y, entonces, no es comunista.[3]

La originalidad de la lectura de los hermanos Viñas consiste en valorar a Arlt por lo que es —a diferencia de Larra, que lo valoró por lo que no era— y convertirlo, como señalan Avaro y Capdevila, en un "valor de uso" dado por "su antiacademicismo, su rebeldía, su profundo pesimismo".

Contorno encuentra en Arlt no sólo un valor superador del realismo ortodoxo o costumbrista de los escritores de Boedo —y, en consecuencia, de los epígonos del realismo socialista, que "confían exclusivamente en la materia, en la anécdota, sin sujeción a exigencias artísticas"— sino, también, del virtuosismo vacío de, como señala Adolfo Prieto a propósito de Manuel Mujica Lainez en el número 1 de *Contorno*, "la prosa del decoro" de "los mejores escritores nuestros de veinte años a esta parte: el sector de los grandes literatos sin literatura, de los buenos escritores sin obras que medianamente respalden sus prestigios".

Arlt, entonces, por encima de Boedo y de toda la tradición realista tardía, pero también de toda la literatura de invención de Borges y Bioy Casares, de la novela psicológica de Mallea y del pesimismo confesional, incoherente y falso de Ernesto Sabato, según lo describe Prieto en la revista *Centro*, en diciembre de 1952.[4]

Porque si *Contorno* valora la tradición realista de la novela argentina, en tanto novela y realismo son el género y la forma privilegiados para la emergencia de esa "interferencia" de la que hablaba David Viñas, Roberto Arlt será el máximo novelista argentino, ya que su realismo está simultáneamente desestabilizado por lo extraordinario —como señala Ismael Viñas, Arlt toma al hombre común, pero cuando ha abandonado su mundo común— y por lo sincero, menos como manifestación de grandes verdades —políticas, ideológicas, filosóficas— que como expresión de su verdad subjetiva de artista que, para Ismael Viñas, se evidencia en el particular lenguaje arltiano, en "ese dialecto inventado por él".

En el número 5-6, *Contorno* traza una historia de la novela argentina, en su versión romántico-realista, desde José Marmol, hasta "los nuevos" (Beatriz Guido, Julio Ardiles Gray, Alberto Rodríguez), pasando por Eugenio Cambaceres —"nuestro primer novelista"—, Julián Martel, Francisco Sicardi, Roberto J. Payró, Enrique Larreta, Manuel Gálvez, Benito Lynch, Ricardo Güiraldes, Juan Goyanarte, Eduardo Mallea, Manuel Mujica Lainez, Leopoldo Marechal, y "los comunistas" Juan José Manauta, Leónidas Barletta, Álvaro Yunque y Alfredo Varela. La criba por la que pasan los novelistas argentinos tiene el nombre de uno que, justamente, no está: Roberto Arlt, cuya obra, para *Contorno,* no sólo marca el centro de la historia de la novela argentina (esto es, de la literatura argentina, siendo que para *Contorno* la novela es el género privilegiado), sino que también abarca sus posibilidades de proyección, como puede leerse en la melancólica nota de Julio Gargano sobre los más jóvenes, a quienes les reclama por su parcial costumbrismo, inautenticidad e insinceridad, características, todas, que ya habían sido doblegadas por el autor de *Los siete locos.*

Paradójicamente, el enorme esfuerzo de los contornistas por colocar en el centro de la escena a Roberto Arlt, una operación continuada más tarde con el libro de Oscar Masotta, *Sexo y traición en Roberto Arlt,* con diversos estudios, ensayos y prólogos firmados por David Viñas, Noé Jitrik y Adolfo Prieto y, finalmente, con el libro de otro contornista, Carlos Correas, *Arlt literato,* y de la que fueron beneficiarios todos los críticos que leyeron a Arlt después de *Contorno,* segó la posibilidad de una narrativa contornista posarltiana, como la ensayó David Viñas desde sus primeras novelas, que, sin embargo, parecen ubicarse detrás de las de Roberto Arlt. Por otro lado, los llevó a hacer una lectura errónea de la obra de Borges, pero no necesariamente productiva como las que celebra Harold Bloom. Como señala Beatriz Sarlo, el sistema de lectura que le permitió a *Contorno* sacar a Arlt del ostracismo, iluminando con su obra narrativa toda la novelística argentina, hacia atrás y hacia adelante, a partir del descubrimiento, en esa obra, de la ampliación del canon realista, llevado hacia un realismo contratipológico y abierto hacia lo extraordinario, funcionó, simultáneamente, como un obstáculo que les impidió valorar en su dimensión completa la obra de Borges.[5]

Eso es, ni más ni menos, lo que se desprende de la lectura de *Borges y la nueva generación,* de Adolfo Prieto, publicado cuando Borges ya era, como anota el mismo Prieto en el prólogo, "el más importante de los escritores argentinos actuales".[6] Precisamente, el desajuste que Prieto señala entre "el valor auténtico de la obra y el volumen que desplaza su prestigio de autor" es el disparador de la investigación del que fue el primer libro que se publicó sobre Borges, cuyo diagnóstico final, sin embargo, no favoreció la figura del autor de *Ficciones.* Las lecturas de Martínez Estrada (el crítico, no el ensayista ni el narrador), de Jean-Paul Sartre ("con quien la deuda de nuestra generación es honesto enfatizar"), el privilegio de la novela frente al cuento que es, escribe Prieto, "su hermano menor, bosquejo o ejercicio retórico", y la valoración del policial como género menor, "un fenómeno equivalente a la práctica de deportes por la masa", son las distintas apoyaturas de las que se vale Prieto para condenar a Borges. No sólo, como sus compañeros de generación, al viejo Borges martinfierrista, sino también al ensayista y al crítico ("Inutilidad. Prescindencia. Éste es el saldo de la labor crítica de Borges".), al poeta ("Pensador a mitad de camino de poeta, le ha faltado el fuego interior que le quemase en el logro total de un poema".) y al cuentista, al que Prieto considera, sí, "un excelente prosista", pero ganado por los "*jeux de l'esprit*, ejercitaciones del intelecto y la imaginación, combustión aristocrática del ocio". Borges, dice Prieto, ha escrito algunos cuentos excelentes, "ha volcado en ellos una pericia técnica como no la sueña ninguno de los escritores actuales", pero "son nada más que media docena de cuentos. Poco para el primer escritor de su tiempo".

Para Prieto, Borges fue, sobre todo, "un escritor para los escritores de su generación. Creo que para nosotros, que respiramos otro clima, ya no lo es". Y si el juicio ha perdido vigencia en su proyección hacia las nuevas promociones de lectores y de escritores argentinos, a tal punto que hoy no es posible organizar una lectura de la literatura argentina en uno de cuyos centros no se encuentren la figura y la obra de Borges, no ha perdido nada, en cambio, de su valor testimonial, convirtiéndose, como señaló oportunamente Emir Rodríguez Monegal, en un "documento generacional"[7] en cuanto a la relación que se estableció entre la nueva generación de escritores argentinos y el reconocido por ellos mismos como el "primer escritor de su tiempo".

Sin embargo, y al revés de la obra de Arlt, que funcionó como un aglutinante de la generación aun una vez terminada su función colectiva en la historia de la literatura argentina, la de Borges provocó inmediatas fisuras.

La primera, abierta por Oscar Masotta, quien, a principios de los años sesenta, escribiendo su libro sobre Arlt, utiliza a Borges para disputar la herencia de Sartre en la literatura argentina y, a su vez, para diferenciarse de sus ex compañeros contornistas a partir de la elección de un Sartre en desmedro del otro. Y a partir, también, de una valoración sin cortapisas de la obra de Borges, quien para Masotta es, junto con Arlt, el más grande escritor argentino, más allá de su "mala fe política" y sus "nefastas y estúpidas opciones públicas".[8]

Noé Jitrik, unos años después, propone una lectura semiótica de la "estructura y significación" de las ficciones de Borges, ya alejado de los presupuestos contornianos y, por lo tanto, de las reservas que él mismo había expresado sobre Borges en una nota sobre *Otras inquisiciones*, publicada en 1952. Ahora, en cambio, Borges es reconocido plenamente como un "innovador concreto". Y esta nueva perspectiva es la que mantendrá en su trabajo más importante sobre Borges: "Sentimientos complejos sobre Borges", publicado originalmente en francés en 1981.[9]

Prieto y David Viñas, en cambio, mantienen vivo a lo largo de los años el espíritu del tiempo contornista. Prieto, en su *Diccionario básico de literatura argentina*, de 1968, anota que Borges "ha ganado para muchos lectores un respeto casi supersticioso por su lucidez", aunque él parece excluido de ese beneficio masivo. Y Viñas, retrospectivamente, lo niega como antagonista —"A mí Borges no me interesaba, la polémica era con Mallea", dice en 1981— y lo escamotea de modo provocativo a lo largo de las más de 400 páginas de la última versión de *Literatura argentina y política*, de 1996.[10]

No Borges entonces, sino Arlt y Martínez Estrada fueron las dos lecturas fundamentales de los nuevos escritores. Pese a que la de Arlt estuvo signada por un movimiento de marcha y contramarcha, una mirada retrospectiva la encuentra nítida, homogénea y positiva. La de Martínez Estrada, en cambio, se ve todavía marcada por los mismos signos de admiración y rechazo con los que fue leída oportunamente. El autor de *Radiografía de la pampa* es, para los contornistas, según puede verse en el número de la revista que le está dedicado, y en el libro de Sebreli, *Martínez Estrada, una rebelión inútil*, de 1960, un punto de partida, vinculado con el gesto polémico y su afán denunciador —de los que los contornistas son confesos deudores— y, también, con un modo de ejercer la crítica literaria simultáneamente alejada del academicismo de filólogos y estilistas y de la futilidad de los comentaristas de los diarios y revistas, con Borges, para ellos, a la cabeza de todos, según puede verse en el citado libro de Prieto, cuando contrasta las lecturas que Martínez Estrada y Borges hicieron de Guillermo Enrique Hudson.[11] Sin embargo, como señalan Avaro y Capdevila, el irracionalismo esencialista del Martínez Estrada ensayista, y su tono decepcionado, profético y apocalíptico, resultan "un escollo insuperable a la hora de aceptar su obra sin ambages". Allí se alcanza el límite de una relación sin embargo muy productiva para los contornistas en lo que hace a las elecciones genéricas predominantes del grupo —el ensayo y la crítica literaria— y a su alta resolución estilística, de la que son beneficiarios los hermanos Viñas, Prieto, el primer Sebreli, y hasta un miembro marginal de *Contorno*, como el historiador Tulio Halperín Donghi.

Así entonces como los martinfierristas fueron, ante todo, poetas, y de *Sur* surgió una nueva camada de narradores, los contornistas fueron principalmente críticos literarios y ensayistas. Llamados "parricidas" por el uruguayo Emir Rodríguez Monegal, los jóvenes contornistas intervinieron el sistema literario argentino de la primera mitad del siglo XX con un signo marcado por la negatividad: contra Borges, contra Mallea, contra el martinfierrismo, contra el arte por el arte, contra el boedismo, contra el realismo socialista, contra el juvenilismo, contra el comunismo, contra los poetas de la generación del cuarenta representados, para ellos, en la figura de Alberto Girri. De esa segadora de la operación contornista queda en pie, sobre todo, la figura de Arlt. Medio en pie y medio derrumbadas las de Martínez Estrada y Leopoldo Marechal, este último por haber llevado a cabo sólo a medias el plan de una novela vanguardista superadora de la misma vanguardia y, también, de Robero Arlt. Y queda establecida una tenue vinculación, nunca explicitada del todo, con un intelectual cuyas acciones en los años cincuenta se encontraban completamente devaluadas debido, precisamente, a la faena impugnadora del martinfierrismo: Ricardo Rojas.

En Rojas, *Contorno* encuentra a un intelectual simultáneamente nacionalista y no peronista —de hecho, Rojas había sido echado de la Universidad de Buenos Aires por la intervención peronista—, quien, además, había promovido la historia de la literatura argentina como un método de investigación literaria que pudiera dar cuenta, simultáneamente, de su expresión de belleza y de nacionalidad. No es entonces sorprendente que hayan sido tres contornistas —David Viñas, Adolfo Prieto y Noé Jitrik— los más perseverantes continuadores y modernizadores del plan de Ricardo Rojas como historiador de la literatura argentina, fuera de Rafael Alberto Arrieta, cuya *Historia de la literatura argentina*, de 1958, no está vinculada al proyecto contornista.

En 1964, David Viñas publica la primera versión de *Literatura argentina y realidad política*, en cuya famosa frase inicial —"La literatura argentina es la historia de la voluntad nacional"— resuenan indisimulables ecos del plan rojista. En 1971, en el prólogo a *Literatura argentina y realidad política. De Sarmiento a Cortázar*, Viñas presenta su proyecto finalmente frustrado de una historia política de la literatura argentina en diez volúmenes, que llegaría hasta 1970. Y en 1989 dirigió el único volumen de otra frustrada *Historia social de la literatura argentina*. Adolfo Prieto, por su parte, fue el "lector final" de los 59 fascículos de *Capítulo. La historia de la literatura argentina*, que publicó el Centro Editor de América Latina entre 1967 y 1968, sobre la que se montó después la segunda edición publicada entre 1980 y 1982 bajo la dirección de Susana Zanetti. Noé Jitrik, menos relacionado originalmente con la historia de la literatura como método de investigación y enseñanza, según se desprende de su adhesión a las formulaciones teóricas del estructuralismo primero y del posestructuralismo después, retomó, a fines de los años noventa, su vínculo con el proyecto contornista, y dirige, desde 1999, los doce volúmenes de su ambiciosa *Historia crítica de la literatura argentina*.

Siempre vinculando literatura, historia, política y sociedad, y tratando de leer, como escriben en la nota colectiva que encabeza el número sobre novela argentina, "la literatura como a un testimonio", los contornistas escribieron sobre muchos de los escritores argentinos del siglo XX. Dan prueba los libros de Prieto sobre Borges, de Sebreli sobre Martínez Estrada, de Masotta y de Correas sobre Arlt, de Viñas sobre Gregorio de Laferrère, de Jitrik sobre Horacio Quiroga y sobre Leopoldo Lugones, y una gran cantidad de artículos y prólogos sobre, entre muchos otros, Macedonio Fernández, Manuel Gálvez, Raúl Scalabrini Ortiz, Eduardo Mallea, Leopoldo Marechal, Florencio Sánchez, Armando Discépolo, Nicolás Olivari, Raúl González Tuñón, Julio Cortázar, etcétera.

Sin embargo, fue en el Romanticismo, la gauchesca, la generación del ochenta y el Centenario, esto es, en algunos de los nudos esenciales de la literatura argentina del siglo XIX, donde el método alcanzó mayor rendimiento y persuasión, y donde los contornistas, a partir de un análisis apegado y fiel a los textos, a su retórica, a su estilo, a su preceptiva, lograron leer el signo de una época. Eso puede verse en los excelentes análisis de David Viñas de *Amalia,* de José Mármol —a partir del cotejo entre las descripciones de la casa de Rosas y el dormitorio de Amalia—, y de las *causeries* de Mansilla —a partir de sus dedicatorias y de sus recursos apelativos —, ambos en *Literatura argentina y realidad política*. También, en las fundadoras lecturas de "El matadero", de Esteban Echeverría, y de Sarmiento y de Cambaceres, de Noé Jitrik, escritas, como señala su autor, al calor del espíritu polémico del contornismo, organizando, además, un conocimiento crítico de la literatura argentina que dé sentido al entramado histórico, político y social de la Nación y que a su vez lo reciba de él. Y asimismo puede verse en el arco que trazan los trabajos de Prieto, desde *La literatura autobiográfica argentina,* de 1962, hasta *Los viajeros ingleses y la emergencia de la literatura argentina 1820-1850*, de 1996. En el primero, a partir del análisis de textos autobiográficos de, entre otros, Alberdi, Sarmiento, Guido y Spano, Mansilla, Cané, Wilde y Joaquín V. González, Prieto encuentra que "la historia de la literatura autobiográfica argentina condensa, en un plano insospechado, la historia de la elite del poder en la Argentina, y que no podrá, aconsejablemente, prescindir del conocimiento de aquélla, quien pretenda acometer un estudio de conjunto sobre la clase dirigente nacional". Y en el segundo, establece cómo las relaciones de los viajeros ingleses sobre la Argentina entre 1820 y 1850 dieron una imagen literaria del territorio nacional, muy marcada por la impronta romántica de la apreciación sublime de la naturaleza, que fue la que estuvo en la base de las primeras creaciones del paisaje nacional en los textos de Alberdi, Echeverría, Mármol y Sarmiento.

Finalmente, si a Ricardo Rojas le cupo, en solitario, trazar las líneas fundadoras de lectura de la literatura argentina del siglo XIX, fue el contornismo —Viñas, Prieto, Jitrik— el que cargó de sentido y persuasión retórica muchas de sus presunciones, según puede verse en un abigarrado conjunto de textos que va desde "Los dos ojos del Romanticismo", firmado por David Viñas con el seudónimo Raquel Weinbaum en el número de *Contorno* de septiembre de 1955, hasta el libro de Prieto sobre los viajeros ingleses, publicado 40 años después.

En 1958, en lo que Avaro y Capdevila reseñan como "uno de los mejores ensayos que se hayan escrito como programa y como examen de la nueva generación", Ismael Viñas escribió en el número 15 de la revista *Ficción* que "los famosos parricidas no somos, en total, más que un puñado, algunos de los que escribieron en el casi mítico número 90 de la revista *Verbum*, algunos de los colaboradores de la primera época de *Centro*, casi todos los que han colaborado en *Contorno*, uno o dos de los que han escrito en *Ciudad*. Alrededor de una docena, en suma, más alguno que otro que comparte tonalidades, o problemas comunes".[12]

Ese puñado lo forman David Viñas, Adolfo Prieto, Noé Jitrik, Juan José Sebreli, Oscar Masotta, Carlos Correas, Ismael Viñas, León Rozitchner, Ramón Alcalde, Adelaida Gigli y Regina Gibaja.

Entre *Sur* y *Contorno*, *El pecado original de América* de Héctor A. Murena

Muchos de los asuntos planteados por los contornistas con aire inaugural ya habían sido parcialmente anticipados, entre 1948 y 1954, por Héctor A. Murena, en algunos ensayos y notas bibliográficas publicados en *Sur* a partir de 1948, y en un libro fundamental para la comprensión del espíritu de la época: *El pecado original de América*, publicado también en la editorial de Victoria Ocampo. La impugnación de la generación martinfierrista, una relectura auspiciosa de Ezequiel Martínez Estrada, una tímida reivindicación de *Adán Buenosayres*, vapuleado por las elecciones políticas de Leopoldo Marechal, la inserción de Roberto Arlt en la tradición de la novela realista a partir de narrar "el evento extraordinario e impresionante", el descubrimiento del estilo parco y esencial del Horacio Quiroga de los cuentos de monte, la postulación de una literatura nacional y la refutación de una literatura nacionalista, distinguiendo entre la autenticidad de aquélla y la mera voluntad de ésta, son algunos de los temas que Murena trató en formatos diferentes —ensayos, notas bibliográficas y esa especie de "diario personal" sobre asuntos públicos que fue "Los penúltimos días", una columna de actualidad publicada en *Sur* en ocho entregas entre mayo de 1949 y abril de 1950—. También en *Sur*, polemizó con Victoria Ocampo sobre la utilidad de publicar —como ésta pensaba hacer— un libro-encuesta sobre la significación de la obra de T. E. Lawrence para los escritores argentinos. Murena, en cambio, le propone a Ocampo un libro sobre la significación, para los argentinos y los americanos, de la obra de Sarmiento: "Este libro nos sería mucho más útil que el que se piensa editar, aunque sólo fuera estimulando la posibilidad de que alguien, por delicadeza, se decidiera a hablar mal de Sarmiento, censurara a San Martín o a Alberdi, arrancara en estos tiempos alguna enseñanza a esos presuntos dioses muertos".[13]

Y esta actitud, que retrospectivamente valió para que John King llamara a Murena "el parricida de *Sur*",[14] valió también para que, como señala Américo Cristófalo, un grupo de jóvenes que recién comenzaba a publicar en la revista —Sebreli, Rodolfo Kusch, Francisco Solero— se reuniera a su alrededor, aunque su actitud, "cuestionadora de la revista de Victoria Ocampo"[15] no sólo no logró desestabilizar su estructura sino que antes bien, como anotó King, la reforzó, ofreciéndole al espíritu liberal de Victoria Ocampo el solaz de la polémica interna y el aire de renovación que unos años antes le había ofrecido a la revista la "fracción Borges" frente a la inmediatamente anquilosada "fracción Mallea".

Sin embargo, algo falló, y nunca se impuso, dentro de la revista, una "fracción Murena", superadora de las otras dos. En primer lugar porque, como lo demostró la experiencia contornista, una lectura abarcadoramente impugnadora de la obra de Borges —que Murena también se propuso realizar— sólo podía formularse por fuera de la revista, que era su centro de experimentación, pero también de legitimación. Y contraponiéndole, en segundo lugar, una figura completamente excéntrica a su sistema de valores. Ése fue, como señalábamos antes, el "valor de uso" que el contornismo le dio a Roberto Arlt. Murena, en cambio, pretendió socavar a Borges desde el mismo corazón de *Sur* y, además, proponiendo restaurar la figura de Mallea, según se desprende de su anacrónica reivindicación, titulada "*Chaves*: un giro copernicano", sobre la novela de Mallea de 1953. Para Murena, frente a las dos opciones del escritor argentino ante su entorno inmediato —su "insensato desprecio" o su "demente exaltación"—, donde o bien no hay nacionalidad, o bien hay caricaturas de nacionalidad, Mallea, en el personaje de Chaves, supera la antinomia a favor de la "identidad". Chaves, dice Murena, es "nosotros mismos". Con lo que se confirma la presunción de Nora Avaro, para quien "el joven e iconoclasta Murena ingresa a *Sur* para actualizar sus propósitos americanistas originales",[16] produciendo, en definitiva, un ajuste en el interior de la revista, dulcificador para Mallea, pero que prácticamente no tuvo consecuencias afuera, según puede verse en las reseñas sobre la misma novela que para la misma época publicó el contornismo. Una, firmada por F. J. Solero en el número 3 de *Contorno*, donde señala que "Mallea lleva a su esfera más absoluta lo que había propuesto en todos sus libros anteriores". Y otra, en 1954, en el número 8 de *Centro*, una revista periférica del contornismo que cronológicamente lo antecedió y lo sucedió, donde Alicia Pintos concluye que "*Chaves* queda pues, como una novela más de Mallea, o acaso sería más acertado decir como una novela menos".[17]

En 1953, unos meses antes de la aparición del primer número de *Contorno*, Murena dirigió el único número de la revista *Las ciento y una* en la que colaboraron algunos futuros conspicuos contornistas, como David Viñas, Oscar Masotta, Juan José Sebreli. Pero la reseña firmada por Carlos Correas en el número 2 de *Contorno* sobre *El juez*, la obra de teatro de Murena publicada ese mismo año, funciona como una divisoria de aguas definitiva entre unos y el otro. Para Correas, el lenguaje de *El juez* "es abstracto e irreal, lenguaje supraterreno, extemporáneo y mortuorio". Y, escribe Correas, "no se hará al lector contemporáneo de su prójimo cambiándole el 'vos' por el 'tú' y las desinencias de las formas verbales, sino alterando la sintaxis y construyendo un diálogo de libertades. El lenguaje de Murena tiene un brillo de metal que lo hace casi platónico. Es perfectamente antiargentino".

Y esa contradicción interna que señala Correas es una suerte de correlato de las vacilaciones ideológicas de Murena, quien, por un lado, y acorde con el espíritu existencialista de la época, promueve la libertad de sus personajes, pero por otro, los presenta simultáneamente atados a un "pecado original": ser americanos. Americanismo y existencialismo —en relación con compromiso, autenticidad y lucidez— fue, en fin, una fórmula, en Murena, más paralizante que productiva que marcó su lugar en la historia de la literatura argentina, del que no lograron moverlo sus ensayos posteriores, sus novelas vanguardistas de los años setenta, ni sus siete libros de poemas, publicados entre 1951 y 1975.

En 1953, en la nota de *Contorno*, Correas hablaba de un "murenismo", como una renovada concepción del americanismo que denunciaba, en los americanos, el estar cercados por lo americano y no establecer, sin embargo, ningún contacto con la tierra. Cuarenta años más tarde, un nuevo murenismo destaca, en el autor, el hecho de haber sido el primer traductor de Walter Benjamin al castellano —es suya la versión de *Ensayos escogidos*, de 1967— y, también, el introductor a nuestra lengua de *Dialéctica del Iluminismo* de Adorno y Horkheimer. Paradójica fama para quien, en el primer capítulo de su libro más importante, señalaba que "Con América se da el escandaloso caso de que —salvo frustrados intentos— ha sido y es interpretada, inclusive por los americanos, según una clave puramente europea".

Ficción, crítica, historia y política en los ensayos y novelas de David Viñas

Fue Nicolás Rosa quien utilizó por primera vez el concepto de "ficción crítica" para referirse a las obras de Jaime Rest y David Viñas, en las que, señalaba Rosa, el discurso de la crítica abandonaba su estatuto de objetividad y de pretensión cientificista para, en cambio, admitir o dejarse desestabilizar por los recursos estructurales de la narración y los procedimientos retóricos propios de la ficción, con el propósito de volver más persuasivo, convincente y eficaz el discurso de la crítica.[18] Y Analía Capdevila destaca esa particularidad del estilo de David Viñas en *Literatura argentina y realidad política*, donde el uso de la prosopopeya, la invención de conceptos como "mancha temática" o "escritor orquídea", el hallazgo de fórmulas elocuentes y rendidoras —antes de Hernández, escribe Viñas, "el gaucho era un gag"—, y la adjetivación sorprendente, hacen " al histrionismo de Viñas, que consiste en llamar la atención del lector, no tanto para establecer un diálogo con él, como para monologar ante su presencia".[19]

Al mismo fin contribuye la utilización de fórmulas apelativas ("De acuerdo", "Cierto", "Desde ya"), que sirven tanto para interpelar al lector como, eventualmente, a algunos de los autores estudiados, que adquieren así, imprevistamente, el rango de personajes: "Eso, hacia sí mismo, porque numerosas veces lo descubrimos a Mansilla (él se demora para que lo descubramos) acariciándose en su estilo como una adolescente con sus propios hombros".

Con tal dispositivo retórico, sumado a la forma del ensayo elegida para hacer crítica literaria, y a sus mismos presupuestos presentados en aquel artículo sobre Lugones, donde destacaba que la función de la crítica era leer la "interferencia" que se producía entre una obra literaria y su "ineludible" contexto político, Viñas logra instalar un tipo de discursividad crítica simultáneamente hiperculta y no académica que fluyó, sin mediaciones, hacia los medios masivos de comunicación gráfica, convirtiéndolo, de este modo, en el miembro más visible de su generación y en el generador de un modo de hacer crítica literaria —ensayística, política, polémica y apta para el consumo del lector no especializado— del que después fueron beneficiarios, entre otros, Ricardo Piglia, Horacio González y Beatriz Sarlo.

Viñas es autor, asimismo, de una vasta obra narrativa, inaugurada en 1955 con la publicación de *Cayó sobre su rostro*, en la que pretendió invertir los términos retóricos de su obra crítica y ensayística, construyendo una obra de ficción atravesada por los discursos de la historia y de la política. Así describe su proyecto inicial: "Empecé con *Cayó sobre su rostro*, quería ser una suerte de trilogía familiar desarrollada en los momentos de Roca, Yrigoyen y Perón; es decir, mi abuelo, mi padre y yo, más o menos elaborados".[20]

Una trilogía familiar, entonces, formada por tres novelas que correspondieran a otros tantos proyectos de Nación: el liberal de Julio A. Roca, el liberal populista de Hipólito Yrigoyen y el nacional populista de Juan Domingo Perón. De la trilogía sólo se conocieron dos obras, *Cayó sobre su rostro*, que es la que corresponde al período roquista y que termina con el advenimiento yrigoyenista, en una escena formidable en la que el viejo roquista Antonio Vera se enfrenta con su hijo Vicente quien forma parte de las filas del incipiente líder radical. Y *Los dueños de la tierra*, de 1958, su novela más conocida, cuyo personaje principal, Vicente Vera, es ahora un abogado yrigoyenista, enviado por el presidente a la Patagonia a mediar en el conflicto entre obreros y estancieros. La tercera novela finalmente no se escribió, pero

Viñas encuentra que está "tangencialmente" desarrollada en *Dar la cara*, de 1962, que, sin embargo, es más un ajuste de cuentas con el frondizismo que con el peronismo. *Los años despiadados*, que sí transcurre durante el peronismo, se aparta de la trilogía familiar.

La idea de proyecto novelístico, de raíz realista, remite, en la literatura argentina, a Manuel Gálvez, pero el mapa de Viñas narrador es el mismo del Viñas crítico y son las mismas figuras destacadas por el contornismo —Cambaceres, Quiroga, Arlt— las que forman la serie en la que se apoya su programa, con notorios desvíos de los modelos —del naturalismo estetizante de Cambaceres, del objetivismo verista de Quiroga, del corrimiento hacia lo fantástico de Arlt— para desarrollar, en cambio, un realismo en clave política, condicionado por los imperativos morales de "responsabilidad" y "compromiso" de origen sartreano.

Eso es lo que puede verse en *Cayó sobre su rostro*, una novela que se juega alrededor del destino de Antonio Vera, estructurada en dos tiempos. La mitad de los capítulos, titulados "El día del juicio", corresponden al tiempo del presente del relato, que históricamente se puede ubicar alrededor del año 1900, cuando emerge en el Partido Radical, después del suicidio de Leandro N. Alem en 1896, la figura de Hipólito Yrigoyen. Esos capítulos narran un día, el último día de Antonio Vera, desde que a la mañana sale a cobrar una renta hasta que a la noche, "sin nada obsceno en su magnífica desnudez de cetáceo", muere en un prostíbulo. Los otros capítulos, los pares, se titulan "Los años" y narran algunos episodios centrales en la vida de Vera, desde la época de la Conquista del Desierto, entre 1879 y 1880. La tesis existencialista de Viñas queda planteada de este modo: el derrumbe de Vera —el circunstancial y simbólico, al comienzo del día y de la novela, cuando cae del caballo, y el definitivo, al final, cuando muere— no es como en los personajes de Mallea o de Murena, esencial a su condición, sino el resultado de una serie de actos responsables y libres que Vera realizó desde que formaba parte de la soldadesca roquista: dejar morir a Sosa para cobrar su jornal, matar a Videla y robarle la mujer, usar a Corti, el periodista de Cañuelas, como un testaferro para que levante los precios de sus tierras en un remate, mientras con evidencia y desprecio le pone los cuernos, etcétera. Viñas, además, ubica históricamente a sus personajes y, con voluntad documental, los sitúa en su cotidianidad histórica, a través de las ropas y de los objetos que usan, o de las novelas que leen las mujeres de Vera y de Corti. Pero ese historicismo de primer nivel, queda sometido a otro historicismo: el de los personajes, que están insertados en una historia mayor —en este caso, la que va de la fundación del Estado moderno, en 1880, al atisbo de la primera democracia de masas con el yrigoyenismo—, que, a su vez, contribuye a explicarlos. Si esto significa un salto hacia la literatura política, también significa una disminución de los principios existencialistas que parecían ser fundamento filosófico del plan. Porque los personajes de Viñas son, sí, dueños de su destino, a condición de que sean personajes tipo que permitan, a través de ellos, leer también la suerte de la Nación.

La fórmula de Viñas, en su inversión, pierde calidad. Los recursos de la ficción le otorgaban a sus ensayos plasticidad y poder de convicción. Pero el ensayismo en las novelas les quita libertad a sus personajes, los condena a la tipicidad y, sobre todo, a la solidez: a ser personajes de una sola pieza, porque la misma propuesta de una novela simultáneamente existencialista e histórico-política está minada de antemano por el carácter opuesto de sus componentes.

La de Viñas fue una ambiciosa prueba de una novelística política de denuncia, hecha a partir de la organización de una lectura novedosa y no dogmática de la historia y de la política argentinas. Pero construida al amparo de una postulación filosófica —la del existencialismo— en definitiva inconveniente a su plan y siguiendo las prestigiosas convenciones de la novela realista que, como bien había percibido oportunamente el mismo Viñas, habían sido puestas en crisis y superadas por la obra de Roberto Arlt.

Contemporáneamente a Viñas, en 1957, y por fuera de todas las convenciones formales y genéricas conocidas, Rodolfo Walsh, en *Operación Masacre*, ponía la literatura y la política en un punto de fusión que no alcanzaban desde el siglo XIX. Y también para esos mismos años, Antonio Di Benedetto, en la trilogía integrada por *Zama*, *El silenciero* y *Los suicidas*, lograba la forma más alta de la novela simultáneamente experimental y existencialista en la Argentina.

El filo del testimonio en *Operación Masacre* de Rodolfo Walsh

En 1953, a los 26 años, Rodolfo Walsh publicó su primer libro, *Variaciones en rojo*, compuesto por tres relatos que se instalaban cómodamente en las convenciones del policial de enigma y que eran presentados por su autor como una provocadora prueba para los lectores expertos en el género, a quienes se desafiaba, en una nota introductoria, a encontrar, en cada uno de ellos, el punto "en que el lector cuenta con todos los elementos necesarios, si no para resolver el problema en todos sus detalles, al menos para descubrir la idea central, ya del crimen, ya del procedimiento que sirve para esclarecerlo".[21]

Como señala Eduardo Romano luego de cotejar los primeros cuentos de Walsh publicados en revistas a principios de la década del cincuenta y los tres relatos que formaron parte de su primer libro, es notoria, en estos últimos, la influencia de Borges, sobre todo la de "La muerte y la brújula", tanto el cuento, al que Walsh considera "el ideal del género", como el libro homónimo que se publicó en 1951 como una recopilación de cuentos de Borges pertenecientes a sus libros anteriores.[22] Fue esta recopilación la que, especula por cierto Romano, "impresionó hondamente" a Walsh y lo marcó de inmediato, no sólo en su elección genérica y léxica —Walsh utiliza algunos adjetivos y adverbios típicamente borgeanos—, sino también en la composición de la "doble figura comisario/investigador amateur". En "La muerte y la brújula", la pareja de Treviranus —práctico, profesional, rutinario— y Lönnrot —teórico, desinteresado, imaginativo— que se repite, con variantes "de las que sólo pueden disfrutar enteramente los que conozcan y recuerden en detalle el texto modelo", anota Romano, en la pareja walshiana del comisario Jiménez y de Daniel Hernández, el famoso corrector de pruebas de la editorial Corsario.

Para esa misma época, Walsh publica una antología titulada *Diez cuentos policiales argentinos*, precedida de una breve "noticia" que traza una historia del género en el país, y una *Antología del cuento extraño*, mientras traduce y presenta en la revista *Leoplán* a otros de los destacados narradores del policial deductivo inglés, como Arthur Conan Doyle, el inventor del detective Sherlock Holmes y su ayudante, el doctor Watson.

De esos años son también los primeros trabajos periodísticos de Walsh. El 21 de diciembre de 1955 publica en *Leoplán* su primera nota de actualidad, titulada "2-0-12 no vuelve", que es un homenaje al capitán de corbeta Eduardo Estivariz y a otros dos oficiales navales, caídos en campaña el 18 de septiembre de 1955, en Sierra de la Ventana, en las refriegas previas al golpe de Estado que destituyó al gobierno constitucional el 21 de septiembre de ese año. Walsh, aún en 1957, anotaba que "había sido partidario del estallido de septiembre de 1955", entre otras razones porque abrigaba "la certeza de que acababa de derrocarse un sistema que burlaba las libertades civiles, que negaba el derecho de expresión, que fomentaba la obsecuencia". Y escribía: "lo que entonces pensé, equivocado o no, sigo pensándolo".

Unos meses más tarde de la publicación de aquel artículo, en junio de 1956, se produce en la ciudad de Buenos Aires, en algunas otras de la provincia de Buenos Aires —La Plata, Avellaneda, Lanús— y otras del interior del país —Santa Rosa, Rosario— un levantamiento militar y civil peronista conducido por el general Juan José Valle contra el gobierno que había derrocado a Juan Domingo Perón nueve meses antes. En menos de doce horas la conspiración de Valle es reprimida por el nuevo gobierno y los conspiradores detenidos y fusilados. A los militares —Valle entre ellos— se les aplicó un procedimiento sumario "más administrativo que jurídico",[23] como anota Alain Rouquié, se los condenó a muerte por rebelión armada y se los fusiló entre el 11 y el 12 de junio. Un grupo de civiles, en cambio, algunos de ellos ni siquiera involucrados en la rebelión, fue fusilado la misma noche del 9 al 10 de junio en un basural de la localidad bonaerense de José León Suárez.

Walsh, según escribió en el prólogo a *Operación Masacre* de 1964, estaba, la noche de la conspiración, jugando al ajedrez en un club de La Plata, frente a la plaza San Martín. Escuchó un tiroteo y salió, con "los jugadores de ajedrez, los jugadores de codillo y los parroquianos ocasionales, para ver qué festejo era ése". Volvió a su casa, que quedaba frente al Comando de la Segunda División, lugar, justamente, que los rebeldes pretendían copar. Pudo cruzar la línea de fuego y entrar en su casa. Ahí, pegado a la persiana, oyó morir a un conscripto en la calle. Entonces abrió la puerta de madera de su casa de la calle 54 para que se refugiaran primero y contraatacaran después las fuerzas leales de la dictadura, que estaban siendo diezmadas por los rebeldes peronistas y que finalmente salieron victoriosas de la contienda.

Después, Walsh cuenta que quiere olvidarse de todo. Dice que Valle no le interesa. Que Perón no le interesa. Que la revolución no le interesa. Y vuelve, recuerda entonces, a sus intereses de 1956: el ajedrez, la literatura fantástica, los cuentos policiales, la novela seria que planea escribir en unos años, el periodismo. La violencia, escribe, le ha salpicado las paredes. Hay en las ventanas de su casa agujeros de bala. Ha visto un coche agujereado y adentro un hombre con los sesos al aire. Pero, escribe, "es solamente el azar lo que me ha puesto eso ante los ojos. Pudo ocurrir a cien kilómetros, pudo ocurrir cuando yo no estaba".

Sin embargo, seis meses más tarde, el 18 de diciembre de 1956, "una noche asfixiante de verano, frente a un vaso de cerveza", un parroquiano le dice: "—Hay un fusilado que vive".

Al antiperonista que era Walsh a fines de 1956 verosímilmente el hecho no lo conmueve. Al borgeano, en cambio, la historia del muerto que vive, apta, según él, "para todos los ejercicios de la incredulidad", aviva su imaginación de escritor de policiales y lector de cuentos fantásticos.[24] Finalmente, al incipiente periodista que era Walsh entonces, le atrae, como recuerda en 1972, "la posibilidad de hacer una gran nota" o, mejor aún, de dar la noticia que todo periodista desea dar: la "del hombre que mordió al perro".[25]

El hecho de estar frente a una nota periodística cuyo asunto, un muerto que vive, pertenecía, sin embargo, al mundo de la ficción —un oficial al que Walsh relata los hechos le dice que eso parece "una novela por entregas"—. Y hasta el mismo desapego inicial del autor por los detalles exteriores a la materia que, en este caso, sobre todo ideológicos y políticos, son, combinados, los que están en la base de la creación de un género literario: el testimonio, también conocido más tarde como relato de no ficción o, en inglés, *nonfiction novel*, que cristalizará unos meses después, con la publicación del libro *Operación Masacre*.

Antes, en algunos diarios y revistas de tiradas poco importantes —*Propósitos, Revolución Nacional, Mayoría*—, Walsh va publicando la materia periodística de la investigación que inicia al día siguiente de escuchar la denuncia: la demanda judicial que Juan Carlos

Livraga —tal el nombre del primer sobreviviente conocido— había presentado contra la policía de la provincia de Buenos Aires, una extensa entrevista al mismo Livraga ("Yo también fui fusilado", es su título) y distintos reportajes a los demás sobrevivientes de la masacre, aquellos siete que lograron escapar o no fueron rematados por la policía.

Pero cuando a fines de 1957 Walsh convierte la denuncia en un libro y decide ordenar el material, dividiéndolo en tres grandes bloques —"Las personas", "Los hechos", "La evidencia"—, utiliza, para hacerlo, las astucias del escritor y no las del periodista. Enigmas, indicios, prospecciones, construcciones temporales paralelas, retratos y la misma disposición de los materiales son algunos de los recursos y procedimientos literarios de los que echa mano Walsh para construir un potentísimo híbrido, basado en una investigación de carácter periodístico convencional, pero resuelto formalmente según el modelo de la narración literaria. Como anota Walsh en el prólogo a su tercer libro de testimonio, *¿Quién mató a Rosendo?*, "si alguien quiere leer este libro como una simple novela policial, es cosa suya". La nota desafiante apunta, en un primer nivel, a trazar el perfil del lector modelo de su libro, que es aquel que recoja la denuncia de su contenido: la responsabilidad del entonces encumbrado dirigente sindical perteneciente a la derecha peronista, Augusto Timoteo Vandor, en el asesinato del metalúrgico Rosendo García, ocurrido el 13 de mayo de 1966. Pero también, en un segundo grado, a señalar la pertenencia simultánea del libro a los dos registros que convoca: el de la denuncia, sí, pero también el del policial, ya que, como señala Ángel Rama, para cualquier lector alejado de los sucesos políticos y sindicales argentinos que ignore quién es Juan Carlos Livraga o Rosendo García, la lectura de estos libros, al margen de sus correspondencias con hechos reales, alcanzará de todos modos "la intensidad y el suspenso de un excelente policial".[26] Sin embargo, y siendo cierta la aseveración de Rama en cuanto al modelo al que tributa la forma del testimonio, no es cierto, en cambio, que el nuevo género pueda sufrir sin alteración de su condición la separación de sus componentes. Porque el mismo Walsh, consultado acerca de por qué no había escrito simplemente una novela con un tema tan formidable y tan, justamente, novelesco, como el del fusilado que vive, anotaba que "la denuncia traducida al arte de la novela se vuelve inofensiva, es decir, se sacraliza como arte. Por otro lado, el documento, el testimonio, admite cualquier grado de perfección, en la selección, en el trabajo de investigación se abren inmensas posibilidades artísticas".[27] Y también, en sus diarios de 1971: "El testimonio presenta los hechos, la ficción los representa. La ficción resulta encumbrada porque no tiene filo verdadero, no hiere a nadie, no acusa ni desenmascara".[28] Ambas afirmaciones ponen en cuestión los alcances del programa naturalista y del realismo social y condicionan las posibilidades de las novelas políticas de los siguientes treinta años, desde *El libro de Manuel*, de Julio Cortázar, hasta *Los pasos previos*, de Paco Urondo, en los años setenta, y también hasta todo el ciclo de novelas sobre la dictadura militar de los ochenta y noventa que, contempladas según la tajante definición de Walsh, desde su misma elección genérica habrían resignado su ambición denunciadora.

La primera investigación de Walsh llega a una conclusión desafiante: no hubo, sostiene, fusilamiento, sino asesinato. Y la justicia y la política no le dan curso debido, dice Walsh, a que la clase social a la que el gobierno de la dictadura posperonista representa "se solidariza con aquel asesinato, lo acepta como hechura suya y no lo castiga simplemente porque no está dispuesta a castigarse a sí misma". Ambas confirmaciones —el resultado de la investigación, su falta de consecuencias— provocan un paulatino pero tenaz corrimiento ideológico y político del autor.

En menos de 15 años, Rodolfo Walsh pasó de ser el aficionado al ajedrez y a los cuentos fantásticos, desinteresado de Valle, Perón y las revoluciones de cualquier tipo, a ser un encumbrado oficial montonero en los años setenta. En esa condición, como anota Jorge Lafforgue, "el 25 de marzo de 1977, Rodolfo J. Walsh cae en una emboscada, no se entrega, saca su revólver 22, dispara, es acribillado y su cadáver trasladado a la Escuela de Mecánica de la Armada. Tenía 50 años".[29]

En 1959, en la revista *Mayoría*, Walsh publica las 32 entregas de lo que será su segundo libro de testimonio, *El caso Satanowsky*. A mediados de ese año, viaja a Cuba y participa de la fundación de Prensa Latina, la agencia de noticias del nuevo gobierno revolucionario de Fidel Castro. Entre 1968 y 1969, dirige el semanario *CGT* que publicaba la Confederación General del Trabajo de los Argentinos, una escisión peronista de izquierda de la CGT oficial, peronista también, pero no de izquierda. Allí, y en el marco de las disputas de las dos confederaciones, Walsh publica en entregas parte de su investigación sobre Rosendo García, que, posiblemente debido al prejuicio ideológico que la anima —ausente en su primera investigación, hecha a la intemperie de cualquier ideología—, es el menos potente de sus tres testimonios.

Desde principios de los años sesenta, por otra parte, y como si no fuese del todo consciente del tamaño de su invención —así lo señala su amigo, el periodista Horacio Verbitsky, para quien "Walsh estaba orgulloso de haber escrito *Operación Masacre* en 1957, pero no lo relacionaba con su meta personal, que era la literatura"[30]—, vuelve a publicar cuentos que orbitan alrededor de la narrativa de Borges, reunidos en dos volúmenes, *Los oficios terrestres* y *Un kilo de oro*, y sueña con escribir una novela parecida pero diferente de las de Roberto Arlt, pero no la escribe nunca.

En 1965, ocho años después de la publicación de *Operación Masacre*, el narrador norteamericano Truman Capote publica, sin ninguna vinculación con la obra de Walsh a la que no puede entonces considerarse un antecedente, un relato al que lo animan los mismos principios genéricos: *A sangre fría*. Y funda, de este modo, en los Estados Unidos, una corriente, conocida como la de la *nonfiction novel* o, también, Nuevo periodismo, que tuvo una descendencia tan prestigiosa como popular en autores como Norman Mailer o Tom Wolfe.

La de Walsh en la Argentina, en cambio, es más problemática y heterodoxa. Por un lado, hay que descartar de la tradición walshiana la obra de sus seguidores, que son legión, pero que lo siguen en tanto periodista militante y no inventor de un género del que no toman ninguno de sus presupuestos retóricos, según puede verse, emblemáticamente, en la obra de Horacio Verbitsky, en quien, como señala Christian Ferrer, "sólo el afán de investigación y la voluntad de denuncia puede contabilizarse a beneficio de inventario".[31] Por otro lado, las obras más reconocidas por el gran público de Tomás Eloy Martínez, como *La novela de Perón* y *Santa Evita*, también pueden verse relacionadas con el género testimonial, si no fuera porque Martínez oyó las voces que Walsh prefirió desoír y en vez de interesarse en las "inmensas" —y poco exploradas— "posibilidades artísticas" del testimonio, prefirió trabajar, sin conmoverlas, sobre las convenciones de la novela, siempre condicionadas por el regusto del autor por las posibilidades imaginativas del realismo mágico, presente en su obra narrativa desde *Sagrado,* su primera novela de 1969. Carlos Correas, en *Los reportajes de Félix Chaneton,* optó, al revés, por dar vuelta los procedimientos de Walsh utilizando la forma del reportaje para relatar una ficción. Pero fue Miguel Bonasso quien con mayor aplicación y creatividad siguió los pasos del maestro, compañero suyo en la redacción del diario montonero *Noticias,* que se publicó durante 1974. En *Recuerdo de la muerte,* Bonasso, a partir del testimonio de Jaime Dri, cuenta la existencia, en los años de la dictadura militar iniciada en 1976, de un campo de concentración en la localidad de Funes, cerca de la ciudad de Rosario, comandado por el entonces jefe del Segundo Cuerpo del Ejército, y más tarde presidente de facto de la Nación, Leopoldo Fortunato Galtieri, y la espectacular fuga, luego de negociar un engañoso pacto con sus captores, de uno de los detenidos. Al libro de Bonasso no le cabe sólo el mérito cronológico de haber sido el primero de una larga serie de testimonios sobre los horrores de la dictadura militar sino que, además, transgrediendo positivamente las normas del género al inmiscuirse el narrador en la conciencia de los personajes —un recurso novelesco que no había utilizado Rodolfo Walsh—, establece una nueva potenciación entre la materia y forma del relato. Pero, de manera paulatina, Bonasso dejó de interesarse en los testimonios externos a las historias para pasar a ser él mismo su testimonio principal, según puede verse parcialmente en *El presidente que no fue,* una historia sobre la breve experiencia presidencial de Héctor J. Cámpora en 1973 —de quien el mismo Bonasso había sido jefe de prensa—, y, sobre todo, en *Diario de un clandestino,* que, menos que una positiva y productiva combinación entre testimonio y diario íntimo, es un extenso ejercicio de autocomplacencia, ya definitivamente alejado del rigor objetivista del género que, como señalaba Walsh, era uno de los fundamentos de su "filo" denunciador.

Ese rigor y ese filo, en cambio, anidan ahora en los testimonios de Esteban Buch. *El pintor de la Suiza argentina* y *The Bomarzo affair. Ópera, perversión y dictadura,* son dos de los libros de Buch en los que se desvía del modelo walshiano, centrado sobre todo en las investigaciones de la violencia política estatal, hacia la denuncia sobre la complicidad de la sociedad civil en episodios en apariencia más culturales —el caso de un nazi convertido en apacible paisajista en Bariloche de mediados de siglo XX, o el de la censura de una ópera de Alberto Ginastera y Manuel Mujica Lainez durante el gobierno del dictador Juan Carlos Onganía en los años sesenta— que, sin embargo, tienen, como en el modelo, una enorme potencia política que vincula de manera intencionada el pasado sobre el que su investigación se detiene con el presente de la publicación, reuniendo tensamente en la denuncia dos tiempos culturales y políticos, en apariencia y hasta la publicación de su investigación, diferentes por completo.

Las novelas existenciales de Antonio Di Benedetto

En 1969, en la revista *Los Libros*, el novelista paraguayo Augusto Roa Bastos distinguía dos grandes tendencias en la llamada "nueva novela" latinoamericana.[32] Una, dominada por "la exasperación de cierto barroquismo verbal" en el que abrevan las obras de José Lezama Lima, João Guimarães Rosa, Alejo Carpentier, Gabriel García Márquez o Mario Vargas Llosa, "para no citar sino algunos casos ilustrativos". La otra, la que se resuelve "en el rigor de un despojamiento externo" y que encuentra en *Pedro Páramo* de Juan Rulfo su "hito culminante" pero, también, el punto de partida de una narrativa nueva cuya actitud saliente es la "austeridad verbal" y "el retorno a la aparente pobreza originaria del lenguaje". Para Roa Bastos, la continuidad de las premisas de Rulfo habrá que buscarla en *El silenciero*, la novela de Antonio Di Benedetto de 1964 y, sobre todo, en su cuarta novela, *Los suicidas*, de 1969. Esta última es, de hecho, el asunto de la nota de Roa Bastos, quien encuentra que "la forma concentrada y seca, revertida sobre sí misma" de *El silenciero* se contrae aún más en *Los suicidas*, donde Di Benedetto degrada deliberadamente el lenguaje para obtener un término neutro de escritura, un "grado cero", según la terminología que usa el semiólogo francés Roland Barthes para referirse a la novela *El extranjero*, de Albert Camus. Justamente Camus será, dice Roa Bastos, una referencia no disimulada sino "deliberadamente" elegida y declarada por Di Benedetto a partir del epígrafe de su autoría que abre la novela:

"Todos los hombres sanos han pensado en su propio suicidio alguna vez".

Pero el origen circunstancial del estilo de Di Benedetto no hay que buscarlo en Rulfo, sino en un episodio sucedido en Mendoza, en el año 1953, en el marco de una visita de Ernesto Sabato. Y su primera cristalización destacada, en *Zama*, su segunda novela, de 1956.

Como cuenta Juan Jacobo Bajarlía, en 1953 Ernesto Sabato llegó a Mendoza a dar una conferencia y fue de inmediato rodeado por los jóvenes escritores del grupo Voces que integraban, entre otros, Armando Tejada Gómez, Alberto Rodríguez y el mismo Di Benedetto, que tenía entonces 31 años y había publicado ese año su primer libro de cuentos: *Mundo animal*.[33] Sobre el fin de la estadía de Sabato, luego de haber establecido con los jóvenes una suerte de amistad literaria —Di Benedetto recuerda que una tarde fueron todos a nadar a un zanjón—,[34] Sabato dio una conferencia sobre *Madame Bovary*, donde refutando el carácter de "patrono de los objetivistas" que para esos mismos años le otorgaban a Flaubert los jóvenes franceses del Nouveau Roman u Objetivismo, destacó la imposibilidad de la deshumanización de la novela.[35] Así lo recuerda Bajarlía: "el escritor porteño aseguró que todo relato sin apoyaturas, sin referencia inmediatas, sin el hombre mismo, se convertiría en una narración deshumanizada".

A mediados del siglo XX, y en el centro de una activa polémica entre una novela tradicional —de caracteres, psicológica— que moría y otra que empezaba a nacer con epicentro en Francia, con antecedentes en *La náusea*, de Jean-Paul Sartre, y *El extranjero*, de Camus, cuyas bases sentaba la publicación de *Las gomas* y *El mirón*, de Alain Robbe-Grillet y cuya nota máxima la daría Michel Butor en *La modificación*, Sabato abogaba por el carácter "humanista" de la vieja novela. Y Di Benedetto, instintivamente, optó por la fórmula contraria y casi como una provocadora respuesta a la conservadora intervención de Sabato, en pocos días escribió un cuento de tres páginas, "El abandono y la pasividad", cuyo asunto —una mujer que abandona a un hombre y le deja una carta que éste no puede leer porque el agua de un florero roto corrió la tinta— está jugado no por los personajes sino, indirectamente, por los objetos (el cajón que se vacía de ropa, la luz que se apaga, la valija que se va, la piedra que rompe la ventana y el florero, el agua que se derrama, etcétera). Es cierto que el relato, publicado recién en 1958 en el libro *Declinación y ángel*, tiene demasiado impresas las marcas del experimento. Pero también lo es que ese experimento no queda encapsulado como insólito en la narrativa de Di Benedetto sino que, antes bien, es el germen que más tarde se va a desarrollar en algunos de sus relatos breves más destacados como, emblemáticamente, "Caballo en el salitral", de 1958, publicado en *El cariño de los tontos*, de 1961, y en sus tres novelas principales: *Zama*, *El silenciero* y *Los suicidas*, que, como señala Juan José Saer, "en razón de la unidad estilística y temática que las rige", pueden ser leídas como una trilogía.[36]

La tardía publicación de "El abandono y la pasividad" en relación con su fecha de composición promovió después algunos ajustes cronológicos con los que se que pretendía adjudicarle a Di Benedetto el primer lugar, por lo menos el primer lugar cronológico, en la historia del Objetivismo, a lo que contribuyó el mismo Di Benedetto, o sus amigos del grupo Voces, al publicar en Mendoza primero *Declinación y ángel* en 1958 en una edición insólitamente bilingüe y luego dos de sus cuentos más notoriamente objetivistas —"El abandono y la pasividad" y "Caballo en el salitral"— en un mismo volumen, titulado *Two Stories*, también bilingüe, en 1965, buscando, como anota Jimena Néspolo, "una lectura legitimadora fuera de las fronteras nacionales" y contando con cierta apoyatura logística de, por ejemplo, el mismo Bajarlía en su artículo citado antes, o de Abelardo Arias, quien en "Orígenes y concordancias argentinas de la nueva novela francesa", de 1964, especula acerca del lugar que en el planeta internacional de la literatura le hubiera cabido a Di Benedetto si no hubiese publicado en Mendoza y en español.[37] La operación, sin embargo, partía de un malentendido, porque Di Benedetto no fue un escritor objetivista. Es cierto que su relato de 1953, un poco intuitivamente, da con algunas de las notas objetivistas. Y también que, ahora sí de manera más programática, ese mismo movimiento es fundamento compositivo de "Caballo en el salitral", la historia de un caballo de tiro que, una vez que su carrero muere fulminado por un rayo al principio del relato, deambula por el desierto en busca de comida, hasta morir de hambre, sin saber que el carro del que tira está cargado de fardos de pasto. Pero las analogías, los símbolos, las metáforas del objetivismo de Di Benedetto —que remiten todos al absurdo existencial—, lo alejan del objetivismo puro de los primeros años del Nouveau Roman y lo acercan, en cambio, a uno de los distintos tipos de novela que estos escritores se proponían reemplazar: la novela filosófica y, más específicamente, la existencialista. La paradoja —que es central en la construcción de la enorme potencia de las novelas de Di Benedetto— es que esa narrativa existencialista está resuelta no de modo proliferante —como sucede, por ejemplo, en las de Sabato, a las que envuelve la misma pretensión— sino a partir de los recursos restrictivos del objetivismo, de una especie de desnudez retórica y estilística que es, a su vez, el correlato del asunto de las novelas de Di Benedetto: la desnudez del hombre, magistralmente desarrollado en *Los suicidas*, que termina así: "Son las 11. Tendré que avisar, lo cual es engorroso. Debo vestirme porque estoy desnudo. Completamente desnudo. Así se nace".

Las tres novelas principales de Di Benedetto tienen un tema aparente desarrollado con convicción por un narrador en primera persona —la decadencia física y moral de don Diego de Zama, en la primera; la hipersensibilidad al ruido en el personaje de la segunda; una investigación periodística sobre el suicidio, en la tercera— que encierra un asunto común a las tres: el frustrado apartamiento del mundo. Como el silenciero que, apresado luego de que lo descubrieran cuando estaba por incendiar un salón de baile cuya música le impedía dormir, continúa escuchando, en el confín de la cárcel, el zumbido de una mosca, o la sierra de los penados meritorios que trabajan hasta las tres de la mañana; también Diego de Zama y el periodista de *Los suicidas* mantienen una contradictoria relación con el mundo, según la cual toda voluntad de alejamiento no hace sino afinar su pertenencia, actualizando de este modo, como anota Roa Bastos, la premisa camusiana de que "en las profundidades de la rebeldía dormita la conciliación". O, como dice Diego de Zama al principio de la novela: "Ahí estábamos, por irnos y no". Pero su resolución técnica, ese estilo reticente, ese léxico a veces arcaico y otras directamente neutro de Di Benedetto le quita pompa al tema, y lo vuelve, más que la ilustración declamada de una posición filosófica, una confesión parca, que parece que le estuviera dirigida personalmente a cada uno de los lectores, como lo sugiere el poeta Ricardo Zelarayán cuando, entrevistando a Di Benedetto en Mendoza en 1975, luego de haber leído *Cuentos claros* y de encontrar que no puede "despegarse" de ellos, le pregunta a su autor: "¿Qué pasa o qué me pasa, Di Benedetto?".

Es que, como señala Juan José Saer, y al contrario de la mayoría de las novelas filosóficas que más que narraciones artísticas son informes ilustrativos de determinada tesis, la obra de Di Benedetto "no es el producto de ninguna filosofía previa: encuentra más bien espontáneamente a la filosofía".[38] La fórmula contraria fue la que ejercitó el involuntario maestro de Di Benedetto, Ernesto Sabato, con un respaldo popular que a aquél se le negó.

En 1976 Antonio Di Benedetto, que era entonces director del diario *Los Andes*, de Mendoza, fue detenido por el gobierno de la dictadura militar. Adelma Petroni, una amiga del escritor, recuerda que "primero estuvo detenido unos meses en Mendoza, en el Colegio Militar. No se lo podía ver, pero sí llevarle ropas y alimentos". Después lo trasladaron a la Unidad 9, de La Plata. Estuvo preso hasta septiembre de 1977, cuando pudo finalmente exiliarse en Europa. Fue sometido a tortura y a cuatro simulacros de fusilamiento. En la cárcel, cuando podía, escribía unas cartas a su amiga que, para eludir la censura, comenzaban así: "Anoche tuve un sueño muy lindo". Y el sueño transcripto —escrito con letra microscópica, que Adelma Petroni debía leer con lupa— era un relato. El conjunto de esos relatos escritos en la cárcel se publicó en España con el título de *Absurdos*. En esas condiciones, Di Benedetto escribió algunas de sus últimas grandes narraciones. Fuera de su ambiente, de su lengua y de su oficio, castigado por el nuevo poder político, pero aparentemente no por razones políticas —"¡Polleras!", dice Saer que murmuraba Di Benedetto sonriendo y encogiéndose de hombros cuando le preguntaban en Europa por "las causas posibles de su martirio"—, la obra posterior a su detención perdió precisión e intensidad. En 1984, Di Benedetto volvió al país. Pero no pudo volver a trabajar en el diario *Los Andes* —empresa que se desentendió de la suerte de su director desde el mismo 24 de marzo de 1976— y el Estado nacional, cuyo mando ya ejercía Raúl Alfonsín, le ofreció una modesta ayuda económica que, como recordó Di Benedetto, al año siguiente se la quitó, argumentando principios de "austeridad".[39] En 1986 Di Benedetto tuvo un accidente cerebrovascular y murió en Buenos Aires.

Entre la literatura de imaginación y el realismo crítico, la revolución de las novelas de las provincias

Di Benedetto también fue el primero de un grupo de escritores que a partir de la segunda mitad de la década del cincuenta revolucionó la geografía de la literatura argentina, históricamente concentrada en la ciudad de Buenos Aires, cuya proyección simbólica constituyó la topografía privilegiada de la literatura urbana: en la literatura argentina "la ciudad" fue, durante más de un siglo, la ciudad de Buenos Aires. Pero Buenos Aires fue también el espacio único de consagración de los escritores nacionales, aun de los no nacidos en Buenos Aires, como el cordobés Leopoldo Lugones, el tucumano Ricardo Rojas, los santafecinos Manuel Gálvez y Ezequiel Martínez Estrada, el bonaerense Eduardo Mallea o el entrerriano Carlos Mastronardi, entre muchos otros, que o bien se mudaron a Buenos Aires para empezar su carrera literaria, o la empezaron en su lugar de origen e inmediatamente se corrieron hasta Buenos Aires en busca no sólo de un reconocimiento mayor del que pudieran otorgarles los modestos mecanismos de consagración en las provincias, sino también y menos simbólicamente, de la posibilidad de acercarse a la industria periodística o editorial —la primera mayormente y la segunda completamente centralizadas en Buenos Aires— que les permitiera si no vivir de la literatura, un escalafón logrado en la primera mitad del siglo XX por muy pocos escritores, al menos prosperar en sus zonas materialmente aledañas.

Esa doble concentración no impidió, sin embargo, que se siguiera produciendo en las provincias un tipo de literatura a la que la historiografía literaria llamó "regional" aunque, contrariamente al modelo de la literatura regional, cuya característica distintiva está dada por el uso de un lenguaje dialectal o suficientemente diferenciado de la lengua central o hegemónica —como históricamente, en España, lo hicieron las literaturas catalana, vasca o gallega, en relación con la literatura escrita en castellano—, la literatura regional argentina se inscribe, con pocos matices, en el mismo universo lingüístico que la notada como no-regional y entonces su marca de pertenencia la dan solamente sus temas y, como escribe Adolfo Prieto, "la abierta intencionalidad con que sus autores buscan destacar el paisaje, el hombre y las costumbres características de un lugar", privilegiando la referencia por encima de la composición.[40]

En este sentido, el regionalismo es sobre todo una deriva empobrecida del naturalismo, porque no tiene ya el signo experimental que tenía éste, y si bien mantiene una relación con la literatura debido al uso superficial que realiza de sus convenciones compositivas, está principalmente vinculado a la conformación de un imaginario de identidad que pertenece más al campo de la cultura que, estrictamente, al de la literatura, relacionado, además, con las grandes recopilaciones y estudios del folklore argentino de Juan Alfonso Carrizo, Orestes Di Lullo, Juan Draghi Lucero, Ismael Moya, Susana Chertudi, Roberto Lehmann-Nitsche, Bernardo Canal Feijóo, Augusto Raúl Cortazar o Bruno Jacovella.

En ese lugar limítrofe entre la literatura y el documento cultural se encuentran, por ejemplo, *La raza sufrida*, del catamarqueño Carlos Buenaventura Quiroga, las obras del salteño Juan Carlos Dávalos y del entrerriano Luis Gudiño Kramer, *Shunko*, del santiagueño Jorge W. Ábalos, o los trabajos a medias narrativos y a medias ensayísticos del entrerriano Amaro Villanueva sobre el mate, o del bonarense Justo P. Sáenz sobre el caballo, cuyos relatos reunidos en *Baguales*, o en *Cortando campo*, como anota Sergio Delgado, son "el correlato perfecto",[41] la ilustración de su estudio *Equitación gaucha en la Pampa y Mesopotamia*.

Pero la publicación, en menos de diez años, a partir de la segunda mitad de la década del cincuenta, de buena parte de la obra de Di Benedetto, de *A un costado de los rieles*, el primer libro de cuentos del jujeño Héctor Tizón, de los primeros libros de relatos del cordobés Daniel Moyano, de *Salón de billares*, la primera novela del santafecino Jorge Riestra, de *Sudeste*, la primera novela del bonaerense Haroldo Conti, de *El inocente*, el primer libro de cuentos del tucumano Juan José Hernández, y de los primeros libros del santafecino Juan José Saer, alertan acerca de una novedad: la presencia de un grupo de narradores nacidos y criados en las provincias que, sin conformar explícitamente un movimiento, operan casi simultáneamente sobre los temas privilegiados del regionalismo —ambiente, paisaje, costumbres, modalidades del habla—, pero desesclerosándolos de las convenciones miméticas de la literatura regional, eludiendo entonces la pura referencialidad, el documentalismo, el pintoresquismo, el folklorismo y el costumbrismo, devolviéndolos a la literatura y ampliando de este modo la topografía de la narrativa argentina que, salvo en un caso excepcional como el de Horacio Quiroga en sus cuentos de monte, se concentraba, si era urbana, en Buenos Aires, y si era rural, en un ambiente progresivamente artificial, una especie de paisaje de segundo grado, con mayor peso simbólico que fortaleza experiencial: el campo argentino.

Daniel Moyano, al prologar unos relatos de Juan José Hernández, traza el panorama generacional de esos escritores "del interior", nacidos alrededor del año treinta, que se rebelan contra el orden establecido de, por un lado, "casi encima de nosotros", un folklorismo mentiroso "apoyado más en el paisaje que en el hombre" y, por otro, "una cultura ciudadana que venía de Buenos Aires, vía radial, a la que, sabíamos muy bien, no pertenecíamos. Bastaba para saberlo oírnos pronunciar las erres o aspirar las eses".[42] Las opciones culturales se movían entre "lo gauchesco inmediato", que se revelaba en palabras como "velay, ahijuna, güeso" y que, sigue Moyano, "a mí me desesperaba", y el aporteñamiento de los locutores de radio tucumanos, riojanos o cordobeses que "directamente hablaban como los porteños" y que "daban ganas de llorar". Entre esos "dos polos sonoros", Moyano, retrospectivamente, se pregunta: "¿Cómo hacer para meter nuestra propia voz en la literatura nacional sin parecernos a nadie y fieles a nuestra circunstancia?", cuya respuesta provocó una inesperada revolución en la narrativa argentina, a partir de la publicación de una serie de textos desconcertantes que no se reconocían en la convenciones históricamente retardatarias de la literatura del interior y que tampoco se insertaban en ninguna de las dos líneas de fuerza de la literatura argentina, la de imaginación del surismo y la realista crítica del contornismo, que eran los polos que homogeneizaban el debate en la segunda mitad de la década del cincuenta.

La importancia de la obras de Tizón, Riestra, Moyano, Juan José Hernández y Haroldo Conti en la narrativa argentina de los últimos treinta años, tal vez opacada por la extraordinaria obra de Juan José Saer, que pareciera contener toda la potencia de las de sus contemporáneos, es suficiente manifestación del tamaño e importancia de esa silenciosa revolución de mediados de los años cincuenta y, también, de la deriva de la obra de Di Benedetto, cuya presencia, además, relega la de Ernesto Sabato, animada por preocupaciones filosóficas parecidas a la pompa y grandilocuencia de sus resoluciones estilísticas.

La verdad con mayúsculas en las novelas de Ernesto Sabato

A los 34 años, en 1945, el doctor en Física Ernesto Sabato fue echado de la Universidad por la intervención del gobierno peronista. La expulsión funcionó como el catalizador de algo que estaba latente desde unos años antes cuando, estudiando radiación en París, se vinculó con algunos escritores del movimiento surrealista que estimularon su interés por la literatura. Ya en Buenos Aires, en la primera mitad de la década del cuarenta, dicho interés se manifestó finalmente en la publicación de algunas colaboraciones en revistas —sobre todo en *Sur*, donde a partir de 1942 la suya es una firma habitual— y suplementos culturales. Pero la expulsión de la Universidad, la publicación, ese mismo año, de su primer libro de ensayos, *Uno y el universo*, y su inmediata repercusión en el gran público, provocaron su definitivo alejamiento de la ciencia y su simultáneo ingreso pleno en la literatura, donde desarrolló una obra que en su primer libro de ensayos y su primera novela, *El túnel*, publicada tres años después, ya había dado a conocer sus dos notas principales. Por un lado, la de entender la literatura como la búsqueda de la "verdad, toda la verdad", según se lee en *Abaddón el exterminador*. Y, por el otro, la de que esa verdad, como dice "Sabato", uno de los personajes de la misma novela, debe ser presentada "hablando con mayúsculas". Las mayúsculas, que se manifiestan simbólicamente en el uso de una adjetivación proliferante, muchas veces subrayada con la potenciación de los superlativos —"feroz", "intensísimo", "bochornosa", "remotísimos", son algunos de los que usa el autor sólo en el primer párrafo de "Informe sobre ciegos", una de las cuatro partes de *Sobre héroes y tumbas*—, se presentan como el correlato estilístico de esa verdad que sus ensayos y novelas buscan, y luego vienen a revelar. Ambos asuntos están en la base de lo que Daniel Castillo Durante llamó la "apodíctica solemnidad"[43] de Sabato, cuya inmediata "tendencia a la alegoría" termina funcionando como un expulsor de los subgéneros que sus novelas parecen convocar: la novela filosófica, psicológica y de ideas.

Contra el realismo de superficie, Sabato afirma en *El escritor y sus fantasmas* que "una novela profunda no puede no ser metafísica" ya que, "debajo de los problemas familiares, económicos, sociales y políticos en que los hombres se debaten", siempre están "los problemas últimos de la existencia: la angustia, el deseo de poder, la perplejidad y el temor ante la muerte, el anhelo de absoluto y de eternidad, la rebeldía ante el absurdo de la existencia". Pero, prosigue, esos "dilemas últimos" no se dan en la novela de modo abstracto, como en un tratado filosófico, sino a través de las pasiones de los personajes, como sucede en las páginas de *Crimen y castigo*, de Fedor Dostoievski, donde "el problema del Bien y del Mal es mostrado mediante el asesinato de una usurera por un estudiante pobre".

A diferencia de Di Benedetto o de Roberto Arlt, en quienes la ficción encontraba a la filosofía como el resultado de la libertad interior de los personajes, en Sabato la ficción, a través de personajes alegóricos, representa a la filosofía y a sus grandes temas. Esa inversión es el fundamento de la popularidad de la obra de Sabato, potenciada, además, por la enorme presencia del autor en los medios de comunicación, donde, debido a lo que César Aira llama "su robusto sentido común",[44] representa una suerte de conciencia crítica de la sociedad, paradójicamente flexible, por otra parte, que le permitió, por ejemplo, almorzar el 19 de mayo de 1976 con el dictador Jorge Rafael Videla, que acababa de asaltar el poder democrático, y declarar, a la salida del almuerzo, que "el general Videla me dio una excelente impresión. Se trata de un hombre culto, modesto e inteligente. Me impresionó la amplitud de criterio y la cultura del presidente" y, ocho años más tarde, presidir la Comisión Nacional sobre la Desaparición de Personas (Conadep), que preparó el informe titulado *Nunca Más*, también conocido como Informe Sabato, sobre el que la fiscalía armó la acusación a partir de la cual el tribunal condenó al hasta hace poquísimos años "hombre culto, modesto e inteligente" a prisión perpetua por la comisión de los siguientes delitos: 66 homicidios, 306 privaciones ilegítimas de libertad, 93 tormentos, 4 tormentos seguidos de muerte y 26 robos.

Una novela neta y convencional, *El túnel*, construida al amparo literario del tormento de los personajes clásicos de Fedor Dostoievski; otra, *Sobre héroes y tumbas*, más experimental, con inserciones —como "Informe sobre ciegos"— que alteran el desarrollo cronológico natural del relato central, y una tercera en la que toma forma de novela un "sistemático sondeo en la mente de un atormentado escritor argentino de nombre Sabato" —según la justa descripción de Aira—, conforman la cuantitativamente modesta producción ficcional de Sabato, que tiene por delante el duro desafío de sobrevivir sin el amparo que hasta hoy le dio la por alguna razón cautivante figura de su autor.

Capítulo 13

Juan L. Ortiz pasa inadvertido. El poema más famoso de Carlos Mastronardi. Los jóvenes serios. La patria, según Silvina Ocampo. La generación Gath & Chaves. Leyendo poetas franceses en una vereda de Gualeguay. Versos larguísimos, puntos suspensivos y signos de interrogación. Lo que dice D. G. Helder. El espíritu nuevo. Un giro retórico. El carácter radical de la intervención surrealista. Antonio Porchia llama la atención de André Breton. La envidiable economía de palabras de Alejandra Pizarnik. Los grandes poemas del peronismo. César Fernández Moreno, no tan irónicamente. La triple condición de Leónidas Lamborghini. Un cambio en el canon vanguardista. Paco Urondo, un poeta condensado. Illia y Frondizi, como Jean Gabin. Contra todos los presupuestos de la poesía militante. Alberto Girri desprotege al poema de toda efusión sentimental.

DESPUÉS DE LAS VANGUARDIAS. LA OBRA POÉTICA
DE CARLOS MASTRONARDI

En 1954, Juan Laurentino Ortiz publica *La brisa profunda*, su octavo libro de poemas que pasó, como todos los anteriores, inadvertido no sólo para el gran público, sino también para el más reducido y selecto que leía habitualmente poesía argentina. Las razones habrá que buscarlas menos en la indolencia de ese público que en las dificultades de lectura que proponía la misma obra de Ortiz, que no respondía a la tradición de la vanguardia martinfierrista, saludada, desde *Poesía Buenos Aires*, la revista de poesía más importante de la época, en la figura proteica, simultáneamente tradicional y renovada, de Oliverio Girondo, que para esos mismos años publicaba *En la masmédula*.

Raúl Gustavo Aguirre, uno de los directores de *Poesía Buenos Aires*, celebraba en Girondo al único representante del espíritu renovador de la revista *Martín Fierro*, una vez que casi todos sus colaboradores "se han retirado hacia el prudente clasicismo o el sillón académico". Girondo, con su inconformismo y "ese constante batallar contra la perversión de la poesía", nos muestra una vez más, sigue Aguirre, "su valentía, su desvelo, su juventud".

La elogiosa noticia revelaba que la novedad de la nueva obra de Girondo encontraba respaldo y sustento en la ya vieja novedad martinfierrista. Por eso, tal vez, haya podido ser visualizada de inmediato y sancionada favorablemente, tanto desde las páginas de *Poesía Buenos Aires* como desde la trinchera surrealista de *Letra y Línea*, donde también se saludó al solitario vanguardista, sobreviviente de "una generación que traicionó sus propósitos iniciales".

No era ése el caso de los poemas de *La brisa profunda*, que tampoco respondían a ninguno de los modos en los que el Modernismo sobrevivía, pese a las innumerables actas de defunción que le habían levantado desde fines de la década del diez en adelante. Ni el sencillismo de Baldomero Fernández Moreno, ni ninguna de las variantes postmodernistas —en el amplio arco que va de Enrique Banchs a Alfonsina Storni—, todos autores despreciados, olvidados o satirizados por la vanguardia martinfierrista, y rescatados como próceres inmaculados veinte años más tarde por la llamada Generación del Cuarenta, ayudaban a leer a Ortiz, quien construía una obra ajena al paisaje urbano cosmopolita, en el que coincidía toda la poesía moderna argentina. Por otra parte, el tratamiento impresionista y antirrepresentativo del paisaje litoraleño alejaba la obra de Ortiz de los regionalistas que habían dado hasta entonces una versión nítida de ese mismo paisaje, según puede verse en Martiniano Leguizamón o, aun, en un paisajista del primera línea, como lo fue Fray Mocho en *Un viaje al país de los matreros*.

Ni modernista entonces, ni postmodernista, ni vanguardista, ni paisajista, ni regionalista: ¿qué era entonces la obra de Ortiz? ¿Un hecho insólito que no respondía a ninguna tradición? ¿Sólo una rareza? La enorme descendencia que tuvo en la poesía argentina de la segunda mitad del siglo XX tienta a buscar en ese mismo cuerpo su origen. Y es en la obra poética de Carlos Mastronardi donde la de Ortiz encuentra una primera sustentación.

A los 19 años, el entrerriano Carlos Mastronardi se fue a vivir a Buenos Aires, donde muy pronto hizo amistad con el grupo de poetas y escritores que un par de años después iban a dar forma a la primera agrupación de vanguardia argentina, el martinfierrismo. Pero su primer libro de poemas, *Tierra amanecida*, publicado en 1926 en la misma editorial donde Roberto Arlt publicó ese mismo año *El juguete rabioso*, no sigue ninguna de las prescripciones de la vanguardia martinfierrista: en lugar de metáforas, comparaciones; en lugar de verso libre, combinaciones de endecasílabos, heptasílabos y alejandrinos; en lugar de aeroplanos y prismas, parejas de labriegos y campo. En definitiva, como señaló Raúl González Tuñón, Mastronardi no formó parte del núcleo esencial de la vanguardia: "En sus poemas se advierte la ausencia del desenfado y el empuje característico del grupo".[1] La vanguardia, sobre todo debido al prestigio adquirido posteriormente por buena parte de sus actores —Borges, el mismo González Tuñón, Oliverio Girondo, Marechal—, fue el capítulo principal de la historia de la poesía argentina de la primera mitad del siglo XX. Mastronardi, relegado de él, quedó durante mucho tiempo afuera de todo el sistema. De hecho, en los años veinte, estaba más en sintonía con los autores que la vanguardia se imponía relevar, como Leopoldo Lugones, que con sus contemporáneos, lo que le valió un reconocimiento tardío después de publicar en 1937 su tercer libro, *Conocimiento de la noche*, que contiene "Luz de provincia", seguramente su poema más famoso, iniciado con un verso más famoso aún: "Un fresco abrazo de agua la nombra para siempre".

Para Borges, en la estrofa inicial de ese poema, Mastronardi sugiere el nombre de Entre Ríos, sin nombrarlo, porque en poesía "siempre sugerir es más eficaz que decir" y tiene más fuerza. Mastronardi no nombra a Entre Ríos. Prefirió que el lector descubra el nombre de la provincia al decir solamente "Un fresco abrazo de agua lo nombra para siempre". Entendemos, dice Borges, que se trata de un lugar rodeado por agua: "Él ha dicho, sin decirlo, Entre Ríos".[2]

De este modo Borges, que fue amigo y confidente de Mastronardi, ubica su obra bajo los principios simbolistas, según los había definido el poeta francés Stéphane Mallarmé en una entrevista sostenida con el periodista Jules Huret en 1891. Mallarmé, que abominaba de las escuelas y propiciaba una literatura ácrata, "absolutamente individual", precisó algunos principios que, formulados en un primer momento para refutar a los poetas parnasianos, terminaron por conformar los simbolismos, que tuvieron una gran difusión en la literatura occidental —y también, entonces, en la argentina— durante todo el siglo XX. Para Mallarmé, "nombrar un objeto es suprimir las tres cuartas partes del disfrute del poema que uno tiene al adivinar poco a poco". Sugerir el objeto en vez de nombrarlo es, dice Mallarmé, "el sueño" de la poesía. Y el uso perfecto de ese "misterio" es lo que constituye, en poesía, el símbolo: "evocar poco a poco un objeto para mostrar un estado de alma, o, inversamente, escoger un objeto y deducir de él un estado de alma, por una serie de desciframientos".[3]

Ese programa, que ya había sido desarrollado parcialmente por los poetas modernistas argentinos, encuentra en Mastronardi a su cultor más avezado, radical y consecuente.

Hasta la misma idea de mallarmeana del poeta como "el caso de un hombre que se aísla para cavar su propia tumba" se inscribe con facilidad sobre la figura de este autor excepcional, que se pasó la vida escribiendo una y otra vez ese mismo largo poema —que cuenta con 57 estrofas de versos alejandrinos y del que se conocen tres versiones, la primera de las cuales le llevó seis años de composición—, sometiendo "la intuición a un infatigable pulimiento", como señala Ricardo H. Herrera,[4] uno de sus lectores más atentos, pero, en el mismo movimiento, desbalanceando el buscado equilibrio clásico entre la forma y la efusión sentimental, al quedar muchas veces ésta opacada o sometida bajo la perfecta prepotencia de aquélla. Observación que le formuló Raúl González Tuñón a Mastronardi cuando le recordó que "al elaborar tan minuciosa y cuidadosamente el verso, puede decirse que corre el riesgo de convertirlo en un producto químico".

EL 40. UNA GENERACIÓN QUE NO FUE

Relegado por sus compañeros martinfierristas, unos años más tarde Mastronardi fue rescatado por una nueva generación de poetas. En el prólogo a la primera edición de sus *Poesías completas,* publicadas en 1982, Juan Carlos Ghiano señala que "no sería difícil el rastreo de las huellas de la poesía de Mastronardi en los poetas que comenzaron a publicar en 1940" y también que "muy atento a ese discipulado, Mastronardi prestó cordial apoyo a los jóvenes, colaborando con generosidad en sus efímeras revistas, no pocas veces con claro sentido admonitorio".

Así como el vanguardismo martinfierrista se constituyó opositivamente como una reacción contra el Modernismo, el postmodernismo y el realismo social, la formación de poetas conocida después como Generación del Cuarenta o, más modestamente, como Promoción del Cuarenta, lo hizo como una reacción contra la vanguardia. Como un combate, según se señala en las páginas preliminares de dos de sus revistas señeras, *Canto* y *Verde Memoria*. La primera se presenta como "una revista de combate por la poesía; para buscar su esencia rigurosa y alcanzar lo más viviente de su ser". Y para *Verde Memoria*, "todo es triste en un mundo lleno de confusión y de violencia. Ahora no basta el recuerdo de los poetas amados leídos sobre la suave hierba. No basta la vocación espléndida de crear que habita en nosotros. Es necesario combatir".[5]

Los cuarentistas opusieron a lo que ellos llamaban la "retórica ultramarina" de los vanguardistas una poesía de temática nacional, interiorismo al exteriorismo y, sobre todo, seriedad al humorismo, el sarcasmo y la polémica. Fueron, como apuntó Luis Soler Cañas, "los jóvenes serios",[6] y privilegiaron en su obra poética el tono elegíaco. Así lo señaló León Benarós en el primer número de la revista *El 40*: "Nosotros somos graves, porque nacimos a la literatura bajo el signo de un mundo en que nadie podía reír. De ahí, pues, que casi toda nuestra poesía sea elegíaca".

Como señala Juan Carlos Ghiano, todo balance de los libros de autores destacados de la generación se centra exclusivamente en los poetas y olvida un grupo de novelistas, posiblemente porque se trata de autores de novelas poéticas, más preocupadas por el lirismo que por la narratividad.[7] *Álamos talados*, de Abelardo Arias, *El río distante*, de Vicente Barbieri, y *Elegía*, de Julio Ardiles Gray, son algunas de las novelas de la época que desde sus mismos títulos parecen estar señalando la pertenencia generacional de sus autores. Roger Pla, en cambio, desde *Los Robinsones*, su primera novela de 1946, parece recoger las preocupaciones de sus contemporáneos —evocación, precisión estilística—, aunque al mixturarlas con personajes de reconocible inspiración arltiana, obtiene un producto que lo eyecta del promedio generacional, según puede comprobarse en sus dos novelas más notables: *Paño verde*, de 1956, y *Los atributos*, publicada póstumamente.

En el prólogo a la primera gran antología poética grupal, realizada sobre el filo de la década, David Martínez apostrofó a cada uno de los poetas seleccionados con notas que se proyectaron sobre toda la generación: elegíaca, pura de forma y fondo, sobria y contenida, habitada de un mundo de sugestivos pretéritos.[8] Los poetas seleccionados por Martínez son, sin duda, los más representativos de la generación también llamada "neorromántica" —una calificación, según se ve en los textos de la antología, a medias pertinente, ya que si bien el canto a la tierra natal, la expresión amorosa y la voluntad de insularidad aparecen como una constante generacional, ninguno de sus miembros desarrolló una voz poderosa, que es una característica excluyente de cualquier programa romántico—. Allí están, entonces, en primer lugar, Basilio Uribe, los prolíficos Vicente Barbieri y Daniel Devoto —tal vez, por eso mismo, los nombres más sonantes de la generación—, Jorge Calvetti, José María Castiñeira de Dios, Alfonso Sola González, María Elena Walsh, autora de un promisorio y muy juvenil primer libro de poemas, *Otoño imperdonable*, aunque lo más destacado de su producción se haya desarrollado en el cancionero infantil, y la malograda Ana Teresa Fabani, autora de un solo libro, *Nada tiene nombre*, y dedicataria de dos poemas excepcionales, uno escrito por Juan L. Ortiz —"A Teresita Fabani", en *La mano infinita*— y el otro por Raúl González Tuñón —"Las mariposas mueren jóvenes. Blues a la memoria de Ana Teresa Fabani", en *Hay alguien que está esperando*—.

Fuera de todas las antologías de la época se encuentran tres poetas de Rosario: Felipe Aldana, Irma Peirano y Arturo Fruttero, quienes, manteniéndose en los límites, cambian sin embargo el registro generacional. Aldana, recuperando la tradición vanguardista, descartada por sus contemporáneos, y proyectándola renovada hacia la poesía de los años sesenta y setenta, según puede verse tanto en la factura de su "Poema materialista" —que culmina con la transcripción de un fragmento de la "Séptima Sinfonía" de Beethoven, que el autor silbaba en sus desconcertantes recitales de poesía en los años cuarenta— como en la recepción que tuvo en los jóvenes poetas treinta años después (de hecho, el poema recién fue publicado en el número 10 de la revista *El lagrimal trifurca*, en 1974). Peirano, autora de apenas dos libros de poemas, el segundo de los cuales fue destacado por José Portogalo, debido, justamente, a su rebelión contra los temas artepuristas y criollistas, su insubordinación a las entonces festejadas convenciones generacionales: "Preferir —escribe Portogalo— la soledad, el silencio y la clausura a toda seducción de repercusiones inmediatas es el mejor modo de salvarse y salvar lo eterno, esto es, afirmar cualitativamente la poesía".[9] Fruttero, finalmente, inicia su único libro, *Hallazgo de la roca*, de 1944, con un poema titulado "Canto al dedo gordo del pie": "Ya que no tu gordura, tu belleza/ Tu adecuación perfecta, tu armonía/ Connatural y antigua,/ Canto". La forma y el vocabulario del poema son aún los de sus contemporáneos, pero su asunto —el dedo gordo del pie—, notoriamente antipoético, anticipa lo que unos años más tarde se va a conocer en toda América Latina como antipoesía. Un poco por fuera de la media generacional, sobre todo por su deriva hacia el cancionero que les da a sus obras un carácter popular ausente en casi todos sus contemporáneos, se encuentran los mejores poemas de Jaime Dávalos y Manuel J. Castilla.

Más allá de estos destellos de excepcionalidad, el verdadero valor de este grupo de poetas lo otorgan los puramente excéntricos, es decir, aquellos que comenzaron a publicar en los años cuarenta, marcados por el mismo signo de la época y enfrentados a los mismos problemas, pero cambiaron por completo el sino generacional por una solución atrevida e individual. Ése es el caso de Olga Orozco, César Fernández Moreno, Alberto Girri, Juan Rodolfo Wilcock y Joaquín Giannuzzi.

Silvina Ocampo, un poco mayor que la media cuarentista, pero absolutamente contemporánea a ellos en su actitud y en sus elecciones compositivas y temáticas, no supo, en cambio, construirse como poeta un destino similar. Su poesía, compuesta casi exclusivamente por cuartetas endecasílabas pareadas o abrazadas y por algunos sonetos, está prácticamente exenta de riesgos formales. Su vocabulario es las más de las veces lujoso, con una suntuosidad ya comprobadamente poética desde el Modernismo, y sus temas son los comunes a la poesía de la época: evocaciones de la infancia perdida, himnos a la patria, y la Antigüedad como fuente de inspiración o como pretexto. Para Ocampo, la patria se desarma en una entelequia —"vacía y grande, indefinida", escribe en un poema—, o se concentra en una quinta de San Isidro, o en la estancia de la familia de su marido, Adolfo Bioy Casares: "La yerra dejó manchas de amapola/ la esquila dejó nubes en el suelo", escribe en otro poema. En noviembre de 1945, en una revista llamada *Antinazi*, Ocampo publicó un singular poema titulado "Esta primavera de 1945, en Buenos Aires", cuya evidente referencia es la revolución del 17 de octubre de 1945.

Desaparecen entonces la abstracción y el irrealismo —"Vi morir a ciudadanos tristemente,/ asesinados por la policía"—, y cae la máscara neutral, apolítica, que también fue señalada como una marca generacional: "¡Oh, desolada confusión del día/ que ha transformado en odio la armonía/ de un territorio plácido y profundo!".

Pero tal vez lo más importante sea la inadecuación entre el asunto tratado —"la turba histérica" que avanzaba hacia la Casa Rosada a tomar el poder— y el vocabulario elegido por Ocampo: "esa triste gente/ que escribía palabras en la acera". El crítico Carlos R. Giordano percibió antes que nadie el déficit de esta camada de poetas del que este poema de Ocampo tal vez sea emblemático, al señalar que "la promoción del 40 sintió agudamente la extrema gravedad de la época, pero no entendió los términos del problema".[10]

Muchos años después, al hacer una suerte de balance generacional, María Elena Walsh, refiriéndose sin ninguna melancolía a una famosa tienda de mediados del siglo XX, apuntó que la del cuarenta era "la generación Gath & Chaves, porque tenía de todo, pero cerró".[11]

En el cierre, los cuarentistas se llevaron también a la promoción de poetas que los antecedió, ésa sí pomposamente llamada Generación del Treinta, o también Novísima Generación, que era apenas un grupo de poetas condenados por el peso de la vanguardia, encerrados entre los restos de la retórica martinfierrista y una incipiente pero no firme voluntad de recuperación de la retórica modernista. Arturo Cambours Ocampo, director de un volumen titulado *La novísima poesía argentina*, fue quien, en 1931, alertó acerca de la existencia de un grupo de poetas "ajenos a los grupos de Boedo y Florida; más aún, sin la premeditada ubicación estética de sus obras literarias".[12]

Tal vez, justamente, esa falta de programa de los poetas del treinta haya terminado por instalarlos en una incómoda bisagra donde quien no aparece como un tardío seguidor de los presupuestos martinfierristas o boedistas, se presenta como un desdibujado antecedente de lo que vino después. Ese sino envuelve la obra de, entre otros, Javier Villafañe, Alfredo Martínez Howard, Sigfrido Radaelli, Arturo Cambours Ocampo y Carlos Carlino.

Poesía, política y paisaje en la obra de Juan L. Ortiz

Mastronardi no fue sólo el referente de una generación fallida sino también el notorio impulsor de la obra de Juan L. Ortiz, que, ésta sí, va a provocar un cambio duradero en la historia de la poesía argentina.

Fue en Gualeguay donde se conocieron los dos escritores. En *Memorias de un provinciano*, Mastronardi recuerda las tertulias que realizaban, hacia el final de la tarde, a la puerta de la casa de Ortiz, sobre la vereda de ladrillos desparejos, donde acostumbraban a leer o comentar libros que Mastronardi había llevado de Buenos Aires o que el azar ponía en sus manos. Era a fines de la década del diez, cuando los amigos leían y comentaban en Gualeguay a los escritores franceses que habían surgido después del armisticio de 1918, mientras veían pasar "ensimismados jinetes y carros como desvanecidos en el polvo que levantaban".[13]

Recluido Ortiz en la provincia —primero en Puerto Ruiz, donde nació en 1896, luego en Gualeguay, y finalmente en Paraná, donde murió en 1978—, fue Mastronardi quien impulsó la publicación de su primer libro, *El agua y la noche*, de 1933, cuando Ortiz ya tenía 37 años, y quien, desde una primera nota periodística publicada ese mismo año titulada "Juan Ortiz y su poesía", se encargó de difundir la obra de su comprovinciano. Pero Mastronardi no fue sólo el primer promotor de Ortiz; fue también quien desde su primer libro de poemas le mostró a Ortiz que ante la gran pregunta implícita de la época (¿cómo escribir poesía después del Modernismo?) había una respuesta alternativa a la de las vanguardias. Claudia Rosa, otra de las importantes lectoras de Mastronardi, destaca que para esos años, el autor de *Conocimiento de la noche* "estaba trabajando sobre los metros matemáticos y buscando la lógica musical, por fuera de toda esencialidad conceptual".[14] Esto quiere decir que aun después de las vanguardias, está investigando un modo de religarse con el Modernismo, despojándolo de toda su parafernalia lexical. La búsqueda, por cierto, remite a la de los postmodernistas más refinados, elocuentemente a la de Banchs y tal vez por eso mismo, como señala Ricardo H. Herrera, Mastronardi toca todavía "una asordinada nota modernista".[15]

Ortiz, en cambio, que lacónicamente decía que "Lo de Lugones era oro, pero oro muy pesado", dobla la apuesta: retoma la célebre proclama de Paul Verlaine: "la musique avant toute chose" (la música ante todo), que el Modernismo, de la mano de Rubén Darío, había traducido como la "harmonía verbal", pero lo hace sin utilizar los metros y formas regulares, que quedan confinados, como meras ejercitaciones, en sus cuadernos borradores, publicados póstumamente.

En "Gualeguay", el poema principal de *La brisa profunda*, en cambio, muchos versos miden más de veinte o de treinta sílabas y se vuelven, entonces, inconmensurables en términos de la métrica clásica. Hay que pensar, para calibrar el asunto, que en la versificación española, el verso regular más largo es el de dieciocho sílabas —que casi nunca se presenta en una sola línea, sino dividido en un verso de once y otro de siete, o en dos de nueve— y que Pedro Henríquez Ureña califica a los de quince y dieciséis sílabas como "larguísimos".[16] Al no haber entre los largos de Ortiz, además, ningún isomorfismo que permita armar algún tipo de sistema regular, se vuelve complicado pensar a esta poesía en términos de musicalidad y "harmonía". Y sin embargo, pese a esa elección radical, la música pasa, en la obra de Ortiz, definitivamente a primer plano. ¿De qué recursos se vale el poeta, ya que no de los de la tradición, para desarrollar eso que D. G. Helder señaló como su "naturaleza musical"?[17] En primer lugar, de la sintaxis. La frase de Ortiz es, como dice D. G. Helder, "larga, intrincada, suspensiva" y, como el mismo Ortiz señaló en una conferencia, contrapone a la forma "un poco dura o individualista" del monólogo, "la gracia flexible de la auténtica conversación" que da "una suerte de melodía viva de sugerencias en que ni la voz, ni la palabra, ni la frase, se cierran, porque no cabe una expresión neta, concluida, de nada".[18]

En segundo lugar, se vale de la elección léxica. Diminutivos con desinencia en illa o illo ("lucerillos", "amapolillas"), superlativos ("tiernísimo", "tenuísimo"), adverbios terminados en mente, algunos de ellos comunes, pero muchos compuestos por el autor, como "lunarmente" o "yaguaretescamente", verbos conjugados en segunda persona del plural ("habláis", "haríais"), palabras tomadas en préstamo del francés ("féerie", "rêverie") y otras en desuso o localistas ("sequizo", "efugio"), además de composiciones de palabras, ahora según la suma de prefijo más radical, como "ultrazularse", "extralinda" o "ultraíslas". Esto da como resultado un promedio muy alto de palabras de tres o más sílabas que tienen, en el sistema de Ortiz, mayor posibilidad eufónica que las monosilábicas o las bisilábicas y le permite al autor, además, utilizar palabras —y sonidos— si no extravagantes, por lo menos no habituales en la lengua informativa, y aun en la lengua poética cristalizada para esos mismos años, tanto del repertorio modernista y postmodernista como del vanguardista y posvanguardista. Finalmente, se vale de un recurso extraordinario para hacer sonar la lengua a su antojo, conforme a sus necesidades expresivas: los signos de puntuación. Theodor W. Adorno, en un artículo del año 1956, había destacado que "en ninguno de sus elementos es el lenguaje tan musical como en los signos de puntuación".[19] Y en la poesía argentina es sin duda en la obra de Ortiz donde esa máxima adquiere espesor: comas, utilizadas a veces en intervalos cortísimos, detrás de cada palabra, poniendo en peligro la sintaxis —siempre, sin embargo, correcta— a favor de la musicalidad, puntos y comas, puntos seguidos, comillas, utilizados todos con una frecuencia alta para el promedio de la poesía argentina, y altísima en un contexto signado por, otra vez, *En la masmédula*, de Girondo, que contiene un solo signo de puntuación en sus más de novecientos versos: el punto final del poema "A mí", o "Argentino hasta la muerte", de César Fernández Moreno, de 1954, un largo poema que prescinde también, programáticamente, de los signos de puntuación, en ambos casos, como una respuesta opositiva al Modernismo y a su emblema musical. Ortiz no sólo los usa, provocadoramente en exceso, sino que dos de ellos adquieren valor de marca de estilo: los puntos suspensivos y los signos de interrogación. En cuanto a los primeros, usados no sólo al final de verso, sino también al principio, a veces como un correlato de sus expresiones no asertivas ni terminantes, otras, directamente, como una prolongación de "la resonancia del sintagma terminado", según precisan Héctor A. Piccoli y Roberto Retamoso.[20] Es decir, como un valor puramente musical. En cuanto a los signos de interrogación, Ortiz utiliza habitualmente sólo el de cierre, al final de frases larguísimas, donde, entonces, funciona tanto por su valor interrogativo como, directamente, como señala D. G. Helder, por su "injerencia en la tonalidad" del verso. Para Piccoli y Retamoso, "la elisión del signo de apertura de la interrogación unida a la falta de inversión verbal, hace que generalmente el comienzo de la secuencia interrogativa resulte imperceptible". De este modo, y debido a la misma extensión de la frase y al espaciamiento entre su comienzo y su final, muchas veces resulta imposible percibir el signo de interrogación de cierre al comenzar la lectura y recién con la aparición del signo, el lector comprenderá "que ha leído una pregunta creyendo haber leído una aseveración". En estos casos, siguiendo el razonamiento de Piccoli y Retamoso, "la lectura de la pregunta consiste en un movimiento doble: un primer momento, progresivo, que sigue la linealidad de la secuencia en que se lee aparentemente un enunciado aseverativo; un segundo momento, retroactivo, en que la aparición del signo resignifica lo leído" volviéndolo una interrogación. Ese doble movimiento provoca "una borradura de límites entre la aseveración y la interrogación, puesto que ambas formas se transforman a partir de su influencia mutua, suavizándose la interrogación con la meditada serenidad de lo meramente enunciado y adquiriendo la enunciación toda un cierto tono interrogativo acorde con el dialogismo que funda el discurso poético".

Pero "Gualeguay", que tiene casi 600 versos, es, también, el poema que recoge varias de las preocupaciones centrales de la poética de Ortiz desarrolladas en sus siete libros anteriores, y que las proyecta, no sólo hacia el futuro de su propia obra —esos poemas excepcionales, como "Las colinas", de *El alma y las colinas*, o "El Gualeguay", que conforman, además, los tres, según Sergio Delgado, una suerte de *ars poetica* orticiana[21]—, sino al de la literatura argentina, como puede verse en obras tan diferentes como las de Francisco Urondo, Juan José Saer, Arnaldo Calveyra, y la de los poetas neobarrocos y objetivistas de la década del ochenta.

Entre aquéllas, hay que destacar, por la originalidad de sus soluciones, la relación que se manifiesta en su obra entre poesía, política y paisaje, que para él confluyen a partir de la caracterización de lo que llama "la elegía combatiente". Ortiz mantiene, según la descripción de Friedrich von Schiller, una relación con la naturaleza "sentimental", a partir de la conciencia de la pérdida de la "felicidad y perfección".[22] Ese "doble y desigual anhelo de naturaleza" da a su poesía un tono predominantemente elegíaco. Tan contemplativo como político, encuentra que la religación del hombre con la naturaleza —y la obtención, a su través, de la armonía— no es algo que haya sucedido en una atópica Edad de Oro, sino algo que sucederá en el futuro y en la Tierra. En un ensayo titulado "El paisaje en los últimos poetas entrerrianos", señala que toda la poesía del interior "tiene algo que ver con la elegía, en Entre Ríos y en todas las provincias del mundo". Pero si el paisaje está, como dice Ortiz, "manchado de injusticia", la elegía, desgarrada o serena, deberá ser "una elegía combatiente" que contribuya, a través de la acción política, a la desaparición de la pobreza, la guerra, el desamparo de los desposeídos, que será, finalmente, la que devolverá al hombre la armonía perdida. Esta suerte de prescripción conceptual de la poesía de Ortiz tiene su correlato formal, descripto por María Teresa Gramuglio como una bipartición entre un momento de dicha, un estado de plenitud, de gracia y de armonía, generalmente ligado a la contemplación de la naturaleza, y la irrupción, a menudo encabezada por el adverbio "pero", de algo —el escándalo de la pobreza, la crueldad de la injusticia, el horror de la guerra, el desamparo de las criaturas— que hiere esa armonía. En un tercer movimiento, esa tensión convoca una visión que se modula en los tonos de la profecía o del anhelo: "la utopía de un futuro radiante donde quedarán superadas todas las divisiones y la dicha podrá ser compartida por todos los hombres".[23]

Porque, como escribe Ortiz en "Gualeguay", "la comunión la comunión iba a ser real bajo las especies también reales", y el destino "no iba a estar frente sino entre los dedos de todos, como una cera tibia...".

"Gualeguay" también anuncia la disolución de las entonces todavía rígidas fronteras entre la poesía y la prosa. Se trata de un poema cuyo pretexto es el 170º aniversario de la fundación de la ciudad y es, en realidad, una extensa autobiografía familiar (la casa, la mujer, el hijo), literaria (las lecturas, los compañeros) y política (la local, la internacional, la Revolución). Narración, autobiografía y celebración, resueltas líricamente, ubican el poema más allá de la poesía narrativa, en la que el elemento poético se reduce muchas veces al corte de verso y a cierta compacidad, y de las narraciones de poetas, donde el tratamiento poético del lenguaje funciona como una suerte de freno que impide el fluir de la narración.

Muchos años más tarde, en 1993, Juan José Saer, en una entrevista, señalará que "en la poesía el procedimiento esencial es la condensación y en la prosa, el de distribución. Mi objetivo es obtener en la poesía el más alto grado de distribución y en la prosa el más alto grado de condensación".[24]

Los orígenes de esa proposición, que aun en los años noventa resultaba chocante y singular, se encuentran en el poema "Gualeguay", una de cuyas singularidades consiste en resolver poéticamente una estructura narrativa, como lo es la de la autobiografía, que siempre supone la modificación del personaje principal o, como dice Jean Starobinski, "la transformación interior del individuo —y el carácter ejemplar de dicha transformación—".[25] Esa modificación o transformación es, justamente, la materia narrativa de toda autobiografía. En "Gualeguay", como en otros de los largos poemas de Ortiz, el autor "condensa" y "distruibuye" de modo tal que obtiene un producto que no puede ser clasificado según las normas de la poesía ni de la narración. Pero es cierto que estos poemas distributivos de Ortiz forman parte de una obra más amplia en la que el tono predominante es el lírico sin atributos, y en la que es posible, incluso, distinguir, leyendo sus publicaciones periodísticas, la ralentada y a veces ineficaz prosa del poeta. Saer, en cambio, condensa y distribuye de un modo, como él mismo señala, más programático y, también, más efectivo, fundiendo de manera indiscernible los procedimientos de la poesía y los de la narración. Si se siguiera el provocador esquema de Ezra Pound, para quien la literatura está escrita, en primer lugar, por los inventores, que son aquellos que "descubrieron un nuevo proceso" y, en segundo lugar, por los maestros, que son aquellos que usan esos procesos "igual o mejor que sus inventores",[26] y se lo llevara a la literatura argentina de la segunda mitad del siglo XX, sería posible ver en Ortiz al inventor de un procedimiento en el que Saer descolló como maestro, si no fuera porque Saer fundió el modelo orticiano con el de la ficción antirrealista y crítica de Borges, volviendo a su obra irreductible a la suma de ambos antecedentes.

La revista *Poesía Buenos Aires*.
El invencionismo de Edgar Bayley

En los mismos años cincuenta, que fueron los de la consolidación de la poética orticiana, comienza a publicarse la revista *Poesía Buenos Aires*, que saca treinta números entre 1950 y 1960, siempre bajo la dirección de Raúl Gustavo Aguirre, acompañado sucesivamente por otros poetas: Jorge Enrique Móbili, Wolf Roitman, Nicolás Espiro y Edgar Bayley. En el número 13 y 14, de 1953, Aguirre y Espiro presentan un panorama de la nueva poesía argentina titulado "Poetas de hoy: Buenos Aires, 1953", dirigido a armar un "índice de los poetas que están trabajando en la actualidad, en estas tierras, dentro de un espíritu que podemos llamar contemporáneo".

El índice no es inclusivo; al contrario, *Poesía Buenos Aires* se recorta, primero, contra la generación precedente, a la que llama, sin medias tintas, "reaccionaria", y directamente no la reconoce "dentro de los dominios de la poesía" por, entre otras cosas, el uso de "formas retóricas clásicas concebidas apriorísticamente, es decir, como ejercitación verbal", algo que, según Aguirre y Espiro, supone una "actitud superficial" y un "artificioso retorno a épocas donde estas formas eran expresión natural y legítima". El grupo de poetas madí (palabra inventada, pero inventada a medias si es cierto que, como reconocen todas las fuentes, estaría formada por las primeras sílabas de "materialismo dialéctico"), integrado por los artistas plásticos Carmelo Arden Quinn y Gyula Kosice, entre otros, también es descartado. Madí continúa el programa invencionista del grupo Arturo, del que es una escisión, y postula una poesía equivalente a una "proposición inventada". Para Madí, según puede leerse en su manifiesto de 1946, firmado por Kosice, "hay que abolir toda injerencia de los fenómenos de expresión, representación y significación". Pero el programa invencionista y antifigurativo de Madí tuvo más relación con el mundo de las artes plásticas que con el de la literatura, y algo de eso preveía el diagnóstico de Aguirre y Espiro, que no rebatía su radicalismo, ni su teoría, calificada "del mayor interés", sino su decepcionante puesta en práctica, sus poemas que "se limitan a presentarnos una sucesión —en el mejor de los casos ordenada— de imágenes, palabras, conceptos inventados, y *nada más*".

El proyecto surrealista —inaugurado en la Argentina con la publicación de la revista *Qué*, en 1928, dirigida por Aldo Pellegrini y que contaba, en los años cincuenta, con un fervoroso grupo de seguidores y dos nuevas revistas, *A partir de Cero* y *Letra y Línea*— es bien valorado por *Poesía Buenos Aires* por su "contribución al esclarecimiento de la conciencia poética", pero inmediatamente objetado y acusado "de favorecer, en nombre del automatismo, el absurdo, la vacuidad, la nulidad de la expresión" y, sobre todo, de convertir el método de composición surrealista en una pura "retórica del lenguaje automático", manifiesta en una convencional fraseología surrealista.

Hechas las impugnaciones, queda, finalmente, el programa de la revista, al que los autores titulan, "Poetas del espíritu nuevo", citando implícitamente el título de una conferencia del francés Guillaume Apollinaire de 1917, "El espíritu nuevo y los poetas", y poniendo así en el centro de la escena a un poeta emblemático de la vanguardia europea, significativamente soslayado por los vanguardistas argentinos de la década del veinte. Ésta es una extraña operación de *Poesía Buenos Aires*: en vez de recentrar a un autor nacional marginado por la tendencia hegemónica de esa tradición, a la que pretenden reemplazar con una nueva hegemonía —como hicieron los martinfierristas con Macedonio Fernández y Ricardo Güidaldes, o los contornistas con Roberto Arlt—, los nuevos poetas se saltan por un momento la limitación de lo nacional, trayendo al centro de la escena a Apollinaire, que era, para ellos, el verdadero factotum de la poesía de la vanguardia europea, y cuya ausencia en el programa del martinfierrismo marcaba su limitación. Apollinaire —a quien, por otra parte, no se nombra, sino que su figura está sugerida en la paráfrasis del título de aquella conferencia suya— tiene, sobre todo, un valor de uso. Es la divisa de una nueva oposición de *Poesía Buenos Aires*: la de la vanguardia martinfierrista. El origen del espíritu nuevo no habrá entonces que buscarlo en esa tradición, de la que *Poesía Buenos Aires* sólo recupera la figura de Oliverio Girondo como la del martinfierrista que sigue siendo vanguardista treinta años después de la vanguardia, condenando al resto de la generación por haber "tomado lo superficial y aparente de la poesía europea de vanguardia" y por haberse retirado muy pronto "hacia el prudente clasicismo o el sillón académico".

El origen del espíritu nuevo hay que buscarlo, más bien, en el pequeño grupo Arturo, fundado por Arden Quinn, Rhod Rothfuss, Gyula Kosice y Edgar Bayley en 1944, del que *Poesía Buenos Aires* será su rotundo desarrollo, según se puede ver en la continuidad que propone Bayley entre su texto programático "Invencionismo", publicado en el número 1 de *Poesía Buenos Aires*, y algunos de los conceptos poéticos que había desarrollado en el único número de la revista *Arturo*, de 1944. Pero el gran manifiesto propositivo de *Poesía Buenos Aires* que instala una línea de continuidad con estos otros dos, se llama "Realidad interna y función de la poesía", fue publicado en la revista en 1952 y más tarde editado como libro. Allí, Bayley realiza un relevamiento del "valor inventivo" en la historia de la poesía, desde la trovadoresca del siglo XII hasta las obras del chileno Vicente Huidobro y el francés Pierre Reverdy. A través, entonces, de Bayley, el más destacado teórico del grupo, *Poesía Buenos Aires* se reclama heredera directa del creacionismo de Huidobro que define el "poema creado" como un poema "en el que cada parte constitutiva y todo el conjunto presentan un hecho nuevo, independiente del mundo externo, desligado de toda otra realidad que él mismo", y para quien "la poesía no debe imitar los aspectos de las cosas, sino seguir las leyes constructivas que constituyen su esencia y que les confiere la independencia de todo lo que es".

Apoyándose en esa tradición, el invencionismo introduce un giro retórico en la poesía argentina, proponiendo la imagen como figura privilegiada en reemplazo de la metáfora, que en algún punto es siempre referencial, en tanto remite a dos realidades exteriores al poema que éste viene a juntar. Una imagen, en cambio, no reclama ninguna razón externa y es, entonces, en poesía, la figura propiciatoria de la libertad absoluta.

Un poema de Bayley de su libro *El día*, de 1963, titulado "A las ocho y media", señala la potencia y el límite de la novedad. El poema parece una anotación realista ("este fin de semana/ antes de salir de casa/ a las ocho y media/ la perla de las islas favoritas/ del dios de los mares/ provocó vivas reacciones/ lluvias/ episodios/ a las ocho y media de la mañana) en la que se introduce un punto de fuga: "la perla de las islas favoritas". Ésa es la imagen, que no es la transcripción en palabras de nada preexistente, de nada real anterior, sino una novedad inventada en el mismo poema. Pero esa imagen no es lo absoluto del poema, sino su fuga. El poema sigue anclado en la referencia: son las ocho y media de *este* fin de semana, y llueve. Y la eficacia de la imagen está condicionada por su punto de apoyo, que es absolutamente referencial. Ésa es la proyección y el límite del invencionismo, según puede verse en la misma muestra que acompaña la presentación de 1953, en los poemas de Bayley, Raúl Gustavo Aguirre, Mario Trejo, Alberto Vanasco y Rodolfo Alonso.

El programa de *Poesía Buenos Aires* tuvo, entonces, mayor fuerza reactiva —"contra los supuestos formales de la poesía, contra las maneras tenidas por prestigiosas, contra las convenciones literarias"— que propositiva y, de hecho, los poemas más representativamente inventivos de Bayley, Aguirre, Trejo, Vanasco y Alonso son, en su ejecución, algo menos que las demasiado exigentes premisas en las que se apoyaban, y eso es lo que ocurre en el conjunto de sus obras poéticas.

Pero *Poesía Buenos Aires* fue algo más que una revista y que un programa poético. Fue un movimiento dentro de la poesía argentina de mitad de siglo XX que al promover de modo tan neto un reordenamiento del pasado, que no sólo impugnaba por superficial e inconsecuente a casi todo el equipo de los poetas de la vanguardia de los años veinte sino que, además, impugnaba por reaccionarios a los impugnadores de la vanguardia, a los poetas del cuarenta, generó una suerte de liberación de fuerzas —respaldada, además, por el giro retórico a favor de la imagen y en desmedro de la metáfora—, la cual permitió que en muy pocos años algunos poetas de la promoción anterior que habían comenzado a escribir al amparo de las convenciones generacionales se volcaran hacia una expresión más personal y, por lo tanto, más artística, y que simultáneamente otros, ya sí de la misma generación, pudieran desarrollar una obra nueva pero sin conexiones programáticas con el invencionismo. A esto también contribuye el plan de traducciones de *Poesía Buenos Aires*, que puso por primera vez en circulación, a veces no sólo en la Argentina, sino en lengua castellana, una suerte de antología excepcional de la poesía europea y norteamericana contemporánea, promoviendo la obra de los más nuevos poetas, como los italianos Cesare Pavese, Eugenio Montale y Giuseppe Ungaretti, los franceses Henri Michaux y René Char, los norteamericanos Wallace Stevens, Dylan

Thomas y E. E. Cummings y el portugués Fernando Pessoa, en versiones todavía vigentes de, entre otros, Raúl Gustavo Aguirre y Rodolfo Alonso. De esa triple intervención —reordenamiento del pasado, giro retórico y política de traducciones— son beneficiarios casi todos los grandes poetas de la segunda mitad del siglo XX, tengan o no que ver estrictamente con *Poesía Buenos Aires* y con el invencionismo, como Leónidas Lamborghini, Paco Urondo, Aldo Oliva, Hugo Padeletti, Juan Gelman, Alejandra Pizarnik, Joaquín Giannuzzi, Francisco Gandolfo y Arnaldo Calveyra.

La poesía surrealista

En 1928, a los 25 años, Aldo Pellegrini publicó el primero de los dos números de la revista *Qué* y, en 1965, su desafiante artículo "La acción subversiva de la poesía", incluido en el volumen *Para contribuir a la confusión general*. Publicó, además, tres libros de poemas, realizó la edición de la influyente *Antología de la poesía surrealista de lengua francesa*, tradujo las obras completas del conde de Lautréamont, dirigió la justamente valorada colección Los Poetas, de la editorial Fabril, y entre 1953 y 1954 estuvo al frente de una nueva revista de la trinchera surrealista: *Letra y Línea*. La suma de las proclamas, poemas, intervenciones, traducciones y ediciones de Pellegrini señala que la poesía argentina del siglo XX hubiera sido diferente y menos importante sin su permanente agitación cultural y sin su espíritu que, llamado por él mismo "misticismo de la nada", sentó las bases del pensamiento surrealista en la Argentina.

Es posible que los poemas de sus discípulos y seguidores sean mejores que los suyos, o que armen, como en el caso de Enrique Molina o de Francisco Madariaga, una obra en razón de un carácter orgánico del que carece el conjunto de los libros de Pellegrini. Pero es seguro que algunos de sus postulados iniciales instalaron con firmeza cierta idea de inconformismo de la que fueron beneficiarios aun aquellos que recelaban de la poética surreal. Como, por ejemplo, ese que dice: "Cuando alguien habla lo hace para introducir incertidumbre o para pedir comida. Los que hablan con cualquier otro objeto se someten a este rótulo honorable: Literatura. Incertidumbre es la confianza que se tiene de no ser nada".

El surrealismo argentino fue visto durante muchos años como una suerte de prolongación de la Generación del Cuarenta o, como anota César Fernández Moreno, como una "orientación" generacional. El mismo Fernández Moreno, sin medias tintas, llama a Enrique Molina "Cónsul del Cuarenta".[27] Pero hay que ver que esa perspectiva está menos guiada por los textos que por un método de investigación —el de las generaciones—, que, como señala Carlos Giordano, "ha sido aplicado con sorprendente entusiasmo por muchos de los historiadores y antólogos de la literatura argentina".[28]

En verdad, pese a la común pertenencia generacional de dos de sus máximos representantes, como Molina y Olga Orozco, es un hecho que el surrealismo argentino está más vinculado al invencionismo que a la apocada elegía neorromántica y no es difícil establecer relaciones éticas y estéticas en los años cincuenta entre *Poesía Buenos Aires, Letra y Línea, A partir de Cero,* y una singular publicación de unos años antes, *Contemporánea,* dirigida por Juan Jacobo Bajarlía, que sacó tres números entre 1948 y 1950 y que con el subtítulo "La revolución en el arte" amparó colaboraciones de notorios invencionistas como Bayley, Trejo o Aguirre, y surrealistas como Francisco Madariaga.

Pero más que en los surrealistas "puros", como Pellegrini o Carlos Latorre —autor de una memorable columna que se publicaba en *Letra y Línea* con el título "Poesía o no", en la que propiciaba, con gran sentido del humor, un violento corte con el pasado, cuya lectura tal vez bastaría para despejar dudas sobre el carácter radical de la intervención surrealista de los años cincuenta—, el surrealismo argentino se destacó en la obra de Francisco Madariaga, Enrique Molina, Olga Orozco y Alejandra Pizarnik.

Los tres primeros fueron quienes lograron establecer las bases de algo así como un surrealismo mestizo o americano. Madariaga, en una entrevista con Jorge Fondebrider, marca retrospectivamente una diferencia entre los mundos americano y europeo en su manera de concebir la razón. Y señala que los ataques al racionalismo, que estaban en la plataforma ideológica del surrealismo europeo, pierden sentido en América cuya realidad, "con sus excesos, ya cumple con la rebelión que los europeos debieron llevar adelante". De modo tal que el surrealismo americano, sigue, "no es protesta sino boda" y no sirve tanto "para rechazar el mundo, sino para celebrarlo".[29] Para Madariaga, "la expresión de esa realidad americana" está directamente vinculada a su "país natal", que es menos la Argentina que el alucinado paisaje de los esteros correntinos que, como realidad superreal, es el núcleo conceptual —y geográfico— de toda su obra, recopilada en 1988 con el título *El tren casi fluvial*.

En 1995, Enrique Molina señalaba que su poesía se había ordenado y nacido "a partir del asombro de cada instante, más que de la adhesión a una poética determinada", con lo que el poeta, al prologar su obra poética, trataba, significativamente, de un sentido superador de las disputas estéticas de los años cuarenta y cincuenta que lo habían tenido en primera línea de combate, e intentaba sacarse el sayo de "solamente" surrealista. Pero su idea de la poesía, desarrollada en ese mismo prólogo como "una experiencia vital irrenunciable, como expresión del torbellino de la emoción y el deseo y, sobre todo, de la energía profunda que él mismo engendra: el demonio de la insatisfacción permanente", reitera el programa surrealista que, por otra parte, el mismo Molina había promovido en la Argentina desde las páginas de *A partir de Cero*, la revista que dirigió entre 1952 y 1956 y puso en práctica luego en sus diez libros de poemas reunidos en 1995 por medio de un mismo título, *Orden terrestre*, que es también una declaración de principios surrealistas: "lo que más estimo de la poesía: su orden terrestre, su sabiduría trascendente, su rostro misterioso y traslúcido".

En 1972, en un reportaje concedido al diario *La Opinión*, otra de las grandes poetas surrealistas argentinas, Olga Orozco, hablando de sus escritores favoritos, señalaba que sus preferidos seguían siendo "los exploradores de la noche, del sueño, de las sensaciones oscuras, del misterio; los descifradores de los grandes y pequeños enigmas de una realidad que no termina en lo sensorial o en lo visible".

Y es clara, al revisar su obra poética, la combustión de lo romántico y lo surreal, como si la joven colaboradora de la emblemáticamente cuarentista revista *Canto* y la autora del elegíaco *Desde lejos*, al adoptar el más liberador programa surrealista en sus libros siguientes no hubiera abandonado en el camino su formación clásica, o sus lecturas de Rilke o de Nerval. Algo de esa singular combinación puede verse en sus mejores poemas, que parecen variaciones sobre un mismo impulso autobiográfico: "Olga

Orozco", "Si me puedes mirar", "Lamento de Jonás" y "Plumas para unas alas": "Un metro sesenta y cuatro de estatura sumergido en la piel/ lo mismo que en un saco de obediencia y pavor".

Juan José Ceselli, Julio Llinás y Juan Antonio Vasco son otros de los buenos poetas surrealistas argentinos de los años cincuenta, aunque ninguno de todos ellos, ni de los otros, llamó la atención de André Breton, el pope del surrealismo francés y autor de sus tres grandes manifiestos, de 1924, 1930 y 1942, como sí lo hizo Antonio Porchia, poeta de un solo libro titulado *Voces*, cuya primera entrega es de 1948, y que fue publicado varias veces más en ediciones ampliadas hasta la última y póstuma, de 1970.

En 1950, en una entrevista realizada por el poeta español José María Valverde, Breton, luego de considerarse bastante desinformado en cuanto al estado de la literatura en lengua española y de precisar que el poeta que más le gusta de los pocos que conoce es Octavio Paz, afirma que "el pensamiento más dúctil de expresión española es, para mí, el de Antonio Porchia, argentino revelado en Francia por Roger Caillois quien tradujo un volumen de sus *Voces*".[30] Más allá de la precaria validación de Breton, debido a su declarado desconocimiento del contexto en el cual sin embargo destaca la figura de Porchia, el juicio vale para extraerlo al autor de *Voces* del humilde lugar del aforista develador de verdades paradójicas para ubicarlo, según señala con entusiasmo César Aira, como el autor de piezas que, "en su conjunto, se revelan como radicales suspensiones del sentido, tan intrigantes como irresolubles".[31] Así se lee en una de esas voces: "Iría al paraíso, pero con mi infierno; solo, no".

Porchia, por otra parte, fue el implícito promotor de la obra de Roberto Juarroz, compuesta por catorce volúmenes titulados *Poesía vertical*. El primero es de 1958, y la *Decimocuarta poesía vertical*, publicada póstumamente, de 1997. Pero la impronta sólo lógica de los poemas de Porchia, donde lo que parece importar no son sus postulados, que son intercambiables, sino el diagrama de sus postulaciones, es desestabilizada en Juarroz, quien, sobre esa misma base, construye poemas de un sentido más abierto a la experiencia humana, casi siempre negativa, en una lógica perturbada por la pena existencial.

En septiembre de 1955, a los 19 años, Alejandra Pizarnik, que firmaba entonces Flora Alejandra Pizarnik —Flora Pizarnik era su verdadero nombre, "Alejandra" fue un agregado de su autoría—, publica su primer libro de poemas, *La tierra más ajena*, iniciado con una cita de J. A. Rimbaud, del que renegó rápidamente para volver a empezar al año siguiente con un nuevo libro, titulado *La última inocencia*, firmado ya con su nombre artístico definitivo en el sello Poesía Buenos Aires, tan tentativo como el anterior y el siguiente, *Las aventuras perdidas*, pero que incluye sin embargo, su poema más famoso, titulado "sólo un nombre": "alejandra alejandra/ debajo estoy yo/ alejandra".

Con una envidiable economía de palabras —tiene seis, de las cuales tres se repiten, lo que tal vez explique su perdurabildad en la memoria de los lectores—, el poema encierra el nudo de su poesía posterior, desarrollada sobre todo en *Árbol de Diana*, de 1962, y cuyas características la misma Pizarnik presentará unos años más adelante en una entrevista con Martha I. Moia donde señala que, en su obra, "los signos, las palabras, insinúan, hacen alusión" y que "este modo complejo de sentir el lenguaje" la induce "a creer que el lenguaje no puede expresar la realidad; que solamente podemos hablar de lo obvio". De allí, dice Pizarnik, surge "el deseo de hacer poemas terriblemente exactos a pesar de mi surrealismo innato y de trabajar con elementos de las sombras interiores".[32]

Con esa combinación en principio anulante entre tres elementos compatibles —surrealismo, expresionismo, nocturnidad— y otro incompatible con ellos —la precisión— obtuvo, sin embargo, algunos de sus poemas más idiosincrásicos, como "He dado el salto de mí al alba./ He dejado mi cuerpo junto a la luz/ y he cantado la tristeza de lo que nace", de *Árbol de Diana*, que expresa una combinatoria excepcional de dos elementos generalmente contradictorios y neutralizantes uno del otro: por un lado, "la breve frase poética perfecta", como la llama César Aira,[33] y por otro, una enorme carga de subjetividad.

Árbol de Diana es el mejor libro de Pizarnik y el más celebrado. Prologado entusiastamente por Octavio Paz, fue el que le dio una inmediata dimensión latinoamericana a su obra, sustentada tanto en su carácter de novedad como en su imprevista función de despertador de conciencias libertarias, no en proyección política, sino en el más serpenteado campo de la intimidad.

La obra pizarnikiana después de *Árbol de Diana* toma una deriva doble. Por una parte, hacia un tipo de aforismo lírico amoroso, de raíz porchiana, ya nítido en *Los trabajos y las noches*, y por la otra, hacia la gran poesía, de grandes temas, que no parecen responder al origen súbito, irruptivo de los libros de 1958 y 1962, sino a una deliberada selección que da como resultado los poemas retóricos de *Extracción de la piedra de la locura*, de 1968.

La poesía comunicacional, antipoética y existencial

Tanto los surrealistas como los invencionistas, críticos declarados y fervorosos de la poética cuarentista, compartieron sin embargo con ella una idea de la poesía, aunque su ejecución y su retórica fuesen diferentes: sentimientos elevados, elección léxica guiada por una poeticidad anterior —en lugar de que sea el poema lo que define una condición poética, o la emergencia o manifestación de la poesía, son las palabras, poéticas de antemano, las que le otorgan a un poema su condición— y, en todos los casos, la filiación más o menos entusiasta en una tradición poética determinada: romántica, surrealista, creacionista. Y la invocación de nombres de cada una de esas tradiciones que funcionan como talismanes o escudos protectores de la novedad que cada uno de estos micromovimientos viene a representar: Rilke o Neruda, para los neorrománticos, Breton para los surrealistas, Apollinaire y Huidobro para los invencionistas.

Para esos mismos años se conocen nuevos poemas que potencian buena parte de las enseñanzas invencionistas y surrealistas —sobre todo en lo que hace a una voluntad de corte con el pasado y a la libertad expresiva, entendida como libertad de formas—, promoviendo un cambio radical en el vocabulario, una ampliación del diccionario poético, que se hace permeable a las palabras comunes, bajas, e inmediatamente, a los sentimientos y realidades, bajos también y comunes, que son designados por esas palabras. La poesía hiperculta en la que coincidieron los combatientes de los años cuarenta y cincuenta es ahora porosa también a las letras de tango. No porque Rilke, Breton y Apollinaire sean reemplazados por Enrique Santos Discépolo, Homero Manzi y Alfredo Le Pera, sino porque como señala Eduardo Romano, "esas reminiscencias de títulos, versos o, menos aún, apenas frases sueltas de tangos, ingresan al poema cultivado de la misma manera como brotan en la memoria de cualquier argentino maduro, mientras se baña, camina a solas o realiza sus tareas cotidianas".[34]

Es decir, lo popular se suma recortadamente sobre lo hiperculto, del mismo modo en que sucede con todo un arsenal retórico proveniente de la prosa no literaria ni artística, sino periodística, publicitaria, comercial, y hasta originaria del expediente de la policía. Se inventa, en fin, una retórica nueva, como señala Adolfo Prieto, "dispuesta a dar cabida a términos vulgares pero no torpes; a expresiones familiares pero no privadas; a giros pintorescos pero no ruidosamente pintorescos".[35]

De 1954 —aunque publicado recién en 1963— es "Argentino hasta la muerte", de César Fernández Moreno, y de 1955 *El saboteador arrepentido*, de Leónidas Lamborghini, los dos primeros grandes textos que responden a la novedad. Sincrónicamente, en 1954, Nicanor Parra publicó en Chile, con notas parecidas a las de los poetas argentinos, su inmediatamente famoso *Poemas y antipoemas*. La palabra "antipoema", no inventada por Parra pero sí difundida por él con un sentido netamente antinerudiano (y anti, entonces, todo lo que abarcaba el nombre y la obra de Pablo Neruda, sucesivamente romántica, vanguardista y surrealista, y a veces todo eso a la vez), terminó designando a este período de la poesía latinoamericana y, por extensión, a sus ejecutores: Parra, el nicaragüense Ernesto Cardenal, el uruguayo Mario Benedetti, el cubano Roberto Fernández Retamar, el ecuatoriano Jorge Enrique Adoum, y los dos poetas argentinos, sobre todo Fernández Moreno, que fue quien tuvo una más inmediata circulación continental. Este movimiento, sin manifiestos, revistas, ni estandartes, también es conocido por el nombre de "poesía conversacional" o "comunicacional", debido a su permeabilidad al lenguaje coloquial, y en la Argentina, fue llamado por el mismo Fernández Moreno "existencial", en razón de su aspecto "circunstancial, momentáneo, histórico, perecedero, contemporáneo".[36]

La circunstancia y el momento histórico, en la Argentina y a mediados de la década del cincuenta, tienen sobre todo valor político: el de la revolución peronista. Y "Argentino hasta la muerte", *El saboteador arrepentido*, de 1955, y su continuación *Al público*, de

1957, y *Las patas en las fuentes,* de 1965, son, desde perspectivas ideológicas radicalmente contrapuestas, los grandes poemas del peronismo.

"Argentino hasta la muerte", de César Fernández Moreno

"Argentino hasta la muerte" es un extenso poema tan autobiográfico como político que repite, un poco irónicamente —pero no tan irónicamente—, el gesto de los autobiógrafos de 1880 —Mansilla, Cané, Lucio V. López—, quienes fundían la historia de la patria con la historia personal, a fin de construir con su alcurnia y linaje de criollos viejos una barrera de diferencias contra el país nuevo de la inmigración. De eso habla, precisamente, el poema "Trova", de Carlos Guido y Spano, publicado en 1895: "¡Qué me importan los desaires/ con que me trate la suerte!/ Argentino hasta la muerte/ he nacido en Buenos Aires".

La cuarteta, puesta como epígrafe del poema de Fernández Moreno, condiciona políticamente su lectura. Otra vez, ahora frente al nuevo país del peronismo, el pasado, como a fines del siglo XIX, se mitologiza, se desrealiza y se vuelve un paraíso perdido en el que, como cree recordar Fernández Moreno, "todos éramos iguales ante la ley", "todos mordíamos los mismos damascos sobre los mismos techos de cinc", pero era él quien "como un buzo ágil" podía moverse "a distintas alturas de la sociedad" y ser tanto el dueño de la única bicicleta importada de la cuadra como quien se sentía "uno más entre los pibes que vivían en los ranchos junto a la laguna", a quienes les prestaba esa bicicleta "una vuelta manzana a cada uno". La matriz ideológica del poema, con los matices que le imprime la pertenencia del autor a la clase media, no es diferente de la de "Esta primavera de 1945, en Buenos Aires", de Silvina Ocampo. Pero entre ambos hay un contraste fundamental, y es que mientras Ocampo trabaja sin riesgo ni invención sobre formas consagradas por el uso, Fernández Moreno desestima la norma y se interna desafiante en una forma desconcertante para los hábitos de lectura de la época. Esa suerte de contradicción interna del poema (ideología vieja/forma nueva) no atenta, sin embargo, contra su enorme eficacia. Un verso coloquial, pautado no por el metro sino por la conformación de unidades narrativas mínimas que son, por otra parte, las que le otorgan su rara musicalidad no melódica, apelaciones a la complicidad de los lectores (llamados directamente "hermanos"), transcripción mimética de la lengua hablada ("chas gracias chas gracias"), humor ("un funcionario es un hombre que fuma") y una suerte de fervor carnavalesco, en el que se mezclan lo alto con lo bajo, lo culto con lo popular, el inglés con el lunfardo, construyen formalmente una imagen de la inestabilidad inarmónica que había instalado en el país la revolución peronista: "te avivaste gallo ciego pero no tenés ni lenguaje/ te las vas a armar Mallarmé/ que vachaché Jacques Vaché/ what do you think cholito".

Fernández Moreno había empezado a escribir según las convenciones cuarentistas. Los poemas de sus primeros libros, *Gallo ciego*, *El alegre ciprés* y *La palma de la mano*, de principios de la década del cuarenta, forman parte de todas las antologías de la época. Y en poco más de diez años llevó adelante una modificación que tiene el carácter de una proeza, pasando de la propiedad y el manejo virtuoso de una lengua poética dada a la intemperie de la novedad. A eso remite, sin duda, el verso autorreflexivo "te avivaste gallo ciego pero no tenés ni lenguaje". Pero ese pasaje de "tener" a "no tener" se realiza dentro de los dominios de la poesía, toda vez que es siempre la presencia de un yo lírico la que organiza y ordena, tanto el soneto inicial de *Gallo ciego* ("Alguien me hizo girar; trompo de fuego,/ y aquí estoy, preguntando por la senda".), como "Si yo tuviera un corazón", un poema de 1956 liberado ya de toda retórica neorromántica, de mayúsculas y signos de puntuación: "yo tenía una melodía/ íntima poderosa/ alguien la escuchará/ soy un disco semicircular", etc.

Los poemas políticos de Leónidas Lamborghini

En 1967, en una conversación sostenida entre Jorge Luis Borges y César Fernández Moreno, Borges señalaba su perplejidad ante la posibilidad de que saliera "un poema magnífico, y que nosotros nos diéramos cuenta, por muchos detalles, de que el autor lo que quería era reivindicar al peronismo". Para Borges, si eso sucediera, "sería muy fácil que fuéramos injustos con el autor e, incluso, que el autor fuera injusto con su obra". Fernández Moreno le contesta que, efectivamente, aun en caso de que ese hipotético poema fuese una obra maestra, "para tener libertad para juzgarla debería pasar mucho tiempo". Borges, en cambio, dice que ni aun el paso del tiempo lograría, de parte suya, una empatía con el poema: "No creo que yo lo elogiaría", dice, porque de ese modo estaríamos haciéndole "el juego, bueno, a una cosa muy triste".[37]

Ese poema que Fernández Moreno aceptaría sólo con el paso del tiempo y que Borges no aceptaría de ningún modo ya lo estaba escribiendo desde mediados de la década del cincuenta Leónidas Lamborghini, en su "triple condición", destacada por Joaquín Giannuzzi en 1968, "de poeta, trabajador y peronista".[38]

Lamborghini, como Fernández Moreno, da todas las notas del antipoeta. Las letras de tango que se cuelan en el poema ("mentira mentira, no quise decirte"), la voz lunfarda de los personajes ("cada vez me pica más el bagre"), la combinación carnavalesca de lo alto con lo bajo: de Shakespeare o Benedetto Croce con Martino, un reconocido futbolista de esos años del club San Lorenzo de Almagro, la incrustación en el poema de proclamas políticas, a veces directas ("la tierra para quien la trabaja", o "la revolución no se detiene nunca"), y a veces sólo sugeridas, para entrar en la sintonía del lector contemporáneo que esté en condiciones de reponer lo que falta, a partir de palabras que remiten al imaginario del discurso político peronista: plan, descentralizar, bienestar, petróleo, industria.

Pero Lamborghini, a diferencia de los antipoetas que mantienen, como Fernández Moreno, un pie en la convención de la lírica, con esa primera persona que organiza la estructura del poema, da un paso más hacia fuera y construye un poema con argumento (el saboteador arrepentido es el gerente de una fábrica que decide sabotear su producción con la complicidad de la capataza), ambientación (una fábrica textil) y personajes: el mismo saboteador y su contrapunto, el solicitante descolocado —"Desempleado/ Buscando ese mango hasta más no poder"—, y más tarde el letrista proscripto, que canta una letanía en la que se cruzan el abandono de una mujer y el exilio de Perón: "Amigo, por qué somos así:/ somos de una mujer/ y su abandono/ nos requebranta/ nos derrota/ 'qué grande eras/ cuánto valías/ mi general'".

El pasaje del tiempo verbal de la "Marcha Peronista" de presente a pasado habilita a pensar en una lectura violentamente política, en tanto el letrista proscripto siente el exilio de Perón como un abandono: Perón como una mujer que abandona a su hombre, quien, solitario, llora su pena y desconsuelo. Pero también el cruce entre dos campos semánticos diversos y muchas veces antagónicos: por un lado, lo público (la política, el empleo, Perón) y, por el otro, lo privado y lo íntimo (el amor, el abandono, la pena) refuerzan el sentido político del poema y a su vez lo eyectan de la convención del poema político en la que el dolor es siempre plural (de una clase social, de un partido, de una fracción, de una nación) y lo convierte en íntimo. El fracaso político de la revolución peronista provoca en el letrista proscripto un dolor que es privado y amoroso y que demuestra virtuosamente cómo lo social condiciona y condena lo íntimo. Un dolor político que se manifiesta como individual.

La obra de Lamborghini, por otra parte, no es antipoética sólo por ubicarse por fuera del canon establecido y vigente en los años cincuenta, sino porque se salta además todo el siglo XX, incluyendo la práctica modernista de fines del XIX, para entrar en contacto con la gauchesca, la única experiencia argentina de una poesía épica que, como el mismo autor señala, "canta y cuenta a la vez". Sin embargo, el protagonista de la épica lamborghiniana no va a tener características heroicas sino más bien bufonescas, singular elección que desestima cualquier tipo de acercamiento al peronismo como gesta memorable encarnada en sus líderes o en los obreros, una visión presente, por ejemplo, en todas las composiciones que para esa misma época fueron seleccionadas por Antonio Monti para el bastante inclusivo volumen titulado *Antología poética de la Revolución Justicialista*, de 1954, en el que, por lo tanto, no figura ningún poema de Leónidas Lamborghini.

Los libros sucesivos de Lamborghini van sumándose unos a los otros, como en una continuación que seguirá siendo pautada por la circunstancia. Así, el contradictorio tono elegíaco-jocoso de los dos primeros libros que cierran con los dos desocupados (el solicitante y el saboteador) pidiendo al unísono, no trabajo y leyes sociales, sino "La tierra protegida/ Dormir perfectamente en pedo/ Sobre una pampa allí/ Donde florezcan/ Libres los sindicatos", va cambiando en los años sesenta, con la incorporación del letrista proscripto, hacia uno más desgarrado, más combativo y, si se quiere, más convencionalmente político, en una forma, como vimos, completamente dislocada. Esta elección impide —como no había sucedido con el modelo gauchesco— cualquier proyección pública de la obra del autor, que encarna el paradójico caso del poeta peronista y, sin embargo, no popular.

En 2001 Lamborghini publica *Carroña última forma*, donde toma su obra poética, desde *El saboteador arrepentido* en adelante, y realiza con ella un trabajo de "intrusión" de unos textos con otros, rompiendo de esta manera la ilusión de la sucesión cronológica, con lo que el libro se convierte en varios libros a la vez: el que es, y todos los que cita. Pedazos de *Partitas, Episodios, Circus*, aparecen comprimidos en el nuevo libro, que relata el paseo a ninguna parte de un vagabundo por Buenos Aires: inscripciones callejeras, un perro revolviendo basura, un suicida arrojándose al paso del subte, una cita sexual entre el vagabundo y una pordiosera debajo de la Virgen de Retiro, como la versión degradada del encuentro del saboteador y la capataza en la fábrica textil que también debe leerse en clave política, en tanto el obrero peronista devino primero desocupado, luego proscripto y finalmente vagabundo.

Formalmente, Lamborghini hace una última apuesta por la ilegibilidad. Como en *Verme*, de 1988, los versos quedan cortados en expresiones mínimas (sílabas, letras sueltas, pares de letras que no conforman sílabas) que dan un efecto visual llovido, de versos verticales, que obligan a una lectura en voz alta para poder componer el sentido. Pero no se trata de una dificultad "artística". El tartamudeo que va revelando esa lectura es el correlato del trabado soliloquio del vagabundo, y remite al tartamudeo de Eva Perón, según la notable intervención que realizó Lamborghini en 1972 sobre *La razón de mi vida*. Allí, el cliché, el "estereotipo denigrado", como dice Lamborghini de la prosa de Eva Perón, se rompe, y se libera "por la reescritura toda la potencia revolucionaria que el estereotipo encorsetaba". Así, trabajando poéticamente el famoso prólogo a *La razón de mi vida*, escribe: "por él./ a él./ para él./ al cóndor él si no fuese por él/ a él./brotado ha de lo más íntimo. de mí a él:/ de mi razón. de mi vida".

La revista *Zona de la poesía americana*. "Franqueza vitalista, compromiso político y experimentación artística" en la obra de Paco Urondo

Entre 1963 y 1964 se publicaron los únicos cuatro números de la revista *Zona de la poesía americana*, cuyos editores fueron Edgar Bayley, Miguel Brascó, Ramiro de Casasbellas, Paco Urondo, Alberto Vanasco, Noé Jitrik y César Fernández Moreno.

Cada uno de los cuatro números reproducía en la portada la foto de uno de "los grandes poetas argentinos", según el gusto de sus editores: Oliverio Girondo, Juan L. Ortiz, Macedonio Fernández y Enrique Santos Discépolo. El canon vanguardista, en poco más de diez años, entre el decisivo "Poetas de hoy: Buenos Aires, 1953", de *Poesía Buenos Aires*, y la publicación de *Zona de la poesía americana*, cambió. Por un lado están los próceres vanguardistas, aunque sólo uno de ellos, Macedonio Fernández —cíclicamente olvidado y revalorizado, según el espíritu de la época— tenga valor de novedad, porque Girondo ya había sido levantado enfáticamente por *Poesía Buenos Aires* y por los surrealistas. Por otro lado, J. L. Ortiz, tímidamente leído en los años cincuenta, aun en *Poesía Buenos Aires*, es colocado en el centro de la escena, seguramente por la influencia, entre los invencionistas Bayley y Vanasco y el contornista Jitrik, de Urondo y de Brascó. Finalmente, la presencia de Enrique Santos Discépolo no sólo distingue al autor de las letras de algunos de algunos célebres tangos como "Esta noche me emborracho", "Yira, yira", "Cambalache", "Uno" y "Cafetín de Buenos Aires", sino que señala que, momentáneamente, el tango abandona el estatuto de subliteratura y deja de ser esa suerte de enorme reservorio de citas que marcan, a quien las usa, como avisado y abierto a los signos que emite la cultura de masas, pero sin embargo ajeno a ella. Esto quiere decir que la combustión que unos años más tarde se producirá entre literatura vanguardista, política, culta y popular, inaprensible desde cualquiera de esas adjetivaciones en solitario, y que va a ser característica de la cultura de los años sesenta, encuentra su punto de partida simbólico en esas cuatro tapas de *Zona de la poesía americana*, que funcionan, a la vez, como un cierre positivo de todas las preocupaciones de los años cincuenta: las de los surrealistas, las de los invencionistas y las de los conversacionales o antipoetas. Y es notable que mientras todas estas tendencias o microtendencias se constituyen opositivamente (todas en contra de la poesía del cuarenta pero, al mismo tiempo, cada una en contra de las demás), la extraña y novedosa galería de *Zona de la poesía americana* y su máxima expresión poética, que es la obra de Urondo, se articulan ahora no opositiva, sino positivamente, como suma. Así lo dice Urondo en *Veinte años de poesía argentina*, cuando afirma que el pasado surrealista e invencionista debe ser incorporado y no olvidado o superado, "para estar en condiciones de seguir adelante, de obtener conciencia sobre nuestro proceso artístico y sobre el ejercicio poético que nos atañe".[39]

Con Hugo Gola, Miguel Brascó y Juan José Saer, Urondo integra la primera línea de un grupo de poetas de Santa Fe simultáneamente beneficiarios del programa poético de *Poesía Buenos Aires* —el invencionismo, el privilegio de la imagen frente a la metáfora y cierta tendencia a la síntesis y a la brevedad, tomada de los poetas italianos que traducía la revista, como Giuseppe Ungaretti y Eugenio Montale— y del magisterio inmediato, personal, de Juan L. Ortiz. Es decir que estos nuevos poetas santafecinos construyen un imaginario poético centrado en lo que Saer después llamará "la zona" (el litoral con sus ríos, riachos, playas, patos, juncos, de origen orticiano), pero resuelto técnicamente no a la manera de Ortiz, sino de un modo más cercano a la práctica invencionista, con notoria influencia de los poetas italianos. Esto se ve en el poema "19", de Hugo Gola, de su libro *Veinticinco poemas*, donde compone de modo imaginista un puerto fluvial, con privilegio retórico de la sinestesia ("Y llegó/ el silencio de la tarde/ azul/ morado/ rojo") y un cierre ("Luego/ el silencio de la tarde/ entró en mi corazón/ desolado") de inconfundible traza ungarettiana, también presente en los versos cortos o cortísimos, a veces de una sola palabra, y el ascético uso de los signos de puntuación, que se alejan del programa orticiano, hecho sobre la base de versos extensos y proliferación de signos. Los primeros poemas de Urondo también responden a esa doble tradición, a ese potente compuesto de representación más invención y resolución técnica "italiana", que puede leerse, por ejemplo, en el poema "Ojos grandes, serenos" de su libro *Historia antigua*, de 1956, o, sobre todo, en el poema "5", de *Breves*, de 1959, donde la temática orticiana (el monte, la cañada, los pájaros, los palmares) y la mirada, también orticiana, en tanto impresionista, difusa y leve, está resuelta formalmente no con los recursos de Ortiz, sino con los de la nueva poesía italiana: "el secreto/ de las/ ramas/ vacías/ era/ anaranjado/ las/ cotorras/ no/ eran/ rojas".

Pero es recién en *Nombres*, de 1963, en los poemas "Arijón", dedicado a Gola y a Ortiz, y "B.A. Argentine", cuando al incorporar a su poesía un componente a la vez narrativo, autobiográfico y social, Urondo encuentra el tono más reconocible y personal de su poesía. Ése es el que va a estar en la base de *Adolecer*, de 1968, un poema-libro, que tiene, como "Gualeguay" de Ortiz y "Argentino hasta la muerte" de Fernández Moreno —sus notorios modelos—, una estructura simultáneamente abierta y controlada y en la que por su asunto —una autobiografía permeable a la historia política de la nación—, el poeta y el ensayista disputan por el predominio de la voz.

El poema va engarzando citas o paráfrasis de José Hernández, Oliverio Girondo, Homero Manzi, Alfredo Le Pera, Juan L. Ortiz, Jorge Luis Borges, César Fernández Moreno ("de qué manera/ soy argentino, hasta/ qué muerte, con qué gusto, con qué/ desprecio"), sin privilegiar unas sobre otras, que van marcando el recorrido de lecturas e influencias de Urondo y, también, dándole a la obra su base de sustentación. El excéntrico del listado es Jorge Luis Borges. Anatemizado como poeta en los años cincuenta por los contornistas, y también por *Poesía Buenos Aires*, que celebró la histórica impugnación de *Contorno* a Borges, es recuperado, en un segundo movimiento, por el ala santafecina de la misma generación. Pero esta nueva lectura de Borges estaba más propensa no tanto a destacarlo como poeta, sino a incorporar a la plataforma poética al ensayista y al narrador. Algo de eso podrá verse en la obra de Aldo F. Oliva, que se conocerá muchos años más tarde, en la de Saer, y en la de Urondo, un original invencionista que empieza desprejuiciadamente a contaminarse de todo lo que cita, de donde sale un poeta condensado, que es todo lo que cita y a la vez diferente de todos los que cita, armando un registro poético muy ancho, en el que caben lo superdenotativo —marcas de autos, de heladeras, títulos de diarios—, lo denotativo rebajado con la sorna o con la ironía, sobre todo con relación al discurso político ("Ganará la UCRI. Perderán los salvajes unitarios"), y la imaginería inventiva total. Imágenes, como dice D. G. Helder, extravagantes y difíciles de interpretar: "la soberbia más admirable que driblea en una efímera bicicleta para permanecer".[40]

Pero en *Adolecer*, además de la forma, hay un asunto privilegiado, que es el país visto como un adolescente, como alguien que es hablado por su historia, alguien a quien le falta algo y que, según puede verse en cada uno de sus nudos políticos, está constituido por la cobardía: una historia desgarradora hecha a golpes de partidas y defecciones: San Martín se va, Rosas se va, Urquiza abandona la batalla ganada, huye de Pavón y se va, y también se van Yrigoyen y Perón y se van Frondizi y Arturo Illia. Estos dos últimos, en un pasaje memorable por la alta intensidad del poema, seguramente porque en ese momento la referencia histórica ya no es pretérita, sino que está comprometida con los acontecimientos políticos del presente: Illia es derrocado en 1966, y el poema se publica al año siguiente. La imagen de los dos presidentes, huyendo a la madrugada "como Jean Gabin, en la bruma/ del puerto que en esas horas virginales/ todo lo envuelve", no es heroica como después quiso que fuera la tradición cívica, constitucional y liberal, políticamente representada por la Unión Cívica Radical de donde provenían ambos, sino más bien patética. Los dos son vistos en el poema como dos presidentes "muertos de cansancio" que caminan derrotados por la calle, "soñando con el poder/ con la gloria de haber/ sido y el dolor de volver/ a empezar a seducir", recortados sobre una sociedad que, en efecto, está dispuesta a ser seducida nuevamente por los presidentes cansados: "porque somos como las mujeres/ que nunca reaccionan y toleran/ maridos rotos, platos sucios, por/ no arriesgarse en la calle,/ en las baldosas flojas donde uno pisa/ y se cae y se lastima y se ensucia". Tulio Halperín Donghi, en un análisis excepcional sobre la figura de Urondo,[41] vincula certeramente estas estrofas de *Adolecer* con "Hotel Guaraní", un poema de *Son memorias*, un libro de 1970 donde Urondo vuelve sobre la imagen de Illia, el débil presidente al que no matan, ni exterminan, ni cosen a puñaladas, sino a quien "desalojan, como si no hubiese pagado el alquiler", como si fuese, escribe Urondo, "un borracho fastidioso" que no quiere abandonar el despacho de bebidas y que se queda mirando fotos, "firmando un souvenir que otro para sus correligionarios" y al que los militares "ni siquiera lo ungieron con la prisión".

Ya entonces, a mediados de los años sesenta, Urondo es sobre todo un poeta político y más lo es cuanto más se agranda su participación en la política argentina, que tímidamente comienza a fines de los años cincuenta, cuando actúa como funcionario cultural del gobierno santafecino del frondizista Carlos Silvestre Begnis, y que eclosiona, luego de su paso por el Movimiento de Liberación Nacional en los años sesenta, con su integración a las Fuerzas Armadas Revolucionarias (FAR), primero, para pasar después a Montoneros.

Sin embargo, contra todos los presupuestos de la poesía militante, la de Urondo no se desprende nunca de su base imaginativa, liberada de la pura presión referencial, según puede verse, por ejemplo, en algunos de sus excepcionales poemas póstumos, como "Milonga del marginado paranoico", "No puedo quejarme", "Liliana Raquel Gelin" o "Benefacción", en los cuales, como señala D. G. Helder, Urondo arma esa original "amalgama de franqueza vitalista, compromiso político y experimentación artística" a partir de la cual construye una de las manifestaciones poéticas más destacadas de la segunda mitad del siglo XX.

La obra de Urondo, por otra parte, parece ser una puesta en texto de su singular personalidad, presentada en el poema "La pura verdad" como una rara suma donde convivían el dandy ("no descarto la posibilidad/ de la fama y del dinero; las bajas pasiones y la inclemencia") y el agitador ("sé que llegaré a ver la revolución, el salto temido/ y acariciado, golpeando a la puerta de nuestra desidia").

En la clandestinidad, despromovido por la cúpula de Montoneros por sus actitudes individualistas y liberales (enamorarse de una mujer estando casado con otra), Urondo es enviado a Mendoza en 1976 a reorganizar la militancia que estaba siendo diezmada por el gobierno de la dictadura militar. El 17 de junio de ese año, Urondo cae en una emboscada, y luego de un tiroteo y antes de ser apresado por las fuerzas represivas, se autoaniquila, tomando una pastilla de cianuro. En homenaje a Juan L. Ortiz, su nombre de guerra era Ortiz. Así le avisan a Rodolfo Walsh, compañero de militancia: "Lo mataron a Ortiz". Y escribe Walsh que el aniquilamiento de Urondo, muerto "por el Ejército asesino, la Marina mercenaria", supone el fin de una parábola: porque Urondo, que en la clandestinidad se llamaba Ortiz, puede, una vez muerto, recuperar su nombre: "Hoy podemos nuevamente pronunciar tu nombre, Francisco Urondo, poeta y guerrillero".⁴²

Una parábola que encierra otra parábola. El que se llama Urondo pasa a la clandestinidad llamándose Ortiz y vuelve, después de muerto, a recuperar su nombre: Urondo. Pero también, en la poesía de Juan L. Ortiz toda la potencia política queda contenida por el enfrentamiento entre el deber ser ("ahora en que es necesario ir, bajo ráfagas de fuego, acaso,/ a ayudar a nacer el mundo nuestro y vuestro") y su decepcionante resolución, en términos de militancia: "Pero es tan sereno y delicado este crepúsculo/ de fines de Agosto/ que pienso en una frente ilusionada de adolescente/ esparciendo una frágil fiebre de sueños secretos y fragantes".

El dilema interno que sucede en quien sabe que tiene que ir al frente (en ese entonces, en España, a favor de la República y en contra del franquismo), y sin embargo no va, apelando a su condición de "refinado nostálgico y ultrasensible", es resuelto especularmente por Urondo, quien, según todos los testimonios recogidos en su biografía firmada por Pablo Montanaro,⁴³ sabe que no tiene que ir, porque lo van a matar, pero va de todos modos, tal vez para no sumarse a la lista de los personajes políticos de su poema *Adolecer*, que prefieren huir a dar batalla, aunque sea una batalla perdida.

De este modo, y en los 40 años que van entre 1936, que es la fecha de los dos poemas citados de Ortiz, y 1976, que es cuando muere Urondo, se escribe este extenso y discontinuado capítulo de la poesía y la política argentinas, en el que Urondo, beneficiario de muchas de las magistrales invenciones formales de Ortiz, las lleva hacia un lugar previsto en el modelo pero al que, sin embargo, si no hubiese sido por su intervención, no hubiesen llegado nunca.

La poesía excéntrica de Alberto Girri

Entre 1946 y 1952 Alberto Girri publica cinco libros de poemas correspondientes a la características generales de la Generación del Cuarenta, de las que el autor abjuró inmediatamente, como lo demuestra el hecho de que en una antología de su obra que preparó en 1983, sólo incluye poemas del sexto libro en adelante, publicado en 1956. Ricardo H. Herrera encuentra que la "ascesis solitaria" de la obra madura de Girri no es sino una purga del "excesivo subjetivismo y melancolía de la poesía cuarentista junto a la cual surgió".[44] Y es cierto que hay un paulatino despojamiento de subjetividad, un abandono de la elegía cantada en segunda persona del singular ("Oh, Delfina/ tu corazón ahora envuelve la ciudad,/ el mundo entero,/ y me hace nadar hacia cálidos umbrales,/ donde ecos que antes ignoré/ viven de ecos parecidos".) en busca de una poesía que, como él mismo anotó, pudiese cambiar una lengua "retórica, visceral y patética" por otra "casi neutra, aparentemente anónima".

El modelo de Girri es la prosa —"Las virtudes de la prosa, desnudez, economía, eficacia, fijarlas asimismo como metas del poema", escribe en *Diario de un libro*—. Pero es un hecho que ésas no son características de la prosa en general ni de las particulares como la romántica, modernista, barroca o surrealista, sino de una prosa específica que desveló los intentos poéticos de Girri: la de Borges. Pero más específicamente aún: una parte de la prosa de Borges. No, por ejemplo, la abigarrada y antieconómica prosa de *Historia universal de la infamia*, ni la que Borges y Bioy Casares firmaron como Honorio Bustos Domecq, sino la sólo por momentos más neutra y limpia de *Ficciones* o de *El Aleph*, donde Borges se vale de ciertas enseñanzas sintácticas del inglés para depurar la lengua literaria española de la ampulosidad con que la habían dotado los románticos, los modernistas y los realistas. Y ése es el plan que entusiasma y sigue Girri: Borges como prosista, y el inglés tomado, según señala Bárbara Crespo de Arnaud, como modelo "lingüístico y literario". Esto es, la lengua inglesa, pero también los poetas ingleses y norteamericanos que Girri leyó y tradujo inmediatamente: sus contemporáneos Robert Lowell, Gregory Corso y Lawrence Ferlinghetti, los ya clásicos en los años sesenta T. S. Eliot, Ezra Pound, Wallace Stevens y Edgar Lee Masters, y el gran metafísico inglés John Donne. De esa tradición se alimenta la poesía de Girri y no del modelo posromántico europeo —de Charles Baudelaire en adelante— que fue la fuente de inspiración casi excluyente de la poesía argentina de las primeras tres cuartas partes del siglo XX. Allí, en esos modelos, se encuentra la base de la insularidad y la rareza de la obra de Girri, que se manifiesta en el tipo de poesía que practicó, en su plan restrictivo de desproteger al poema de toda efusión sentimental, de todo afán de representación y convertirlo en un laboratorio metaliterario, de reflexión sobre la literatura, según puede verse en títulos como "El poema como idea de la poesía" o "A la poesía entendida como una manera de organizar la realidad, no de representarla". Como muchos de sus maestros —Borges, pero también Eliot, Ezra Pound o Wallace Stevens—, Girri acompañó su obra poética de anotaciones y especulaciones sobre la experiencia poética y sobre el arte de escribir, que reunió en 1983 en un magnífico volumen titulado *Notas sobre la experiencia poética*.

En los últimos treinta años, la poesía de Girri fue, además, modelo no excluyente de obras de distintos autores —Federico Gorbea, Pablo Ananía, Jorge Aulicino, Sergio Cueto, Oscar Taborda y Eduardo Aibinder—; obras completamente diferentes entre sí en las que, sin embargo, es posible encontrar, tanto en su manifiesto antisentimentalismo como en el uso de un castellano depurado de extravagancias y adjetivación, esa común marca de origen.

Capítulo 14

Una docena de novelas por lo menos notables. Boom: palabra de origen económico. Julio Cortázar cuenta un cuento con la idea de la muchacha que sube y los otros tienen flores y ella no tiene flores. Un movimiento magistralmente sintáctico. Lo que dice Alan Pauls. Interpelando la subjetividad del lector. Una novela abierta sólo para aquellos que. Lo que se pregunta José Lezama Lima y lo que contestan Enrique Pezzoni y Nicolás Rosa. Los romances de un primo de Manuel Puig. Borrando la marca personal del autor mediante la reconstrucción de voces anónimas. Unas conciencias invisibles que "hablan, piensan, escriben". Dos especies diferentes de lectores. La intervención reparadora de la crítica universitaria. La anomalía de la obra de Juan José Saer, en la profundidad del sistema literario. Un caballo bayo amarillo. Una lectura distraída de la obra del maestro. Los buenos y muy buenos poetas que comenzaron a publicar para esos mismos años. Lo que dice Roberto Santoro. Para Juan Gelman, el mundo cabe en la cocina. Juana Bignozzi, sobria y sofisticada a la vez. Revolución, una palabra valija.

La historia del *boom*

En 1972, el año en que la historiografía literaria de América Latina lo dio, retrospectivamente por terminado, Mario Vargas Llosa, en la revista *Zona Franca* de Caracas, ensayaba una definición del *boom* en la que destacaba que se trataba de "un conjunto de escritores" que adquirieron "de manera más o menos simultánea en el tiempo, cierta difusión, cierto reconocimiento por parte del público y de la crítica".[1]

Para el novelista y periodista peruano, además, el *boom* fue, sobre todo, "un accidente histórico", y no se trató de "un movimiento literario vinculado por un ideario estético, político o moral", como lo demuestran, para él, las obras de Julio Cortázar y del mexicano Carlos Fuentes, que "tienen pocas cosas en común y muchas otras en divergencia".

Precisamente Cortázar, para esos mismos años, tampoco consideraba el *boom* como un movimiento o fenómeno literario, descartando también que se trata del producto de una maniobra editorial: al *boom*, afirmaba, "no lo hicieron los editores, sino los lectores".² Y se preguntaba: "¿Y quiénes son los lectores, sino el pueblo de América Latina?". Según esta versión, el *boom*, además de ser un "formidable apoyo a la causa presente y futura del socialismo, es decir, a la marcha del socialismo y a su triunfo, que yo considero inevitable y en un plazo no demasiado largo", era, también, la comprobación de la expansión de un nuevo público que permitía que "un escritor de talento" se convirtiera en un autor popular, contrariamente a lo que había sucedido en la misma América Latina hasta hacía unos años, cuando con "tremenda dificultad" podía difundirse una edición de 2000 ejemplares o, precisaba Cortázar, en el caso de Borges, de apenas 500. Más allá de sus previsiones políticas, finalmente vencidas por los hechos, lo que Cortázar destaca del fenómeno, como señala Ángel Rama, es "la aparición de un nuevo público lector y de su búsqueda de identidad".³

El chileno José Donoso, por su parte, en *Historia personal del boom*, sostiene una definición que excluye al gran público y la sanción favorable de la crítica para poner el acento en un restringido pero heterogéneo grupo de obras, publicadas en la década del sesenta, que dan simultánea idea de generación o movimiento y de arte poética. De pronto, escribe Donoso, entre 1962 y 1968, "había irrumpido una docena de novelas que eran por lo menos notables, poblando un espacio antes desierto".⁴ Entre esa docena, el chileno recuerda haber leído sucesivamente *La muerte de Artemio Cruz, La ciudad y los perros, La casa verde, El astillero, Paradiso, Rayuela, Sobre héroes y tumbas, Cien años de soledad*.

En ese conjunto de obras de autores hasta cierto punto excluyentes —Juan Rulfo y Ernesto Sabato, José Lezama Lima y Juan Carlos Onetti—, Donoso encuentra sin embargo una nueva —y común— percepción de la estructura narrativa y una renovación del repertorio lingüístico, logradas a partir de una confluencia generacional de los nuevos narradores —aquellos que empezaron a publicar a partir de mediados de la década del cincuenta, como Mario Vargas Llosa, Gabriel García Márquez, Carlos Fuentes, Juan Rulfo, el mismo Donoso— con los llamados por Donoso "reservistas" de generaciones anteriores —Borges, Juan Carlos Onetti, José Lezama Lima, Alejo Carpentier y Julio Cortázar— que ya en los años treinta habían publicado por lo menos el primero de sus libros. Esta atendible perspectiva de Donoso devuelve el *boom* a la literatura y permite percibir, en la trama de la narrativa latinoamerciana escrita en castellano entre los años cuarenta y cincuenta, a partir de la publicación de *Ficciones* y *El Aleph*, de Borges, *El reino de este mundo*, de 1949, del cubano Alejo Carpentier, *El pozo*, de 1939, *Tierra de nadie*, de 1942, y *Para esta noche*, de 1943, de Juan Carlos Onetti, *Adán Buenosayres*, de 1948, de Leopoldo Marechal y hasta esa experiencia narrativa de efectos encapsulados hasta los años cincuenta, como fue *Los siete locos - Los lanzallamas*, de Roberto Arlt, y la extensa obra narrativa de Juan Filloy, un corte que vuelve definitivamente anacrónica la supervivencia del realismo del siglo XIX que con variantes sociales, indigenistas y políticas podía rastrearse en todas las literaturas nacionales latinoamericanas, aun después de las experiencias de las vanguardias en los años veinte y treinta, y que encontraría su tardía culminación en 1941 en *El mundo es ancho y ajeno*, del peruano Ciro Alegría.

Pero, como bien lo registraba Vargas Llosa, el *boom* es, además, inescindible de su repercursión en la crítica y en el gran público. En cuanto a lo primero, fue Luis Harss quien en 1966, después de haber leído *Rayuela* de Julio Cortázar en 1964, percibió el "nacimiento de una novela latinoamericana" que volvía insuficiente para su análisis la categoría de "literatura nacional" y que permitía que "por primera vez" los novelistas latinoamericanos pudieran "aprender los unos de los otros", conformando, en definitiva, a partir de obras individuales un proyecto más vasto de "unidad cultural".[5] *Los nuestros*, el libro fundador de Harss, se ciñe, como lo indica el mismo autor, a "percibir síntomas, señalar líneas principales, captar algunas tendencias, sugerir algunas valoraciones preliminares", trabajando sobre "terreno casi virgen" y recurriendo "a la única fuente de información segura: los autores mismos". Carpentier, Miguel Ángel Asturias, Borges, Guimarães Rosa, Onetti, Cortázar, Rulfo, Fuentes, García Márquez y Vargas Llosa son los diez autores estudiados y entrevistados por Harss, quien de este modo inaugura, sincrónicamente con la publicación de las novelas del *boom*, su estudio de conjunto —tarea que seguirán inmediatamente, entre otros, Emir Rodríguez Monegal, Ángel Rama, el peruano Julio Ortega, el chileno Juan Loveluck, el mismo Carlos Fuentes como ensayista, y que dará algunos años después algunos libros excepcionales, como los dos tomos de *La nueva novela latinoamericana*, compilada por Jorge Lafforgue, y *Más allá del boom: literatura y mercado*, editado por Ángel Rama—. También le cabe a Harss el mérito de haber sido el primero en proponer una selección de autores que no podían reconocerse externamente por el hecho de no haber realizado publicaciones conjuntas, firmado manifiestos, ni tener ni siquiera una común pertenencia generacional— Vargas Llosa, por ejemplo, es 22 años más joven que Cortázar y tenía apenas dos años cuando éste había ya publicado su primer libro de poemas, *Presencia*, en 1938. Hasta la lengua —Guimarães Rosa escribe en portugués, los otros en castellano— y la práctica genérica —Borges no es novelista, los otros nueve lo son— parecieran atentar contra la idea de conjunto, sino fuera porque el índice de Harss es una justa imagen de esa característica transnacional, transgeneracional y transgenérica del *boom*.

La valoración del gran público fue también una marca del *boom* y durante algunos años su estigma, en tanto un grupo de apocalípticos, con David Viñas en la primera línea, consideró que el *boom* —palabra de origen económico— estaba más relacionado con el rápido incremento en la venta de los libros que con la cantidad y calidad de los nuevos escritores, y que era por lo tanto un fenómeno que, en definitiva, atañía más al mercado que a la literatura.[6] Los números, si no apoyaban necesariamente la hipótesis, tampoco contribuían a desestimarla de plano. Cortazár, por ejemplo, había publicado sus primeros libros de narrativa con las tiradas habituales, de 2500 ó 3000 ejemplares, y *Rayuela* misma tuvo una primera edición de 4000. Pero un par de años después *Todos los fuegos el fuego* tiró, en su primer año en las librerías, dos ediciones con un total de 28.000 ejemplares. Y *Cien años de soledad* arrancó en 1967 con una tirada de 25.000 y al año siguiente subió a 100.000, en lo que Rama llama "una revolución en las ventas de novelas en el continente". Tulio Halperín Donghi encuentra que la "ampliación vertiginosa" en la venta de libros fue favorecida por la inflación, "que al disuadir del ahorro y poner los bienes de consumo durables fuera del alcance de la mayor parte del público, estimulaba la adquisición de los de consumo perecedero, entre ellos la amena literatura".[7] Sin embargo, cuando treinta años más tarde una nueva coyuntura —esta vez de inflación cero— provocó una "sensación" económica parecida sólo en la superficie a la de los años sesenta —crecimiento del consumo perecedero y ningún estímulo al ahorro—, no fueron los libros los privilegiados por los consumidores de la clase media, sino los electrodomésticos y, a través de la convertibilidad al mismo valor del peso argentino y del dólar estadounidense, los viajes al extranjero. La comprobación rehabilita la hipótesis de Cortázar, en cuanto a la importancia del componente ideológico y político del contexto que contribuyó de manera decisiva en la conformación del *boom*, como puede seguirse al revisar los índices de algunas de las revistas emblemáticas de la época, como *Casa de las Américas*, *Marcha*, *El Escarabajo de Oro*, *Amaru* o *Mundo Nuevo*, y los estudios de María Eugenia Mudrovcic y Claudia Gilman sobre el período.[8]

Hubo entre la revolución cubana, en 1959, y el golpe de Augusto Pinochet contra el gobierno constitucional de Salvador Allende, en Chile, en 1973, una nueva conciencia continental latinoamericana, de marcado tono antiimperialista, que tuvo en la Argentina algunas emergencias puntuales —las luchas obrero-estudiantiles entre 1968 y 1969, el avasallante triunfo del candidato peronista Héctor J. Cámpora en las elecciones de 1973, que terminaba con 18 años de proscripción del Partido Justicialista— y que contribuyó a que ese numeroso público de clase media, potencialmente lector —pero hasta ese entonces no necesariamente lector, o no muy lector de literatura latinoamericana—, se volcara, en pocos años, a la lectura de un grupo bastante restringido de obras y autores que en sus asuntos y en el tratamiento de esos asuntos, lo interpelaban. Entre ellos, *Rayuela* y Julio Cortázar.

El "fantástico cotidiano" en los cuentos de Julio Cortázar

Si bien es cierto que el nombre de Julio Cortázar está singularmente ligado al de una novela, *Rayuela*, y por contigüidad, a la década del sesenta, la revisión de su bibliografía, que se inicia con la publicación de un libro de poemas, *Presencia*, firmado en 1938 con el seudónimo Julio Denis, y que cierra en 1984 con *Salvo el crepúsculo*, una antología personal compuesta mayoritariamente por poemas viejos y nuevos, indica que esa extensa obra —de más de 25 libros— incluye novelas, sí, pero también cuentos, poemas, obras de teatro, ensayos, reseñas bibliográficas, guiones de historieta, y de ningún modo se circunscribe a la década del sesenta. Antes bien, Cortázar fue en un principio, como lo certifican *Presencia* y su obra de teatro *Los reyes*, de 1949, uno de esos "jóvenes serios" y contravanguardistas que en los años cuarenta propiciaron una poesía cuyos temas —la infancia y el amor perdidos, la tierra natal— y el uso machacante de la primera persona los acercaban a la poesía romántica, aunque se tratara de un romanticismo contenido, apaciguado por la presencia de una cultura libresca y antirrealista, de raigambre seudoclásica, notas que pueden seguirse tanto en la reescritura del mito de Teseo y Ariadna que Cortázar ensaya en *Los reyes*, como en casi todos sus poemas de la época. En algunos de ellos, sin embargo, ya puede verse cómo el programa romántico y antirrealista empieza a ser minado por la representación del contorno, y aún bajo la imponente y libresca lápida del entresueño y de la irrealidad, irrumpe la presencia tímida de la pura referencia: los arrabales, el verano, una mujer.

De hecho, el realismo será el primer problema que enfrente la obra madura de Cortázar, y de su solución emergerá lo más destacado de su obra: sus cuentos fantásticos de los años cincuenta y sesenta y *Rayuela*.

En *Bestiario*, *Final del juego*, *Las armas secretas* y *Todos los fuegos el fuego*, escritos, como prácticamente toda la producción cuentística argentina de la segunda mitad del siglo XX, al rescoldo de las intervenciones de Borges, se encuentran algunos de los cuentos fantásticos mejores y más celebrados de la literatura argentina. Pero contrariamente al modelo borgeano y a algunas de sus variaciones más originales, como la de Silvina Ocampo, Cortázar ensaya un fantástico realista cuyo origen no surge, como en Borges, del laboratorio de la imaginación intelectual, sino en respuesta a los paradójicos estímulos fantásticos de la realidad, como lo cuenta el mismo Cortázar en una entrevista de Evelyn Picon Garfield donde relata la génesis del cuento "Ómnibus". Allí dice que tomaba todos los días ese ómnibus para ir al trabajo "y todo lo que se describe de la geografía de Buenos Aires, el número del ómnibus, los carteles que hay en el interior y las distintas etapas del viaje, se ajustan exactamente a la realidad". Incluso el hecho de que el ómnibus pasara por un cementerio privado y que, en un tramo del recorrido, hubiese muchos pasajeros llevando flores para sus muertos. Sobre esa pura referencialidad, Cortázar instala lo que él llama "una situación" o "una especie de bloque": algo extraño irrumpe en esa escena cotidiana, habitual, que se organiza "con la idea de la muchacha que sube y los otros tienen flores y ella no tiene flores", es decir, con la irrupción fantástica de un muerto, en un mundo habitual, chato, compuesto de deudos.[9] Y para que fulja convenientemente la irrupción de lo fantástico, ejecuta el cuento según las convenciones de mínima del realismo: lenguaje informativo, sobrio, sin brillo verbal ni elementos decorativos, como si el narrador se propusiera, limpiamente, nombrar las cosas y los hechos a través de un lenguaje referencial y denotativo.

Fue la lectura de *Adán Buenosayres* la que terminó de definir ese vuelco hacia lo inmediato en la obra de Cortázar, según se desprende de su celebratoria noticia bibliográfica sobre la novela de Marechal, publicada en la revista *Realidad* en 1949, donde además de destacar "el acontecimiento extraordinario" que suponía la publicación de la primera novela del autor de *Días como flechas*, anotaba que "muy pocas veces", en la literatura argentina, "se había sido tan valerosamente leal a lo circundante".[10]

La crítica uruguaya Mercedes Rein destaca, sin embargo, que lo que Marechal le ofrece a Cortázar no es una "exigencia realista" en un sentido absoluto, ausente por otra parte tanto en uno como en otro, sino la posibilidad de desmonetizar el valor connotativo y entonces poético de la palabra, rebajarla o adelgazarla, a fin de volverla lo más denotativa posible para enturbiarla después por la irrupción del terror, la violencia, la inquietud angustiosa o lo fantástico.[11] Ese movimiento, que en Cortázar a veces es magistralmente sintáctico, porque el pasaje de lo común a lo excepcional ocurre en el estrecho límite de una frase, con el ligero cambio de tiempo o de persona verbal imperceptible en una primera lectura, da como resultado la creación de un subgénero de la literatura fantástica, el "fantástico cotidiano", como lo llamó Abelardo Castillo, quien habla de los fantasmas "realistas" de Cortázar, que "viajan en tranvía, en subterráneo, caminan de mañana por la calle. Sobre todo eso: operan a la luz del sol".[12] De esa seductora invención fueron beneficiarios muchos de los narradores fantásticos argentinos de la segunda mitad del siglo xx, entre quienes se destacan el mismo Castillo y Angélica Gorodischer por la originalidad de muchas de sus soluciones.

Rayuela

Pero también *Rayuela* será beneficiaria de ese mismo vuelco, ahora menos en lo que hace a los mecanismos de representación como en lo concerniente al habla de los personajes. Para calibrar mejor el contraste dentro de la misma obra de Cortázar, bastará cotejar el habla artificiosamente poética de los personajes de *Los Reyes* con la de los de *Rayuela*, que tratan de participar de ese idioma "turbio y caliente, torpe y sutil pero de creciente propiedad para nuestra expresión literaria", que Cortázar había entrevisto en Marechal.

Es cierto que hoy la lengua de *Rayuela* parece cristalizada y excesivamente literaria, pero también lo es que pocos años después de la publicación de la novela, la cubana Ana María Simo encontraba que el "lenguaje popular porteño" aparecía en los personajes de *Rayuela* "captado casi con la fidelidad de una grabación".[13] Y que en 1954, en el número 3 de la revista *Contorno*, Oscar Masotta refutaba violentamente un comentario publicado en el número 99 de la revista madrileña *Ínsula* sobre la obra *El juez* de Héctor A. Murena, firmado por el poeta Jorge Vocos Lescano, donde el reseñista celebraba "el uso felicísimo que hace Murena del pronombre vos", pero también alertaba acerca de la "medida" y el "control" que debe tener "la adopción de ese tuteo", porque su uso indiscriminado "perjudica y empobrece notablemente la expresión, cuando no la degenera por completo". Para Masotta, en cambio —"da vergüenza tener que decirlo, Vocos Lescano"—, el voseo no puede degenerar la expresión porque "está tan adentro de la manera de expresarse del argentino, que es la *misma*, la *propia* expresión".[14] Si bien es verdad que la polémica parece anacrónica incluso en 1954, también es verdad que existió, y el tono que le imprime Masotta a su intervención, aun despojado de su agregado de sobreactuación juvenil, da cuenta de la importancia que el asunto tenía y que lo que hoy nos parece natural (el voseo) era entonces lo marcado, y lo que hoy sería lo marcado (el tuteo), lo natural. Ese termómetro mide el grado de novedad de *Adán Buenosayres*, y también del Cortázar de *Bestiario*, publicado en 1951, ya instalado en el bando de la nueva expresión.

Sin embargo, las prescripciones aprendidas en Marechal no promueven un corte entre el nuevo Cortázar, más atento a la palabra narrativa que a la poética y con el oído educado entonces en captar la música del habla popular porteña de mediados de los años cincuenta, y el Cortázar hiperculto, libresco y seudoclásico de los años cuarenta. La fusión entre ambos es, al contrario, la marca ígnea de *Rayuela*, la que lleva a Alan Pauls a señalar a Cortázar como "el escritor argentino de la reconciliación", autor de una obra hecha para "conjurar imposibilidades" e imbuida de una especie de "esperanza redentora" capaz de amparar el encuentro entre dos cosas, o mundos, o lenguajes, que de otro modo se ignorarían o serían enemigos: "los usos populares y la cultura elevada; la erudición exquisita y el gusto anónimo, social; la apreciación artística y el consumo; el compromiso y las irresponsabilidades lúdicas".[15] En esa reconciliación de pares se encuentran, simultánea y paradójicamente, la enorme eficacia de la novela y su limitación.

Ciento cincuenta y cinco capítulos dividen las casi 700 páginas de la edición original de *Rayuela* de 1963, inaugurada con un inmediatamente célebre "tablero de dirección", que dice que "a su manera este libro es muchos libros, pero sobre todo es dos libros". Uno, el primero, "se deja leer en la forma corriente, y termina en el capítulo 56". El segundo se lee empezando por el capítulo 73 y siguiendo luego el orden que se indica al pie de cada capítulo.

La primera de estas novelas, también llamada, en la misma novela, novela-rollo, y que es la que sigue el lector-hembra, según otra definición de la novela, se encuentra dividida en dos partes —"Del lado de allá" y "Del lado de acá"— que corresponden a dos escenarios: París y Buenos Aires. La primera narra retrospectivamente la historia de amor entre Horacio Oliveira y la Maga, en "París, años cincuenta y tantos", las reuniones en el Club de la Serpiente, la muerte de Rocamadour —el hijo de la Maga—, y cierra, una vez que Oliveira no encuentra a la Maga, dando así una respuesta negativa a la famosa pregunta con que abre la novela ("¿Encontraría a la Maga?"), en una escena en la que Horacio se emborracha con la *clocharde* Emmanuèle, él le recita unas sextinas del *Martín Fierro*, y ella le lame "humildemente la pija", hasta que llega la policía y se los lleva presos. La segunda parte narra la vuelta de Oliveira a Buenos Aires, su encuentro con Traveler y Talita, su paulatino enloquecimiento y el final, desde una de las ventanas del manicomio, "ese instante terriblemente dulce en el que lo mejor sin lugar a dudas hubiera sido inclinarse apenas hacia fuera y dejarse ir, paf, se acabó".

En la novela del tablero, la novela del lector "cómplice", que es aquel que sigue "por debajo del desarrollo convencional" "otros rumbos más esotéricos", los capítulos que van del 57 al 155 se van intercalando entre el primero y el 56. El 55 queda excluido en esta nueva lectura, aunque el asunto que se narra allí es recuperado en los capítulos 129 y 133. En la nueva narración entran los soliloquios de Horacio, el personaje de Pola —una especie de negativo de la Maga— y, sobre todo, el personaje de Morelli, un alter ego de Cortázar, inspirado en la figura de Macedonio Fernández, cuyas intervenciones teóricas y críticas van pautando la lectura de la novela. La nueva novela gana en complejidad, pero no pierde nada de la tensión lírica y narrativa que son dos notas dominantes de la más corta, o novela-rollo, aunque el final "abierto" de ésta, donde el lector no sabe, en definitiva, si Horacio se tira o no de la ventana, tiene más poder de sugestión y parece más acorde con la novela larga que el final de esta última, en el que el rebote entre los capítulos 131 y 58 propone, en definitiva, una idea un poco mecanicista de infinitud o no terminación.

Pero la forma —aunque en un principio eso fuera lo más impactante de *Rayuela*—, su trama y sus personajes, su lenguaje y su extraña temporalidad, la sugestiva indeterminación de su voz narrativa y su estilo, cuya marca distintiva son los puntos suspensivos, el correlato justo de la idea de la incompletud de la cual la novela-almanaque hace una bandera teórica y que están inscriptos en algunos de los enunciados-emblema de *Rayuela* —"Pero el amor, esa palabra.."., o "Pez, hoja, nube, imagen: exactamente eso, a menos que..".—, tributan, todos, a la construcción del verdadero asunto de la novela: el lector.

El lector, quien desde la página 0 se ve obligado a tomar una decisión (leer la novela-rollo o la novela-almanaque, o ambas); el lector histórico, que decide ser más cómplice aún de lo que indica el tablero de direcciones y que en los años de furor de *Rayuela*, entre mediados de la década del sesenta y principios de la década siguiente, promovía un tipo de lectura aleatoria, que ni siquiera seguía las direcciones del tablero, dando entonces forma a esos "muchos libros" —infinitos, según la posibilidad combinatoria—

que se presentaban allí mismo de manera indeterminada. Pero el lector no es sólo el gran asunto de *Rayuela* en tanto constructor de la novela o de las novelas, sino porque, además, la eficacia de ésta se asienta en la interpelación a la subjetividad de aquél: a sus saberes, a su idiosincrasia, a sus costumbres, a sus gustos. "Cómplice" no es sólo aquel que no lee la novela-rollo y sigue el tablero de direcciones, sino también quien, como Horacio y la Maga, cree que "la gente que se da citas precisas es la misma que necesita papel rayado para escribirse o que aprieta desde abajo el tubo del dentífrico". A diferencia de Borges, que en *Fervor de Buenos Aires* propiciaba un intercambio entre las figuras del autor y del lector —"es trivial y fortuita la circunstancia de que tú seas el lector de estos ejercicios y yo su redactor"—, Cortázar, a través de Morelli, reafirma la figura del autor y promueve a cambio la idea de que las intercambiables son las figuras del lector y de los personajes. *Rayuela* es una novela abierta sólo para aquellos que están dispuestos a identificarse con sus personajes, idea que tenía presente Cortázar al construir a Johnny Carter, el protagonista del cuento "El perseguidor", de *Las armas secretas*, que es un antecedente de la construcción ulterior de Horacio Oliveira: "No quería —le cuenta Cortázar a Evelyn Picon Garfield— un personaje intelectual, porque un intelectual enseguida empieza a pensar de manera muy brillante, como los personajes de Thomas Mann". Por eso, Cortázar se inspira, para la construcción de Johnny Carter, en la figura del saxofonista norteamericano Charlie Parker que se desprendía de las distintas noticias necrológicas publicadas en 1955, después de la muerte del músico: "Un hombre mediocre, pero con algo de genio para una cosa en particular". O también, un hombre mediano, común, pero, a su vez, con "una especie de genio de búsqueda metafísica". Ése va a ser Johnny Carter, y Horacio Oliveira, unos años después, será "un hombre mediano, incluso mediocre, pero en el fondo no mediocre, porque tiene una especie de grandeza personal". En lo que les da Cortázar a sus personajes (grandeza personal, genio de búsqueda metafísica) y en lo que les quita (brillo intelectual, que queda reservado para la figura de Morelli, el alter ego del autor) se juega la enorme empatía identificatoria de los lectores para con *Rayuela,* alimenta la perdurable vigencia de la novela, aun cuando algunas de sus claves temáticas de lectura (el bebop, "el que te dije" —por Perón— y el existencialismo) se vuelvan opacas para el nuevo público.

De este modo, *Rayuela* es, por un lado, una novela envejecida, convertida en un ícono cultural de los años sesenta, completamente instalada en su época de producción y de primera recepción y, por otro, una perdurable novela de iniciación, a través de la cual las renovadas camadas de jóvenes lectores que entran en ella a través de procesos identificatorios con los personajes principales, se instruyen en los artificios retóricos de la novela de la vanguardia histórica, de la cual *Rayuela* es en la Argentina su última y monumental expresión.

Rayuela es, por una parte, descendiente de *Adán Buenosayres*, pero también, como anota Emir Rodríguez Monegal, del "increíble precursor" Macedonio Fernández, de quien Cortázar toma la idea de la antinovela.[16] Pero si en los 56 prólogos y 3 epílogos de *Museo de la Novela de la Eterna*, Fernández, como anota Rodríguez Monegal, "dilata la entrada en materia narrativa, cambia el peso de la obra hacia la especulación teórica, y crea la primera novela lúcidamente vuelta sobre su propio discurso narrativo, la primera antinovela de la literatura latinoamericana", cuya acción, que prácticamente no interesa, sucede desvaídamente en los últimos capítulos, Cortázar, al revés, pone la acción y los personajes en primer plano, y la reflexión teórica en un definido segundo plano, de modo tal que lo antinovelesco (la agobiante escritura de la escritura de la novela de Fernández) no atente de ningún modo contra el atractivo de lo propiamente novelesco o narrativo. Pero Cortázar no es sólo menos radical que Fernández, sino también más hospitalario que Marechal, cuyos dos mundos —lo alto y lo bajo, lo culto y lo popular, lo sagrado y lo cómico— son irreconciliables en *Adán Buenosayres*, mientras que en *Rayuela* aparecen reunidos por puentes y pasajes, que son dos de las figuras favoritas del autor. De este modo, Cortázar parece no estar atravesado por la señal de la negatividad, que es constitutiva de toda obra de vanguardia y cuya ausencia promueve una pregunta inmediata, formulada por primera vez por José Lezama Lima en un coloquio en 1967: "¿Es *Rayuela* una obra de ocaso, o una obra inaugural?". El poeta y novelista cubano encuentra que, en Cortázar, lo que sabe es más poderoso que lo que desconoce, y que "en un escritor grande", lo que desconoce, esto es, la emergencia de lo puramente artístico o intuitivo, tiene que ser más fuerte que su parte crítica o reflexiva.[17]

En el mismo sentido va la lectura de Enrique Pezzoni, quien, en lo que puede interpretarse como una ruptura con el hasta ese momento aceptado magisterio de Ana María Barrenechea, que había saludado efusivamente desde *Sur* la publicación de *Rayuela*, anotaba que Cortázar no era "un revoltoso como Marechal, ni tampoco el rebelde que sus críticos quieren descubrir". Para Pezzoni, Cortázar es, sobre todo, "un diestro oficiante" que le impone a la novela de vanguardia argentina menos un principio, como se quiso ver en los años sesenta, que "un hermoso final".[18]

En 1981, Nicolás Rosa, prologando una antología de cuentos de Cortázar, encuentra, no ya en el origen sino en la sucesión, una respuesta a la pregunta de Lezama Lima. Para Rosa, Cortázar no generó "una reactivación lingüística como Borges", ni produjo "modelos imitables", de modo tal que "más allá de adhesiones inmediatas y casi automáticas" —Rosa está pensando, dice, en dos novelas de Néstor Sánchez: *Siberia blues* y *Nosotros dos*—, "su influencia pareciera recaer más sobre la sensibilidad que sobre producciones específicamente literarias". *Rayuela* vendría a ser más un libro de iniciación, en tanto propone "descubrir los misterios de la vida y el mundo", que una verdadera novela de vanguardia, cuya adhesión debería estar dirigida a "su realización escrituraria concreta" y no, como en *Rayuela*, a su propuesta vital. De ahí, dice Rosa, proviene "su fascinación, pero también su clausura".[19]

En efecto, y más allá de algunos de los casos señalados por Rita Gnutzmann —Néstor Sánchez, Amalia Jamilis, Humberto Constantini, Juan Carlos Martini Real, la segunda parte de la obra de Daniel Moyano, Rubén Tizziani, Abelardo Castillo—,[20] y algunos otros, como Eduardo Gudiño Kieffer, Isidoro Blaisten, Liliana Heker, o *El país de la dama eléctrica*, de 1984, una hermosa y simple novela de Marcelo Cohen, y, más adelante, *Mantra*, de Rodrigo Fresán, que también trabaja sobre un conjunto de claves identificatorias con el lector y con la poderosa idea de conciliación de opuestos, la obra de Cortázar, como observa Pezzoni, es "una síntesis deslumbrante que prohíbe su reiteración" y cuyo vínculo con la literatura argentina es, sobre todo, con la tradición y no con su proyección futura. Si es cierta la prescripción del filósofo italiano Giorgio Agamben, según la cual "la vanguardia, cuando es consciente, nunca está dirigida hacia el futuro, sino que es un esfuerzo extremo por recuperar una relación con el pasado",[21] la obra de Cortázar cumple con ese requisito al establecer una vinculación con la tradición de la vanguardia en la narrativa argentina —Arlt, Fernández, Borges, Marechal—. Pero esa aprehensión consume todo su esfuerzo y la vuelve inane para convertirse, a su vez, en modelo de la narrativa futura, según podrá comprobarse en los años siguientes leyendo a Juan José Saer, Osvaldo Lamborghini y César Aira.

La publicación de *Rayuela*, salvo algunas reservas más ideológicas que literarias —la de David Viñas, por ejemplo, en "Cortázar y la fundación mitológica de París"[22]—, encontró un inmediato y perdurable respaldo en la crítica literaria, apoyado en la mencionada nota fundadora "*Rayuela*, una búsqueda a partir de cero", firmada por Ana María Barrenechea en el número 288 de la revista *Sur*, de 1964. Desde el mismo título de la noticia bibliográfica, que remitía al de la publicación que había dirigido el poeta Enrique Molina a mediados de la década del cincuenta —*A partir de Cero*—, Barrenechea establece un vínculo entre la novela de Cortázar y la estética surrealista, que más tarde otros críticos van a precisar, sobre todo a partir de las semejanzas entre la Maga y Nadja, la protagonista de la novela homónima de André Breton. Pero además de las perdurables pautas de lectura que ofrece Barrenechea —algunas, sin embargo, más en sintonía con los efectos buscados por el autor que con la estructura de la novela—, es importante destacar que la autora establece, ante todo, una valoración: "Cortázar ha escrito la gran novela que esperábamos de él".

Y esa valoración de la crítica fue coincidente con la que le ofrecieron los pares, el público y hasta el periodismo, según puede verse en la edición del 27 de octubre de 1964 de la revista *Primera Plana*, cuya tapa está ilustrada con una fotografía de Cortázar, a quien le dedican una sección de cinco páginas, extensión que no había obtenido hasta ese momento ningún escritor en una revista que no era estrictamente cultural, sino un semanario de actualidad sobre todo política y económica, cuyos promedios de venta llegaron a alcanzar los 100.000 ejemplares. Esta confluencia de sanción simultánea y positiva de la crítica, el público, el periodismo y los escritores, con sólo aisladas reticencias en la izquierda cultural —Viñas—, constituyó un fenómeno completamente insólito en la literatura argentina, que no volvió a repetirse en los siguientes 40 años. En la misma época de gestación y culminación se promovió, por contaminación, un entusiasmo igualmente favorable para obras que sólo eran epigonales y que, en el mejor de los casos, apenas si participaban del espíritu de la época y cuyo brillo se apagó apenas éste terminó de extinguirse a mediados de los años setenta. El fenómeno condenó al desconcierto o directamente al ostracismo inicial a las obras que no participaban de sus presupuestos. Manuel Puig, en el primer caso, y Juan José Saer, en el segundo, fueron los dos grandes sancionados por esa singular concentración de sentidos que fue *Rayuela* en la literatura argentina.

La "presentificación de la historia" en las novelas de Manuel Puig

Manuel Puig tenía 35 años cuando, en 1968, publicó su primera novela: *La traición de Rita Hayworth*. Doce años antes, en 1956, después de estudiar en la Facultad de Filosofía y Letras de Buenos Aires, viajó a Roma, becado para estudiar dirección en el Centro Sperimentale di Cinematografia. Estuvo después en Londres y Estocolmo, donde escribió sus dos primeros guiones de cine, ambos en inglés. En 1960 volvió a Buenos Aires y trabajó como asistente en algunas películas. Escribió entonces su primer guión en castellano, "La tajada", nunca convertido en película y publicado como libro recién en 1998. En 1962 viajó a Roma otra vez y comenzó a escribir un nuevo guión en castellano. Puig recuerda que entonces pensó en los romances de adolescente de un primo suyo de General Villegas, en los años cuarenta, y que, para poner distancia con ese material autobiográfico, planeó hacer una descripción, para su uso personal, a la manera de un apunte, de cada uno de los protagonistas, con el propósito de verlo él mismo más claramente antes de escribir el guión. De repente, dice Puig, "pude oír la voz de una tía muy claramente, lo que decía veinte años atrás, y lo transcribí. La de mi tía, que debía ocupar una página, ocupó veinticinco, escritas casi sin pensar, como dictadas". Era, recuerda, todo en primera persona, a la manera de un monólogo y él mismo no tuvo dudas, a partir del segundo día de escritura, de que el guión se le había escapado de las manos y de que eso que estaba escribiendo era una novela.[23]

Tres años más tarde, en 1965, Puig terminó de escribir *La traición de Rita Hayworth*, que había comenzado siendo aquel monólogo que tituló "Pájaros en la cabeza". Por sugerencia del novelista español Juan Goytisolo, envió la novela al concurso Biblioteca Breve de la editorial Seix Barral, de Barcelona. Según el relato de Tomás Eloy Martínez, quien levanta el testimonio del editor Carlos Barral, la novela perdió ese año el concurso por apenas dos votos.[24] Seix Barral pensaba publicarla de todos modos, visto que Barral consideraba "prodigioso" al desconocido novelista. Pero éste prefirió tomar una oferta de la editorial Sudamericana de Buenos Aires. En la Argentina, el gobierno del general Juan Carlos Onganía, que en 1966 había interrumpido con un golpe de Estado el curso constitucional del gobierno de Arturo Illia, había impuesto, como recordó después el mismo Manuel Puig, unas condiciones de censura "bastante peculiares", según las cuales los editores tenían libertad para vender lo que quisieran, "pero si algún funcionario de la municipalidad o el gobierno objetaba algún libro, podía ser requisado por subversión, pornografía o lo que fuere", y si el curso de la censura era favorable, "cuatro personas podían ir a la cárcel: el autor, el editor, el imprentero y el dueño de la librería donde el libro se había vendido".[25]

El editor Paco Porrúa, escapando, como recuerda Puig, "al control de otros directores de la editorial", mandó el libro a la imprenta. Pero en la corrección de pruebas un linotipista leyó un párrafo de la novela —podemos conjeturar que es aquel en que Toto y Pocha conversan acerca de qué quiere decir "cogía"— y temiendo ir a la cárcel por la ley de Onganía, le entregó el material a su superior. Éste tuvo una precaución similar que paró finalmente el proceso de edición de la novela, la cual se publicó de todos modos en 1968 en una editorial más pequeña llamada Jorge Álvarez.

La traición de Rita Hayworth está dividida en dieciséis capítulos, once de los cuales aparecen como transcripciones directas de las voces de los personajes, a través de diálogos o monólogos interiores, y los otros cinco como copias o transcripciones de textos escritos: un diario íntimo —"El diario de Esther"—, una redacción escolar —"Concurso anual de composiciones literarias *Tema libre*: 'La película que más me gusto', por José L. Casals, 2° año nacional, Div. B"—, un anónimo —"dirigido al regente del internado del colegio 'George Washington'"—, fragmentos del "Cuaderno de pensamientos de Herminia", y una carta, firmada por Berto en 1933. Como señala Alberto Giordano, el montaje de "dispersión de voces" que "se enuncian en primera persona sin mediación" disuelve la función del narrador, dando un efecto que es constitutivo de la novela: no hay ninguna voz autorizada por sobre las demás, ninguna que se imponga y las organice, y cada una de ellas aparece atravesada o sostenida, como en el arte pop, por un discurso de primer grado de la cultura de masas, cuando no es directamente su mímesis o transcripción.[26]

Ambos procedimientos refuerzan la idea de impersonalidad, que es una premisa básica del pop, según la definición del artista Claes Oldenburg, para quien el pop hace de la impersonalidad un estilo, y el modo de lograr ese estilo es trabajar ocultándose tras una imagen no creada por el artista.[27] Cuadros de historietas, imágenes de publicidad, fotografías periodísticas o artísticas o publicitarias de, por ejemplo, Jacqueline Kennedy o Marilyn Monroe o Mao son el material sobre el que se construye la obra de Andy Warhol, o Roy Lichtenstein, dos de los artistas emblemáticos del pop de los años sesenta. Es el mismo Lichtenstein quien señala el objetivo del arte pop: que la obra parezca "programada o impersonal", a través del ocultamiento de las "huellas de la mano" del artista.[28] Lo que no quiere decir —y ésta es la trampa del arte pop— que no exista una intervención del artista, que es la que le da brillo y belleza a los cuadros de Warhol o Lichtenstein, frente a la perdurable opacidad de los modelos. O la que le da interés novelesco a las páginas de una agenda "transcriptas" por Puig en *Boquitas pintadas*, frente a la aridez narrativa del modelo de una agenda real. Esto es lo que destaca una noticia bibliográfica publicada en el diario francés *Le Figaro*, después de la publicación de *Boquitas pintadas*, al reseñar el mérito de Puig de haber logrado la transcripción "deslumbrante" de los procedimientos del pop art a una obra de ficción.[29] Como señala Graciela Speranza, Puig realiza, en literatura, una operación análoga a la de los artistas plásticos, pero ahora en términos lingüísticos, borrando la marca personal del autor mediante la reconstrucción de voces anónimas.[30] Pero, como en el pop, la "transcripción" es engañosa, toda vez que en el pasaje de los borradores y las notas a las novelas, hay un trabajo de estilización que reelabora el habla popular, el estereotipo y el lugar común, obteniendo de este modo un producto rítmicamente depurado, "limado de asperezas dialectales", dice Speranza, y limpio de color local y de "jergas excesivas", como puede verse, por ejemplo, en el trabajo que hace Puig en otra de sus novelas, *El beso de la mujer araña*, donde no incluye ni un solo vocablo de todo el argot carcelario registrado en los apuntes de entrevistas a presos políticos que fue tomando mientras preparaba la novela.

La "presentificación de la historia", como llama César Aira a la técnica narrativa de Puig, que consiste en ocultar al narrador y presentar directamente a los personajes en diálogo, se juega sobre todo a partir de la eliminación de un narrador en tercera persona.[31] Para Puig, el escritor que usa la convencional tercera persona se vale de "un método o código ortodoxo y establecido", que impide que emerja en la novela, "la manera de hablar, por defectuosa o limitada que sea, de las personas reales", que es lo que lo que le interesa al autor.[32]

Pero, como en el pop, el habla de las personas reales está mediada por la mano del autor, cuya tarea consiste en intervenir sin que se note.

Esa fineza estuvo en la base de la consagración de Puig como novelista, pero también de la célebre condena de Juan Carlos Onetti, quien después de haber rechazado darle el premio de la revista *Primera Plana* a *Boquitas pintadas*, señaló que él ya sabía cómo hablaban los personajes de Puig y cómo escribían cartas pero que, en cambio, no sabía cómo escribía Puig, cómo era "su estilo".[33] Al revés, Ricardo Piglia, en una lectura fundadora sobre la novelística de Puig, publicada en 1969, encontraba que *La traición de Rita Hayworth* era una novela de conciencias invisibles que "hablan, piensan, escriben" y cuyas palabras son su único espesor, actualizando y llevando al límite, de este modo, la premisa borgeana que sostenía que "saber cómo habla un personaje es saber quién es, que descubrir una entonación, una voz, una sintaxis es haber descubierto un destino".[34]

De este modo, Piglia le otorga a la literatura de Puig un estatuto —borgeana— completamente externo a sus presupuestos ya que, como anota Giordano, Puig sólo quería escribir una *sophisticated comedy* —y no una novela— y que era nula su relación "consciente", para usar esa idea de Agamben, con la tradición de la literatura argentina, de la cual parecía desconocerlo todo: "No tengo modelos literarios porque no he tenido grandes influencias literarias en mi vida. Ese lugar ha sido ocupado por el cine", le dice a Jorgelina Corbatta en 1979. Y más adelante: "Lo siento, pero no sé mucho de literatura".[35] Ésa tal vez haya sido su marca, su posibilidad de distinción. Mientras, como escribe Giordano, las obras de los contemporáneos de Puig —Saer, Miguel Briante, el mismo Piglia, Osvaldo Lamborghini o Luis Gusmán— no pueden leerse "sin el horizonte de la literatura borgeana", la de Puig prescinde por completo de esa relación aunque después, como señala Piglia, pueda ser alcanzada por la proyección de los presupuestos teóricos de aquélla.

Vistos sus presupuestos, que alcanzan a todo su ciclo novelesco, incluida su obra maestra final, *Cae la noche tropical*, de 1988, es comprensible que la obra de Puig no haya tenido una proyección en la literatura argentina contemporánea.

Parafraseando la terminología de la teoría de la poesía romántica, acuñada por Friedrich von Schiller,[36] se podría decir que los ingenuos recursos y procedimientos de Puig, usados por otros, devienen sentimentales: documentos nostálgicos del momento en que, con Puig, se usaron por primera vez. En algún sentido, son inutilizables. Y el mundo de sus novelas —personajes embrujados por el imaginario del radioteatro o por el de las estrellas de cine de los años cuarenta que, como el Molina de *El beso de la mujer araña*, quedan presos por su sino trágico por, como señala Puig, su destino de "heroína romántica que elige la muerte bella, el sacrificio por el hombre amado"[37]—, vuelto a utilizar, se vuelve anacrónico o violentamente paródico.

Encerrada en sí misma, sin antecedentes ni proyección, la singular obra de Puig ha sido objeto de una profusa y destacada atención por parte de la crítica literaria argentina de la segunda mitad del siglo XX: Piglia, Giordano, Speranza, Aira, pero también Alan Pauls, José Amícola, Roxana Páez, Josefina Ludmer, Jorge Panesi, Rodolfo Borello y Graciela Goldchluk convirtieron al ciclo de ocho novelas publicadas entre 1968 y 1988 en un laboratorio de experimentación teórica. Pero, como señala Alan Pauls, la obra de Puig se resiste a la crítica, "no se deja reducir" ni convertir en ejemplo de nada.[38] Tal vez allí resida su invicta potencia.

La anomalía de esa obra proviene, entonces, de su no pertenencia original al sistema literario, de su carácter solitario, insular, de, como anota Pere Gimferrer, su diferencia absoluta con toda la literatura que la acompaña o, directamente, "con casi toda la literatura".[39] Y en esa rareza radica la perdurable divisoria de aguas que su irrupción provocó en el sistema literario argentino. Entre quienes, por un lado, le negaron la propia condición de literatura, en una línea inaugurada por Juan Carlos Onetti y continuada más tarde por la crítica Ángela Dellepiane, quien en 1972 hizo un balance ponderativo de los últimos diez años de la literatura argentina, del que excluye a Manuel Puig debido a que, según ella, "sus libros son sabrosos, emotivos, humorísticos, desiguales en su construcción novelesca. De allí a que sean literatura...",[40] y, desde una perspectiva completamente diferente, de matriz sociológica, se transparenta en las reservas de María Teresa Gramuglio, quien escribiendo sobre *Pubis angelical* ve en la apropiación de formas populares por los medios de expresión cultos "una utilización pintoresquista y sofisticada que refuerza tanto las diferencias existentes entre los grupos consumidores de cultura como el poder de la cultura dominante y la perduración de sus mitos",[41] y que aún puede rastrearse en las reticencias valorativas, sobre todo vinculadas con el gusto, de Beatriz Sarlo.[42] Y entre quienes, por otro, desde Ricardo Piglia en adelante, reconocieron inmediatamente su extravagancia pero, como anota Giordano, trataron, desde perspectivas críticas diferentes, de crear "una imagen reconocible de la literatura de Puig (pop, camp, moderna, posmoderna, polifónica, desmitificadora, romántica)" a fin de volverla familiar.

Esa no pertenencia, que es el fundamento de la anomalía de Puig en el sistema literario, es, a su vez, una de las razones del enorme respaldo que le dio el público a sus primeros libros, debido a que sumó entre sus seguidores a dos especies diferentes de lectores: los de literatura de vanguardia, grandemente acrecentados en esos años del *boom*, y los de *best sellers*, completamente desinteresados de los méritos de su invención.

Las narraciones de la percepción de Juan José Saer

En cambio, el desconcierto que provocó la obra de Juan José Saer —radicalmene diferente de la de Puig— no tuvo la estentórea forma de la polémica, sino la más opaca del silencio y la más perturbadora de la incomprensión. La desavenencia entre una obra y un público que comenzó en 1960 y que iría a disolverse más de veinte años después, comenzó a desaparecer a partir de la intervención reparadora de la crítica universitaria, que fue la que entre fines de los años setenta y principios de los ochenta, primero desde afuera de la universidad pública y, sobre todo, desde la revista *Punto de Vista*, y luego, a partir de 1984, en los cursos públicos de, entre otros, María Teresa Gramuglio, Nicolás Rosa y Beatriz Sarlo, llamó la atención sobre una obra excepcional y vasta, que hasta ese momento incluía cuatro libros de relatos, cuatro novelas y un libro de poemas, y que era, sin embargo, casi por completo desconocida y en absoluto bien valorada, si tenemos en cuenta el tono de los escasos comentarios que iba provocando en diarios y revistas de la época.

La anomalía de la obra de Saer —a diferencia de la Puig— habrá que buscarla en la profundidad del sistema literario y en la extraña relación que establece con la tradición. Su obra construye un tipo de relato filosófico, a la manera de una "aventura de la aprehensión del mundo", como la llamó el narrador Elvio Gandolfo,[43] que paradójicamente pone en crisis la confianza en la posibilidad de representación de lo real, como si convocara, pero para poner en evidencia su ineficacia, la retórica de la representación realista, debilitada por una manera estilística que, por un lado, se apropia del poder de sugerencia del simbolismo y, por otro, trabaja a partir de una sintaxis no siempre lineal, en frases largas o larguísimas —el tercer párrafo de *Glosa*, por ejemplo, está compuesto por una sola frase de 33 líneas, con un promedio de 8 palabras cada una de ellas—, en la que reverbera cierta morosidad más próxima a la poesía que a la prosa y que reclama, como la de sus dos manifiestos maestros, Borges y Juan L. Ortiz, un exigente tiempo de lectura.

En el caso de Saer, esta exigencia se apoya, por un lado, en la fusión que su obra promueve entre dos modelos contradictorios o antagónicos: el de una ficción conceptual, crítica y antirrealista, como la de Borges, y el de una resolución simbolista, a la manera de Juan L. Ortiz. Y, por otro, en la combinación que su obra promueve entre un sistema de representación en apariencia ligado al del realismo —preeminencia de sustantivos sobre adjetivos, lengua coloquial, relato de episodios "comunes", no extraordinarios (amigos compartiendo un asado, una caminata por las calles del centro de una ciudad, dos hombres jugando al billar, una pareja haciendo el amor en un pastizal)— y una conciencia filosófica signada por la negatividad que enrarece todo lo anterior: lo real es inenarrable, la representación y la comunicación de la percepción no son posibles, la memoria, como se ve en el impactante y contraproustiano primer relato de *La mayor*, no propicia ninguna narración, el paisaje, como se lee en el ensayo *El río sin orillas*, es "mudo y cerrado y refractario a toda evocación" y, como le dice Luis Fiore, uno de los personajes de *Cicatrices*, antes de suicidarse, al juez Ernesto López Garay, cuando éste lo interroga por el asesinato de su mujer, pretendiendo que dé cuenta de los hechos: "Los pedazos no se pueden juntar".

Pero es paradójicamente esa comprobación la que posibilita la narratividad de Saer, a través de un procedimiento recurrente y privilegiado: el de la "corrección", así llamado por Graciela Montaldo,[44] que consiste en volver a narrar un hecho narrado anteriormente para ajustar el episodio que había quedado opaco en el relato anterior. La corrección, por un lado, pone en evidencia la falta, pero a su vez es la que permite la expansión —y entonces la posibilidad— del relato.

Eso es lo que puede verse ejemplarmente en *Cicatrices*, el relato de ese 1º de mayo en el que el ex sindicalista Luis Fiore sale a cazar con su mujer y su hija, antes de matar a la primera y fallar el tiro con la segunda, contado primero en el relato protagonizado por un periodista de policiales, después en el relato que protagoniza el juez a cargo de la causa, después en el protagonizado por un ex abogado y ahora jugador compulsivo, a quien vienen a buscar del Partido para que defienda a Fiore y, finalmente, en el relato protagonizado por el mismo Fiore. Y también en *El limonero real*, una novela que en ocho secuencias que empiezan igual —"Amanece. Y ya está con los ojos abiertos"— hace el relato —ocho veces corregido— de un día de Año Nuevo en la vida de Wenceslao, en el que él y su mujer están invitados a una fiesta a la que ella no va a ir, porque está de luto, aunque ya hace seis años que murió su hijo. Y también en *Nadie nada nunca*, en la escena en la que el Gato Garay, en una casa de Rincón, recibe para custodiar un caballo bayo amarillo y que, iniciada con la primera frase del libro —"No hay, al principio, nada. Nada."— y repasada una y otra vez, va simultáneamente cargándose de sentido y volviéndose irreal. Ese mismo recurso maestro puede verse, de modo menos estructural, en *Glosa*, en la "corrección" que hace Tomatis a la reconstrucción que están elaborando Ángel Leto y el Matemático de una fiesta a la que, por otra parte, no fue ninguno de los dos. Y que, ampliada, sirve para leer si no la obra entera de Saer, por lo menos la que va desde *En la zona* hasta *Glosa*, visto que desde *La ocasión* en adelante, como señalan Miguel Dalmaroni y Margarita Merbilháa,[45] hay una preeminencia del relato lineal y afirmativo, que convoca a presupuestos de lectura diferentes de los privilegiados para leer el núcleo de su producción más singular.

Corregida y repasada una y otra vez, Saer construye una zona, que no es la del litoral enterriano de Juan L. Ortiz, sino la del litoral santafecino, como una suerte de actualización de los deseos de Barco, el personaje escritor de "Algo se aproxima", el relato que cierra *En la zona*: "Yo escribiría la historia de una ciudad. No de un país ni de una provincia: de una región a lo sumo". Las ciudades de Santa Fe (en *Cicatrices* o en *Glosa*), Colastiné (en *El entenado*), Rincón (en *Nadie nada nunca*) y Rosario (también en *Glosa*) son partes de esa región no siempre nombrada (como en *El limonero real*) que es el soporte físico de una historia que abarca desde la época de la llegada de los españoles al territorio americano (en *El entenado*) hasta episodios de la historia contemporánea, como en *Glosa* o *Nadie nada nunca*, jugada por un grupo de personajes que, salvo en el temporalmente excéntrico relato de *El entenado*, reaparecen una y otra vez, dándole a la obra el aparente carácter de una saga: Pichón Garay, el Gato, Barco, Marcos Rosenberg, Jorge Washington Noriega, Carlos Tomatis, Ángel Leto, Angelito. Pero esa combinación de paisaje, personajes e historia en ningún caso tiene la pretensión exhaustiva del programa realista, ni tampoco la que acompañó la ilusión de Juan L. Ortiz en su poema "El Gualeguay": contar, como anota Sergio Delgado, la historia del río, pero también la historia vista desde la perspectiva del río.[46] Porque Saer construye un ciclo narrativo a partir de la convicción filosófica de la imposibilidad del emprendimiento. Y a la positiva y afirmativa transparencia del proyecto realista, le impone la oscura y elusiva trama simbolista donde, como decía Mallarmé, debe triunfar el enigma frente a la presentación directa de los objetos.

En esa combinación contradeterminante de ambos polos, que es donde se encuentra su valor, se halla también la razón del largo tiempo que le llevó al público familiarizarse con una obra severa y crítica, compuesta por novelas y relatos que, como dice el irónico narrador de uno de ellos, "desde el punto de vista de las leyes del melodrama que impera hoy en día en lo que podríamos llamar el mercado persa del relato, no alcanzarían a formar una historia", pero que tampoco, como señala María Teresa Gramuglio, puede ser reducida al uso singular de una serie de procedimientos constructivos, a fin de arrinconarla en el prestigioso —aunque aséptico— casillero de la literatura experimental.[47]

Recién en 1978, en el número 3 de *Punto de Vista*,[48] una noticia sin firma aseveraba, a propósito de la publicación de *La mayor*, "la calidad de un gran escritor" y los simultáneos "misterios del mercado literario". Bien leída, la noticia afirmaba los valores de la obra de Saer, contraponiéndolos a los valores que implícitamente interpretaba la obra de Puig, pero, además, sentaba las pautas de lectura que unos años más tarde retomaría el periodismo cultural y que terminarían por definir el lugar central que ocupa hoy la obra de Saer en el sistema literario argentino.

La proyección de la obra de Saer en la literatura argentina puede rastrearse, primero tímidamente, en la obra de algunos escritores que comenzaron a publicar en los años setenta, como Elvio Gandolfo y Juan Martini, para quienes Saer funcionó como una especie de maestro secreto y cuya marca se manifiesta en esa especie de realismo negativo que acompaña la obra de ambos. En el caso de Martini, de modo muy evidente en sus primeras obras, como *El agua en los pulmones*, y que se mantiene después como una indeleble marca de origen en su obra más personal y madura: las novelas *La vida entera*, *Composición de lugar* o los cuentos de *Barrio Chino*. En cuanto a Gandolfo, que muy tempranamente escribió dos reseñas pioneras sobre *Cicatrices* y *El limonero real* en *El lagrimal trifurca*, la revista que publicaba con su padre, el poeta Francisco Gandolfo, en Rosario entre 1968 y 1976, la relación de su obra con la de Saer, desde *La reina de las nieves* hasta *Cuando Lidia vivía se quería morir* —donde publica el excelente "Filial"—, es más violenta, como una sorda lucha cuerpo a cuerpo en contra de la influencia del reconocido maestro. Como lo señala el mismo Gandolfo cuando cuenta que una imagen que tuvo del delta del Río de la Plata viajando en avión a Montevideo y que iniciaba un relato de memorias finalmente no dado a conocer es la misma imagen del archipiélago que inicia el ensayo de Saer *El río sin orillas*, y que la misma idea estructural de *Glosa* se le había revelado a él unos años antes: "En Rosario, iba caminando por la peatonal y se me ocurrió contar el trayecto de cuatro tipos que van caminando por la peatonal y dividir el libro por cuadras...".[49] Para Gandolfo, el enigma se resuelve debido a que hay una zona "(el litoral, el Paraná, las ciudades junto al río) que produce 'engramas' narrativos comunes". Pero si es valedera la hipótesis de la determinación del medio sobre el imaginario de un escritor, no es menos cierto que ese medio no se les presenta a los escritores en tanto pura realidad, sino mediado por la intervención artística o imaginaria de otro escritor. Sin embargo, esa imaginación de Gandolfo a veces estimulada a figurarse imágenes o situaciones narrativas "propias" de Saer —que finalmente no usa y que aparecen en la obra de Saer— no condena su obra a un saerismo epigonal, ya que se abre hacia combinaciones genéricas con el fantástico ("El momento del impacto") no previstas en el modelo.

En todo caso, el conflicto que crea la obra de Saer en la de Gandolfo funciona como un alerta en cuanto a la fuerza, para usar la terminología de Harold Bloom, de la imaginación de Saer y de sus soluciones compositivas. Dicha fuerza copa el territorio con impulso prospectivo y proyectivo. Y eyecta, hacia atrás, a un muy buen narrador, como Mateo Booz, autor de *Santa Fe, mi país*, de 1934, al terreno de lo meramente regional (no siéndolo, sin embargo, del todo), señala, sincrónicamente, el límite costumbrista de la obra de Roberto Fontanarrosa y obliga, proyectivamente, a los nuevos narradores de la amplia zona del litoral —Gandolfo el primero de todos, pero también, más adelante, ya en los años noventa, a Oscar Taborda o a Sergio Delgado—

a escribir en contra de la misma línea de fuerza que les dio a sus literaturas parte de su condición de posibilidad.

El mismo fenómeno puede verse, ya fuera de la presión referencial, con relación al realismo, cuya impugnación, a través de la puesta en escena del fracaso de sus procedimientos, es la apuesta de máxima de la literatura de Saer y cuya fuerza adelgaza la oportuna potencia del realismo crítico y político de los años sesenta —ejemplarmente representado en el volumen de cuentos *Cabecita negra* de Germán Rozenmacher—; vuelve anacrónico el no tan alejado en el tiempo proyecto realista de Enrique Wernicke; señala, como en Fontanarrosa, el límite costumbrista de la obra de Jorge Asís; resalta el componente alegórico de la novelística de Osvaldo Soriano; ciñe a un realismo sólo moderno en sus referentes a la obra de Fogwill, y obliga, finalmente, a los nuevos narradores que, de algún modo, empezaron a escribir bajo su estela —Sergio Chejfec, pero también Juan José Becerra, entre los más destacados— a provocar en su obra una lectura errónea, para seguir con la terminología de Bloom, o distraída, de la obra del maestro para hacer surgir, de esa equivocación, su fuerza original.

Por otra parte, la recepción favorable de la obra de Saer, a partir de mediados de la década del ochenta, es la que otorga visibilidad, a su vez, a las nuevas novelas de Marcelo Cohen, no porque éstas provengan necesariamente de esa matriz, sino porque ambas aparecen emparentadas por las dificultades de la escritura para dar cuenta justa de la percepción.

El 60. Cambio y divulgación

Seguramente debido al ascendiente que tuvieron en los años sesenta los trabajos de Julius Petersen, Wilhelm Dilthey y José Ortega y Gasset sobre las generaciones literarias, que fueron actualizados y aplicados a la literatura argentina en 1963 por Arturo Cambours Ocampo, autor de *El problema de las generaciones literarias*, los poetas que comenzaron a publicar hacia fines de los años cincuenta y principios de los sesenta muy rápidamente fueron agrupados como una generación.[50] Cambours Ocampo, en su libro de 1963, ya había alertado que 1960 era "una fecha clave dentro del ritmo periodológico de diez años que se viene observando en la literatura argentina después de 1922". Y también: "En este esquema que venimos desarrollando, se han podido ver algunas características esenciales que determinan fechas diferenciadoras: 1930, 1940, 1950. No puede extrañarnos, entonces, la posibilidad de una nueva promoción de 1960". Ese mismo año, Antonio Requeni encuentra que los mojones de esa periodización deben separarse no por diez sino por veinte años. Y a la comprobación retrospectiva de la existencia de una generación del cuarenta, le sigue de modo inmediato una segunda comprobación, automática por la metodología: la de la existencia de una "promoción del sesenta", cuyas notas se oponen a las "constantes" de la generación anterior. Frente a las formas métricas tradicionales de los cuarentistas, los sesentistas opondrán "formas totalmente libres; abolición de (rimas) consonantes y asonantes, de metros regulares, de mayúsculas y signos de puntuación"; a la "preferencia por expresiones incontaminadas de vulgaridad" de los primeros, los segundos opondrán el "rechazo de términos considerados poéticos apriorísticamente"; a la introversión de unos, la extroversión de los otros; a la inspiración libresca, las "experiencias emocionales brindadas por el contacto con el mundo cotidiano"; al ahistoricismo, el historicismo; a Rainer Maria Rilke, Luis Cernuda o Pablo Neruda, "Cesare Pavese y los poetas del tango", y al conservadurismo, en fin, la renovación.[51]

También en 1963 Alfredo Andrés prefiere no usar la palabra "generación", pero sostiene tajantemente que "Mil novecientos sesenta es un año clave para la poesía argentina".[52]

La publicación, en los primeros años de la década, de una cantidad inusitada de revistas parecía refrendar el entusiasmo de los historiadores y críticos. En 1959 salió el primer número de *El grillo de papel*, dirigida por Abelardo Castillo, Arnoldo Liberman, Oscar Castelo y Víctor García Robles; en 1960 aparecieron *Agua viva*, dirigida por Susana Thénon, Juan Carlos Martelli, Eduardo Romano y Alejandro Vignati, *Airón*, dirigida por Marta Teglia, y *El juguete rabioso*, dirigida por Horacio González Trejo, Federico Gorbea y Horacio Pilar; en 1961 apareció *Eco contemporáneo*, dirigida por Miguel Grinberg; en 1962, *Ancu*, dirigida por Alfredo Andrés, y *Diagonal Cero*, dirigida por Alfredo Vigo, y en 1963 *Barrilete*, cuyo consejo de redacción integraban Daniel Barros, Ramón

Plaza, Miguel Ángel Rozzisi, Martín Campos, Roberto Santoro, Horacio Salas y Rafael Alberto Vázquez. Una revisión no exhaustiva y valorativa de los buenos y muy buenos poetas que comenzaron a publicar para esos mismos años, entre los que hoy se destacan Juana Bignozzi, Daniel Giribaldi, Juan Gelman, Luis Luchi, Eduardo Romano, Roberto Santoro, Miguel Ángel Bustos, Susana Thénon, Daniel Barros, Orlando Calgaro, Luisa Futoransky, Alberto Carlos Vila Ortiz, Tilo Wenner, Julio Huasi, Horacio Salas, Gianni Siccardi, Alberto Szpunberg y Esteban Peicovich, también tiende a confirmar la especie y aun a reunirlos retrospectivamente en un común destino generacional. Sin embargo, antes de que termine la década, en 1969, Alfredo Andrés publica *El 60*, un libro simultáneamente básico para la comprensión de la poesía del período y para desmentir casi todos sus presupuestos.[53] El más importante: que la poesía del sesenta haya importado efectivamente un corte o una novedad con relación a la poesía comunicacional, antipoética, existencial o conversacional, que había dado, en *Argentino hasta la muerte*, de César Fernández Moreno, y en *El saboteador arrepentido*, de Leónidas Lamborghini, sus dos textos fundacionales. Eso es lo que señala el antólogo Andrés, que se ve frente a la paradójica situación de tener que "reglamentar" los principios que reúnen a una nueva promoción de poetas, teniendo que hacer, sin embargo, una serie de descargos: el primero, ya mencionado, que los nuevos poetas no promueven una "ruptura" en el sistema, sino "un cambio". El segundo, que ese cambio, sobre todo evidente con relación a los poetas del cuarenta —como lo había establecido Requeni—, ya había sido mayormente realizado por los poetas de *Poesía Buenos Aires*, que habían sido quienes, en los años cincuenta, luego de someter "al río de la Plata a un bombardeo de Char, Menard y los otros", habían contribuido ostensiblemente a un tipo de "elaboración técnica de decisiva contemporaneidad", aunque en ese esfuerzo hubieran dejado de lado en su poesía cualquier representación de lo nacional, y que ésa era entonces la novedad que agregaba la nueva promoción de poetas, pero, señalaba sorprendido Andrés, el libro primero de la nueva promoción, *Violín y otras cuestiones* de Juan Gelman, de 1956, "publicado en plena eclosión del golpe liberticida que había estallado en septiembre del año anterior", no tuviera "referencias a días tan difíciles para la Argentina". Y, tercer descargo, que esa nota que la nueva promoción de poetas venía a agregar al estado de la poesía argentina, no sólo no se encontraba de modo tajante en el primer libro de Gelman, que sin embargo "constituyó desde su aparición un impacto", sino que sí se hallaba en los dos primeros de Leónidas Lamborghini, *El saboteador arrepentido* y *Al público*, este último publicado en el sello Poesía Buenos Aires, y que ambos importaban "mayores méritos que los expuestos por el libro de Gelman" ya que, éstos sí, proponían "una acerada visión ciudadana donde las connotaciones a la realidad social y política argentina se multiplican". Parte de las características, entonces, que pasaron a la historia de la poesía argentina como propias de la generación del sesenta, ya estaban definidas unos años antes, y en todo caso, lo que propondrían los nuevos poetas sería, sobre todo, su divulgación, la limpieza de las aristas todavía excluyentes que tenía el modelo. Fernández Moreno, Lamborghini y después Urondo, que es más lector de Juan L. Ortiz que de los poetas del tango, mantienen una expectativa de pertenencia a la poesía alta, experimental y no popular, mientras que quienes cronológicamente los suceden están definitivamente liberados de esa exigencia, según puede verse rastreando algunos de los títulos de la época, perfectamente empáticos con el habla popular: *Gotán*, de Juan Gelman; *Che*, de Alfredo Andrés; *Introducción al camelo*, de Esteban Peicovich; *La mufa*, de Albino Gómez, entre otros. Y, como anota Horacio Salas, Miguel Grinberg y su grupo, que integraban, entre otros, el narrador Antonio Dal Masetto y Juan Carlos Kreimer, reunidos alrededor de la revista *Eco contemporáneo*, se llamaban a sí mismos "la generación mufada".[54]

En un temprano balance generacional publicado en 1971, Roberto Santoro remarcaba esa característica, señalando que los nuevos poetas escribían una poesía "cortada con hacha, porque la gente vive en un mundo sucio, muchas veces desagradable pero real", y destacando que ellos le daban "más importancia al hombre que anda por la calle" que al "hombre entre comillas y con mayúscula" y que quizá por eso habían retomado a los poetas del tango, como Gustavo Riccio, Nicolás Olivari y Mario Jorge de Lellis, es decir, "a los creadores más hundidos en lo popular".[55]

Esa elección también recayó en el mundo representado que, de algún modo, retomaba algunos de los temas, como lo señala

Santoro en su testimonio, de la poesía social de los boedistas, pero casi siempre desprovista de su proyección política, y enraizada, más bien, en lo íntimo y en lo más personal. Como escribe Gelman en ese primer libro: "Tal vez el mundo cabe en la cocina/ donde hablamos del hijo".

O, como escribe Juana Bignozzi, en un poema programático de mediados de los años sesenta en el que recuerda "un mediodía de reyes de hace un año/ en una playa del sur", cuando, escribe, "abría una lata de sardinas para el almuerzo", hecho "con el cual no aportaba nada/ a la historia de la poesía ni a la historia de la revolución/ pero sí mucho a mi historia personal/ que está más necesitada de esos hechos que las otras historias".[56]

La enrarecida relación entre poesía y política en las obras de Juana Bignozzi y Juan Gelman.

Bignozzi y Gelman en esos años formaban parte del grupo El pan duro, de filiación comunista, que en una declaración conjunta de 1962 publicada en *Hoy en la cultura* sostenía que los unía la búsqueda de "una forma de compromiso con nuestra época de saltos dialécticos", la idea de "ser revolucionarios en la forma y en el fondo" y de estar en el frente de "la verdadera vanguardia, que es la popular".

Para el peronista Leónidas Lamborghini, la revolución era nacional, ya había sucedido y ya había sido derrotada en 1955. Su poesía será casi enteramente un extenso epicedio trágico y cómico cantado al cadáver de esa revolución peronista. Para los comunistas Gelman y Bignozzi, en cambio, la revolución era internacional y todavía estaba por suceder. Por eso, en el primer libro de Gelman, de los hechos que culminaron con el golpe de Estado de septiembre de 1955, sólo se registra la muerte del dirigente comunista Juan Ingalinella, asesinado por la policía del gobierno peronista de la provincia de Santa Fe en junio de ese año. Y lo demás, es expectativa alegre por la inminencia de una transformación que su poesía va registrando un poco burocráticamente —un poema festejando el undécimo aniversario de la República Popular China, en *Velorio del solo*, o seis poemas de *Gotán* dedicados a la Revolución Cubana bajo el título general de "Cuba sí"—, pero que nadie se propone acelerar. En un poema de *Velorio del solo*, anota en primera persona: "En la ciudad que gime como loca/ el amor cuenta bajito/ los pájaros que han muerto contra el frío,/ las cárceles, los besos, la soledad, los días/ que faltan para la revolución": donde la revolución es algo deseable, pero dado, no aquello hacia donde se va, sino hacia donde inevitablemente se llega.

Para Bignozzi, por el contrario, parece que no fuera ni siquiera deseable. En 1967, ya expulsada del Partido Comunista, publica *Mujer de cierto orden*, en cuyo primer poema se lee: "Hace unos días he decidido luchar/ y la sola idea de la lucha me ha producido un cansancio tan infinito/ que hasta mis mejores amigos guardan una distancia respetuosa".

Mujer de cierto orden es un libro sorprendente que provoca un corte con los dos libros anteriores de Bignozzi y un simultáneo enturbiamiento de las notas generacionales, según las describió Adolfo Prieto en 1983: "la lengua conversacional, el eje narrativo, la localización anecdótica, la autocompasión".[57] En cuanto a la primera, que es la marca de fuego de la poesía de los años sesenta, Bignozzi no la reemplaza yendo convencionalmente hacia las fuentes clasicistas, sino que la complejiza, otorgándole a cada enunciado una cantidad de "matices y contrastes", como anota D. G. Helder,[58] que oscurecen la significación directa y, en el mismo movimiento, provocan, aun en los poemas en primera persona, un distanciamiento entre la figura del autor y el sujeto poético a partir de la construcción de un personaje literario. La operación es compleja y está desprovista de todo espontaneísmo —otra de las características de la generación— y su resultado inmediato es, como señala Jorge Lafforgue, la ambigüedad, esa "discreta dialéctica que preside el mundo poético de Juana Bignozzi",[59] donde la ironía socava la literalidad y donde la presencia de algunos enunciados apodícticos contiene el sesgo habitualmente excluyente que tiene el discurso puramente irónico, que reclama, como dice la retórica, un destinatario capaz de comprender la desviación entre el nivel superficial y el nivel profundo de un enunciado.

El conjunto de la obra poética de Bignozzi deja ver, a través de esa matriz falsamente diáfana, de enunciados comunes, cuál es la verdadera modificación conceptual, profunda, con relación a la poesía de los sesenta, que es su simultáneo punto de origen y de desviación. Y es que, mientras en la poesía de los años sesenta la política —la práctica política— parecía ser la base referencial de la poesía, a tal punto que es posible, por ejemplo, reconstruir el periplo político de Gelman —comunista, ex comunista, montonero, ex montonero— a través de sus poemas, Bignozzi se aparta muy pronto de la acción política para construir una poesía más abstracta e ideológica. Como anota D. G. Helder, "sobria y sofisticada a la vez, Juana Bignozzi recupera para la lírica una subjetividad de izquierda", pero alejada tanto del fragor de la militancia sesentista como de los temas y de la retórica generacionales. Por eso, mal leída, o directamente no leída durante muchos años, Bignozzi encontró una franja entusiasta de lectores y críticos, y su obra empezó a influir en los nuevos poetas argentinos, recién a partir de los años ochenta, cuando la extremadamente referencial poesía de sus contemporáneos envejecía junto con sus asuntos.

Y si la obra de Bignozzi supuso, menos que un abandono, como parecía en *Mujer de cierto orden*, un enrarecimiento productivo de la relación esclerosada entre poesía y política, la de Gelman, en cambio, le otorga a la convención el matiz del lirismo y de la intimidad, bajándole el tono a su estatuto históricamente épico y grandilocuente.

Menos políticos que confesionales, los primeros poemas de *Violín y otras cuestiones* se encuentran encerrados en una primera persona que paulatinamente se va abriendo en el registro amoroso y ya no es el poeta el sujeto excluyente de los poemas. Esto se ve ya con claridad en el famoso poema "Gotán", que abre el libro homónimo: "Esa mujer se parecía a la palabra nunca/ desde la nuca le subía un encanto particular,/ una especie de olvido donde guardan los ojos,/ esa mujer se me instalaba en el costado izquierdo", etc.

También en *Gotán*, además de los poemas partidarios de "Sí Cuba", hay otros en los que se combina el registro político con el íntimo, pero con predominio de éste en desmedro de cualquier expectativa épica o combativa que pudiera despertar aquél: "He terminado el mes y no te amé las piernas/ y no escribí ese poema del otoño en Ontario/ y pienso pienso pienso/ se fue otro mes/ y no hicimos la revolución todavía".

Recién nueve años más tarde, en 1971, Gelman publica su

libro siguiente, *Cólera buey*, que incluye más de ciento cincuenta poemas fechados entre 1962 y 1968. El libro está encabezado por una pequeña noticia que dice: "Este volumen reúne un poema al comandante Guevara y los restos de nueve libros inéditos escritos en un momento muy particular de mi vida". Es verosímil suponer que el momento "muy particular" de la vida de Gelman es su salida del Partido Comunista en 1964 y su ingreso en ese mismo año al grupo de la revista *La rosa blindada*, una publicación que sacó nueve números hasta 1966, dirigida por José Luis Mangieri y Carlos Alberto Brocato, y en la que revistaban, además de Gelman, Guillermo Harispe, Ramón Plaza, Andrés Rivera, Estela Canto, Roberto Raschella, Roberto Cossa y Javier Villafañe, entre otros filocomunistas, o comunistas que ya habían dejado de pertenecer al Partido, o que irían a ser expulsados inmediatamente por participar en esa publicación, en el marco de grandes disidencias provocadas, principalmente, por la ruptura que se había producido entre China y la Unión Soviética, o entre Mao y Kruschev. Mientras el Partido se alinea con la Unión Soviética, muchos de los jóvenes consideran, al revés, como recuerda Gelman, que "China seguía siendo una revolución, aunque no estuvieran alineados con la Unión Soviética".[60]

El nuevo volumen —que es el más importante en la extensa bibliografía de Gelman— registra un notable cambio con respecto a los cuatro anteriores y es que, contrariamente a lo que haría suponer la pérdida de la identidad partidaria del autor, crece el porcentaje de los poemas políticos. Por un lado, el de aquellos que, como el poema dedicado al Che Guevara, están escritos en contra del Partido Comunista: "el comandante Guevara entró a la muerte/ y allá andará según se dice/ pregunto yo/ ¿quién habrá de aguantarle la mirada?/ ¿ustedes momias del partido comunista argentino?/ ustedes lo dejaron caer".

Y por otro, el de los que funcionan como una especie de correlato de la creciente politización de la sociedad argentina de los años sesenta, en los que la vida cotidiana se había impregnado de política, entendida ésta sobre todo en términos de revolución, que era casi una palabra valija, llena de significados diferentes. Más allá de su "arrebollado vallejismo", como llamó oportunamente Alfredo Andrés la notoria descendencia de los poemas de Gelman de los del peruano César Vallejo, el poeta argentino es el fiel que marca ese cambio social, no en términos de registro temático, sino en relación con ese vaivén entre la vida íntima y cotidiana y la militancia pública y política. Y si en los primeros cuatro libros los poemas políticos estaban contenidos dentro de una retórica lírica e intimista, ahora son los poemas amorosos los que aparecen potenciados por la convención del poema político, aunque la inversión no siempre otorgue beneficios expresivos, como puede verse en "Lo que no tiene nombre" —"canto a la delicada/ como una asamblea de obreros reunidos por el triunfo"— o en "Otras preguntas" —"y tu cuerpo era el único país donde me derrotaban"—.

Entre fines de los años sesenta y principios de los setenta, y después de las experiencias más bien excluyentes de la poesía neorromántica, invencionista y surrealista en todas sus variantes y, también, de las dificultades que provocaba la experimentación con los distintos niveles de lengua en la poesía de Fernández Moreno, Leónidas Lamborghini o Paco Urondo, la obra de Gelman achicó la distancia con los lectores y, simultáneamente, como había ocurrido unos años antes con los jóvenes novelistas en relación con *Rayuela*, provocó una especie de contagio de su manera de escribir y aun de sus temas. Sólo un grupo de aquellos que empezaron a escribir bajo el influjo de sus versos lograron más adelante neutralizar la fuerza de esa influencia para construir una obra personal. Es el caso de Hugo Diz, Jorge Isaías, Daniel Freidemberg, Eduardo D'Anna, Jorge Ricardo Aulicino e Irene Gruss.

CAPÍTULO 15

Los aires del psicoanálisis lacaniano. El cajero hablado de Ricardo Zelarayán. Lo que dice Héctor Libertella. La revulsiva marca de origen de la obra de Osvaldo Lamborghini. Una renovación del instrumental teórico y crítico de la literatura argentina. Horizonte de expectativas, campo intelectual y bienes simbólicos. Una nueva generación de críticos literarios. Ricardo Piglia, más ensayístico que novelesco. Sandra Contreras sistematiza el gusto de la época. César Aira y su combinado de pura invención, concentrado autobiográfico, ensayo y reflexiones metaliterarias. Héctor Piccoli, el más radical de sus contemporáneos. "Bajo las matas/ En los pajonales/ Sobre los puentes/ En los canales". Imaginando una poesía sin heroísmos del lenguaje. El realismo especulativo y metafísico de Joaquín Giannuzzi. Una nueva revolución, y las beneficiarias de esa revolución.

LA REVISTA *LITERAL*

Pero en 1972, respirando los aires del psicoanálisis lacaniano, de la lingüística postsaussuriana y del posestructuralismo que se tornaba inteligible en las obras de, entre otros, Jacques Derrida, Michel Foucault y el llamado "segundo" Roland Barthes —quien refutaba los principios estructuralistas de su obra anterior—, que enviaban al pasado la teoría semiótica tradicional, descripta por Terry Eagleton como aquella según la cual "la función de los signos consistía en reflejar experiencias interiores u objetos del mundo real, 'hacer presentes' los propios pensamientos y sentimientos o describir cómo es la realidad",[1] el poeta Ricardo Zelarayán firma el epílogo a su libro de poemas *La obsesión del espacio*, titulado "Posfacio con deudas". Allí Zelarayán enfrenta de modo tajante la ilusión referencial del gelmanismo y de la poética sesentista en general ("No tengo nada que ver con el populismo ni con la filosofía derrotista del tango") y anticipa las bases de lo que al año siguiente será Literal, un grupo de escritores que entre 1973 y 1977 sacaron cinco números —en tres volúmenes— de una revista homónima, creada por Germán García, cuya dirección estuvo integrada en sus distintos números, por Germán García, Osvaldo

Lamborghini, Luis Gusmán, Lorenzo Quinteros y Jorge Quiroga. En *Literal* escribieron, además, Josefina Ludmer, Héctor Libertella, Luis Thonis, Oscar del Barco, Edgardo Russo, Oscar Steimberg, Aníbal Goldchluk y Cristina Forero (hoy más conocida como María Moreno).

En ese posfacio, Zelarayán —quien no participó finalmente de *Literal*, pero que estuvo en las conversaciones previas a la publicación del primer número— sostiene que el lenguaje es la única realidad y que "si la realidad está en alguna parte, está en el lenguaje", una "simple afirmación" de la que se desprende una más radical: para Zelarayán no hay poetas, sino "simples vectores de poesía", que son aquellos "hablados por la poesía" y cuyo arte consiste, más que en cortar versos o componer estrofas, en captar el lenguaje que escapa "de la convención de la vida lineal y alienada", un concepto reafirmado en el afiche de presentación de *Literal*: "cualquiera puede captar en el lenguaje algo del orden de la literatura". Por eso Zelarayán en los agradecimientos que cierran su libro, no se declara devoto ni heredero de ningún poeta en particular, sino de "las conversaciones de los borrachos (que) son a veces obras maestras del sinsentido, del puro juego de los significantes" y también de "la gente que constantemente me está enviando mensajes fuera de contexto".

Zelarayán, respaldado por *El Fiord*, de Osvaldo Lamborghini, de 1969, y proyectado hacia *Literal* y también hacia *El frasquito*, de Luis Gusmán, de 1973, disputa con la tradición realista —narrativa y poética— de los años cincuenta y sesenta una concepción de la literatura nacional, que para unos se define a partir de sus temas y de la mímesis del habla sobre todo porteña, y para los otros a partir de la transgresión de "los límites de la 'literatura'" y a favor de "una palabra que se enuncia en su práctica, sin alucinar la vida". La vida, que para *Literal* es, como para los realistas, la vida nacional, no se obtiene en literatura a partir de su representación, sino que emerge y se manifiesta en el lenguaje. Y cuanto más cerca esté la literatura de esa imprevista irrupción de lo literario, que puede ser tanto lo anómalo como lo bello y que "sucede" en una conversación común —la telefónica del cajero de una pizzería con un interlocutor invisible, en el ejemplo de Zelarayán—, más cerca está de su objetivo de base que consiste, como lo señala el mismo afiche-manifiesto de *Literal*, en ampliar las fronteras de la literatura, desestabilizando aquello que de antemano esté convenido como literario (incluidos los géneros) y también la misma idea de la literatura como "propiedad privada" del escritor.

Para Zelarayán, el poeta es aquel que está almorzando en una pizzería y "escucha" la conversación del cajero en la cual lo que importa no es el tema —la compra de un hotel alojamiento— sino la irrupción, en esa conversación, de la palabra "cositas". Dice el cajero: "La verdad es que cuando hablo con usted salen cositas". Y Zelarayán: "Hotel alojamiento aparte, lo importante era el cajero hablado". Para *Literal*, en esa misma línea, "no hay propiedad privada del lenguaje, es literatura aquello que un pueblo quiere *gozar* y *producir* como literatura. La insistencia de ciertos juegos de palabras es literatura, como lo comprende cualquiera que sepa escuchar un chiste".

Desde estas premisas, y siguiendo el modelo de Jacques Lacan en su revista *Scilicet*, los escritores de *Literal* no firmaron sus artículos, aunque la autoría de casi todos ellos haya sido finalmente repuesta en la antología de la revista publicada en 2002 por Héctor Libertella, quien ubica con precisión la función de *Literal* en la historia de la literatura argentina. Lo que Libertella llama "su novedad perversa", consiste en "el lento destilado del psicoanálisis en la literatura, que unos años antes, de la mano de Oscar Masotta, producía la hibridez de un encuentro entre el inconsciente y la letra". Para Libertella, el resultado de la operación *Literal* en la literatura argentina "fue una propuesta extrema de la que muchos bebieron para esclarecer las cosas y producir textos".[2]

Y aunque la misma idea de "producción" de textos estuviera impugnada desde *Literal*, toda vez que "la escritura no tiene pasado ni porvenir, y desmiente todo más allá", es cierto que el proyecto de la revista fue, como anota Libertella, eminentemente retórico y tendiente a "desplazar fuerzas en el campo de las argumentaciones". Pero también lo es que ese mismo proyecto se ha visto devaluado con el paso del tiempo, sobre todo porque no es evidente que los modelos de *Literal* —la lingüística y el psicoanálisis— hayan sido mejores o más eficaces que aquellos a los que con tanto empeño decidió refutar: el estructuralismo y la sociología de la literatura. En todo caso, lo que queda del programa de *Literal* es en especial un tono, heredero del que impuso el contornismo en la literatura argentina. Como escribe Libertella: "Muchas frases eran apodícticas: parecían saberlo todo".

Pero si no todos los escritores de *Literal* fueron más tarde consecuentes con las exigencias autoimpuestas desde la misma publicación y hoy han atravesado la "doble censura —formal y temática—" que impone el mercado y han hecho de su nombre de autor o de su estilo una marca registrada, un capital del que periódicamente extraen intereses —que era lo que Osvaldo Lamborghini y Josefina Ludmer denunciaban en un artículo sobre "Elena Bellamuerte" de Macedonio Fernández—, los máximos escritores del grupo, en cambio, se mantuvieron en esa línea signada por la negatividad y la autoexclusión. Es el caso de Ricardo Zelarayán y de Osvaldo Lamborghini.

La obra rebelde y extravagante de Ricardo Zelarayán

Ricardo Zelarayán es el autor de una obra editada cuantitativamente pequeña —dos libros de poemas: *La obsesión del espacio* y *Roña criolla*, y una novela: *La piel de caballo*— y de una cantidad desconocida de obra inédita tirada o perdida, como señala él mismo, quien, además, ironiza al respecto: "Dicen que mi feroz autocrítica es sólo un pretexto para no publicar o para no escribir, y encima me acusan de 'hacerme el Rulfo'".

Para Zelarayán la escritura es una comunicación de segundo grado, una transcripción no siempre eficaz de la voz viva que es donde, de hecho, sucede la literatura. Por eso su obra está atravesada por una discursividad sobre todo dependiente de la oralidad: "¡¡¡Agárrenme que lo mato!!!..". es el sugestivo comienzo de *La piel de caballo*, una frase que, dice Zelarayán, "la escuché" y que es sólo un ejemplo de un modo compositivo que consiste en "tomar" una expresión hablada de un personaje de la calle y seguirla en una deriva signada por la imprevisión.[3]

Con frases escuchadas "por ahí" que funcionan, como dice el autor, como un disparador que "te da una angulación", y en contra de todo plan previo, porque cuando lo hay "el texto siempre fracasa", Zelarayán construyó una obra rebelde y extravagante, prácticamente invisible fuera de un circuito cerrado de escritores y críticos literarios donde es leído con devoción. Desde ese lugar más bien opaco, pero consecuente con los principios trazados en los años setenta cuando, con más de 40 años, publicó su primer libro de poemas, Zelarayán comenzó veinte años más tarde, a partir de la década del noventa, a ejercer una notoria influencia sobre los jóvenes escritores argentinos. Eso puede verse, por ejemplo, en la obra de Washington Cucurto, quien no sólo construye un libro de poemas alrededor de un personaje llamado Ricardo Zelarayán (*Zelarayán*), sino que, además, pone en práctica —de un modo menos turbio, más festivo y más lineal— el procedimiento "joyceano criollo" de Zelarayán, como lo llama Martín Gambarotta, quien en "Soltar la lengua: el habla en la poesía contemporánea argentina" encuentra en el viejo Zelarayán la clave de lectura de una nueva camada de poetas argentinos que empiezan a publicar después del año 2000: Miguel Ángel Petrecca, Juan Desiderio, Lucía Bianco, Guillermo Daghero y Fernando Cantamutto.[4]

Violencia política y violencia sexual en *El Fiord*, de Osvaldo Lamborghini

Tan breve como la de Zelarayán fue la obra publicada en vida por Osvaldo Lamborghini, quien, cuando murió en Barcelona en 1985, a los 45 años, había publicado sólo tres libros: *El Fiord*, *Sebregondi retrocede* y *Poemas*, todos de circulación originalmente restringida, por haberse publicado en ediciones únicas, en editoriales pequeñas o fantasmas y de tirada reducida. Los dos primeros, porque tanto su asunto —la violencia política argentina puesta en acto a través de la violencia sexual— como la apuesta de su estilo —una escritura, como señala Sergio Chejfec, hecha sobre la base de yuxtaposiciones y de "secuencias abigarradas de sentencias y acciones desprovistas de solución de continuidad" que quebrantan la narratividad—,[5] en su combinación, resultaron excluyentes aun para un público bien predispuesto a la experimentación, como lo comprueba el suceso que para esos mismos años obtuvieron las dos primeras novelas de Puig, y hasta *El frasquito*, de Gusmán, que en pocas semanas de principios de 1973 agotó tres ediciones en la misma editorial donde ese mismo año Lamborghini publicaría *Sebregondi retrocede*.

Como señala Néstor Perlongher, *El Fiord*, una novela de 27 páginas en su edición original, y *Sebregondi retrocede* conforman con *Nanina*, de Germán García, y *El frasquito*, de Luis Gusmán, un "flujo escritural que llegó a nuclearse en las páginas de la revista *Literal*", cuyo rasgo común es "la sexualización de la escritura".[6]

Pero *El Fiord*, montado sobre un similar "mostruario (o mostrador) de aberraciones pornográficas" que, dice Perlongher, son llevadas al paroxismo en algunos de los relatos de Lamborghini publicados póstumamente, como "El pibe Barulo" y "La causa justa", se desvía de la comunidad de intereses epocales a partir de la "saturación de consignas (palabras de orden) de la militancia, de variado pelaje, de la época".

En *El Fiord*, Carla Greta Terón, cuyas iniciales, CGT, son las mismas de la Confederación General del Trabajo, pare un niño llamado Atilio Tancredo Vatán, cuyas iniciales, ATV, son las mismas de Augusto Timoteo Vandor, el líder sindical de la derecha peronista que ese mismo 1969 iba a ser, también, "personaje" de *¿Quién mató a Rosendo?*, de Rodolfo Walsh, poco antes de ser asesinado, el 30 de junio de ese año, por el Ejército Nacional Revolucionario, cuya actividad, como señala el periodista Andrés Bufali, "se redujo a un par de asesinatos: el de Vandor en 1969 y el de José Alonso en 1970, para después incorporarse a los Montoneros".[7] Después del parto, CGT y los demás personajes de la novela, al grito de "Patria o muerte", deciden matar al Loco Rodríguez, el padre de la criatura, mientras "Atilio Tancredo Vatán guardaba un terco silencio, pero se hacía la paja". "Despojados de las innecesarias reglas de seguridad", los revolucionarios se reparten los restos de Rodríguez: para uno los ojos, para otro una pierna, para otro la cabeza, para otro una mano crispada, "y unas hormigas invasoras liquidaron el resto", mientras echan la pija a la sartén y se comen después cada uno "un pedazo de porongo frito". Terminada la faena, llegan de la calle inscripciones luminosas que convocan a la manifestación y cuya diversa procedencia ideológica —"No Seremos Nunca Carne Bolchevique Dios Patria Hogar", "Dos, Tres Vietnam", "Perón es Revolución", "Solidaridad Activa Con Las Guerrillas", "Por Un Ampliofrente Propaz"— es un correlato del aquelarre simbólico de la época del que esta novela es su máxima expresión, no en tanto "representación realista" —abolida por principio del programa de *Literal*, a cuya conformación *El*

Fiord contribuyó de modo decisivo— sino a partir de la emergencia, en la novela, de una voz coral simultáneamente popular y política, que es el novedoso análogo de la popularización de la acción política de fines de los años sesenta y principios de los setenta.

Manteniendo su revulsiva marca de origen, la obra posterior de Lamborghini se replegó sin embargo hacia lo que Adriana Astutti llama "la puesta en leyenda de la infancia del escritor",[8] en lo que parece ser un virtuoso —e intrincado— monólogo interior que en los últimos años, a partir de la develación de muchas de sus claves biográficas por parte de sus exegetas —César Aira, Germán García, Adriana Astutti, Alejandra Valente y Ricardo Strafacce—, se va volviendo medianamente diáfano para un círculo más amplio de lectores pero que, a su vez, contribuye a la sustentación del mito del escritor maldito, figura que a Lamborghini le cae mejor que a la a su modo —y a su lado— políticamente ingenua Alejandra Pizarnik, que era quien lo ostentaba hasta su irrupción.

En un artículo firmado (no firmado, sino con la firma repuesta retrospectivamente en la antología de Libertella) por Lamborghini y por Josefina Ludmer, los autores deciden "convocar, en estos tiempos de escritura barrial, la irrupción de una futura, de una nueva casta del saber y de la lengua. En la Argentina, ese futuro tiene tradición, nombres: Macedonio Fernández, Borges, Girondo". Pero ésa es sólo parte de la tradición a la que responde la obra de Lamborghini, cuyo programa vanguardista está, como señala Perlongher, desestabilizado por una "barroquización sorprendente", cuyo efecto pasa por cierto horror al vacío y cuyo origen textual habría que buscarlo menos en la biblioteca estrictamente barroca que en el resto barroco, voluptuoso, de la obra de Rubén Darío, de la que Lamborghini ha transformado su sensualidad en sicalipsis. Una operación que sólo en términos teóricos, porque el espíritu poético no anidaba en Lamborghini, va a ser constitutiva del neobarroco, en esos mismos años en los que publica su único libro de poemas, titulado *Poemas*. Extrañamente, allí se jugará la herencia de Lamborghini en la literatura argentina. Su prosa, en cambio —y su diccionario—, sólo parece vibrar esporádicamente en la obra crítica de Nicolás Rosa, mientras que dos de sus más entusiastas prosélitos, César Aira y Alan

Pauls, si lo siguen, lo hacen en sentido opuesto. Aira, convirtiendo lo simultáneo y yuxtapuesto —marca registrada de la prosa de Lamborghini— en sucesivo y lineal, y Pauls vaciando de política y de contexto el mismo escenario que en Lamborghini se estremecía alrededor de sus claves política y contextual.

La herencia de *Contorno*: *Punto de Vista* y *El ojo mocho*

Un año después de la aparición del último número de *Literal*, en marzo de 1978, salió el primer número de *Punto de Vista*, dirigida por Jorge Sevilla, un psicoanalista que prestó su nombre para encabezar los primeros once números de la revista que habían ideado Carlos Altamirano, Beatriz Sarlo, Ricardo Piglia y algunos dirigentes de Vanguardia Comunista en situación de semiclandestinidad, para satisfacer, como se recuerda en una memoria de la revista, la "necesidad de vincular los restos dispersos del campo intelectual" en los primeros años de la dictadura militar.[9] La publicación, que tenía entonces sobre todo un fin político, y que fue subtitulada desde el primer número como "revista de cultura", funcionó además como el aglutinante de una nueva generación de críticos literarios. Altamirano, Piglia y Sarlo —que habían compartido unos años antes la dirección de la revista *Los Libros*—, María Teresa Gramuglio y sólo en un primer momento Nicolás Rosa —que llegaban a Buenos Aires también clandestinos desde Rosario, donde habían trabajado en la Universidad hasta 1976, y donde, además, habían participado en la experiencia de la revista *Setecientosmonos*—, son quienes desde *Punto de Vista* así como desde afuera de la publicación promueven una renovación del instrumental teórico y crítico de la literatura, y una nueva lectura de la literatura argentina, apoyada por intervenciones anteriores a la revista, como es el caso de los trabajos de Piglia sobre Arlt y de Gramuglio sobre Saer en *Los Libros*, a fines de la década anterior.

En cuanto a la teoría literaria, como señala Roxana Patiño, *Punto de Vista* ordena una revisión crítica de los paradigmas de los años setenta —el estructuralismo, el psicoanálisis lacaniano, la lectura althusseriana de la teoría social— para proponer, en cambio, los modelos de la crítica cultural y de una renovada sociología de la cultura: los ingleses Raymond Williams y Richard Hoggart y el francés Pierre Bourdieu son los nuevos autores puestos en circulación por *Punto de Vista*, y conceptos suyos como "estructura de sentimiento", "horizonte de expectativas", "campo intelectual" o "bienes simbólicos", algunos de ellos desarrollados en *Conceptos de sociología literaria*, firmado por Altamirano y Sarlo en 1980, pronto se vuelven comunes en el lenguaje de la crítica literaria de esos años.[10]

Pero *Punto de Vista* no sólo da a conocer estos nuevos autores, sino que a través de sus lecturas organiza un nuevo sistema de interpretación de la literatura argentina centrado en una renovada relación entre literatura, ideología y política que le permite destrabar los persistentes prejuicios ideológicos de la izquierda y del nacionalismo, incluyendo en el corpus a los grandes excluidos del sistema de *Contorno* que eran, por otra parte, el notorio modelo de la nueva publicación: Borges y la revista *Sur*. De este modo, *Punto de Vista* arma, a través de las lecturas de Sarlo, Altamirano, Gramuglio y Piglia —que se retira del consejo de dirección de la revista en el número 16, de 1982—, un mapa nuevo de la literatura argentina bastante menos abigarrado —y más consciente, tal vez también más profesional— del que habían construido los contornistas treinta años atrás. Por un lado, reduce el siglo XIX a sus dos escritores fundamentales —Sarmiento y Hernández—, y por otro establece una relectura de la tradición de la narrativa del siglo XX en la que sus dos máximos antagonistas, Borges y Arlt, y las dos publicaciones que sustentaron dicho antagonismo, *Sur* y *Contorno*, son leídos ahora no como ángulos opuestos, sino como los complementarios que dejan ver mejor a los dos narradores que la misma publicación viene a sostener como propios: Juan José Saer, colocado en distintos trabajos de Sarlo y Gramuglio en el centro del sistema literario argentino de la segunda mitad del siglo XX, y el mismo Ricardo Piglia, quien para esos años publica su libro más importante, *Respiración artificial*, donde pone en juego muchas de las ideas sobre literatura argentina desarrolladas en artículos publicados previamente en la revista.

A partir de la segunda mitad de la década del ochenta, *Punto de Vista* comenzó a publicar a una nueva generación de críticos literarios: Graciela Montaldo, Alberto Giordano, Gonzalo Aguilar,

Sergio Chejfec, Sergio Delgado, Graciela Speranza, Renata Rocco-Cuzzi, D. G. Helder, Aníbal Jarkowski, Marcos Mayer, Carlos Mangone, Delfina Muschietti, Jorge Warley, Matilde Sánchez, Sylvia Saítta, Sergio Pastormerlo, Daniel Link y, más adelante, Miguel Dalmaroni y Ana Porrúa, quienes aunque no siempre compartieron el instrumental teórico ni el recorte de la literatura argentina propiciados por la publicación, contribuyeron sin embargo a su vigencia.

Ya en los años noventa la herencia de *Contorno* en la literatura argentina le fue disputada a *Punto de Vista* por otro grupo de intelectuales reunidos en la revista *El ojo mocho*, que empieza a aparecer en 1991 dirigida por el sociólogo Horacio González. El mismo título de la publicación, que funciona como un negativo de la que dirige Beatriz Sarlo, la reivindicación de algunos de los miembros de la vieja revista —David Viñas, Carlos Correas, León Rozitchner— en desmedro de los que más abiertamente reivindicaban los otros —Adolfo Prieto y Tulio Halperín Donghi— y hasta la ponderación de la figura de Josefina Ludmer, la gran ausente generacional en el equipo de *Punto de Vista*, son las claras marcas de la a veces explícita batalla presentada por *El ojo mocho*, cuyo campo de acción, sin embargo, remite más al pensamiento y a la política que a la literatura, con la que la publicación mantiene una relación dispersa y errática, como puede apreciarse en su sección de notas bibliográficas. En ese terreno, la máxima apuesta de *El ojo mocho* consistió, remedando el movimiento de *Contorno* a favor de la obra de Arlt, en recentrar la políticamente desprestigiada figura del narrador Jorge Asís, aunque esta vez pareció imperar más la voluntad de provocar asombro que la sinceridad del modelo, según puede verse, por otra parte, en el dispar efecto de ambas intervenciones.

La "crítica del presente" en las novelas de la dictadura. *Respiración artificial*, de Ricardo Piglia

Entre 1979 y mediados de la década siguiente se publicaron en la Argentina y fuera de la Argentina una serie de novelas cuyo asunto estaba centrado en lo que Beatriz Sarlo llamó "una crítica del presente", tratándose de un presente más amplio que el específico de la fecha de escritura y publicación de las novelas.[11]

Un presente que abarcaba también la experiencia política de comienzos de los años setenta y avanzaba, en algunos casos, sobre las consecuencias —muerte, desaparición, exilio, ostracismo— que esa experiencia había tenido sobre miles de compatriotas. *Cuerpo a cuerpo*, de David Viñas, *No habrá más penas ni olvido*, de Osvaldo Soriano, *Flores robadas en los jardines de Quilmes*, de Jorge Asís, *Respiración artificial*, de Ricardo Piglia, *La vida entera*, de Juan Martini, *Ni el tiro del final*, de José Pablo Feinmann, *El vuelo del tigre*, de Daniel Moyano, *En esta dulce tierra*, de Andrés Rivera, conforman un corpus selecto de dicha preocupación que en los años finales de la dictadura y en los primeros del nuevo gobierno constitucional encontró la sanción favorable de vastos sectores del público lector y que, además, obturó la visibilidad de otros buenos y muy buenos novelistas que también empezaron a publicar en esos años, como Eduardo Belgrano Rawson, Rodolfo Rabanal o Antonio Dal Masetto.

De todos ellos, sin embargo, fue sólo Soriano quien mantuvo vigente su pacto con el gran público, a partir de una fórmula exitosa desde *Triste, solitario y final*, su primera textualización: temas complejos, pero reducidos a sus vectores de fuerza principales, siguiendo los lineamientos simplificantes de la alegoría. De este modo, la vastedad del país, en *No habrá más penas ni olvido*, es empequeñecida al tamaño de Colonia Vela, un pueblo imaginario de la provincia de Buenos Aires, y la complejidad ideológica del enfrentamiento entre la derecha y la izquierda peronistas en los años setenta, a una satírica pelea entre un borracho preso, un loco, un comisario, el piloto de un avión fumigador y un viejo empleado municipal que convierten la novela, pese a la información que anota el prólogo —"en la Argentina, durante el último gobierno de Juan Domingo Perón, entre octubre de 1973 y julio de 1974"—, en un episodio desprovisto de historia, política e ideología. En un capítulo más, como señala María Teresa Gramuglio, "de la eterna lucha entre los buenos (los honestos peronistas de la primera hora, la juventud) y los malos (los advenedizos, la burocracia política y sindical, las bandas armadas)".[12] Con notorias diferencias de escritura y de composición, la misma fórmula alegorizante puede leerse en las novelas de Juan Martini y de Daniel Moyano. Asís, en cambio, y con parecidos resultados con respecto a la recepción del público, directamente parece abandonar los protocolos de la novela —"Dejo entonces la novela a un costado, y digo la verdad de este momento", dice Rodolfo Zalim, su narrador y personaje principal—, a favor de los de un género por completo diferente: el periodismo de opinión. De allí, tal vez, su repercusión inmediata y también su inmediato envejecimiento. Feinmann, por su parte, como otros escritores de la época —Rubén Tizziani y Juan Carlos Martelli—, escribe una novela policial en clave política, en la que la violencia de primer grado del relato, que es policial, remite todo el tiempo a una violencia de segundo grado, que es política. El presente también es acechado en clave por David Viñas y Andrés Rivera, aunque en estos casos es el pasado histórico nacional la cifra que permite comprender el quiebre del pacto social en los años de la dictadura. En *Indios, ejército y frontera*, un ensayo que puede ser leído en tándem con *Cuerpo a cuerpo*, Viñas traza un continuo, "una línea de puntos", dice, entre el ejército argentino de la Conquista del Desierto y el de la dictadura militar, que construye, a su vez, otra figura de identificación paralela: la de los indios con los desaparecidos. Rivera, por su parte, escribe una novela cuya acción está fechada en los años previos a la presidencia de Sarmiento, pero una cita que funciona como su epígrafe, firmada por el almirante Jorge Isaac Anaya, jefe de la Armada en los años de la dictadura, proyecta el tiempo narrado al de la publicación de la novela.

Respiración artificial, finalmente, concentra en una sola novela todos los procedimientos —alegoría, opinión política, cruces con el género policial, utilización del pasado como clave para leer el presente—, y eso la convierte en el emblema del período.

Arocena, uno de los personajes de la novela, intercepta una carta escrita en Caracas por un exiliado argentino que en la posdata escribe: "A veces (no es joda) pienso que somos la generación del '37. Perdidos en la diáspora. ¿Quién de nosotros escribirá el *Facundo*?".

En esa posdata se sienta la hipótesis política de *Respiración artificial*: más que trazar un paralelo entre el gobierno de Juan Manuel de Rosas y el de la dictadura del llamado Proceso de Reorganización Nacional, se propone uno entre la generación de los proscriptos y exiliados del '37 del siglo XIX y la de los setenta y ochenta del siglo XX, a partir de las similitudes señaladas entre el personaje Enrique Ossorio, un proscripto de la generación romántica que vive en Chile en los años de Rosas, y Marcelo Maggi, un historiador que, en los años de la dictadura, pasa a integrar la lista de los ciudadanos desaparecidos, o al menos eso es lo que sugiere la novela.

En abril de 1976, el joven periodista Emilio Renzi, que acaba de publicar su primera novela, comienza una relación epistolar con su tío Marcelo Maggi, un profesor de historia con algunos antecedentes penales que se encuentra retirado en Concordia, donde hace un trabajo ordenado por quien fue su suegro, Luciano Ossorio, un ex senador de la república, que es quien le da a Maggi los papeles de su abuelo Enrique Ossorio, uno de los fundadores del Salón Literario, que se suicida en Chile en las vísperas de la caída del gobierno del Restaurador. La hipótesis de Luciano Ossorio es la de la novela: que en el pasado histórico argentino, en este caso, en los antiguos papeles de su abuelo —cartas, diarios personales—, se encuentran las claves de la historia argentina del porvenir; esto es, las claves del presente de la novela: 1976, el año del golpe que dio inicio a la dictadura militar.

La idea encuentra por lo menos un antecedente en la literatura argentina: el relato "La fiesta del monstruo", de Borges y Bioy Casares, en el que los autores vinculan los gobiernos de Rosas y de Perón, reescribiendo en 1947 "El matadero", un texto retrospectivamente emblemático de la época de la proscripción, para denunciar el asesinato del judío Aarón Salmún Feijoo el 4 de octubre de 1945 a manos de integrantes de la Alianza Libertadora Nacionalista, por negarse a vivar el nombre de Perón, y relacionando ese hecho con la muerte del unitario del cuento de Echeverría, instada por el sanguinario Matasiete por negarse a portar la divisa punzó del régimen rosista. La violencia del pasado venía a dar las claves para comprender la del presente, invirtiendo el signo positivo que el poder peronista asignaba a la serie Rosas-Perón. La operación de Borges y Bioy Casares no importa entonces tanto en términos políticos, toda vez que el vínculo entre una y otra figura estaba dado de antemano, aunque con signo opuesto, sino en su solución estilística: en ese lenguaje abigarrado, macarrónico y monstruoso en el que hablan los personajes y que es el correlato objetivo de la percepción de los autores acerca del nuevo gobierno, de los nuevos sujetos sociales y del nuevo país.

Piglia, en cambio, formula una idea política original, que ha tenido una extensa repercusión en el mundo del pensamiento, a tal punto que el investigador José Luis de Diego tituló, precisamente, ¿*Quién de nosotros escribirá el* Facundo? su estudio sobre la generación de intelectuales y escritores exiliados o proscriptos durante los años de la dictadura militar. Ese efecto estaría indicando que el interés de Piglia parece ser más ensayístico que novelesco, según puede verse tanto en la estructura de la obra, dividida en tres partes perfectamente escindibles unas de las otras y reunidas tenuemente por la figura de Emilio Renzi, como en el empastamiento estilístico que se manifiesta en las voces de sus personajes, que hablan y escriben todos igual. Así, por ejemplo, no hay diferencia entre el castellano del año 1850 con el que se expresa Enrique Ossorio y el del polaco Tardewski, llegado al país en los años cuarenta del siglo siguiente, sin saber una sola palabra del idioma. En todo caso, y más como en un ensayo que como en una novela, los personajes son principalmente sus ideas. Luciano Ossorio piensa que el exilio es la utopía: "tenemos los recuerdos que nos han quedado del país y después imaginamos cómo será (como va a ser) el país cuando volvamos a él. Ese tiempo muerto, entre el pasado y el futuro, es la utopía para mí. Entonces: el exilio es la utopía". Tardewski sostiene que *El Proceso*, de Kafka, es un texto profético que anuncia el *Mein Kampf* de Hitler. Renzi piensa que Borges es un escritor de la generación del ochenta que leyó a Paul Valéry y que es, por lo tanto, el último escritor argentino del siglo XIX y que Arlt es el primer escritor argentino del siglo XX. Piensa, también, que en el estilo "barroco radical" de Hipólito Yrigoyen nace la escritura de Macedonio Fernández, o que la historia argentina es el monólogo alucinado del sargento Cabral en el momento de su muerte, transcripto por Roberto Arlt, o que *El juguete rabioso* es una especie de versión perversa de *Recuerdos de provincia*, o que el unitario de "El matadero" es una especie de Woody Allen rodeado por la mersa asesina o, finalmente, que Mujica Lainez es una mezcla tilinga de Hugo Wast y de Enrique Larreta, que escribe *best sellers* refinados para que los lea Nacha Regules. Todas estas ideas están enunciadas de modo indirecto, y casi todas las de Renzi formuladas a través de una discusión con el periodista Marconi en el Club Social de Concordia. Es cierto entonces que, como señala Tulio Halperín Donghi, la complejidad de los asuntos tratados "parecería requerir tratamientos más sistemáticos que el propio de una conversación nerviosa entre intelectuales".[13] Y también es cierto que la enunciación de esas ideas, a partir de una fórmula contradeterminante cuyo efecto es siempre la sorpresa o el asombro y donde el ingenio funciona como un eficaz reforzador de la verdad del enunciado, ha intensificado su perduración, de modo que, desarrolladas después en ensayos o en escritos de crítica literaria, tuvieron mayores consecuencias en la literatura argentina que la misma novela de Piglia, la cual paulatinamente, y a medida que se congela su valor novelesco, va adquiriendo una importancia sobre todo ensayística, histórica y testimonial, con relación a los temas tratados y a sus hipótesis políticas y literarias.

El "imperativo de la invención" en las novelas de César Aira

En el número 1 de la revista *Babel*, que salió en abril de 1988 bajo la dirección de Martín Caparrós y Jorge Dorio, se publica una columna —que continúa en los próximos números con firmas diferentes— titulada "La mesa de luz. Notorios y notables confiesan qué han leído". En ese primer número, quien firma la columna es César Aira. Sin embargo, en 1988 Aira no era un escritor notorio todavía. Había publicado sólo seis novelas —la primera, *Moreira*, en 1975— que habían recibido muy pocas reseñas destacadas en los diarios y revistas culturales de la época. Dos de las más importantes fueron publicadas en *Punto de Vista*, una firmada por María Teresa Gramuglio y la otra por Nora Catelli. Las autoras, si percibían tempranamente la "capacidad inventiva inusual" de Aira y su intenso recurso a la fantasía hasta quebrar la verosimilitud del relato, con el fin de deshacerse de la servidumbre del referente, objetaban, en cambio, que el autor quedara atrapado "en su propia seducción" y que la "exacerbación del juego inventivo" fuera, al fin, la única clave para diferenciarse de otras tendencias narrativas posibles. Alentadas por el prejuicio de la modernidad, Gramuglio y Catelli no alcanzan a valorar —o, mejor dicho, valoran negativamente— que lo que sustenta la obra de Aira es el prejuicio posmoderno.[14]

Juan José Saer y Ricardo Piglia, los autores emblemáticos de *Punto de Vista*, son, en ese sentido, autores modernos en cuanto a la relación que sus respectivas obras mantienen con su verdad de artistas, y por eso son entonces autores consecuentes con esa verdad, manifestada en sus temas, sus personajes, su estilo. Aira, en cambio, construye su valor como autor posmoderno en tanto autor de una obra en superficie inconsecuente con una única verdad de artista, y articulada sobre pares antitéticos que no se anulan: realista y fantástica, elevada y banal, poética y prosaica, patética y divertida, filosófica y trivial. Y es por eso que fueron los críticos y narradores jóvenes de mediados de los años ochenta, inmersos en el espíritu de la estética posmoderna de la que la obra de Aira puede ser vista como su emergencia más notable en la Argentina, quienes más inmediatamente percibieron el valor de novedad que ésta importaba. Jorge Dorio, Matilde Sánchez, Sergio Bizzio, Alan Pauls, todos ellos vinculados de modo directo o indirecto a la revista *Babel*, son quienes manifiestan en entrevistas o reseñas las primeras señales positivas y sin reservas sobre la obra de Aira.[15]

Pero es Sandra Contreras quien unos años más tarde sistematiza el gusto de la época en su ensayo *Las vueltas de César Aira*, donde destaca el modo en que Aira irrumpe en un escenario dominado por las obras de Saer y de Piglia, que son las que entonces condensaban, "magistral o ejemplarmente, los valores (literarios, éticos, políticos) que hoy se han vuelto hegemónicos en el campo de la narrativa argentina de las últimas dos décadas".[16] Sobre ese contexto, Aira construye un explícito antagonismo concentrado en algunos artículos periodísticos o ensayos, en los que confronta directamente con las figuras de Piglia y de Saer. El primero será descalificado en tanto autor de una obra en la que, según Aira, los saberes y juicios políticos, ideológicos y literarios, esto es, su peso ensayístico, funcionan como un doble aniquilante: de la ficción y de la narratividad. El segundo, como autor de una obra controlada y perfecta, construida a salvo de todo riesgo.[17] Y ambos, como representantes de una poética de la negatividad —de raigambre macedoniana en el caso de Piglia, y vinculada con el ideario del alemán Theodor W. Adorno en el de Saer— que Aira refuta con lo que Contreras llama "el imperativo de la invención", que se traduce, en sus novelas, en una verdadera fuga hacia adelante del relato, que no se detiene ni en la reflexión, como en el caso de Piglia, ni en la corrección, como en el de Saer.

Por otra parte, y más allá de sus declarados maestros Osvaldo Lamborghini, Copi y Manuel Puig, dedicatarios de tres ensayos excepcionales,[18] lo que enfrenta a Aira con Piglia y Saer es la disputa por la herencia de los dos máximos narradores del siglo XX, que son los mismos para los tres: Borges y Arlt. En todo caso, en lo que lee cada uno de ellos en la obra de sus ilustres antecesores se encuentran y precisan las diferencias de cada una de sus obras. De modo que si es posible establecer un vínculo entre Piglia y Arlt a través de su relación dislocada con el realismo, el que se puede establecer entre Aira y Arlt será con las proyecciones fantásticas y expresionistas de sus respectivas obras. Y si es posible encontrar en la forma de relato cerrado y a veces filosófico que Borges practica en *Ficciones* o *El Aleph* un antecedente del formalismo saeriano de profundidad, es en las más deshilachadas —y menos importantes— narraciones de *Historia universal de la infamia* donde se encuentra una de las fuentes del relato de Aira.

Pero la lectura de Aira de sus implícitos maestros está desestabilizada por la presencia de un componente por completo excéntrico a los dos: el surrealismo. No, sin embargo, la tradición argentina del surrealismo, la que va de Aldo Pellegrini a Julio Cortázar, ni su fuente natural francesa, que es André Breton, sino la de primigenio antecedente de todo el surrealismo, que es Raymond Roussel, el autor de *Impresiones de África*, quien no sólo le ofrece a Aira un modelo, sino también un método: *Cómo escribí algunos libros míos*.

De las más de 40 novelas publicadas por Aira hasta hoy, *Dante y Reina* funciona como un ejemplo de muchas de sus preocupaciones: Reina es una niña mosca que cruza el basural para comprarle vino a su padre alcohólico. En el camino Dante, un perro cojo, decide violarla, y el mismo Dante decide salvarla del violador (que era él). Reina se enamora de Dante (del salvador, no del otro) y recién se da cuenta de que uno y el otro son la misma persona (el mismo perro, en verdad) después de haberse casado con él y de sobrevivir a un intento de asesinato por su parte. Dante, acorralado por la evidencia, arguye que para llegar a ser un escultor, que era su ambición máxima, sólo necesitaba hacer una buena acción: salvar a una mosca en trance de ser violada. Y como la ocasión no se presentaba, decidió, como un artista, fabricarla él. Ése es el raro argumento de esta novela de 74 páginas en la que, como se ve, el verosímil está puesto entre paréntesis de antemano. Pero lo paradójico es que en este relato en apariencia surrealista, los hechos no se suceden o precipitan debido al puro automatismo psíquico, las alucinaciones o la escritura bajo el dictado del inconsciente, como en la receta del surrealismo histórico, ni tampoco a partir de los desplazamientos por contigüidad del significante, como en el modelo barroco, sino que es la mano de un narrador entrenado la que, con absoluta conciencia de los instrumentos retóricos y de los efectos que su utilización provoca, construye un relato cerrado, en el que su mismo final desaforado —que se repite en casi todas las novelas de Aira— responde menos a una libertad que a un método, según una fórmula que el propio Aira había entrevisto en Alejandra Pizarnik: la de la composición hipercontrolada, hiperconsciente, dirigida hacia un resultado de forma surrealista.[19] La desmesura, los finales abruptos o delirantes, las bromas cuyo objeto es el sistema literario argentino —muchos de los personajes de Aira llevan el nombre literal o apenas modificado de escritores argentinos contemporáneos y hay uno recurrente que se llama, precisamente, Aira—, el uso desacartonado e irreverente de la historia nacional y los chistes malos son algunas de las características de ese "resultado", según puede rastrearse en algunas de sus mejores novelas, como *La liebre, La prueba, Cómo me hice monja, El llanto* o *Fragmentos de un diario en los Alpes*.

La intervención de Aira en el sistema literario argentino a partir de la segunda mitad de la década del ochenta responde al modelo de la vanguardia. Por un lado, y a través de sus ensayos y reseñas bibliográficas, Aira crea una tradición —Arlt, Puig, Osvaldo Lamborghini, Pizarnik, Copi— que es la que permite que su obra sea visualizada más certeramente. Pero en el mismo movimiento, crea una descendencia no epigonal que se manifiesta en la obra de autores que, a partir de cierta afinidad estética con su obra, pueden ser mejor leídos desde la irrupción de ésta en el sistema literario: es el caso del autodefinido "realista delirante" Alberto Laiseca, el de Jorge Di Paola y, también, el de los más jóvenes Sergio Bizzio y Daniel Guebel. Pero, además, la misma obra de Aira, ese continuo narrativo en apariencia deshilvanado y delirante construido como un combinado de pura invención, concentrado autobiográfico, ensayo y reflexiones metaliterarias, es la que legitima y deja ver mejor una cantidad de obra narrativa que, justamente por su carácter formal y genérico no convencional, no ingresaba, hasta la irrupción de Aira, en el sistema cerrado de la narrativa argentina. *El traductor*, de Salvador Benesdra, *El desierto y su semilla*, de Jorge Barón Biza, *Guerra conyugal*, de Edgardo Russo, y *Habitaciones*, de Emma Barrandeguy, son algunas de las grandes novelas de la década del noventa que pudieron empezar a ser leídas gracias a la apertura que promovió la obra de Aira, aunque no guarden con ésta ninguna relación.

La poesía neobarroca. "Cadáveres", de Néstor Perlongher

A mediados de 1983, Héctor Piccoli publica su primer libro de poemas individual, *Si no a enhestar el oro oído*, acompañado por un programático prólogo firmado por Nicolás Rosa. Unos meses más tarde, en marzo de 1984, aparece *Arturo y yo*, el cuarto libro de poemas de Arturo Carrera. Y en abril de ese año, en el número 0 dedicado al barroco de la *Revista de (poesía)*, dirigida por Juan Carlos Martini Real, Néstor Perlongher publica su poema "Cadáveres", que después formará parte de su segundo libro, *Alambres*, de 1987. En pocos meses, entonces, y más allá de los antecedentes en solitario que podrían rastrearse en las obras anteriores de los mismos autores, en la de Emeterio Cerro, o en algunos de los poemas publicados en la revista *Xul* a partir de 1980, se hace visible por primera vez como conjunto un nuevo movimiento de poetas reconocidos como "neobarrocos", cuya distinción no sólo está dada por el talento compositivo de sus ejecutantes más destacados, sino también por el valor históricamente contradeterminante de su irrupción en la escena literaria argentina. La expectativa, condicionada por la singular coyuntura política y cultural de fines de la dictadura militar iniciada en 1976 y terminada con la asunción del mando del nuevo presidente constitucional, Raúl Alfonsín, el 10 de diciembre de 1983, parecía estar dirigida hacia la aparición de una nueva poesía comprometida, un renovado coloquialismo realista y militante, próximo a las enseñanzas de Juan Gelman y entroncado con la tradición emblemáticamente representada por Raúl González Tuñón.

Pero en vez de responder a una tradición determinada, los nuevos poetas realizan una singular lectura de la poesía argentina, construyendo un programa a partir de la suma de una serie de elementos erigidos originalmente como antitéticos: el Modernismo de Rubén Darío, el vanguardismo del Oliverio Girondo de *En la masmédula* —y a su través, los entonces devaluados poetas surrealistas Francisco Madariaga y Enrique Molina, que son leídos por una nueva generación de poetas después de treinta años, quienes los vuelven a colocar en el centro de la escena—, el simbolismo de Juan L. Ortiz y hasta la lírica sencillista de Ricardo Molinari se integran a la poética neobarroca, una suma que, debido a su misma heterogénea conformación, no da una voz unánime en todos sus autores sino un registro abierto en el que se cruzan los sonetos de Piccoli —que es el único de los neobarrocos que hace de la forma fija un valor—, la poesía ideogramática de Arturo Carrera, uno de los pocos poetas argentinos que desde su primer libro, *Escrito con un nictógrafo*, trabaja a favor de las soluciones gráficas en sus poemas, y la obra de Perlongher, en apariencia más despreocupada de sus aspectos formales y visuales y atravesada por los discursos de la historia y de la política argentinas, asuntos más bien ausentes en la obra de sus compañeros de generación. Estas evidentes diferencias no empañan, sin embargo, una comunión fundada en la emergencia de una textualidad barroca históricamente ausente en la literatura argentina, descontando el borroso antecedente del cordobés Luis de Tejeda, el "único poeta barroco estimable que apareció en el Sur de América", en el siglo XVII, según la amable descripción de Enrique Anderson Imbert,[20] cuya estimación aparentemente radica en que el primer verso de su poema "A los soldados de María Santísima" recuerda de manera significativa al primero de las profanas "Soledades" de Góngora, y a algunos más próximos, como el Lugones de *Los crepúsculos del jardín* y el episodio barroco de la obra del joven Borges en los años veinte.

Pero los nuevos poetas barrocos de los años ochenta del siglo XX no tienen, como sus antecedentes argentinos, una vinculación directa con el modelo del barroco clásico del Siglo de Oro español. El paradigma ya no es Góngora o Quevedo, sino el cubano José Lezama Lima —"Muerte de Narciso" se titula uno de los sonetos del primer libro de Piccoli, y *Parque Lezama* el cuarto libro de Perlongher— y su discípulo ejemplar, el también cubano Severo Sarduy —prologuista del primer libro de Carrera—. Contrariamente a Lezama Lima y Sarduy, que sí trabajaron sobre los moldes del barroco clásico, los nuevos poetas argentinos los desestabilizan al inocularle al programa el sensualismo de Rubén Darío, voluntariamente excluido del plan de Lezama Lima y del de Borges.

Ahora, como escribe Daniel García Helder en un artículo de la época, se impone el gusto por lo frívolo, lo exótico, lo recargado, la ornamentación por la ornamentación, las descripciones exuberantes, el cromatismo, las transcripciones pictóricas, las citas y las alusiones culteranas, en tanto rasgos neobarrocos que actúan como la reapertura de algo que parecía definitivamente extinguido desde mediados de la década del veinte: el Modernismo, la tradición rubendariana de *Azul* y *Prosas profanas*.[21]

Piccoli, el más radical de sus contemporáneos, construye una obra en la que, como anotó Nicolás Rosa, impera el significante: las palabras por momentos abandonan su vínculo con el referente y se sostienen unas a otras por su relación de contigüidad, dada por el ritmo, la rima (interna y externa), la aliteración, la sinalefa o el encabalgamiento, y produce así un efecto sobre todo físico en el que, debilitado el significado, o directamente elidido, se instala un sentido extraño en la literatura argentina: el de la magnificencia puramente verbal, que establece un vínculo con las obras de Lugones y de Banchs y que es el paso obligado entre éstas y *Amor a Roma*, el singular y único libro de poemas publicado por C. E. Feiling en 1995. "Piélago de piedra y piedra de agonía,/ la demora de onda en el aliento que constela/ un yermo mínimo,/ alabea el nacimiento furtivo de la duna", escribe Piccoli en *Filiación del rumor*, de 1993.

Arturo Carrera, por su parte, y a partir de *Arturo y yo*, como señala Edgardo Dobry, empieza a escribir una especie de novela familiar que se continúa en sus libros sucesivos: el padre, la madre, los hijos, las tías, los vecinos de Coronel Pringles, son los personajes de esa novela de Carrera que a primera vista parece inscribirse en la corriente sencillista que Borges había desestimado en sus irrupciones vanguardistas de los años veinte.[22] Pero el nuevo sencillismo de Carrera tiene un peso verbal del que carecían los poemas de Baldomero Fernández Moreno, y la recurrencia temática hacia el mito de la primera infancia le da a toda su obra un carácter orgánico, con personajes y referencias explícitas que saltan de un libro al otro, construyendo una especie de etérea saga narrativa que actualiza los postulados contradeterminantes de relato y elisión que plasmaron la obra poética de Juan L. Ortiz.

La obra de Perlongher, por el contrario, desde *Austria-Hungría* en adelante, hace de la política y de la historia argentinas su verdadero asunto, pero lo hace a contrapelo de la convención realista: una poesía política que disfraza o que directamente elude el referente, según puede verse, microscópicamente, en "Cadáveres", su poema más famoso.

"Cadáveres" es un largo poema de más de trescientos versos de extensión diferente, pocas veces reunidos por algún tipo de rima, cuya primera nota distintiva es la aparición de un verso que, como una construcción anafórica, redobla el sustantivo del título: "hay cadáveres". El verso es repetido 56 veces a lo largo del poema como cierre de otras tantas estrofas construidas de modo irregular —de modo irregular quiere decir que no responden a formas fijas ni hay entre ellas algún tipo de relación isomórfica—. No hay modelo, y entonces la anáfora no es solamente un elemento significativo desde el punto del vista del sentido, sino que, a su vez, carga con todo el peso musical de la estructura, a la manera de un estribillo, que pauta el ritmo del poema, de modo tal que leídas las primeras tres o cuatro estrofas ya sabemos cómo van a caer todas las siguientes. Esto le da previsibilidad a la música del poema, pero contribuye, a cambio, a intensificar su valor semántico, reforzado en su dedicatoria: "A Flores". ¿Quién es "Flores"? Flores es Dalmiro Flores, un obrero asesinado por las fuerzas represivas del gobierno de Reynaldo Bignone en una movilización popular realizada el 16 de diciembre de 1982 en contra de la dictadura militar. Flores es el muerto inocente, a quien matan por no detenerse ante la voz de alto porque es sordo. En la dedicatoria del poema, y sin mayores explicaciones —unas explicaciones que cuando el poema se publica por primera vez nadie necesitaba—, se registra el contexto, el horizonte sobre el que se inscribe el poema y que va precisando esos "cadáveres". No ya los cadáveres en general, sino los cadáveres en particular: en la Argentina, y en la Argentina de la dictadura militar, "hay cadáveres".

En términos de "significado", el poema podría ser reducido a un sintagma: en todas partes, hay cadáveres. Mientras que la segunda parte de ese sintagma se repite, anafóricamente, 56 veces, la primera es sometida al procedimiento de la proliferación: todo el poema es una suerte de multiplicación, de expansión de ese sintagma: "Bajo las matas/ En los pajonales/ Sobre los puentes/ En los canales/ Hay cadáveres.// En la trilla de un tren que nunca se detiene/ En la estela de un barco que naufraga/ En una olilla, que se desvanece/ En los muelles los apeaderos los trampolines los malecones/ Hay Cadáveres". Pero no se trata de una proliferación "realista", en el sentido de que lo que se quiere es realizar una cobertura del territorio según un proyecto de minucia detallista, sino que la proliferación está a la deriva del mismo lenguaje poético, según procedimientos por otra parte nunca estrictos, como la asociación de palabras por contigüidad semántica o fónica, uso de lugares comunes y clichés del habla cotidiana (de la cotidianidad de esa época) voluntariamente desviados, citas del himno guevarista, o de "La cautiva" de Esteban Echeverría, pero también un procedimiento restrictivo que se suma a los demás: el de la elisión. Esto es, una suerte de "contraproliferación", un significante que no es que esté oculto, o que sea reemplazado por otro, sino que directamente falta, y es repuesto por el contexto.

Bajo su superficie política, el poema deja ver el subtexto de la sexualidad, sobre todo a través del procedimiento de la sustitución, que es constitutivo del texto barroco. Acá se ve cómo el significante obliterado es sustituido por otro, que puede ser acercado al que falta a partir del contexto. De este modo, una fellatio y un coito de pie son "reemplazados" por: "cuando un paje/ la troncha, calmamente, a dentelladas, cuando la va embutiendo/ contra una parecita, y a horcajadas, chorrea, y/ Hay Cadáveres".

Al montarse el componente sexual del poema sobre el componente político, y siempre cerrando con "Hay cadáveres", se abre la significación del poema, y también su valor. La significación, porque lo que dice el poema es que hay una cosa de la que no se habla y sin embargo hay, que son los muertos. Pero hay otra cosa de la que tampoco se habla y que también hay, que es el sexo, y en ese caso también: "hay cadáveres". Con lo que el cadáver del título y de la anáfora adquieren simultáneamente un valor denotativo, "referencial", y otro connotativo: hay otro muerto del que la sociedad no habla que no es, propiamente, un muerto.

Un criterio de objetividad en la nueva poesía argentina

Casi contemporáneamente a su irrupción, y tal vez como un signo de la vitalidad de la escena literaria de la época, dominada por tres revistas de poéticas visiblemente enfrentadas, como eran *Xul*, *Último Reino* y *Diario de Poesía*, el neobarroco provocó una progresiva reacción, cuyo primer síntoma debe situarse en 1987, con la publicación del ensayo "El neobarroco en la Argentina", de Daniel García Helder en el número 4 de *Diario de Poesía*. García Helder contrapuso a la suntuosidad léxica de los neobarrocos un diccionario restringido, y a la indeterminación del sentido posmoderno —presente sobre todo en la obra de Carrera—, una máxima de Ezra Pound: "La literatura es el lenguaje cargado de sentido". A través de ese artículo que alcanzó el valor de un manifiesto, *Diario de Poesía* no sólo impugna el movimiento neobarroco sino que instala, simultáneamente, los principios de lo que un tiempo después, en la misma revista, se llamó "objetivismo", cuya ambición, destacada por García Helder, es imaginar una poesía sin heroísmos del lenguaje, "pero arriesgada en su tarea de lograr algún tipo de belleza mediante la precisión, lo breve, la fácil o difícil claridad, rasgos que de manera implícita o explícita censura el neobarroco".

Los nuevos poetas, entre los que hay que señalar a Daniel Samoilovich, director de *Diario de Poesía*, a Rafael Bielsa, a Jorge Aulicino, a Daniel Freidemberg y a Jorge Fondebrider, leyeron en clave poética los relatos de Juan José Saer y agregaron a la bibliografía básica de la época algunos otros nombres como los de Constantino Kavafis, William Carlos Williams, Edgar Lee Masters y aun Rainer Maria Rilke en su período objetivista.

Pero seguramente la operación más valiosa de los objetivistas fue incorporar a la tradición la obra de Joaquín Giannuzzi, un autor hasta entonces más bien desconocido y marginal que, como escribió García Helder, le ofreció a la nueva generación de poetas "el gusto a la frase seca y sin vueltas".[23] El realismo especulativo y metafísico de Giannuzzi, de gran factura técnica, sostenida retóricamente por un sistema metafórico tan austero como imaginativo, llevado a cabo con un repertorio léxico ceñido, próximo al habla común, pero no mimético ni populista, fue usado por los objetivistas como un catalizador que les permitió ensayar una nueva poesía realista, desprovista del sentimentalismo y el regodeo autobiográfico de la que practicaban en esos mismos años los seguidores de Gelman, y, paralelamente, aplicar un principio de restricción léxica al desbordado diccionario de los neobarrocos y neorrománticos.

La entonación coloquialista, el léxico llano, cierta tendencia descriptiva y un criterio de objetividad en la representación tanto del mundo físico como del imaginario, que son las notas que precisa García Helder en el análisis de un poema de Samoilovich,[24] sirven para leer buena parte de la obra de Samoilovich, Freidemberg, Aulicino, Fondebrider, Bielsa, los primeros libros del mismo García Helder y de algunos poetas más jóvenes reunidos a principios de los años noventa en la revista *18 whiskys*, como José Villa —director de la publicación—, Fabián Casas, Daniel Durand, Darío Rojo, Laura Wittner y Juan Desiderio.

Sin embargo, el cotejo de los textos programáticamente neobarrocos y objetivistas señala que la división entre unos y otros no es tajante, a lo que sin duda contribuye el hecho de que muchos de los autores de la tradición de unos lo son también de la de los otros. Emblemáticamente, Juan L. Ortiz, cuya huella es indisimulable tanto en la obra de Piccoli, Carrera y Perlongher, como en la de los objetivistas. También muchos de los poetas de los años cincuenta comienzan a ser revalorados por los de los ochenta, indistintamente de su filiación: la obra de Léonidas Lamborghini deja marcas tanto en la de Perlongher como en la de Samoilovich; la de Alberto Girri, tanto en la de Carrera como en la de Bielsa y Aulicino. Y algunos otros poetas, como Hugo Padeletti, Aldo F. Oliva y Arnaldo Calveyra, también de los años cincuenta pero casi inéditos entonces, empiezan a circular y a ser leídos recién treinta años más tarde, debido al oficio simultáneo de objetivistas y neobarrocos.

Es cierto que hay extremos que no se tocan: la experiencia coloquialista de César Fernández Moreno o de Paco Urondo forma parte del plan objetivista pero es excéntrica al neobarroco, mientras que los surrealistas hacen sistema con éste y no con aquél. Pero también es cierto que unos años más tarde, los nuevos jóvenes poetas de la década del noventa fueron beneficiarios tanto de unos como de otros, según puede verse en la obra de Martín Gambarotta, Alejandro Rubio o Sergio Raimondi, y ello tal vez se deba menos al poder de síntesis de éstos que a la concurrencia de dos proyectos menos antagónicos de lo que pareció una vez.

Lo femenino como enunciación

La escena poética de los años ochenta instaló, además, otra novedad: por primera vez, como anota Alicia Genovese, los libros de poesía con firma de mujer dejan de ser una rareza, "el tropiezo de una excepción", para provocar una verdadera transformación en el mapa de la poesía argentina que dura todavía.[25] La mujer poeta ya no es, como Alfonsina Storni o Emilia Bertolé en la escena postmodernista, o Norah Lange en la vanguardista, el sombrero extravagante de la masculina foto grupal, la anomalía que también les cupo ser, más tarde, a María Elena Walsh en la década del cuarenta, o Alejandra Pizarnik, Susana Thénon y Juana Bignozzi, en un escenario más abierto y permisivo como fue el de los años sesenta. Entre mediados de los ochenta y la mitad de la década siguiente, decenas de libros escritos por, entre otras, Mirta Rosenberg, Diana Bellessi, Tamara Kamenszain, Irene Gruss, Concepción Bertone, Marilyn Contardi, Estela Figueroa, Liliana Ponce, Alicia Genovese, Susana Villalba, Laura Klein, Graciela Cros, Graciela Perosio, Mirtha Defilpo, Niní Bernardello, Teresa Arijón, Susana Cerdá, María Negroni, Mercedes Roffé, Susana Cabuchi, María del Carmen Colombo, irrumpen en las colecciones de poesía de las editoriales argentinas. La particularidad, sin embargo, no es sólo demográfica. Estos nuevos libros de poemas, más allá de su adscripción estética de base —neobarroca, ideogramática, objetivista, neorromántica, según al caso—, obligan, para su comprensión, a la incorporación de nuevos textos a la bibliografía. Por un lado, Olga Orozco y Silvina Ocampo —como poeta— son vueltas a leer, ahora desde una perspectiva de género, y Amelia Biagioni y Beatriz Vallejos, que habían comenzado a publicar en los años cincuenta, son leídas por primera vez de modo sistemático por las nuevas poetas argentinas. Por otro, Denise Levertov y Adrienne Rich traducidas por Diana Bellessi en 1984, Marianne Moore, traducida por Mirta Rosenberg y Hugo Padeletti en 1988, y la uruguaya Marosa Di Giorgio, publicada en Buenos Aires por la revista *Último reino*, establecen los primeros contactos con la tradición poética argentina. Además, en 1984 Laura Klein y Silvia Bonzini publican en *Punto de Vista* un artículo titulado "Un no de claridad" y Tamara Kamenszain cierra su libro de ensayos *El texto silencioso*, de 1983, con un apéndice llamado "Bordado y costura del texto". El primero tiene el valor de un decepcionado diagnóstico, el segundo de un programa, y ambos contribuyen a la conformación de una primera teoría de la literatura de género en la Argentina, que hasta ese momento se había manifestado de modo esporádico en voces solitarias de algunas escritoras cuya militancia política en el feminismo no derivaba necesariamente hacia una literatura de género. Ahora, en Kamenszain, pero también en Bellessi, en Gruss, en Rosenberg, el género no es una militancia externa a la escritura, sino que la misma escritura —sus asuntos, puntos de vista, elecciones léxicas, tonos— está positivamente condicionada por la militancia, cuyo resultado revolucionario, como anota Jorge Monteleone, consiste en que lo femenino se conforme finalmente como enunciación: "otra forma de la visión, otro deseo soberano y otra historia donde todo recomienza".[26] La familia —en Kamenszain—, la vida simultáneamente íntima y política —en Gruss—, el amor entre mujeres —en Bellessi—, la devoción de una hija a su madre —en Rosenberg—, amplían el repertorio temático de la poesía argentina, y *La casa grande*, de Kamenszain, *El mundo incompleto*, de Irene Gruss, *Eroica*, de Bellessi, y *Madam*, de Rosenberg, son los cuatro grandes libros de la época, que condicionan no sólo la producción posterior de las mismas autoras sino también la de las nuevas poetas argentinas que empiezan a publicar entre fines de los ochenta y principios de la década siguiente. Delfina Muschietti, Gabriela Saccone, Sonia Scarabelli, Marina Mariasch, Verónica Viola Fisher, Beatriz Vignoli, Macky Corbalán, Silvana Franzetti, Roxana Páez, Anahí Mallol, Selva Dipasquale son algunas de las de beneficiarias directas de aquella revolución.

Notas

Capítulo –1

1. Canal Feijóo, Bernardo, "La época colonial. Del renacimiento al barroco", en *Capítulo. La historia de la literatura argentina*, Buenos Aires, CEAL, 1968.
2. Wernicke, Edmundo, "La fonética castellana y guaraní en Utz Schmidl", Buenos Aires, *La Prensa*, 11 de abril de 1937.
3. Rosenblat, Ángel, *Argentina, historia de un nombre*, Buenos Aires, Nova, 1949.
4. Gandía, Enrique de, "Prólogo" a Ruy Díaz de Guzmán, *La Argentina*, Buenos Aires-México, Espasa-Calpe, 1945.
5. Iglesia, Cristina, "La mujer cautiva: cuerpo, mito y frontera", en *La violencia del azar. Ensayo sobre literatura argentina*, Buenos Aires, Fondo de Cultura Económica, 2003.
6. Zanetti, Susana, "La trama de lectura y escritura en *El lazarillo de ciegos caminantes*", en *La dorada garra de la lectura. Lectoras y lectores de novela en América Latina*, Rosario, Beatriz Viterbo, 2002.

Capítulo 0

1. Citado por Puig, Juan de la C., en *Antología de los poetas argentinos*, Buenos Aires, Martín Biedma e hijos, 1910.
2. Caillet-Bois, Julio, "La literatura colonial", en Arrieta, Rafael Alberto, *Historia de la literatura argentina*, Buenos Aires, Peuser, 1958, tomo 1.
3. Gutiérrez, Juan María, citado por Puig, Juan de la C., en *Antología de los poetas argentinos*, Buenos Aires, Martín Biedma e hijos, 1910.
4. Citado por Buch, Esteban, *O juremos con gloria morir. Historia de una Épica de Estado*, Buenos Aires, Sudamericana, 1994.
5. Gutiérrez, Juan María, "La literatura de Mayo", en *Críticas y narraciones*, W. M. Jackson, Inc. Editores, Buenos Aires, s/f.
6. Buch, Esteban, op. cit.
7. Citado por Buch, Esteban, op. cit.
8. Díaz, Ramón, nota de "El editor", reproducida en Barcia, Pedro Luis (ed.), *La Lira Argentina o Colección de las piezas poéticas dadas a luz en Buenos Aires durante la guerra de su independencia*, Buenos Aires, Academia Argentina de Letras, 1982.

Capítulo 1

1. Rama, Ángel, "La literatura en la revolución emancipadora", en *Literatura y clase social*, México, Folios, 1983.
2. Acuña de Figueroa, Francisco, *Obras completas*, Montevideo, Vázquez Cores, Dornaleche y Reyes, editores, 1890.
3. Giusti, Roberto, "Las letras durante la Revolución", en Arrieta, Rafael Alberto, *Historia de la literatura argentina*, Buenos Aires, Peuser, 1958, tomo 1.
4. Borges, Jorge Luis, y Bioy Casares, Adolfo, "Prólogo", a *Poesía gauchesca*, México, Fondo de Cultura Económica, 1955.
5. Roxlo, Carlos, *Historia crítica de la literatura uruguaya*, Montevideo, Barreiro y Ramos, 1912.
6. Borges, Jorge Luis, y Bioy Casares, Adolfo, op. cit.
7. Pound, Ezra, *El ABC de la lectura*, Buenos Aires, Ediciones de la Flor, 1977.
8. Weinberg, Félix, "La poesía gauchesca de Hidalgo a Ascasubi", en AA.VV., *Trayectoria de la poesía gauchesca*, Buenos Aires, Plus Ultra, 1977.
9. Oyuela, Calixto, *Antología poética hispanoamericana*, Buenos Aires, Ángel de Estrada, 1919-1920.
10. Sarmiento, Domingo F., *Campaña en el Ejército Grande*, México, Fondo de Cultura Económica, 1958.
11. Rama, Ángel, *Los gauchipolíticos rioplatenses*, Buenos Aires, CEAL, 1982.
12. Cortazar, Augusto Raúl, "Poesía gauchesca argentina", en *Historia general de las literaturas hispánicas*, Barcelona, Barna, 1956.
13. Prieto, Adolfo, "La culminación de la poesía gauchesca", en AA.VV., *Trayectoria de la poesía gauchesca*, Buenos Aires, Plus Ultra, 1977.
14. Becco, Horacio Jorge, "Ascasubi, Hilario", en Orgambide, Pedro, y Yahni, Roberto (dirs.), *Enciclopedia de la literatura argentina*, Buenos Aires, Sudamericana, 1970.
15. Rama, Ángel, *Los gauchipolíticos rioplatenses*, op. cit.
16. Tiscornia, Eleuterio F., *Poetas gauchescos*, Buenos Aires, Losada, 1940.
17. Aira, César, *Diccionario de autores latinoamericanos*, Buenos Aires, Emecé-Ada Korn, 2001.
18. Citado en Tiscornia, Eleuterio F., op. cit.
19. Hernández, Rafael, *Pehuajó. Nomenclatura de las calles*, Buenos Aires, 1896.
20. Anderson Imbert, Enrique, *Análisis de "Fausto"*, Buenos Aires, CEAL, 1968, y Lamborghini, Leónidas, "El gauchesco como arte bufo", en Jitrik, Noé (dir.), *Historia crítica de la literatura argentina*, Buenos Aires, Emecé, 2003, tomo 2 (director del tomo: Julio Schvartzman).

21 Ludmer, Josefina, *El género gauchesco. Un tratado sobre la patria*, Buenos Aires, Sudamericana, 1988.

Capítulo 2

1. Lois, Élida, "Notas explicativas", en Hernández, José, *Martín Fierro*, Madrid, ALLCA XX, 2001.
2. Oroño, Nicasio, *Obra completa*, Santa Fe, Universidad Nacional del Litoral y Academia Argentina de la Historia, 2004.
3. Garavaglia, Juan Carlos, "El Martín Fierro y la vida rural en la campaña de Buenos Aires", en Hernández, José, op. cit.
4. Citada en Garavaglia, Juan Carlos, op. cit.
5. Citado por Lois, Élida, en "Introducción", en Hernández, José, op. cit.
6. Lois, Élida, "Cómo se escribió el Martín Fierro", en Jitrik, Noé (dir.), *Historia crítica de la literatura argentina*, Buenos Aires, Emecé, 2003, tomo 2 (director del tomo: Julio Schvartzman).
7. Holmes, Henry, *Martin Fierro, an epic of the Argentine*, 1923, citado en Martínez Estrada, Ezequiel, *Muerte y transfiguración de Martín Fierro*, Rosario, Beatriz Viterbo, 2005 (primera edición, 1948).
8. Martínez Estrada, Ezequiel, op. cit.
9. Lemaire, Ria, *Voces vagabundas y textos testigos: aproximaciones a culturas en transición*, citado por Lois, Élida, "Cómo se escribió el Martín Fierro", op. cit.
10. Romano, Eduardo, *Sobre poesía popular argentina*, Buenos Aires, CEAL, 1983.
11. Schvartzman, Julio, "Levas y arriadas del lenguaje. El mecanismo proverbial del Martín Fierro", en Hernández, José, op. cit.
12. Jitrik, Noé, "El tema del canto en el Martín Fierro, de José Hernández", en *El fuego de la especie. Ensayos sobre seis escritores argentinos*, Buenos Aires, siglo XXI, 1971.
13. Hernández, José, *Martín Fierro*, Buenos Aires, CEAL, 1979.
14. Halperín Donghi, Tulio, *Los mundos de José Hernández*, Buenos Aires, Sudamericana, 1985.
15. Prieto, Adolfo, "La culminación de la poesía gauchesca", en AA.VV., *Trayectoria de la poesía gauchesca*, Buenos Aires, Plus Ultra, 1977.

Capítulo 3

1. Fernández Bravo, Álvaro, "Un museo literario. Latinoamericanismo, archivo colonial y sujeto colectivo en la crítica de Juan María Gutiérrez (1846-1875)", en Batticuore, Graciela; Gallo, Klaus, y

Myers, Jorge (comps.), *Resonancias románticas. Ensayos sobre historia de la cultura argentina (1820-1890)*, Buenos Aires, Eudeba, 2005.
2 Gutiérrez, Juan María, "Sobre las Rimas de Echeverría", Buenos Aires, Facultad de Filosofía y Letras, 1960 (primera edición, sin firma en *El Diario de la Tarde, comercial, político y literario*, números 1879 y 1880 del 3 y 4 de octubre de 1837, Buenos Aires).
3 Martínez Estrada, Ezequiel, *Para una revisión de las letras argentinas*, Buenos Aires, Losada, 1967.
4 Lugones, Leopoldo, *El Payador*, Buenos Aires, Centurión, 1961 (primera edición, 1916).
5 Jitrik, Noé, "El Matadero et La Cautiva", París, *Annales Littéraires de la Université de Besançon*, 1969.
6 Martínez Estrada, Ezequiel, op. cit.
7 Citado por Weinberg, Félix, *El salón literario de 1837*, Buenos Aires, Hachette, 1977 (primera edición, 1958).
8 Jitrik, Noé, op. cit.
9 Citado por Weinberg, Félix, op. cit.
10 Alberdi, Juan Bautista, *Escritos póstumos*, Quilmes, Universidad Nacional de Quilmes, 2003, tomo XVI.
11 Arrieta, Rafael Alberto, "Prólogo" a Mármol, José, *Cantos del Peregrino*, Buenos Aires, Estrada, 1971.
12 Gutiérrez, Juan María, "Introducción" a *Cantos del Peregrino*, reproducido en Arrieta, Rafael Alberto, op. cit.
13 Zucotti, Liliana, "La ficción documentada. *Amalia* y su difusión en *La Semana*" en Iglesia, Cristina (ed.), *Letras y divisas. Ensayos sobre literatura y rosismo*, Buenos Aires, Santiago Arcos, 2004 (primera edición, 1998).
14 Andrews, Joseph, *Viaje de Buenos Aires a Potosí y Arica en los años 1825 y 1826*, Buenos Aires, Librería Carlos Aldao, 1920.
15 Viñas, David, *Literatura argentina y realidad política*, Buenos Aires, CEAL, 1982 (primera edición, 1964).
16 Pound, Ezra, *El ABC de la lectura*, Buenos Aires, Ediciones de la Flor, 1977.

Capítulo 4

1 Martínez Estrada, Ezequiel, "Sarmiento escritor", en Arrieta, Rafael Alberto (dir.), *Historia de la literatura argentina*, Buenos Aires, Peuser, 1958, tomo 2.
2 Zanetti, Susana, y Pontieri, Margarita B., "Facundo y Recuerdos de Provincia", en Zanetti, Susana (dir.), *Capítulo. La historia de la literatura argentina*, Buenos Aires, CEAL, 1980-1986.
3 Altamirano, Carlos, y Sarlo, Beatriz, "Una vida ejemplar: la estrategia de *Recuerdos de provincia*", en *Literatura/Sociedad*, Buenos Aires, Hachette, 1983.

4 Halperín Donghi, Tulio, "Prólogo", en Sarmiento, Domingo F., *Campaña en el Ejército Grande*, México, Fondo de Cultura Económica, 1958.
5 Verdevoye, Paul, *Domingo Faustino Sarmiento, educar escribiendo y opinando (1839-1852)*, Buenos Aires, Plus Ultra, 1988.
6 Piglia, Ricardo, "Notas sobre Facundo", *Punto de Vista* N° 8, Buenos Aires, marzo-junio de 1980.
7 Halperín Donghi, Tulio, op. cit.
8 Jitrik, Noé (comp.), *Los Viajeros*, Buenos Aires, Jorge Álvarez, 1969, y Saer, Juan José, "Sobre los viajes", en Sarmiento, Domingo F., *Viajes por Europa, África y América. 1845-1847*, Buenos Aires, Fondo de Cultura Económica, 1993.

Capítulo 5

1 Popolizio, Enrique, *Vida de Lucio V. Mansilla*, Buenos Aires, Pomaire, 1985 (primera edición, 1954).
2 Viñas, David, *Literatura argentina y realidad política*, Buenos Aires, CEAL, 1982 (primera edición, 1964).
3 Popolizio, Enrique, op. cit.
4 Rojas, Ricardo, *Historia de la literatura argentina*, Buenos Aires, Losada, 1948 (primera edición, 1917).
5 Molloy, Sylvia, "Imagen de Mansilla", en Ferrari, Gustavo, y Gallo, Ezequiel (comps.), *La Argentina del ochenta al Centenario*, Buenos Aires, Sudamericana, 1980; Pauls, Alan, "Sobre las causeries de Mansilla. Una causa perdida", en *Lecturas críticas*, N° 2, Buenos Aires, 1982; Iglesia, Cristina, *Mansilla, la aventura del relato*, en Jitrik, Noé (dir.), *Historia crítica de la literatura argentina*, Buenos Aires, Emecé, 2003, tomo 2 (director del tomo: Julio Schvartzman).
6 Ramos, Julio, "Entre otros: *Una excursión a los indios ranqueles*, de Lucio V. Mansilla", en *Paradojas de la letra*, Caracas, Ediciones Escultura, 1999.
7 Laera, Alejandra, *El tiempo vacío de la ficción. Las novelas argentinas de Eduardo Gutiérrez y Eugenio Cambaceres*, Buenos Aires, Fondo de Cultura Económica, 2004.
8 Masiello, Francine, *Entre civilización y barbarie. Mujeres, Nación y cultura literaria en la Argentina moderna*, Rosario, Beatriz Viterbo, 1997; Batticuore, Graciela, *La mujer romántica. Lectoras, autoras y escritores en la Argentina: 1830-1870*, Buenos Aires, Edhasa, 2005; Mizraje, María Gabriela, "La escritura velada (historia y biografía en Juana Manuela Gorriti)", en www.anic.utexas.edu/project/lasa95/gorriti.html.
9 Rojas, Ricardo, op. cit.
10 Borges, Jorge Luis, "Eduardo Gutiérrez, escritor realista", en Gutiérrez, Eduardo, *Hormiga Negra*, Buenos Aires, Perfil, 1999 (primera edición del prólogo de Borges, 1937).

11 Nouzeilles, Gabriela, *Ficciones somáticas. Naturalismo, nacionalismo y políticas médicas del cuerpo (Argentina 1880-1910)*, Rosario, Beatriz Viterbo, 2000.
12 Jitrik, Noé, "Cambaceres: adentro y afuera", en *Ensayos y estudios de literatura argentina*, Buenos Aires, Galerna, 1970.
13 Avellaneda, Andrés, "El naturalismo y el ciclo de la Bolsa", en *Capítulo. La historia de la literatura argentina*, Buenos Aires, CEAL, 1968.
14 Capdevila, Analía, "Notas sobre Holmberg", en *Cuadernos de la Comuna número 22*, Puerto General San Martín, noviembre de 1989.
15 Rivera, Jorge B., "Introducción" a *El relato policial en la Argentina*, Buenos Aires, Eudeba, 1986.

Capítulo 6

1 Valera, Juan, "Carta-prólogo de Juan Valera", en Darío, Rubén, *Azul...*, Madrid, Espasa-Calpe, 1966.
2 Rama, Ángel, *Rubén Darío y el Modernismo*, Caracas-Barcelona, Alfadil, 1985.
3 Darío, Rubén, *Autobiografía*, Buenos Aires, El Quijote, 1947.
4 Rama, Ángel, op. cit.
5 Payró, Roberto J., *Siluetas*, Buenos Aires, Anaconda, 1931. Después publicado como *Evocaciones de un porteño viejo*, Buenos Aires, Quetzal, 1952.
6 Henríquez Ureña, Pedro, *Las corrientes literarias en la América Hispánica*, México, Fondo de Cultura Económica, 1954 (primera edición, 1945).
7 Borges, Jorge Luis, "Ultraísmo", en *Nosotros*, año XII, Buenos Aires, 1921, reproducido en Fernández Moreno, César, *La realidad y los papeles. Panorama y muestra de la poesía argentina contemporánea*, Madrid, Aguilar, 1967.
8 Darío, Rubén, "Introducción a *Nosotros*", de Roberto J. Payró, publicado en *La Nación*, 1 de mayo de 1896, citado por Carilla, Emilio, *Una etapa decisiva de Darío (Rubén Darío en la Argentina)*, Madrid, Gredos, 1967.
9 Darío, Rubén, *El viaje a Nicaragua* e *Historia de mis libros*, Madrid, Mundo Latino, 1919.
10 Oyuela, Calixto, "Discurso de inauguración del Ateneo", reproducido en *Estudios literarios*, Buenos Aires, Academia Argentina de Letras, 1943, tomo II.
11 Reproducida en Gullón, Ricardo, *El modernismo visto por los modernistas*, Barcelona, Guadarrama, 1980.
12 Fechada el 9 de de septiembre y reproducida en Ghiraldo, Alberto, *El archivo de Rubén Darío*, Buenos Aires, Losada, 1943.
13 Borges, Jorge Luis, *Leopoldo Lugones*, Buenos Aires, Emecé, 1998 (primera edición, 1955).

14 Obligado, Carlos, "Prólogo" en Lugones, Leopoldo. *Antología poética*, Buenos Aires, Espasa-Calpe, 1946 (primera edición, 1941).
15 Borges, Jorge Luis, op. cit.
16 Ara, Guillermo, *Leopoldo Lugones*, Buenos Aires, La Mandrágora, 1958.
17 Pound, Ezra, "La ironía, Laforgue y algo de sátira", en *Ensayos literarios*, Caracas, Monte Ávila, 1971 (publicado originalmente en *Poetry*, año XI, número 2, 1917).
18 Henríquez Ureña, Max, *Breve Historia del Modernismo*, México, Fondo de Cultura Económica, 1978.
19 Citado por Monges, Hebe, en "Prólogo" a *La gloria de Don Ramiro*, Buenos Aires, CEAL, 1980.
20 Giusti, Roberto, "Atilio Chiáppori y su generación", en *Poetas de América*, Buenos Aires, Losada, 1956.

Capítulo 7

1 Onís, Federico de, *Antología de la poesía española e hispanoamericana*, Madrid, Publicación de la Revista de Filología, 1934.
2 Giusti, Roberto, "Misas herejes", reproducido en Ulla, Noemí, *La revista Nosotros*, Buenos Aires, Galerna, 1969.
3 Giusti, Roberto, "Prólogo", en Banchs, Enrique, *Obra poética*, Buenos Aires, Academia Argentina de Letras, 1981 (primera edición, 1973).
4 Citado en Adúriz, Javier, "*Versos del anochecer*, de Enrique Banchs", en *Hablar de Poesía* N° 9, Buenos Aires, junio de 2003.
5 Adúriz, Javier, op. cit.
6 Fernández Moreno, Baldomero, "Conferencia", en *Poesía y prosa* (selección de Jorge Lafforgue y Nora Doctor), Buenos Aires, CEAL, 1968.
7 Sarlo, Beatriz, "Prólogo", en Gálvez, Manuel, *Recuerdos de la vida literaria*, Buenos Aires, Taurus, 2002.
8 Gálvez, Manuel, op. cit.
9 Citado en Lafleur, Héctor R.; Provenzano, Sergio D., y Alonso, Fernando P., *Las revistas literarias argentinas (1893-1960)*, Buenos Aires, Ediciones Culturales Argentinas, 1962.
10 Lafleur, Héctor R.; Provenzano, Sergio D., y Alonso, Fernando P., op. cit.
11 Giusti, Roberto, "La crítica y el ensayo", en Arrieta, Rafael Alberto, *Historia de la literatura argentina*, Buenos Aires, Peuser, 1959, tomo 4.
12 Giusti, Roberto, "Panorama de la literatura argentina contemporánea", en *Nosotros*, segunda época, N° 6/8, Buenos Aires, 1941.
13 Rojas, Ricardo, "Introducción" a *Historia de la literatura argentina*, Buenos Aires, Losada, 1948 (primera edición, 1917).
14 Obligado, Rafael, citado por Rojas, Ricardo, op. cit.
15 Perkins, David, *Is literary history possible?*, Baltimore y Londres, The Johns Hopkins University Press, 1992.

16 Podlubne, Judith, y Giordano, Alberto, "Exilio y extraterritorialidad: Wilcock y Bianciotti", en Jitrik, Noé (dir.), *Historia crítica de la literatura argentina*, Buenos Aires, Emecé, 2000, tomo 11 (directora del tomo: Elsa Drucaroff).
17 Quiroga, Horacio, "Sobre *El ombú*, de Hudson", en *Los "trucs" del perfecto cuentista y otros escritos*, Buenos Aires, Alianza, 1993 (primera edición del artículo, 1929); Borges, Jorge Luis, "Sobre *The Purple Land*", en *Otras inquisiciones, Obras completas*, Buenos Aires, Emecé, 1974 (primera edición del artículo, 1941), y Martínez Estrada, Ezequiel, *El mundo maravilloso de Guillermo Enrique Hudson*, México, Fondo de Cultura Económica, 1951.
18 Freixa Terradas, Pau, "La obra de Witold Gombrowicz como ejemplo polemizador del concepto de literatura nacional", mimeo.
19 Groussac, Paul, *Crítica Literaria*, Buenos Aires, Jesús Menéndez e hijo, Libreros editores, 1924.
20 Braceli, Rodolfo, *Borges-Bioy: Confesiones, confesiones*, Buenos Aires, Sudamericana, 1997.
21 Rufinelli, Jorge, "Horacio Quiroga en la selva", en *Crítica en Marcha*, México, Premia, 1979.
22 Rodríguez Monegal, Emir, "Objetividad de Horacio Quiroga", en *Número* N° 6-7-8, Montevideo, 1950.
23 Avaro, Nora, "El relato de la 'vida intensa' en los 'cuentos de monte' de Horacio Quiroga", en Jitrik, Noé (dir.), *Historia crítica de la literatura argentina*, Buenos Aires, Emecé, 2002, tomo 6 (directora del tomo: María Teresa Gramuglio).
24 Pauls, Alan, "Interminable. Un diario íntimo", en *Nueve Perros*, N° 2/3, Rosario, diciembre 2002-enero 2003.
25 Gálvez, Manuel, "Un novelista argentino", en Lynch, Benito, *Raquela*, Buenos Aires, Cooperativa Editorial Buenos Aires, 1918.
26 Quiroga, Horacio, "Carta abierta al señor Benito Lynch", en Lynch, Benito, op. cit. (primera edición del artículo, 1916).
27 Castelnuovo, Elías, *Memorias*, Buenos Aires, Ediciones Culturales Argentinas, 1974.
28 Payró, Roberto J., *Charlas de un optimista*, Buenos Aires, Anaconda, 1931.
29 González Lanuza, Eduardo, *Genio y figura de Robert J. Payró*, Buenos Aires, Eudeba, 1965.
30 Rojas, Ricardo, op. cit.
31 Quiroga, Horacio, op. cit.
32 Gálvez, Manuel, op. cit.
33 Gramuglio, María Teresa, "Novela y nación en el proyecto literario de Manuel Gálvez", en Jitrik, Noé (dir.), op. cit.
34 Sarlo, Beatriz, op. cit.
35 Podestá, José, *Medio siglo de farándula*, Córdoba, Río de la Plata, 1930.
36 Podestá, José, op. cit.
37 Ordaz, Luis, "El teatro en la vuelta del siglo: Florencio Sánchez", en *Capítulo. La historia de la literatura argentina*, Buenos Aires, CEAL, 1968.

38 Véase Pelletieri, Osvaldo (dir.), *Historia del teatro argentino en Buenos Aires. La emancipación cultural (1884-1930)*, Buenos Aires, Galerna, 2002.
39 Viñas, David, *Literatura argentina y realidad política*, Buenos Aires, CEAL, 1982 (primera edición, 1964).
40 Imbert, Julio, *Gregorio de Laferrère*, Buenos Aires, Ediciones Culturales Argentinas, 1962.
41 Ordaz, Luis, "El teatro: Gregorio de Laferrère", en *Capítulo. La historia de la literatura argentina*, Buenos Aires, CEAL, 1968.
42 Citado por Pelletieri, Osvaldo, en op. cit. (originalmente en *La Nación*, Buenos Aires, 22 de junio de 1934).

Capítulo 8

1 Romano, Eduardo, "Prólogo" a *Las letras del tango. Antología cronológica 1900-1980*, Rosario, Editorial Fundación Ross, 1995.
2 Lafleur, Héctor R.; Provenzano, Sergio D., y Alonso, Fernando P., *Las revistas literarias argentinas (1893-1960)*, Buenos Aires, Ediciones Culturales Argentinas, 1962.
3 Borges, Jorge Luis, "*Las ratas*, de José Bianco", en *Sur* N° 111, Buenos Aires, enero de 1944.
4 González Lanuza, Eduardo, "Prólogo" a *Prismas*, Buenos Aires, Samet, s/f.
5 Ghiano, Juan Carlos, *Ricardo Güiraldes*, Buenos Aires, Ediciones Culturales Argentinas, 1961.
6 Carta a Valéry Larbaud del 5 de julio de 1924, citada por Alberto Blasi en "Ricardo Güiraldes y la escritura de *Don Segundo Sombra*", en Güiraldes, Ricardo, *Don Segundo Sombra. Prosas y Poemas*, Buenos Aires, Hyspamérica, 1966, Biblioteca Ayacucho.
7 Reproducido en *Tiempo argentino*, Buenos Aires, 2 de marzo de 1986 (original en *La Nación*, Buenos Aires, 12 de septiembre de 1926).
8 González, Horacio, *El filósofo cesante. Gracia y desdicha en Macedonio Fernández*, Buenos Aires, Atuel, 1995.
9 Citada por Barrenechea, Ana María, en "Macedonio Fernández y su humorismo de la nada", en Lafforgue, Jorge (ed.), *Nueva Novela Latinoamericana*, Buenos Aires, Paidós, 1974 (original en *Buenos Aires Literaria* número 9, Buenos Aires, 1953).
10 Barrenechea, Ana María, op. cit.
11 Pellegrini, Aldo, "Oliverio Girondo", en Girondo, Oliverio, *Antología*, Buenos Aires, Argonauta, 1986 (primera edición, 1964).
12 Molina, Enrique, "Hacia el fuego central o la poesía de Oliverio Girondo", en Girondo, Oliverio, *Obras*, Buenos Aires, Losada, 1990 (primera edición, 1968).
13 Saítta, Sylvia, "Representaciones culturales de Buenos Aires", en *Prismas*.

Revista de historia intelectual Nº 3, Quilmes, Universidad Nacional de Quilmes, 1999.
14 Marechal, Leopoldo, "El gaucho y la nueva literatura rioplatense", en *Martín Fierro*, número 34, Buenos Aires, octubre de 1926.
15 Gramuglio, María Teresa, "Retrato del escritor como martinfierrista muerto", en Marechal, Leopoldo, *Adán Buenosayres*, México, Fondo de Cultura Económica, 1997.
16 Prieto, Adolfo, "Los dos mundos de Adán Buenosayres", en *Estudios de literatura argentina*, Buenos Aires, Galerna, 1969.
17 Borges, Jorge Luis, "La supersticiosa ética del lector", en *Discusión. Obras completas*, Buenos Aires, Emecé, 1974.
18 Respuesta de Jorge Luis Borges a la encuesta de la revista *Nosotros* "Las nuevas generaciones literarias", publicada en los números 168, 169, 170 y 171, todos de 1923. Reproducido en *La revista* Nosotros, Buenos Aires, Galerna, 1969.
19 Sarlo, Beatriz, *Borges, un escritor en las orillas*, Buenos Aires, Ariel, 1995.
20 Molloy, Sylvia, *Las letras de Borges*, Rosario, Beatriz Viterbo, 1999 (primera edición, 1979).

Capítulo 9

1 Soto, Luis Emilio, "Roberto Mariani", en Mariani, Roberto, *Cuentos de la oficina*, Buenos Aires, Deucalión, 1956.
2 Payró, Roberto J., "Carta inédita de Roberto J. Payró", en Mariani, Roberto, op. cit.
3 Tiempo, César, "Clara Beter", en Beter, Clara, *Versos de una...*, Rosario, Ameghino, 1998 (primera edición, 1926).
4 Citado por César Tiempo, en op. cit.

Capítulo 10

1 Castelnuovo, Elías, *Memorias*, Buenos Aires, Ediciones Culturales Argentinas, 1974.
2 Zas, Lubrano, *Palabras con Elías Castelnuovo*, Buenos Aires, Carlos Pérez Editor, 1968.
3 Capdevila, Analía, "Las novelas de Arlt: un realismo para la modernidad", en Jitrik, Noé (dir.), *Historia crítica de la literatura argentina*, Buenos Aires, Emecé, 2002, tomo 6 (directora del tomo: María Teresa Gramuglio).
4 Masotta, Oscar, *Sexo y traición en Roberto Arlt*, Buenos Aires, CEAL, 1982 (primera edición, 1965).
5 Saítta, Sylvia, *El escritor en el bosque de ladrillos. Una biografía de Roberto Arlt*, Buenos Aires, Sudamericana, 2000.

6 Borré, Omar, *Arlt y la crítica (1926-1990)*, Buenos Aires, Ediciones América Libre, 1996.
7 Jarkowski, Aníbal, "*El amor brujo*: la novela 'mala' de Roberto Arlt", en Viñas, David (dir.), *Historia social de la literatura argentina*, Buenos Aires, Contrapunto, 1989, tomo VII: "Yrigoyen entre Borges y Arlt (1916-1930)", directora del tomo: Graciela Montaldo.
8 Saítta, Sylvia, op. cit.
9 Castagnino, Raúl H., *El teatro de Roberto Arlt*, La Plata, Facultad de Humanidades y Ciencias de la Educación de la Universidad Nacional de La Plata, 1964.
10 Lafforgue, Jorge, "Una lectura pionera de Arlt. Raúl Larra: *Roberto Arlt, el torturado*", en *Cartografía personal. Escritos y escritores de América Latina*, Buenos Aires, Taurus, 2005.
11 Piglia, Ricardo, "Sobre Roberto Arlt. Entrevista de Ricardo Kunis", en *Crítica y ficción*, Buenos Aires, Siglo Veinte-Universidad Nacional del Litoral, 1990.
12 Chejfec, Sergio, "La parte por el todo. Alegato oriental", en *El punto vacilante. Literatura, ideas y mundo privado*, Buenos Aires, Norma, 2005.
13 Contreras, Sandra, *Las vueltas de César Aira*, Rosario, Beatriz Viterbo, 2002, y Aira, César, "Arlt", en *Paradoxa* N° 7, Rosario, Beatriz Viterbo, 1993.
14 Avaro, Nora, "Benesdra, el gran realista", mimeo.
15 Milano, Laura, "El caso Martín Fierro", en Avaro, Nora, et al., *Los clásicos argentinos. Sarmiento-Hernández-Borges-Arlt*, Rosario, Editorial Municipal de Rosario, 2005.

Capítulo 11

1 Gramuglio, María Teresa, "Posiciones de *Sur* en el espacio literario. Una política de la cultura", en Jitrik, Noé (dir.), *Historia crítica de la literatura argentina*, Buenos Aires, Emecé, 2004, tomo 9 (directora del tomo: Sylvia Saítta).
2 Willson, Patricia, *La constelación del Sur. Traductores y traducciones en la literatura argentina del siglo XX*, Buenos Aires, Siglo XXI, 2004.
3 Aira, César, *Diccionario de autores latinoamericanos*, Buenos Aires, Emecé-Ada Korn Editora, 2001.
4 Gramuglio, María Teresa, "Borges, Bioy y *Sur*, diálogos y duelos", en *Punto de Vista* N° 34, Buenos Aires, 1989.
5 King, John, *Sur. Estudio de la revista argentina y de su papel en el desarrollo de una cultura, 1931-1970*, México, Fondo de Cultura Económica, 1989.
6 Hughes, John B., "Arte y sentido ritual en los cuentos y novelas cortas de Eduardo Mallea", citado en Grieben, Carlos, *Eduardo Mallea*, Buenos Aires, Ediciones Culturales Argentinas, 1961.

7   Romero, Francisco, "Eduardo Mallea. Nuevo discurso del método", en Mallea, Eduardo, *Historia de una pasión argentina*, Buenos Aires, Anaconda, 1938.
8   Bioy Casares, Adolfo, *Descanso de caminantes*, Buenos Aires, Sudamericana, 2001.
9   Borges, Jorge Luis, "Prólogo" a Borges, Jorge Luis; Ocampo, Silvina, y Bioy Casares, Adolfo, *Antología poética argentina*, Buenos Aires, Sudamericana, 1941.
10 Borges, Jorge Luis, con la colaboración de Betina Edelberg, *Leopoldo Lugones*, Buenos Aires, Emecé, 1998 (primera edición, 1955).
11 Fernández Moreno, César, *La realidad y los papeles. Panorama y muestra de la poesía argentina contemporánea*, Madrid, Aguilar, 1967.
12 Viñas, David, "Martínez Estrada: de *Radiografía de la pampa* hacia el Caribe", en Martínez Estrada, Ezequiel, *Radiografía de la pampa*, Buenos Aires, Fondo de Cultura Económica, 1993.
13 Doll, Ramón, *Policía intelectual*, Buenos Aires, Tor, 1933.
14 Stratta, Isabel, "Documentos para una poética del relato", en Jitrik, Noé (dir.), *Historia crítica de la literatura argentina*, Buenos Aires, Emecé, 2004, tomo 9 (directora del tomo: Sylvia Saítta).
15 Macherey, Pierre, "Borges y el relato ficticio", en AA.VV., *Jorge Luis Borges*, Buenos Aires, Editorial Freeland, 1978.
16 Drabble, Margaret (ed.), *The Oxford Companion to English Literature*, Oxford, Oxford University Press, 1985.
17 Steiner, George, *Extraterritorial. Ensayos sobre literatura y la revolución del lenguaje*, Buenos Aires, Adriana Hidalgo, 2000 (primera edición, 1971).
18 Sarlo, Beatriz, *Borges, un escritor en las orillas*, Buenos Aires, Ariel, 1998 (primera edición, 1993).
19 Bioy Casares, Adolfo, "Libros y amistad", reproducido en *La invención y la trama. Una antología*, Buenos Aires, Fondo de Cultura Económica, 1988.
20 Pezzoni, Enrique, "Bioy Casares, Adolfo", en Orgambide, Pedro, y Yahni, Roberto (dirs.), *Enciclopedia de la literatura argentina*, Buenos Aires, Sudamericana, 1970.
21 Stratta, Isabel, op. cit.
22 Aira, César, op. cit.
23 Citado por Bianciotti, Héctor, "Juan Rodolfo Wilcock. La felicidad del poeta", en *La Nación*, Buenos Aires, 1 de febrero de 1998.
24 Molloy, Sylvia, "Silvina Ocampo: la exageración como lenguaje", en *Sur*, número 320, Buenos Aires, octubre de 1969. Reproducido en Grupo de Investigación de literatura argentina de la UBA (comp.), *Ficciones argentinas. Antología de lecturas críticas*, Buenos Aires, Norma, 2004.
25 Entrevista de Miguel Russo a Adolfo Bioy Casares, en *Página/12*, Buenos Aires, 11 de septiembre de 1994, citado en Mancini, Adriana, *Silvina Ocampo. Escalas de pasión*, Buenos Aires, Norma, 2003.
26 Pizarnik, Alejandra, "Dominios ilícitos", en *Sur*, número 311, Buenos

Aires, marzo-abril de 1968. Reproducido en Grupo de Investigación de literatura argentina de la UBA (comp.), *Ficciones argentinas. Antología de lecturas críticas*, Buenos Aires, Norma, 2004.
27 Bianco, José, "Prólogo" a *Las ratas. Sombras suele vestir*, Caracas, Monte Ávila, 1986.
28 Bianco, José, *Ficción y realidad*, Caracas, Monte Ávila, 1977.
29 Herrera, Ricardo H., "Juan Rodolfo Wilcock y el problema de la restauración neoclásica", en *La ilusión de las formas*, Buenos Aires, El imaginero, 1988.
30 Wilcock, Juan Rodolfo, "Nací en Buenos Aires...", reproducido en Fernández Moreno, César, op. cit.
31 Wilcock, Juan Rodolfo, "*Poemas elementales*, de Franciso Luis Bernárdez", en *Verde Memoria* N° 1, Buenos Aires, 1942.
32 Citado por Guillermo Piro en *Diario de Poesía* N° 35, Buenos Aires-Rosario, 1995.
33 Requeni, Antonio, "Coherencia rilkeana", en *La Prensa*, Buenos Aires, marzo de 1978, citado en *Diario de Poesía* N° 35, Buenos Aires-Rosario, 1995.
34 Montequin, Ernesto, "Nota al texto", en Wilcock, Juan Rodolfo, *El caos*, Buenos Aires, Sudamericana, 1999.
35 Podlubne, Judith, y Giordano, Alberto, "Exilio y extraterritorialidad: Wilcock y Bianciotti", en Jitrik, Noé (dir.), *Historia crítica de la literatura argentina*, Buenos Aires, Emecé, 2000, tomo 11 (directora del tomo: Elsa Drucaroff).
36 Pasolini, Pier Paolo, *Descripciones de descripciones*, Barcelona, Península, 1997.
37 Contreras, Sandra, *Las vueltas de César Aira*, Rosario, Beatriz Viterbo, 2002.
38 Beccacece, Hugo, "Claves secretas de un álbum familiar", en *La Nación*, Buenos Aires, 11 de agosto de 2002.
39 Hernández Juan José, "El poema reclama la voz", entrevista de Martín Prieto y Pablo Gianera, en *Diario de Poesía* N° 51, Buenos Aires-Rosario, 1999.
40 Catelli, Nora, "El crítico y sus miradas", en *Punto de Vista* N° 29, Buenos Aires, abril-julio de 1987, y Estrín, Laura, "Enrique Pezzoni: la lectura, un ejercicio de intensidad", en Rosa, Nicolás (ed.), *Políticas de la crítica*, Buenos Aires, Biblos, 1999.
41 Saavedra, Guillermo, *La curiosidad impertinente. Entrevistas con narradores argentinos*, Rosario, Beatriz Viterbo, 1993.
42 Mercado, Tununa, *La letra de lo mínimo*, Rosario, Beatriz Viterbo, 1994.

Capítulo 12

1 Sebreli, Juan José, "Los 'martinfierristas': su tiempo y el nuestro", en *Contorno* N° 1, Buenos Aires, noviembre de 1953.

2 Avaro, Nora, y Cadpevila, Analía, *Denuncialistas. Literatura y polémica en los '50*, Buenos Aires, Santiago Arcos, 2004.
3 Salama, Roberto, "El mensaje de Arlt", en *Cuadernos de Cultura* N° 5, Buenos Aires, febrero de 1952.
4 Prieto, Adolfo, "Nota sobre Sabato", en *Centro*. Revista del Centro de Estudiantes de Filosofía y Letras N° 4, Buenos Aires, diciembre de 1952.
5 Sarlo, Beatriz, "Los dos ojos de *Contorno*", en *Punto de Vista* N° 13, Buenos Aires, noviembre de 1981.
6 Prieto, Adolfo, *Borges y la nueva generación*, Buenos Aires, Letras Universitarias, 1954.
7 Rodríguez Monegal, Emir, *El juicio de los parricidas. La nueva generación argentina y sus maestros*, Buenos Aires, Deucalión, 1956.
8 Masotta, Oscar, *Sexo y traición en Roberto Arlt*, Buenos Aires, CEAL, 1982 (primera edición, 1965).
9 Jitrik, Noé, *El fuego de la especie*, Buenos Aires, Siglo XXI, 1971; "Otras inquisiciones", *Centro*. Revista del Centro de Estudiantes de Filosofía y Letras N° 4, Buenos Aires, diciembre de 1952, y "Sentiments complexes sur Borges", en *Les Temps Modernes* N° 420-421, París, julio-agosto de 1981.
10 Altamirano, Carlos, y Sarlo, Beatriz, "Nosotros y ellos. David Viñas habla sobre *Contorno*", en *Punto de Vista* N° 13, Buenos Aires, noviembre de 1981.
11 Martínez Estrada, Ezequiel, *El mundo maravilloso de Guillermo Enrique Hudson*, México, Fondo de Cultura Económica, 1951, y Borges, Jorge Luis, "Sobre *The Purple Land*", en *Otras inquisiciones, Obras completas*, Buenos Aires, Emecé, 1974.
12 Viñas, Ismael, "Algunas reflexiones en torno a las perspectivas de nuestra literatura", en revista *Ficción* N° 15, Buenos Aires, septiembre-octubre 1958, reproducido en Avaro, Nora, y Cadpevila, Analía, op. cit.
13 Murena, Héctor A.,"Los penúltimos días", *Sur* N° 176, Buenos Aires, junio de 1949.
14 King, John, *Sur. Estudio de la revista argentina y de su papel en el desarrollo de una cultura, 1931-1970*, México, Fondo de Cultura Económica, 1989.
15 Cristófalo, Américo, "Murena, un crítico en soledad", en Jitrik, Noé (dir.), *Historia crítica de la literatura argentina*, Buenos Aires, Emecé, 1999, tomo 10 (directora del tomo: Susana Cella).
16 Avaro, Nora, "Murena en *Sur*: las reseñas bibliográficas", mimeo.
17 Pintos, Alicia, "Eduardo Mallea: *Chaves*", en *Centro*. Revista del Centro de Estudiantes de Filosofía y Letras N° 8, Buenos Aires, julio de 1954.
18 Rosa, Nicolás, *Los fulgores del simulacro*, Santa Fe, Universidad Nacional del Litoral, 1987.
19 Capdevila, Analía, "Literatura argentina y realidad política", en *El Ciudadano & la región*, Rosario, 6 de abril de 1999.
20 Lapeyre, Albert, "Un romancier argentin d'aujourd'hui: David Viñas", 1964, citado por Valverde, Estela, en *David Viñas: en busca de una síntesis de la Historia argentina*, Buenos Aires, Plus Ultra, 1989.

21 Walsh, Rodolfo, "Noticia" en *Variaciones en rojo*, Buenos Aires, Ediciones de la Flor, 1985 (primera edición, 1953).
22 Romano, Eduardo, "Modelos, géneros y medios en la iniciación literaria de Rodolfo J. Walsh", en Lafforgue, Jorge (ed.), *Textos de y sobre Rodolfo Walsh*, Buenos Aires, Alianza, 2000, y Walsh, Rodolfo, "Noticia" en *Diez cuentos policiales argentinos*, Buenos Aires, Hachette, 1953.
23 Rouquié, Alain, *Poder militar y sociedad política en la Argentina II*, Buenos Aires, Hyspamérica, 1988.
24 Walsh, Rodolfo, "Introducción (de la primera edición, marzo de 1957)", reproducida en *Operación Masacre*, Buenos Aires, Clarín, 2001.
25 Citado por Ferro, Roberto, "La literatura en el banquillo. Walsh y la fuerza del testimonio", en Jitrik, Noé (dir.), *Historia crítica de la literatura argentina*, Buenos Aires, Emecé, 1999, tomo 10 (directora del tomo: Susana Cella).
26 Rama, Ángel, "Rodolfo Walsh: la narrativa en el conflicto de las culturas", en *Escritura* N° 2, Caracas, julio-diciembre de 1976.
27 Citado por Piglia, Ricardo, "Rodolfo Walsh y el lugar de la verdad", en Lafforgue, Jorge (ed.), op. cit.
28 Walsh, Rodolfo, *Ese hombre y otros papeles personales*, Buenos Aires, Seix Barral, 1996.
29 Lafforgue, Jorge, "Informe para una biografía", en Lafforgue, Jorge (ed.), op. cit.
30 Verbitsky, Horacio, "Ética y estética de Rodolfo J. Walsh", en Walsh, Rodolfo, *Cuentos*, Buenos Aires, Biblioteca Página/12, 1998.
31 Ferrer, Christian, "Rodolfo Walsh: una herencia imposible", en *Babel* N° 9, Buenos Aires, junio de 1989.
32 Roa Bastos, Augusto, "Reportaje a la tentación de la muerte", en *Los Libros* N° 3, Buenos Aires, septiembre de 1969.
33 Bajarlía, Juan Jacobo, "Antonio Di Benedetto y el objetivismo", en *Comentario* N° 49, Buenos Aires, julio-agosto de 1966.
34 Halperín, Jorge, "'Lentamente estoy volviendo del exilio'. Conversación con el escritor Antonio Di Benedetto", en *Clarín*, Buenos Aires, 14 de julio de 1985.
35 Sabato, Ernesto, "¡Flaubert, patrono de los objetivistas!", en *El escritor y sus fantasmas*, Buenos Aires, Emecé, 1976 (primera edición, 1964).
36 Saer, Juan José, "Prólogo" a Di Benedetto, Antonio, *El silenciero*, Buenos Aires, Adriana Hidalgo, 1999. También como "El silenciero", en *La narración-objeto*, Buenos Aires, Seix Barral, 1999.
37 Néspolo, Jimena, *Ejercicios de pudor*, Buenos Aires, Adriana Hidalgo, 2004.
38 Saer, Juan José, "Zama", en *El concepto de ficción*, Buenos Aires, Seix Barral, 1999.
39 Halperín, Jorge, op. cit.
40 Prieto, Adolfo, *Diccionario básico de literatura argentina*, Buenos Aires, CEAL, 1968.

41 Delgado, Sergio, "Realismo y región. Narrativas de Juan Carlos Dávalos, Justo P. Sáenz, Amaro Villanueva y Mateo Booz", en Jitrik, Noé (dir.), *Historia crítica de la literatura argentina*, Buenos Aires, Emecé, 2002, tomo 6 (directora del tomo: María Teresa Gramuglio).
42 Moyano, Daniel, "Los exilios de Juan José Hernández", en Hernández, Juan José, *La señorita Estrella y otros cuentos*, Buenos Aires, CEAL, 1982.
43 Castillo Durante, Daniel, "Entre el enceguecimiento de la razón y el artificio de la ficción: la novela apocalíptica de Ernesto Sabato", en Jitrik, Noé (dir.), *Historia crítica de la literatura argentina*, Buenos Aires, Emecé, 2004, tomo 9 (directora del tomo: Sylvia Saítta).
44 Aira, César, *Diccionario de autores latinoamericanos*, Buenos Aires, Emecé-Ada Korn Editora, 2001.

Capítulo 13

1 González Tuñón, Raúl, *La literatura resplandeciente*, Buenos Aires, Boedo-Silbalda, 1976.
2 En Alifano, Roberto, *Conversaciones con Borges*, Madrid, Debate, 1985.
3 Mallarmé, Stéphane, "Sobre la evolución literaria", en Freidemberg, Daniel, y Russo, Edgardo (eds.), *Cómo se escribe un poema*, Buenos Aires, El Ateneo, 1994.
4 Herrera, Ricardo H., "Método e identidad", en *La hora epigonal. Ensayos sobre poesía argentina contemporánea*, Buenos Aires, Grupo Editor Latinoamericano, 1991.
5 Reproducidas en Soler Cañas, Luis, *La generación poética del 40*, Buenos Aires, Ediciones Culturales Argentinas, 1981.
6 Soler Cañas, Luis, "Los jóvenes serios", en Soler Cañas, Luis, op. cit.
7 Ghiano, Juan Carlos, "Prólogo" a Pla, Roger, *Los Robinsones*, Buenos Aires, El Ateneo, 1978.
8 Martínez, David, "Prólogo" a *Poesía argentina (1940-1949)*, Buenos Aires, Colección El Ciervo en el Arroyo, 1949.
9 Portogalo, José, "*Dimensión de amor*, de Irma Peirano", en *La Tribuna*, Rosario, 22 de mayo de 1951.
10 Giordano, Carlos R., "Temas y direcciones fundamentales de la promoción poética del 40", en Romano, Eduardo, y otros, *El 40*, Buenos Aires, Editores dos, 1969.
11 Bellessi, Diana, y Prieto, Martín, "¿No nos está faltando tierra bajo los pies?", entrevista a María Elena Walsh, en *Diario de Poesía* N° 5, Buenos Aires-Montevideo-Rosario, 1987, y en Fondebrider, Jorge (comp.), *Conversaciones con la poesía argentina*, Buenos Aires, Libros de Tierra Firme, 1996.
12 Cambours Ocampo, Arturo, "Prólogo" a *La novísima poesía argentina*, Buenos Aires, Ediciones de la Revista *Letras*, 1931.
13 Mastronardi, Carlos, *Memorias de un provinciano*, Buenos Aires, Ediciones Culturales Argentinas, 1967.

14 Rosa, Claudia, "Un interlocutor privilegiado", *Clarín*, Buenos Aires, 15 de febrero de 2003.
15 Herrera, Ricardo H., op. cit.
16 Henríquez Ureña, Pedro, *Estudios de versificación española*, Buenos Aires, Universidad de Buenos Aires, 1961.
17 Helder, D. G., "Juan L. Ortiz: un léxico, un sistema, una clave", en Ortiz, Juan L., *Obra completa*, Santa Fe, Universidad Nacional del Litoral, 1996.
18 Ortiz, Juan L., "En la Peña de Vértice", en op. cit.
19 Adorno, Theodor W., *Notas de literatura*, Barcelona, Ariel, 1962.
20 Piccoli, Héctor A., y Retamoso, Roberto, "Juan L. Ortiz", en Zanetti, Susana (dir.), *Capítulo. Historia de la literatura argentina*, Buenos Aires, CEAL, 1980-1986.
21 Delgado, Sergio, "Notas", en Ortiz, Juan L., op. cit.
22 Schiller, Friedrich von, *Poesía ingenua y poesía sentimental*, Buenos Aires, Nova, 1963.
23 Gramuglio, María Teresa, "Las prosas del poeta", en Ortiz, Juan L., op. cit.
24 En Saavedra, Guillermo, *La curiosidad impertinente. Entrevistas con narradores argentinos*, Rosario, Beatriz Viterbo, 1993.
25 Starobinski, Jean, *La relación crítica (psicoanálisis y literatura)*, Madrid, Taurus, 1974.
26 Pound, Ezra, *El ABC de la lectura*, Buenos Aires, Ediciones de la Flor, 1977.
27 Fernández Moreno, César, *La realidad y los papeles. Panorama y muestra de la poesía argentina contemporánea*, Madrid, Aguilar, 1967.
28 Giordano, Carlos, "Entre el 40 y el 50 en la poesía argentina", en *Revista Iberoamericana* N° 125, Pittsburg-Madrid, octubre-diciembre de 1983.
29 Fondebrider, Jorge, op. cit.
30 Breton, André, *Entretiens. 1913-1952*, con André Parinaud y D. Arban, J.-L. Bédouin, R. Bélance, C. Chonez, P. Demarne, J. Duché, F. Dumont, C.-H. Ford, A. Patri, J. M. Valverde, 6ª ed., París, NRF-Gallimard, 1952. La entrevista se publicó originalmente en *Correo literario*, Madrid, septiembre de 1950. Nota del autor: Agradezco el profesor Sergio Delgado la corroboración de estos datos.
31 Aira, César, *Alejandra Pizarnik*, Rosario, Beatriz Viterbo, 1998.
32 En Pizarnik, Alejandra, *El deseo de la palabra*, Barcelona, Ocnos, 1975.
33 Aira, César, op. cit.
34 Romano, Eduardo, *Sobre poesía popular argentina*, Buenos Aires, CEAL, 1983.
35 Prieto, Adolfo, "Los años sesenta", en *Revista Iberoamericana* N° 125, Pittsburg-Madrid, octubre-diciembre de 1983.
36 Fernández Moreno, César, op. cit.
37 Citado por Andrés, Alfredo, en Lamborghini, Leónidas, *Las patas en las fuentes*, Buenos Aires, Sudestada, 1968.

38 Giannuzzi, Joaquín, "Prólogo a la tercera edición", en Lamborghini, Leónidas, op. cit.
39 Urondo, Francisco, *Veinte años de poesía argentina. 1940-1960*, Buenos Aires, Galerna, 1968.
40 D. G. Helder, "Poéticas de la voz. El registro de lo cotidiano", en Jitrik, Noé (dir.), *Historia crítica de la literatura argentina*, Buenos Aires, Emecé, 1999, tomo 10 (directora del tomo: Susana Cella).
41 Halperín Donghi, Tulio, "Estudio preliminar" a *La República imposible (1930-1945)*, Buenos Aires, Ariel, 2004.
42 "Carta de Rodolfo Walsh a Paco Urondo", reproducida en Montanaro, Pablo, *Francisco Urondo. La palabra en acción. Biografía de un poeta y militante*, Rosario, Homo Sapiens, 2003.
43 Montanaro, Pablo, op. cit.
44 Herrera, Ricardo H., "Entre vitalismo e intelectualismo", en op. cit.

Capítulo 14

1 Citado por Ángel Rama en "El boom en perspectiva", en Rama, Ángel (ed.), *Más allá del boom: literatura y mercado*, Buenos Aires, Folios, 1984 (primera edición, 1981). *La exposición de Vargas Llosa*, originalmente en *Zona Franca* N° 14, Caracas, agosto de 1972.
2 Citado por Ángel Rama, en op. cit.
3 Rama, Ángel, op. cit.
4 Donoso, José, *Historia personal del boom*, Barcelona, Anagrama, 1972.
5 Harss, Luis, *Los nuestros*, Sudamericana, Buenos Aires, 1978 (primera edición, 1966).
6 Viñas, David, "Pareceres y digresiones en torno a la nueva narrativa latinoamericana", en Rama, Ángel, op. cit.
7 Halperín Donghi, Tulio, "Nueva narrativa y ciencias sociales hispanoamericanas en la década del sesenta", en Rama, Ángel, op. cit.
8 Mudrovcic, María Eugenia, *Mundo Nuevo: cultura y guerra fría en la década del 60*, Rosario, Beatriz Viterbo, 1997, y Gilman, Claudia, *Entre la pluma y el fusil. Debates y dilemas del escritor revolucionario en América Latina*, Buenos Aires, Siglo XXI, 2004.
9 Picon Garfield, Evelyn, *Cortázar por Cortázar*, México, Universidad Veracruzana, 1978.
10 Cortázar, Julio, "Leopoldo Marechal: *Adán Buenosayres*", en *Realidad* N° 14, Buenos Aires, marzo-abril de 1949.
11 Rein, Mercedes, *Julio Cortázar: el escritor y sus máscaras*, Montevideo, Diaco, 1969.
12 Castillo, Abelardo, "Las armas secretas del cuento", en *Clarín*, Buenos Aires, 10 de febrero de 1994.
13 Lezama Lima, José, et al., *Cinco miradas sobre Cortázar*, Buenos Aires, Editorial Tiempo Contemporáneo, 1968.

14 Masotta, Oscar, "Vocos, la lupa y el viejo mundo", en *Contorno* N° 3, Buenos Aires, septiembre de 1954.
15 Pauls, Alan, "El arte de combinar", en *Clarín*, Buenos Aires, 10 de febrero de 1994.
16 Rodríguez Monegal, Emir, *El boom de la novela latinoamericana*, Caracas, Editorial Tiempo Nuevo, 1972.
17 Lezama Lima, José, op. cit.
18 Pezzoni, Enrique, "Transgresión y normalización en la narrativa argentina contemporánea", en *El texto y sus voces*, Buenos Aires, Sudamericana, 1986 (primera edición del artículo, 1971).
19 Rosa, Nicolás, "Prólogo", en Cortázar, Julio, *El perseguidor y otros cuentos*, Buenos Aires, CEAL, 1981.
20 Gnutzmann, Rita, "La influencia de *Rayuela* en la prosa argentina actual", en *Escritura* N° 29, Caracas, enero-junio de 1990.
21 Agamben, Giorgio, "Programa para una revista", en *Infancia e historia*, Buenos Aires, Adriana Hidalgo, 2001 (edición original, 1978).
22 Viñas, David, *Literatura argentina y realidad política. De Sarmiento a Cortázar*, Buenos Aires, Siglo XXI, 1972.
23 Puig, Manuel, "Pájaros en la cabeza", en Amícola, José (comp.), *Materiales iniciales para* La traición de Rita Hayworth, La Plata, Ediciones Especiales de Revista Orbis Tertius, 1996.
24 Martínez, Tomás Eloy, "Manuel Puig. La muerte no es un adiós", en *La Nación*, Buenos Aires, 14 de septiembre de 1997. También en www.literatura.org/TEMartinez/mpuig.html.
25 Puig, Manuel, "Loss of Readership", citado por Speranza, Graciela, en *Manuel Puig. Después del fin de la literatura*, Buenos Aires, Norma, 2000.
26 Giordano, Alberto, *Manuel Puig. La conversación infinita*, Rosario, Beatriz Viterbo, 2001.
27 Citado por Speranza, Graciela, op. cit.
28 Citado por Speranza, Graciela, op. cit.
29 Citado por Speranza, Graciela, op. cit.
30 Speranza, Graciela, op. cit.
31 Aira, César, "El sultán", en *Paradoxa* N° 6, Rosario, 1991.
32 Wheaton, Kathleen, "Manuel Puig", en *Confesiones de escritores. Los reportajes de The Paris Review*, Buenos Aires, El Ateneo, 1995.
33 Citado por Martini Real, Juan Carlos, en "Puig. La traición del autor omnisciente", en revista *Panorama*, Buenos Aires, 12 al 18 de junio de 1973.
34 Piglia, Ricardo, "Clase media: cuerpo y destino. Una lectura de *La traición de Rita Hayworth*, de Manuel Puig, en *Revista de Problemas del Tercer Mundo* N° 1, Buenos Aires, agosto de 1969. También en Lafforge, Jorge (ed.), *Nueva novela latinoamericana*, Buenos Aires, Paidós, 1972, y en Grupo de Investigación de literatura argentina de la UBA (comp.), *Ficciones argentinas. Antología de lecturas críticas*, Buenos Aires, Norma, 2004.

35 Corbatta, Jorgelina, "Manuel Puig y el paraíso perdido", en *El Cronista Cultural*, Buenos Aires, 14 de junio de 1993.
36 Schiller, Friedrich von, *Poesía ingenua y poesía sentimental*, Buenos Aires, Nova, 1963.
37 Pajetta, Giovanna, "Manuel Puig. Cine y sexualidad", en revista *Crisis* N° 41, Buenos Aires, abril de 1986. También en www.literatura.org/Puig/repo_puig.html.
38 Pauls, Alan, sin título, en Amícola, José, y Speranza, Graciela, *Encuentro internacional Manuel Puig*, Rosario, Beatriz Viterbo, 1998.
39 Gimferrer, Pere, "Aproximaciones a Manuel Puig", en *Radicales*, Barcelona, Editorial Antoni Bosch, 1978.
40 Dellepiane, Ángela, "Diez años de novela argentina", en *Problemas de literatura*, N° 1, Valparaíso, 1972.
41 Gramuglio, María Teresa, "El discreto encanto de Manuel Puig", en *Punto de Vista* N° 8, Buenos Aires, marzo-junio, 1980.
42 Sarlo, Beatriz, "El brillo, la parodia, Hollywood y la modestia" en *Página/12*, Buenos Aires, 29 de julio de 1990.
43 Gandolfo, Elvio, "Una novela orgánica", en *El lagrimal trifurca* N° 13, Rosario, 1975.
44 Montaldo, Graciela, *Juan José Saer. El limonero real*, Buenos Aires, Hachette, 1986.
45 Dalmaroni, Miguel, y Merbilháa, Margarita,"'Un azar convertido en don'. Juan José Saer y el relato de la percepción", en Jitrik, Noé (dir.) *Historia crítica de la literatura argentina*, Buenos Aires, Emecé, 2000, tomo 11 (directora del tomo: Elsa Drucaroff).
46 Delgado, Sergio, "El río interior", en Ortiz, Juan L., *El Gualeguay*, Rosario, Beatriz Viterbo, 2004.
47 Gramuglio, María Teresa, "El lugar de Saer", en Saer, Juan José, *Juan José Saer*, Buenos Aires, Celtia, 1986.
48 "Punto de Vista señala", sin firma, en *Punto de Vista* N° 3, Buenos Aires, julio de 1978.
49 "Elvio E. Gandolfo", entrevista de Fernando Tolosa, en *Lucera* N° 7, Rosario, 2004.
50 Petersen, Julius, *Filosofía de la ciencia literaria*, México, Fondo de Cultura Económica, 1946; Dilthey, Wilhelm, *Vida y poesía*, México, Fondo de Cultura Económica, 1945; Ortega y Gasset, José, *En torno a Galileo*, Madrid, Revista de Occidente, 1959 (primera edición, 1933) y *El tema de nuestro tiempo*, Buenos Aires, Espasa, 1950 (primera edición, 1920); Cambours Ocampo, Arturo, *El problema de las generaciones literarias*, Buenos Aires, Peña Lillo, 1963.
51 Requeni, Antonio, "Sobre una nueva promoción poética", en *Vuelo* N° 59, Avellaneda, mayo de 1963.
52 Andrés, Alfredo, "La poesía y los poetas del 60", en *Huiracocha* N° 2, Buenos Aires, octubre de 1963.
53 Andrés, Alfredo, *El 60*, Editores dos, Buenos Aires, 1969.

54 Salas, Horacio, *Generación poética del 60*, Buenos Aires, Ediciones Culturales Argentinas, 1975.
55 Santoro, Roberto, "Poca modestia, alienación, falta de esquemas, la subsistencia, nacionalización", en revista *Análisis* N° 522, Buenos Aires, 16 de marzo de 1971, citado por Salas, Horacio, en op. cit.
56 Bignozzi, Juana, sin título, en "Visiones y ruidos del amor", programa del espectáculo homónimo, organizado por la revista *Alcohol de la poesía americana*, s/f, s/l.
57 Prieto, Adolfo, "Los años sesenta", en *Revista Iberoamericana* N° 125, Pittsburg-Madrid, octubre-diciembre de 1983.
58 D. G. Helder, "Prólogo" a Bignozzi, Juana, *La ley tu ley*, Buenos Aires, Adriana Hidalgo, 2000.
59 Lafforgue, Jorge, "Notas sobre Juana Bignozzi", en Bignozzi, Juana, op. cit.
60 Russo, Miguel, "Juan Gelman, el gran poeta en primera persona", en www.comcosur.com.uy.

Capítulo 15

1 Eagleton, Terry, *Una introducción a la teoría literaria*, México, Fondo de Cultura Económica, 1988.
2 Libertella, Héctor, "Prólogo" en Libertella, Héctor (comp.), *Literal 1973-1977*, Buenos Aires, Santiago Arcos Editor, 2002.
3 "Ricardo Zelarayán: No soy escritor", entrevista de Fernando Molle, en *poesia.com* N° 12, Buenos Aires, junio de 2000.
4 Prieto, Martín, "Yo: 28 poetas en primera persona", en *Diario de Poesía* N° 54, Buenos Aires-Rosario, invierno de 2000; Gambarotta, Martín, "Soltar la lengua: el habla en la poesía contemporánea argentina", en *En otra parte*, N° 4, Buenos Aires, 2005.
5 Chejfec, Sergio, "De la inasible catadura de Osvaldo Lamborghini", en *Babel* N° 10, Buenos Aires, julio de 1989.
6 Perlongher, Néstor, "Ondas en *El Fiord*", en *Diario de Poesía* N° 36, Buenos Aires-Montevideo-Rosario, verano 1995-1996.
7 Bufali, Andrés, "Después del asesinato de Vandor", *La Nación*, Buenos Aires, 20 de julio de 2004.
8 Astutti, Adriana, *Andares clancos*, Rosario, Beatriz Viterbo, 2001.
9 "Presentación", s/f, *Punto de Vista*. Índice, números 1 a 60, 1978-1998, Buenos Aires, julio de 1998.
10 Patiño, Roxana, "Intelectuales en transición. Las revistas culturales en la Argentina (1981-1987)", en www.fflch.usp.br.
11 Sarlo, Beatriz, "Política, ideología y figuración literaria", en Balderston, Daniel, et al., *Ficción y política. La narrativa argentina durante el proceso militar*, Buenos Aires, Alianza, 1987.

12 Gramuglio, María Teresa, "Tres novelas argentinas", en *Punto de Vista* Nº 13, Buenos Aires, 1981.
13 Halperín Donghi, Tulio, "El presente transforma el pasado: el impacto del reciente terror en la imagen de la historia argentina", en Balderston, Daniel, et al., op. cit.
14 Gramuglio, María Teresa, "Increíbles aventuras de una nieta de la cautiva", en *Punto de Vista* Nº 14, marzo-julio de 1982 ,y Catelli, Nora, "Los gestos de la posmodernidad", en *Punto de Vista* Nº 22, Buenos Aires, diciembre de 1984.
15 Dorio, Jorge, "César Aira: la literatura está fuera de la lengua, de lo humano", *Tiempo Argentino*, Buenos Aires, 8 de mayo de 1983; Bizzio, Sergio, "Dosis diaria de Aira", *Clarín*, Buenos Aires, agosto de 1984; Sánchez, Matilde, "El arte de ser frívolo", *Clarín*, Buenos Aires, 7 de enero de 1988.
16 Contreras, Sandra, *Las vueltas de César Aira*, Rosario, Beatriz Viterbo, 2002.
17 Aira, César, "Novela argentina: nada más que una idea", en *Vigencia* Nº 51, Buenos Aires, agosto de 1981, y "Zona peligrosa", en *El Porteño*, Buenos Aires, abril de 1987.
18 Aira, César, "Prólogo", en Lambroghini, Osvaldo, *Novelas y cuentos*, Barcelona, Ediciones del Serbal, 1988; *Copi*, Rosario, Beatriz Viterbo, 1991, y "El sultán", *Paradoxa* Nº 6, Rosario, 1991.
19 Aira, César, *Alejandra Pizarnik*, Rosario, Beatriz Viterbo, 1998.
20 Anderson Imbert, Enrique, *Historia de la poesía hispanoamericana*, México, Fondo de Cultura Económica, 1954.
21 García Helder, Daniel, "El neobarroco en la Argentina", en *Diario de Poesía* Nº 4, Buenos Aires-Montevideo-Rosario, 1987.
22 Dobry, Edgardo, "Poesía argentina actual: del neobarroco al objetivismo", en *Cuadernos Hispanoamericanos* Nº 588, Madrid, 1999.
23 García Helder, Daniel, "Giannuzzi", en *Diario de Poesía* Nº 30, Buenos Aires-Rosario, 1994.
24 "Daniel García Helder. Episodios de una formación", entrevista de Osvaldo Aguirre, en *Punto de Vista* Nº 77, Buenos Aires, diciembre de 2003.
25 Genovese, Alicia, *La doble voz. Poetas argentinas contemporáneas*, Buenos Aires, Biblos, 1998.
26 Monteleone, Jorge, "La utopía del habla", en Bellessi, Diana, *Colibrí, ¡lanza relámpagos!*, Buenos Aires, Libros de Tierra Firme, 1996.

LOS AUTORES Y SUS OBRAS*

ÁBALOS, Jorge W. (1915-1979): *Cuentos con y sin víboras* (1942); *Shunko* (1949); *Animales, leyendas y coplas* (1953)

AGUILAR, Gonzalo (1964): *Poesía concreta brasileña. Las vanguardias en la encrucijada modernista* (2003)

AGUIRRE, Raúl Gustavo (1927-1983): *Cuaderno de notas* (1957); *Redes y violencias* (1958); *Alguna memoria* (1960); *Poemas* (1970)

AIBINDER, Eduardo (1968): *Nené* (1990); *Carreras tras la fealdad* (1999)

AIRA, César (1949): *Moreira* (1975); *Ema, la cautiva* (1981); *La luz argentina* (1983); *Canto castrato* (1984); *El vestido rosa* (1984). *Las ovejas* (1984); *Una novela china* (1987); *La liebre* (1991); *El bautismo* (1991); *El llanto* (1992); *La prueba* (1992); *Cómo me hice monja* (1993); *La guerra de los gimnasios* (1993); *La costurera y el viento* (1994); *Dante y Reina* (1997); *La trompeta de mimbre* (1998); *Un sueño realizado* (2001); *Diccionario de autores latinoamericanos* (2001); *Fragmento de un diario en los Alpes* (2002); *El tilo* (2003); *Yo era una chica moderna* (2004); *Yo era una niña de siete años* (2005)

AITA, Antonio (1891-1966): *Algunos aspectos de la literatura argentina* (1930); *La literatura argentina contemporánea* (1900-1930)

ALBERDI, Juan Bautista (1810-1884): *Memoria descriptiva de Tucumán* (1834); *Código o Declaración de Principios que contienen la creencia social de la República Argentina* (1838-1839), reeditado con el título de *Dogma Socialista* en 1846; *El Gigante, Amapolas y sus formidables enemigos;* (1841); *El Edén* (en colaboración con Juan María Gutiérrez, 1843); *Bases y puntos de partida para la organización política de la República Argentina* (1852); *Peregrinación de luz del día, o Viaje y aventuras de la verdad en el Nuevo Mundo* (1871); *Obras completas* (1886-1887); *Escritos póstumos* (1895-1901 y 2003)

ALCALDE, Ramón (1922-1989): *Estudios críticos de poética y política* (1996)

ALDANA, Felipe (1922-1970): *Un poco de poesía* (1949); *Obra poética y otros textos* (2001)

* Se listan solamente las obras principales de cada autor.

ALMAFUERTE (seudónimo de Pedro Bonifacio Palacios) (1854-1917): En vida no publicó ninguna de sus obras, que fueron luego recogidas en las distintas ediciones de sus *Obras completas* (1928, 1951, 1954)

ALONSO, Fernando Pedro (1932): *Las revistas literarias argentinas (1893-1960)* (en colaboración con Héctor R. Lafleur y Sergio Provenzano, 1962)

ALONSO, Rodolfo (1934): *Salud o nada* (1954); *Hablar claro* (1964); *Relaciones* (1968); *Señora vida* (1979)

ALTAMIRANO, Carlos (1939): *Conceptos de sociología literaria* (en colaboración con Beatriz Sarlo, 1980); *Literatura/sociedad* (en colaboración con Beatriz Sarlo, 1983); *Ensayos argentinos. De Sarmiento a la vanguardia* (en colaboración con Beatriz Sarlo, 1983)

AMÍCOLA, José (1942): *Astrología y fascismo en la obra de Arlt* (1984); *Manuel Puig y la tela que atrapa al lector* (1992); *Camp y posvanguardia. Manifestaciones culturales de un siglo fenecido* (2000); *La batalla de los géneros. La novela gótica versus la novela de educación* (2003)

ANANÍA, Pablo (1942): *Tontas preocupaciones* (1963); *Tipos, observaciones* (1981); *Ciudad Irreal* (1987); *La comedia continua* (1989); *Pensar sin pensar* (1992); *Diccionario inmoral de los argentinos* (2005)

ANDERSON IMBERT, Enrique (1910-2000): *Historia de la literatura hispanoamericana* (1954); *Estudios sobre escritores de América* (1954); *La crítica literaria contemporánea* (1957); *La originalidad de Rubén Darío* (1968); *En el telar del tiempo: narraciones completas* (1986)

ANDRADE, Olegario Víctor (1839-1882): *Obras poéticas* (1887)

ANDRÉS, Alfredo (1934): *Ella* (1963); *Balada del saxofonista que perdió el tren de la frontera* (1963); *Palabras con Leopoldo Marechal* (1968)

ANGELIS, Pedro de (1784-1859): *Ensayo histórico sobre la vida de Juan Manuel de Rosas* (1830); *Noticias biográficas del gobernador de Santa Fe, brigadier Estanislao López* (1830); *Colección de obras y documentos relativos a la historia antigua y moderna de la Provincias del Río de la Plata* (1835-1838); *Colección de obras impresas y manuscritas que tratan principalmente del Río de la Plata* (1853)

ARA, Guillermo (1917-1995): *Guillermo Enrique Hudson: el paisaje pampeano y su expresión* (1954); *Leopoldo Lugones* (1958); *La novela naturalista hispanoamericana* (1965); *Suma de poesía argentina 1538-1968. Crítica y antología* (1970)

ARDILES GRAY, Julio (1922): *Tiempo deseado* (1944); *Los amigos lejanos* (1956); *Los médanos ciegos* (1957); *Años de adolescencia de Santiago Renn* (1961)

ARGERICH, Juan Antonio (1862-1924); *Un poco de prosa* (1881); *¿Inocentes o culpables?* (1884); *Las pobres almas truncas* (1902)

ARIAS, Abelardo (1918-1991): *Álamos talados* (1942); *Minotauroamor* (1966); *Polvo y espanto* (1971)

ARIJÓN, Teresa (1960): *La escrita* (1988); *Alibí* (1995)

ARLT, Roberto (1900-1942): *El juguete rabioso* (1926); *Los siete locos* (1929); *Los lanzallamas* (1931); *El amor brujo* (1932); *Trescientos millones* (1932); *El jorobadito* (1933); *Aguafuertes porteñas* (1933); *Saverio, el cruel* (1936); *Aguafuertes españolas* (1936); *El fabricante de fantasmas* (1936); *La isla desierta* (1937); *La fiesta del hierro* (1940); *El criador de gorilas* (1941); *El desierto entra en la ciudad* (1942); *Novelas completas y cuentos* (1963); *Teatro completo* (1968); *Obra completa* (1981, 1991)

ARRIETA, Rafael Alberto (1888-1968): *Estudios en tres literaturas* (1939); *Centuria porteña: Buenos Aires según los viajeros extranjeros del siglo XIX* (1944); *La literatura argentina y sus vínculos con España* (1948); *La ciudad y los libros: excursión bibliográfica al pasado porteño* (1955); *Introducción al modernismo literario* (1956); *Historia de la literatura argentina* (director, 1958-1960)

ASCASUBI, Hilario (1807-1875): *Los mellizos o rasgos dramáticos de la vida del gaucho en las campañas y praderas de la República Argentina* (1850); *Poesías. Trovos de Paulino Lucero o colección de poesías campestres desde 1833 hasta el presente* (1853); *Obras completas: Paulino Lucero, o Los Gauchos del Río de la Plata cantando y combatiendo contra los tiranos de las Repúblicas Argentina y Oriental del Uruguay* (1839-1851). *Volumen I. Santos Vega o Los Mellizos de La Flor (1778-1808); Volumen II. Aniceto el Gallo, gacetero prosista y gauchi-poeta argentino. Extracto del periódico de este título publicado en Buenos Aires en el año de 1854 y otras poesías inéditas; Volumen III. Paulino Lucero* (1872)

ASÍS, Jorge (1946): *La manifestación* (1971); *Los reventados* (1974); *Cuaderno de Oberdán Rocamora* (1977); *Flores robadas en los jardines de Quilmes* (1980); *Carne picada* (1981); *La calle de los caballos muertos* (1982); *Canguros* (1983); *Diario de la Argentina* (1984); *Cuentos completos* (2005)

ASTUTTI, Adriana (1960): *Andares clancos. Fábulas del menor en Osvaldo Lamborghini, J. C. Onetti, Rubén Darío, J. L.Borges, Silvina Ocampo y Manuel Puig* (2001)

AULICINO, Jorge Ricardo (1949): *Reunión* (1969); *Poeta antiguo* (1980); *Paisaje con autor* (1988); *Hombres en un restaurante* (1994); *Almas en movimiento* (1995); *Las Vegas* (2000); *La nada* (2003)

AVARO, Nora (1961): *Denuncialistas. Literatura y polémica en los 50* (en colaboración con Analía Capdevila, 2004)

AVELLANEDA, Andrés (1937): *El habla de la ideología. Modos de réplica literaria en la Argentina contemporánea* (1983)

BANCHS, Enrique (1888-1968): *Las barcas* (1907); *El libro de los elogios* (1908); *El cascabel del halcón* (1909); *La urna* (1911); *Obra poética* (1973)

BARBIERI, Vicente (1903-1956): *Fábula del corazón* (1939); *Nacarid Mary Glynor; tonos de elegía* (1939); *Árbol total* (1940); *El bosque persuasivo* (1941); *Corazón del oeste* (1941); *La columna y el viento* (1942); *Obra poética* (1961); *Prosas dispersas* (1970)

BAJARLÍA, Juan Jacobo (1914-2005): *Sonetos de amor y llanto* (1940); *Literatura de vanguardia; del "Ulises" de Joyce y las escuelas poéticas* (1946); *Estereopoemas* (1950); *Notas sobre el barroco* (1950); *Los robots* (1955); *La polémica Reverdy-Huidobro/El origen del ultraísmo* (1964); *Existencialismo y abstracción de César Vallejo* (1967); *Historias de monstruos* (1969); *Breve diccionario del erotismo y cancionero satírico* (1997)

BARLETTA, Leónidas (1902-1975): *Canciones agrias* (1923); *Cuentos realistas* (1923); *Los pobres* (1925); *Royal Circo* (1927); *El amor en la vida y en la obra de Juan Pedro Calou* (1928); *Odio* (1931); *Boedo y Florida. Una versión distinta* (1967)

BARÓN BIZA, Jorge (1942-2001): *El desierto y su semilla* (1998)

BARRANDEGUY, Emma (1914): *Las puertas* (1964); *El andamio* (1970); *Habitaciones* (2002)

BARRENECHEA, Ana María (1913): *La expresión de la irrealidad en la obra de Jorge Luis Borges* (1957); *La literatura fantástica en la Argentina* (en colaboración con Emma Susana Speratti Piñero, 1957); *Textos hispanoamericanos. De Sarmiento a Sarduy* (1978); *Cuaderno de bitácora de 'Rayuela'* (1983)

BARROS, Daniel (1933): *Cross a la conciencia* (1965); *Leopoldo Marechal, poeta argentino* (1971); *Ensayos sobre poetas contemporáneos* (1999)

BARTÍS, Ricardo (1949): *Hamlet o la guerra de los teatros* (1991); *El pecado que no se puede nombrar* (1998)

BATTICUORE, Graciela (1966): *El taller de la escritora. Veladas literarias de Juana Manuela Gorriti: Lima- Buenos Aires (1876-7/1892)* (1999); *La mujer romántica. Lectoras, autoras y escritores en la Argentina: 1830-1870* (2005)

BAYLEY, Edgar (1919-1990): *Invención 2* (1945); *Poemas* (1954); *Realidad interna y función de la poesía* (1966); *Vida y memoria del Dr. Pi y otras historias* (1983); *Estado de alerta, estado de inocencia* (1989); *Obra completa* (1999)

BECCO, Horacio Jorge (1924): *Don Segundo Sombra y su vocabulario* (1952); *Contribución a la bibliografía de la literatura argentina* (1959); *Fuentes para el estudio de la literatura argentina* (1968); *El 40* (en colaboración con Carlos R. Giordano y Eduardo Romano, 1969)

BECERRA, Juan José (1965): *Santo* (1994); *Atlántida* (2001); *Miles de años* (2004)

BECHER, Emilio (1882-1921): *Diálogo de las sombras y otras páginas* (1938)

BELGRANO RAWSON, Eduardo (1943): *No se turbe vuestro corazón* (1975); *El náufrago de las estrellas* (1979); *Fuegia* (1991); *Noticias secretas de América* (1998); *Rosa de Miami* (2005)

BELLESSI, Diana (1946): *Destino y propagaciones* (1970); *Crucero ecuatorial* (1981); *Tributo del mudo* (1982); *Danzante de doble máscara* (1985); *Eroica* (1988); *El jardín* (1993); *Colibrí ¡lanza relámpagos!* (1996); *Mate cocido* (2002); *La rebelión del instante* (2005)

BENARÓS, León (1915): *El rostro inmarcesible* (1944); *Romancero argentino* (1959); *Décimas encadenadas* (1962); *Antonio Porchia* (1988); *Antología poética* (1997)

BENESDRA, Salvador (1952-1996): *El traductor* (1997)

BERISSO, Emilio (1878-1922): *La amarra invisible* (1917); *El germen disperso* (1919)

BERISSO, Luis (1866-1944): *El pensamiento de América* (1898)

BERNARDELLO, Niní (1940): *Espejos de papel* (1980); *Malfario* (1986); *Copia y transformaciones* (1990)

BERNÁRDEZ, Francisco Luis (1900-1978): *Orto* (1922); *Bazar* (1922); *Kindergarten. Poemas ingenuos* (1924); *Alcándara* (1925); *El buque* (1935); *La ciudad sin Laura* (1938); *Poemas elementales* (1942); *La copa de agua* (1963)

BERTONE, Concepción (1947): *De la piel hacia adentro* (1973); *El vuelo inmóvil* (1983); *Citas* (1993); *Aria da capo* (2005)

BIANCHI, Alfredo (1882-1942): *Teatro nacional* (1920); *Veinticinco años de vida intelectual argentina* (1932)

BIANCO, José (1909-1986): *La pequeña Gyaros* (1932); *Sombras suele vestir* (1941); *Las ratas* (1943); *La pérdida del reino* (1972); *Ficción y realidad (1946-1976)* (1977); *Ficción y reflexión* (1988)

BIANCO, Lucía (1979): *Preinsectario* (2004); *Etiquetas de dulces* (2004); *Diario de exploración afuera del cantero* (2005)

BIELSA, Rafael (1953): *En mayor medida* (1979); *Palabra contra palabra* (1982); *Tendré que volver cerca de las tres* (1983); *Espejo negro* (1988); *Quince poemas* (en colaboración con Daniel García Helder, 1988); *Cerro Wenceslao* (1991); *Explendor* (1994)

BIGNOZZI, Juana (1937): *Los límites* (1960); *Tierra de nadie* (1962); *Mujer de cierto orden* (1967); *Regreso a la patria* (1989); *Interior con poeta* (1993); *Partida de las grandes líneas* (1997); *La ley tu ley* (2000); *Quién hubiera sido pintada* (2001)

BIOY CASARES, Adolfo (1914-1999): *Luis Greve, muerto* (1937); *La invención de Morel* (1940); *Plan de evasión* (1945); *Los que aman, odian* (en colaboración con Silvina Ocampo, 1946); *La trama celeste* (1948); *El sueño de los héroes* (1954); *Los orilleros* y *El paraíso de los creyentes* (en colaboración con Jorge Luis Borges, 1955); *Historia prodigiosa* (1956); *Guirnalda con amores* (1959); *Crónicas de Bustos Domecq* (en colaboración con Jorge Luis Borges, 1967); *Diario de la guerra del cerdo* (1969); *Breve diccionario del argentino exquisito* (1971); *Dormir al sol* (1973); *Nuevos cuentos de Bustos Domecq* (en colaboración con Jorge Luis Borges, 1977); *El héroe de las mujeres* (1978); *La aventura de un fotógrafo en La Plata* (1985); *Una muñeca rusa* (1991); *Un campeón desparejo* (1993); *Memorias* (1994); *Descanso de caminantes. Diarios íntimos* (2001)

BIZZIO, Sergio (1956): *El divino convertible* (1990); *Infierno Albino* (1992); *Son del África* (1993); *Paraguay* (1995); *Más allá del bien y lentamente* (1995); *Planet* (1998); *Chicos* (2004); *Rabia* (2005)

BLAISTEN, Isidoro (1933-2004): *Sucedió en la lluvia* (1965); *El mago* (1974); *Dublín al sur* (1980); *Cerrado por melancolía* (1982); *Cuando éramos felices* (1992); *Cuentos completos* (2004)

BLASI, Alberto (1931): *Güiraldes y Larbaud, una amistad creadora* (1970); *Un novelista argentino del 80: Manuel T. Podestá* (1980)

BLOMBERG, Héctor Pedro (1890-1955): *Las puertas de Babel* (1920); *A la deriva* (1920); *Gaviotas perdidas* (1921); *La pulpera de Santa Lucía y otras novelas históricas* (1930); *Mujeres de la historia americana* (1933)

BONASSO, Miguel (1940): *Recuerdo de la muerte* (1984); *El presidente que no fue. Los archivos ocultos del peronismo* (1997); *Don Alfredo* (1999); *Diario de un clandestino* (2000)

BOOZ, Mateo (seudónimo de Miguel Ángel Correa) (1881-1943): *Santa Fe, mi país* (1934); *La ciudad cambió de voz* (1938); *Gente del litoral* (1944); *Cuentos completos* (1999)

BORDELOIS, Ivonne (1934): *Genio y figura de Ricardo Güiraldes* (1966); *Correspondencia Pizarnik* (1998); *Un triángulo crucial: Borges, Güiraldes y Lugones* (1999); *La palabra amenazada* (2003); *El país que nos habla* (2005)

BORELLO, Rodolfo (1930-1996): *Hernández: poesía y política* (1973); *Habla y literatura en la argentina* (1974); *El peronismo (1943-1955) en la narrativa argentina* (1991); *La poesía gauchesca. Una perspectiva diferente* (2000)

BORGES, Jorge Luis (1899-1986): *Fervor de Buenos Aires* (1923); *Luna de enfrente* (1925); *Inquisiciones* (1925); *El tamaño de mi esperanza* (1926); *El idioma de los argentinos* (1928); *Cuaderno San Martín* (1929); *Evaristo Carriego* (1930); *Discusión* (1932); *Historia universal de la infamia* (1935); *Historia de la eternidad* (1936); *El jardín de senderos que se bifurcan* (1941); *Ficciones* (1944); *El Aleph* (1949); *Antiguas literaturas germánicas* (en colaboración con Delia Ingenieros, 1951); *Otras inquisiciones* (1952); *El 'Martín Fierro'* (en colaboración con Margarita Guerrero, 1953); *Leopoldo Lugones* (en colaboración con Betina Edelberg, 1955); *Los orilleros. El paraíso de los creyentes* (en colaboración con Adolfo Bioy Casares, 1955); *Manual de zoología fantástica* (en colaboración con Margarita Guerrero, 1957); *El hacedor* (1960); *El otro, el mismo* (1964); *Para las seis cuerdas* (1965); *Crónicas de Bustos Domecq* (en colaboración con Adolfo Bioy Casares, 1967); *Elogio de la sombra* (1969); *El informe de Brodie* (1970); *El oro de los tigres* (1972); *Obras completas* (1974); *La rosa profunda* (1975); *El libro de arena*

(1975); *Prólogos* (1975); *Nuevos cuentos de Bustos Domecq* (en colaboración con Adolfo Bioy Casares, 1977); *Obras completas en colaboración* (1979); *La cifra* (1981); *Nueve ensayos dantescos* (1982); *Los conjurados* (1985); *Textos cautivos* (1986); *Textos recobrados (2 tomos 1919-1929 y 1931-1955)* (1997)

BORRÉ, Omar (1944): *Para leer a Roberto Arlt* (en colaboración con Mirta Arlt, 1984); *Arlt y la crítica 1926-1990* (1996); *Roberto Arlt. Su vida y su obra* (2000)

BOSCO, María Angélica (1917): *La muerte baja en el ascensor* (1954); *La muerte soborna a Pandora* (1955); *Borges y los otros* (1967); *Tres historias de mujeres* (1976)

BRASCÓ, Miguel (1926): *Otros poemas e Irene* (1953); *Las tribulaciones del amor* (1961); *De criaturas triviales y antiguas guerras* (1967); *Quejido Huacho* (1999)

BRIANTE, Miguel (1944-1995): *Las hamacas voladoras* (1964); *Kincón* (1975); *Ley de juego* (1983)

BUCH, Esteban (1963): *El pintor de la Suiza argentina* (1991), *O juremos con gloria morir. Historia de una épica de Estado* (1994); *The Bomarzo affair. Ópera, perversión y dictadura* (2003)

BUNGE de GÁLVEZ, Delfina (1881-1952): *Simplement...* (1911); *La nouvelle moisson* (1918); *Las imágenes del infinito* (1922); *Oro, incienso y mirra* (1924)

BUSTOS, Miguel Ángel (1932-1976): *Cuatro murales* (1957); *Corazón de piel afuera* (1959); *Fragmentos fantásticos* (1965); *Visión de los hijos del Mal* (1967); *El Himalaya o la moral de los pájaros* (1970)

BUSTOS DOMECQ, Honorio (seudónimo común de Jorge Luis Borges y Adolfo Bioy Casares): *Seis problemas para don Isidro Parodi* (1942); *Dos fantasías memorables* (1946)

CABUCHI, Susana (1948): *El corazón de las manzanas* (1978); *Patio solo* (1986); *Álbum familiar* (2000)

CAILLET-BOIS, Julio (1910-1988): *Antología de la poesía hispanoamericana* (1958); *La novela rural de Benito Lynch* (en colaboración con Albertina Sonol, 1960)

CALGARO, Orlando (1939-1985): *Punto de partida* (1968); *Los métodos* (1970); *Además, el río* (1972); *La vida en general* (1974)

CALVETTI, Jorge (1918-2002): *Fundación en el cielo* (1944); *Memoria terrestre* (1948); *Libro de homenaje* (1957); *Antología poética* (1997)

CALZADILLA, Santiago (1817-1896): *Las beldades de mi tiempo* (1891)

CAMBACERES, Eugenio (1843-1888): *Pot-pourri; silbidos de un vago* (1881); *Música sentimental* (1884); *Sin rumbo* (1885); *En la sangre* (1887)

CAMBOURS OCAMPO, Arturo (1908-1996): *El reloj de la hora bailarina* (1929); *Suburbio mío* (1930); *Poemas para la vigilia del hombre* (1930); *Indagaciones sobre literatura argentina* (1952); *Lugones, el escritor y su lenguaje* (1957); *Verdad y mentira de la literatura argentina* (1962); *El problema de las generaciones literarias* (1963)

CANAL FEIJÓO, Bernardo (1897-1982): *La rueda de la siesta* (1930); *Ensayo sobre la expresión popular artística en Santiago del Estero* (1937); *Mitos perdidos* (1938); *Proposiciones en torno al problema de una cultura nacional argentina* (1944); *Teoría de la ciudad argentina* (1951); *Burla, credo y culpa en la creación anónima* (1951); *Una teoría teatral argentina* (1956)

CANCELA, Arturo (1892-1957): *Cacambo* (1920); *Tres relatos porteños* (1922); *Historia funambulesca del profesor Landormy* (1944); *Tres relatos porteños y tres cuentos de la ciudad* (1946)

CANÉ, Miguel (1851-1905): *Ensayos* (1877); *Juvenilia* (1884); *En viaje 1881-1882* (1884); *Charlas literarias* (1885); *Notas e impresiones* (1901); *Prosa ligera* (1903)

CANTO, Estela (1920-1994): *El muro de mármol* (1945); *Los espejos de la sombra* (1945); *El retrato y la imagen* (1950); *Los otros, las máscaras* (1973); *Borges a contraluz* (1989)

CANTÓN, Darío (1928): *La saga del peronismo* (1964); *Poemario* (1969); *La mesa: tratado poeti-lógico* (1972); *Poemas familiares* (1975); *La historia de Asemal y sus lectores* (2000); *De la misma llama. Berkeley 1960-1963* (2004)

CAPARRÓS, Martín (1957): *Ansay o los infortunios de la gloria* (1984); *No velas a tus muertos* (1986); *Larga distancia* (1992); *Una historia de la militancia revolucionaria en la Argentina (1966-1978)* (en colaboración con Julio Anguita, 1997-1998); *La historia* (1999); *Valfierno* (2004)

CAPDEVILA, Analía (1961): *Denuncialistas. Literatura y polémica en los 50* (en colaboración con Nora Avaro, 2004)

CAPDEVILA, Arturo (1889-1967): *Jardines solos* (1911); *Melpómene* (1912); *El libro de la noche* (1917); *La dulce patria* (1917); *El tiempo que se fue* (1926); *Simbad* (1930); *Los romances argentinos* (1938)

CARLINO, Carlos (1910-¿2000?): *Poemas con labradores* (1960); *Abril se inicia hacia el oeste* (1969)

CARRERA, Arturo (1948): *Las sombras que se deben decir* (1966); *Escrito con un nictógrafo* (1972); *Oro* (1975); *La partera canta* (1982); *Ciudad del colibrí* (1982); *Mi padre* (1983); *Arturo y yo* (1983); *Animaciones suspendidas* (1985); *Ticket para Edgardo Russo* (1987); *Children's corner* (1989); *La banda oscura de Alejandro* (1994); *El vespertillo de las Parcas* (1997); *Potlach* (2004)

CARRIEGO, Evaristo (1883-1912): *Misas herejes* (1908); *Poesías. Misas herejes. La canción del barrio. Poemas póstumos* (1913); *Poesías completas* (1917, 1947, 1950, 1996)

CARRIÓ DE LA VANDERA, Alonso (1715-1783): *El lazarillo de ciegos caminantes desde Buenos Ayres hasta Lima, con sus Itinerarios según la más puntual observación, con algunas noticias útiles a los Nuevos Comerciantes que tratan en Mulas y otras Históricas* (1775 o 1776)

CARRIZO, Juan Alfonso (1895-1957): *Cancionero popular de Catamarca* (1926); *Cancionero popular de Salta* (1933); *Cancionero popular del Jujuy* (1935); *Cancionero popular de Tucumán* (1937); *Cantares históricos del Norte argentino* (1939); *Cancionero popular de La Rioja* (1942); *Cancionero tradicional argentino* (1949); *La poesía tradicional argentina* (1951); *Historia del folklore argentino* (1954)

CASAS, Fabián (1965): *Tuca* (1990); *El salmón* (1996); *Oda* (2004); *El spleen de Boedo* (2004); *El bosque pulenta* (2004); *Los lemmings* y otros (2005)

CASASBELLAS, Ramiro de (1934-1999): *El doble fondo* (1954)

CASTELLANI, Leonardo (1899-1981): *Camperas. Fábulas santafesinas* (1931); *Historias del Norte bravo* (1936); *Las 9 muertes del Padre Metri* (1942); *Crítica Literaria* (1945); *El crimen de Ducadelia y otros cuentos del trío,* (1959)

CASTELNUOVO, Elías (1893-1982): *Tinieblas* (1923); *Notas de un literato naturalista* (1923); *Malditos* (1924); *El monstruo. Historia natural de un tarado* (1925); *Entre los muertos* (1926); *Ánimas benditas* (1926); *En nombre de Cristo* (1927); *Los señalados* (1928); *Larvas* (1931); *Vidas proletarias* (1934); *El arte y las masas (Ensayos sobre una nueva teoría de la actividad estética)* (1935); *Calvario* (1949); *Memorias* (1974)

CASTELO, Oscar (1932): *Barda brava* (2003)

CASTILLA, Manuel J. (1918-1980): *Agua de lluvia* (1941); *Luna muerta* (1943); *La niebla y el árbol* (1946); *La tierra de uno* (1951); *Norte adentro* (1954); *De solo estar* (1957)

CASTILLO, Abelardo (1935): *El otro Judas* (1959); *Las otras puertas* (1961); *Israfel* (1966); *Cuentos crueles* (1966); *El que tiene sed* (1985); *Crónica de un iniciado* (1991); *Cuentos completos* (1997); *El Evangelio según Van Hutten* (1999); *El espejo que tiembla* (2005)

CASTILLO DURANTE, Daniel (1956): *Du stéréotype à la littérature* (1994); *Ernesto Sabato. La littérature et les abattoirs de la modernité* (1995); *Los vertederos de la postmodernidad: literatura, cultura y sociedad en América Latina* (2001)

CASTIÑEIRA DE DIOS, José María (1920): *Dos canciones* (1941); *Campo sur* (1952); *Obra poética* (1985); *Poesía religiosa* (1999)

CERDÁ, Susana (1948): *Solía* (1986)

CERRO, Emeterio (1952-1996): *La Barrosa* (1982); *El bochicho* (1983); *Los frifrís de Galia* (1988); *L'hambre china* (1993); *El Salvatierra* (1994); *La Cuca* (1994)

CESELLI, Juan José (1909-1982): *La otra cara de la luna* (1953); *La sirena violada* (1957); *El paraíso desenterrado* (1966); *Misa tanguera* (1975); *La selva 4040* (1976)

CHASSAING, Juan (1839-1864): *A mi bandera* (1852); *Canto* (1858)

CHEJFEC, Sergio (1956): *Lenta biografía* (1990); *Moral* (1990); *El aire* (1992); *Cinco* (1998); *Los planetas* (1999); *Los incompletos* (2004); *El punto vacilante. Literatura, ideas y mundo privado* (2005)

CHERTUDI, Susana (1925-1977): *Cuentos folklóricos de la Argentina* (1960-1964); *El cuento folklórico* (1967)

CHIÁPPORI, Atilio (1880-1947): *Borderland* (1907); *La eterna angustia* (1908); *La belleza invisible* (1919); *La isla de las rosas rojas* (1925); *Recuerdos de la vida literaria y artística* (1944)

CHOUHY AGUIRRE, Ana María (1918-1945): *Alba gris* (1938); *Los días perdidos* (1947)

COHEN, Marcelo (1951): *El país de la dama eléctrica* (1984); *Insomnio* (1985); *El sitio de Kelany* (1987); *El oído absoluto* (1989); *El fin de lo mismo* (1992); *El testamento de O'Jaral* (1995); *¡Realmente fantástico!, y otros ensayos* (2003)

COLOMBO, María del Carmen (1950): *La edad necesaria* (1978); *Blues del amasijo y otros poemas* (1985); *La familia china* (1999)

CONSTANTINI, Humberto (1924-1987): *De por aquí nomás* (1958); *Háblenme de Funes* (1970); *De dioses, hombrecitos y policías* (1979)

CONTARDI, Marilyn (1936): *Los espacios del tiempo* (1979); *El estrecho límite* (1992); *Los patios* (2000)

CONTI, Haroldo (1925-1976): *Sudeste* (1962); *Todos los veranos* (1964); *Alrededor de la jaula* (1966); *Con otra gente* (1967); *En vida* (1971); *La balada del álamo carolina* (1975); *Mascaró, el cazador americano* (1975); *Cuentos completos* (1994)

CONTRERAS, Sandra (1965): *Las vueltas de César Aira* (2002)

COPI (seudónimo de Raúl Damonte) (1939-1987): *Un ángel para la señora Lisca* (1962); *Eva Perón* (1969, edición francesa; 2000, edición argentina); *L'Uruguayen* (1972); *Las viejas travestís y otras infamias,* seguido de *El uruguayo,* 1978); *Le Bal des Foles* (1976; *El baile de las locas,* 2000); *L'ombre de Wenceslao* (1978) *Cachafaz/La sombra de Wenceslao* (2002); *La vida es un tango* (1979) edición francesa; 1981, edición española); *L'International Argentine* (1988, edición francesa; 1989, edición española)

CORBALÁN, Macky (1963): *La pasajera de arena* (1992); *Inferno* (1999)

CORBATTA, Jorgelina (1940): *Sociología de la literatura* (1986); *Mito personal y mitos colectivos en las novelas de Manuel Puig* (1988); *Narrativas de la guerra sucia en Argentina: Piglia, Saer, Valenzuela, Puig* (1999); *Feminismo y escritura femenina en Latinoamérica* (2002); *Juan José Saer. Arte poética y práctica literaria* (2005)

CÓRDOVA ITURBURU, Cayetano (1902-1977): *El árbol, el pájaro y la fuente* (1923); *La danza de la luna* (1926); *La revolución martinfierrista* (1962)

CORONADO, Martín (1850-1919): *La piedra del escándalo* (1902); *La bandera* (1902); *El sargento Palma* (1905); *Obras completas* (1925)

CORREAS, Carlos (1931-2000): *Los reportajes de Félix Chaneton* (1984); *La operación Masotta* (1991); *Arlt literato* (1995); *Ensayos de tolerancia* (1999)

CORTAZAR, Augusto Raúl (1910-1974): *Bosquejo de una introducción al folklore* (1942); *Confluencias culturales en el folklore argentino* (1944); *El carnaval en el folklore calchaquí* (1949); *¿Qué es el folklore?* (1954); *Indios y gauchos en la literatura argentina* (1956); *Historia general de las literaturas hispánicas* (1956); *Folklore y literatura* (1964); *Bibliografía del folklore argentino* (1965-1966); *Literatura y folklore* (1968); *El folklore y su proyección literaria* (1968); *Poesía gauchesca argentina interpretada con el aporte de la teoría folklórica* (1969)

CORTÁZAR, Julio (1914-1984): *Presencia* (con el seudónimo Julio Denis, 1938); *"Los reyes* (1949); *Bestiario* (1951); *Final del juego* (1956); *Las armas secretas* (1959); *Los premios* (1960); *Historias de cronopios y de famas* (1962); *Rayuela* (1963); *Todos los fuegos el fuego* (1966); *La vuelta al día en ochenta mundos* (1967); *62 Modelo para armar* (1968); *Último round* (1969); *Libro de Manuel* (1973); *Octaedro* (1974); *Alguien que anda por ahí* (1977); *Un tal Lucas* (1979); *Queremos tanto a Glenda* (1980); *Obra crítica 1, 2 y 3* (1994); *Cuentos completos 1 y 2* (1996)

COSSA, Roberto M. (1934): *Nuestro fin de semana* (1964); *El avión negro* (1970); *La nona* (1977); *El viejo criado* (1980); *Gris de ausencia* (1981); *Yepeto* (1987)

COZARINSKY, Edgardo (1939): *Borges y el cine* (1974); *Vudú urbano* (1985); *La novia de Odessa* (2001); *El rufián moldavo* (2004); *Ronda nocturna* (2004); *Museo del chisme* (2005)

CRISTÓFALO, Américo (1954): *La parte de la sombra* (1984); *La distinción* (1999); *Baudelaire* (2002)

CROS, Graciela (1945): *Poemas con bicho raro y cornisas* (1968); *Flor azteca* (1991); *La escena imperfecta* (1996); *Muere más tarde* (2004)

CUCURTO, Washington (seudónimo de Santiago Vega) (1972): *Zelarayán* (1998); *Oh, tú, dominicana del demonio* (2002); *Cosa de negros* (2003); *Veinte pungas contra un pasajero* (2003); *Las aventuras del señor Maíz* (2005)

CUETO, Sergio (1960): *Seis estudios girrianos* (1993); *Maurice Blanchot: el ejercicio de la paciencia* (1997); *Versiones del humor* (1999)

DALMARONI, Miguel (1958): *Juan Gelman. Contra las fabulaciones del mundo* (1993); *La palabra justa. Literatura, crítica y memoria en la Argentina (1960-2002)* (2004)

DAL MASETTO, Antonio (1938): *Lacre* (1964); *Siete de oro* (1969); *Fuego a discreción* (1983); *Siempre es difícil volver a casa* (1985); *Oscuramente fuerte es la vida* (1990); *Hay unos tipos abajo* (1998)

D'ANNA, Eduardo (1948): *Muy muy que digamos* (1967); *Aventuras con usted* (1975); *Carne de la flaca* (1978); *A la intemperie* (1982); *Calendas argentinas* (1985); *La montañita* (1993); *Obra siguiente* (1999)

DAULTE, Javier (1963): *Óbito; Un asesino al otro lado de la pared; Criminal* (1991); *Desde la noche llamo* (1995); *Martha Stutz* (1996); *Teatro 1* (2004)

DÁVALOS, Jaime (1921-1981): *Rastro seco* (1947); *El nombrador* (1957); *Toro viene el río* (1957): *Coplas y canciones* (1959)

DÁVALOS, Juan Carlos (1887-1959): *De mi vida y de mi tierra* (1914); *Cantos agrestes* (1917); *Cantos de la montaña* (1921); *Relatos lugareños* (1930); *Otoño* (1935)

DE CECCO, Sergio (1931-1986): *Prometeo* (1956); *El reñidero* (1962); *El gran deschave* (en colaboración con Armando Chulak, 1975)

DEFILIPPIS NOVOA, Francisco (1889-1930): *La casa de los viejos* (1914); *El diputado por mi pueblo* (1918); *El conquistador de lo imprevisto* (1919); *María la tonta* (1927); *He visto a Dios* (1930)

DEFILPO, Mirtha (1944): *Después de Darwin* (1983); *Malezas* (1985); *Matices* (1991)

DEL BARCO, Oscar (1928): *Memoria de la aventura metafísica* (1968); *Juan L. Ortiz. Poesía y ética* (1996); *Exceso y Donación. La Búsqueda del Dios sin Dios* (2003)

DEL BARCO CENTENERA, Martín (1544-1605, fechas aproximadas); *Argentina y Conquista del Río de la Plata, con otros acaecimientos de los Reinos del Perú, Tucumán y estado del Brasil* (1602), conocido como *Argentina* publicada

DEL CAMPO, Estanislao (1834-1880): *Fausto. Impresiones del gaucho Anastasio el Pollo en la representación de esta ópera* (1866); *Poesías* (1870)

DE LELLIS, Mario Jorge (1922-1966): *Flores del silencio* (1942); *Cantos de la tecla negra* (1942); *Mediodía por dentro* (1951); *Hombres del vino, del álbum y del corazón* (1962)

DELGADO, Sergio (1961): *La selva de Marte* (1995); *El alejamiento* (1996); *La laguna* (2001); *Al fin* (2005)

DELLEPIANE, Ángela (1926-2004): *Ernesto Sabato. El hombre y su obra* (1968); *Concordancias del poema "Martín Fierro"* (1995)

DE SANTIS, Pablo (1963): *La traducción* (1998); *Filosofía y Letras* (1999); *El calígrafo de Voltaire* (2001); *La sexta lámpara* (2005)

DESIDERIO, Juan (1963): *Barrio trucho* (1990); *La zanjita* (1996)

DEVOTO, Daniel (1916-2002): *Tres canciones* (1938); *Aire dolido* (1940); *Las elegías del empalme* (1940); *La sirena de sombra* (1940); *Canciones despeinadas* (1947)

DÍAZ, Leopoldo (1862-1947): *¿Una página triste* (1883); *Sonetos* (1888); *Bajo-relieves* (1895); *Las ánforas y las urnas* (1923)

DÍAZ, Ramón (1796-1824): "Colección de las piezas poéticas dadas a luz en Buenos Aires durante la guerra de la Independencia" o *La Lira Argentina* (1824)

DÍAZ DE GUZMÁN, Ruy (hacia 1554-1629) *Anales del descubrimiento, población y conquista de las provincias del Río de la Plata*, texto conocido como *Argentina manuscrita* (escrito hacia 1612, publicado por primera vez por Pedro de Angelis en 1835, con el título *Historia del descubrimiento, población y conquista de las provincias del Río de la Plata*)

DI BENEDETTO, Antonio (1922-1986): *Mundo animal* (1953); *El pentágono* (1955); *Zama* (1956); *Grot* (1957); *Declinación y ángel* (1958); *El cariño de los tontos* (1961); *El silenciero* (1964); *Two Stories* (1965); *Los suicidas* (1969); *Cuentos claros* (1969); *Annabella* (1974); *Absurdos* (1978); *Caballo en el salitral* (1981); *Cuentos del exilio* (1983); *Sombras nada más* (1985)

DI LULLO, Orestes (1898-1983): *Cancionero popular de Santiago del Estero* (1940); *La agonía de los pueblos* (1946); *Contribución al estudio de las voces santiagueñas* (1946); *Antecedentes biográficos santiagueños* (1948); *Elementos para un estudio del habla popular de Santiago del Estero* (1965)

DI PAOLA, Jorge (1940): *Hernán* (1963); *La virginidad es un tigre de papel* (1974); *Minga* (1987); *El arte del espectáculo* (2001)

DIPASQUALE, Selva (1968): *Teoría de la ubicación en el espacio* (1994); *Camaleón* (1998)

DISCÉPOLO, Armando (1887-1971): *Entre el hierro* (1910); *Mateo* (1923); *El organito* (en colaboración con Enrique Santos Discépolo, 1925); *Babilonia* (1925); *Stéfano* (1928); *Relojero* (1934)

DIZ, Hugo (1942): *El amor dejado en las esquinas* (1969); *Poemas insurrectos* (1971); *Algunas críticas, otros homenajes* (1972); *Contradicciones* (1973); *Historias, veras historias* (1974); *Manual de utilidades* (1976); *Palabras a mano* (2002, 2003, 2004)

DOBRY, Edgardo (1962): *Tarde de cristal* (1992); *Cinética* (1999); *El lago de los botes* (2005)

DOLL, Ramón (1896-1970): *Ensayos y crítica* (1929); *Crítica* (1930); *Policía intelectual* (1933); *Lugones el apolítico y otros ensayos* (1966)

DRAGHI LUCERO, Juan (1897-1994): *Novenario cuyano* (1935); *Las mil y una noches argentinas* (1940); *Cuentos mendocinos* (1964)

DRAGÚN, Osvaldo (1929-1999): *La peste viene de Melos* (1956); *Túpac Amaru* (1957); *Historias para ser contadas* (1957); *El amasijo* (1968); *Historias con cárcel* (1972)

DURAND, Daniel (1964): *Segovia* (1995); *El Krech* (1998); *La maleza que le crece* (1999); *Vieja del agua* (2000); *El cielo de Boedo* (2005)

ECHEVERRÍA, Esteban (1805-1851): *Elvira o la Novia del Plata* (1832); *Los consuelos* (1834); *Rimas* (1837); *Código o Declaración de Principios que contienen la creencia social de la República Argentina* (1838-1839), reeditado con el título de *Dogma socialista* en 1846; *La guitarra* (1842); *El ángel caído* (1846); *Avellaneda* (1849); *El matadero* (1871); *Obras completas* (1870-1874)

EICHELBAUM, Samuel (1894-1967): *La quietud del pueblo* (1919); *Cuando tengas un hijo* (1929); *Señorita* (1930); *El gato y su selva* (1936); *Un guapo del 900* (1940)

ESTRADA, Angel de (1872-1923): *Los espejos* (1895); *Cuentos* (1900); *El color y la piedra* (1900); *Formas y espíritus* (1902); *Alma nómade* (1902)

ESTRADA, Santiago (1841-1891): *Viajes. Del Plata a los Andes; del Mar Pacífico al Mar Atlántico* (1889); *Viajes. De Buenos Aires al Tandil y el Paraguay; de Valparaíso a la Oroya* (1889)

ESTRIN, Laura (1967): *César Aira: el realismo y sus extremos* (1999)

FABANI, Ana Teresa (1923-1949): *Nada tiene nombre* (1949)

FEILING, Carlos E. (1961-1997): *El agua electrizada* (1992); *Un poeta nacional* (1993); *Amor a Roma* (1995); *El mal menor* (1996); *Con toda intención* (2005)

FEINMANN, José Pablo (1943): *Últimos días de la víctima* (1979); *Filosofía y Nación. Estudios sobre el pensamiento argentino* (1982; edición definitiva, 1996); *Ni el tiro del final* (1982); *El ejército de ceniza* (1986); *El cadáver imposible* (1992); *La sombra de Heidegger* (2005)

FERNÁNDEZ, Macedonio (1874-1952): *No toda es vigilia la de los ojos abiertos* (1928); *Papeles de Recienvenido* (1929); *Una novela que comienza* (1941); *Poemas* (1953); *Museo de la Novela de la Eterna* (1967); *Cuadernos de todo y nada* (1972); *Adriana Buenos Aires; última novela mala* (1974); *Obras completas I, II, III, IV, V, VI,VII, VIII, IX* (1974, 1975, 1976, 1981, 1987, 1989, 1990, 1995)

FERNÁNDEZ ESPIRO, Diego (1862-1912): *Poesías completas* (1924)

FERNÁNDEZ MORENO, Baldomero (1886-1950): *Las iniciales del misal* (1915); *Ciudad* (1917); *Versos de Negrita* (1920); *Aldea española* (1925); *El hijo* (1926); *Guía caprichosa de Buenos Aires* (1937); *La patria desconocida* (1943); *La mariposa y la viga* (1947)

FERNÁNDEZ MORENO, César (1919-1985): *Gallo ciego* (1940); *Veinte años después* (1953); *Sentimientos* (1960); *Argentino hasta la muerte* (1963); *El joven Franz Moreno* (1966); *Los aeropuertos* (1967); *La realidad y los papeles: panorama y muestra de la poesía argentina* (1967); *Sentimientos completos, 1950-1966* (1981); *Obra poética* (1999)

FERRO, Roberto (1944): *El lector apócrifo* (1998)

FIGUEROA, Estela (1946): *Máscaras sueltas* (1985); *El libro rojo de Tito* (1988); *A capella* (1993)

FIJMAN, Jacobo (1898-1970): *Molino rojo* (1926); *Hecho de estampas* (1930); *Estrella de la mañana* (1931); *Obra poética* (1983)

FILLOY, Juan (1894-2000): *Periplo* (1931); *¡Estafen!* (1932); *Op Oloop* (1934); *Caterva* (1937); *La potra* (1973); *Vil & Vil. La gata parida* (1975); *Gentuza* (1991)

FOGWILL (Rodolfo Enrique) (1941): *El efecto de realidad* (1979); *Mis muertos punk* (1980); *Música japonesa* (1982); *Los Pichiciegos* (1983); *Ejércitos imaginarios* (1983); *Pájaros de la cabeza* (1985); *Partes del todo* (1990); *La buena nueva de los libros del caminante* (1990); *Una pálida historia de amor* (1991); *Muchacha punk* (1992); *Restos diurnos* (1993); *Vivir afuera* (1999); *Lo dado* (2001); *La experiencia sensible* (2001); *En otro orden de cosas* (2001); *Runa* (2003)

FONDEBRIDER, Jorge (1956): *Elegías* (1983); *Imperio de la luna* (1987); *Standards* (1993); *Conversaciones con la poesía argentina* (1995)

FONTANARROSA, Roberto (1944): *Best Seller* (1981); *El área 18* (1982) *El mundo ha vivido equivocado* (1982); *No sé si he sido claro* (1985); *La gansada,* (1985); *Los trenes matan a los autos* (1987); *Nada del otro mundo* (1987); *La mesa de los galanes* (1995); *Te digo más...* (2001); *Usted no me lo va a creer* (2003); *Cuentos reunidos 1 y 2* (2003-2004)

FRANCO, Luis Leopoldo (1898-1988): *La flauta de caña* (1920); *Coplas* (1921); *Libro del gay vivir* (1923); *Los trabajos y los días* (1928); *Nocturnos* (1932)

FRANZETTI, Silvana (1956): *Destino de un hombre agitado* (1994); *Mobile* (1999)

FRAY MOCHO (seudónimo de José Sixto Álvarez) (1858-1903): *Esmeraldas, cuentos mundanos* (1885); *Memorias de un vigilante* (1897); *Un viaje al país de los matreros* (1897); *En el mar austral. Croquis fueguinos* (1898)

FREIDEMBERG, Daniel (1945): *Blues del que vuelve solo a casa* (1973); *Diario en la crisis* (1986); *Lo espeso real* (1996); *La sonatita que haga fondo al caos* (1998); *Cantos en la mañana vil* (2001)

FRESÁN, Rodrigo (1963): *Historia argentina* (1991); *Vidas de santos* (1993); *Trabajos manuales* (1994); *La velocidad de las cosas* (1998); *Mantra* (2001); *Jardines de Kensington* (2003)

FRUTTERO, Arturo (1909-1963): *Hallazgo de la roca* (1944); *Obra poética y otros textos* (2000)

FUTORANSKY, Luisa (1939): *Trago fuerte* (1963); *Son cuentos chinos* (1983)

GALÍNDEZ, Bartolomé (1896-¿?): *Poemas de la tiranía* (1927); *El anillo de turquesas* (1930); *El amor* (1936)

GÁLVEZ, Manuel (1882-1962): *El diario de Gabriel Quiroga* (1910); *El solar de la raza* (1913); *La maestra normal* (1914); *El mal metafísico* (1916); *Nacha Regules* (1919); *Historia de arrabal* (1922); *Hombres en soledad* (1938); *Recuerdos de la vida literaria. Amigos y maestros de mi juventud* (1944); *Recuerdos de la vida literaria. En el mundo de los seres ficticios* (1961); *Recuerdos de la vida literaria. Entre la novela y la historia* (1962); *Recuerdos de la vida literaria. En el mundo de los seres reales* (1965)

GAMBARO, Griselda (1928): *Madrigal en la ciudad* (1964); *El desatino* (1965); *Una felicidad con menos pena* (1967); *Sucede lo que pasa* (1976); *Ganarse la muerte* (1976); *Decir sí* (1981); *La malasangre* (1982); *Después del día de fiesta* (1994); *Lo mejor que se tiene* (1998); *Escritos inocentes* (1999); *Teatro* (6 tomos, 1990-1996); *El mar que nos trajo* (2001)

GAMBAROTTA, Martín (1968): *Punctum* (1996); *Seudo* (2000); *Relapso+Angola* (2005)

GANDOLFO, Elvio (1947): *La reina de las nieves* (1982); *Caminando alrededor* (1986); *Sin creer en nada* (1987); *Boomerang* (1993); *Ferrocarriles argentinos* (1994); *Cuando Lidia vivía se quería morir* (1998)

GANDOLFO, Francisco (1921): *Mitos* (1968); *El sicópata* (1974); *Poemas joviales* (1977); *El sueño de los pronombres* (1980); *Plenitud del mito* (1982); *El búho encantado* (2005)

GANDUGLIA, Santiago (1904-¿?): *Antigüedad de los Andes* (1939); *Aire civil* (1943)

GARCÍA, Germán (1944): *Nanina* (1968); *Cancha rayada* (1969); *La vía regia* (1975)

GARCÍA HELDER, Daniel (1961): *Quince poemas* (en colaboración con Rafael Bielsa, 1988); *El faro de Guereño* (1990); *El guadal* (1994)

GARCÍA VELLOSO, Enrique (1880-1938): *El arte del comediante* (1926); *Memorias de un hombre de teatro* (1942)

GELMAN, Juan (1930): *Violín y otras cuestiones* (1956); *Velorio del solo* (1961); *Gotán* (1962); *Los poemas de Sydney West* (1969);*Cólera buey* (1971); *Fábulas* (1971); *Hechos y relaciones* (1980); *Si dulcemente* (1980); *Citas y comentarios* (1982); *Interrupciones 1* (1986); *Interrupciones 2* (1986); *Anunciaciones* (1988); *Salarios del impío* (1993); *Dibaxu* (1994); *Incompletamente* (1997); *Valer la pena* (2001); *Pesar todo* (2001); *País que fue será* (2004)

GENOVESE, Alicia (1953): *El cielo posible* (1977); *El mundo encima* (1982); *Anónima* (1992); *La doble voz. Poetas argentinas contemporáneas* (1998); *Química diurna* (2004)

GERCHUNOFF, Alberto (1883-1950): *Los gauchos judíos* (1910); *Autobiografía* (1914); *Entre Ríos, mi país* (1950); *Retorno a Don Quijote* (1951)

GHIANO, Juan Carlos (1920-1990): *Constantes de la literatura argentina* (1953); *Lugones escritor* (1955); *Testimonio de la novela argentina* (1956); *Poesía argentina del siglo XX* (1957); *Narcisa Garay, mujer para llorar* (1959); *Ricardo Güiraldes* (1966)

GHIRALDO, Alberto (1875-1946): *Alma gaucha* (1906); *Humano ardor* (1928); *Cancionero libertario* (1935); *El archivo de Rubén Darío* (1943)

GIANNUZZI, Joaquín (1924-2004): *Nuestros días mortales* (1958); *Contemporáneo del mundo* (1962); *Las condiciones de la época* (1967); *Señales de una causa personal* (1977); *Violín obligado* (1984); *Cabeza final* (1991); *Obra poética* (2000)

GIBAJA, Regina (1927-1997): *El público de arte* (1964)

GILMAN, Claudia (1961): *Entre la pluma y el fusil. Debates y dilemas del escritor revolucionario en América latina* (2003)

GIORDANO, Alberto (1959): *Modos del ensayo. Jorge Luis Borges-Oscar Masotta* (1991); *La experiencia narrativa: Juan José Saer, Felisberto Hernández, Manuel Puig* (1992); *Razones de la crítica. Sobre literatura, ética y política* (1999); *Manuel Puig. La conversación infinita* (2001); *Modos del ensayo. De Borges a Piglia* (2005)

GIORDANO, Carlos R. (1930-2005): *El 40* (en colaboración con Horacio Jorge Becco y Eduardo Romano, 1969)

GIRIBALDI, Daniel (1929-1984): *Agua reunida, 1949-1956* (1958); *Villa de Dios no se entrega* (1958); *Sonetos mugres* (1968)

GIRONDO, Oliverio (1891-1967): *Veinte poemas para ser leídos en el tranvía* (1922); *Calcomanías* (1925); *Espantapájaros (al alcance de todos)* (1932); *Interlunio* (1937); *Persuasión de los días* (1942); *Campo nuestro* (1946); *En la masmédula* (1956); *Obra completa* (1999)

GIRRI, Alberto (1919-1991): *Playa sola* (1946); *Coronación de la espera* (1947); *Examen de nuestra causa* (1956); *El ojo* (1963); *Poemas elegidos* (1965); *Envíos* (1967); *En la letra, ambigua selva* (1972); *Diario de un libro* (1972); *Quien habla no está muerto* (1975); *El motivo es el poema* (1976); *Lo propio, lo de todos* (1980); *Monodias* (1985); *Existenciales* (1986); *Obra poética I, II, III, IV, V, VI* (1977, 1978, 1980, 1984, 1988, 1991)

GIUSTI, Roberto Fernando (1887-1976): *Nuestros poetas jóvenes; revista crítica del actual movimiento poético argentino* (1911); *Florencio Sánchez, su vida y su obra* (1920); *Crítica y polémica* (cuatro series: 1917, 1924, 1927, 1930); *Literatura y vida* (1939); *Siglos, escuelas y autores* (1946); *Momentos y aspectos de la cultura argentina* (1954); *Poetas de América y otros ensayos* (1956); *Visto y vivido* (1965)

GLUSBERG, Samuel (seudónimo: Enrique Espinoza) (1898-1987): *La levita gris: cuentos judíos de ambiente porteño* (1924); *Trinchera* (1932); *El espíritu criollo: Sarmiento, Hernández, Lugones* (1951); *Tres clásicos ingleses de la pampa: F. B. Head, William Henry Hudson, R. B. Cunninghame Graham* (1951); *Trayectoria de Horacio Quiroga* (1980)

GODOY, Juan Gualberto (1793-1864): *Poesías* (1889)

GOLA, Hugo (1927): *Veinticinco poemas* (1961); *Poemas* (1964); *El círculo de fuego* (1968); *Siete poemas* (1984); *Jugar con fuego. Poemas 1956-1984* (1987); *Filtraciones* (1996); *Filtraciones. Poemas reunidos* (2004)

GOLIGORSKY, Eduardo (1931): *Lloro a mis muertos* (1962); *Pesadillas* (1962); *Memorias del futuro* (en colaboración con Alberto Vanasco, 1966); *Los argentinos en la luna* (1968)

GONZÁLEZ, Horacio (1944): *La ética picaresca* (1992); *El filósofo cesante. Gracia y desdicha en Macedonio Fernández* (1995); *Arlt: política y locura* (1996); *Restos pampeanos* (1999); *Retórica y locura. Para una teoría de la cultura argentina* (2002); *La memoria en el atril. Entre los mitos de archivo y el pasado de las experiencias* (2005)

GONZÁLEZ, Joaquín V. (1863-1923): *Mis montañas* (1893); *El juicio del siglo* (1910); *Fábulas nativas* (1924)

GONZÁLEZ CASTILLO, José (1885-1937): *Entre bueyes no hay cornadas* (1908); *Los invertidos* (1914)

GONZÁLEZ LANUZA, Eduardo (1900-1984): *Prismas* (1924); *Treinta y tantos poemas* (1932); *Variaciones sobre la poesía* (1943); *Cuando el ayer era mañana* (1954); *Los martinfierristas* (1961)

GONZÁLEZ TUÑÓN, Enrique (1901-1943): *Tangos* (1926); *La rueda del molino mal pintado* (1928); *Camas desde un peso* (1932); *La calle de los sueños perdidos* (1941)

GONZÁLEZ TUÑÓN, Raúl (1905-1974): *El violín del diablo* (1926); *Miércoles de ceniza* (1928); *La calle del agujero en la media* (1930); *El otro lado de la estrella* (1934); *Dan tres vueltas y luego se van* (en colaboración con Nicolás Olivari, 1934); *Todos bailan (Poemas de Juancito Caminador)* (1935); *La rosa blindada* (1936); *La muerte en Madrid* (1939); *Canciones del tercer frente* (1941); *Himno de pólvora* (1943); *A la sombra de los barrios amados* (1957); *Poemas para el atril de una pianola* (1965); *El rumbo de las islas perdidas* (1969); *La literatura resplandeciente* (1976)

GORBEA, Federico (1934): *Para sostener una esperanza* (1959); *Interior Exterior* (1973); *Realidad Necesidad Presencia* (1999)

GORODISCHER, Angélica (1929): *Cuentos con soldados* (1965); *Las pelucas* (1968); *Bajo las jubeas en flor* (1973); *Trafalgar* (1979); *Mala noche y parir hembra* (1983); *Kalpa imperial* (1983-1984); *Floreros de alabastro, alfombras de Bokhara* (1985); *Cómo triunfar en la vida* (1998); *Menta* (2000); *Doquier* (2002); *Historia de mi madre* (2004); *Tumba de jaguares* (2005)

GOROSTIZA, Carlos (1920): *El puente* (1949); *El pan de la locura* (1958); *Vivir aquí* (1964); *Los prójimos* (1966); *Los hermanos queridos* (1978); *El acompañamiento* (1981); *Cuerpos presentes* (1981); *Papi* (1983); *Aeroplanos* (1992)

GORRITI, Juana Manuela (1819-1892): *Sueños y realidades* (1865); *Misceláneas; colección de leyendas, juicios, pensamientos, discursos, impresiones de viaje y descripciones americanas* (1878); *El mundo de los recuerdos* (1886); *La tierra natal* (1889); *Veladas literarias de Lima 1876-1877* (1892); *Lo íntimo* (1893)

GRAMUGLIO, María Teresa (1939): *El imperio realista* (tomo 6 de *Historia crítica de la literatura argentina*, directora, 2002)

GRANADA, Nicolás (1840-1915): *¡Al campo!* (1902); *La gaviota* (1903); *El minué federal* (1912)

GRANDMONTAGNE, Francisco (1866-1936): *Teodoro Foronda. Evolución de la sociedad argentina* (1896); *La Maldonada* (1898); *Vivos, tilingos y locos lindos* (1901)

GROUSSAC, Paul (1848-1929): *Ensayo histórico sobre el Tucumán* (1882); *Fruto vedado* (1884); *Del Plata al Niágara* (1897); *El Viaje intelec-*

tual (impresiones de naturaleza y arte) (1904 y 1920); *Los que pasaban* (1919); *Relatos argentinos* (1922); *Crítica literaria* (1924)

GRUSS, Irene (1950): *La luz en la ventana* (1982); *El mundo incompleto* (1987); *La calma* (1991); *Sobre el asma* (1995); *La dicha* (2004)

GUDIÑO KIEFFER, Eduardo (1935-2002): *Para comerte mejor* (1968); *Carta abierta a Buenos Aires violento* (1970); *La hora de María y el pájaro de oro* (1975); *Será por eso que la quiero tanto* (1975); *Medias negras, peluca rubia* (1979); *Ta te tías y otros juegos* (1980)

GUDIÑO KRAMER, Luis (1899-1973): *Aquerenciada soledad* (1940); *Señales en el viento* (1948); *Caballos* (1956); *La creciente y otros cuentos* (1965)

GUEBEL, Daniel (1956): *Arnulfo o los infortunios de un príncipe* (1987); *La perla del emperador* (1991); *Los elementales* (1992); *El ser querido* (1992); *Matilde* (1994); *El terrorista* (1998); *Nina* (2000); *El perseguido* (2001); *Carrera y Fracassi* (2005)

GUERRA, Rosa (1834-1894): *Lucía Miranda* (1858)

GUIDO, Beatriz (1924-1988): *Regreso a los hilos* (1947); *La casa del ángel* (1954); *La caída* (1956); *Fin de fiesta* (1958); *La mano en la trampa* (1961); *El incendio y las vísperas* (1964);

GUIDO Y SPANO, Carlos (1827-1918): *Hojas al viento* (1871); *Misceláneas literarias* (1874); *Ráfagas* (1879); *Ecos lejanos* (1895); *Poesías completas* (1911)

GÜIRALDES, Ricardo (1886-1927): *El cencerro de cristal* (1915); *Cuentos de muerte y de sangre* (1915); *Raucho* (1917); *Un idilio de estación* (en ediciones siguientes, *Rosaura*) (1918); *Xaimaica* (1923); *Don Segundo Sombra* (1926); *Obras completas* (1962, 1985)

GUSMÁN, Luis (1944): *El frasquito* (1973); *Brillos* (1975); *En el corazón de junio* (1983); *La rueda de Virgilio* (1989); *Lo más oscuro del río* (1990); *La música de Frankie* (1993); *Villa* (1995); *Tennessee* (1997); *Hotel Edén* (1999)

GUTIÉRREZ, Eduardo (1851-1889): *Un capitán de ladrones en Buenos Aires* (1879); *Juan Moreira* (1879-1880); *Croquis y siluetas militares* (1886); *Una amistad hasta la muerte* (1886); *Un viaje infernal* (1899)

GUTIÉRREZ, Juan María (1809-1878): *El capitán de Patricios* (1843); *Apuntes biográficos de escritores, oradores y hombres de Estado de la República Argentina* (1860); *Estudios biográficos y críticos sobre algunos poetas sudame-*

ricanos anteriores al siglo XIX (1865); *Juan Cruz Varela; su vida, sus obras, su época* (1871); *Cartas de un porteño* (publicadas en periódico en 1876; en libro en 1941); *Epistolario (1833-1877)* (1942)

GUTIÉRREZ, Ricardo (1838-1896): *El hijo del sol* (1856); *La fibra salvaje* (1860); *Lázaro* (1869)

HALAC, Ricardo (1935): *Soledad para cuatro* (1961); *Fin de diciembre* (1965); *Estela de madrugada* (1965); *Tentempié I* (1968); *Tentempié II* (1968); *El destete* (1978); *Un trabajo fabuloso* (1980); *Teatro completo (1961-2004)* (2005)

HALPERÍN DONGHI, Tulio (1926): *El pensamiento de Echeverría* (1951); *José Hernández y sus mundos* (1985)

HEKER, Liliana (1943): *Los que vieron la zarza* (1966); *Acuario* (1972); *Zona de clivaje* (1987); *Las hermanas de Shakespeare* (1999); *La crueldad de la vida* (2001)

HERNÁNDEZ, José (1834-1886): *Rasgos biográficos del general D. Ángel V. Peñaloza* (1863); *El gaucho Martín Fierro* (1872); *La vuelta de Martín Fierro* (1879); *Instrucción del estanciero* (1881)

HERNÁNDEZ, Juan José (1931): *Negada permanencia* (1952); *La siesta y la naranja* (1952); *El inocente* (1965); *Otro verano* (1966); *La ciudad de los sueños* (1971); *La favorita* (1977); *Así es mamá* (1996); *Desiderátum. Obra poética reunida* (2001); *Escritos irreBerentes* (2003)

HERRERA, Ricardo H. (1949): *La ilusión de las formas* (1988); *La hora epigonal. Ensayos sobre poesía argentina contemporánea* (1991); *Imágenes del silencio cotidiano* (1999); *El descenso* (2002); *Años de aprendizaje: poemas 1977-1985* (2003)

HIDALGO, Bartolomé (1788-1822): *Sentimiento de un patriota* (1816); *Cielitos* (1820); *Diálogos patrióticos o Diálogos de Chano y Contreras* (1821-1822)

HOLMBERG, Eduardo L. (1852-1937): *Dos partidos en lucha* (1875); *El viaje maravilloso del señor Nic-Nac* (1875); *El ruiseñor y el artista* (1876); *La pipa de Hoffmann* (1876); *El tipo más original* (1878); *Horacio Kalibang o los autómatas* (1879); *La bolsa de huesos* (1896); *Nelly* (1896); *Cuentos fantásticos* (1957)

HUASI, Julio (1935-1987): *Sonata popular en Buenos Aires* (1959); *Yanquería* (1960); *Los increíbles* (1965)

HUDSON, Guillermo Enrique (1841-1922): *London sparrow [El gorrión de Londres]* (1883); *The Purple Land That England Lost; Travels and Adventures in the Banda Oriental, South America [La tierra purpúrea]* (1885); *A Crystal Age [La edad de cristal]* (1887); *The Naturalist in El Plata [El Un naturalista en el Plata]* (1892); *Idle Days in Patagonia [Días de ocio en la Patagonia]* (1893); *El ombú* (1902); *Far Away And Long Ago [Allá lejos y hace tiempo]* (1918)

IGLESIA, Cristina (1944): *Cautivas y misioneros, mitos blancos de la conquista* (en colaboración con Julio Schvartzman, 1987); *La violencia del azar. Ensayo sobre literatura argentina* (2003)

IMBERT, Julio (1918): *Florencio Sánchez, vida y creación* (1954); *El teatro rioplatense y Fernán Silva Valdés* (1959); *Gregorio de Laferrère* (1962); *Se dice de mí* (1999)

INGENIEROS, José (1877-1925): *La simulación de la locura* (1900); *La psicopatología en el arte* (1903); *El hombre mediocre* (1913); *Estudios sobre el amor* (1915); *Hacia una moral sin dogmas* (1917); *Proposiciones relativas al porvenir de la filosofía* (1918); *Sociología argentina* (edición definitiva, 1918); *La evolución de las ideas argentinas* (1918-1920); *Las doctrinas de Ameghino* (1919); *La locura en la Argentina* (1919); *Las fuerzas morales* (1922); *Obras completas* (1930-1940)

ISAÍAS, Jorge (1946): *La búsqueda incesante* (1970); *Poemas a silbo y navajazo* (1973); *Oficios de Abdul* (1975); *Crónica gringa* (1976); *Cartas australianas* (1978); *Y su memoria olvido* (1988); *Un verso recordado* (1989)

JACOVELLA, Bruno (1910-1996): *Las supersticiones. Contribución a la metodología de la investigación folklórica* (en colaboración con Rafael Jijena Sánchez, 1939); *Fiestas tradicionales argentinas* (1953); *Folklore argentino* (1959); *Juan Alfonso Carrizo* (1963)

JAMILIS, Amalia (1936-1999): *Detrás de las columnas* (1967); *Los días de suerte* (1968); *Los trabajos nocturnos* (1971); *Madán* (1984); *Ciudad sobre el Támesis* (1989); *Parque de animales* (1998)

JARKOWSKI, Aníbal (1960): *Rojo amor* (1993); *Tres* (1998)

JITRIK, Noé (1928): *Feriados* (1956); *El año que se nos viene y otros poemas* (1959); *Horacio Quiroga, una obra de experiencia y riesgo* (1959); *Seis novelistas argentinos de la nueva promoción* (1959); *Leopoldo Lugones, mito nacional* (1960); *Procedimiento y mensaje en la novela* (1962); *Addio a la mamma* (1965); *Escritores argentinos, dependencia o libertad* (1967); *Muerte y resurrección de Facundo* (1968); *Ensayos y estudios de literatura argentina* (1970); *El fuego de la especie. Ensayos sobre seis escritores argenti-*

nos (1971); *El No-Existente Caballero (Ensayo sobre la forma del "personaje" en la literatura latinoamericana)* (1975); *Las contradicciones del modernismo* (1978); *La memoria compartida* (1982); *Los dos ejes de la cruz* (1983); *Las armas y las razones* (1984); *La vibración del presente* (1987); *La selva luminosa. Ensayos críticos (1987-1991)* (1992); *Historia crítica de la literatura argentina* (director, 1999-2005); *Long Beach* (2004)

JUARROZ, Roberto (1925-1995): *Poesía vertical* (1958); *Segunda poesía vertical* (1963); *Tercera poesía vertical* (1965); *Cuarta poesía vertical* (1969); *Quinta poesía vertical* (1974); *Sexta poesía vertical* (1975); *Séptima poesía vertical* (1982); *Octava poesía vertical* (1984); *Novena poesía vertical* (1987); *Décima poesía vertical* (1987); *Undécima poesía vertical* (1988); *Duodécima poesía vertical* (1991); *Decimotercera poesía vertical* (1993); *Decimocuarta poesía vertical* (1997); *Poesía vertical I y II* (completa, 2005)

KAMENSZAIN, Tamara (1947): *De este lado del Mediterráneo* (1973); *Los no* (1977); *El texto silencioso. Tradición y vanguardia en América latina* (1983); *La casa grande* (1986); *Vida de living* (1991); *La edad de la poesía* (1996); *Tango Bar* (1998); *Historias de amor (y otros ensayos sobre poesía)* (2001); *Solos y solas* (2005)

KLEIN, Laura (1958): *A mano alzada* (1986); *Vida interior de la discordia* (1994); *Bastardos del pensamiento* (1997)

KOSICE, Gyula (1924): *Invención* (1945); *Golse-se (poemas 1942-1952)* (1952); *Arte Madí* (1982); *Obra poética* (1984)

LAERA, Alejandra (1965): *El tiempo vacío de la ficción. Las novelas argentinas de Eduardo Gutiérrez y Eugenio Cambaceres* (2004)

LAFERRÈRE, Gregorio de (1867-1913): *¡Jettatore!* (1904); *Locos de verano* (1905); *Las de Barranco* (1908); *Los invisibles* (1911)

LAFFORGUE, Jorge (1935): *Nueva novela latinoamericana I y II* (compilador, 1969, 1974); *Asesinos de papel. Ensayos sobre narrativa policial* (en colaboración con Jorge B. Rivera, 1977 y 1996); *Cartografía personal* (2005)

LAFINUR, Juan Crisóstomo (1797-1824): *Poesías* (1907)

LAFLEUR, Héctor René (1916): *Las revistas literarias argentinas 1893-1960* (en colaboración con Sergio Provenzano y Fernando P. Alonso, 1962)

LAISECA, Alberto (1941): *Su turno para morir* (1976); *Matando enanos a garrotazos* (1982); *Poemas chinos* (1987); *La hija de Kheops* (1989); *Por fa-*

vor ¡plágienme! (1991); *Los Sorias* (1998); *Las aventuras del profesor Eusebio Filigranati* (2003)

LAMBORGHINI, Leónidas (1927): *El saboteador arrepentido* (1955); *Al público* (1957); *Las patas en las fuentes* (1965); *La estatua de la libertad* (1968); *La canción de Buenos Aires* (1968); *El solicitante descolocado* (1971); *Partitas* (1972); *El riseñor* (1975); *Episodios* (1980); *Circus* (1986); *Verme y 11 reescrituras de Discépolo* (1988); *Tragedias y parodias* (1994); *Las reescrituras* (1996); *Carroña última forma* (2001)

LAMBORGHINI, Osvaldo (1940-1985): *El Fiord* (1969); *Sebregondi retrocede* (1973); *Poemas* (1980); *Novelas y cuentos* (1988); *Tadeys* (1994); *Novelas y cuentos I* (2003); *Novelas y cuentos II* (2003); *Poemas (1969-1985)* (2004)

LANCELOTTI, Mario (1909-1982): *Cuatro ensayos sobre Paganini* (1945); *El universo de Kafka* (1950); *De Poe a Kafka, para una teoría del cuento* (1968); *Cómo leer a Kafka* (1969)

LANGE, Norah (1906-1972): *La calle de la tarde* (1925); *Los días y las noches* (1926); *Cuadernos de infancia* (1937); *Personas en la sala* (1950); *Obras completas. Tomo I* (2005)

LARRA, Raúl (seudónimo de Raúl Laragione) (1913-2001): *Payró, el hombre y la obra* (1938); *Roberto Arlt, el torturado* (1950); *Payró, el novelista de la democracia* (1952); *Mundo de escritores* (1973); *Leónidas Barletta, el hombre de la campana* (1978)

LARRETA, Enrique (1875-1961): *Artemis* (1896); *La gloria de don Ramiro. Una vida en tiempos de Felipe II* (1908); *Zogoibi* (1926); *Las dos fundaciones de Buenos Aires* (1933)

LATORRE, Carlos (1916-1980): *Puerta de arena* (1950); *La ley de gravedad* (1952); *El lugar común* (1954); *Los alcances de la realidad* (1955); *La línea de flotación* (1959)

LAVARDÉN, Manuel José de (1754-1809): *Siripo* (1789); *Oda al Paraná* (1801)

LEGUIZAMÓN, Martiniano (1858-1935): *Calandria* (1896); *Montaraz; costumbres argentinas* (1900); *Alma nativa* (1906); *De cepa criolla* (1908)

LEHMANN-NITSCHE, Roberto (1872-1938): *Adivinanzas rioplatenses* (1910); *Textos eróticos del Río de la Plata en español popular y en lunfardo* (1923)

LEUMANN, Carlos Alberto (1882-1952): *El libro de la duda y los cantos ingenuos* (1909); *Trasmundo, novela de la vida* (1930); *El poeta creador. Cómo hizo Hernández "La vuelta de Martín Fierro"* (1945)

LIBERMAN, Arnoldo (1934): *Poemas con bastón* (1959); *Sonetos con caracol* (1963); *Poemas con los míos* (1966)

LIBERTELLA, Héctor (1945): *La hibridez* (1965); *El camino de los hiperbóreos* (1968); *Personas en pose de combate* (1975); *Nueva escritura en Latinoamérica* (1977); *¡Cavernícolas!* (1985); *Las sagradas escrituras* (1993); *La Librería Argentina* (2003)

LIDA, Raimundo (1908-1979): *Belleza, arte y poesía en la estética de Santayana* (1943); *Letras hispánicas* (1958)

LINK, Daniel (1959): *La chancha con cadenas. La literatura argentina en la cultura de masas* (1994); *Cómo se lee y otras intervenciones críticas* (2003); *La ansiedad* (2004); *Clases. Literatura y disidencia* (2005)

LIZÁRRAGA, Reginaldo de (1545-c. 1615): *Descripción breve de toda la tierra del Perú, Tucumán, Río de la Plata y Chile* (escrita alrededor de 1570-1609, publicada parcialmente en 1681 y 1682)

LLINÁS, Julio (1929): *Pantha Rhei* (1950); *La Ciencia Natural* (1959); *La mano izquierda (antología poética 1950-2000)* (2000)

LOIS, Élida (1940): *Génesis de escritura y estudios culturales. Introducción a la crítica genética* (2001)

LÓPEZ, Lucio V. (1848-1894): *Lecciones de historia argentina* (1878); *Recuerdos de viaje* (1881); *La gran aldea* (1884)

LÓPEZ, Vicente Fidel (1815-1903): *La novia del hereje o La inquisición de Lima* (1854); *La loca de la guardia* (1896); *La gran semana de Mayo de 1810* (1896)

LÓPEZ Y PLANES, Vicente (1785-1856): *El triunfo argentino* (1808); *Marcha Patriótica* (1813)

LOUIS, Annick (1964): *Jorge Luis Borges: Oeuvre et manoeuvres* (1997)

LUCA, Esteban de (1786-1824): *Poesías* (1821)

LUCHI, Luis (seudónimo de Luis Yanichevsky Lerer) (1921-2000): *El obelisco y otros poemas* (1959); *El ocio creador* (1960); *Poema de las calles transversales* (1964); *La vida en serio* (1964)

LUDMER, Josefina (1939): *"Cien años de soledad": una interpretación* (1972); *Onetti: los procesos de construcción del relato* (1977); *El género gauchesco. Un tratado sobre la patria* (1988); *El cuerpo del delito. Un manual* (1999)

LUGONES, Leopoldo (1874-1938): *Los mundos* (1893); *Las montañas del oro* (1897); *El imperio jesuítico* (1904); *Los crepúsculos del jardín* (1905); *La guerra gaucha* (1905); *Las fuerzas extrañas* (1906); *Lunario sentimental* (1909); *Odas seculares* (1910); *El libro fiel* (1912); *El payador* (tomo I: *Hijo de la pampa*) (1916); *El libro de los paisajes* (1917); *Cuentos fatales* (1924); *Romancero* (1924); *El ángel de la sombra* (1926); *Romances del Río Seco* (1938); *Obras poéticas completas* (1952)

LYNCH, Benito (1880-1951): *Plata dorada* (1909); *Los caranchos de la Florida* (1916); *Raquela* (1918); *El inglés de los güesos* (1924); *De los campos porteños* (1931)

LYNCH, Martha (1929-1985): *La alfombra roja* (1962); *La señora Ordóñez* (1968); *La penúltima versión de la Colorada Villanueva* (1978)

MADARIAGA, Francisco (1927-2000): *El pequeño patíbulo* (1954); *Las jaulas del sol* (1960); *El delito natal* (1963); *Tembladerales de oro* (1973); *Resplandor de mis bárbaras* (1985); *El tren casi fluvial. Segunda obra reunida* (1988); *País Garza Real* (1997)

MALLEA, Eduardo (1903-1982): *Cuentos para una inglesa desesperada* (1926); *Nocturno europeo* (1935); *La ciudad junto al río inmóvil* (1936); *Historia de una pasión argentina* (1937); *Fiesta en noviembre* (1938); *La bahía del silencio* (1940); *El sayal y la púrpura* (1941); *Todo verdor perecerá* (1941); *Chaves* (1953); *Notas de un novelista* (1954)

MALLOL, Anahí (1968): *Postdata* (1998); *Polaroid* (2001); *El poema y su doble* (2003)

MANAUTA, Juan José (1919): *Las tierras blancas* (1956)

MANCINI, Adriana (1948): *Silvina Ocampo. Escalas de pasión* (2003)

MANGIERI, José Luis (1924): *Quince poemas y un títere* (1962); *Es rigurosamente cierto* (entrevistas al autor realizadas por Karina Barrozo y Hernán Casabella, 2004)

MANSILLA, Eduarda (1838-1892): *El médico de San Luis* (1860); *Lucía Miranda* (1860); *Pablo ou la vie dans les Pampas* (1869); *Recuerdos de viaje* (1882)

MANSILLA, Lucio V. (1831-1913): *De Aden a Suez* (1855); *Recuerdos de Egipto* (1863); *Una tía* (1864); *Attar Gull o una venganza africana* (1864); *Una excursión a los indios ranqueles* (1870); *Entre-Nos. Causeries del Jueves* (1889-1890); *Retratos y recuerdos* (1894); *Memorias (infancia y adolescencia)* (1904)

MANSO, Juana (1819-1875): *La familia del Comendador* (1854); *Los misterios del Plata* (en Río de Janeiro, 1850; en Buenos Aires 1867); *La Revolución de Mayo* (1864)

MARECHAL, Leopoldo (1900-1970): *Los aguiluchos* (1922); *Días como flechas* (1926); *Descenso y ascenso del alma por la belleza* (1939); *Adán Buenos ayres* (1948); *El banquete de Severo Arcángelo* (1965); *Antígona Vélez* (1965); *Megafón o la guerra* (1970); *Obras completas* (1998)

MARIANI, Roberto (1892-1946): *Las acequias* (1922); *Cuentos de la oficina* (1925); *El amor agresivo* (1926)

MARIASCH, Marina (1973): *Coming attractions* (1997); *XXX* (1998)

MÁRMOL, José (1817-1871): *El cruzado* (1842); *El poeta* (1842); *Cantos del Peregrino* (1847); *Amalia* (1851)

MARTEL, Julián (seudónimo de José María Miró) (1867-1896): *La Bolsa* (1891)

MARTELLI, Juan Carlos (1934): *No hay piedad para los amos de la tierra* (1956); *Los tigres de la memoria* (1973)

MARTÍNEZ, David (1921-1993): *Ribera sola* (1945); *La tierra apasionada* (1955); *Órbita del amor* (1959)

MARTÍNEZ, Tomás Eloy (1934): *Sagrado* (1969); *La pasión según Trelew* (1974); *Lugar común la muerte* (1979); *La novela de Perón* (1985); *La mano del amo* (1991); *Santa Evita* (1995); *El vuelo de la reina* (2002)

MARTÍNEZ ESTRADA, Ezequiel (1895-1964): *Oro y piedra* (1918); *Las rutas de Trapalanda* (1932); *Radiografía de la pampa* (1933); *La cabeza de Goliath. Microscopia de Buenos Aires* (1940); *La inundación* (1943); *Sarmiento* (1946); *Los invariantes históricos en el "Facundo"* (1947); *Muerte y transfiguración de Martín Fierro. Ensayo de interpretación de la vida argentina* (1948); *El mundo maravilloso de Guillermo Enrique Hudson* (1951); *¿Qué es esto?* (1956); *Marta Riquelme. Examen sin conciencia* (1956); *Sábado de gloria* (1956); *El hermano Quiroga* (1957); *La tos y otros entretenimientos* (1957); *Realidad y fantasía en Balzac* (1964); *Para una revisión de las letras argentinas* (1967)

MARTÍNEZ HOWARD, Alfredo (1910-1968): *Adolescencia* (1928); *Aire de gracia* (1940); *Libro de ausencias y de adioses* (1963)

MARTINI, Juan (1944): *El último de los onas* (1969); *El agua en los pulmones* (1973); *La vida entera* (1981); *Composición de lugar* (1984); *Barrio Chino* (1999); *Colonia* (2004)

MARTINI REAL, Juan Carlos (1940-1996): *El festín* (1964); *Macoco* (1974); *Copyright* (1980)

MASOTTA, Oscar (1930-1979): *Sexo y traición en Roberto Arlt* (1965); *El "pop-art"* (1967); *Conciencia y estructura* (1968)

MASTRONARDI, Carlos (1901-1978): *Tierra amanecida* (1926); *Conocimiento de la noche* (1937); *Valéry o la infinitud del método* (1955); *Formas de la realidad nacional* (1961); *Memorias de un provinciano* (1967); *Poesías completas* (1982); *Cuadernos del vivir y del pensar (1930-1970)* (1984)

MAYER, Marcos (1952): *Remiendos del paraíso* (1997); *Anarquismo para principiantes* (2003); *John Berger y los modos de mirar* (2004)

MELIÁN LAFINUR, Álvaro (1889-1958): *Literatura contemporánea* (1918); *Figuras americanas* (1926); *Buenos Aires; imágenes y semblanzas* (1939); *Temas hispánicos* (1943); *El romanticismo literario* (1954)

MÉNDEZ, Evar (seudónimo de Evaristo González) (1888-1955): *El periódico "Martín Fierro". Memoria de sus antiguos directores 1924-1949* (en colaboración con Oliverio Girando, 1949)

MERCADO, Tununa (1939): *Celebrar a la mujer como a una pascua* (1967); *Canon de alcoba* (1988); *En estado de memoria* (1990); *La letra de lo mínimo* (1994); *Narrar después* (2003)

MIRANDA KLIX, José Guillermo (1907-1931): *Cara de Cristo* (1930)

MITRE, Bartolomé (1821-1906): *Ecos de mi lira* (1838); *Soledad* (1847); *Rimas* (1854)

MIZRAJE, María Gabriela (1965): *Mujeres. Imágenes argentinas* (1993); *Argentinas. De Rosas a Perón* (1999)

MÓBILI, Jorge Enrique (1927): *La raíz verdadera* (1947); *Elegía* (1948); *Convocaciones* (1951); *Cámaras* (1957)

MOLINA, Enrique (1910-1996): *Las cosas y el delirio* (1941); *Pasiones terrestres* (1946); *Las bellas furias* (1966); *Hotel Pájaro* (1967); *Monzón Napalm* (1968); *Una sombra donde sueña Camila O'Gorman* (1973); *El ala de la gaviota* (1989); *Orden terrestre (Obra poética 1941-1995)* (1995)

MOLINARI, Ricardo (1898-1996): *El imaginero* (1927); *El pez y la manzana* (1929); *Elegías de las altas torres* (1937); *El huésped y la melancolía* (1946); *La sombra del pájaro tostado. Obra poética 1923-1973* (1975)

MOLLE, Fernando (1968): *El despertador y el sordo* (1995); *La revoltija* (1999)

MOLLOY, Sylvia (1938): *Las letras de Borges* (1979); *En breve cárcel* (1981); *Acto de presencia. La escritura autobiográfica en Hispanoamérica* (1996); *El común olvido* (2002); *Varia imaginación* (2003)

MONTALDO, Graciela (1959): *Juan José Saer: El "limonero real"* (1986); *Historia social de la literatura argentina. Yrigoyen entre Borges y Arlt (1916-1930)* (directora del tomo, 1989); *De pronto, el campo. Literatura argentina y tradición rural* (1993); *La sensibilidad amenazada. Fin de siglo y modernismo* (1994); *Intelectuales y artistas en la sociedad civil argentina en el fin de siglo* (1999); *Ficciones culturales y fábulas de identidad en América latina* (1999)

MONTANARO, Pablo (1964): *El fin vendrá a su tiempo* (1988); *Cortázar. De la experiencia histórica a la revolución* (2001); *Francisco Urondo. La palabra en acción* (2003)

MONTEAVARO, Antonio (1876-1914): *Los mejores cuentos de Antonio Monteavaro* (1915)

MONTELEONE, Jorge (1957): *Ángeles de Buenos Aires* (1994); *El relato de viaje. De Sarmiento a Umberto Eco* (1998)

MONTI, Antonio (1900-¿?): *El hombre de Buenos Aires y el mundo. Ensayos argentinistas* (1936); *Caballero cristiano* (1940); *Antología poética de la Revolución Justicialista* (1954)

MORENO, María (María Cristina Forero) (1947): *El Affair Skeffington* (1992)

MOYA, Ismael (1901-1981): *Romancero* (1941); *Refranero* (1944); *Didáctica del folklore* (1956); *El arte de los payadores* (1959)

MOYANO, Daniel (1930-1992): *Artistas de variedades* (1960); *La lombriz* (1964); *Una luz muy lejana* (1966); *El monstruo y otros relatos* (1967); *El oscuro* (1968); *El estuche de cocodrilo* (1974); *El vuelo del tigre* (1981); *Libro de navíos y borrascas* (1983); *Dónde estás con tus ojos celestes* (2005)

MUDROVCIC, María Eugenia (1957): *Mundo Nuevo: Cultura y Guerra Fría en la década del 60* (1997)

MUJICA LAINEZ, Manuel (1910-1984): *Glosas castellanas* (1936); *Don Galaz de Buenos Aires* (1938); *Vida de Aniceto el Gallo* (1943); *Vida de Anastasio el Pollo* (1947); *Aquí vivieron* (1949); *Misteriosa Buenos Aires* (1950); *Los ídolos* (1953); *La casa* (1954); *Invitados en El Paraíso* (1957); *Bomarzo* (1962); *El unicornio* (1965); *Cecil* (1972); *Sergio* (1976); *Los cisnes* (1977); *Cuentos completos* (1999)

MURENA, Héctor A. (1923-1975): *La vida nueva* (1951); *El juez* (1953); *El pecado original de América* (1954); *La fatalidad de los cuerpos* (1955); *Homo atomicus* (1961); *Epitalámica* (1969); *Polispuercón* (1970); *La metáfora y lo sagrado* (1973)

MUSCHIETTI, Delfina (1953): *Los pasos de Zoe* (1993); *El rojo Uccello* (1996); *Enero* (1999)

NALÉ ROXLO, Conrado (1898-1971): *El grillo* (1923); *Cuentos de Chamico* (1941); *La cola de la sirena* (1941); *Nuevos cuentos de Chamico* (1953); *Genio y figura de Alfonsina Storni* (1964); *Poesía completa* (1967); *Borrador de memorias* (1978)

NEGRONI, María (1951): *De tanto desolar* (1985); *Per/canta* (1989); *La jaula bajo el trapo* (1991); *Islandia* (1994); *Ciudad gótica* (1994); *El sueño de Úrsula* (1997)

NÉSPOLO, Jimena (1973): *Ejercicios de pudor. Sujeto y escritura en la narrativa de Antonio Di Benedetto* (2004)

NOÉ, Julio (1893-¿?): *Nuestra literatura. Notas y estudios críticos* (1923); *Antología de la poesía argentina moderna 1900-1925* (1926); *Curso y antología de literatura hispanoamericana y especialmente argentina* (1926)

NOUZEILLES, Gabriela (1961): *Ficciones somáticas. Naturalismo, nacionalismo y políticas médicas del cuerpo* (2000)

NÚÑEZ, Ángel (1939): *La obra narrativa de Roberto Arlt* (1968)

OBIETA, Adolfo de (1912-2002): *Papeles de Macedonio Fernández* (1964); compilador de toda la obra de Macedonio Fernández (véase Fernández, Macedonio); *Macedonio. Memorias errantes* (1999)

OBLIGADO, Carlos (1890-1949): *Poemas* (1920); *La cueva del fósil* (1927); *Temas poéticos* (1936)

OBLIGADO, Rafael (1851-1920): *Santos Vega* (1885); *Poesías* (1885 y 1906)

OCAMPO, Silvina (1903-1993): *Viaje olvidado* (1937); *Enumeración de la patria* (1942); *Espacios métricos* (1945); *Los que aman, odian* (en colaboración con Adolfo Bioy Casares, 1946); *Autobiografía de Irene* (1948); *Los traidores* (en colaboración con Juan Rodolfo Wilcock, 1956); *La furia y otros cuentos* (1959); *Las invitadas* (1961); *Lo amargo por lo dulce* (1962); *Amarillo celeste* (1972); *Cornelia frente al espejo* (1988); *Cuentos completos I y II* (1999); *Poesía inédita y dispersa* (2001); *Poesía completa I* (2002); *Poesía completa II* (2003)

OCAMPO, Victoria (1890-1979): *De Francesca a Beatrice* (1924); *La laguna de los nenúfares* (1926); *Testimonios. 1ª serie* (1935); *Virginia Woolf, Orlando & Cía* (1938); *Testimonios. 2ª serie* (1941); *Testimonios. 3ª serie* (1946); *Soledad sonora. Testimonios. 4ª serie* (1950); *Testimonios. 5ª serie* (1957); *Testimonios. 6ª serie* (1962); *Testimonios. 7ª serie* (1967); *Testimonios. 8ª serie* (1971); *Testimonios. 9ª serie* (1975); *Testimonios. 10ª serie* (1977); *Autobiografía I: El archipiélago* (1979); *Autobiografía II: El imperio insular* (1980); *Autobiografía III: La rama de Salzburgo* (1981); *Autobiografía IV: Viraje* (1982); *Autobiografía V: Figuras simbólicas. Medida de Francia* (1983); *Autobiografía VI: Sur y Cía.* (1984)

OCANTOS, Carlos María (1860-1949): *La cruz de la falta* (1883); *Quilito* (1891)

OLIVA, Aldo F. (1927-2000): *César en Dyrrachium* (1986); *De fascinatione* (1997); *Ese General Belgrano* (2000); *Una batalla* (2002); *Poesía completa* (2005)

OLIVARI, Nicolás (1900-1966): *Carne al sol* (1922); *Bésame la boca* (1923); *Manuel Gálvez. Ensayo sobre su obra* (en colaboración con Lorenzo Stanchina, 1924); *La musa de la mala pata* (1926); *El gato escaldado* (1929); *El hombre de la baraja y de la puñalada. Estampas cinematográficas* (1933); *Dan tres vueltas y luego se van* (en colaboración con Raúl González Tuñón, 1934); *Diez poemas sin poesía* (1938); *Los poemas rezagados* (1946); *Tedio* (1964)

OLIVER, María Rosa (1898-1977): *América vista por una mujer argentina* (1945); *Mundo, mi casa* (1965)

ORDAZ, Luis (1913-2004): *Conquista rea* (1932); *El teatro en el Río de la Plata* (1946); *Florencio Sánchez* (1971); *Zarzuelistas y saineteros* (1982); *La figura de Carlos Gardel en el teatro nacional y latinoamericano* (1987); *El tango en el teatro de Roberto Cossa* (1990); *Breve historia del teatro argentino* (1992); *Aproximación a la trayectoria de la dramática argentina. Desde los orígenes nacionales hasta la actualidad* (1992)

OROZCO, Olga (1920-1999): *Desde lejos* (1946); *Las muertes* (1951); *Los juegos peligrosos* (1962); *Museo salvaje* (1974); *Con esta boca, en este mundo* (1994)

ORTELLI, Roberto (1900- ¿?): *Miedo* (1925)

ORTIZ, Juan Laurentino (1896-1978): *El agua y la noche* (1933); *El alba sube* (1937); *El ángel inclinado* (1938); *La rama hacia el este* (1940); *El álamo y el viento* (1947); *El aire conmovido* (1949); *La mano infinita* (1951); *La brisa profunda* (1954); *El alma y las colinas* (1956); *De las raíces y del cielo* (1958); *En el aura del sauce* (1970-1971); *Obra completa* (1996)

OYUELA, Calixto (1857-1935): *Crónicas dramáticas* (1884); *Estudios y artículos literarios* (1889); *Cantos* (1891); *Estudios literarios* (1915); *Antología poética hispanoamericana* (1919-1920); *Cantos de otoño* (1923); *Cantos nocturnos* (1924)

PACHECO, Carlos Mauricio (1881-1924): *Los disfrazados* (1906); *La ribera* (1909); *El diablo en el conventillo* (1915)

PADELETTI, Hugo (1928): *Poemas* (1959); *Poemas 1960-1980* (1989); *Parlamentos del viento* (1990); *Apuntamientos en el Ashram* (1991); *La atención* (1999); *Canción de viejo* (2003)

PÁEZ, Roxana (1962): *Las vegas del porvenir* (1995); *Manuel Puig. Del pop a la extrañeza* (1995); *La indecisión* (1999)

PALAZZO, Juan (1893-1921): *La casa por dentro* (1921)

PANESI, Jorge (1947): *Felisberto Hernández* (1993); *Críticas* (2000)

PAULS, Alan (1959): *El pudor del pornógrafo* (1984); *Manuel Puig: "La traición de Rita Hayworth"* (1986); *El coloquio* (1990); *Wasabi* (1994); *El factor Borges. Nueve ensayos ilustrados* (2000); *El pasado* (2003)

PAYRÓ, Roberto J. (1867-1928): *Un hombre feliz, poema en dos cantos* (1883); *Ensayos poéticos* (1885); *La Australia argentina* (1898); *El casamiento de Laucha* (1906); *Pago chico* (1908); *Violines y toneles* (1908); *En las tierras de Inti* (1909); *Crónicas* (1909); *Divertidas aventuras del nieto de Juan Moreira* (1910); *El Mar Dulce* (1927); *Nuevos cuentos de Pago Chico* (1929); *Charlas de un optimista* (1931); *Siluetas* (1931); *Evocaciones de un porteño viejo* (1952)

PEDRONI, José (1899-1968): *La gota de agua* (1923); *Gracia plena* (1925); *Nueve cantos* (1944); *Monsieur Jaquin* (1956); *La hoja voladora* (1961); *El nivel y su lágrima* (1963); *Obra poética* (1969 y 1982)

PEICOVICH, Esteban (1930): *La vida continúa* (1963); *Poemas plagiados* (2000)

PEIRANO, Irma (1917-1965): *Cuerpo del canto* (1947); *Dimensión de amor* (1951); *Obra poética* (1983); *Poesía reunida* (2004)

PELLEGRINI, Aldo (1903-1973): *El muro secreto* (1949); *La valija de fuego* (1952); *Para contribuir a la confusión general* (1965); *Escrito para nadie. Poemas inéditos 1972-1973* (1989); *Valija de fuego. Poesía completa* (2001)

PELLETIERI, Osvaldo (1946): *Cien años de teatro argentino* (1991); *Teatro argentino contemporáneo 1980-1990. Crisis, transformación y cambio* (1994); *Una historia interrumpida. Teatro argentino moderno 1949-1976* (1997); *Historia del teatro argentino en las provincias. Tomo I* (2005) Director; *Historia del teatro argentino en Buenos Aires. Tomo I*) (director, 2005)

PÉREZ, LUIS (seudónimo: Pancho Lugares) (¿?-¿?): *Biografía de Rosas* (1830); *Historia de Pancho Lugares* (1830)

PÉREZ ZELASCHI, Adolfo (1920): *Cantos de labrador y marinero* (1945); *Los Montiel* (1959); *El caso de la muerte que telefonea* (1966)

PERLONGHER, Néstor (1949-1992): *Austria-Hungría* (1980); *Alambres* (1987); *Hule* (1989); *Parque Lezama* (1990); *Aguas aéreas* (1991); *El chorreo de las iluminaciones* (1992); *Poemas completos* (1997); *Prosa plebeya. Ensayos 1980-1992* (1997); *El negocio del deseo* (1999); *Papeles insumisos* (2004)

PEROSIO, Graciela (1950): *Del luminoso error* (1982); *Brechas del muro* (1987); *La vida espera* (1995)

PETRECCA, Miguel Ángel (1979): *El gran furcio* (2004)

PEYROU, Manuel (1902-1974): *La espada dormida* (1944); *El estruendo de las rosas* (1948)

PEZZONI, Enrique (1926-1989): *El texto y sus voces* (1986)

PICCOLI, Héctor Aldo (1951): *Permutaciones* (1975); *Si no a enhestar el oro oído* (1983); *Filiación del rumor* (1993); *Fractales. Obra en progresión* (publicación virtual: http://www.bibliele.com/ciberpoesia/fractales/) (2002)

PIGLIA, Ricardo (1941): *La invasión* (1967); *Nombre falso* (1975); *Respiración artificial* (1980); *Crítica y ficción* (1986); *Prisión perpetua* (1988); *La ciudad ausente* (1992); *Plata quemada* (1997); *Formas breves* (2000); *El último lector* (2005)

PILAR, Horacio (1935-1999): *Poesía completa* (2000)

PIÑERO, Francisco (¿?-¿?): *Cerca de los hombres* (1923)

PIÑERO, Sergio (¿?-¿?): *El puñal de Orión* (1925)

PIRO, Guillermo (1960): *La golosina caníbal* (1988); *Las nubes* (1993); *Estudio de manos* (1999); *Versiones del Niágara* (2000)

PIZARNIK, Alejandra (1936-1972): *La tierra más ajena* (1955); *La última inocencia* (1956); *Árbol de Diana* (1962); *Los trabajos y las noches* (1965); *Extracción de la piedra de la locura* (1968); *La condesa sangrienta* (1971); *Obras completas* (1994); *Correspondencia* (1998); *Poesía completa* (2001); *Prosa completa* (2002); *Diarios Pizarnik* (2003)

PLA, Roger (1912-1982): *Detrás del mueble* (1942); *Los Robinsones* (1946); *Paño verde* (1955); *Las brújulas muertas* (1960); *Proposiciones: novela nueva y narrativa argentina* (1969); *Objetivaciones* (1982)

PLAZA, Ramón (1937-1990): *Edad del tiempo* (1958); *Libro de las fogatas* (1963); *A pesar de todo* (1965)

PODESTÁ, Manuel T. (1853-1920): *Irresponsable* (1889)

PONCE, Aníbal (1898-1938): *La vejez de Sarmiento* (1927); *Un cuaderno de croquis* (1927); *Sarmiento, constructor de la nueva Argentina* (1932); *Obras completas* (1938-1942)

PONCE, Liliana (1950): *Trama continua* (1976); *Composición. Poesía 1976/1979* (1984); *Fudekara* (1999)

PONDAL RÍOS, Sixto (1907-1968): *Balada para el nieto de Molly* (1928); *Amaneceres sobre las ruinas* (1933); *Obra poética* (1970)

PORCHIA, Antonio (1886-1968): *Voces* (1943; luego, sucesivas reediciones aumentadas –1948, 1956, 1964, 1965, 1966– hasta la definitiva y póstuma de 1970)

PORRÚA, Ana (1962): *Variaciones vanguardistas. La poética de Leónidas Lamborghini* (2001)

PORTOGALO, José (seudónimo de José Ananía) (1904-1973): *Tregua* (1935); *Tumulto* (1935); *Centinela de sangre* (1937); *Los pájaros ciegos* (1968)

PRIETO, Adolfo (1928): *Borges y la nueva generación* (1954); *Sociología del público argentino* (1956); *La literatura autobiográfica argentina* (1962); *Literatura y subdesarrollo* (1968); *Diccionario básico de la literatura argentina* (1968); *Estudios de literatura argentina* (1969); *El discurso criollista en la formación de la Argentina moderna* (1988); *Los viajeros ingleses y la emergencia de la literatura argentina 1820-1850* (1996)

PROVENZANO, Sergio D. (1916-1976): *Las revistas literarias argentinas (1893-1960)* (en colaboración con Héctor R. Lafleur y Fernando P. Alonso, 1962)

PUIG, Juan de la C. (¿?-¿?): *Antología de poetas argentinos* (10 volúmenes) (1910)

PUIG, Manuel (1933-1990): *La traición de Rita Hayworth* (1968); *Boquitas pintadas* (1969); *The Buenos Aires Affair: Novela policial* (1973); *El beso de la mujer araña* (1976); *Pubis angelical* (1979); *Maldición eterna a quien lea estas páginas* (1981); *Sangre de amor correspondido* (1982); *Cae la noche tropical* (1988)

QUESADA, Vicente (1830-1913): *La Patagonia y tierras australes del continente americano* (1875); *Memorias de un viejo. Escenas de costumbres de la República Argentina* (1889)

QUIROGA, Horacio (1878-1937): *Los arrecifes de coral* (1901); *El crimen del otro* (1904); *Los perseguidos* (1905); *Historia de un amor turbio* (1908); *Cuentos de amor, de locura y de muerte* (1917); *Cuentos de la selva* (1918); *El salvaje* (1920); *Las sacrificadas* (1920); *Anaconda* (1921); *El desierto* (1924); *Los desterrados* (1926); *Pasado amor* (1929); *Suelo natal* (1931); *Más allá* (1935); *Obras inéditas y desconocidas* (1967-1973); *Cuentos completos I y II* (1997)

QUIROGA, Jorge (1943): *Cuaderno nocturno* (1991); *Las otras historias* (1996)

RAAB, Enrique (1932-desaparecido en 1977): *Cuba, vida cotidiana y revolución* (1974); *Crónicas ejemplares, diez años de periodismo antes del horror. 1965-1975* (1999)

RABANAL, Rodolfo (1940): *El apartado* (1975); *Un día perfecto* (1978); *En otra parte* (1982); *El factor sentimental* (1990); *La costa bárbara* (2000); *La mujer rusa* (2004)

RADAELLI, Sigfrido (1909): *Hombre callado* (1965); *Los rostros y el amor* (1966); *El paraíso* (1973); *Tiempo sombrío* (1975); *Poesía total 1965-1975* (1978)

RAIMONDI, Sergio (1968): *Poesía civil* (2001)

RASCHELLA, Roberto (1930): *Malditos los gallos* (1978); *Poemas del exterminio* (1988); *Diálogos en los patios rojos* (1994); *Si hubiéramos vivido aquí* (1998); *La historia que nunca les conté. El libro de Gisela (Polonia 1943-1944)* (en colaboración con Mariano Fiszman, 2005)

REGA MOLINA, Horacio (1899-1957): *La hora encantada* (1919); *El poema de la lluvia* (1922); *Domingos dibujados desde una ventana* (1928); *Azul de mapa* (1931); *La flecha pintada* (1944); *Antología poética* (1954)

REQUENI, Antonio (1930): *Luz de sueño* (1951); *Camino de canciones* (1953); *El alba en las manos* (1954); *La soledad y el canto* (1956); *Poemas 1951-1991* (1992)

REST, Jaime (1927-1979): *Cuatro hipótesis de la Argentina* (1961); *Tres autores prohibidos y otros ensayos* (1968); *Novela, cuento y teatro: apogeo y crisis* (1971); *El laberinto del universo. Borges y el pensamiento nominalista* (1976); *Mundos de la imaginación* (1978); *El cuarto en el recoveco* (1982); *Conceptos de literatura moderna* (1991)

RETAMOSO, Roberto (1947): *La dimensión de lo poético* (1995); *Figuras cercanas* (2000); *Oliverio Girondo: el devenir de su poesía* (2005)

RHODE, Jorge Max (1892-1979): *Estudios literarios* (1920); *Estudios literarios* (1921); *Las ideas estéticas en la literatura argentina* (1921-1926); *Oriente* (1932); *Viaje al Japón* (1932)

RICCIO, Gustavo (1902-1927): *Un poeta en la ciudad* (1926); *Gringo Purajhei* (1928)

RIESTRA, Jorge (1926): *El espantapájaros* (1950); *Salón de billares* (1960); *El taco de ébano* (1962); *La ciudad de la torre Eiffel* (1963); *Principio y fin* (1966); *A vuelo de pájaro* (1972); *El opus* (1986); *La historia del caballo de oro* (1992)

RIVAROLA, Pantaleón (1754-1821): "Romance heroico en que se hace relación circunstanciada de la gloriosa reconquista de la ciudad de Buenos Aires, capital del Virreynato del Río de la Plata, verificada el día 12 de agosto de 1806 por un Fiel Vasallo de S. M. y Amante de la Patria"; "La gloriosa defensa de Buenos Aires, capital del Virreynato del Río de la Plata, verificada del 2 al 5 de julio de 1807"

RIVERA, Andrés (seudónimo de Marcos Rivak) (1928): *El precio* (1957); *Los que no mueren* (1959); *Sol de sábado* (1962); *Ajuste de cuentas* (1972); *Una lectura de la historia* (1982); *Nada que perder* (1982); *En esta dulce tierra* (1984); *Apuestas* (1986); *La revolución es un sueño eterno* (1987); *El amigo de Baudelaire* (1991); *El farmer* (1996); *Ese manco Paz* (2003); *Esto por ahora* (2005)

RODRÍGUEZ, Abel (1893-1961): *La barranca y el río* (1944)

RODRÍGUEZ, Alberto (h.) (1925): *Matar la tierra* (1952); *Donde haya Dios* (1958)

RODRÍGUEZ, Fray Cayetano José (1761-1823): "Canción patriótica en celebración del 25 de mayo de 1812", publicada en *La Lira Argentina* (1824) o "El himno a la patria", publicado en la *Colección de Poesías Patrióticas* (1827)

ROFFÉ, Mercedes (1954): *Poemas 1973-1977* (1978); *Cámara baja* (1987); *La noche y las palabras* (1996)

ROJAS, Ricardo (1882-1957): *La victoria del hombre* (1903); *La restauración nacionalista, informe sobre educación* (1909); *Blasón de plata. Meditaciones y evocaciones sobre el abolengo de los argentinos* (1912); *La argentinidad. Ensayo histórico sobre nuestra conciencia nacional en la gesta de la emancipación 1810-1816* (1916); *La literatura argentina. Ensayo filosófico sobre la evolución de la cultura en el Plata* (1917-1922); *Eurindia. Ensayo de estética fundado en la experiencia histórica de las culturas americanas* (1924); *El Santo de la Espada. Vida de San Martín* (1933); *Obras completas* (1951)

ROJAS PAZ, Pablo (1895-1956): *Paisajes y meditaciones* (1924); *La metáfora y el mundo* (1926); *Arlequín* (1928); *El perfil de nuestra expresión* (1929)

ROJO, Darío (1964): *Astillero* (1988); *La campaña al desierto. Una civilización* (1993); *La playa* (2001)

ROMANO, Eduardo (1938): *18 Poemas* (1961); *"Don Segundo Sombra"; análisis* (1967); *El 40* (en colaboración con Horacio Jorge Becco y Carlos R. Giordano, 1969); *¿Qué es eso de una generación del 40?* (1970); *Literatura/Cine argentinos sobre la(s) frontera(s)* (1991); *La cultura digital* (2000); *Revolución en la lectura* (2004)

ROSA, Claudia (1960): *Poética e ideología en Carlos Mastronardi* (1988)

ROSA, Nicolás (1939): *Crítica y significación* (1970); *Léxico de lingüística y semiología* (1978); *Los fulgores del simulacro* (1987); *El arte del olvido* (1990 y 2004); *Artefacto* (1992); *La lengua del ausente* (1997); *Tratados sobre Néstor Perlongher* (1998); *La letra argentina. Crítica 1970-2002* (2003)

ROSENBERG, Mirta (1951): *Pasajes* (1984); *Madam* (1988); *Teoría sentimental* (1994); *El arte de perder* (1998)

ROSENBLAT, Ángel (1904-1984): *Argentina, historia de un nombre* (1949); *El castellano de España y el castellano de América* (1962); *La lengua del Quijote* (1971)

ROZENMACHER, Germán (1936-1971): *Cabecita negra* (1962); *Réquiem para un viernes a la noche* (1964); *Los ojos del tigre* (1968); *Cuentos completos* (1971)

ROZITCHNER, León (1924): *Persona y comunidad* (1963); *Moral burguesa y revolución* (1963); *Las Malvinas: de la guerra "sucia" a la guerra "limpia"* (1985); *Perón: entre la sangre y el tiempo. Lo inconsciente y la política* (1985); *El terror y la gracia* (2003)

RUBIO, Alejandro (1967): *Personajes hablándole a la pared* (1994); *Música mala* (1997); *Metal pesado* (1999); *Novela elegíaca en cuatro tomos: tomo uno* (2004); *Autobiografía podrida* (2004); *Rosario* (2005)

RUSSO, Edgardo (1949): *Reconstrucción del hecho* (1987); *Poesía y vida. Sobre un panfleto de Gombrowicz* (1988); *Exvotos* (1991); *Guerra conyugal* (2000)

SAAVEDRA, Guillermo (1960): *Caracol* (1989); *La curiosidad impertinente. Entrevistas con narradores argentinos* (1993); *Alrededor de una jaula. Tentativas sobre Cage* (1995); *El velador* (1998); *La voz inútil* (2003)

SABATO, Ernesto (1911): *Uno y el universo* (1945); *El túnel* (1948); *Hombres y engranajes; reflexiones sobre el dinero, la razón y el derrumbe de nuestro tiempo* (1951); *Sobre héroes y tumbas* (1961); *El escritor y sus fantasmas* (1963); *Tres aproximaciones a la literatura de nuestro tiempo: Robbe-Grillet, Borges, Sartre* (1968); *Abaddón el Exterminador* (1974); *Apologías y rechazos* (1979); *Obra completa* (2000)

SACCOMANNO, Guillermo (1948): *Prohibido escupir sangre* (1984); *Roberto y Eva. Historia de un amor argentino* (1989); *Bajo bandera* (1991); *El buen dolor* (1999)

SACCONE, Gabriela (1961): *Medio cumpleaños* (2000)

SAÉNZ, Justo P. (1872-1970): *Pasto puna* (1928); *Baguales* (1931); *Cortando campo* (1941); *Pampas, montes, cuchillas y esteros* (1967); *Equitación gaucha en la Pampa y Mesopotamia* (1997)

SAER, Juan José (1937-2005): *En la zona* (1960); *Responso* (1964); *Palo y hueso* (1965); *La vuelta completa* (1966); *Unidad de lugar* (1967); *Cicatrices* (1969); *El limonero real* (1974); *La mayor* (1976); *El arte de narrar. (Poemas 1960-75)* (1977); *Nadie nada nunca* (1980); *El entenado* (1983); *Glosa* (1986); *Una literatura sin atributos* (1986); *La ocasión* (1988); *El río sin orillas* (1991); *Lo imborrable* (1993); *La pesquisa* (1994); *El concepto de ficción* (1997); *Las nubes* (1997); *La narración-objeto* (1999); *Lugar* (2000); *Cuentos completos 1957-2000* (2001); *La grande* (2005)

SAÍTTA, Sylvia (1965): *Regueros de tinta. El diario "Crítica" en la década de 1920* (1998); *El escritor en el bosque de ladrillos* (2000); *El oficio se afirma* (tomo 9 de *Historia crítica de la literatura argentina*, directora, 2004)

SALAS, Horacio (1938): *El tiempo insuficiente* (1962); *La soledad en pedazos* (1964); *Memoria del tiempo* (1966); *Conversaciones con Raúl González Tuñón* (1975); *El tango* (1986); *Homero Manzi y su tiempo* (2001)

SAMOILOVICH, Daniel (1949): *Párpado* (1973); *El mago y otros poemas* (1984); *La ansiedad perfecta* (1991); *Superficies iluminadas* (1997); *El carrito de Eneas* (2003); *Las encantadas* (2003); *El despertar de Samoilo. El siglo XX, ¿qué se fizo?* (2004)

SÁNCHEZ, Florencio (1875-1910): *Puertas adentro* (1897); *La gente honesta* (1902); *Canillita* (1902); *M'hijo el dotor* (1903); *La pobre gente* (1904); *La gringa* (1904); *Barranca abajo* (1905); *En familia* (1905); *Teatro completo* (1941 y 1952)

SÁNCHEZ, Matilde (1958): *La ingratitud* (1990); *El Dock* (1993); *La canción de las ciudades* (1999)

SÁNCHEZ, Néstor (1935-2003): *Nosotros dos* (1966); *Siberia blues* (1967); *El amhor, los orsinis y la muerte* (1969); *Cómico de la lengua* (1973)

SANTORO, Roberto Jorge (1939-está desaparecido desde 1977): *Oficio desesperado* (1962); *Nacimiento en la tierra* (1963); *De tango y lo demás* (1963); *Poesía en general* (1973); *Las cosas claras* (1973); *No negociable* (1974)

SARLO, Beatriz (1942): *Conceptos de sociología literaria* (en colaboración con Carlos Altamirano, 1980); *Literatura/sociedad* (en colaboración con Carlos Altamirano, 1983); *Ensayos argentinos. De Sarmiento a la vanguardia* (en colaboración con Carlos Altamirano, 1983); *El imperio de los sentimientos* (1985); *Una modernidad periférica: Buenos Aires (1920-1930)* (1988); *La imaginación técnica: sueños modernos de la cultura argentina* (1992); *Escenas de la vida posmoderna* (1994); *Borges, un escritor en las orillas* (1995); *Instantáneas. Medios, ciudad y costumbres en el fin de siglo* (1996); *La máquina cultural. Maestras, traductores y vanguardistas* (1998); *Siete ensayos sobre Walter Benjamin* (2000); *Tiempo presente. Notas sobre el cambio de una cultura* (2001); *Tiempo pasado* (2005)

SARMIENTO, Domingo F. (1811-1888): *Mi defensa* (1843); *Vida del general Fray Félix Aldao* (1845); *Civilización y barbarie. Vida de Juan Facundo Quiroga, aspecto físico, costumbres y hábitos de la República Argentina* (1845); *Viajes por Europa, África y América, 1845-1847. Tomo I* (1849); *Recuerdos de provincia* (1850); *Argirópolis* (1850); *Viajes por Europa, África y América, 1845-1847. Tomo II* (1851); *Campaña en el Ejército Grande* (1852); *Las ciento y una* (1853); *Vida del Chacho (1866); Conflictos y armonías de las razas en América* (1883); *Obras de Domingo Faustino Sarmiento* (52 volúmenes 1889-1909, 2001)

SASTURAIN, Juan (1945): *Manual de perdedores I* (1985) y *II* (1987); *Arena en los zapatos* (1989); *Los sentidos del agua* (1992); *El domicilio de la aventura* (1995); *Zenitram* (1996)

SCALABRINI ORTIZ, Raúl (1898-1959): *La manga* (1923); *El hombre que está solo y espera* (1931); *Política británica en el Río de la Plata* (1936); *Historia de los ferrocarriles argentinos* (1940); *Los ferrocarriles deben ser del pueblo argentino* (1946)

SCARABELLI, Sonia (1968): *La memoria del árbol* (2000); *Celebración de lo invisible* (2003)

SCHVARTZMAN, Julio (1946): *Cautivas y misioneros, mitos blancos de la conquista* (en colaboración con Cristina Iglesia, 1987); *Microcrítica. Lecturas argentinas (cuestiones de detalle)* (1996); *La lucha de los lenguajes (tomo 2 de Historia crítica de la literatura argentina, director, 2003)*

SEBRELI, Juan José (1930): *Martínez Estrada. Una rebelión inútil* (1960); *Buenos Aires, vida cotidiana y alienación* (1964); *Eva Perón, ¿aventurera o militante?* (1966); *Mar del Plata. El ocio represivo* (1970); *Apogeo y ocaso de los Anchorena* (1972); *Tercer mundo, mito burgués* (1975); *Fútbol y masas* (1981); *Los deseos imaginarios del peronismo* (1985); *Asedio a la modernidad* (1992); *Escritos sobre escritos, ciudades bajo ciudades* (1997); *Las aventuras de la vanguardia* (2000); *El tiempo de una vida* (2005)

SICARDI, Francisco (1856-1927): *Libro extraño* (1894-1902); son 5 tomos: *Libro extraño* (1895), *Genaro* (1896), *Don Manuel de Paloche* (1898), *Méndez* (1900) y *Hacia la justicia* (1902)

SICCARDI, Gianni (1933): *Conversaciones* (1962); *Travesía* (1967)

SOIZA REILLY, Juan José de (1880-1959): *Confesiones literarias* (1908); *El alma de los perros* (1909); *El gran ciudadano* (1911); *Cerebros de París* (1912)

SOLÁ GONZÁLEZ, Alfonso (1917-1975): *La casa muerta* (1940); *Cantos para el atardecer de una diosa* (1954); *Cantos a la noche* (1963); *Los infiltrados* (1974)

SOLER CAÑAS, Luis (1918-1984): *Negros, gauchos y compadres en el cancionero de la federación (1830-1848)* (1958); *Orígenes de la literatura lunfarda* (1965); *La generación poética del 40* (1981)

SOLERO, Francisco Jorge (1920): *El dolor y el sueño* (1953); *La culpa* (1956); *¿Qué es América?* (1972)

SORIANO, Osvaldo (1943-1997): *Triste, solitario y final* (1973); *No habrá más penas ni olvido* (1978); *Cuarteles de invierno* (1980); *Artistas, locos y criminales* (1984); *A sus plantas rendido un león* (1986); *Rebeldes, soñadores y fugitivos* (1987); *Una sombra ya pronto serás* (1990); *El ojo de la patria* (1992); *Cuentos de los años felices* (1993); *La hora sin sombra* (1995)

SOTO, Luis Emilio (1902-1970): *Crítica y estimación* (1938)

SPERANZA, Graciela (1957): *Primera persona. Conversaciones con quince narradores argentinos* (1995); *Razones intensas. Conversaciones sobre arte y literatura* (1999); *Manuel Puig. Después del fin de la literatura* (2000); *Oficios ingleses* (2003)

SPERATTI PIÑERO, Emma Susana (1919-1990): *La literatura fantástica en la Argentina* (en colaboración con Ana María Barrenechea, 1957); *Ella y otros poemas* (1989); *Fragmentos* (1995)

STANCHINA, Lorenzo (1900-1987): *Los dormidos* (1921); *Desgraciados* (1923); *Brumas* (1924); *Manuel Gálvez. Ensayo sobre su obra* en colaboración con Nicolás Olivari, 1924); *Inocentes* (1925)

STEIMBERG, Oscar (1936): *Cuerpo sin armazón* (1970); *Majestad etc.* (1980); *Figuración de Gabino Betinotti* (1999); *El pretexto del sueño* (2005)

STORNI, Alfonsina (1892-1938): *La inquietud del rosal* (1916); *El dulce daño* (1918); *Irremediablemente* (1919); *Languidez* (1920); *Ocre* (1925); *Mundo de siete pozos* (1934); *Mascarilla y trébol* (1938); *Obras completas* (1957-1959); *Obras I* (1999)

SUÁREZ LYNCH, Benito (seudónimo común de Adolfo Bioy Casares y Jorge Luis Borges): *Un modelo para la muerte* (1946)

SZPUNBERG, Alberto (1940): *Poemas de la mano mayor* (1962); *El che amor* (1965); *Antología poética* (1997)

TABORDA, Oscar (1959): *40 watts* (1993); *Las carnes se asan al aire libre* (1996)

TALLÓN, José Sebastián (1904-1954): *La garganta del sapo* (1925); *Las torres de Nürenberg* (1927); *El tango en su etapa de música prohibida* (1959)

TEJADA GÓMEZ, Armando (1929-1992): *Pachamama* (1952); *Tonadas de la piel* (1956); *Antología de Juan* (1958)

TEJEDA, Luis José de (1604-1680): *Libro de varios tratados y noticias* (1663); *El peregrino en Babilonia y otros poemas* (1916)

THÉNON, Susana (1937-1991): *Edad sin tregua* (1958); *Habitante de la nada* (1959); *Ova completa* (1987); *La morada imposible I* (2001); *La morada imposible II* (2004)

THONIS, Luis (1949): *Siglo de manos y la criatura* (1987); *Eunoé* (1991); *Cuerpos inéditos* (1995); *Estado y ficción en Juan Bautista Alberdi* (2001)

TIEMPO, César (seudónimo de Israel Zeitlin) (1906-1980): *Versos de una...* (con el seudónimo Clara Beter, 1926); *Exposición de la actual poesía argentina (1922-1927)* (en colaboración con Pedro Juan Vignale, 1927); *Libro para la pausa del sábado* (1930); *Clara Beter vive* (1941); *Poesías completas* (1979); *Manos de obra* (1980)

TISCORNIA, Eleuterio F. (1879-1945): *Martín Fierro, comentado y anotado* (1925); *La lengua de "Martín Fierro"* (1930); *Poetas gauchescos* (1940); *Vida de Andrade* (1943); *Orígenes de la literatura gauchesca* (1943)

TIZÓN, Héctor (1929): *A un costado de los rieles* (1960); *Fuego en Casabindo* (1969); *El cantar del profeta y el bandido* (1972); *Sota de bastos, caballo de espadas* (1975); *La casa y el viento* (1984); *Luz de las crueles provincias*

(1995); *La mujer de Strasser* (1997); *La belleza del mundo* (2004); *No es posible callar* (2004)

TIZZIANI, Rubén (1937): *Las galerías* (1969); *Noches sin lunas ni soles* (1975); *El desquite* (1978); *Todo es triste al volver* (1983)

TREJO, Mario (1926): *Celdas de la sangre* (1946); *No hay piedad para Hamlet* en colaboración con Alberto Vanasco; *El uso de la palabra* (1964); *Libertad y otras intoxicaciones* (1967); *El uso de la palabra* (edición ampliada, 1979)

TREJO, Nemesio (1862-1916): *La fiesta de Don Marcos* (1890); *El testamento ológrafo; la herencia del tío* (1895); *Los devotos* (1900)

UGARTE, Manuel (1878-1951): *Cuentos de la pampa* (1903); *Crónicas del bulevar* (1903); *La joven literatura hispanoamericana* (1906); *Cuentos argentinos* (1908); *El porvenir de América Latina* (1910); *Escritores iberoamericanos de 1900* (1943)

UHART, Hebe (1936): *Dios, San Pedro y las almas* (1962); *Gente de la casa rosa* (1970); *La elevación de Maruja* (1973); *La luz de un nuevo día* (1983); *Leonor* (1986); *Camilo asciende* (1987); *Mudanzas* (1995); *Del cielo a casa* (2003)

ULLA, Noemí (1933): *Tango, rebelión y nostalgia* (1967); *Los que esperan el alba* (1967); *Urdimbre* (1981); *Ciudades* (1983); *El ramito* (1990); *El cerco del deseo* (1994); *Juego de prendas y los dos corales* (2003); *Una lección de amor y otros cuentos* (2005)

URIBE, Basilio (1916-1997): *Alba* (1934); *Primero de los salmos y de las humanidades* (1940); *Libro del homenaje* (1941); *Año del amante* (1943); *Los días* (1959); *Edipo etcétera; Antología inédita (1984)* (1971)

URONDO, Francisco (1930-1976): *La Perichole* (1954); *Historia antigua* (1956); *Lugares* (1961); *Nombres* (1963); *Todo eso* (1966); *Adolecer* (1968); *Veinte años de poesía argentina 1940-1960* (1968); *Son memorias* (1970); *Larga distancia* (1971); *Los pasos previos* (1972); *Poemas* (1984)

VACAREZZA, Alberto (1888-1959): *El juzgado* (1904); *Los scrushantes* (1911); *Tu cuna fue un conventillo* (1920); *El conventillo de la Paloma* (1929)

VALLEJO, Antonio (¿?-¿?): *La noche de Cefas* (1963)

VANASCO, Alberto (1925-1993): *Justo en la cruz del camino* (1943); *Sin embargo Juan vivía (1947); Ella en general (1954); No hay piedad para Hamlet (en colaboración con Mario Trejo, 1957); Para ellos la eternidad (1957); Los muchos que no viven (1964)

VARELA, Alfredo (1914-1988): El río oscuro (1943)

VARELA, Juan Cruz (1794-1839): La Elvira (1817); A los valientes defensores de la libertad en las llanuras de Mayo (1818); En la muerte del General Manuel Belgrano (s/f); A un amigo, en la muerte de su padre (1820); Dido (1823); Argia (1824)

VASCO, Juan Antonio (1924-1984): El ojo de la cerradura (1940); Cuatro poemas con rosas (1948); Cambio de horario (1954); Destino común (1959)

VÁZQUEZ, Rafael Alberto (1930): La verdad al viento (1962); Apuesta diaria (1964); La vida y los fantasmas (1968)

VERBITSKY, Bernardo (1907-1979): Es difícil empezar a vivir (1941); Villa Miseria también es América (1957)

VERONESE, Daniel (1955): La deriva (2000); Cuerpo de prueba I (1990-1993) (2005)

VIALE, Oscar (1932-1994): La pucha (1969); Chúmbale (1971); ¿Yo?... Argentino (1976); Encantada de conocerlo (1978); Convivencia (1979); Camino negro (1983); Teatro (1987 y 2001)

VIGNALE, Pedro Juan (1903): Exposición de la actual poesía argentina (1922-1927) (en colaboración con César Tiempo, 1927)

VIGNOLI, Beatriz (1965): Almagro (2000); Reality (2004)

VILA ORTIZ, Alberto Carlos (1935): Poemas (1961); 17 poemas (1965); Poemas de la Flor (1967 y 2003)

VILLA, José Alberto (1966): Cornucopia (1996); 8 poemas (1998)

VILLAFAÑE, Javier (1909-1996): Títeres de La Andariega (1936); Coplas, poemas y canciones (1938); El gallo Pinto (1944); Libro de cuentos y leyendas (1945)

VILLAFAÑE, Segundo (1859-1937): Horas de fiebre (1891); Tapias y Morales (1901)

VILLALBA, Susana (1956): *Oficiante de sombras* (1982); *Clínica de muñecas* (1986); *Susy, secretos del corazón* (1989); *Matar un animal* (1997); *Caminatas* (1999)

VILLANUEVA, Amaro (1900-1969): *Versos para la oreja* (1937); *Mate, exposición de la técnica de cebar* (1938); *Crítica y pico* (1945)

VIÑAS, David (1929): *Cayó sobre su rostro* (1955); *Los años despiadados* (1956); *Un dios cotidiano* (1957); *Los dueños de la tierra* (1958); *Dar la cara* (1962); *Las malas costumbres* (1963); *Literatura argentina y realidad política* (1964); *En la semana trágica* (1966); *Laferrere; del apogeo de la oligarquía a la crisis de la ciudad liberal* (1967); *Los hombres de a caballo* (1967); *Cosas concretas* (1969); *Literatura argentina y realidad política. De Sarmiento a Cortázar* (1971); *Lisandro* (1971); *Grotesco, inmigración y fracaso: Armando Discépolo* (1973); *Cuerpo a cuerpo* (1979); *Indios, ejército y frontera* (1982); *Yrigoyen entre Borges y Arlt*, en *Historia social de la literatura argentina* (director, 1989); *Prontuario* (1993); *Claudia conversa* (1995); *Literatura argentina y política* (1996)

VIÑAS, Ismael (1925): *Orden y progreso. La era del frondicismo* (1960); *Capitalismo y dependencia* (en colaboración con Eugenio Gastiazoro, 1962); *Las izquierdas en la política argentina* (1963); *Capitalismo, Monopolios y dependencia* (1970); *Tierra y clase obrera* (1973); *Estructura y perfil de la clase obrera. Palestina e Israel* (1982); *Lumpenburguesías* (2003); *La nueva etapa del imperialismo* (2004)

VIOLA FISHER, Verónica (1974): *Hacer sapito* (1995); *A boca de jarro* (2003)

WALSH, María Elena (1930): *Otoño imperdonable* (1947); *Hecho a mano* (1965); *Los poemas* (1994)

WALSH, Rodolfo (1927-1977): *Variaciones en rojo* (1953); *Operación Masacre* (1957); *El caso Satanowsky* (1958); *Los oficios terrestres* (1965); *Un kilo de oro* (1967); *¿Quién mató a Rosendo?* (1969); *Un oscuro día de justicia* (1973); *Obra literaria completa* (1981); *El violento oficio de escribir* (1995); *Ese hombre y otros papeles personales* (1996)

WARLEY, Jorge (1955): *Poemas 1975-1979* (1979); *El Manifiesto. Un género entre el arte y la política* (1993); *La cultura. Versiones y definiciones* (2003)

WEINBERG, Félix (1927): *El Salón Literario de 1837* (1958); *Dos utopías argentinas de principios de siglo* (1986); *Homenaje a Esteban Echeverría 1805-1851* (en colaboración con Pedro Luis Barcia, 2004)

WENNER, Tilo (1931-está desaparecido desde 1976): *La pasión rota* (1957); *Algunas máquinas imperfectas* (1962); *La libertad la amistad el amor* (1964); *Límite real* (1972)

WERNICKE, Edmundo (1867-1949): *Memorias de un portón de estancia y otros relatos camperos* (1946)

WERNICKE, Enrique (1915-1968): *Palabras para un amigo* (1937); *La ribera* (1955); *Los que se van* (1957); *El agua* (1968); *Cuentos completos* (2001)

WILCOCK, Juan Rodolfo (1919-1978): *Libro de poemas y canciones* (1940); *Ensayos de poesía lírica* (1945); *Los hermosos días* (1946); *Sexto* (1953); *Los traidores* (en colaboración con Silvina Ocampo, 1956); *Il caos* (1960), *El caos* (1974); *Fatti inquietanti* (1960), *Hechos inquietantes* (1998); *Luoghi comuni* (1961); *Lo stereoscopi, dei solitari* (1972), *El estereoscopio de los solitarios* (1998); *La sinagoga degli iconoclasti* (1972), *La sinagoga de los iconoclastas* (1981); *L'ingegnere* (1975), *El ingeniero* (1997); *Il libro dei mostri* (1978), *El libro de los monstruos* (1999)

WILDE, Eduardo (1844-1913): *Tiempo perdido* (1878); *Prometeo y Cía.* (1899); *Aguas abajo* (1914); *Obras completas* (1918-1939)

WILDE, José Antonio (1813-1885): *Cancionero argentino* (1837-1838); *Buenos Aires desde setenta años atrás* (1881)

WITTNER, Laura (1967): *Pintado sobre una jaula* (1985); *El pasillo del tren* (1996); *Los cosacos* (1998); *Las últimas mudanzas* (2001); *La tomadora de café* (2005)

YUNQUE, Álvaro (seudónimo de Arístides Gandolfi Herrero) (1889-1982): *Versos de la calle* (1924); *Espantajos* (1925); *La literatura social en la Argentina* (1941); *Poetas sociales de la Argentina* (1943); *Poesía gauchesca y nativista rioplatense* (1952)

ZANETTI, Susana (1933): *Historia de la literatura argentina* (directora, 1979-1982) *La dorada garra de la lectura. Lectoras y lectores de novela en América Latina* (2002)

ZEBALLOS, Estanislao (1854-1923): *La conquista de quince mil leguas* (1878); *Viaje al país de los araucanos* (1881); *Viaje a la región del trigo* (1883); *Callvucurá y la dinastía de los Piedra* (1884); *Painé y la dinastía de los Zorros* (1886); *Relmu, reina de los Pinares* (1888); *Viaje a través de las cabañas* (1888)

ZELARAYÁN, Ricardo (1940): *La obsesión del espacio* (1972); *La piel de caballo* (1986); *Roña criolla* (1991); *La gran salina y otros poemas* (1997)

ÍNDICE ONOMÁSTICO

Ábalos, Jorge W., 351
Aberastain, Antonino, 125
Acuña de Figueroa, Francisco, 36
Adorno, Theodor W., 334, 444
Adoum, Jorge Enrique, 381
Adúriz, Javier, 175
Agamben, Giorgio, 408, 413
Aguilar, Gonzalo, 437
Aguirre, Raúl Gustavo, 357, 371, 374-376
Aibinder, Eduardo, 394
Aira, César, 20, 275-276, 282, 305, 315, 354-355, 378-379, 408, 412-413, 435-436, 443-447
Airen, Conrad, 312
Aita, Antonio, 180
Alberdi, Juan Bautista, 81, 90-95, 100-102, 104-105, 114, 117, 122, 124, 129, 138, 184, 199, 330, 332
Alcalde, Ramón, 331
Aldana, Felipe, 362
Aldao, Félix, 108
Alegría, Ciro, 397
Alem, Leandro N., 336
Alfonsín, Raúl, 349, 447
Allen, Woody, 442
Allende, Salvador, 399
Almafuerte, seudónimo de Pedro B. Palacios, 148, 253, 264
Alonso, Amado, 279, 283-284, 317
Alonso, Fernando P., 179, 212
Alonso, José, 434
Alonso, Rodolfo, 374-375
Alsina, Valentín, 115, 124
Altamirano, Carlos, 111, 436-437
Amícola, José, 413
Amorim, Enrique, 284
Anadón, Pablo, 174
Ananía, Pablo, 394
Anaya, Jorge Isaac, 440
Anderson Imbert, Enrique, 52, 146, 279, 284, 448
Andrade, Olegario Víctor, 147-148
Andrés, Alfredo, 421-423, 427
Andrews, Joseph, 86, 104-105
Angelis, Pedro de, 19
Ansermet, Ernest, 277, 280
Apollinaire, Guillaume, 217, 234, 372, 380
Ara, Guillermo, 162
Arata, Luis, 209
Arcos, Santiago, 129, 132, 134-135
Arden Quinn, Carmelo, 371, 373
Ardiles Gray, Julio, 324, 361
Argerich, Antonio, 143
Argerich, Cosme, 32
Arias, Abelardo, 347, 361
Arijón, Teresa, 454
Arlt, Roberto, 126, 145, 147, 153, 166, 197, 205, 229, 260, 265-276, 280, 282, 289, 294, 322-329, 331-332, 336-337, 343, 354, 358, 372, 397, 408, 436-438, 442, 445-446
Arredondo, José Miguel, general, 133
Arrieta, Rafael Alberto, 101, 170, 329
Artaud, Antonin, 279
Artigas, José de, 38
Ascasubi, Hilario, 37-40, 42-50, 52, 61-64, 72, 114, 125, 167, 186
Asís, Jorge, 420, 438-440
Asturias, Miguel Ángel, 397
Astutti, Adriana, 435
Aulicino, Jorge Ricardo, 394, 428, 452-453
Austen, Jean, 302
Avaro, Nora, 192-193, 275, 323-324, 328, 331, 333
Avellaneda, Andrés, 76, 144
Avellaneda, Marco, 95
Avellaneda, Nicolás, 67, 71-72, 114
Ayolas, Juan de, 13

Bajarlía, Juan Jacobo, 346-347, 376
Balzac, Honoré, 161, 257, 302
Banchs, Enrique, 170, 172-175, 179, 227, 293, 358, 365, 449
Barbieri, Vicente, 361-362
Bárcena (o Bárzana), Alonso, 12
Barletta, Leónidas, 222, 253-255, 260, 272, 324
Barney Finn, Oscar, 207
Barón Biza, Jorge, 447
Barral, Carlos, 410
Barrandeguy, Emma, 447
Barrenechea, Ana María, 231, 317-318, 407-408
Barrès, Maurice, 166
Barros, Daniel, 421-422
Barthes, Roland, 318, 345, 429
Bartís, Ricardo, 274
Bastos, María Luisa, 317
Bataillon, Marcel, 23
Batticuore, Graciela, 139
Baudelaire, Charles, 160, 164, 166, 225, 236, 267, 302, 316, 393
Bayley, Edgar, 371-374, 376, 387
Bayón Herrera, Luis, 207
Beaupuy, Leon, 201
Beccacece, Hugo, 317
Becco, Horacio Jorge, 46
Becerra, Juan José, 420
Becher, Emilio, 178
Beckett, Samuel, 279, 301
Beethoven, Ludwig van, 362
Belgrano, Manuel, 27
Belgrano Rawson, Eduardo, 439
Bellessi, Diana, 454-455
Benarós, León, 361
Benedetti, Mario, 381
Benesdra, Salvador, 276, 447
Benjamin, Walter, 279, 334
Berdaxagar, Alicia, 207
Berisso, Emilio, 151, 157
Berisso, Luis, 151, 156-157, 159
Bernardello, Niní, 454
Bernárdez, Francisco Luis, 312
Bernhardt, Sarah, 150
Berón de Astrada, Juan Genaro, 44
Berry, Ana M., 281

Bertolé, Emilia, 454
Bertone, Concepción, 454
Beter, Clara, seudónimo de César Tiempo, 262-264
Biagioni, Amelia, 454
Bianchi, Alfredo, 173, 178-179
Bianciotti, Héctor, 184
Bianco, José, 221, 279-284, 307, 309-311, 313, 317
Bianco, Lucía, 433
Bielsa, Rafael, 452-453
Bignone, Reynaldo, 450
Bignozzi, Juana, 422, 424-426, 454
Bioy Casares, Adolfo, 38, 40, 146, 271, 282-285, 288, 291, 298-299, 303-307, 309, 311, 313, 317, 324, 363, 393, 441
Bizzio, Sergio, 444, 446
Blaisten, Isidoro, 407
Blanchot, Maurice, 318
Blomberg, Héctor Pedro, 212, 236
Bloom, Harold, 325, 419-420
Blotta, Herminio, 263
Bloy, Léon, 152
Bolívar, Simón, 121
Bonasso, Miguel, 344
Bond Head, Francis, 86-88, 118
Bonnefoy, Yves, 279, 286
Bonpland, Aimé, 87
Bonzini, Silvia, 455
Booz, Mateo, 419
Bordelois, Ivonne, 286
Borello, Rodolfo, 413
Borges, Jorge Luis, 20, 22, 38, 40, 122, 130, 140-141, 146, 153-154, 161, 164, 170, 173, 179, 184, 188, 213-216, 221-222, 224, 227, 229-230, 240, 242-249, 260, 266, 276-277, 279, 281-286, 288-289, 291-294, 296-307, 309-310, 312-318, 321-329, 332, 338, 343, 359, 370, 383-384, 389, 393-394, 396-398, 400, 405, 407-408, 415-416, 435, 437, 441-442, 445, 448-449
Borré, Omar, 272
Bosco, María Angélica, 146
Bourdieu, Pierre, 437

ÍNDICE ONOMÁSTICO

Bozán, Olinda, 207
Brand, Charles, 86-87
Brascó, Miguel, 387-388
Bravo, Mario, 189
Breton, André, 378, 380, 408, 445
Briante, Miguel, 413
Brignole, Alberto, 191
Brocato, Carlos Alberto, 427
Buch, Esteban, 30-31, 344
Bufali, Andrés, 434
Bullrich, Eduardo J., 277
Bunge de Gálvez, Delfina, 182
Burgess, Anthony, 299
Bustos, Miguel Ángel, 422
Bustos Domecq, Honorio, seudónimo común de Jorge Luis Borges y Adolfo Bioy Casares, 303, 393
Butor, Michel, 346
Byron, George Gordon, lord, 83, 85, 91, 100-102

Cabral, Juan Bautista, sargento, 442
Cabuchi, Susana, 454
Caillet-Bois, Julio, 26
Caillois, Roger, 283, 378
Caldcleugh, Alexander, 86-87
Calderón de la Barca, Pedro, 22, 118
Calgaro, Orlando, 422
Calixto Bustamante, Carlos Inca, alias Concolorcorvo, 22, 23, 183
Calvetti, Jorge, 185, 362
Calveyra, Arnaldo, 368, 375, 453
Calvino, Italo, 315
Calzadilla, Santiago, 130
Cambaceres, Eugenio, 139, 140-144, 159, 189, 257, 324, 330, 336
Cambours Ocampo, Arturo, 364, 420-421
Campbell Scarlett, Peter, 86, 88
Cámpora, Héctor J., 344, 399
Campos, Martín, 422
Camus, Albert, 287-288, 345-346
Canal Feijóo, Bernardo, 13, 280-281, 351
Cancela, Arturo, 212
Cané, Miguel (hijo), 130, 137, 139, 141-142, 158-159, 167, 330, 382
Cansinos-Assens, Rafael, 213
Cantamutto, Fernando, 433
Cantilo, José María, 145, 182
Canto, Estela, 285-286, 427
Canto, Patricio, 279, 284
Cantón, Darío, 287
Caparrós, Martín, 126, 443
Capdevila, Analía, 146, 268, 275, 323-324, 328, 331, 334
Capdevila, Arturo, 170, 221
Capote, Truman, 343
Cardenal, Ernesto, 381
Carducci, 173, 181, 187
Carlino, Carlos, 364
Carlo, hermanos, 201
Carlos IV, 27-28
Caro, 222
Carpentier, Alejo, 345, 396-397
Carrera, Arturo, 447-450, 453
Carriego, Evaristo, 170-173, 229, 236, 248, 253, 261, 264, 301, 321
Carrió de la Vandera, Alonso, 22-24, 183
Carrizo, Juan Alfonso, 351
Casal, Julián del, 155
Casas, Bartolomé de las, 24
Casas, Fabián, 453
Casasbellas, Ramiro de, 387
Castagnino, Raúl H., 274
Castellani, Leonardo, 146
Castelnuovo, Elías, 145, 195, 222-223, 228, 253-255, 258-260, 262-264, 267-268, 270
Castelo, Oscar, 421
Castiglione, Baldassare, 136
Castilla, Manuel J., 363
Castillo, Abelardo, 401, 407, 421
Castillo, Daniel, 354
Castiñeira de Dios, José María, 362
Castro, Américo, 283
Castro, Eugenio de, 152, 157, 159
Castro, Fidel, 309, 342
Catelli, Nora, 318, 443
Cerdá, Susana, 454
Cernuda, Luis, 421
Cerro, Emeterio, 447

Cervantes, Miguel de, 74, 300
Ceselli, Juan José, 378
Char, René, 374, 422
Chassaing, Juan, 148
Chaves, Ronald, seudónimo de Elías Castelnuovo, 258, 263
Chejfec, Sergio, 275-276, 420, 433, 438
Chejov, 190
Chertudi, Susana, 351
Chiáppori, Atilio, 166
Chiarelli, Luigi, 208
Chouhy Aguirre, Ana María, 311
Cid Campeador, el, (Rodrigo Díaz de Vivar) 154
Clerice, Carlos, 68
Cohen, Marcelo, 407, 420
Colombo, María del Carmen, 454
Conan Doyle, Arthur, 338
Conrad, Joseph, 285
Constantini, Humberto, 407
Contardi, Marilyn, 454
Conti, Haroldo, 351-352
Contreras, Sandra, 275, 315, 444
Copi, seudónimo de Raúl Damonte, 182, 445-446
Corbalán, Macky, 455
Corbatta, Jorgelina, 413
Córdova Iturburu, Cayetano, 217-218, 224
Coronado, Martín, 199
Correas, Carlos, 275, 325, 329, 331, 333-334, 344, 438
Corso, Gregory, 286, 393
Cortazar, Augusto Raúl, 45, 351
Cortázar, Julio, 168, 231, 243, 307, 329, 342, 395-409, 445
Corvalán, Rafael Jorge, 94
Cossa, Roberto, 209, 427
Cousin, Víctor, 118
Cozarinsky, Edgardo, 279, 316
Crespo de Arnaud, Bárbara, 393
Cristófalo, Américo, 332
Croce, Benedetto, 182, 384
Cros, Graciela, 454
Cruz, Sor Juana Inés de la, 22
Cucurto, Washington, 433

Cueto, Sergio, 394
Cummings, E. E., 375
Cunninghame Graham, 294

Daghero, Guillermo, 433
Dalmaroni, Miguel, 417, 438
Dal Masetto, Antonio, 423, 439
D'Anna, Eduardo, 428
D'Annunzio, Gabriete, 166
Darío, Rubén, 130, 148-160, 170-171, 173, 176-179, 184, 197, 211, 213-214, 219, 225, 229, 233-234, 236, 245, 263, 271, 309, 316, 366, 435, 448-449
Daulte, Javier, 274
Dávalos, Jaime, 363
Dávalos, Juan Carlos, 351
Davison, Tito, 207
Defilippis Novoa, Francisco, 209
Defilpo, Mirtha, 454
De Gandía, Enrique, 19-20
De Gaulle, Charles, 301
Del Barco, Oscar, 430
Del Barco Centenera, Martín, 17-18, 21, 28, 183
Del Campo, Estanislao, 39-40, 48-52, 60, 62-64, 75, 167, 186
De Lellis, Mario Jorge, 423
Deleuze, Gilles, 318
Delgado, Sergio, 351, 368, 417-419, 438
Dellepiane, Ángela, 414
Derrida, Jacques, 429
De Santis, Pablo, 147
Descartes, René, 288
Desiderio, Juan, 433, 453
Devoto, Daniel, 362
Díaz, Leopoldo, 150, 156, 160
Díaz, Ramón, 32
Díaz de Guzmán, Ruy, 19-21, 24, 183
Díaz de Solís, Juan, 19
Díaz Romero, Eugenio, 156
Di Benedetto, Antonio, 337, 345-351, 353-354
Dickens, Charles, 302
Dickinson, Emily, 279

ÍNDICE ONOMÁSTICO

Diderot, Denis, 116
Didier, Charles, 116
Diego, Gerardo, 213
Diego, José Luis de, 442
Di Giorgio, Marosa, 455
Dilthey, Wilhelm, 420
Di Lullo, Orestes, 351
Di Paola, Jorge, 446
Dipasquale, Selva, 455
Discépolo, Armando, 200, 202-203, 207-209, 329
Discépolo, Enrique Santos, 208, 380, 387
Diz, Hugo, 428
Dobry, Edgardo, 449
Doll, Ramón, 296
Domeyko, Ignacio, 150
Donne, John, 393
Donoso, José, 396
Dorio, Jorge, 443-444
Dostoievski, Fedor, 354-355
Draghi Lucero, Juan, 351
Drake, William, 18
Dri, Jaime, 344
Drieu la Rochelle, Pierre, 285-286
Duarte de Perón, Eva, 386
Durand, Daniel, 453

Eagleton, Terry, 429
Echeverría, Esteban, 20, 73, 79-86, 88-90, 92-99, 101, 104-105, 109, 117-118, 120, 122, 124-125, 127, 129, 138, 147-148, 213, 264, 330, 441, 451
Eichelbaum, Samuel, 209
Eliot, T. S., 10, 162, 214, 279, 393-394
Ercilla, Alonso de, 17
Escalada, Miguel, 157, 159
Escarcela, Julio, 207
Espiro, Nicolás, 371
Estivariz, Eduardo, 339
Estrada, Ángel de, 151, 156-157, 178
Estrada, Santiago, 139, 150
Estrella Gutiérrez, Fermín, 180

Estrín, Laura, 318
Ezcurra, Encarnación, 96-98

Fapa, seudónimo de Francisco Palomar, 220
Faulkner, William, 279, 301
Favio, Leonardo, 141
Feiling, C.E., 449
Feijoo, Aarón Salmún, 441
Feinmann, José Pablo, 146, 439-440
Felipe II, 165
Ferlinghetti, Lawrence, 286, 393
Fernández, Macedonio, 216, 229-232, 243-244, 293, 301, 329, 372, 387, 404, 406, 408, 432, 435, 442
Fernández Bravo, Álvaro, 80
Fernández Espiro, Diego, 157
Fernández Moreno, Baldomero, 170-172, 176-177, 189, 214, 227, 233, 293, 358, 449
Fernández Moreno, César, 292, 363, 367, 376, 381-384, 387, 389, 422-423, 428, 453
Fernández Retamar, Roberto, 381
Fernando VII, 37
Ferrer, Christian, 343
Figarillo, seudónimo de Juan B. Alberdi, 94
Figueroa, Estela, 454
Fijman, Jacobo, 224, 242
Filloy, Juan, 397
Flaubert, Gustave, 226, 346
Flores, Celedonio, 211
Flores, Dalmiro, 450
Flores, Venancio, 44
Fogwill, Rodolfo Enrique, 420
Folco, Mario, 207
Fondebrider, Jorge, 376, 452-453
Fontanarrosa, Roberto, 419-420
Fortoul, José Gil, 115-117
Foucault, Michel, 301, 429
France, Anatole, 225, 253
Franco, Luis, 175, 217-218
Frank, Waldo, 184, 277-278, 280, 290, 294-295

Franklin, Benjamín, 112
Franzetti, Silvana, 455
Fray Mocho, seudónimo de José Sixto Álvarez, 126, 145, 173, 188, 358
Freidemberg, Daniel, 428, 452-453
Freixa Terradas, Pau, 184
Fresán, Rodrigo, 407
Freund, Gisèle, 317
Frondizi, Arturo, 390
Fruttero, Arturo, 362-363
Fuentes, Carlos, 395-397
Futoransky, Luisa, 422

Gabin, Jean, 390
Galíndez, Bartolomé, 212-213
Galtieri, Leopoldo Fortunato, 344
Gálvez, Manuel, 145, 177-178, 189, 194, 197-198, 218, 221, 227, 255-257, 282, 324, 329, 336, 350
Gálvez, Víctor, seudónimo de Vicente Quesada, 130
Gambaro, Griselda, 274
Gambarotta, Martín, 433, 454
Gandini, Gerardo, 287
Gandolfo, Elvio, 146-147, 415, 418-419
Gandolfo, Francisco, 375, 419
Ganduglia, Santiago, 222, 266
Garavaglia, Juan Carlos, 57
García, Baldomero, 115
García, Germán, 231, 429, 434-435
García, Rosendo, 341, 343
García Helder, Daniel, 366-367, 390-391, 425-426, 438, 449, 452-453
García Márquez, Gabriel, 345, 396-397
García Robles, Víctor, 421
García Velloso, Enrique, 200
Garcilaso de la Vega, El Inca, 20, 24
Gargano, Julio, 325
Gauss, Hans Robert, 318
Gautier, Théophile, 150, 206
Gelin, Liliana Raquel, 391
Gelman, Juan, 375, 422-428, 447, 453

Genet, Jean, 279
Genovese, Alicia, 454
Gerchunoff, Alberto, 178, 212, 294
Ghiano, Juan Carlos, 225, 360-361
Ghiraldo, Alberto, 151, 156-157, 159, 178, 229
Giannuzzi, Joaquín, 363, 375, 384, 452-453
Gibaja, Regina, 331
Gide, André, 279
Gigli, Adelaida, 331
Gilman, Claudia, 399
Gimferrer, Pere, 414
Ginastera, Alberto, 345
Giordano, Alberto, 184, 314, 411, 413-414, 437
Giordano, Carlos R., 364, 376
Giribaldi, Daniel, 422
Girondo, Oliverio, 69, 130, 216-219, 222-224, 227, 232-236, 244-245, 277, 357-359, 372, 387, 389, 435, 448
Girri, Alberto, 279, 286, 317, 328, 363, 392-394, 453
Giusti, Roberto, 36, 166, 169, 173, 177-180
Glusberg, Samuel, 217
Gnutzmann, Rita, 407
Godoy, Domingo S., 110, 112, 124
Godoy, Juan Gualberto, 42, 46, 49
Goethe, Johann Wolfgang, 51-52
Gola, Hugo, 388-389
Goldchluk, Aníbal, 430
Goldchluk, Graciela, 413
Goligorsky, Eduardo, 146
Gombrowicz, Witold, 149, 184-185
Gómez, Albino, 423
Gómez Carrillo, Enrique, 156
Gómez de la Serna, Ramón, 222
Góngora, Luis de, 22, 246, 448
González, Horacio, 229, 275, 293, 335, 438
González, Joaquín V., 150, 157, 249, 330
González Castillo, José, 202-203
González Garaño, Alfredo, 277
González Lanuza, Eduardo, 196,

ÍNDICE ONOMÁSTICO

215-216, 224, 230, 244-245, 282, 284
González Martínez, Enrique, 171
González Trejo, Horacio, 421
González Tuñón, Raúl, 173, 223-224, 236-239, 254, 265, 329, 359-360, 362, 447
Gorbea, Federico, 394
Gorki, Máximo, 253, 267-268
Gorodischer, Angélica, 146, 401
Gorriti, Juana Manuela, 137, 139
Gouiran, Émile, 281
Gounod, Charles, 49-50
Gourmont, Rémy de, 268
Goyanarte, Juan, 324
Goytisolo, Juan, 410
Gramuglio, María Teresa, 198, 242, 278-279, 282, 369, 414-415, 418, 436-437, 439, 443
Granada, Nicolás, 199
Grandmontagne, Francisco, 143
Greene, Graham, 279, 312
Grinberg, Miguel, 421, 423
Groussac, Paul, 145, 149-150, 152, 157, 164, 184, 188
Gruss, Irene, 428, 454-455
Gudiño Kieffer, Eduardo, 407
Gudiño Kramer, Luis, 351
Guebel, Daniel, 446
Guerra, Rosa, 20
Guevara, Ernesto, "Che", 427
Guibourg, Edmundo, 212
Guido, Beatriz, 324
Guido y Spano, Carlos, 58, 147-148, 158, 199, 330, 382
Guimaraes Rosa, Joao, 345, 397-398
Güiraldes, Ricardo, 48, 216, 225-229, 240, 243, 260-261, 265-267, 324, 372
Gusmán, Luis, 413, 430, 433-434
Gutiérrez, Eduardo, 139-141, 146, 159, 189, 201-202
Gutiérrez, Juan María, 25-26, 30, 32, 79-82, 89-92, 96, 99-102, 104, 139
Gutiérrez, Ricardo, 48-50, 52
Gutiérrez Nájera, Manuel, 155

Haigh, Samuel, 86-87
Halac, Ricardo, 209
Halperin Donghi, Tulio, 77, 114, 124, 328, 390, 398, 438, 442-443
Harispe, Guillermo, 427
Harss, Luis, 397-398
Hauser, Arnold, 280
Haya de la Torre, Raúl, 217
Heker, Liliana, 407
Henríquez Ureña, Max, 165
Henríquez Ureña, Pedro, 153, 155, 277, 279, 284, 287, 317, 366
Hernández, José, 20, 38-40, 50, 52-53, 55-56, 58-77, 83, 186, 202, 227, 276, 294, 334, 389, 437
Hernández, Juan José, 316-317, 351-352
Hernández, Pedro, 15-16
Hernández, Rafael, 50
Herrera, Ricardo H., 311, 315-316, 360, 365, 393
Herrera y Reissig, Julio, 155, 236
Hidalgo, Bartolomé, 35-43, 46-47, 49-52, 62-63, 125
Hitler, Adolf, 442
Hoggart, Richard, 437
Holmberg, Eduardo L., 145-147, 151, 160
Holmes, Henry, 62
Homero, 34
Horacio, 303
Horkheimer, Max, 334
Huasi, Julio, 422
Hudson, Guillermo Enrique, 184, 328
Hughes, John B., 287
Hugo, Victor, 83, 111, 118, 156, 160, 225
Huidobro, Vicente, 153, 214, 373, 380
Humboldt, Alexander von, 87, 118
Huret, Jules, 359
Hurtado, Sebastián, 20
Husymans, Joris-Karl, 161
Ibarguren, Carlos, 93
Ibsen, Henrik, 152

Iglesia, Cristina, 20, 136
Iglesias, Pepe, 207
Illari, 222
Illia, Arturo, 390, 410
Imbert, Julio, 206
Ingalinella, Juan, 424
Ingenieros, José, 151, 156, 294
Irala, Úrsula de, 20
Isaacs, Jorge, 106
Isaías, Jorge, 428

Jacovella, Bruno, 351
Jaimes Freyre, Ricardo, 154-156, 160
James, Henry, 279, 310
Jamilis, Amalia, 407
Jarkowski, Aníbal, 272, 275, 438
Jitrik, Noé, 72, 85, 93, 97, 125, 143, 275, 325, 327-331, 387
Jovellanos, Gaspar Melchor de, 27
Joyce, James, 214, 281
Juan, Guillermo, 215
Juárez Celman, Miguel, 142
Juarroz, Roberto, 378
Judas Iscariote, 268

Kafka, Franz, 279, 287-288, 442
Kamenszain, Tamara, 454-455
Kavafis, Constantino, 452
Keller, 222
Kennedy, Jacqueline, 411
Keyserling, Hernann, conde de, 184, 290, 294-295
King, John, 283, 332
Kipling, Rudyard, 190, 297
Kirshbaum, Manuel, 263
Klein, Laura, 454-455
Kosice, Gyula, 371, 373
Kreimer, Juan Carlos, 423
Kristeva, Julia, 318
Kruschev, Nikita, 427
Kusch, Rodolfo, 332

Lacan, Jacques, 431
Laera, Alejandra, 139

Laferrère, Gregorio de, 202, 205-207, 329
Lafforgue, Jorge, 275, 342, 398, 425
Lafinur, Juan Crisóstomo, 31, 36
Lafleur, Héctor R., 179, 212
Laforgue, Jules, 162, 226
Laiseca, Alberto, 146, 446
Lamartine, Alphonse de, 91, 104, 111, 118, 225
Lamborghini, Leónidas, 52, 375, 381-386, 422-424, 428, 453
Lamborghini, Osvaldo, 408, 413, 429-430, 432-436, 445-446
Lancelotti, Mario, 287
Lange, Norah, 216, 230, 244-245, 317, 454
Larbaud, Valéry, 226-227, 281
Larra, Raúl, 258, 274-275, 323
Larreta, Enrique, 164-167, 184, 228, 303, 324, 442
Latorre, Carlos, 376
Lautréamont, conde de, (Isidore Ducasse) 152, 375
Lavalle, Juan, 95
Lavardén, Manuel José de, 20, 25-27, 29, 32, 79, 89, 183, 199
Lawrence, T. E., 332
Leconte de Lisle, Charles, 152, 156
Leguizamón, Martiniano, 23, 202, 358
Lehmann-Nitsche, Roberto, 351
Lemaire, Ria, 62
Lenin, Vladimir Ilich, (seudónimo de Vladimir Ilie Vlianov), 253
Le Pera, Alfredo, 380, 389
Leumann, Carlos Alberto, 269
Levertov, Denise, 455
Lewis, Clive Staples, 296
Lezama Lima, José, 345, 396, 406-407, 448-449
Liberman, Arnoldo, 421
Libertella, Héctor, 430-432, 435
Lichtenstein, Roy, 411
Lida, María Rosa, 279, 317
Lida, Raimundo, 279, 317
Linares, Horacio, 221
Liniers, Santiago de, 28

Link, Daniel, 318, 438
Livraga, Juan Carlos, 340-341
Lizárraga, Reginaldo de, 16-17
Llinás, Julio, 378
Lois, Élida, 56, 60, 76
López, Lucio V., 130, 141, 158, 382
López, Vicente Fidel, 89, 106, 125, 137, 139-140
López de Gomara, Justo S., 200
López y Planes, Vicente, 29-32, 183
Lotman, Yuri, 318
Louis, Annick, 318
Loveluck, Juan, 397
Lowell, Robert, 393
Luca, Esteban de, 31-33, 36
Lucero, Paulino, seudónimo de Hilario Ascasubi, 42
Luchi, Luis, 422
Ludmer, Josefina, 52, 413, 430, 432, 435, 438
Lugares, Pancho, seudónimo de Luis Pérez, 42
Lugones, Leopoldo, 22, 28, 83, 151, 155-157, 159-164, 167, 171, 173-174, 212-213, 216, 219-221, 225-229, 240, 245, 249, 292-293, 301, 322, 329, 335, 350, 359, 365, 448-449
Luján, Pedro de, 13
Lussich, Antonio, 39-40, 63
Lynch, coronel, 103
Lynch, Benito, 193-195, 259, 324
Lynch Davis, B., seudónimo común de Jorge Luis Borges y Adolfo Bioy Casares, 303

Macaulay, Thomas, 181, 187
Macherey, Pierre, 299
Machoni de Cerdeñas, Antonio, 12
Mac Leish, Archibald, 294
Mac Neice, Louis, 312
Madariaga, Francisco, 375-376, 448
Magariños Cervantes, Alejandro, 55, 59-60, 69
Mailer, Norman, 343
Mallarmé, Stéphane, 359-360, 383, 418
Mallea, Eduardo, 251, 271, 277, 280-282, 284-285, 288-291, 293, 295, 322-324, 327-329, 332-333, 336, 350
Mallol, Anahí, 455
Malraux, André, 301
Manauta, Juan José, 324
Mangieri, José Luis, 427
Mangone, Carlos, 438
Mann, Thomas, 405
Mansilla, Eduarda, 20, 137, 139
Mansilla, Lucio, 127
Mansilla, Lucio V., 20, 73, 126-140, 142, 147, 158-159, 199, 227, 264, 330, 335, 382
Manso, Juana, 137, 139
Manzi, Homero, 380, 389
Manzoni, Alessandro, 118
Mao, Tse-tung, 411, 427
Marechal, Leopoldo, 163, 220, 224, 230, 239-243, 245, 260-261, 324, 328-329, 331, 359, 397, 401-402, 406-408
María Luisa, reina de España, 27
Mariani, Roberto, 221-223, 254-257, 260, 265, 268
Mariasch, Marina, 455
Marinetti, Filippo Tommaso, 213
Mármol, José, 82, 90, 96, 100-105, 122, 127, 137-139, 147, 189, 199, 264, 324, 330
Martel, Julián, seudónimo de José María Miró, 143, 151, 324
Martelli, Juan Carlos, 421, 440
Martí, José, 150, 152, 155
Martín, Juan, 146
Martínez, David, 361
Martínez, Tomás Eloy, 343, 410
Martínez Cuitiño, Vicente, 212
Martínez de Irala, Domingo, 19-20
Martínez Estrada, Ezequiel, 62-63, 82, 88, 107-109, 123, 184, 280, 289, 291-295, 325, 327-329, 331, 350
Martínez Howard, Alfredo, 364
Martini, Juan, 418, 439
Martini Real, Juan Carlos, 407, 447

Martino, Gerardo, 384
Masiello, Francine, 139
Masotta, Oscar, 268, 273, 275, 325-327, 329, 331, 333, 402, 431
Masters, Edgar Lee, 393, 452
Mastronardi, Carlos, 175, 284, 292, 297, 317, 350, 357-360, 365
Mas y Pi, Juan, 180
Maupassant, Guy de, 190
Mayer, Marcos, 438
Medina, 187
Medrano, Galaaz de, 13
Medrano, Manuel, 27
Mejías, Luis, 202
Meléndez, Juan, 16
Melián Lafinur, Álvaro, 180
Melville, Herman, 279, 318
Mendés, Catulle, 150
Méndez, Evar, 212, 217, 220-221, 224, 255, 266
Méndez Calzada, Enrique, 223, 294
Mendoza, Pedro de, 12-13, 15, 17-18, 21, 167
Menéndez y Pelayo, Marcelino, 187
Merbilháa, Margarita, 417
Mercado, Tununa, 319
Merlo, Juan, 103
Michaux, Henri, 374
Miguens, José Zoilo, 56, 60-61, 69
Milano, Laura, 276
Miranda, Lucía, 20
Miranda, Luis de, 12-13, 15-16, 18, 21
Miranda Klix, Guillermo, 273
Mitre, Bartolomé, 56, 59, 67, 107, 114, 133, 137, 139, 140, 196-197
Mizraje, María Gabriela, 139
Móbili, Jorge Enrique, 371
Moia, Martha I., 379
Molina, Enrique, 232, 236, 375-377, 408, 448
Molinari, Ricardo, 175, 448
Molloy, Sylvia, 136, 248, 306-308, 316-319
Monroe, Marilyn, 411
Montaldo, Graciela, 416, 437
Montale, Eugenio, 374, 388
Montalvo, Francisco, 168
Montanaro, Pablo, 392
Monteavaro, Antonio, 151, 156-157, 178
Monteleone, Jorge, 455
Montequin, Ernesto, 313, 316
Monti, Antonio, 385
Montt, Manuel, ministro, 125
Moore, Marianne, 455
Mora, Jorge, seudónimo de Evar Méndez, 217
Morand, Paul, 222
Moratín, José de, 81
Moréas, Jean, 152
Moreno, María, seudónimo de María Cristina Forero, 430
Moreno, Mariano, 183
Moya, Ismael, 351
Moyano, Daniel, 351-352, 407, 439
Mudrovcic, María Eugenia, 399
Mujica Lainez, Manuel, 21, 48, 167-168, 324, 345, 442
Murena, Héctor A., 279, 323, 331-334, 336, 402
Muschietti, Delfina, 318, 438, 455

Nabokov, Vladimir, 301, 318
Nalé Roxlo, Conrado, 217-218, 317
Negroni, María, 454
Neruda, Pablo, 380-381, 421
Nerval, Gérard de, 377
Néspolo, Jimena, 347
Noé, Julio, 179-180, 221
Noel, Carlos Martín, 217
Nouzeilles, Gabriela, 143
Núñez, Ángel, 76
Núñez, Ángel María, 44
Núñez Cabeza de Vaca, Álvar, 15-16, 19-20

Obieta, Adolfo de, 185, 230
Obligado, Carlos, 161
Obligado, Rafael, 147-148, 159, 166, 180-181, 188
Ocampo, Silvina, 279, 283, 291, 304,

ÍNDICE ONOMÁSTICO

306-309, 311, 313, 317, 363-364, 382, 400, 454
Ocampo, Victoria, 277-278, 280, 289, 294, 306, 309, 317, 331-332
Ocantos, Carlos, 143
Oldenburg, Claes, 411
Oliva, Aldo F., 375, 389, 453
Olivari, Nicolás, 222-223, 254-255, 260-262, 265, 267, 329, 423
Oliver, María Rosa, 277
Olivera, Ricardo, 177-178
Olmedo, Alberto, 141
Onetti, Juan Carlos, 275, 396-397, 412, 414
Onganía, Juan Carlos, 345, 410
Onís, Federico de, 169-170, 219
Ordaz, Luis, 202, 206
Oro, José, 111
Oroño, Nicasio, 55-56, 58-59, 69
Orozco, Olga, 363, 376-378, 454
Ortega, Julio, 397
Ortega y Gasset, José, 184, 277-278, 294-295, 420
Ortelli, Roberto, 216, 244-245
Ortiz, nombre de guerra de Paco Urondo, 391
Ortiz, Carlos, 157, 178
Ortiz, Juan Laurentino, 357-358, 362, 365-370, 387-389, 391-392, 415-417, 423, 448, 450, 453
Ortiz de Rosas, Agustina, 127
Ortiz Grognet, Emilio, 178
Osorio, Juan de, 13
Ossian, 34
Otamendi, Belisario, 146
Oyuela, Calixto, 43, 158-159, 165

Pacheco, Carlos Mauricio, 202-203
Padeletti, Hugo, 375, 453, 455
Páez, Roxana, 413, 455
Palacio, Ernesto, 217-218, 223
Palazzo, Juan, 264
Palomar, Francisco, 220
Panesi, Jorge, 318, 413
Parera, Blas, 30
Parker, Charlie, 405

Parra, Nicanor, 381
Pasolini, Pier Paolo, 314
Pastormerlo, Sergio, 438
Patiño, Roxana, 436-437
Pauls, Alan, 136, 193, 275, 403, 413-414, 435-436, 444
Pavese, Cesare, 374, 421
Pavlova, Tatiana, 262
Payró, Roberto J., 126, 151, 153, 156, 178-179, 188, 195-197, 202, 221, 257, 264, 282, 309, 324
Paz, José María, 103
Paz, Octavio, 378-379
Pedroni, José, 175
Peicovich, Esteban, 422-423
Peirano, Irma, 362
Pellegrini, Aldo, 232, 372, 375-376, 445
Pellegrini, Carlos, 196
Peña, Demetrio, 124
Peñaloza, Ángel V., 59, 108, 129
Pérez, Luis, 42, 46, 49, 51, 63-64
Pérez, Santos, 120, 122
Pérez Galdós, Benito, 198
Pérez y González, Felipe, 200
Pérez Zelaschi, Adolfo, 146
Perkins, David, 183
Perlongher, Néstor, 434-435, 447-453
Perón, Eva, 386
Perón, Juan Domingo, 335, 339-340, 342, 384-385, 390, 406, 439, 441
Perosio, Graciela, 454
Pessoa, Fernando, 375
Petersen, Julius, 420
Petrarca, 118, 174
Petrecca, Miguel Ángel, 433
Petroni, Adelma, 349
Peyrou, Manuel, 146, 284, 309
Pezzoni, Enrique, 279, 287, 304-305, 316-318, 407
Piccoli, Héctor A., 367, 447-449, 453
Picon Garfield, Evelyn, 400, 405
Piglia, Ricardo, 117, 146, 275, 335, 412-414, 436-445
Pilar, Horacio, 421
Pinochet, Augusto, 399

Pintos, Alicia, 333
Piñera, Virgilio, 185
Piñero, Francisco, 230
Piñero, Sergio, 216
Piquet, Julio, 150
Pirandello, Luigi, 208
Piro, Gullermo, 316
Pirovano, Ignacio, 167
Pizarnik, Alejandra, 279, 286, 308, 375-376, 378-379, 435, 446, 454
Pla, Roger, 146, 361
Plaza, Ramón, 421-422, 427
Podestá, Jerónimo, 141, 203, 207
Podestá, José Juan, 141, 201-203
Podestá, Manuel, 143
Podestá, Pablo, 207
Podlubne, Judith, 184, 314
Poe, Edgar Allan, 147, 152, 160-161, 166, 189-190, 225, 287
Ponce, Aníbal, 192
Ponce, Liliana, 454
Pondal Ríos, Sixto, 224
Ponson du Terrail, Pierre Alexis, 273
Pontieri, Margarita B., 109
Popolizio, Enrique, 128, 131
Porchia, Antonio, 378
Porrúa, Ana, 438
Porrúa, Francisco, 410
Portogalo, José, 255, 262, 362-363
Pound, Ezra, 41, 105, 162, 301, 370, 393-394, 452
Prego de Oliver, José, 27
Prieto, Adolfo, 46-47, 77, 242, 275, 322, 324-331, 351, 381, 425, 438
Proust, Marcel, 298, 310
Provenzano, Sergio D., 179, 212
Puig, Juan de la C., 25, 29
Puig, Manuel, 308-309, 409-415, 418, 433, 445-446

Quevedo, Emilio, 132
Quevedo, Francisco de, 22, 246, 448
Quinteros, Lorenzo, 430
Quiroga, Carlos Buenaventura, 351
Quiroga, Horacio, 15, 122, 126, 145, 147, 184, 189-195, 197, 221, 226-228, 259, 264, 287, 329, 331, 336, 352
Quiroga, Jorge, 430
Quiroga, Juan Facundo, 99, 108-109, 115, 119-123, 127, 137
Quiroga, Manuel José, 117

Raab, Enrique, 126
Rabanal, Rodolfo, 439
Racine, Juan, 316
Radaelli, Sigfrido, 364
Raimondi, Sergio, 454
Rama, Ángel, 35, 45, 47, 151-152, 155, 341, 396-398
Ramos, Julio, 137
Ramusio, Gian Batista, 14
Rañó, Lorenzo, 253
Raschella, Roberto, 427
Rega Molina, Horacio, 224
Regules, Elías, 202
Rein, Mercedes, 401
Rene, François, vizconde de Chateaubriand, 111, 118
Requeni, Antonio, 313, 421-422
Rest, Jaime, 334
Retamoso, Roberto, 367
Reverdy, Pierre, 373
Reyes, Alfonso, 277
Rhode, Jorge Max, 218
Riccio, Gustavo, 254, 262, 423
Rich, Adrienne, 455
Rico, Orfilia, 207
Riestra, Jorge, 351-352
Rilke, Rainer Maria, 377, 380, 421, 452
Rimbaud, J. Arthur, 379
Riquelme de Guzmán, Alonso, 19
Rivadavia, Bernardino, 32-33, 36, 128
Rivarola, Pantaleón, 28-29
Rivas, duque de, 81
Rivera, Andrés, 258, 271, 427, 439-440
Rivera, Jorge B., 146, 275
Roa Bastos, Augusto, 345, 348

ÍNDICE ONOMÁSTICO

Robbe-Grillet, Alain, 346
Roca, Julio Argentino, 30-31, 72, 114, 134, 142, 197, 206, 335
Rocco-Cuzzi, Renata, 438
Rodríguez, Abel, 255, 263
Rodríguez, Alberto, 324, 346
Rodríguez, Fray Cayetano José, 29-30
Rodríguez, Martín, 32
Rodríguez Larreta, Enrique (véase Larreta, Enrique)
Rodríguez Monegal, Emir, 190, 326, 328, 397, 406
Roffé, Mercedes, 454
Roitman, Wolf, 371
Rojas, Ricardo, 22, 136, 140-141, 170, 178, 180-189, 196, 221, 227, 249, 302, 315, 328-330, 350
Rojas Paz, Pablo, 217-218
Rojo, Darío, 453
Romano, Eduardo, 64, 211, 338, 380-381, 421-422
Romero, Francisco, 284, 288
Rosa, Claudia, 365
Rosa, Nicolás, 334, 407, 415, 435-436, 447, 449
Rosa, Rafael de, 207
Rosas, Juan Manuel de, 42-45, 57, 82, 90-91, 93-105, 110, 112-116, 118, 120-121, 123-125, 127-129, 131, 134, 186, 330, 390, 440-441
Rosas, Manuela, 44, 104
Rosas, Mariano, 135
Rosenberg, Mirta, 454-455
Rosenblat, Ángel, 18, 284
Rothfuss, Rhod, 373
Rouquié, Alain, 339
Rousseau, Jean Jacques, 128-129
Roussel, Raymond, 445
Roxlo, Carlos, 40
Rozenmacher, Germán, 420
Rozitchner, León, 289, 331, 438
Rozzisi, Miguel Ángel, 422
Rubio, Alejandro, 454
Rueda, Salvador, 156
Rufinelli, Jorge, 190

Ruiz de Montoya, Antonio, 12
Rulfo, Juan, 345-346, 396
Russo, Edgardo, 430, 447
Russovich, Alejandro, 185
Saavedra, Guillermo, 319
Sabato, Ernesto, 185, 281, 284, 324, 346, 348-349, 353-355, 396
Saccomanno, Guillermo, 147
Saccone, Gabriela, 455
Sáenz, Justo P., 351
Saer, Juan José, 15, 125, 347, 349, 351, 353, 368, 370, 388-389, 408-409, 413, 415-420, 436-437, 443-445, 452
Saítta, Sylvia, 238, 269, 273, 275, 438
Salama, Roberto, 323
Salas, Horacio, 422-423
Samain, Albut, 166, 225
Samoilovich, Daniel, 452-453
Sánchez, Florencio, 173, 184, 188, 200, 202-205, 264, 329
Sánchez, Matilde, 275-276, 438, 444
Sánchez, Néstor, 407
Sanguineti, Edoardo, 318
San Martín, José de, 33-34, 121, 332, 390
Santoro, Roberto, 422-423
Santo Tomás, Domingo de, 12
Sarduy, Severo, 449
Sarlo, Beatriz, 111, 177, 198, 248, 275, 302-303, 325, 335, 414-415, 436-438
Sarmiento, Domingo F., 44-45, 56, 59-60, 67, 73, 82, 85-86, 95-96, 98-99, 107-127, 129-131, 134-135, 137-138, 147, 184, 188, 251, 264, 276, 290-291, 294-295, 330, 332, 437, 440
Sarmiento, Domingo, 108
Sartre, Jean-Paul, 325-326, 346
Sastre, Marcos, 89-94
Sasturain, Juan, 147
Scalabrini Ortiz, Raúl, 242, 249-252, 291, 293-295, 329
Scarabelli, Sonia, 455
Schiller, Friedrich von, 91, 413

Schmidl, Ulrico, 12-18, 21, 87
Schmidtmeyer, Peter, 86, 88
Schvartzman, Julio, 67-68
Schwob, Marcel, 314
Scotti, Alejandro, 201
Sebreli, Juan José, 280, 321-323, 327-329, 331-333
Serrano, Enrique, 207
Sevilla, Jorge, 436
Shakespeare, William, 118, 316, 384
Sicardi, Francisco, 143, 324
Siccardi, Gianni, 422
Sigüenza y Góngora, Carlos, 22
Silva, José Asunción, 155, 236
Silvestre Begnis, Carlos, 391
Simo, Ana María, 402
Sola González, Alfonso, 362
Solar, Xul, (Oscar Agustín Alejandro Schultz Solari), 242
Soler Cañas, Luis, 361
Solero, Francisco J., 288-289, 332-333
Sontag, Susan, 279
Soria, Ezequiel, 200, 203
Soriano, Osvaldo, 146, 420, 439
Soto, Luis Emilio, 256, 284
Soussens, Charles de, 151, 157, 178
Souza Reilly, Juan José de, 126
Speranza, Graciela, 411-413, 438
Speratti Piñero, Emma, 318
Spregelburd, Rafael, 274
Stanchina, Lorenzo, 253, 255, 260
Starobinski, Jean, 370
Steimberg, Oscar, 430
Steiner, George, 301-302
Sterne, Laurence, 230
Stevens, Wallace, 279, 286, 374, 393-394
Stevenson, Robert Louis, 313
Storni, Alfonsina, 170-172, 175-176, 215, 218, 221, 228, 261, 263, 278, 293, 358, 454
Strafacce, Ricardo, 435
Stratta, Isabel, 297, 299, 304
Suárez Lynch, B., seudónimo común de Jorge Luis Borges y Adolfo Bioy Casares, 303

Sureda, Jacobo, 216
Szpunberg, Alberto, 422

Taborda, Oscar, 394, 419
Taine, Hyppolite, 181
Tallon, José S., 266
Tasso, Torcuato, 34
Teglia, Marta, 421
Tejada Gómez, Armando, 346
Tejeda, Luis de, 21-22, 183, 185, 448
Temple, Edmond, 86-87
Thénon, Susana, 421-422, 454
Thomas, Dylan, 301, 374-375
Thonis, Luis, 430
Tiempo, César, 223, 254-255, 262-264
Tirso, seudónimo de Joaquín V. González, 157
Tiscornia, Eleuterio F., 48
Tizón, Héctor, 351-352
Tizziani, Rubén, 407, 440
Tocqueville, Alexis de, 315
Tolstoi, León, 253
Torre, Guillermo de, 215-216, 245, 277
Torre, Lisandro de la, 204
Trejo, Mario, 374, 376
Trejo, Nemesio, 200
Turgueniev, Iván, 253

Ugarte, Manuel, 157, 178
Uhart, Hebe, 309
Ulla, Noemí, 309
Undurraga, Antonio de, 214
Ungaretti, Giuseppe, 374, 388
Uribe, Basilio, 362
Urondo, Francisco "Paco", 342, 368, 375, 387-392, 423, 428, 453
Urquiza, Justo José de, 44-45, 103, 108, 112-114, 124, 390
Vaccarezza, Alberto, 203
Valente, Alejandra, 435
Valera, Juan, 150
Valéry, Paul, 214, 442
Valle, Juan José, 339-340, 342

ÍNDICE ONOMÁSTICO

Vallejo, Antonio, 221, 236-237
Vallejo, César, 235, 427
Vallejos, Beatriz, 454
Valverde, José María, 378
Vanasco, Alberto, 231, 374, 387
Vandor, Augusto Timoteo, 341, 434
Varela, Alfredo, 257, 324
Varela, Juan Cruz, 31, 36, 199
Vargas Llosa, Mario, 345, 395-398
Vargas Vila, José María, 217-218, 267-269
Vasco, Juan Antonio, 378
Vázquez, Rafael Alberto, 422
Vedia, Joaquín de, 203
Vega, Ventura de la, 184
Vera, Pedro de, 19
Verbitsky, Horacio, 343
Verdevoye, Paul, 116
Verissimo, José, 187
Verlaine, Paul, 152, 166, 173, 316, 366
Veronese, Daniel, 274
Viale, Oscar, 209
Victorica, Bernardo, 100
Videla, Jorge Rafael, 354
Vieytes, Hipólito, 27
Vignale, Pedro Juan, 223, 254
Vignati, Alejandro, 421
Vignoli, Beatriz, 455
Vigo, Alfredo, 421
Vila Ortiz, Alberto Carlos, 422
Villa, José, 453
Villafañe, Javier, 364, 427
Villafañe, Segundo, 143
Villalba, Susana, 454
Villanueva, Amaro, 351
Villemain, Abel Francois, 118, 122
Villiers de l'Isle-Adam, 226
Viñas, hermanos, 328
Viñas, David, 105, 204-205, 271, 275, 294, 322-325, 327-331, 333, 334-337, 398, 408-409, 438-440
Viñas, Ismael, 275, 321-324, 328, 331
Viola Fisher, Verónica, 455
Virgilio, 34
Vocos Lescano, Jorge, 402
Voltaire, (François-Marie Arouet), 34
Walsh, María Elena, 362, 364, 454

Walsh, Rodolfo, 126, 146, 337-345, 391-392, 434
Warhol, Andy, 411
Warley, Jorge, 438
Wast, Hugo, 442
Weinbaum, Raquel, seudónimo de David Viñas, 330
Weinberg, Félix, 41
Wenner, Tilo, 422
Wernicke, Edmundo, 14
Wernicke, Enrique, 420
Whitman, Walt, 160
Wilcock, Juan Rodolfo, 182, 279, 306, 311-316, 363
Wilde, Eduardo, 130, 141-142, 167, 330
Wilde, José Antonio, 130
Williams, Raymond, 437
Williams, William Carlos, 452
Willson, Patricia, 279
Wittner, Laura, 453
Wolfe, Tom, 343
Woolf, Virginia, 279
Wordsworth, William, 81

Yrigoyen, Hipólito, 212, 224, 335-336, 390, 442
Yunque, Álvaro, 254, 262, 273, 324

Zamora, Antonio, 253-254
Zanetti, Susana, 24, 109, 329
Zeballos, Estanislao, 126
Zelarayán, Ricardo, 349, 429-433
Zelarrayán, Juan, 44
Zola, Émile, 141-142, 144, 177, 198, 251, 256
Zucotti, Liliana, 104
Zum Felde, Alberto, 263

ÍNDICE

INTRODUCCIÓN 9

CAPÍTULO −1 11
Lenguas originales, exterminio y diccionarios. Las crónicas escritas sobre el territorio que más de tres siglos después ocupará la República Argentina. Hambruna y antropofagia en Buenos Aires. La comparación, figura retórica privilegiada. Pedro Hernández, curioso por la desnudez de las indias. Fray Lizárraga dice que los chapetones confundían caballos con madera. Martín del Barco Centenera escribe un largo poema y nombra por primera vez a las tierras bañadas por el Río de la Plata como Argentina. Lo que dice Ángel Rosenblat. Historia familiar e historia de la conquista en los anales del mestizo Ruy Díaz de Guzmán. Lucía Miranda, cautiva de los timbúes. Lo que dice Cristina Iglesia. La historia de la Maldonada: un atisbo de ficción. Luis de Tejeda, primer poeta nacido en el territorio. Alonso Carrió de la Vandera ve gauchos y los llama gauderios. Lo que dice Susana Zanetti.

CAPÍTULO 0 25
Neoclasicismo, color local, imitación, originalidad y monarquismo y patriotismo, notas contradictorias de un famoso poema de Manuel José de Lavardén. Conocido yerbazo que se cría en los remansos del Paraná. Un homenaje de Leopoldo Lugones. Pantaleón Rivarola festeja a las tropas patrióticas que expulsan al "exército inglés". La literatura de la Revolución y de la Independencia. Lo que duraba cantar el himno de Vicente López y Planes y lo que dura ahora, según Esteban Buch. Las razones políticas de la poda. El antólogo Ramón Díaz. Lo que le escribió San Martín a Esteban de Luca.

CAPÍTULO 1 35
El paso adelante y el paso atrás de Bartolomé Hidalgo. Cielito, cielo que sí. El rey Fernando, tratado de sonso. Jacinto Chano y Ramón Contreras dialogan patrióticamente. El primer clásico de la literatura rioplatense. Hilario Ascasubi, fervoroso antirrosista, prueba con el pie quebrado y le sale bien. Un mashorquero amenaza a Jacinto Cielo con someterlo a refalosa. Isidora la federala se refriega en la sala con la hija de Juan Manuel. Lo que hay en el cuarto de Rosas. La historia de los mellizos de La Flor: una gau-

chesca culta y despolitizada. Estanislao del Campo manda un gaucho a la ópera. Por suerte, Anastasio el Pollo sabe francés. Una definición del género, según Josefina Ludmer.

Capítulo 2 55
Nicasio Oroño denuncia la situación del gaucho, "el hombre de nuestros campos", el "modesto agricultor". Lo que dice Juan Carlos Garavaglia. La angurria reclutativa del Gobierno. En la frontera, las tropas están "desnudas, desarmadas, desmontadas y hambrientas". El político José Hernández busca ampliar la audiencia de su proclama y se hace poeta. 1872: un folleto, trece cantos y dos mil trescientos dieciséis versos. De la poesía política a la poesía social. La sextina hernandiana. Hipótesis sobre el primer verso suelto. Función del monólogo. Martín Fierro, de gaucho manso a gaucho matrero. El sargento Cruz. Una guitarra rota. Lo que dice Julio Schvartzman. Del folleto al libro artístico, y de la denuncia política al realismo pedagógico. Hernández roquista y Fierro, obligado a elegir entre dos infiernos. El hijo mayor, el hijo segundo y el viejo Vizcacha. Las paradojas de un contrarrefranero. Los consejos de Martín Fierro. Lo que dice Tulio Halperín Donghi.

Capítulo 3 79
Juan María Gutiérrez dice que Esteban Echeverría es el primero en mirar en torno suyo, y lo celebra. Juan Manuel de Rosas, motivo excluyente de inspiración. La cautiva María rescata a Brian, pero él es infelice. Leopoldo Lugones tiene problemas con el octosílabo. La nacionalización del Romanticismo, según Noé Jitrik. Lo magnífico y lo sublime del paisaje argentino en las relaciones de los viajeros ingleses. La pampa es un mar y los pastos, olas. Hacia un nuevo diccionario literario. Marcos Sastre y Juan Bautista Alberdi, con Rosas y contra Rosas. El "escándalo del siglo", según Echeverría. Las consignas programáticas de la Joven Generación. Un unitario con la patilla unida con la barba en forma de u pasa cerca de un matadero y se resiste a que lo azoten con un vergajo. Civilización y barbarie, según Echeverría. Dos lenguajes encontrados. Inspirados por Byron y por el mar, Alberdi y Juan María Gutiérrez escriben a cuatro manos. Un legendario episodio de iniciación. El anhelo antirrosista de José Mármol. Amalia lee Lamartine a la luz de una lámpara. Documento y ficción. Lo que dice David Viñas.

CAPÍTULO 4 107
Domingo F. Sarmiento, político y escritor. Lo que dice Ezequiel Martínez Estrada. La biografía como una de las bellas letras. En primera persona. El singular destino de Urquiza en la historia de la literatura argentina. Un "cuadro brillante" de la vida de Juan Facundo Quiroga. Una cita en francés. El primer héroe americano de la literatura argentina. Antes que Horacio Quiroga y Borges. Un diccionario expresivo. Estados Unidos por Europa. Las dos llaves para abrir las puertas de París. Lo que dice Juan José Saer.

CAPÍTULO 5 127
El desconcertante Lucio V. Mansilla. Leyendo a J. J. Rousseau en el saladero. Una tortilla de huevos de avestruz. El antropólogo, el militar, el hedonista. Mansilla se autopostula, pero no lo eligen. Una autobiografía no ejemplar. Escribiendo como se habla. Lo que dice Julio Ramos. Cambio en el paradigma filosófico. Faltan novelas. Lo que dice Alejandra Laera. Los gauchos bandidos de Eduardo Gutiérrez, personajes-símbolo de la historia cultural. La singular versión nacional del naturalismo. Del narrador objetivista al narrador omnisciente. Lo que dice Andrés Avellaneda. Un personaje de Eugenio Cambaceres se arranca las tripas. Eduardo Holmberg, precursor de la novela marciana, cumple con la regla de oro del policial. Las tiernas endechas que ensaya una joven paraguaya, según Carlos Guido y Spano.

CAPÍTULO 6 149
Un nicaragüense revoluciona Buenos Aires. Los raros son raros por diferentes motivos. Escribiendo en una mesa de La Nación con un diccionario de mitología a mano. La fuerza de choque del Modernismo. Los Santos Lugares del Arte. El Ateneo: tradición versus innovación. Calixto Oyuela, hispanista recalcitrante. Leopoldo Lugones, decadente de remate. Un episodio central en la poesía argentina del siglo XX. Sesenta y nueve rimas extravagantes. Enrique Larreta escribe una novela que se vuelve documento. Los personajes neuróticos e hipersensibles de Atilio Chiáppori. Manuel Mujica Lainez, anacrónico discípulo.

CAPÍTULO 7 169
Una reacción conservadora. En la memoria colectiva de los argentinos mayores de 40 años. Rubén Darío, condicionando el pulso de la creación poética nacional. Evaristo Carriego y la construcción del mito del arrabal. Voluntad de proeza en Enrique

Banchs. *Alfonsina Storni modela sobre su obra un tipo de mujer sexual. Baldomero Fernández Moreno pide que no esperen de él ni ademanes declamatorios ni teatrales inflexiones de voz. Una nueva revista, con los viejos y con los jóvenes. La mirada curiosa de Roberto Giusti. Ricardo Rojas toma una cátedra sin tradición y una asignatura sin bibliografía. Un mapa fundador de la literatura argentina. El caso Gombrowicz. Una invectiva de Paul Groussac modificada por Borges. Horacio Quiroga, por un arte concentrado y puro. Lo que dice Aníbal Ponce. La brusca visión de campo de Benito Lynch. Según Roberto J. Payró, todos trataban de escribir mejor. Lo que no vio Manuel Gálvez. Una exigencia de Eduardo Gutiérrez. Pepino 88 toca la guitarra y maneja bien el facón. Lo que dice Luis Ordaz. Cocoliche, criollo hasta los huesos de la taba. Florencio Sánchez, calidad literaria y sentido escénico. Los poderes especiales de un personaje de Gregorio de Laferrère. Armando Discépolo llega a lo cómico a través de lo dramático. Stéfano "no embuca una e cuando emboca trema...".*

CAPÍTULO 8 211
Unos volantes anuncian la aparición de la revista Martín Fierro. *A Bartolomé Galíndez no le gusta la vanguardia, pero la difunde. El deprimente diagnóstico de Jorge Luis Borges. La metáfora ultraísta. Jorge Max Rohde no xode max. El manifiesto martinfierrista. Lugones escandaliza, luego existe. La indignación de Roberto Mariani. La poesía, el arte por el arte y el apoliticismo versus la novela y el cuento, el arte comprometido y la revolución. Don Segundo Sombra, gaucho esencial. Macedonio Fernández, un recienvenido que viene de nuevo. Oliverio Girondo y la renovación del diccionario poético. Una especulación teórica sobre el programa modernista. Raúl González Tuñón obsesionado con los puertos, los marineros y las rameras sentimentales. Ni con los pequeñoburgueses ni con los zurdos. Adán Buenosayres, un testimonio generacional. Lo que dice María Teresa Gramuglio. Los excesos barrocos de Borges, cuando no eran excesos. Un mapa sentimental de la ciudad de Buenos Aires. Raúl Scalabrini Ortiz y el polo magnético de la sexualidad porteña. El peronismo, definido poéticamente.*

CAPÍTULO 9 253
Románticos, realistas y de izquierda. Los talleres gráficos de Lorenzo Rañó. Una verdad proletaria. Contra la frivolidad y limitación del martinfierrismo. El mundo de la oficina en los cuentos de Roberto Mariani. Lo que dicen Luis Emilio Soto y Roberto J. Payró. La enorme fuerza expresiva de Elías Castelnuovo. Una

combinación de deseo, represión y culpa. Nicolás Olivari, pudor y rebeldía. El sentimiento de tristeza de toda una clase social. Clara Beter existe. Una literatura parida en el conventillo.

CAPÍTULO 10 265
Un título sorprendente. Roberto Arlt, completamente fuera de la norma. Lo que dice Elías Castelnuovo. Una novela de aprendizaje. Desprejuicio estético, ideológico y moral. El desfalco de Remo Erdosain. El Comentador avisa desde una nota al pie que Barsut no murió. Un prólogo que tiene tanta fama como la novela. Escribir en cualquier parte. Transformando al lector en espectador. Lo que dicen Oscar Masotta y Sylvia Saítta. Resultado: liberar la rígida norma realista del teatro nacional. Una crítica tan estimulante como la obra que la ocupa. Lo que dice Sergio Chejfec.

CAPÍTULO 11 277
Un paseo por el bosque de Palermo en octubre de 1929 y una revista. Dándole esplendor a un género pobre y deshilachado. Una batalla dentro de otra batalla. Un consejo que conviene seguir. Eduardo Mallea grita su angustia a causa de su tierra, que es la nuestra. Lo que dice León Rozitchner. El hinterland argentino. Un elogio avieso de Borges. Ezequiel Martínez Estrada, erudito e iconoclasta. Un libro hermoso, perturbador y desencantado. Ramón Doll denuncia el "modus operandi" de Borges. El batiente recién pintado de una persiana. Los tres libros-símbolo de Borges, según Isabel Stratta. La imaginación razonada. El artista se impone a los recaudos del intelectual y del preceptista. Borges extraterritorial. Adolfo Bioy Casares, al rescoldo de Borges. Un museo, una capilla y una pileta de natación. Victoria Ocampo sostiene a su hermana en la pila baustismal. Silvina Ocampo, sin influencias. Lo que dice Sylvia Molloy. Cornelia se ahoga en su vestido de terciopelo. La cierta afinidad de José Bianco con Henry James. Un ajuste de cuentas con una época y una clase social que ya no importan a nadie. Unos dibujitos de gente que come, duerme y tiene hijos. Para Juan Rodolfo Wilcock, el castellano no da para más. Lo que dice Pier Paolo Pasolini. Una especie de italiano. Las ruinas de Sur. *Enrique Pezzoni, una figura gravitante en la literatura argentina. Autobiografía, crítica y ficción en la obra de Sylvia Molloy. El feminismo falocéntrico de Tununa Mercado.*

Capítulo 12 321

Una nueva generación de escritores. La interferencia entre el escritor y su contorno, según David Viñas. Contra Borges y la mitología del arrabal. Una revalorización absoluta de la obra de Roberto Arlt. Lo que dicen Nora Avaro y Analía Capdevila. La prosa del decoro, según Adolfo Prieto. Lo que dice Beatriz Sarlo. Los sentimientos complejos de Noé Jitrik. Los parricidas, según Ismael Viñas. Para Carlos Correas, Héctor A. Murena es perfectamente antiargentino. La ficción crítica, según Nicolás Rosa. David Viñas, hiperculto y no académico. Una trilogía familiar. Rodolfo Walsh juega al ajedrez en un club de La Plata. Un fusilado que vive. Las astucias del escritor. Las posibilidades artísticas del testimonio. Antonio Di Benedetto y Ernesto Sabato se bañan en un zanjón. La decadencia física y moral de don Diego de Zama. Lo que le pasa a Ricardo Zelarayán. Contra las convenciones miméticas de la literatura regional. A Daniel Moyano le daban ganas de llorar. Sabato y su enorme sentido común.

Capítulo 13 357

Juan L. Ortiz pasa inadvertido. El poema más famoso de Carlos Mastronardi. Los jóvenes serios. La patria, según Silvina Ocampo. La generación Gath & Chaves. Leyendo poetas franceses en una vereda de Gualeguay. Versos larguísimos, puntos suspensivos y signos de interrogación. Lo que dice D. G. Helder. El espíritu nuevo. Un giro retórico. El carácter radical de la intervención surrealista. Antonio Porchia llama la atención de André Breton. La envidiable economía de palabras de Alejandra Pizarnik. Los grandes poemas del peronismo. César Fernández Moreno, no tan irónicamente. La triple condición de Leónidas Lamborghini. Un cambio en el canon vanguardista. Paco Urondo, un poeta condensado. Illia y Frondizi, como Jean Gabin. Contra todos los presupuestos de la poesía militante. Alberto Girri desprotege al poema de toda efusión sentimental.

Capítulo 14 395

Una docena de novelas por lo menos notables. Boom: palabra de origen económico. Julio Cortázar cuenta un cuento con la idea de la muchacha que sube y los otros tienen flores y ella no tiene flores. Un movimiento magistralmente sintáctico. Lo que dice Alan Pauls. Interpelando la subjetividad del lector. Una novela abierta sólo para aquellos que. Lo que se pregunta José Lezama Lima y lo que contestan Enrique Pezzoni y Nicolás Rosa. Los romances de un primo de Manuel Puig. Borrando la marca personal del autor mediante la reconstrucción de voces anónimas. Unas conciencias invisibles que "hablan, piensan, escriben". Dos especies diferentes de lectores. La intervención reparadora de la crítica universitaria. La anomalía de la obra de Juan José Saer, en la profundidad del sistema literario. Un caballo bayo amarillo. Una lectura distraída de la obra del maestro. Los buenos y muy buenos poetas que comenzaron a publicar para esos mismos años. Lo que dice Roberto Santoro. Para Juan Gelman, el mundo cabe en la cocina. Juana Bignozzi, sobria y sofisticada a la vez. Revolución, una palabra valija.

CAPÍTULO 15 429
Los aires del psicoanálisis lacaniano. El cajero hablado de Ricardo Zelarayán. Lo que dice Héctor Libertella. La revulsiva marca de origen de la obra de Osvaldo Lamborghini. Una renovación del instrumental teórico y crítico de la literatura argentina. Horizonte de expectativas, campo intelectual y bienes simbólicos. Una nueva generación de críticos literarios. Ricardo Piglia, más ensayístico que novelesco. Sandra Contreras sistematiza el gusto de la época. César Aira y su combinado de pura invención, concentrado autobiográfico, ensayo y reflexiones metaliterarias. Héctor Piccoli, el más radical de sus contemporáneos. "Bajo las matas/ En los pajonales/ Sobre los puentes/ En los canales". Imaginando una poesía sin heroísmos del lenguaje. El realismo especulativo y metafísico de Joaquín Giannuzzi. Una nueva revolución, y las beneficiarias de esa revolución.

NOTAS 457

LOS AUTORES Y SUS OBRAS 479

ÍNDICE ONOMÁSTICO 529

Este libro se terminó de imprimir
en el mes de junio de 2011,
en Encuadernación Aráoz SRL,
Av. San Martín 1265, Ramos Mejía,
Buenos Aires, Argentina.